2023

上海工业年鉴

SHANGHAI INDUSTRIAL YEARBOOK

上海市经济和信息化委员会 编

上海社会科学院出版社

上海工业年鉴
编纂委员会

主　　任：张　为　李　政　刘　多

副 主 任：庄木弟　程　鹏　吴金城

委　　员：张　义　陈荣标　罗　青　傅新华
戎之勤　阮　力　张　英　刘　平
张宏韬　汤文侃　葛东波　何　俊

主　　编：吴金城

副 主 编：刘益平　贾国富　郑凯捷

编辑部人员：周慧琴　董慧鑫

承办单位：上海市产业发展研究和评估中心

编纂说明

由上海市经济和信息化委员会主编的《上海工业年鉴》是一部全面系统反映上海产业发展、经济运行、技术进步和各类所有制工业企业情况的资料性工具书。

2023年版《上海工业年鉴》反映的是2022年上海工业经济发展的情况，共设置11个栏目：(1)特载，刊有市经信委领导关于打造更高质量新型产业体系、加快提升品牌经济综合实力、全力推进制造业数字化及转型发展等内容的文章；(2)综述，总结2022年产业经济和信息化发展工作，部署2023年工作要点；(3)专题，记述上海落实制造强国战略、推进科创中心建设、工业互联网建设、人工智能发展、产业经济运行、生产性服务业、软件和信息服务业、文化创意产业、在线新经济、都市产业、工业品牌建设、中小企业、产业投资、技术进步、节能降耗、对外经济合作、军民产业融合、国资国企改革等方面的发展情况；(4)区属工业，反映2022年各区工业的发展情况；(5)企业简介，介绍一批大中型工业企业2022年的发展情况；(6)上市股份公司，介绍2022年上海工业类上市股份公司的资产运作、股本结构以及全年主要经济指标；(7)行业协会简介，介绍80多个工业行业协会2022年的工作；(8)大事记；(9)经济法规，刊载2022年国家及部委、上海市颁布的有关工业的主要经济法律法规规章文件；(10)统计资料，刊载2022年上海工业经济发展的重要统计数据；(11)企业形象，以彩色版面展示200多户各类企业形象。

《上海工业年鉴》编纂委员会

2023年8月

2022 年 11 月 5 日–10 日，第五届中国国际进口博览会在上海成功举办。

2022 年 9 月 1 日–3 日，2022 世界人工智能大会在上海举办。

2022 年 9 月 15 日–18 日，2022 世界设计之都大会在上海举行，大会主题为：设计无界、相融共生。

2022 年 11 月 17 日–19 日，在第二十届中国国际半导体博览会上展示了上海集成电路产业蓬勃发展的新成果。

2022 年 7 月 24 日，“长征五号”B 遥三运载火箭成功将空间站问天实验舱精准送入预定轨道。

2022 年 8 月 1 日，全球首艘 24116 TEU 超大型集装箱船在中船沪东中华长兴造船基地顺利出坞。

2022年，中船上海外高桥造船有限公司建造的首艘国产大型邮轮初见雄姿。同年8月8日，第二艘国产大型邮轮开工建造。

2022年5月26日，中船沪东中华造船（集团）有限公司建造的8万立方米液化天然气（LNG）运输船“传奇太阳号”命名交付。

2022 年，上海中船三井造船柴油机有限公司制造的全球超大型船用油气新能源发动机全球领先。

2022 年，卡斯柯信号有限公司以国际领先的高铁、轨交交通信息控制系统技术获单项冠军称号。

2022年，宝山钢铁股份有限公司硅钢无人智慧工厂获中国工业大奖。

2022年，纳琳威纳米科技（上海）有限公司的贴膜生产技术居国内第一、全球三甲之列，被工信部授予“国家专精特新小巨人企业”。

2022 年，华夏源（上海）生物科技有限公司在浦江智谷建成药品级 GMP 基地。

2022 年，上海隧道工程股份有限公司超大型盾构制造技术全国领先。

2022 年，上海松江正泰启迪智电港是 G60 走廊上的明珠。

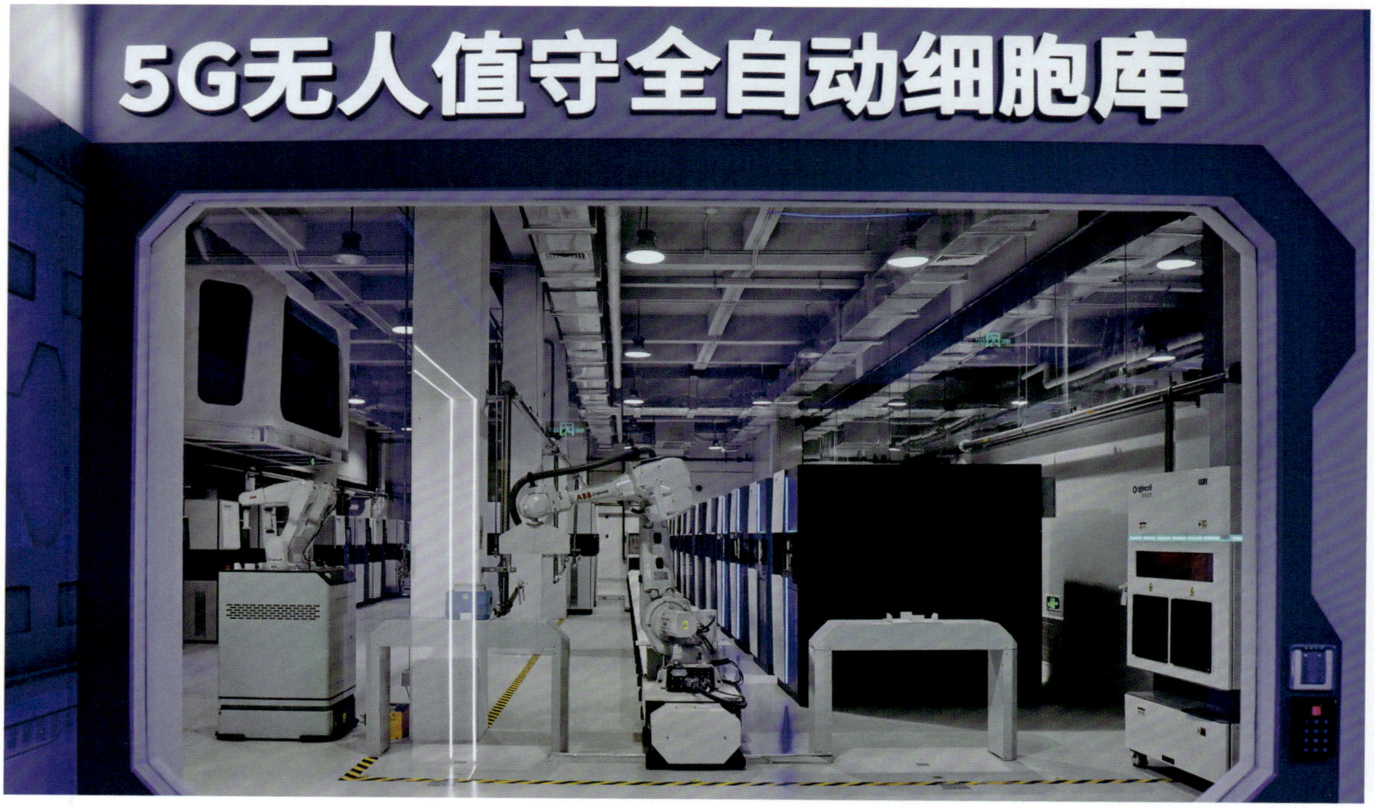

2022 年，原能细胞科技集团有限公司建成全球首个 5G 无人值守全自动细胞库，居全球领先水平。

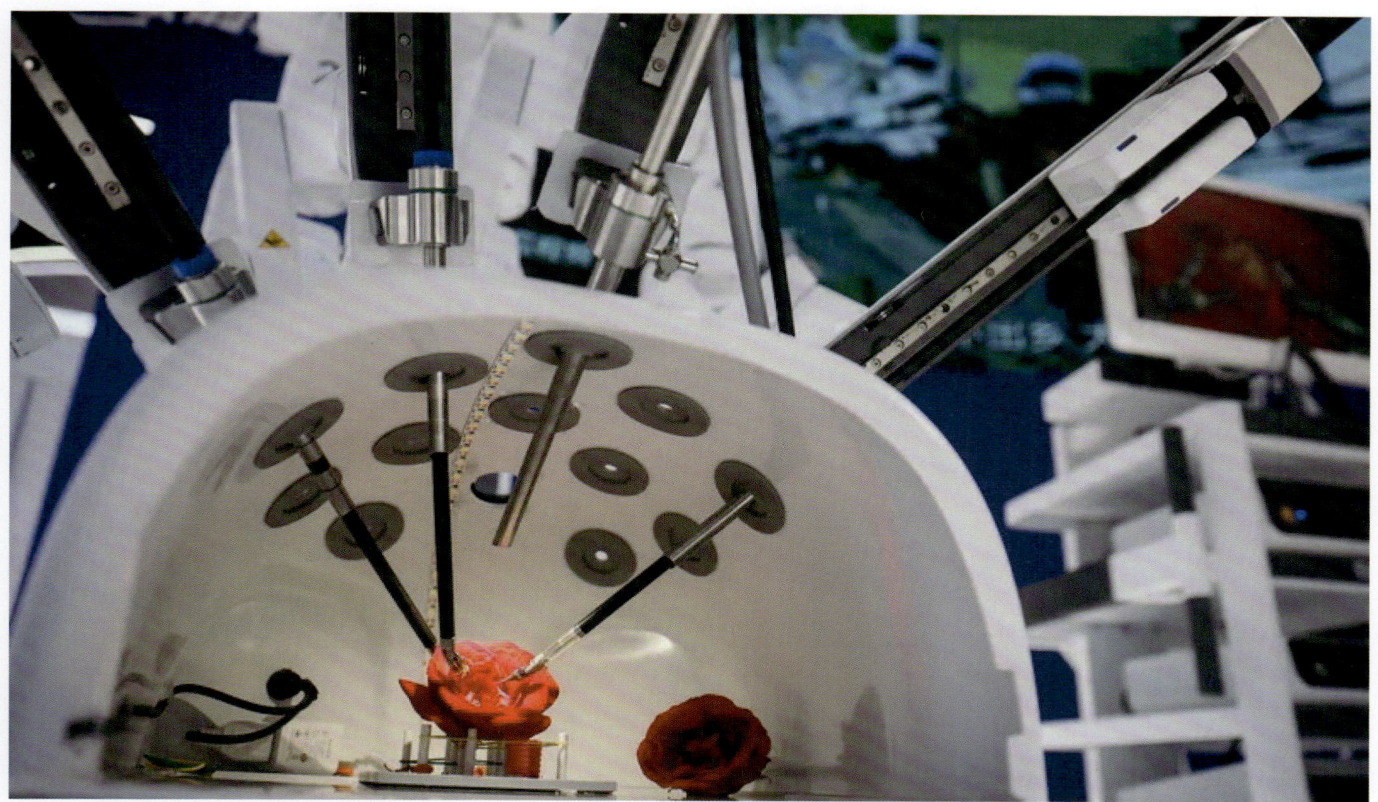

2022 年，上海微创医疗器械（集团）有限公司自主研发迈腔镜手术机器人。

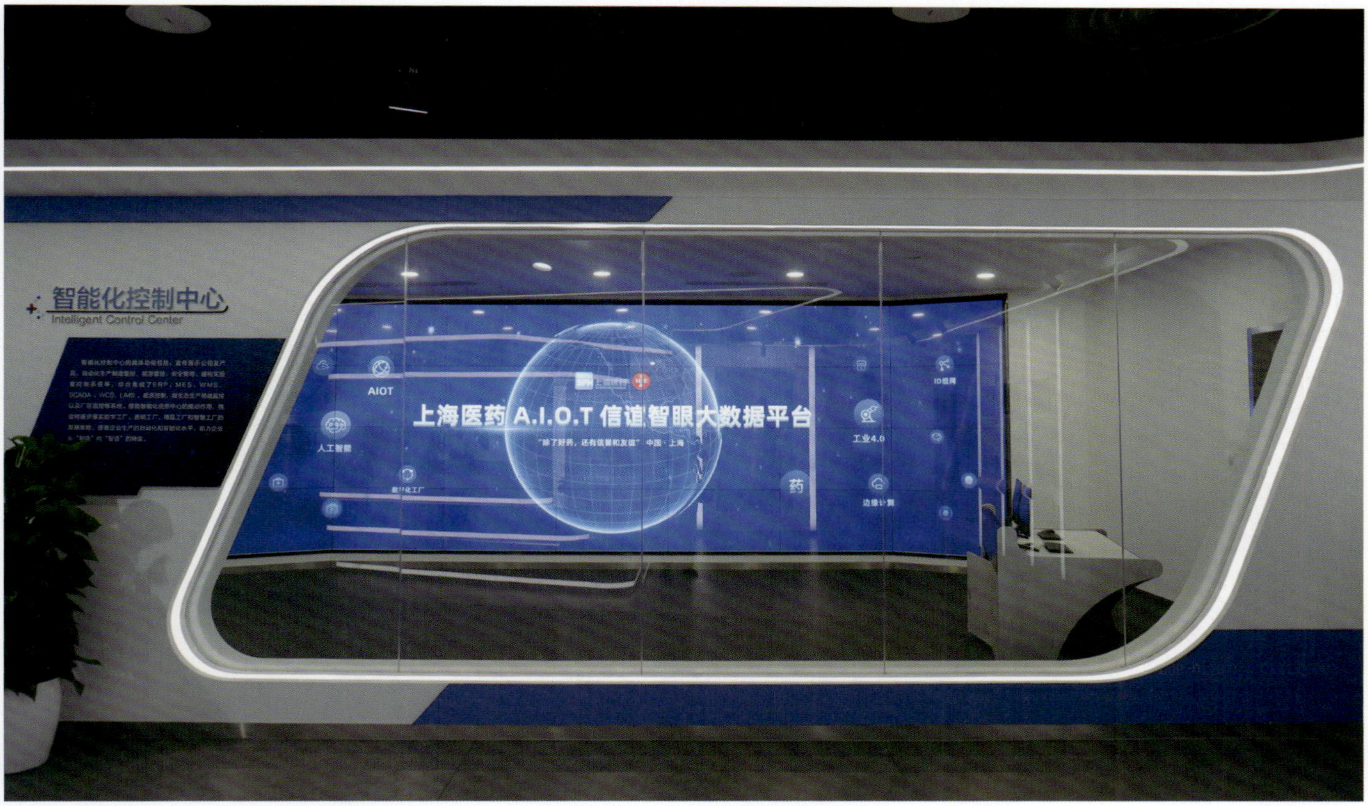

2022 年，上海信谊药业有限公司建成智能控制中心。

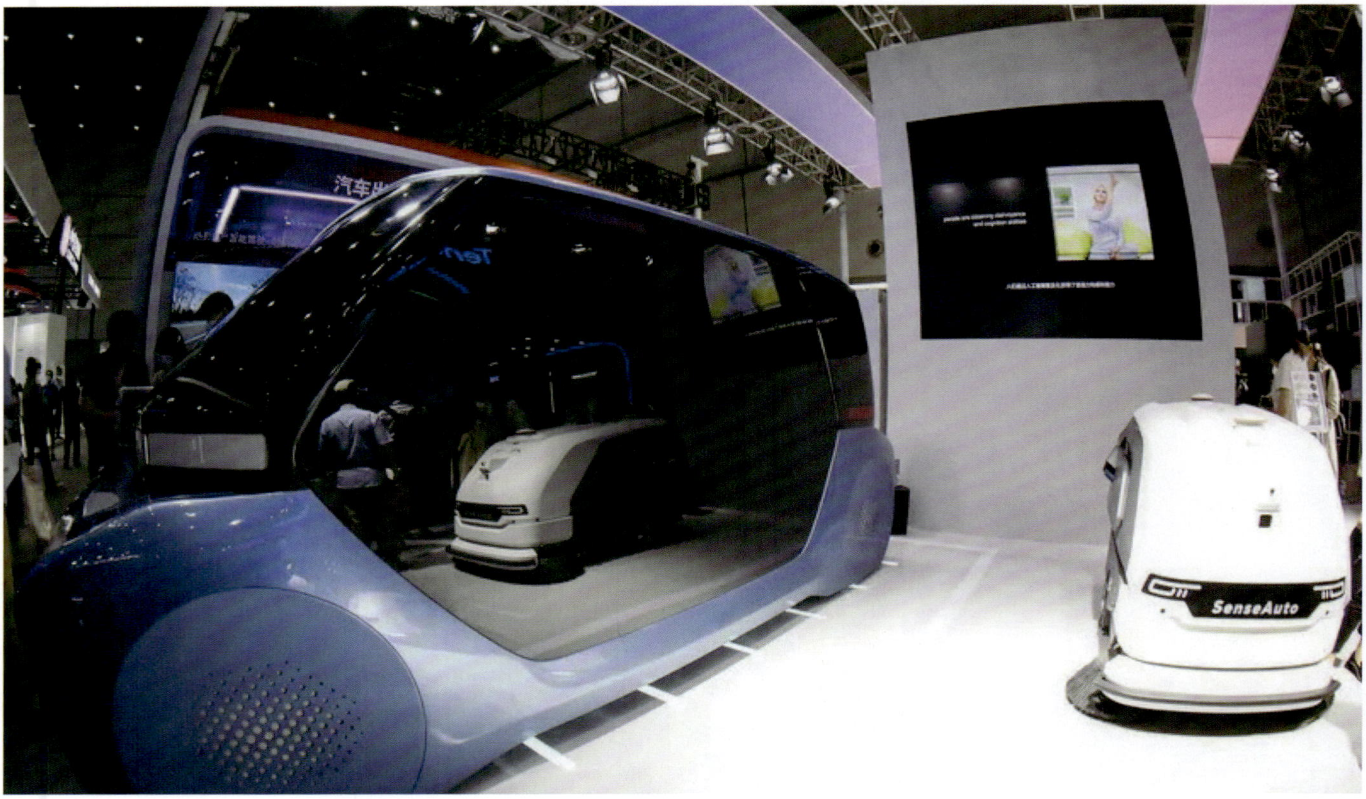

2022 年，上海商汤临港智能科技有限公司研制成功商汤绝影智能车舱。

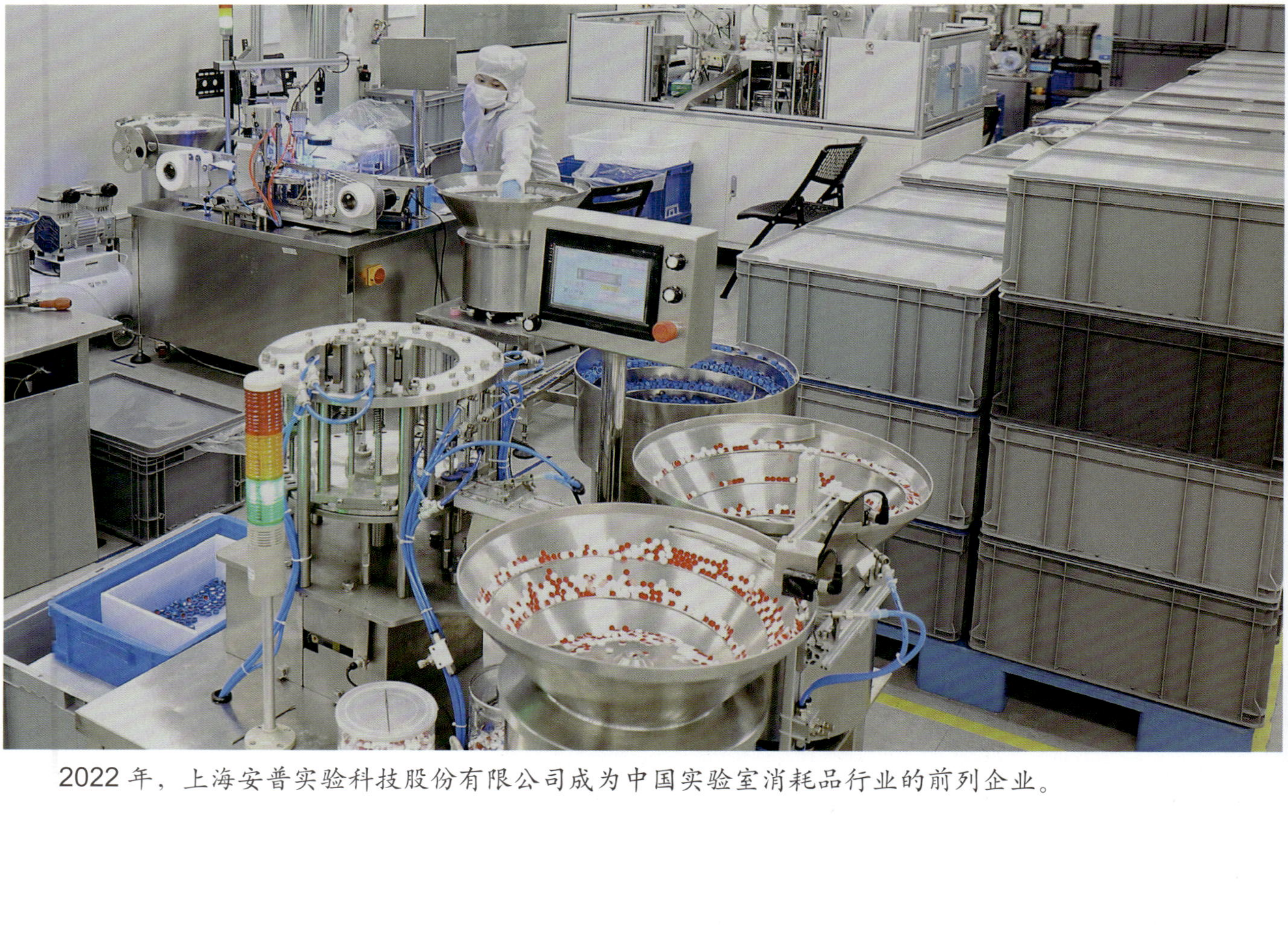

2022 年，上海安普实验科技股份有限公司成为中国实验室消耗品行业的前列企业。

2022 年，上海临空产业园成为上海虹桥国际中央商务区开发的新坐标。

2022 年，中以（上海）创新园成为上海西部区域经济新亮点。

2022 年，上海施特劳斯钢琴有限公司制造的钢琴深受市场青睐。

2022 年 4 月，国网上海市南供电公司运检部第二党支部全体员工坚持设备巡视、蹲点值守、安全防护，保证电网安全，保障民生用电。

（本栏图片由蔡钧等提供）

2023 · 上海工业年鉴

SHANGHAI
INDUSTRIAL
YEARBOOK

推动上海产业经济和信息化高质量发展

上海市经济和信息化委员会主任 吴金城

（2022年8月28日）

中共十八大以来，以习近平同志为核心的党中央高瞻远瞩、统揽全局，创造性提出一系列新理念新思想新战略，在实践中形成和发展了习近平经济思想，指引我国经济发展取得历史性成就、发生历史性变革。我们深入学习贯彻习近平经济思想，坚持强化高端产业引领等“四大功能”，加快打造世界级产业集群，推动上海产业经济和信息化发展迈出新步伐。

一、习近平经济思想是推动产业信息化高质量发展的根本遵循

习近平经济思想博大精深，具有广阔时代背景、深厚理论渊源和坚实实践基础，是运用马克思主义政治经济学基本原理指导我国经济发展实践形成的重大理论成果，为做好新时代经济工作指明了正确方向，也为我们推动产业经济和信息化高质量发展提供了根本遵循。

（一）牢固树立新发展理念，推动产业经济和信息化发展提质升级

习近平总书记指出，要准确把握新发展阶段，深入贯彻新发展理念，加快构建新发展格局，强调要牢固树立和贯彻落实创新、协调、绿色、开放、共享的发展理念。

我们认真学习领会，积极践行落实，坚持以创新发展为引领发展的第一动力，发挥创新激励经济增长的乘数效应，提高产业链供应链自主可控能力；坚持以协调发展为持续健康发展的内在要求，深入贯彻长三角一体化发展战略，构建协同创新产业体系，推进长三角产业链补链固链强链；坚持以绿色发展为永续发展的必要条件，坚持绿水青山就是金山银山理念，落实碳达峰碳中和战略，推动上海制造业和信息服务业率先节能减碳；坚持以开放发展为国家繁荣发展的必由之路，以深化改革开放为引领，以实体经济为主体，加快打造国内大循环的中心节点和国内国际双循环的战略链接前沿；坚持以共享发展为中国特色社会主义的本质要求，提供满足人民美好生活需要的高品质科技产品和服务供给，以数字化转型提升人民群众的满意度、感受度和获得感。

（二）认识和把握经济发展规律，持续提升实体经济能级

习近平总书记指出，实体经济发展至关重要，任何时候都不能脱实向虚，要把实体经济特别是制造业做强做优。习近平总书记在上海工作期间，提出要着力提高先进制造业竞争力；2016年“两会”期间在参加上海代表团审议时强调，要全面提升实体经济发展能级和水平；2017年提出要防止产业脱实向虚、防止产业结构形态虚高。

防止经济脱实向虚，必须把制造业摆在实体经济主体的核心地位，保持制造业比重稳定；防止产业结构形态虚高，需要引导金融更多服务实体经济，更多投向产业创新转型升级。上海始终坚持把发展经济着力点放在实体经济上，推动金融、科技和产业良性循环与互动，强化高端产业引领功能、加快产业数字化转型，全力打响“上海制造”品牌。

（三）正确处理政府和市场关系，着力塑造有为政府和有效市场

习近平总书记多次强调，要发挥市场在资源配置中的决定性作用，更好发挥政府的作用，在2016年参加“两会”上海代表团审议时，强调指出“看不见的手”和“看得见的手”都要用好。企业是市场经济的主体，富有竞

争力的企业是高质量发展的微观基础。当前我国经济发展面临需求收缩、供给冲击、预期转弱三重压力，企业成本压力较大，中小企业融资难融资贵问题仍然存在。需要赋能、成就与服务广大企业，构建亲清新型政商关系，破解单个企业难以解决的瓶颈障碍，增强市场主体活力和发展信心。同时，发挥好政府在战略、规划等方面的引导作用，推进产业基础再造，加快关键核心技术攻关，打造更有韧性的现代化产业链供应链，培育更有竞争力的创新型企业，夯实高质量发展的坚实基础。

二、上海加快推动现代化经济体系建设的探索与实践

上海深入贯彻落实习近平总书记对上海工作的重要指示要求和中央经济工作会议精神，坚持将上海发展放在中央对上海发展的战略定位上、放在经济全球化大背景下、放在全国发展大格局中、放在国家对长三角发展的总体部署中思考谋划，继续当好改革开放排头兵、创新发展先行者。

（一）坚持推进高质量发展，展现开路先锋、变革示范新作为

作为中国最大的经济中心城市、展示我国经济现代化最新进展的重要窗口，上海坚持供给侧结构性改革，立足新时代，创造新奇迹，展现新气象。一是产业高质量发展迈出新步伐。加快构建新型产业体系，推动 20 世纪 90 年代提出的六大支柱工业转型升级，打造电子信息、生命健康、汽车、高端装备、先进材料、时尚消费品等六大重点产业。推动信息通信等技术加快发展，阿尔兹海默症等领域全球首研新药、PET—CT（正电子发射计算机断层显像）等国际一流医疗器械研发上市，一批人工智能标准加快制定，世界首条公里级高温超导电缆示范运行。二是服务高品质生活展现新图景。落实“人民城市人民建、人民城市为人民”重要理念，坚持一切为了让人民好用、爱用、受用，切实推进整体性转变、全方位赋能、革命性重塑，加快城市数字化转型，2020 年上海获我国首个世界智慧城市大奖；聚焦人民美好生活需要，加强绿色食品、时尚美品、智能用品、文创精品等时尚消费品供给。三是高效能治理蹚出新路子。深化政务服务“一网通办”、城市治理“一网通管”建设，着力打造城市生命体征系统，实现全生命周期管理，提升超大城市的治理体系和治理能力现代化水平。

（二）强化高端产业引领功能，推动产业基础高级化、产业链现代化

上海是中国的工业重镇，先进制造业、高科技产业的先行者。我们将强化高端产业引领功能作为产业发展的突破口，协同提升全球资源配置、科技创新策源、开放枢纽门户等功能，着力增强高端产业集聚力、辐射力、带动力、影响力。一是坚持把发展经济着力点放在实体经济上。2017 年率先发布“实体经济 50 条”，提出保持制造业比重稳定，有力提振了实体经济发展信心。2018 年以来实施两轮打响“上海制造”品牌三年行动计划，2021 年上海工业增加值首次超过 1 万亿元。二是提升产业能级和核心竞争力。加快发展集成电路、生物医药、人工智能等创新型产业，夯实高端装备等压舱石产业，布局民用航空等引擎产业，以及未来能源、未来材料等未来产业，推动质量变革、效率变革、动力变革；着力建设高端产业创新策源地、高端产业重要增长极，提高代表国家参与全球产业竞争合作的能力。

（三）坚持将创新作为第一动力，培育构建现代产业体系

习近平总书记指示上海要加快向具有全球影响力的科创中心进军。我们深刻学习领悟，着力强化上海科技创新策源功能，推动科创中心越来越成为现代化国际大都市建设的主引擎。一是加强硬核科技攻关。落实产业基础再造工程，全力打好产业基础高级化、产业链现代化的攻坚战，实现人工智能、新能源汽车等领域从跟跑向并跑领跑转变。二是加快培育集聚科创人才。推进上海产业菁英计划，集聚了 2.3 万 5G 研发人才，占全国 52%；18.9 万集成电路人才，占全国 40%；18.7 万人工智能人才，占全国 33.7%；创新药和智能车人才分别占全国约 1/4。三

是加快打造世界级产业创新高地。集成电路“全链发展 + 芯机联动”；生物医药“张江研发 + 上海制造”，获批一类新药占全国1/3，浦东生物医药立法颁布实施；人工智能“算法创新 + 场景赋能”，实施算法创新计划，建设国内首个地方人工智能标准体系。

（四）坚持发挥信息化引领作用，做强做优做大数字经济

上海落实网络强国、数字中国、数字经济等发展战略要求，加快激活数字经济新动能。一是着力打造AI新高地。2018年习近平总书记专门为首届世界人工智能大会发来贺信，强调“愿与各国共推发展、共护安全、共享成果”。上海落实相关指示精神，连续成功举办世界人工智能大会，成为全球人工智能行业的科技风向标、应用展示台、产业加速器、治理议事厅。二是全面推进城市数字化转型。成立市委、市政府主要领导为双组长的领导小组，构筑“2+3+5”四梁八柱，即《关于全面推进上海城市数字化转型的意见》《上海市全面推进城市数字化转型“十四五”规划》两个政策文件，经济、生活、治理三大领域数字化转型三年行动方案，以及政策措施、数据条例、数据交易所、数字化转型标准、数据集团。围绕经济、生活、治理三大领域数字化转型，建设“便捷就医少等待”“快捷停车助通畅”“数字酒店智管家”等41个超级场景；成立数字城市研究院、海纳工程院，开展前瞻研究，社会参与度、场景便捷度、市民体验度不断增强。三是加快布局新赛道。2020年发布“在线新经济23条”，疫情之下化危为机，目前上海网络文学、优选买菜、生活服务、第三方支付市场份额分别占全国约90%、80%、70%、60%。加快布局数字经济、绿色低碳等新赛道，强化智能网联汽车等终端带动，编制“一赛道一方案”，激活消费市场的长尾效应，将超级场景优势转化为新动能胜势。

（五）坚持市场经济规律本质要求，更大激发市场主体活力

上海落实习近平总书记关于激发市场主体活力、支持民营经济发展的要求，全力做深做实做优企业服务。一是坚持“两个毫不动摇”推动民营经济高质量发展。出台《上海市促进中小企业发展条例》，提出政府性融资担保机构担保放大倍数不低于5倍、担保代偿率可达到5%“两个五”；发布民营经济27条，降低企业经营成本，营造公平市场环境；培育制造业单项冠军26家，“专精特新”企业超3000家，国家级专精特新“小巨人”企业262家。二是打造市场化法治化国际化营商环境。建成上海市企业服务云，建立6000人企业服务专员队伍，服务覆盖10万企业，在2020年全国中小企业发展环境评估中综合排名第一；2020年获“获得电力”标杆城市，助力营商环境进一步优化。三是坚持“政府有为、专班推进 + 市场主导、揭榜挂帅”。建立投资促进、制造业数字化等工作专班，围绕“5G+”“工业互联网 +”“设计 +”等发布一批应用场景需求，促进市场供需对接。四是落实“五好五不缺”。全力保障“好项目不缺土地、好产业不缺空间、好应用不缺场景、好创意不缺人才、好团队不缺资源”，围绕规划用地、科技创新、项目建设、金融支持、人才培育、数据流通等方面，构建全要素生态资源池。

三、完整、准确、全面贯彻新发展理念构筑高质量发展新优势

上海将进一步深入学习习近平经济思想，加快提升产业信息化发展能级和核心竞争力。

（一）深入落实国家战略任务，在新发展格局中展现更大作为

将习近平总书记交给上海的重大任务、赋予的重大使命、作出的重要指示要求进一步落到实处。一是联动长三角打造世界级产业集群。以企业需求为导向开展长三角联合技术攻关，集中突破一批关键技术；提升产业链协作水平，推进集成电路、生物医药、人工智能三大先导产业，以及智能机器人、新型电力装备、节能与新能源汽车、新型显示等重点产业协作发展；加快G60科创走廊产业联盟和合作园区建设，率先推动产业链补链固链强链和科技成果转移转化。二是落实长江经济带发展战略。坚持共抓大保护、不搞大开发，持续推进产业结构优化升

级和资源循环利用，以数字化技术赋能长江禁渔，提高管控治理水平，做好生态环境系统保护和修复。三是支持浦东新区加快打造社会主义现代化建设引领区。落实《中共中央、国务院关于支持浦东新区高水平改革开放打造社会主义现代化建设引领区的意见》要求，在人工智能、智能网联汽车、生命健康等新兴领域探索更多突破，支持科技型创新企业加快发展；对标国际最高标准、最高水平推进更深层次改革、更高水平开放，在数据跨境流动、增值电信业务开放、生物类制品监管等方面支持浦东率先实现突破。

（二）持续前瞻布局新赛道，深化创新引领高质量发展

推动以科技创新为核心的全面创新，以高端产业为引领的动能转换，坚持企业在创新中的主体地位，当好创新产业的开拓者、创新理念的实践者。一是布局新赛道增强新动能。数字经济新赛道方面，围绕数字新产业、数据新要素、数字新基建、智能新终端等重点领域，加快培育新技术、新业态、新模式，打造世界级数字产业集群。绿色低碳新赛道方面，紧扣能源清洁化、原料低碳化、材料功能化等趋势，发展极致能效、低碳冶金、氢能产业、碳交易和碳金融、智能电网等新赛道。智能终端新动能方面，发展智能网联汽车，布局服务机器人、智能家居、智能穿戴等终端产品。二是持续推进产业基础再造工程。提高创新链整体效能，用好“揭榜挂帅”“赛马”等机制，加快补短板、锻长板。推动新技术、新模式、新业态等新动能培育成势，实现产业基础高级化、产业链现代化水平显著提高。三是加快建设全球卓越制造基地。保持与上海城市功能和高质量发展相适应的先进制造业比重，推动以专利、标准等为代表的产业软实力和龙头企业的国际竞争力大幅提升。

（三）贯彻人民城市重要理念，深入推进城市数字化转型

着力构建高端引领的数字经济创新体系，推进数字产业化和产业数字化，促进数字经济和实体经济深度融合，构建世界一流的数字化转型标杆城市，打造国际数字之都，推动数字化全面赋能高质量发展、高品质生活、高效能治理。一是加快经济数字化转型。培育壮大新生代互联网企业，加快建设张江在线、长阳秀带、虹桥在线新经济生态园等。推动工业互联网“平台＋园区”融合创新，打造一批制造业数字赋能平台，助力中小企业上平台，新增一批标杆智能工厂。二是加快生活数字化转型。深化标杆场景2.0建设，加快建设数享健康、数质成长、数畅出行等一批市民所关心受用的重点应用场景链。三是加快治理数字化转型。深化“一网通办”“一网统管”两张网建设，打造“高效办成一件事”“高效处置一件事”标杆场景。四是完善数字发展环境。优化数据交易所运行，制定数据交易规则，探索数据跨境流动，推动开放共享。五是夯实城市数字新基座。打造城市级数字底座、智能中枢、开发赋能平台，拓展5G室外基站建设，在实施“为困难家庭免费升级百兆宽带”实事项目基础上，进一步为市民提供畅通链接的信息基础设施保障和可及可用的数字化产品服务。

（四）着力优化营商环境，构建经济融通发展的系统生态

提升营商环境便利度、市场主体感受度，激发市场主体活力，推动营商环境数字化转型，着力打造创新引领的营商环境高地。一是促进大中小企业融通创新发展。支持一批拥有核心技术、用户流量、商业模式的龙头企业发展，支持做精“专精特新”企业；持续推动中小企业减税降费，推动各项惠企政策精准落到实处。二是推动金融、科技和产业良性循环与三角互动。更好发挥制造业转型升级、绿色发展、中小企业发展等国家基金引导作用，打造“产业基金＋产业链＋产业基地”股权投资特色模式。支持“硬科技”企业在科创板上市，深化“投贷保担租”联动发展，创新供应链金融模式。充分运用数字化手段，建设国家级、国际化的要素交易市场。

（本文原载于《习近平经济思想研究》2022年第5期）

加快推进信息化与工业化深度融合
促进新型工业化高质量发展

上海市经济和信息化委员会主任　吴金城

（2022 年 11 月 3 日）

两化融合是信息化、工业化高层次的深度结合，是以信息化带动工业化、以工业化促进信息化的新型工业化道路。习近平总书记指出，要把握数字化、网络化、智能化方向，利用互联网新技术对产业进行全方位、全链条的改造，发挥数字技术对经济发展的放大、叠加、倍增作用。中共十八大以来，上海深入贯彻习近平总书记重要讲话精神，成立市城市数字化转型工作领导小组、市制造业高质量发展领导小组，将两化融合作为推动产业经济高质量发展的重要抓手，一手抓激发产业数字化创新活力，一手抓激活数字产业化引擎动力，提升两化深度融合生态承载力，促进新型工业化高质量发展。

一、深化创新驱动，推进制造业数字化转型

制造业数字化转型是中国制造转变为中国智造的关键一招，是提升我国制造业核心竞争力的重要抓手。上海开展“工赋上海”行动，率先布局智能制造和工业互联网。

实施智能制造工程，抢占高端产业制高点。将智能制造作为产业转型升级的重要突破点，推动产业提质增效，智能制造系统集成工业总产值突破 500 亿元，智能制造装备规模达到 800 亿元，全国领先。建立标杆性智能工厂、智能工厂、优秀场景三级智能工厂梯度培育体系，制订“一厂一案”、专班推进机制，组织企业智能化改造诊断，重点培育离散型智能制造、流程型智能制造、网络化协同制造、大规模个性化定制、远程运维服务等五类智能制造新模式，建设 60 家智能工厂，打造 5 家灯塔工厂，2 家企业获评国家级智能制造标杆企业；机器人密度达到 260 台／万人，是国际平均水平两倍多。

工业互联网深入发展，赋能产业新动力。着力完善平台赋能体系，建成宝信、电气数科等 20 个有影响力的工业互联网平台，链接全球 120 万家企业、822 万台工业设备、153 万个工业数据集，涌现 3.5 万个工业 App，持续推动产业数字化纵深演进。联动长三角建设全国首个工业互联网一体化发展示范区，全国首个工业互联网新型工业化产业示范基地（松江），承建工业互联网标识解析国家顶级节点。持续开展工业互联网“春天行动”，推动约 100 个重点项目列入国家级工业互联网创新示范，数量居全国前列。2021 年，上海工业互联网平台普及率 19.1%，居全国第二；工业互联网模式创新突破比例 9.5%，居全国第三；数字化研发设计工具普及率 87.7%，居全国第一；2500 余家规模以上工业企业基于数字化转型平均降本 8.4%、提质 7.14%、增效 10.7%。

二、强化科技支撑，推进重点产业领域数字化转型

上海坚持供给侧结构性改革，加快构建新型产业体系，发展集成电路、生物医药、人工智能等创新型产业，打造电子信息、生命健康、汽车、高端装备、先进材料、时尚消费品六大重点产业，按照“一业一策、分类推进”原则，建立工作推进专班，着力推动产业数字化转型。电子信息领域，聚焦 IC 设计、装备、材料等关键环节，通过国家智能传感器创新中心等数字化协同平台实现上下游联合攻关，打造数字全流程、模拟及晶圆制造全流程

EDA 工具链。生命健康领域，聚焦 AI+ 新药辅助研发、临床试验、生产加工等环节，构建基于标识的医药供应链，如国药生物上海公司研发“疫苗追溯码”，实现疫苗冷链物流作业零差错。汽车领域，发挥上汽等链主企业优势，打造集合汽车原材料供应、设计研发、制造物流、售后服务等数字供应链体系，培育“数据决定体验、软件定义汽车”的新模式。高端装备领域，聚焦航空、航天、船舶、能源，推动复杂产品设计、生产、服务全过程的数字孪生，推动云设计、云仿真、云评估、云验证，如沪东造船厂剥离出来的东欣软件，成为国内唯一有能力为船海企业提供设计、制造、管理等完整自主工业软件产品的软件公司。先进材料领域，深入推进“数字 +”，赋能企业加快研发设计、生产过程、供应链、设备能源、安全环保等全方位管控和协同优化，如华谊新材料智能工厂实现计划、生产、操作“全程在线、闭环式管理”，正在打造国内首个化工行业“灯塔工厂”。时尚消费品领域，聚焦食品、饰品、化妆品、康复用品、电子消费品等，打通消费互联网和工业互联网，形成“需求定义设计、需求定义制造”的新供求关系，如致景科技连接全国 45 万台设备，覆盖全国 1/3 产能。

三、立足项目牵引，激发企业主体新活力

企业是推动信息化和工业化融合发展的主力军，上海全力做好企业服务的“店小二”工作，通过数字化赋能企业组织模式、业务方式与就业范式创新变革，提升产业链供应链竞争力和韧性，促进大中小企业融通发展。一是推动两化融合贯标，依托国家现有的完善推进体系和支持政策，全面开展 DCMM 贯标，累计开展两化融合管理体系评估超 1 万家，启动企业两化融合管理体系升级版贯标超 2000 家，上海两化融合发展指数达到 105，全国领先。二是培育行业领军企业。实施“工赋链主”梯度培育工程，聚焦工业标识解析、工业数据等专业服务，遴选培育超 100 家工业互联网“隐形冠军”。发挥“链主”企业的雁阵带动效应，建设落地一批产业链协同等综合性应用场景。深度发掘一批值得全市推广复制的应用场景，以“揭榜挂帅”方式，推动首批 196 个 AI+、5G+、区块链 +、北斗 + 等应用场景开放。三是加快优质项目落地。推动海尔、小米等近 50 家工业互联网重点企业与市区开展战略合作。培育壮大新生代互联网企业，加快建设张江在线、长阳秀带、虹桥在线新经济生态园等特色产业园区建设，推动重大项目加快落地。

四、夯实发展底座，打造两化融合发展新生态

上海高度重视新型基础设施建设，持续巩固提升数字发展服务能力和水平，筑牢两化融合走实向深的发展底座。一是夯实两化融合基础设施。实施“双千兆宽带城市加速度计划”，累计建设 5G 室外基站超 5.5 万个，室内小站超 19 万个，累计推进 756 项 5G 创新应用，实现中心城区和郊区重点区域连续覆盖，宽带用户下载速率总体达 66.35Mbit/s。聚焦连接、计算、融合能力实现“三提升”，优化算力设施布局，统筹推进人工智能计算公共服务平台建设。制订 IPv6 流量提升和应用创新三年行动计划。二是推动工业大数据创新发展。发布实施《上海市数据条例》，聚焦数据权益保障、数据流通利用、数据安全管理三大环节；揭牌上海数据交易所，对接数商 300 余家，挂牌数据产品 80 余个；召开全球数商大会，首批 100 家数商企业签约，“数商”新业态加速构建；依托工业大数据联合创新实验室，推动数据、算法、机理综合创新和赋能。三是提升关键核心技术支撑能力。组织开展网络安全、工业软件等关键技术攻关，持续释放数字产业化动能。实施工业软件三年行动计划，重点聚焦 CAD、CAE 等基础性、关键性、紧缺性软件，部署攻关任务。加强关键数字技术突破、软件和智能产品升级，打造人工智能、区块链、工业软件、量子通信等领域近百个重点项目。

党的二十大报告提出，坚持把发展经济的着力点放在实体经济上，推进新型工业化，加快建设制造强国、网络强国、数字中国。上海坚决贯彻落实党中央决策部署，坚持以新一代信息技术与制造业深度融合为主线，聚焦

建设现代化产业架构，围绕元宇宙、在线新经济等新赛道、新品牌，培育发展新动能，着力打造“链主”平台、智能工厂、超级场景、创新生态“四位一体”的两化融合发展体系。面向未来，上海将坚持走好“科技含量高、经济效益好、资源消耗低、环境污染少”的新型工业化道路，续写两化融合发展新篇章。

（本文原载于 2022 年 11 月 3 日《中国电子报》）

2023·上海工业年鉴

SHANGHAI INDUSTRIAL YEARBOOK

服务大局勇担当　创新开拓再出发 推动产业经济和信息化高质量发展

上海市经济和信息化委员会

（2022 年 12 月 31 日）

一、2022 年工作总结

2022 年，上海产业和信息化系统深入学习贯彻落实中共二十大精神、市第十二次党代会精神，按照中共上海市委、市政府工作部署，推动产业经济和数字化转型稳中求进、稳中有进、进中提质。

（一）产业现代化迈开新步伐

落实党的二十大提出的“建设现代化产业体系”要求，抓住数字化、绿色化两个转型，推动产业信息化提质增效；聚焦集成电路、生物医药、人工智能三大先导产业，打造世界级产业集群；发展电子信息、生命健康、汽车、高端装备、先进材料、时尚消费品六大重点产业；谋划数字经济、绿色低碳、元宇宙、智能终端四大新赛道产业；前瞻布局未来健康、智能、能源、空间、材料五大产业集群。

（二）产业经济稳中提质

规模以上工业总产值保持在 4 万亿量级，汽车、电子、医药、电力、烟草、钢铁等重点行业实现正增长。举办 2022 上海全球投资促进大会，322 个总投资 5658 亿元重大产业项目集中签约，48 个总投资 1627 亿元项目集中开工；持续开展“四个一批”抢开工、促投资行动。工业投资规模创历史新高，同比增长 0.6%。

（三）创新驱动持续见效

集成电路、生物医药、人工智能三大先导产业规模达到 1.4 万亿元。其中，生物医药 4 个 1 类创新药、8 项医疗器械产品获批上市，2022 上海国际生物医药产业周签约总投资 325 亿元；人工智能出台全国首部省级地方性法规，2022 世界人工智能大会签约 25 个重大项目。工业战略性新兴产业产值占规模以上工业总产值比重达 43%，比 2021 年提升 2.4 个百分点；新能源汽车产量近 100 万辆，增长 56%，累计推广突破 100 万辆，浦东新区无驾驶人智能网联汽车法规出台实施；“全球动力之城”启动建设，C919 取证交付，梦天实验舱成功发射，全年工业机器人产量超 7 万台；世界首条公里级高温超导电缆示范工程平稳运行一周年。软件和信息服务业营业收入 1.4 万亿元，增长 8.7%；生产性服务业 14 家企业入选国家级服务型制造示范单位；首届世界设计之都大会秀出世界波、国潮风、科技范，大力发展“时尚八品”，遴选 37 家市级品牌引领（培育）示范企业。培育零碳工厂 13 家、数据中心 1 家、园区 2 家，单位工业增加值能耗同比下降 4% 左右。

（四）产业信息化拓展新局面

“一业一策”推进制造业数字化转型，实施智能工厂领航计划，累计打造 3 个国家级标杆工厂，培育首批 10 家“工赋链主”企业。张江在线、长阳秀带、虹桥之源 3 家在线新经济生态园集聚一批龙头企业，张江数链、元创未来两家元宇宙特色产业园区挂牌。实施“数字伙伴计划”，深化交通、教育、医疗等 25 个标杆场景建设。普陀海纳小镇、临港数字孪生城、徐汇滨江等 8 个市级数字化转型示范区揭牌，数据交易所、国际数据港能级加快提升。累计建设5G室外基站6.8万个，推进800余项5G创新应用，数字化对城市发展的支撑赋能作用更加彰显。发布2022版上海市产业地图，新推出第三批13个特色产业园区，成立百亿级园区高质量发展基金，产业优质载体品牌更响亮。市级“专精特新”企业超7500家，国家“专精特新”小巨人企业500家，蝉联全国中小企业发展环境评估综合得分第一名。制定重点产业人才专项奖励政策，覆盖8个重点产业领域；高层次人才、产业菁英、卓越工程师、高技能人才构成的产业人才梯队更加完善。

二、2023年工作要点

2023年，按照工信部和市委、市政府部署，以高质量发展为主题，坚持稳中求进工作总基调，坚持发展和安全并举，加快构建现代化产业体系，牢牢把握新数字融合智能化、新能源生态绿色化两大趋势，聚力稳住产业经济增长、稳住产业链供应链、稳住战略功能地位，不断开辟新领域新赛道，塑造发展新动能新优势，实现产业信息化质的有效提升和量的合理增长。

（一）实施先导产业集群专项

促进先导产业创新要素和市场主体集聚。生物医药，加快推动新靶点新机制创新药、细胞与基因治疗药物、高端诊疗装备、植介入器械等创新药械产品研发与上市，深入实施“张江研发＋上海制造”联动发展战略，推动高端原料药生产基地布局建设，深化产医、产融、产教、产研和数字化转型。人工智能，落实人工智能产业发展条例，持续实施算法创新行动计划。

（二）壮大六大重点产业集群

巩固放大优势产业领先地位，提升六大重点产业集群竞争力。电子信息，布局超高清视频全产业链发展，推进电子代工企业产线智能化改造，发布新一批智慧健康养老产品及服务目录。生命健康，推动康复辅助器具、智能医疗机器人、在线医疗等发展，加快新冠治疗药物研发和产业化，促进智能化影像诊断平台、临床辅助决策系统等新技术融合成果的开发应用。汽车，推动行业进一步释放产能，鼓励重点车企扩大出口，推进汽车产业补链固链强链；新增推广新能源汽车，拓展国家燃料电池汽车示范应用。高端装备，深入推进全球“动力之城”建设，实施重大技术装备攻关工程，推动重大装备“链长”企业创新布局，推动国产大型邮轮建造和交付，加快首台套装备突破应用，崇明长兴推动海洋装备产业集群发展。先进材料，建设大纤维、膜材料、航空复合材料创新载体，推动大丝束碳纤维、高性能弹性体产能建设，布局新材料创新成果中试转化基地。时尚消费品，围绕智能用品、生活佳品、数字潮品等“时尚八品”实施十大行动，推进“上海制造”品牌梯队建设，筹办上海制造佳品汇，打响东方美谷化妆美品、新食尚精致食品等特色产业园区品牌。

（三）推进新赛道和未来产业布局

推出一批新赛道平台载体和示范应用，增强产业新动能。数字经济，引进汇聚数字经济龙头企业，制定支持在线新经济健康发展新一轮政策，推动虹桥之源等在线新经济生态园建设，培育30家以上在线新经济领军平台；围绕供应链数字化改造、大宗商品贸易流通等场景，打造一批区块链技术标杆示范，静安区推进国家区块链创新应用试点。绿色低碳，践行碳达峰碳中和战略，开展绿色低碳产业培育行动，分层培育绿色低碳龙头企业、核心企业和特色企业；发展绿色制造，新培育“四绿”企业50家、绿色供应链1–2条、零碳示范工厂5–10家。元宇宙，建设张江数链、漕河泾元创未来等特色园区，谋划成立元宇宙产业基金，培育创作者经济，打造一批示范应用场景。未来产业，围绕未来健康、智能、能源、空间、材料等未来产业，布局张江、临港、大零号湾等第一批未来产业先导区。

（四）实施智能终端升级专项

加快智能新能源汽车终端技术突破，推动无驾驶人智能网联汽车创新应用立法深入实施，促进临港加快无人驾驶先导区建设，发布智能网联汽车高（快）速路测试与示范指导意见，促进智能重卡从“减人化”向“无人化”运营方式转变。推动智能机器人技术开发和应用，促进重点企业市场创新推广，建设智能机器人展示中心。加快虚拟现实智能终端硬件突破和落地，培育1–2个具有标识度的终端品牌，发展适老化智能穿戴设备及智能运动器械，拓展全场景家庭智能服务。

（五）深入推进制造业数字化转型

实施制造业数字化转型“一业一策”，发布一批数字化转型攻关计划，分批实施制造业数字化转型重大项目，推出50个重点产业领域数字化应用场景，成立上海工业数字化研究院等功能型机构。实施“工赋链主”梯度培育工程，建设“一链一平台”和“一链多场景”，新增10家“工赋链主”培育企业，落地20个超级场景。打造工赋平台智联中心，建设微服务组件平台，促进平台间生态合作。

（六）实施工业互联网和智能工厂领航

开展工业互联网平台应用水平评价，提升工业互联网平台发展能级，打造10个具有全国影响力的工业互联网标杆平台。发布工业互联网专业服务商推荐目录，培育20个以上细分领域专业服务商。实施“平台＋园区”融合创新工程，打造3–5家“平台＋园区”试点示范。开展工业互联网“百城千园”上海站专题活动。开展两化融合管理体系贯标，建立制造业数字化诊断推进体系，完成1000家规上制造企业数字化诊断。开展智能工厂“20035”行动，优化完善全市智能工厂专班推进机制，分级分类推进智能工厂梯度建设，举办“百场万企”智能工厂系列活动。推进智能制造供给培优行动，培育一批智能工厂评估诊断机构和数字化转型服务商。

（七）实施重大应用场景建设

数字化转型场景，围绕“急难愁盼”需求，聚焦应用场景创新、新兴技术赋能、数据资源共享利用等切入口，形成可复制推广的场景建设模式，着力打造需求精准响应、服务均衡惠及、潜能有效激发、价值充分实现的数字生活新图景。融合应用场景，编制人工智能示范应用清单，加快张江、国家会展中心等重大场景建设；推动生物制品、植介入器械等创新药械临床应用；优化在线办公、在线教育、在线文娱等内容供给和服务体验，促进在线新经济业态和模式创新。

（八）推动数字化重大项目建设

加快构建体系完整的城市数字底座，推进城市数字孪生根技术平台、城市时空智能中枢、浦江链、算力网、智算港、车路网等功能型项目建设。落地实施五个新城数字化转型规划，推进数字化转型示范区标杆项目和创新平台建设。用好城市数字化转型体验展示中心和数字化转型体验周等平台，打响“数都上海”品牌。

（九）推动数字基础设施优化供给

围绕“算、网、云、用、安”，一体化推进公共算法中心、智能制造等数字基础设施建设，持续提升“双千兆”网络服务能级，深化中心城区、五大新城及郊区城镇化地区5G网络覆盖，优化老旧电话亭升级改造、住宅小区地下车库信号覆盖。开展IPv6流量提升和应用创新行动。

（十）全力做好无线电管理和保障

优化无线电频率使用方案，保障车联网、轨道交通等应用场景专用频率使用需求。建立批后监管长效机制，加强5G工业专网领域专用频率使用监管，建立无人机无线电反制设备管理机制，做好重大活动无线电安全保障。持续加强台站精细化管理，增强台站管理平台和基站电子数据交互平台功能；推进重要行业台（站）保护协调，保障重要台（站）电磁环境。强化无线电发射设备型号核准技术测试、销售备案等管理，推动无线电领域信用分级分类监管办法、各领域轻微免罚清单制度落地实施。推进无线电检测公共服务平台建设。

（十一）加强投资促进工作

创新招商模式，搭建数字化招商平台，加强招投联动，组织开展海外招商活动，举办全市投资促进主题活动，完善市区联动招商新格局。围绕数字经济、绿色低碳、元宇宙、智能终端等，开展重点领域招商专项行动，聚焦产业链链主、上下游及配套关键环节，力争推进100个以上重大产业项目开工建设，实施技术改造增效行动。

（十二）特色产业园区打造和产业园区城市更新

发挥产业地图引导布局优化作用，制定促进特色产业园区高质量发展若干意见，完善特色产业园区评价机制，动态调整特色产业园区公告名录。打响五个新城“一城一名园”和特色产业园区品牌，推进新型工业化产业示范基地、先进制造业集群建设，推动莘庄工业区等创建国家级产业园区。

（十三）推动现代服务业与制造业深度融合

培育一批总集成总承包链主企业，推进服务类电商、工业大宗电商、工业品电商等集群发展，推动洁净产业赋能“3+6”重点领域，提升智能运维技术水平和服务能级。推进服务型制造创新与研究中心建设，实施寻找服务型制造种子计划，推广一批共享制造、个性化定制等示范模式。举办第四届工业品在线交易节系列活动，加强数字供应链联盟建设。筹办世界设计之都大会，加快培育国家级和市级工业设计中心和企业；推广上海设计100+，举办上海设计周。

（十四）中小企业梯度培育

完善中小企业服务体系，提升企业服务专员和平台功能，持续开展助企纾困专项行动；制订助力中小微企业稳增长调结构强能力实施方案。加快优质中小企业梯度培育，扩大创新型中小企业、“专精特新”企业、专精特新“小巨人”企业规模，推进中小企业特色产业集群建设。举办“数字化服务周”活动，提升中小企业数字化转型公共服务效能。开展“中小企业服务月”活动，举办“创客中国”大赛。推动优质企业上市融资，促进民营经济发展壮大。

（十五）加强产业链生态营造

强化产业信息化法治保障，落实生物医药、人工智能、智能网联汽车等领域法规。加强“两会”代表建议和提案的分办、接收和承办，做好“两会”现场咨询办理工作。开展“产业 + 科技 + 金融”创新试点，探索产融合作应用模式，遴选一批典型案例，打造产业、科技和金融融合功能平台，促进产业、科技和金融形成良性循环机制。办好重大会展活动，深化国内外产业合作交流，提升国际开放合作平台功能。

2023·上海工业年鉴

SHANGHAI
INDUSTRIAL
YEARBOOK

上海落实制造强国战略工作情况

2022年，上海市深入贯彻制造强国战略，加快推动制造业高质量发展，努力打造高端制造业增长极，促进全市经济发展和产业转型升级。

一、推动“上海制造”重点产业集群发展

加快上海制造六大高端产业集聚发展。电子信息：和辉光电二期实现达产，奥来德OLED有机发光材料投产，深入开展超高清视频“百城千屏”活动，在五个新城落地一批大屏，制定智能物联两项地方标准。生命健康：推动新冠治疗药物VV116研发应用，腺病毒载体、mRNA等新型新冠疫苗多点研发生产；推动辅助康复器具、智能医疗机器人等扩大应用。汽车：新能源汽车产量99万辆，增长56.5%，其中出口50万辆；新增推广新能源汽车33.6万辆，累计推广突破100万辆；开展近千辆燃料电池汽车示范应用，累计推广2300辆；智己汽车首款纯电动车型、飞凡汽车纯电动SUV车型上市交付；新能源汽车集群获批国家先进制造业集群。高端装备：“全球动力之城”规划发布并启动建设，C919大型客机实现全球首架交付、梦天舱成功发射，长江1000发动机飞行台首飞样机、ARJ21辅助动力装置控制软硬件样件完成研制，第二艘国产大型邮轮开工建造，上海商用航空发动机产业创新研究院、国家海洋动力装备产业计量测试中心获批成立，成功举办首届国际重大技术装备产业链大会，建立长三角重大技术装备协同创新发展工作机制。全年工业机器人产量超7万台，继续位居全国城市首位，重型燃气轮机试验基地加快建设，制订四大工艺提升实施意见。先进材料：国内首个万吨级48K大丝束碳纤维项目正式投产，世界首条公里级高温超导电缆示范工程平稳运行一周年，成立新材料产业数字引擎联盟、膜材料产业联盟、催化新材料联盟，英威达己二腈等重点项目加快建设。时尚消费品，发布实施时尚消费品产业高质量发展行动计划，举办第三届上海制造佳品汇，遴选37家市级品牌引领（培育）示范企业。静安区创建全球化妆品总部集聚中心。

二、加快“上海制造”先导产业引领发展

加快上海制造三大先导产业创新引领。集成电路：装备、材料等一批核心技术取得重要突破，中芯东方、积塔二期、超硅扩产项目正式开工；组织实施一批汽车电子芯片产业化项目，芯机联动和全产业链加快融合发展，产业规模突破3000亿元。生物医药：新增获批4个1类国产创新药、8项医疗器械产品通过国家创新特别审批程序上市；碧博生物、伯杰医疗等32个重大项目开工建设，成功举办2022上海国际生物医药产业周，产业规模突破8000亿元。人工智能：全国首部省级地方性法规发布实施，13个项目入围工信部产业创新任务揭榜，布局国际算法创新基地，初步建成亚洲最大人工智能算力中心，成功举办2022世界人工智能大会，百度昆仑芯、云从科技、晶泰等20多个重大项目签约落地，产业规模突破3500亿元。

三、培育“上海制造”新动能新增长点

发布实施四大新赛道产业三年行动方案。数字经济和元宇宙，虹桥之源在线新经济生态园成立，一批在线新经济和新生代互联网企业集聚发展。举办上海信息消费节，带动信息消费超350亿元。挂牌张江数链、元创未来元宇宙产业特色园区，成立元宇宙产业发展专家委员会。徐汇、长宁等区发布元宇宙发展政策措施，虹口打造北外滩元宇宙发展和应用示范区。绿色低碳，发布工业和通信业节能降碳“百一”行动计划，制定零碳物流园区创建与评价等四项团体标准，培育零碳工厂13家、零碳数据中心1家、零碳园区2家、市级绿色工厂66家、市级绿色供应链主体11家和绿色产品15项。智能终端，推动无驾驶人智能网联汽车创新应用法规发布实施，发布智能网联汽车示范运营实施细则及首批示范运营牌照，国家智慧城市基础设施与智能网联汽车协同发展项目完成试点；制订上海市智能机器人推荐目录，推出国内首批自适应机器人、核酸检测机器人等智能终端，首台核心零部件“全长三角造”工业机器人下线。

四、提升“上海制造”产业基础再造能力

推进实施80个核心技术攻关项目、两批57个战新项目。编制14个重点产业链安全研究报告、上海产业基础再造发展报告。发布壮大未来产业集群行动方案，布局未来健康、智能、能源、空间、材料五个方向16个重点领域。发布企业技术中心管理办法和评价指南、制造业创新中心建设工程实施方案。完成先进纺织品、智慧医疗两个制造业创新中心创建评审，筹建电子化学品等5家制造业创新中心。2家国家技术创新示范企业和7家国家企业技术中心获批，认定109家市级企业技术中心。遴选34家市质量标杆，6家单位入选全国质量标杆，认定84件创新产品。打造产业技术创新生态，举办第六届创新与新兴产业发展国际会议、产业技术创新大会，发布硬核科技企业100强榜单，启动重型燃气轮机领域联合创新计划，推进研发活动产业化。设立第二批5000亿元创新型企业金融信贷专项。

五、深化“上海制造”和服务业融合发展

生产性服务业：14个企业、平台和项目入选国家级服务型制造示范单位，松江区获评全国服务型制造示范城市，遴选市级服务型制造示范单位34家。软件和信息服务业：制定工业软件推荐目录，筹建汽车、船舶行业工业软件创新中心，发布网络安全产业创新攻关成果目录，开展网络安全保险产品及服务试点。制订总集成总承包、产业电商、工业洁净、智能运维等领域行动方案。选树快递物流业与制造业融合发展典型案例15个。新培育4家生产性服务业功能区。举办第三届工业品在线交易节，交易额超过470亿元，发布2022产业电商创新榜单。创意和设计产业：成功举办首届世界设计之都大会，培育58家市级工业设计中心、13家设计引领示范企业。

（赵广君）

上海“3+6”重点产业发展情况

2022年，上海市在稳住产业经济增长、稳住产业链供应链、稳住战略功能地位的同时，力争提高产业核心竞争力、打造现代化产业体系，强化高端产业引领功能，推动三大先导产业跨越升级、六大重点产业创新突破。全市三大先导产业规模超过1.4万亿元。其中，集成电路产业规模超3000亿元，生物医药产业规模超8000亿元，人工智能产业规模超3500亿元。

一、2022年三大先导产业发展情况

集成电路。一是重大项目建设取得进展，中芯东方、积塔二期、超硅扩产项目正式开工。二是建设电子化学品专区，本地配套率超过50%。建设设计产业园、东方芯港等6个特色产业园区，形成20平方公里产业空间。组织实施一批汽车电子芯片产业化项目，芯机联动和全产业链加快融合发展。

生物医药。一是新增已获批1类国产创新药4个（复宏汉霖的斯鲁利单抗注射液、乐普生物的普特利单抗注射液、华领医药的多格列艾汀片和璎黎药业的林普利塞片，其中斯鲁利单抗注射液、多格列艾汀片这两款创新药在本地生产制造），获批数量居全国第一。二是新增通过国家创新医疗器械特别审批通道获批的器械9项（分别是微创心脉的直管型胸主动脉覆膜支架系统、微创医疗机器人的腹腔内窥镜手术系统、安翰医疗的消化道振动胶囊系统、联影智能的颅内出血CT影像辅助分诊软件、联影医疗的磁共振成像系统、艾普强的质子治疗系统、微创电生理的一次性使用压力监测磁定位射频消融导管、爱声生物的一次性使用血管内超声诊断导管、联影医疗的医用血管造影X射线机），累计31个获批上市，数量约占全国总量的1/6。三是全年新增11家生物医药企业科创板上市，累计30家生物医药企业在科创板上市。碧博生物、伯杰医疗等32个重大项目新开工。四是加速临床赋能产业和创新成果转化。发布上海市首批产医融合创新基地（中山医院、瑞金医院）并授牌；依托申康中心着力推进临床研究的生物医药医企联动信息平台建设，推出市级医院医企协同研究创新平台2.0版；谋划打造“Bio Shanghai产医融合·政享荟”品牌活动，搭建本市政医企的官方交流沟通平台，提升专业服务能级。

人工智能。一是创新性成果集中涌现，持续布局技术攻关。算法领域迭代创新，天壤自研TRFold平台，精度接近AlphaFold2，实现单张GPU 16秒精准预测蛋白质链；英矽全球首款由AI发现的抗纤维化药物推入I期临床；联影颅内AI影像辅助决策软件获国内首个NMPA创新通道审批通过的三类证。智能终端多点突破，节卡AI移动助手机器人助力构建高度柔性生产线，打造智能工厂；微创机器人图迈手术机器人获NMPA批准上市，成为全球第二、国产首个全面覆盖胸腹盆腔领域的临床腔镜手术机器人；西井百辆无人驾驶商用车Q-Truck落地泰国、阿布扎比等海外地区。基础设施领域，商汤“新一代人工智能计算与赋能平台”成功点亮进入试运行，上架算力3000Pflops。此外，在工信部组织的揭榜挂帅中，博睿康脑机接口等30个项目入围智能医疗器械揭榜，数量居全国第二。二是重大应用场景连线成面。2022世界人工智能大会上，中共一大会址“数字一大”纪念馆、国家会展中心“智慧展馆”、张江科学城“未来孪生之城”等6个元宇宙重大应用场景发布，打造人工智能和元宇宙融合发展的标杆示范。在工信部公示的“智赋百景”清单中，上海的“东海大桥洋山深水港自动驾驶场景”等18个场景入选全国百个典型人工智能应用场景，总数居全国第一。在“大上海保卫战”期间，组织擎朗、达闼、有个、钛米等10余家企业千余台智能服务机器人和无人车投入实战，在临港、国展中心等方舱医院规模应用，形成了“服务租赁+系统集成”的模式。三是全国首部人工智能领域省级地方性法规《上海市促进人工智能产业发展条例》于10月1日起正式实施。条例倡导“以人为本”的发展理念，提出加大要素供给、破解产业瓶颈、激励应用落地、强化发展安全。条例为上海人工智能发展提供有力保障，同时也为国家建成完善的人工智能法律法规体系走出开创性的一步，贡献上海

智慧。四是成功举办2022世界人工智能大会。大会以“智联世界元生无界”为主题，构建“会展赛用才”五大板块，通过开闭幕式、战略专家咨询会议、主题论坛、行业专题论坛等121场线上线下活动，搭建国际交流平台，助力打造良好产业发展生态。

二、2022年六大重点产业发展情况

电子信息。和辉光电二期正式达产，奥来德OLED有机发光材料投产，深入开展超高清视频“百城千屏”活动，在五个新城落地一批大屏，制定智能物联两项地方标准。

生命健康。加速VV116新冠治疗药物研发应用，腺病毒载体、mRNA等新型新冠疫苗多点研发生产；推动辅助康复器具、智能医疗机器人等扩大应用。

汽车。新能源汽车产量近100万辆，比上年增长56%，推广新能源汽车超过33万辆，累计推广突破100万辆；开展近千辆燃料电池汽车示范应用，累计推广2300辆；智己汽车首款纯电动车型、飞凡汽车纯电动SUV车型上市交付；新能源汽车集群获批国家先进制造业集群。

高端装备。“全球动力之城”规划发布并启动建设，C919大型客机实现全球首架交付、梦天舱成功发射，航空发动机研制取得突破，第二艘国产大型邮轮开工建造，上海商用航空发动机产业创新研究院、国家海洋动力装备产业计量测试中心获批成立，成功举办首届国际重大技术装备产业链大会，建立长三角重大技术装备协同创新发展工作机制。全年工业机器人产量超7万台，继续居全国城市首位，重型燃气轮机试验基地加快建设，推进宁德时代、天合光能等项目开工，制定四大工艺提升实施意见。

先进材料。首个万吨级48K大丝束碳纤维工程第一套国产线在上海石化碳纤维产业基地投料开车，国产氧化铝连续纤维临港产业基地一期投产。产业链集聚效应初步显现。世界首条公里级高温超导电缆示范工程平稳运行一周年，节能效果超预期。重点支持航空航天及高端装备、信息技术、高端医疗等配套材料和关键基础材料的应用研发和首批次应用，获得首批次支持项目60%达到国际先进或领先水平，40%达到国内领先。

时尚消费品。发布实施时尚消费品产业高质量发展行动计划，举办第三届上海制造佳品汇，遴选37家市级品牌引领（培育）示范企业。成功举办首届世界设计之都大会，培育58家市级设计创新中心、13家设计引领示范企业。黄浦区推进上海设计之都示范区建设，静安区创建全球化妆品总部集聚中心。

（殷　勇）

打响“上海制造”品牌三年行动计划执行情况

2022年，上海市深入贯彻中共二十大精神，以制造业为实体经济主战场，持续落实打响“上海制造”品牌三年行动计划，凝心聚力、攻坚克难，着力打造产业创新生态，推动制造业稳中有进、进中提质。

一、名品打造专项行动

创新产品不断涌现。C919大型客机实现首架交付，ARJ21支线客机累计交付100架，长江-1000发动机完成飞行台首飞测试，梦天舱成功发射，“福建舰”航母成功下水，第二艘国产大型邮轮开工建造。12英寸大硅片实现规模量产，腺病毒载体、mRNA等新型新冠疫苗多点研发生产，新冠治疗药物VV116获批上市。国内首个万吨级48K大丝束碳纤维项目正式投产，智己首款纯电动车型、飞凡纯电动SUV上市交付，发布实施时尚消费品产业高质量发展行动计划，遴选37家市级品牌引领（培育）示范企业。

二、名企培育专项行动

重点企业培育力度加强。累计培育市级创新型中小企业近1万家、市级“专精特新”企业超7500家、国家级“专精特新”小巨人企业500多家。加快建设南虹桥、张江、市北高新3个民营经济总部集聚区，继续推进宁德时代、正大天晴等重大项目落地建设。推动中国电信、中国电子、中国石油、中国诚通等央企与市政府三轮战略合作，共签约近百个项目、总投资8000亿元。企业发展环境不断优化，继续蝉联全国中小企业发展环境评估综合排名第一，完善市区两级“1+16+X+N”中小企业服务体系，中小企业服务专员超6000名，覆盖企业9.3万家。

三、名家汇聚专项行动

产业人才队伍建设提速，实施产业菁英高层次人才培养专项，组织开展第二批遴选。实施三大产业人才培育专项，发布三大产业人才发展白皮书，积极探索与高校联合培养模式，与上海大学合作开展四期集成电路紧缺人才培训项目，加快推进卓越工程师培养专项和工程硕博士培养改革试点。制定完成重点产业领域人才专项奖励实施办法，每年预算5亿元，对1700家左右企业、2万名产业人才实施奖励，构建高质量人才供给体系。

四、名园塑造专项行动

产业园区能级不断提升。全市产业园区完成规模以上工业总产值3.15万亿元，单位土地产出88.88亿元／平方公里，工业总产值超千亿元开发区（产业基地）14个。推出第三批特色产业园区，全市共53个特色产业园区，空间规模达200平方公里，可供产业用地近40平方公里，可供物业2900万平方米，全年特色产业园区工业总产值13617亿元。加快建设新城“一城一名园”，奉贤新城东方美谷、松江新城G60科创走廊、青浦新城长三角数字干线、嘉定新城国际汽车智慧城、南汇新城数联智造等“名园”品牌进一步打响，成为具有标识度和竞争力的产业地标。

五、数字创智专项行动

产业数字化加速推进。发布制造业数字化转型实施方案，开展首批10家“工赋链主”企业培育。青浦工业区、上海湾区高新区入选工信部首批工业互联网“平台＋基地”试点，13个重点项目入选工信部2022年度新一代信息技术与制造业融合试点示范。认定市十大工业互联网标杆平台，遴选50个数字化典型应用场景。启动智能工厂领航行动计划，推动规上工业企业智能制造评估诊断与改造提升，累计遴选100家市级智能工厂和10家标杆工厂，累计8家企业入选国家智能制造示范工厂、3家企业获评国家级标杆性智能工厂、49个场景入选国家智能制造优秀场景，全市规模以上工业企业机器人密度达到260台／万人，达到国际平均水平两倍以上。

六、技术创新专项行动

产业基础创新能力快速提升。推进实施80个核心技术攻关项目、两批57个战新项目。编制14个重点产业链安全研究报告、上海产业基础再造发展报告。发布企业技术中心管理办法、企业技术中心评价指南、制造业创新中心建设工程实施方案。完成先进纺织品、智慧医疗制造业两个制造业创新中心创建评审，筹建电子化学品等5家制造业创新中心。2家国家技术创新示范企业和7家国家企业技术中心获批，认定109家市级企业技术中心。举办首届国际重大技术装备产业链大会，建立长三角重大技术装备协同创新发展工作机制。举办第六届创新与新兴产业发展国际会议、产业技术创新大会，发布硬核科技企业100强榜单，启动重型燃气轮机领域联合创新计划。

七、质量创优专项行动

产业质量标准强化建设。聚焦制造业重点领域，持续推动实施新材料技术先导质量创新工程、高端装备制造质量强基工程、生物医药质量提升工程、消费供给质量满意工程、数字经济质量惠民工程。遴选34家市质量标杆，6家单位入选全国质量标杆，认定84件创新产品。制定零碳工厂、零碳园区、零碳数据中心、零碳物流园区创建与评价等四项团体标准，开展人工智能、大数据、工业互联网等新技术的标准化试点。加强数据质量建设，上海数据交易所挂牌工业、金融、通信等行业级数据产品超过120个，签约数商超500家，累计发布2万个数据目录，汇聚总计超1903亿条数据。

八、集群创建专项行动

产业集群加快建设。培育集成电路、生物医药、新能源汽车3个国家先进制造业集群。三大先导产业加快打造世界级产业集群，全年三大产业总规模超过1.4万亿元，比上年增长10%以上。六大重点产业深耕提升，巩固放大优势产业领先地位，出产值、出新品、出效应，例如汽车产业，全年产量达到302万辆，产值8000多亿元，新能源汽车产量近100万辆，同比增长56%，累计推广新能源汽车突破100万辆，建设燃料电池汽车示范应用城市群，示范推广1000辆。四大新赛道加快拓展，培育一批创新型企业。五大未来产业前瞻布局，建设未来产业先导区。

九、服务创誉专项行动

先进制造业与现代服务业融合发展。加快发展生产性服务业和服务型制造，14个企业、平台、项目入选国家级服务型制造示范单位，松江区获评全国服务型制造示范城市；遴选市级服务型制造示范单位34家；制订总集成总承包、产业电商、工业洁净、智能运维等领域行动方案，选树快递物流业与制造业融合发展典型案例15个，培育新增4家生产性服务业功能区，举办第三届工业品在线交易节，交易额超470亿元；发布2022产业电商创新榜单。制订工业软件推荐目录，筹建汽车、船舶行业工业软件创新中心，发布网络安全产业创新攻关成果目录，开展网络安全保险产品及服务试点。

十、绿色创先专项行动

产业绿色低碳发展深入推进。构建绿色低碳制造体系，优化产业结构和用能结构，推动钢铁、石化化工等重点行业碳达峰，加快节能低碳技术研发应用。聚焦能源清洁化、原料低碳化、材料功能化、过程高效化、终端电气化和资源循环化“六化”趋势，推动新技术、新工艺、新材料、新装备、新能源五大领域发展。发布工业和通信业节能降碳“百一”行动计划，规模以上工业单位增加值能耗同比下降4%左右。培育零碳工厂13家、零碳数据中心1家、零碳园区2家；创建66家市级绿色工厂、11家市级绿色供应链主体和15项绿色产品。

（尉杨平）

全力做好企业疫情防控和复工复产工作

2022年，按照习近平总书记“疫情要防住、经济要稳住、发展要安全”的重要指示精神，根据中共上海市委、市政府关于疫情防控工作统一部署，上海市经信委高效统筹疫情防控和经济社会发展，在市防控办指导下抓紧抓实抓细全年疫情防控工作，全力推进核酸检测能力建设调度、防疫物资生产保障和企业复工复产等各项工作。

一、全力打赢大上海保卫战

（一）2022年3月－5月主要工作

一是坚持党建引领，守牢社区第一道防线。成立党建引领抗疫社会动员工作专班，第一时间向各级党组织发出抗疫动员令。机关全部284名党员、286名离退休老同志和系统5万余名党员完成“双报到”，累计23万余人次参与社区防疫，系统213人次整建制增援社区一线，坚决服从社区安排，积极承担社区防疫工作。

二是围绕效能提升，建设核酸检测能力。3月12日，接到市委、市政府交办的提高上海市核酸检测能力任务后，第一时间成立委疫情防控核酸检测能力专班，派出30多位专员赴检测机构一线，了解解决企业需求困难，推动日最大检测能力8天内翻一番，半个月时间突破450万管，最大日产能达到938万管（24小时实战检测能力达到850万管），有力保障大筛及常态化检测任务。在核酸调度运转方面，指导检测机构力争做到“126”，即每小时收集转运1次、保证采集后2小时送达实验室、力争收到样本后6小时内完成检测。

三是强化物资保障，推动防疫企业生产供应。启动物资生产保障工作专班，全力保障防疫物资“产得出、运得进、供得上”。累计生产供应胶条防护服875.5万件、N95（KN95）口罩9266.9万只、抗原检测试剂5.21亿支、新冠药物36500盒、医用手套2793万副、防护面屏756.6万只等，有力保障医疗机构、方舱医院、社区一线、援沪核酸检测队等物资需求，为打赢大上海保卫战提供坚实物资保障。

四是运用技术创新，强化防疫科技服务赋能。3月18日，“疫测达”数字化平台上线，“疫测达”全国用户超1600万人、上海超1300万人，抗原记录超2.7亿条，对接试剂厂商32家，同步试剂卡数据35亿条，累计点击量破25亿次。开展智能服务机器人应用，临港和国展方舱两个医院部署10多家企业600台智能机器人，舱内累计配送超11万单，总运行里程1.2余万公里，舱外累计配送物资6.4万单，总运行里程超2500公里；推进数百台机器人提供无人消杀、安保巡逻、垃圾清运等智能化服务。创新研发核酸采样机器人。支持研发“青耕一号”获三类医疗器械证，每台连续运转24小时检测4500管；指导上海人工智能研究院打造赛瑞智能移动核酸采样车，实现30秒采样一人，助力提升核酸检测能力。

五是协调外部支持，筑牢疫情防控和双链运转保障屏障。推动长三角产业链供应链协同。会同江苏、浙江两省，畅通长三角跨省物流，汽车、化工等重点产业链跨省物流发车成功率90%以上；建设投运9个生产物资中转站（上海市4个、浙江2个、江苏3个），累计6100车次，超25万方货物无接触转运。全力推动工信部支持调拨物资落地，协调调度辉瑞奈玛特韦片／利托那韦片3.65万盒，抗原试剂7000万支，N95口罩300万只，KN95口罩4623万只，医用外科口罩1100万只；协调江苏、湖南、浙江等省市调度抗原检测试剂3000万支，医用防护服360万件，医用外科口罩1.39亿只，医用手套3000万副。4月12日，提前完成“145”保障目标，即到4月15日供应能力达到KN95口罩100万只、手套400万副、医用防护服50万件。全力做好全国12个省援沪核酸检测队伍合计3500余人对接保障安排，新建核酸检测产能96.9万管／日，累计完成检测量3456.4万管。

（二）6月－10月主要工作

一是抓住重点企业，落实常态化疫情防控措施。印发《上海市大型工厂疫情防控方案》，将全市25家5000人以上大型工厂列入市级管理，165家1000人以上工厂列入区级管理；强化属地、部门、单位和个人“四方责任”落实，指导重点企业加强场所分区分类和人员出入管理，做好防疫物资储备和应急处置工作，有序有效落实各项疫情防控措施，做到疫情全面监测、全程闭环、及早发现、及早处置，坚决守住不发生规模性疫情的底线。

二是加强现场检查，督促大型企业落实防疫责任。建立市、区联合督查机制和联络员机制，印发《关于持续开展大型工厂疫情防控督查工作的通知》等8份通知和工作提示，分类指导、分层推进督查工作。对各区、相关管委会及25家大型工厂疫情防控工作情况开展两轮现场督查，要求大型工厂要坚持疫情防控和生产经营两手抓，持续加强疫情防控常态化工作，确保不出现规模性反弹。

三是落实属地责任，指导各区加强疫情防控管理。印发《关于加强近期疫情防控工作的通知》等文件，指导各区抓好属地疫情防控工作。各区、相关管委会结合“防疫情、稳经济、保安全”大走访、大排查工作，加强对重点企业及工业园区常态化疫情防控检查，定期对区管大型企业进行抽查，督促企业始终绷紧疫情防控弦，落实落细各项防控措施。

（三）2022 年 11 月 –2023 年 1 月主要工作

一是强化制度保障，出台防控工作措施指引。11 月 21 日，印发《关于进一步做好企业和工业园区科学精准防控工作的实施细则》，提出建立组织机制、落实主体责任、严格人员管理、保障产业链供应链稳定等四部分内容、12 条具体措施。12 月 10 日，印发《关于进一步优化重点工业企业及关键岗位疫情防控管理的工作指引》，最大程度做好重点工业企业疫情防控工作，最大限度减少疫情对正常生产经营的影响。11 月 25 日，印发《关于进一步做好经信领域企业和园区疫情防控工作的通知》，对经信领域企业和园区提出具体防疫要求，进一步筑牢疫情防控安全防线。

二是稳定供需关系，加大防疫药品物资生产。“新十条”公布后，防疫药品物资需求量大增。市经信委建立生产供应日调度制度，每日监测抗原、防疫物资、中西药品生产供应储备情况，强化供需精准对接，确保及时足量供应。抗原试剂日产能从前期的 550 万份提升至 1550 万人份；N95 口罩、KN95 口罩日产能分别从前期的 12 万只、110 万只提升至 22 万只、290 万只；医用液氧日供应能力从前期的 400 吨提升至 1100 吨；瓶氧日灌装能力从前期的 4800 瓶提升至 8900 瓶；退热药日产能增长 20%，达到 26 万人份；感冒复方药日产能增长 183%，达到 17.68 万人份。可满足全市医疗系统、养老机构和市民用药及疫情防护需求。

三是加强供需衔接，保障重点机构企业精准供应。根据疫情形势梳理重点防疫物资需求，加强面向重点机构、重点人群的供应保障，协调 3M 公司 12 月 18 日起每日向上药供应 N95 口罩 10 万只以上，保障市级医疗机构需求；协调 KN95 企业、抗原生产企业 12 月 24 日起将每日产能优先提供商务委调拨，满足重要功能机构、零售药店和重点人群需求。累计为市商务委、市卫健委、市发改委、市民政局等单位提供退热药 248.44 万盒 / 瓶（336.19 万人份），抗原 3289.5 万人份，口罩 428.5 万只。

四是完善驻厂机制，强化重点企业服务保障。12 月，迅速成立经信部门重点药品和防疫物资保供专班，下设 5 个小组，24 小时协调运转；将重要药品、防疫物资等重点生产企业全部纳入白名单，市、区联动向企业派出驻场员，跟踪每日动态，建立预警及应对保障机制，专人协调解决企业原辅材料、生产设备、生产资质、能源要素、人员用工、交通物流等方面困难问题，全力推动企业满产稳产增产扩产。

五是加强监测预警，及时掌握企业防疫情况。自 11 月 29 日起，市经信委每日监测大型企业、重点园区和在沪央企疫情防控情况，编写疫情防控动态日报，涉及 1000 人以上工业企业 190 家，产业员工 60 余万人，工业产值占全市总产值 45%；督促企业落实各项疫情防控措施，保障关键岗位轮转稳定，确保生产经营运行平稳。

六是支持研发创新，加快防疫药械研发和产业化。新冠检测设备及试剂方面，8 个核酸检测试剂获批上市，数量位居全国第一，最大日产能超 2000 万人份；5 个抗原检测试剂获批上市，数量位居全国第二，最大日产能超 1100 万人份；新冠疫苗方面，重点跟踪推进包括上药康希诺、上生所、复星医药、斯微生物、中生复诺健、康希诺等在内的新冠疫苗研发生产；新冠治疗药物方面，重点跟踪服务小分子抗新冠药物 VV116 研发生产。

二、大力推进复工复产工作

（一）抓大型企业保运转，着力稳定工业基本盘

一是建立保链机制，稳定大型企业生产基本盘。市、区两级成立由分管领导挂帅、多部门负责同志组成的经济运行与供应链维护工作协调机制，自上而下构建起统一部署、协调联动、高效运行的保供稳链工作体系，着力稳定大型企业生产基本盘。张为副市长累计召开协调机制会议 110 余次，累计座谈 150 余家企业，协调解决重大问题 255 项，形成工作专报简报 198 份。

二是发布防控指引，有效推动企业复工复产。根据疫情趋势和防控要求，先后发布三版工业企业复工复产疫情防控指引，指导企业压实防控责任、严格闭环管理、强化员工管理、做好应急处置，有力有序有效推动企业复工复产。建立工作专班，帮助大型企业落实疫情防控“一企一方案”，支持有条件的企业设置专属方舱，协调解决人员返岗、原材料供应、物流运输等问题，做到核心关键岗位和环节“人到岗、车能动、疫防好”，保障企业人员健康和生产稳定。

三是围绕“两链四企”，率先实现链主企业链复工。按照国家要求重点抓住汽车和集成电路两大产业链，聚焦上汽、特斯拉，中芯国际、华虹四大链主企业，建立市内供应商复工复产、市内仓库解封提货、国内零部件供应商复工复产、江浙重点地区物流运输四个红灯清单解决机制，以点带链带动上下游协同复工，保障全国汽车和芯片产业链运行稳定。汽车领域，4 月 18 日，上汽集团、特斯拉同步启动复工复产，基本实现连续稳定生产，每天下线整车约 2000 辆，带动上下游 1100 多家零部件配套企业恢复生产。集成电路领域，保障光刻胶等原材料供应，协调中芯、华宏近万名员工返岗，芯片制造企业持续保持 90% 以上产能。

四是运用一单两证，实现返岗人员闭环管理。累计发布工业领域五批“白名单”，共计 9198 家保运转重点企业，集中资源优先保障集成电路、汽车制造、装备制造、生物医药

等重点行业复工复产。会同市交通委、大数据中心在随申办App上线上线“跨省运输通行证”和“返岗人员电子复工证”，可实时显示人员身份证、单位用工证明、白名单企业证明和最近一次核酸证明，运用数字化手段实现返岗生产和运输人员闭环管理；每日监测持证人员健康数据，发现异常情况，督促企业及时做好应急处置和轮换安排。累计制发复工证34.3万张，推动企业员工返岗；累计制发车辆通行证16.9万，全力保障物流畅通。

“大上海保卫战”期间，全市1000多家能源、化工、电力、芯片、医药和防疫物资类企业连续生产，从未停产。截至5月31日，全市9470家规模以上工业企业复工率超过78.9%；工业领域五批白名单共9198家保运转重点企业，复工率71.2%、复产率47.6%。

（二）抓大型企业促生产，全力推动经济恢复重振

一是做好平战转换，全力推进复工复产扩面提率。按照“两取消、一清单”工作要求，应复尽复、应放尽放。6月1日后取消企业复工复产审批审核，取消人员复工证、车辆通行证；支持符合防疫要求的企业同等复工复产，对特定风险区域和特殊管理要求行业，明确列出负面清单。加快提高复工复产率，把握复工复产和稳增长两个新的工作重心，以复工为原则、不复工为例外，全力推动企业复工复产。截至6月10日，全市重点企业复工率达98.6%、复产率达80%。

二是制订防控方案，落实大型工厂常态化防疫措施。印发《上海市大型工厂疫情防控方案》，将全市25家5000人以上大型工厂列入市级管理，196家1000人以上工厂列入区级管理；强化属地、部门、单位和个人“四方责任”落实，指导重点企业加强场所分区分类和人员出入管理，做好防疫物资储备和应急处置工作，有序有效落实各项疫情防控措施，做到疫情全面监测、全程闭环、及早发现、及早处置。

三是强化监测预警，筑牢大型工厂疫情防控屏障。按照“看住门、分好区、管好人”的原则，督促指导大型企业所有员工每日进行抗原检测，并按照所在属地要求频次开展核酸检测；场所码或数字哨兵全覆盖，及时监测发现异常人员信息，杜绝复工复产后全员流动带来的疫情风险。指导大型企业安排专门部门、专人负责疫情防控，加强与属地相关部门的应急联动，健全完善“四个机制”（便捷灵敏的发现机制、及时高效的处突机制、动态调整的管控机制、自觉自律的自我健康管理机制），时刻紧绷疫情防控这根弦，持续做好疫情防控应急预案和演练，确保企业生产经营安全平稳有序。

四是加强现场检查，实现大型工厂现场督查全覆盖。建立市、区联合督查机制和联络员机制，制作《现场督查表》、《企业自查表》，按照“一企业一清单”要求，将“六个强化”“一个禁止”和“一个机制”细化为60余项具体内容，确保各项管理制度落实落细。结合“防疫情、稳经济、保安全”大走访、大排查工作，市区联动常态化开展大型企业及重点园区疫情防控检查，坚持疫情防控和生产经营两手抓，全力做到防反弹、防输入、防外溢，守牢疫情不发生规模性反弹底线。

全面恢复正常生产生活秩序后，大型企业巩固了疫情防线、守住了安全底线、恢复了生产产能，未出现一起因复工复产而导致的规模性疫情。国家优化调整疫情防控政策后，市经信委因时因势科学调整大型企业疫情防控措施，制定并请市防控印发《关于进一步做好企业和工业园区科学精准防控工作的实施细则》《关于进一步优化重点工业企业及关键岗位疫情防控管理的工作指引》，确保企业关键环节不断、重点岗位人员不乱，最大限度降低疫情对大型企业正常生产经营的影响。

在全市工业系统的共同努力下，工业产值6月－10月连续5个月呈两位数增长。全年规模以上工业总产值40474亿元，持续保持在4万亿量级；规模以上工业增加值在二季度下降26%的严峻局面下，全年降幅收窄至－0.6%，走出“平稳开局、深度回落、快速反弹、持续恢复”V型曲线，为全市经济恢复重振做出突出贡献。

（陈　恒）

上海布局四个新赛道进展情况

2022年，上海继续推动产业高质量发展，持续优化产业结构、业态结构、动力结构，大力发展数字经济、绿色低碳、元宇宙、智能终端四大新赛道产业，出台实施一批“行动方案”，努力掌握未来上海产业发展的主动权。

一、数字经济

（一）启动智能工厂领航计划。随着“10030”工程的圆满收官，上海已累计建成3家国家级标杆性智能工厂、8家国家级示范性智能工厂、49个国家级智能制造优秀场景，累计培育10家市级标杆性智能工厂、100家市级智能工厂。未来3年，上海将全面实施智能工厂领航计划，推进“20035”工程，建设200家智能工厂、20家标杆性智能工厂。

（二）开展首批10家“工赋链主”企业培育。青浦工业

区、上海湾区高新区入选工信部首批工业互联网“平台＋基地”试点，13个重点项目入选工信部2022年度新一代信息技术与制造业融合试点示范。发布2022年工业互联网专业服务商推荐目录。

（三）在线新经济发展驶入快车道。虹桥之源在线新经济生态园成立，一批在线新经济和新生代互联网企业集聚发展。举办上海信息消费节，带动信息消费超350亿元。

（四）加快建设上海数据交易所，实现1017个数据挂牌交易，制定完善数据交易全流程规则规范；制定公共数据开放实施细则，累计开放数据5368个数据集，开放数据字段达4.4万个。

（五）制定信息基础设施管理办法。发布IPv6流量提升和应用创新三年行动计划。市公共算力服务平台建成运行，信息基础设施动态监测平台、数据中心运行监测平台加快建设。

二、绿色低碳

（一）发布《上海市瞄准新赛道促进绿色低碳产业发展行动方案（2022—2025年）》。旨在发挥在超低煤耗发电等新技术、钢铁化工低碳原料替代等新工艺、高温超导电缆等新材料、LNG船等新装备、氢能等新能源领域的已有优势，紧抓投资机遇，培育壮大绿色低碳产业。

（二）明确双碳目标实施路径。制订发布《上海市工业领域碳达峰实施方案》《上海市新型基础设施领域碳达峰实施方案》《上海市工业和通信业节能降碳“百一”行动计划》，明确工业和通信业领域节能降碳时间表、路线图、施工图。工业领域以能效提升为主要抓手，到2025年平均年节约1%用能量，规模以上工业增加值能耗比2020年下降14%。强化数据中心、5G基站整体能耗和碳排放管理，全面支撑上海建设国际数字之都。

（三）在深化绿色制造体系建设基础上开展零碳示范创建。全年新增市级绿色工厂52家、绿色供应链管理10家、绿色设计产品10个，推荐国家级绿色设计示范企业4家。发布《零碳工厂创建与评价技术规范》《零碳园区创建与评价技术规范》《零碳数据中心创建与评价技术规范》《零碳物流园区创建与评价技术规范》四项团体标准，为国内首创零碳领域的系列标准。发布上海市零碳创建单位名单，包括零碳工厂12家，零碳数据中心1家，零碳园区3个。

（四）拓展重点领域、重点技术上的领跑优势。在高效泵等节能环保装备领域、风电机组等能源装备领域、动力电池与管理系统等新能源汽车领域，形成一批优质龙头企业。攻关前沿技术，形成产业优势。全国首套10万吨级燃机低浓度烟气碳捕集装置，长兴岛电厂10万吨级燃煤燃机全周期二氧化碳捕集与利用（CCUS）创新示范项目成功投入试运。35千伏公里级超导电缆示范工程平稳运行一年。上海已经成为全球高温超导产业链最齐全的城市，基本形成燃料电池汽车全产业链发展生态。虚拟电厂建设走在全国前列。

（五）优化产业发展环境。形成中心城区以节能环保服务业、科研孵化和碳金融为主导，非中心城区着力发展新能源、节能环保装备以及绿色新材料为重点的产业布局。研究制定工业节能和合同能源管理专项扶持政策，加大对绿色工艺新突破、新技术示范应用的支持力度。支持绿色金融产品和工具创新，扩大绿色信贷、绿色债券规模，有序推进绿色保险服务。与中国银行上海市分行等8家银行签订《上海市工业绿色低碳发展金融合作备忘录》。围绕零碳负碳共性技术、前沿技术和颠覆性技术，加大科研攻关和政产学研用合作。发挥龙头企业带动作用、提升中小企业专业化协作和配套能力，促进产业链协同发展。

三、元宇宙

（一）发布《上海市培育“元宇宙”新赛道行动方案（2022—2025年）》。聚焦元宇宙关键技术突破工程、数字IP市场培育工程、工业元宇宙标杆示范工程、数字人全方位提升工程、数字孪生空间建设工程、行业龙头企业引育工程、产业创新载体培育工程等八项工程。

（二）促进“元宇宙”“由虚向实”发展。推进链接、交互、计算、工具、生态“五位一体”布局，实施产业高地建设、数字业态升级、模式融合赋能、创新生态培育四大行动。

（三）项目落地。推进Unity、爱奇艺XR总部、莱茵检测等一批项目落地，打造张江、中共一大纪念馆、宝武集团、东方明珠等重大应用体验场景，挂牌张江数链、元创未来产业特色园区。

（四）推动各区元宇宙发展。徐汇、长宁等区发布元宇宙发展政策措施，虹口打造北外滩元宇宙发展和应用示范区。

（五）加快元宇宙数字基础设施建设。截至2022年底已建设超6.8万个5G室外基站、14万个室内小站。千兆宽带实现全市99%家庭覆盖，率先建成“双千兆宽带第一城”。

四、智能终端

（一）发布《上海市促进智能终端产业高质量发展行动方案（2022—2025）》。重点发展智能网联汽车、智能机器人、虚拟现实交互终端、智能家居终端、智能穿戴终端、信创终端等产品。

（二）推动无驾驶人智能网联汽车创新应用法规发布实施，发布智能网联汽车示范运营实施细则及首批示范运营牌照，国家智慧城市基础设施与智能网联汽车协同发展项目完成试点，嘉定区开放2条高速公路开展智能网联汽车测试，临港新片区推进洋山港智能重卡减人化测试运行。

（三）发布第一批《上海市智能机器人标杆企业与应用场景推荐目录》。41 家企业、52 个场景入选。

（四）遴选出首批智慧健康养老终端产品 20 个，推动一批智能物联终端在智能电梯、智慧安防、智慧家居等场景应用。

（殷　勇）

《上海市推进高端制造业发展的若干措施》编制情况

2022 年 9 月底，上海市政府办公厅印发《上海市推进高端制造业发展的若干措施》(以下简称《若干措施》)，借鉴北京、深圳等兄弟省市先进做法，发挥政策对推动产业结构转型升级的引导作用。

一、《若干措施》起草总体考虑

（一）落实国家战略要求，打造上海产业新高地。贯彻习近平总书记对上海提出的强化高端产业引领功能、打造三大产业世界级产业集群等指示要求，围绕“3+6”等重点产业，落地产业地图，塑造产业地标，推进产城融合，打造高端制造业品牌和优势，构建现代化产业体系；遵循产业生长周期，从选种育树、施肥沃土到强健体魄、成果转化，研究制定精准有效的政策措施，提升产业链供应链韧性和核心竞争力。

（二）面向市场主体需求，打造一流营商环境。聚焦高端产业领域创新型企业落沪和深耕发展，围绕企业培育壮大最紧迫的需求，在给用地载体、给支持资金、给市场空间、给综合服务等方面，突出前置性引导和后置性激励相结合，集中强化各类要素资源有效供给。从土地按需供应、基金招商激励、企业成长奖励、二次开发贴息、园区宿舍配置、产业配套仓储等方面拿出具有穿透力的政策措施；优化产业项目行政审批流程，为市场主体放权赋能，做精店小二服务。

（三）借鉴兄弟省市经验，创新突破高质量发展瓶颈。在用地指标、工业上楼、技术改造、厂房物业、创新平台、人才激励等方面，向兄弟省市政策标准看齐；同时结合上海产业基础和发展优势，在国企引领带动、场景建设示范、土地复合利用、“三首”创新应用、智能工厂覆盖、数字化转型、供应链协同、制度型开放等方面，力争形成特色创新做法。注重联动市级部门、各区、园区、企业力量，在特殊阶段加码发力，促进政策直达畅享，加强考核推进，发挥最大效应。

二、《若干措施》的主要内容

《若干措施》从保障空间载体、加强资金支持、拓展市场空间、优化综合生态四个方面，提出共 25 条政策举措。

（一）保障产业优质空间载体（1–9 条）：保障产业发展用地空间，简化打开战略预留区程序，符合要求的成片预留区加快整体启动，优质项目通过微调预留区边界予以落地；设立市级产业园区“二转二”开发贷款贴息专项，用于支持带动区级投入；推动国企发挥主导带动作用盘活存量工业用地。加强土地指标统筹和项目落地支持，重大项目通过市统筹增量建设用地指标应保尽保，且可一次规划、分期实施。探索工业上楼新模式，鼓励建设功能复合、高效利用的楼宇厂房，鼓励产业用地混合使用和按需确定规划参数。加强低价格标准厂房和研发类物业供给，鼓励支持国有园区、国有企业等建设低价格标准厂房和通用研发类物业，对于经批准实施容积率或建筑高度提升而增加使用面积的标准厂房、通用研发类及领军企业项目，其企业自用外物业实行限定用途管理，由各区指定的产业部门或投促部门统筹用于支持科技型初创企业入驻，鼓励园区和企业按成本核算租金后出租，并探索将相关要求纳入项目全生命周期管理。鼓励建设职工宿舍，支持企业用好 15% 配套指标，“十四五”期间本市产业园区提供 2 万套以上职工宿舍；支持打造产业地标，落实落细产业地图，支持特色产业园区建设公共服务平台项目并推动辐射共享，在市级特色产业园区内实现上海张江自主创新示范区专项发展资金及政策全覆盖。优化资源利用效率评价体系，针对孵化器等服务重点产业的功能性保障性项目，优化土地全生命周期管理评价相关指标。支持重点领域产业项目配套仓储建设需求，支持重点领域的市重大产业项目按照生产经营实际需求建设自用危化品仓库，允许有条件的园区根据产业需求按规划集中建设危化品仓库。明确重点产业链配套项目分类管理措施，符合本市优“化”行动方案的存量化工企业分类指导，支持园区内存量企业实施改扩建，园区外存量企业由各区产业项目论证通过后可实施改扩建；对于中试类项目允许探索适应行业特点的项目管理审评方式和标准。

（二）加强资金支持高质量发展力度（10–15 条）：提高产业基金投资引导功能，发挥基金对“3+6”重点产业投资促进、新赛道及未来产业布局和产业链强链补链的前置牵引作用；强化基金招商，将项目招引、企业孵化纳入考核。加强企业梯度培育力度，对工业总产值首次突破 10 亿元、50 亿元、100 亿元等不同规模的先进制造业企业，鼓励各区给予支持；以发券或奖励方式针对小升规、规转强企业予以资金支持；鼓励各区探索对成长型创新企业给予“租税投”联动支持；开展市级单项冠军企业培育工作。支持企业技术改造和数字化改造提升，对符合条件的“3+6”重点产业领域项目，技术改造支持上限提升至1亿元，扩大采取贴息方式，推动企业加大投资和项目建设力度；市区联合以奖励或智评券的形式，支持企业购买智能工厂诊断咨询、数字化改造解决方案等服务。加大“三首”支持力度，首台套、首批次、首版次政策支持上限统一至不超过合同金额30%，最高不超过2000万元；对自主安全可控相关产品上线验证给予保费支持；鼓励保险机构对“三首”业务提供风险保障。支持绿色低碳发展，对重大生产工艺绿色低碳改造示范项目，企业节能降碳升级改造，首次应用绿色低碳相关技术的改造项目等予以奖励支持。支持创新药械落地发展，对以委托生产等方式将产值计入本市的创新药械择优予以支持。

（三）拓展市场发展空间潜力（16—19条）：促进消费开拓国内国际市场，放大“五会三节”作用，支持上海制造与各类大平台相结合拉动消费；促进汽车消费、绿色消费、智能消费。支持生物医药创新药械应用，推动更多药械产品纳入医保支付、特药目录、创新产品推荐目录；支持进入创新产品推荐目录的药械产品直接入院使用；对符合条件的创新药械开展的上市后再评价项目按规定予以支持。加大政府采购创新产品及推广应用力度，引导优先采购符合国家和本市重点发展导向的工业软件和智能硬件，市区专项资金适当提高扶持比例；通过奖励或算力券形式支持中小企业采购人工智能算力服务。支持应用场景开放，滚动发布人工智能、5G、工业互联网等创新领域应用场景创新重点任务，对标杆示范项目予以资金支持。鼓励智能网联汽车、无人驾驶装备商业试运营和测试应用；加大无人机、无人船等应用场景开放和测试。

（四）优化产业综合生态环境（20—25条）：强化产业项目审批制度改革，推行桩基础工程施工许可单独发放、单幢建筑按照建筑单体进行竣工验收，依法制定并实施轻微违法行为依法不予行政处罚清单；各部门不得互相设置前置审批条件。提供韧性供应链体系支持，加快建设电子化学品、集成电路等国际交易中心（储备中心），及重点产业领域供应链战略储备中心和转运、分拨中心；支持必要的四大基础工艺在符合条件的园区布局。加强共性创新技术供给和创新能力培育，对重点行业企业提供知识产权快速确权维权服务；对具有行业影响力的国际标准、知识产权给予奖励。稳定先进制造业外资外贸发展，加大境外投资者境内再投资递延纳税优惠政策宣传和落地，支持外资制造业企业利润再投资；市区协同对于列入市重大外资项目清单的制造业项目予以重点支持；对符合条件的企业提供政策性融资服务；针对电子产品、生物医药等重点领域开展创新监管、通关便利化等试点。加快产业人才集聚，聚焦“3+6”重点产业领域，支持高端制造业企业推荐纳入人才引进重点机构，支持紧缺急需的技术技能人才落户，每年培育引进200名高水平技术技能人才；扩大产业人才奖励范围，对符合相关条件的企业核心团队成员，分级分段给予相应奖励。市区协同加大创新政策支持力度，结合产业发展实际，将招商引资、企业培育、土地利用、放权赋能等各项工作纳入年度评估体系。

（尉杨平）

“五个新城”高端制造业布局发展情况

2022年，上海市按照中共上海市委、市政府的工作部署，强化部门协同，形成市区合力，围绕产业发力和数字化转型两个专项行动，加强新城功能录入，大力推进新城规划建设。

一、产业发力行动

（一）推动新城产业全面恢复重振。受新冠疫情冲击的影响，五个新城产业发展受到较大影响。在各新城努力下，市区联合，全力抓好复工复产，疫情之后全面推进产业复苏。自6月起，新城工业全面恢复，全年规模以上工业产值共实现1.79万亿元，占全市比重提高到44%，其中，南汇新城增长30.5%，达到有力支撑全市稳经济大盘的工作要求。

（二）持续深化“一城一名园”建设。一是深化工作统筹机制，形成“一城一名园”建设路径实施方案，制订2022年新城“一城一名园”工作计划，指导新城制定各自工作方案、支持政策并推进落实。例如，青浦新城启动建设“长三角数字干线”，发布《长三角数字干线发展规划纲要》和《长三角数字干线青浦区行动方案（2022年—2023年）》；松江新城制订《2022年松江新城“一城一名园”工作计划表》等。二是进一步优化“名园”管理体系。推进园区生态体系建设，探索园区整合优化模式。例如，嘉定新城围绕“国际汽车智慧城”产业及空间规划，研究制订特色园区产业规划及“一园一方案”。青浦新城培育发展以数字经济为主导的特色产业园区，青浦工业园区开展产业社区（生命科学＋数字制造）规划专题研究。三是推动新城高水平建设特色产业园区，丰富“名园”体系内涵，6月，全市推出第三批13个市级特色产业园区，其中新城 5 个。

（三）引进高能级产业项目。指导推动各新城加强招商引资和项目建设，举办 2022 全球投资促进大会，推动 68 个新城重大产业项目签约落地，总投资约 552 亿元。各个新城瞄准领军企业和科技企业，加快“云招商”“云签约”，例如，嘉定云签约 45 个项目，投资额超过 170 亿元；奉贤云签约 33 个项目，投资额超过 200 亿元，挂牌 12 家“东方美谷产业集聚中心”；南汇集中签约 37 个重点项目，项目投资额超过 300 亿元。推动央企、民企加快导入，不断增强产业功能。推动新城加强对重大产业项目的跟踪管理，采取压实责任、抢抓开工、盯牢进度等措施，扩大产业投资、稳定产业运行。

（四）支持特色产业发展。积极推动各个新城主导产业和特色产业发展壮大。人工智能方面：以“开放融通新生态”为主题，在南汇新城举办 WAIC 2022 上海人工智能开发者大会，市领导为“WAIC 上海开发者社区”揭牌，60 余位重磅嘉宾出席，线上直播覆盖百万观众。持续推进南汇新城商汤“上海新一代人工智能计算与赋能平台”项目落地，举行点亮启用仪式，正式提供服务能力，建设“上海人工智能融合赋能中心”，加快布局国际算法创新基地。智能网联汽车方面：支持嘉定新城自动驾驶深入发展，建设“1+1+N+1”的智慧城市基础设施和智能网联汽车协同发展的“中国样板”整体架构，市经信委会同市交通委、市公安局、嘉定区共同规划开放嘉定区域内 G1503 绕城高速 21.5 公里、G2 京沪高速 19.5 公里和嘉定区内 303 条、459.6 公里地面道路正式开放。支持南汇新城布局“全车型、全出行链、全风险类别、全测试环节和融合新基建基础设施”的智能网联汽车测试场景，实现 549 公里道路开放测试；7 家企业 48 辆车开展测试与示范，有效测试里程超 200 万公里，东海大桥 5G 智能重卡实现 5 辆编队行驶，累计完成 8.3 万标准箱准商业化运营；环湖一路智能公交累计完成智能公交超 4000 次载人示范。智能制造方面：支持新城建设智能工厂，嘉定上海新时达机器人有限公司获评国家级示范性智能工厂。全市 60 家市级示范性智能工厂中，嘉定新城 8 家、松江新城 7 家、奉贤新城 4 家、南汇新城 3 家、青浦新城 1 家。生产性服务业方面：推进新城生产性服务业和服务型制造发展，2022 年 8 家新城企业获得市“两业融合发展”专项资金支持，占总项目数的 2/3；11 家企业入选市级服务型制造示范；嘉定、奉贤新申报 2 个生产性服务业功能区。

（五）强化产业政策支撑。印发《上海市推进高端制造业发展的若干措施》，聚焦用地载体、资金支持、市场空间、综合服务等方面，推出四个方面 25 条政策举措，支持五个新城等全市重点区域高端制造业发展，并面向五个新城加大政策宣贯力度。出台《上海市产业结构调整专项补助办法》，加大对新城等产业重点区域的支持力度。会同临港，出台《聚焦临港核心区打造上海“全球动力之城”实施方案》。在新城设立首批生物医药产品注册指导服务工作站。各新城制定产业政策，例如，南汇新城发布《推进创新联合体建设和发展的实施方案》《支持“专精特新”企业若干措施》，支持领军企业主导构建创新联合体，支持中小企业进一步发展。

二、数字化转型行动

（一）加强新城数字化转型规划引导。会同新城建立市区工作专班，将新城数字化转型作为上海城市数字化转型的重要领域。9 月，发布《上海市新城数字化转型规划建设导引》，提出率先打造数字孪生城市底座、构建数据要素流动机制、形成数字技术应用生态、培育行业数字化转型场景等要求。五个新城按照导引编制数字化转型规划，构筑各自特色。例如，嘉定新城建设未来出行城市、青浦新城建设长三角数字干线、松江新城建设数智 G60、奉贤新城建设数字江海、南汇新城建设数字孪生城。制订《2022 年上海市城市数字化转型重点工作安排》，明确新城年度任务目标。

（二）建设数字化转型示范区。一是开展示范区重点项目建设，推动上年第一批 18 个项目阶段性完工收尾，并根据实际情况，启动推进新二批 44 个项目。例如，嘉定未来·智慧出行示范区，推进“一环三路”智慧交通建设项目，开展智能网联汽车示范应用创新项目等。二是在数字底座建设、数据开放利用、数字技术创新等重要领域先行先试，实现数字城市与现实城市融合发展。在数字底座建设上，临港加快推动城市形态向数字孪生演进；在数据开放利用上，嘉定持续开展数据汇聚、共享、治理工作，编制数据资源目录与“数据三清单”；在数字技术创新上，青浦支持下一代信息通信、高端芯片、核心软件、V2X 车路协同等新技术先试先用，率先规模化落地。

（三）推动重大场景揭榜挂帅。8 月，举行城市数字化转型体验周，围绕数字设施、公共空间、数字家园、未来产业四大类，推出新城 24 个重大场景面向全球揭榜挂帅，其中，嘉定新城打造智慧交通综合管理平台、嘉宝智慧湾未来城物联感知平台等七大场景；青浦新城建设数字健康城区互联中心、青吴嘉河湖长制共建云平台等；松江新城建设 5G 智慧急救平台、数字云间书院等场景；奉贤新城打造数字江海透明城市分布式治理平台、数字江海－上海国资数字化创新基地等；南汇新城建设数字孪生中运量 T1 示范线、数字孪生天文馆等场景。同时，加快建设新城数字化转型示范区重点项目建设，推动第一批 18 个项目完工，启动推进新一批 44 个项目。

（四）推进新城信息基础设施建设。指导五个新城完成新城信息基础设施专业规划编制，市经信委批复原则同意《南汇新城信息基础设施规划（2022—2025）》《松江新城“十四三”信息基础设施专业规划》《青浦新城信息基础设施专业规划》《奉贤新城数字新底座信息基础设施规划方案》《嘉定新城信息基础设施专业规划》，明确“十四五”期间的建设重点和项目清单。推进数据中心和5G网络等应用，累计建设5G室外基站数约2万个，推进260多个5G创新应用，依托新城算力和数据资源，推动建设枢纽型数据中心集群。

三、加强新城功能导入

围绕央企、民企推动向新城导入功能，重点做好三个方面工作：

（一）做大企业后备资源。着力构建全市民营和中小企业梯度培育体系，加大全国民企500强企业的招商力度，为向五个新城导入更多优质民资民企资源创造条件。

（二）引导央企向新城投资。9月9日，全市举行中央企业助力上海高质量发展大会，推动央企投资向五个新城导入，是央地集中签约推介的重要导向之一。中国化学工程将引导“高精尖”战略产业合作伙伴“抱团”落户南汇新城，参股各类新片区开发建设基金。国药集团将加快位于松江新城的医药物流科技产业园和生物医药产业园建设，打造立足上海、辐射长三角乃至全国的药械综合服务平台。中能建和松江合作开展城市开发建设项目，国家电投和南汇新城合作开展小型核反应堆关键试验验证项目，国家电投、国家能源集团和联交所合作，借助于新片区政策创新优势，建立氢产业发展服务平台。

（三）开展宣传跟进服务。持续开展重点企业走进五个新城活动，向企业推介新城、宣传政策。已累计举办活动10余场，超过200家次企业参与。对于向新城迁入总部的企业，涉及跨区迁移事项，市经信委按照全市跨区迁移“三委三局”工作机制，积极做好服务保障，支持企业总部稳妥有序导入新城。

（尉杨平）

在线新经济发展情况

2022年，上海市为进一步顺应需求、把握机遇、因势利导，加快发展新经济形态，培育产业新动能，认真贯彻落实《上海市促进在线新经济发展行动方案（2020—2022年）》。在线新经济在规范中发展、在发展中规范，产业百花齐放，细分领域优势显著，形成经济新增量，迈上发展新台阶。

一、2022年发展情况

2022年，上海互联网信息服务业实现营业收入5694.8亿元，比上年增长20.7%；利润总额达380亿元，同比增长近5倍。

从细分领域看，互联网平台企业引领产业增长。其中，生活性服务业厚积而薄发，从十亿、百亿企业成长为百亿、千亿企业，如小红书、得物等抢占互联网细分赛道，规模实现高速扩张。同时，在钢铁、工业品等领域，发展出一批特色生产性服务平台，如找钢网、西域供应链等企业。

互联网游戏逆市增长，全年网络游戏营业收入1281.37亿元，同比增长10.2%，米哈游、波克等重点企业增速超过30%，占全国比重从1/3提升至近1/2。上海14家企业累计获得36个游戏版号，占比为7%。

金融信息服务业蓬勃发展，上海拥有60%的金融信息服务，通过大数据、人工智能的模式创新与技术创新，一批业内优秀的金融科技企业快步成长，如嘉银金科专注于大数据和金融科技研发，构建以大数据驱动为核心理念的金融风控体系和云服务平台，东方融资网聚焦中小微企业融资难题，成为第三方融资服务平台的行业标杆。此外，本地生活服务占据国内市场70%，网络文学占据国内市场90%。

二、2022年主要工作情况

坚持“规范与发展先行，业态与模式创新并举”，建设在线新经济发展高地。集聚在线新经济发展生态，着力建设“张江在线”“长阳秀带”在线新经济生态园，招引美团点评、字节跳动、盒马鲜生、哔哩哔哩等一批总部项目和上下游生态落地。为企业出海提供合规指引，举办上海在线新经济企业安全合规专题培训会，发布上海在线新经济数据合规公共服务平台。搭建功能性平台为行业赋能。虹桥之源第三个市级在线新经济生态园正式授牌，搭建联合利华u创孵化器、全球共享经济撮合平台、智慧旅游一站式服务平台、视频服务提供商爱奇艺平台、智连万物云平台等功能性平台。

（叶月明）

工业经济运行情况

2022年，在中共上海市委、市政府坚强领导下，上海市产业系统全力以赴稳增长，有效应对年初疫情冲击，工业连续5个月两位数增长，全年工业增加值超1万亿元，信息传输、软件和信息技术服务业增加值比上年增长6.2%，工业投资增长0.6%，全年实现量的合理增长和质的稳步提升，产业经济实力持续增强。

一、工业经济迈上新台阶

2022年，全年规模以上工业总产值40474亿元，可比下降1.1%；规模以上工业销售产值40328亿元，同比增长1.2%；工业产销率99.64%，产销衔接情况较好。全年工业呈V型复苏态势。规模以上工业增加值可比下降0.6%。分季度看，一季度增长3.9%，二季度下降26%，三季度增长14.6%、四季度增长3.8%，走出“平稳开局、深度下探、快速恢复”V型恢复曲线。出口对经济增长贡献较大。在消费电子、新能源汽车支撑下，规模以上工业出口交货值8889亿元，工业外向度达22%；工业出口同比增长7.8%，对工业销售产值增长贡献率达135%，拉动规模以上销售产值1.6个百分点。

二、汽车行业是稳增长主驱动

在汽车促消费政策支持下，汽车行业企业积极克服疫情、缺芯、电贵等困难，供应链资源向高端车型、新能源汽车集中。全年实现产值8080亿元，同比增长9.3%，拉动规模以上工业1.7个百分点，对全市工业稳增长贡献最大。全市汽车产量302万辆，占全国11%，同比增长6.8%，好于全国汽车行业水平（全国汽车产销分别完成2702万辆和2686万辆，同比分别增长3.4%和2.1%）。在政策、市场、企业的共同作用下，新能源汽车呈爆发式增长。全市新能源汽车产值2888亿元，可比增长56.9%；产量99万辆，同比增长56.5%。

三、其他重点行业六升三降

钢铁、烟草等6个行业正增长，合计拉动规模以上工业产值增长1个百分点。钢铁行业产值1543亿元，可比增长7.6%，主要是取向硅钢、汽车板等市场相对较好。烟草行业产值1080亿元，可比增长7.2%。船舶行业产值645亿元，可比增长5.8%，主要是集装箱船加速完工交船，LNG船新增订单较多。医药行业产值1117亿元，可比增长4.6%，主要是防疫相关药品、器械产销两旺。电子行业产值5746亿元，可比增长1.7%，主要是消费电子和集成电路生产较好。电力行业产值1471亿元，可比增长1.7%，主要是夏季高温叠加居家办公等造成居民用电大幅增加（全社会用电1746亿千瓦时，同比下降0.2%，其中城乡居民用电增长15.5%，二产用电下降4.7%，三产用电下降1.2%）。轻工行业产值5985亿元，可比下降3.9%，主要是疫情造成日化、农副食品加工、造纸印刷、家电等消费萎缩。机械行业产值7695亿元，可比下降6%，主要是集装箱订单减少，以及房地产下行造成电梯、电线电缆等需求减少。石化行业产值4658亿元，可比下降12%，主要是上海石化大火停产以及原油价格下跌、化工产品市场偏弱影响。

四、高端产业引领功能持续巩固

三大先导产业制造业产值4122亿元，可比增长11.1%，高于面上工业12.2个百分点。集成电路产值1748亿元，可比增长17%，其中晶圆制造、半导体设备分别增长38.3%、33.9%。生物医药产值1850亿元，可比增长5.7%，其中药品增长4.1%、器械增长5.7%、制药装备及原材料增长17%。人工智能产值651亿元，可比增长13.7%。六大重点产业产值29772亿元，占规模以上工业产值的73.6%，可比增长1%。分行业看，电子信息产值9188亿元，可比增长6.6%；汽车产值8564亿元，可比增长8.8%；生命健康2011亿元，可比增长2.7%；高端装备6127亿元，可比下降3%；先进材料4710亿元，可比下降6.2%；时尚消费品2680亿元，可比下降10.1%。战略性新兴产业好于面上工业，全年战略性新兴产业制造业产值17407亿元，可比增长5.8%，高于面上工业6.9个百分点。光伏电池、发电设备、光纤、智能手机分别同比增长1.2倍、70.3%、19.2%、10.8%。

（邵　敬）

能源运行情况

2022年，上海市坚持能源节约方针，努力降低能源消耗。重点监测企业煤炭、电力、成品油、天然气累计消耗量均实现下降。

一、煤炭

（一）消耗量同比下降。2022年，全市重点监测企业煤炭消耗4626.7万吨，比上年下降2.9%，其中，电煤消耗3408.4万吨，同比下降3.1%。

（二）调入量同比下降。2022年，全市重点监测企业调入煤炭4716.55万吨，同比下降5.88%。其中，电煤调入量3399.83万吨，同比下降7.4%。

（三）期末库存量同比下降。12月底，全市重点企业煤炭期末库存252万吨，同比下降14.3%；其中电煤期末库存208.8万吨，同比下降19.9%。根据12月份平均日耗量，库存煤炭可用18天，其中电煤可用20天。

2022年12月上海市煤炭消耗、调入、库存情况

单位：万吨

类别	消耗量		调入量		库存量	
	12月	同比增长（%）	12月	同比增长（%）	12月末	同比增长（%）
全市	430.4	−12.1	443.9	−17.6	252.0	−14.3
其中：电煤	333.0	−14.7	346.9	−20.9	208.8	−19.9

二、电力

（一）用电量同比略降。2022年，全市全社会用电量1745.5千瓦时，同比下降0.2%。其中第一产业用电量6.3亿千瓦时，占全社会用电量的0.36%，同比增长14.3%；第二产业用电量829.0亿千瓦时，占全社会用电量的47.49%，同比下降4.7%；第三产业用电量589.3亿千瓦时，占全社会用电量的33.76%，同比下降1.2%；城乡居民生活用电量320.9亿千瓦时，占全社会用电量的18.39%，同比增长15.5%。在第二产业中，工业用电量809.8亿千瓦时，同比下降4.9%；其中，制造业用电量661.9亿千瓦时，占全市工业用电量的81.73%，同比下降3.6%。

（二）发电量同比下降。截至12月底，全市发电装机容量为2830.1万千瓦。全年发电量963.4亿千瓦时，同比下降4.3%。全市6000千瓦及以上发电设备平均利用小时3541小时，同比减少319小时。

（三）净受电量同比上升。2022年，全市净受电量782.1亿千瓦时，同比增长5.3%。

2022年上海市主要电厂发电情况

单位：亿千瓦时、小时

类别	发电量		利用小时	
	累计	同比增长%	累计	同比增加
煤电	702.36	−6.4%	4675	−321.0
油电	1.92	26.3%	313	65.0
气电	142.37	−5.9%	1756	−212.0
市总计	949.32	−4.6%	3541	−319.0

注：表格内数据为全市6000千瓦及以上电厂数据。

三、成品油

（一）销售量同比下降。2022年，中石油、中石化在沪汽、柴油销量为555.4万吨，同比下降19.6%。其中，汽油销量为305.2万吨，同比下降25.6%；柴油销量为250.2万吨，同比下降10.9%。

（二）生产量同比下降。金山石化、高桥石化全年生产汽、柴油970.0万吨，同比下降6.2%。其中，汽油产量为476.7万吨，同比下降11.3%；柴油产量为493.4万吨，同比下降0.6%。

（三）期末库存量环比上升。12月，中石油和中石化在沪成品油期末库存为23.8万吨，环比上升8.3%。其中，汽油库存量为14.1万吨，环比上升1.7%；柴油库存为9.8万吨，环比上升19.6%。根据12月份平均日销量，成品油可用14.7天。

2022年12月中石油、中石化在沪汽、柴油情况

单位：万吨

类别	消费量		生产量		库存量	
	12月	同比增长（%）	12月	同比增长（%）	12月末	环比增长（%）
汽油	25.3	−28.7	40.9	−10.7	14.1	1.7
柴油	25.0	−7.1	39.6	−26.2	9.8	19.6
合计	50.3	−19.4	80.4	−19.1	23.8	8.3

四、天然气

（一）全市用气量同比下降。2022年，全市用气量为892663万立方米，同比下降4.1%。

（二）大工业用气量同比下降。2022年，全市大工业用气量154048万立方米，同比下降3.3%。

（三）电厂用气量同比下降。2022年，全市电厂用气量为280096万立方米，同比下降4.2%。

（陈　恒）

上海企业获国家管理创新成果奖情况

2022年，为深入学习贯彻习近平新时代中国特色社会主义思想，全面贯彻落实中共二十大精神，深入实施国家“十四五”规划，全国企业管理现代化创新成果审定委员会（简称全国审委会）组织开展第二十九届全国企业管理现代化创新成果的申报、推荐与审定工作。

截至2022年9月底，共收到并受理企业申报材料664项。经组织高等院校、科研机构、企业团体有关专家初审、预审和答辩，并进行社会公示后由全国审委会组织终审，有219项被审定为第二十九届全国企业管理现代化创新成果，其中一等成果34项、二等成果185项。

第二十九届全国企业管理现代化创新成果充分反映各类企业以习近平新时代中国特色社会主义思想为指导，完整、准确、全面贯彻新发展理念，积极贯彻落实国家重大战略部署，深入实施创新驱动发展战略，推动企业高质量发展的成功实践，集中体现了当前我国企业在深入推进国资国企改革与促进企业高质量发展、推动数字经济发展与培育数字新产业、数字化转型与智能化升级、协同突破关键核心技术和工程化产业化瓶颈、完善战略管理体系与优化集团管控模式、践行“双碳”目标与培育绿色低碳产业、共建“一带一路”与提升国际化经营管理能力等方面的创新实践经验，为政府有关部门制定相关政策提供了参考，为其他企业提供可学习借鉴的成功经验，为大专院校和科研机构进行企业管理科学研究与教学提供鲜活案例。

2022年，上海地区企业获奖情况如下：

一等奖（2项）

成果名称	申报单位
船舶制造企业集团提升国际化经营水平的汇率风险管理	中国船舶集团有限公司
国际物流供应链集团战略导向的数字化人力资源管理体系构建	中国远洋海运集团有限公司

二等奖（5项）

成果名称	申报单位
船舶企业基于数字化仿真的车间生产管理	沪东中华造船（集团）有限公司
军工院所提升研制能力的“五步联动”战略管理体系构建	上海航天化工应用研究所
服务浦东引领区建设的政企协同低碳供电体系构建	国网上海市电力公司浦东供电公司
造船企业以设计能力提升为目标的知识管理体系构建与实施	上海外高桥造船有限公司
数据驱动的宇航型号产品过程质量确认管理	上海宇航系统工程研究所

（曹　恺　沈桑杰）

工业互联网发展情况

2022年，上海市认真贯彻落实《推动工业互联网创新升级，实施“工赋上海”三年行动计划（2020—2022年)》，加快工业经济数字化、网络化、智能化转型，推动实体经济高质量发展，取得明显成效。

一、2022年发展情况

（一）上海市工业互联网发展呈现稳中向好的发展态势

在工业互联网平台方面，上海以22.78%的平台普及率稳居全国第一梯队，各平台技术水平总体较高，应用效益比较突出，发展历程各有特色。加速推动两化融合管理体系升级贯标与数字化转型评估诊断，全市自评估企业超1.2万家，2500余家规模以上工业企业通过数字化平均降本8.65%、提质7.51%、增效11.23%；416家企业通过两化融合分级评定，475家通过基础版评定企业，总体通过评定企业数量891家，比上年提升89%。持续发挥工业互联网标识解析国家顶级节点（上海）辐射带动作用，接入二级节点79个，约占全国的1/3，链接企业约15万家，累计标识注册量1436亿次，标识注册量和接入企业数量均超1/2。上海电气、上海电信、巨人能源等6个行业二级节点启动建设。

（二）长三角一体化示范区稳步推进，区域协同发展结“硕果”

长三角区域一体化工业互联网公共服务平台持续发力，汇聚服务商数量80余家、平台用户数达到150余个、企业用户数达到100余家，汇聚网络、安全、平台、应用等各类解决方案近170个。连续3年发布长三角G60科创走廊九城市工业互联网平台、专业服务商目录，共评选出工业互联网平台70个、专业服务商64个、标杆工厂55个、标杆园区6个。

二、2022年工作进展

（一）加强顶层规划，打造标杆示范企业

编制发布《上海市制造业数字化转型实施方案》及任务分解表，明确到2025年的发展目标、重点任务，实施八大专项工程和五项保障措施，面向全市进行制造业数字化转型工作动员部署。实施“工赋链主”梯度培育行动，将围绕“一链一平台”和“一链多场景”，加大对“工赋链主”培育企业的引导、服务和支持，聚焦打造一批制造业数字化转型标杆示范企业，建设一批超级场景，带动和赋能重点产业整体数字化转型和高质量发展，以数字化带动和赋能产业链整体高质量发展，提升“双链”竞争力和韧性，促进大中小企业融通发展。

（二）发挥产业集聚优势，推动“平台＋园区”融合创新

面向重点产业园区开展“平台＋园区”试点示范征集，首批聚焦上海化工区、上海湾区、东方美谷和大飞机产业园。重点打造“工业互联网＋安全生产”“两网贯穿”“工业元宇宙”“数字孪生”等数字化转型新模式。启动编制“平台＋园区”建设指南和白皮书。支持青浦工业园区和上海湾区高新区入选工信部国家新型工业化产业示范基地工业互联网平台赋能数字化转型提升试点项目。面向五大新城和工业互联网实践示范区，遴选“12+X”重点特色产业园区，开展工业互联网一体化进园区“百城千园行”，推动政策、网络、平台、安全、标识、资源、应用与园区全面对接落地。

（三）落地一批重大项目和应用场景，打造数字化示范标杆

建立上海市制造业数字化转型工作推进专班，聚焦“链主平台”“智能工厂”“超级场景”“平台＋园区”等重点方向，首批确定42个制造业数字化转型重大项目，总投资超过50亿元。征集梳理电子信息、生物医药、汽车、重大装备、新材料、能源等6个重点产业领域五十大应用场景，推动基于场景的供需对接和项目建设。支持本市制造业重点区域，与优铖工逸、海克斯康、美云智数、车和智能、国信优易、赛摩工业互联网、捷瑞肯智能等重点企业加强深度合作，推动产业集聚和数字化赋能。

（四）打造重大赛事活动品牌，推动多方交流合作

举办以“虚实融合、洞见未来”为主题的2022工业智能高峰论坛，上海市首批“工赋链主”培育企业的代表们共同发起倡议，共同构建行业数字化产业链、培育数字化生态，形成“数字引领，携手创新，普惠共赢”的数字化生态共同体。“工业互联网春天行动2022”累计召开12场线上峰会，超过10万人次参与活动，27位企业代表“云”上论道，广泛分享了企业数字化转型、数字抗疫的经验。工业数字化供需对接吸引40余家重点企业参与，意向签约金额超2000万元。第三届工业互联网算法大赛聚焦船舶（外高桥造船）、汽车（延锋汽车）、电子信息（中微半导体）、核电（上海核工院）等赛道，通过产学研用多方联合，形成一批智能算法和知识图谱。《“工赋引擎”——上海工业互联网创新发展案例集》正式印刷出版，为疫情后深化工业互联网促制造业转型升级提供有益借鉴。

（叶月明）

附件：工业互联网促进制造业数字化转型典型案例

一、上海电气集团数字科技有限公司“星云智汇”工业互联网平台赋能数字化应用场景

（一）平台基本情况

上海电气集团数字科技有限公司（简称“电气数科”）是上海电气集团股份有限公司直属子公司，也是集团数字化产业发展和转型的关键载体。从传统装备制造业转型升级的共性需求和技术出发，打造平台化的技术底座，以工业数据、工业应用为抓手，电气数科自主研发“星云智汇”工业互联网平台，助力装备制造企业从单一制造，向“制造＋服务”和“产品＋服务”转型、延伸和提升价值。

（二）打通工业App开发、发布、应用全场景闭环，实现“产品＋服务”和“制造＋服务”转型

“星云智汇”工业互联网平台以业务需求和应用价值为牵引，构建了物联接入、数据智能、人工智能、可视化开发、运营机制、安全保障等核心服务能力，打通工业App开发、发布、应用的全场景闭环，为用户提供快速构建、高效互联、安全可靠的数字化服务和行业解决方案。面向企业内部，助力生产效率的提升，加快产品升级和智能制造应用；面向企业外部，延伸企业价值链，实现“产品＋服务”和“制造＋服务”转型；面向行业，搭建开放共赢的平台生态，为中小企业提供菜单式、易部署的数字化赋能服务，为大型龙头企业提供集成化、专业化的数字化转型服务。

平台一手助力传统产业数字化转型升级，一手引导新兴产业拥抱工业互联网，推动“产业智能化、服务产业化”双轮驱动，提炼了八大类31个数字化应用场景，包括以星云智汇为底座为空冷设备厂商建立设备智能化运维服务平台、零碳园区、订单协同管理平台等。

案例：订单协同管理平台

对于传统的生产制造型企业来说，无论是推式生产（MTS）还是拉式生产（MTO），对于供应链全链路协同的管控均存在着线下管理、信息同步不及时的情况，容易导致信息的缺失与错乱，使得供应链上游产生较高的库存冗余而下游订单需求无法满足。

因此，任何大型高端装备制造企业在供应链协同管理的工作中，都需要做到供应链协同全链路管理业务场景的在线协同，包括内部用户、外部供应商实时、在线协同管理计划协同、质量检查、收发货协同、发票协同等业务场景。如订单执行过程的风险预警，在采购协同过程中出现计划偏离、质量偏离的情况下，平台能够提供预警和质量检查报送，快速更新质量状态。

面对大型装备制造企业在采购过程中效率低、监管难、交付质量难保证等痛点，基于“星云智汇”工业互联网平台与“商和”智慧供应链平台融合应用的订单协同管理平台，实现大型装备制造企业采购协同全链路管理线上贯通，如采购需求同步、寻源报价、报价协同、方案评审、定价定供、合同同步等，实现采购寻源业务全过程线上化，达到供应链全链路协同，提升供应链整体响应速度。通过平台搭建和全程可视化协同，实现内部用户与供应商进行高效的协同互动，从设计图纸、质量信息、采购计划、订单执行、收发货直至结算对账，实现阳光采购，提升集团型企业采购管理与供应链管理的效能。已连接 2.3 万家供应商、1 万余家客户，订单互动协同超 14 万条，实现商流、物流、资金、票据四流合一。

立足于上海电气在高端装备制造几十年行业经验，目前“星云智汇”工业互联网平台已连接风力发电、光伏发电、储能电池、机床、变频器等工业产品、设备及主要部件超过 23 万台，管理设备资产超过 1542 亿，形成了面向电力、能源、汽车、建材、机械、轨交、家电、环保、化工、医疗 10 个行业 30 余个解决方案。

（三）使数字化能力成为高端装备制造企业核心竞争力，引领产业模式创新和协同发展

“星云智汇”工业互联网平台作为工业解决方案和产品的输出平台，以平台为技术底座向外输出数字化转型实践经验，将有利于帮助更多企业构建全要素互联互通的工业互联网平台，以数据为中心，以平台为载体，实现企业各类业务数字化需求，整合供应链和产业链上下游资源，引领产业实现数字化转型模式创新和协同发展，为高端装备制造业数字化转型注入新动能。

二、上海宝信软件股份有限公司宝联登“xIn³Plat 工业互联网平台”在钢铁行业数智化技术、体系等方面的创新与应用

（一）平台基本情况

上海宝信软件股份有限公司（简称“宝信软件”）是工业软件行业应用解决方案和服务提供商，依托在钢铁行业的经验和数据积累，以“秉承信念，坚定信心，灌溉信任”为理念，自主研发宝联登 xIn³Plat 工业互联网平台。该平台聚焦智能化生产、绿色化制造、安全化管控，面向生产的智慧制造、产业生态圈的智慧服务、企业治理体系和治理能力现代化的智慧治理，赋能企业数智化转型。

（二）构建云边一体全场景平台，推动形成新型制造体系

在技术创新方面，宝联登 xIn³Plat 工业互联网平台构建了云边一体全场景平台，以实现高性能边缘计算的自主可控，搭配研发工业知识沉淀的产品套件及工业大数据 5S 套件，推动形成数据驱动、软件定义、平台支撑、服务增值、智能主导的新型制造体系。平台支持租户隔离、统分结合、多边入云，并提供大量技术和数据组件，为企业数字化应用提供了强有力的支撑，是企业打造共建共享生态圈新商业、现代化治理新服务和“OneMill”理念新制造的技术底座。

案例：宝钢股份智慧铁水管理、运输系统

宝联登 xIn³Plat 工业互联网平台结合行业需求与应用，不断丰富业务内涵，形成了研发与应用紧密结合的能力。在钢铁行业，将新一代信息技术与传统制造深度融合，点亮国内钢铁行业首家灯塔工厂，创造价值 5000 万美元。在制造变革、商业模式、产品研发、生产管理、质量管控和消费者服务等方面实现全方位蝶变，以降本增效、绿色智能作为当前及未来的重要抓手和突破口。同时不断挑战极致能效，以“铁钢界面极致优化”为目标，基于工业互联网架构，为钢铁行业客户提供智慧铁钢界面解决方案；对“铁、运、钢”各环节极致优化，确保铁水运输组织的及时准点，满足高炉和炼钢的连续生产需要，实现铁钢平衡。2022 年初，SmartHIM 智慧铁水管理系统和 SmartHIT 智慧铁水运输系统在宝钢股份投入应用，节约了 83% 的人工投入；每年节约的能源相当于减少 4000 吨二氧化碳排放量。SmartHIT 作为全球首创的全无人智慧铁水运输系统，其核心设备 SmartTPC（灵巧鱼雷车）已迈入 7.0 时代，周转率达到 7.08 次 / 日，高峰时段 7.24 次 / 日，铁钢界面实现温降 91.9℃，极大改善了铁钢界面间铁水温降这个老大难问题，确立了行业引领地位。

宝联登 xIn³Plat 工业互联网平台不断开拓跨行业、跨领域的服务能力，目前已赋能钢铁、化工、交通、有色、制药、采矿、机械、电子、服务业和农业等数十个行业实践数字化转型。截至 2023 年 2 月，平台已建设节点共计 28 个，连接设备 487+ 万台，沉淀工业模型 1.3 万 + 个、工业 App1.2 万 + 个、平台微服务 5.9 万 + 个，覆盖 10 个行业九大领域，提供解决方案 50 余个，服务企业用户超过 29 万家。此外，

宝联登发挥平台技术优势和沉淀的业务经验，逐步开拓国际新兴市场，目前已为印度、印度尼西亚等“一带一路”沿线国家的海外钢厂提供工业互联网解决方案与服务。

（三）数字化需求持续释放，平台贡献专业力量

在供给侧改革与“双碳”政策背景下，绿色生产、节能降耗成为钢铁企业的核心竞争力，驱动企业加大数字化投入。宝联登 xIn³Plat 工业互联网平台一方面将继续深耕钢铁行业，服务数字化、绿色化双转型需求；另一方面将加强产品和服务延伸，为更多制造企业转型升级贡献专业力量。

三、上海电器科学研究所（集团）有限公司“电机工业互联网云平台”全生命周期服务以及在工业场景的示范应用

（一）平台基本情况

上海电器科学研究所（集团）有限公司（简称“上电科”）创建于 1953 年，是电机行业数字化转型的领军机构。2019 年，上电科凭借在电机行业、工业控制、现场通讯等领域多年的技术积累，率先研发“电机工业互联网云平台”。该平台打造电机设备数字化信息实时融通与追溯、运行监测、能效优化、远程诊断和在线报修等多数据、全要素、高集成主流工业场景深度融合的示范应用，加速“来源可查、去向可追、运维可控、责任可究”设备全生命周期管理体系的形成，实现电机行业工业互联网平台零的突破，有效推动电机行业构建万物互联、数据驱动、智能主导和服务增值现代化产业体系的进程。

（二）构建全生命周期服务场景，为设备提供全方位保姆式服务

上电科在电机工业互联网云平台共性应用的基础上，统一设计规划了各子平台门户，将标识、协同、智能制造、智慧能源、供应链、在线报修、专利服务等要素链式呈现，迭代发布了由八大业务支撑的电机全生命周期工业互联网平台 V3.0，进一步深化了工业互联网 + 标识解析技术基于工业企业数据流通、信息交互关键枢纽构建的创新融合应用。在远程运维领域，自研边缘智能设备和传感器，已批量应用到工程项目；在协同设计领域，贯彻产品研发并行理念，将多种专业的工具软件与应用程序整合云化，帮助缩短用户开发周期；在标识解析领域，完成了电机行业标识解析二级节点与国家一级节点对接，获批 88.242 行业代码；在行业标准领域，制定并发布了本行业可协同、可推广、可复用的平台建设行业标准以及标识解析团体标准，吸引大量龙头企业广泛参与，为行业工业互联网平台的研发、建设提供了重要指引。

平台在行业标准体系的框架下，基于标识解析定义建设了电机全生命周期要素环节服务场景。用户企业接入平台后可通过个性化大屏，通览所有接入设备的综合化数据信息。平台在企业的运营、生产、售后等全生命周期环节为设备提供信息跟踪溯源、数据在线监控、3D 场景模拟仿真、能效系统评估、异常情况报警、故障诊断分析以及智能在线报修等全方位保姆式服务。

案例：某印刷集团应用电机工业互联网云平台

上电科自电机工业互联网云平台发布以来，在行业内起到了极大的示范效应。平台在某印刷集团应用后，通过数据分析发现了系统能效问题，经过半年的调整和优化，平均单电耗从基期的 0.162 千瓦时／立方米减少到统计期的 0.125 千瓦时／立方米，平均节电率 23%，月均省电 59181 度，年省电费用 60 万元，三年收回投资成本。

平台推广应用已服务上下游客户近 1 万家，标识解析服务注册量超 500 万次，峰值析超 1.5 万次／日，数字化转型促进业务收入超 8000 万元，实现帮助企业降低产品缺陷率 7%–35%、节约成本 5%–10%、用户满意度 100% 的良好服务效果。

（三）打造机电行业工业互联网平台标杆示范

上电科电机工业互联网云平台通过跨设备、跨系统、跨厂区、跨地区的全面互联互通，不仅加快了电机行业构建万物互联、数据驱动等现代化产业体系的步伐，更拓展了电机行业工业互联网整个产业生态经济发展的新空间。平台的研发顺应工业互联网赋能传统产业转型与创新的发展趋势，实现机电行业工业互联网平台零的突破，迈出行业数字化探索的重要一步，对带动行业企业以及上下游企业数字化转型具有重要意义。

四、上海致景信息科技有限公司“飞梭智纺”工业互联网平台及系统升级在纺织企业的赋能应用

（一）平台基本情况

上海致景信息科技有限公司（简称“致景科技”）成立于 2013 年 12 月，是一家纺织产业互联网企业，利用云计算、大数据、AI 等新一代信息技术打造了“飞梭智纺”工业互联网数字化系统，为纺织生产企业提供低成本、易维护、快速部署的数字化管理解决方案，提升企业生产、管理、服务的数字化、网络化、智能化水平，并通过工厂生产数据精确指导纺织供应链上下游的生产和交易，提高纺织生产和布匹需求的供应链匹配效率，打造纺织产业“云上”产业链协同新体系和新模式，助力纺织制造业高质量发展。

（二）“数智化 + 工业电商 + 供应链”构建供需精准对接和协同管理良好生态

针对纺织业面临的供应链分散、管理传统、数字化水平处于探索期、经营成本高等主要问题，致景科技全面打造了生产制造、经营管理、产业协同等特色服务板块，基于“飞梭智纺”实现供应链数字化管理、智能排产、设备预测性维护、坯布质量智能检测、仓储与物流优化等关键环节的应用开发与优化服务，提升关键环节生产效率与产品质量，实现

供需精准对接和供应链协同管理。

面对企业管理和生产基本凭借经验判断、生产工序复杂且缺乏工艺监控、生产进度不透明、生产排期无法管控、产品质量缺乏有效管控等问题，致景科技基于“飞梭智纺”打造了银河染整智造系统，让传统的印染工厂转变成现代化、数字化、智能化的工厂，赋能印染生产与经营数智化。值得一提的是，“飞梭智纺”兼容市面上绝大多数的染机电脑，无需更换、改造，即可以最低改造成本实现印染企业的数字化转型。

在工艺管控方面，致景科技开发超级中控系统。通过在线监控、异常预警及大数据分析（对核心指标实时展示，快捷查询，做到发现生产异常可及时预警，及时纠错，从而提升产品质量），实现将生产数据转换为生产决策反馈，为后续的生产提供对应的工序流程推荐、工艺参数推荐等，减少各种人为的误判影响。

在配色调色方面，致景科技开发智能配方系统。利用人工智能和大数据算法技术实现织物智能配方推荐，大大提高了配色精准度和效率，将打样时间从以前的 3–5 天缩减到现在的急单 24 小时，进一步促进纺织行业智能化。

在计划排产方面，致景科技开发了协同排产系统。系统就像给工厂安装一个中枢大脑，利用大数据算法实现智能辅助的推荐排产，将每天的接单、投坯计划、前处理、染色、后整理的排产计划高效衔接，实现高效协同生产，同时通过使用生产进度跟踪的应用小程序，随时随地掌控生产计划，查看生产进度，提高设备利用率和产能。

案例：致景科技“飞梭智纺”赋能鑫海盛天生产与经营数智化

苏州鑫海盛天纺织后整理有限公司成立于 2010 年，位于江苏省苏州市，是一家以印染为主业，主要从事对面料进行染色、定型及后整理加工的公司，同时拥有集研发、纺丝、织造、染整及销售一体的完整产业链。面对行业痛点问题，鑫海盛天积极探索发展新路径，致景科技的飞梭智纺银河染整智造系统成为其拥抱数智化转型的高速引擎。致景科技以“AIoT+ 大数据 +AI 技术”赋能生产与经营的数智化，让传统的印染工厂转变成现代化、数字化、智能化的工厂。

（三）帮助纺织企业低成本实现数字化，加快纺织行业供给侧结构性改革

致景科技“飞梭智纺”已接入全国 9000 多家纺织企业、超过 60 万台织机，成长为纺织服装智慧供应链服务的领先企业。一方面，以低成本帮助纺织企业实现生产制造、经营管理、运营管理等环节数字化；另一方面，通过打通产业链上下游企业数据通道，促进全渠道、全链路供需调配和精准对接，打造数字化产业链，基于平台整合分散的制造能力，促进产业链高效协同，提高产业链竞争力，构建“数智化 + 工业电商 + 供应链”的良好生态，从而加快纺织行业供给侧结构性改革，助力纺织行业实现高质量发展。

五、智能云科信息科技有限公司“iSESOL 工业互联网平台”在机械加工行业数字化转型领域的探索与实践

（一）平台基本情况

智能云科信息科技有限公司（简称“智能云科”）是一家聚焦机械加工领域的工业互联网综合服务供应商，对机加工行业需求和发展趋势有着深刻的理解和判断。在此驱动下，智能云科以制造装备互联为基础，秉承“让制造更简单”的理念，打造 iSESOL 工业互联网平台。该平台是集设计、测试、生产、质检全流程实时数据“采、存、用”一体化的数字平台，以工业连接、边缘计算、数据智能、开放生态为基础能力，达成制造设备互联互通、万物相连以及海量异构工业数据集成，打通企业现有系统之间的数据壁垒，使实时精准的数据成为企业运营、决策的基准，实现生产过程可视化，为企业数字化转型提供坚实的基础。

（二）创新“智能物联平台 + 边缘终端 + 工业 APP”模式，构建工业互联网新生态

针对制造企业现有 ERP、MES、PDM、PLM 等系统无法以实时设备和生产数据为基准的数据孤岛问题，智能云科打造了基于“智能物联平台 + 边缘终端 + 工业 APP”机加工行业云网端融合数据互通的创新模式，为企业构建了基于设计、测试、生产、质检全流程实时数据“采存用”一体化的数字平台。以智能边缘设备 iSESOL BOX 和 iSESOL MATE 的强大数据采集和边缘计算能力为基础，面向企业的所有系统提供所需的设备端数据，同时以智能云科在机加工行业的知识积累和技术优势为依托，为企业打造服务于设备能力提升、生产环节优化管控等场景的多种工业 App，使生产的全流程可视化成为现实，助力制造企业在数字经济时代搭上数字化制造的快车。

案例：上海道渥“AIM 铝加工智能制造平台”

智能云科 iSESOL 平台在赋能装备制造与机加工数字化转型领域积累丰富的实践经验。例如，铝挤出机械龙头企业上海道渥实业发展有限公司与其客户某精密合金制造企业面对新能源汽车主机厂严苛的品质要求、急剧增长的订单量与新零件开发需求，亟需建立强大的产品生产过程追溯能力。智能云科、上海道渥、某精密合金制造企业与某新能源汽车公司四方合作打造铝加工行业的信息管理系统“AIM 铝加工智能制造平台”，基于 iSESOL BOX 的数采能力，对某精密合金公司工厂内新能源汽车示范专线相关设备进行采集监控，同时针对车间管理的生产结果追溯统计模块定制工业 APP。

通过“AIM 铝加工智能制造平台”，该精密合金制造企业从无到有实现产品生产过程的精细化追溯，依据生产批次

追溯各个工序的加工过程详细信息，生产管理效率提升 12%；其客户借助平台强大的质量管理能力，辅助判断设备健康程度、人员班组生产能力，巩固其供应商地位，整体收入增加 3%。上海道渥实现从设备销售商到工业服务商的转变，成为铝挤压行业数字化转型的典型案例。

在深耕机加工行业的基础上，iSESOL 工业互联网平台服务范围已覆盖装备制造、航天航空、汽车零部件、医疗器械、模具制造、消费电子等十多个行业领域，业务已拓展至全国 26 个省份、171 个城市的 3700 余家制造企业。截至 2022 年底，平台上云智能设备超过 4.2 万台（套），上线工业 App 超过 1300 个，提供服务机时累计超过 3632 万小时，在线订单成交量超过 5.37 亿元。

（三）机械加工行业数字化转型势在必行，平台发挥强带动效应

数字化转型是机械加工行业的长期发展趋势，iSESOL 工业互联网平台的应用与推广起到很好的示范与带动作用，为行业数字化转型、高质量发展提供了技术、产品与服务支撑。随着机械加工各细分行业对于信息化、智能化的关注与需求不断增长，智能云科 iSESOL 工业互联网平台效应将会进一步释放，助力企业实现转型，提高盈利能力和市场竞争力。

六、鼎捷软件股份有限公司“雅典娜装备制造行业工业互联网平台”对设备智能柔性化的探索与实践应用

（一）平台基本情况

鼎捷软件股份有限公司（简称“鼎捷软件”）作为国内数字化转型领军企业，凭借在装备制造行业的多年深耕，独立研发了雅典娜装备制造行业工业互联网平台。该平台主要面向装备制造业与其他制造业客户，用于强化设备智能柔性化水平，提升设备商售后服务能力，向制造业企业传递生产工艺知识，提高数字化水平。

（二）打造新一代数字化管理解决方案，满足工业用户个性化定制需求

围绕装备制造行业普遍面临的生产计划、过程控制、成本管理等环节存在的经营痛点，雅典娜装备制造行业工业互联网平台以数据为核心，从关键生产流程入手，建立实时、系统、全面的数据采集工艺流程，驱动研发、生产、制造、销售、服务等环节创造更大的价值。

平台可协助企业达成机床综合利用率提升、生产计划达成率提升、订单交期缩短等效果，显著缩短生产的前置时间，减少新机种资料维护的时间。在平台架构基础上，将数据分析能力和应用开发能力进一步分层和解耦，沉淀公共模型、工具和能力，为跨领域跨行业应用提供体系化支持，快速、灵活地满足工业应用需求，具有良好的社会效益：一是为中小装备制造业和其他制造业客户提供低成本、快速、灵活的平台应用与运营服务，具备低转型成本、快速订阅即享服务、效益付费及增加运营效益等优势；二是透过微服务、工业机理模型调用以及 Devops 服务，颠覆传统工业软件研发体系，满足工业用户的个性化定制需求；三是以行业沉淀为基础，以自有机理模型库及知识库为核心，以微服务架构为依托，以工业互联网平台为载体，全面打造覆盖研发设计、生产制造、运营管理、经营管理的国产化工业互联网平台新一代数字化管理解决方案。

案例：雅典娜平台在上海通用电焊机股份有限公司的应用

雅典娜装备制造行业工业互联网平台已成功服务山河智能、山西智奇铁路、乐惠国际、东富龙等多家国内知名装备制造企业，助力企业打通 IT 层与 OT 层，推动业务可视化、柔性生产与资源配置优化。

以上海通用电焊机股份有限公司为例，焊接流程根据现场不同的焊缝形式采用不同的焊接设备、工艺和参数，因此很难有统一标准的场景方案。基于雅典娜装备制造行业工业互联网平台，开发智能焊机设备边缘层计算服务，打造焊接工业 App 产品，并进行终端产品验证，实现以下改进：

（1）在生产过程中监控电流、电压与送丝速度，并限制其调整范围以保证最终产出品质量；

（2）实现生产履历监控，确保生产过程中电流、电压范围满足船舶、压力容器、桥梁等焊接工艺质量要求，并符合过程维修重要参照值；

（3）自带常用焊接方案参数标准配置，无需长时间尝试工艺即可得出最佳焊接参数，大幅减少工艺开发时间与材料浪费；

（4）透过远程参数调机（如收弧电流、双脉冲频率等特殊参数）或固件升级，大幅减少上门服务客户的成本。

同时，焊接工业 App 产品可结合焊接工业特性进行设备能耗管理，智能统计出工作时消耗的电能、气体、焊材等耗量信息，实时采集到参数数据，并结合耗量计算公式计算单位耗时，再根据工作时长统计汇总耗量，协助企业节能减排。

平台已发展工业 App 34 种、连结工业设备 5581 台、管理客户工业设备资产价值约 55.8 亿元。2018 年—2022 年，平台累计营收 2 亿元以上、累积服务企业数 1.9 万家、用户数超过 12 万人。

（三）软件定义制造，助力实体经济高质量发展

装备制造业的转型升级，不仅仅是设备的智能化升级，也是对工业设备与工业软件融合发展的实现。雅典娜装备制造行业工业互联网平台打造了装备制造行业云上平台的标杆示范，协助装备制造行业发挥生产设备价值，实现柔性化生产，有力推动行业数字化、智能化转型升级与落地实践。

光HPC超算平台上完成部署。智能制造方面："全长三角造"机器人一二级零部件已完成集成测试，累计获得订单184台；大负载RV减速器、编码器及协作机器人集成实现国产化重大突破。

（二）前瞻研究，抢占布局未来产业

一是组织7个专业处室、16个区业务主管部门、42家重点企业、科研机构等座谈交流，形成前瞻布局发展未来产业研究报告，编制形成行动方案。二是制订发布《上海打造未来产业创新高地 发展壮大未来产业集群行动方案》，组织实施六大计划，推进未来健康、智能、能源、空间和材料五大方向、16个领域发展。目标到2030年，前沿产业集群产值规模达到5000亿元左右。三是市政府召开新闻发布会，由市经信委、市发改委、市科委、市教委和临港新片区介绍行动方案编制情况和推进打算。编制未来产业行动方案分工方案，拟以市制造业高质量发展领导小组名义印发各委办、各区政府。四是推进张江、临港、大零号湾三个未来产业先导区建设，打造未来产业创新高地。五是筹备举办"未来之星"创新人才和创业项目大赛，形成一批引领未来的新技术、新应用。

四、聚力打造产业融合创新生态，构建完善产业创新体系和要素资源

（一）构筑引领技术创新的战略科技力量

一是深化中国工程院和上海市政府的院市合作机制，克服疫情困难，与中国工程院于3月31日首次以云上连线方式，在北京、上海两地成功举办第六届创新与新兴产业发展国际会议，汇聚包括100余位院士在内的500多名国内外一流专家学者。二是推进中国工程院院士专家成果展示与转化中心建设，举办院士专家团队成果线上巡展，62个院士团队的65项成果参加。组织院士成果转化中心学术论坛，举办"氢清之镁——丁文江院士讲坛"等14场前沿科技高峰论坛等学术交流活动。组织开展成果转化活动，共计收集169项企业技术，为24家企业提出的技术需求匹配相应的院士专家团队。完成《士说新语——院士谈未来》节目策划。启动建设中国工程院院士专家成果展示与转化中心医学分中心。三是推动院士成果向现实生产力转化，成立80余位企业家组成的院士专家成果转化服务团队，完成首批395个院士项目对接整理及沟通工作，已推动落地项目10余项。四是深化与中科院上海分院的合作，举办成果会客厅——推动创新成果向现实生产力转化活动（中科院硅酸盐所专场），邀请硅酸盐所6个创新团队进行成果路演，并与上微、中微、中芯国际、陛通等企业代表、院士专家成果转化服务团队、工商银行科创中心、招商银行上海分行、高瓴投资、中金投行等金融机构负责人对话交流。

（二）深入实施制造业创新中心工程

一是加强顶层设计，制订发布《上海市制造业创新中心建设工程实施方案（2022—2025）》，制定《上海市制造业创新中心建设领域总体布局》，共布局50个重点发展领域。增加非企业法人型制造业创新中心，探索拓展制造业创新中心的筹建模式。二是加快筹建创建，完成上海先进技术纺织品创新中心、上海智慧医疗制造业创新中心2家创建评审工作，在电子化学品、载运核心装备与轻量化智能制造、航空机载系统、商用航空发动机、大飞机等5个领域筹建制造业创新中心。截至年底，已在集成电路、智能传感器、智能网联汽车、增材制造、海洋工程装备、先进激光技术、燃气轮机、高端医疗装备、船舶动力、超导、先进技术纺织品和智慧医疗等领域创建12家制造业创新中心。其中集成电路、智能传感器创新中心已升级为国家级制造业创新中心。三是加强推动力度，召开8次国家集成电路创新中心创建工作专班会，扎实推动工信部年度考核评估问题整改和能力建设项目完成，股东股本金等整改问题已全部解决，能力建设项目各项目标已基本完成，并在11月工信部年度考核评估中取得良好成绩。四是坚持以评促建，通过对创新中心建设目标和建设内容的完成情况、技术溢出模式等进行考核评估，总结建设情况，发现短板不足，提出整改要求，提升创新能力。

（三）完善构建企业技术中心创新网络

一是修订发布《上海市企业技术中心管理办法》和《上海市市级企业技术中心认定评价工作指南》，加强与科创中心建设条例、"十四五"规划等部署相衔接，重点支持战略性新兴产业，以及优先发展三大先导产业和六大重点产业。优化申报程序，做到全程网上办理，实施一年2次认定，最大程度便利企业申报。二是组织国家企业技术中心推荐评审工作，上海重塑能源科技有限公司等6家公司获评国家企业技术中心，上海华兴数字科技有限公司获评国家企业技术中心分中心，获评数量达历年之最。三是组织2批次市级企业技术中心认定，共有190家企业获评市级企业技术中心（第一批109家、第二批拟认定81家）。已形成国家级100家、市级915家、区级2000余家的企业技术中心三级创新网络。

（四）探索建设链主企业主导的创新联合体

一是持续实施联合创新中心计划（UIC）。市经信委与市教委、中国重燃签订三方框架协议，共同实施燃气轮机领域联合创新计划，推动中国重燃与上海5家高校达成战略合作，启动首批6个重点项目建设，中国重燃、上海电机学院气动实验研究联合创新中心（筹）揭牌。会同市教委共同推进商用航空发动机领域联合创新计划二期建设。二是推动大中小企业融通创新项目签约，推动中国工程院黄崇祺院士与上海市超导制造业创新中心，沪东中华造船集团与中船重工711所、阿波罗机械，中国航发商发与临港集团、昌强重工、宝武特冶等，组成3对企业牵头的创新联合体强化问题导向下的应用基础研究。三是聚焦EDA、智能计算、人形机器人、高端医疗影像、深远海装备等方向，组织推荐15个产业生态型创新联合体；向工信部推荐上汽、联影、沪东中华、商汤等9家产业链“链主”企业。

（五）完善创新要素高质量供给

一是与市地方金融监管局、上交所共同举办“浦江之光”行动高端沙龙（新材料行业专场），促进产业和资本对接。二是在全市范围内推进“质量标杆”活动，培育挖掘一批拥有创新性、代表性、引领性质量管理经验和方法的企业，累计128家（次）获“上海市质量标杆”荣誉称号，41家（次）获“全国质量标杆”荣誉称号，在全国各省市中名列前茅。三是全年完成近百项地方标准组织推荐和90项地方标准复审工作，指导推动国家集成创新中心创建上海市技术标准创新基地，研究建立企业标准化总监制度，以高标准引领产业高质量发展。四是修订《〈上海市创新产品推荐目录〉编制办法》，评审认定2022年度创新产品195件（上半年新冠疫情防控专项84件，下半年认定111件）。五是组织科学技术奖申报，共推荐94个申报项目。其中，10位人才申报青年科技杰出贡献奖，84个项目申报技术发明奖、科技进步奖、科学技术普及奖。

（金智献）

大数据产业发展情况

2022年，上海市认真贯彻习近平总书记关于发展数字经济的重要指示批示精神，落实国家《“十四五”数字经济发展规划》《“十四五”大数据产业发展规划》《关于构建更加完善的要素市场化配置体制机制的意见》《中共中央　国务院关于构建数据基础制度更好发挥数据要素作用的意见》等文件要求，立足推动全国统一数据要素市场和上海国际数字之都建设，促进数据产业发展和数字红利释放。

一、夯实四梁八柱，高水平建设数据交易所

2021年11月25日，上海数据交易所正式揭牌成立，配套组建工作专班，完成数交所试运行。

创新规则策源，完成包括数据交易流程、信息披露要求、数商管理措施、专业板块运营等全流程在内的7项规范、6项指引和1项术语库，基本建立数交所交易制度体系。

提升交易活跃度，截至2023年2月，数交所累计挂牌数据产品1100余个，交易额超2亿元，服务全国的态势初具雏形。创新交易板块，聚焦金融、交通、航运、商务、制造等领域持续推动数据产品创造，涌现一批在全国拥有影响力的数据品牌。

牵引数商生态，依托上海数据交易所，在全国首发数商体系，加快引育具有市场影响力的数据资源供给方以及从事数据合规评估、质量评估、资产评估、数据交付、数据分级分类、数据安全、数据治理等业务的交易服务机构，目前上海数据交易所签约数商超过800家。

二、创新数据产品，完善数商生态体系

实施数据品牌化战略，加快推动数据产品从技术开发向市场运营转变，加强新型数据产品供给，推动数商产业集聚发展，完善数据要素市场生态体系，增强全社会数据品牌运营的理念，全力打响“上海数”品牌。

建设行业数据枢纽。围绕金融、交通、工业、通信、航运、科创、能源、贸易、医疗等12个行业领域，依托数据“链主”企业融合汇聚行业数据，形成赋能行业上下游的应用场景。

打造大数据联合实验室，分批推进11个行业领域大数据联合创新实验室建设，承担探索行业数据多源融合、攻关大数据核心技术、打造行业数据示范应用、制定行业数据应用标准规范等功能。

打造品牌化数据产品，持续丰富上海数据交易所数据产品，涵盖金融、交通、工业、通信、航运、科创、能源、贸易、医疗等多个行业领域，持续推动数据从资源到资产的转变；积极探索完善数据产品及服务权益等标准规范，持续提升数据要素向高质量、知识型、品牌化数据产品的转化力度。

完善数商生态体系，积极开展各类数商活动，2021年、2022年连续两年举办全球数商大会，打造具有影响力的数据要素生态行业盛会；2022年大会首次设立新加坡会场，组织流通标准、数字资产等6个主题矩阵并发布系列最新成果，揭牌成立上海市数商协会，打造1个开幕式及主论坛、1个数据交易节，在上海、新加坡、重庆、深圳、合肥等地举办20场主题论坛，邀请200余名发言嘉宾、500余家数商企业参会，超过1万名专业观众线上线下共同参与，国内外官方媒体及社交媒体总曝光量超5亿，大会影响力显著提升。

三、完善公共服务，加强数据要素市场建设保障

立足数据要素市场建设需要，加快提升基础设施、公共数据、制度标准、空间载体等公共服务供给能力，促进数据要素流动畅通，保障不同市场主体平等获取数据生产要素，建立以市场规则、市场价格、市场竞争为核心的数据要素配置体制机制，实现效益最大化和效率最优化。

加快新基建落地，立足数据要素流通需要，打造“连接、感知、计算”的信息基础设施体系，夯实数据承载基础。建立泛在智敏的网络连接设施，实施“双千兆宽带城市加速度计划”，截至2022年12月底，全市累计建设5G室外基站超6.8万个、5G室内小站超27万个，家庭宽带用户平均下载宽带386M，宽带用户下载速率总体达87.67Mbit/s。建设物联数通的新型感知基础设施，发布《新型城域物联感知基础设施建设导则（2022）版》，促进全域数据高效采集和传输，全市物联网数据卡用户数超1.3亿。加快构建上海国家数据枢纽节点，建设商汤、腾讯、阿里云等智能算力平台，打造高性能计算集群。

加强数据安全保障，出台《上海市建设网络安全产业创新高地行动计划（2021–2023年）》，将数据安全产业作为发展重点进行规划，强调进一步完善数据分类分级、泄露监测、传输加密、访问控制、数据脱敏等安全防护能力建设。

持续推动公共数据开放，截至2023年2月底，全市通过开放平台累计完成5364个公共数据集的开放，其中实时接口2244个，开放数据字段4.3万个，条目超20亿条。普惠金融2.0实现面向33家金融机构开放1000余项公共数据，调用次数超2500万次，向中小企业普惠信贷近3000亿元。连续举办8届SODA开放数据创新应用大赛，吸引近2万人参赛，品牌推广辐射效应持续扩大。

完善制度标准政策体系，完善数据要素相关制度，发布《公共数据和一网通办管理办法》《公共数据开放暂行办法》《上海市数据条例》等核心制度以及《公共数据分级分类指南》《上海市公共数据开放实施细则》等一批配套文件，初步建成公共数据共享开放的顶层设计体系；发布《上海市数据交易场所实施管理办法》。推动数据要素领域标准化建设，围绕数据流通交易、数据可信交付、新型城域物联感知数据管理等领域，申请立项地方标准15个，确保在数据流通安全的前提下，最大化激发数据要素潜能，赋能各行业数字化转型。

四、布局发展新空间，打造数据产业地标

持续提升上海国家大数据综合试验区的整体能级，加快数据要素产业载体平台建设，布局数据要素产业集聚区，发展数据特色地标，增强服务全国、联动海外的能级。截至2021年底，大数据企业营收合计3378亿元，比上年增长18.84%，全市大数据核心企业超过1200家。

建设数据要素产业集聚区，围绕“2+7+X”总体布局，支持浦东、静安依托国家级数据交易所和大数据产业示范基地，创建综合型数据要素产业集聚区；支持杨浦、长宁、普陀、宝山、嘉定、松江、青浦等7个区域大力发展“数据+”特色产业，建设专业型数据要素集聚区；推动五大新城和其他有条件区域创建数据富集、场景丰富、治理规范的数据特色园区，建设特色型数据要素产业集聚区。

建设临港新片区国际数据港先导区，按照国家数据出境安全评估相关要求，完善基于特定行业、特定场景、特定期限下的数据流通创新试点方案，在金融、工业等五大领域梳理形成9个跨境场景，为相关产业和企业的跨境数据流动提供便利。加快平台设施建设，基本建成“数据传输、备份、存证一体化服务平台”“跨境数据流通企业自评估服务中心”等平台。推动国际互联网专用通道建设，目前已有16家企业开通21线通道业务；国家（上海）新型互联网交换中心启动试点运营，接入带宽近1T，交换流量超100G；一批高能级数据中心陆续建成投运。推动国际数据产业布局，发布《临港新片区国际数据产业专项规划（2023—2025年）》，启动“上海数字贸易国际枢纽港临港示范区”建设，加快推动信息飞鱼国际数据港核心承载区建设，引进一批重点企业入驻。

建设长三角一体化数据合作示范区，建设全国一体化大数据中心长三角国家枢纽节点，推进长三角生态绿色一体化发展示范区数据中心集群上海侧建设。深化长三角区域数据标准化实践，促进数字认证体系、电子证照等跨区域互认互通，支撑政务服务和城市运行管理跨区域协同。强化与区域内其他数据交易机构和平台的对接与合作，提高区域数据要素配置效率。

（薛　威）

电子信息产业发展情况

2022年，上海市按照中共中央、国务院和中共上海市委、市政府的战略部署，全力以赴打造集成电路世界级产业集群，加快推进电子信息产业高质量发展，保障产业链供应链畅通稳定，构建产业新发展格局。电子信息产业突破一批核心技术，补齐一批产业短板，落地一批重大项目，培育一批龙头企业。电子信息产业保持持续发展，规模以上电子信息制造业总产值 5745.60亿元，比上年增长1.7%。

一、电子信息产品制造业

（一）围绕顶层设计，谋划规划布局

1．完善集成电路产业发展顶层设计。聚焦重点、明确任务，加快解决关键核心技术“卡脖子”问题，打造产业链最全、产业集聚度最高、综合竞争力最强的集成电路产业体系。

2．编制发布《上海市电子信息制造业发展“十四五”规划》。加强行业调研，摸准产业方向，找准发展脉络。构建“一核三基四前五端”产业体系，形成“一带两区三园多点”产业空间布局。

3．深化“一体两翼”产业布局。在加快集成电路设计园、智能传感器产业园、东方芯港、松江G60电子信息国际创新产业园等特色产业园建设，组织推进浦江创芯之城、新型显示产业园建设。

（二）补齐产业短板，实施国产计划

1．深化国产装备“珠链计划”。全面启动核心设备攻关任务。深入推进浸没式光刻机、全品类刻蚀设备攻关；完成清洗设备关键技术开发验证及关键部件选型；启动离子注入设备样机开发，加快技术模块调试；完成高端检测设备原型机系统方案设计；完成薄膜设备的标志性节点样机开发和产业化验证；完成氧化扩散设备样机设计。

2．启动国产零部件“繁星计划”。以6家装备龙头企业和2家制造企业牵头，结合现有零部件基础，梳理国内外供应形势，明确攻关方向，形成“6+2”核心装备零部件的攻关项目。保障装备企业核心零部件需求，保障制造企业产线运行。

3．实施国产EDA“创新应用计划”。积极筹建EDA创新中心、国产EDA技术与标准专家委员会，研究在国产平台支持EDA串线使用，组织国产EDA创新应用专项，推动概伦电子成为国内EDA第一股。

4．推进国产材料的“成材计划”。立足上海、服务长三角、辐射全国，协调推进电子化学品战略仓储建设。编制电子化学品发展重点课题，加快启动现有仓库改造，彤程、安集、金宏、广钢、昭和等12个重点项目落地。

5．突破汽车电子芯片国产化。研究汽车电子芯片行业趋势，推动中芯、华虹、积塔尽快提升汽车芯片工艺能力，弥补制造短板；推动工研院和上海汽车检测中心等联合建立汽车电子检测平台和车规级认证标准体系的建设，推动汽车电子工程中心建设。

（三）紧盯全球领先，打造集成电路产业集群

1．加快龙头企业培育，打造企业集群。上海的集成电路龙头企业数位居国内第一，拥有国内前两大芯片制造企业，设计企业占四成、EDA企业占六成、设备企业占八成。

2．加快提升制造工艺，扩大产能规模。上海的集成电路产能规模和工艺能级位居国内第一，在整体缺芯的环境下，有力支撑国内设计业需求。中芯国际、积塔半导体月产能、华虹集团工艺验证、SiC工艺产能不断突破。

3．设计业核心产品加快做大做强。设计业技术水平和产业规模位居国内第一，研究推动本市硅光产业发展。国产X86架构CPU主频突破3GHz，累计出货超200万颗；5G基带芯片、千万门级FPGA芯片批量供货；NB-IOT物联网芯片、4/8K超高清视频核心芯片规模应用。

4．封测业高端能力持续提升。在3D Nand、汽车电子等高端封测试技术全国领先，已在系统级封装、晶圆级封装、FlipChipCSP等先进封测工艺形成规模化产能。开展Chiplet前沿封装测试技术研发，加快筹建先进封测技术研究平台。

5．装备材料业加快形成国内配套支撑能力。围绕产业联动、企业服务，打造世界级产业集群等主体，与有关区、园区、街镇形成有效联动，在晶圆制造工艺设备和量测检测设备技术能力和市场份额上继续保持国内领先，部分产品在国际市场形成突破。

二、信息产业

（一）围绕稳保要求，落实促投任务

1．推动产业规模稳中有升。面临下行压力，积极做好重点企业运行情况跟踪，组织代工企业与对口帮扶地区对接，帮助解决劳动力问题，保障新一代信息技术制造业部分规模总体保持平稳。上海电子信息产业产值约占全国规模的25%，其中集成电路突破2450亿元，集成电路设计排名全国第一。

2．中芯临港项目正式启动。成为国家窗口指导和大基金投决流程最快的项目。从牵头协调项目整体出资方案，组建本市出资平台，到协调加快项目前期审批工作，仅100天实现从签约到具备开工条件，创造“中芯临港速度”。

3．加快推动重大项目实施。建立机制定期排摸重大项目投资进展，推动项目加快厂房建设和产能爬坡，华力二期、和辉二期实现设计产能，闻泰车规级芯片制造项目启动建设，中微临港基地项目、新昇二期项目正式开工，格科微临港项目、上海精测半导体检测设备厂房封顶。

（二）围绕芯机联动，推动信息产业全链发展

1．新型显示聚焦龙头企业发展。和辉成功登陆科创板、启动二期扩产、推出AM-OLED笔记本电脑显示屏，上海天马继续保持在专业显示屏领域的国内领先。在第六代平板显示光刻机等一批关键装备实现突破的基础上，谋划布局mini-LED、Micro-LED等下一代显示技术。

2．积极落实超高清视频行动计划。完成4K超高清智能一体机终端软硬件开发，加快推动安全播控设备产业化突破。国内首个超高清视音频制播呈现国家重点实验室启动建设，成立国内首家8K超高清影像实验室。编制和发布两项超高清智能终端行业团体技术标准，发布国内首个《5G+8K超高清国产化白皮书》。

3．加快汽车电子智能网联绿色发展。注重在车用传感器、车用终端、车控系统领域自主发展，实现4D成像雷达、激光雷达、图像传感器、胎压传感器、车灯控制、变速器混动变速箱、限行控制等汽车电子领域的自主研发突破。

4．医疗电子提升关键部件供给能力。联影PET探测器专用芯片、奕瑞科技医用X射线平板探测器、微创三维磁电双定位标测系统，在关注医学影像、电生理国产化取得突破，打破进口技术垄断。

5．智慧健康养老加强产品体系建设。以居家养老为工作重点方向，聚焦需求为出发点，强化技术支撑。围绕居家老年群体24小时作息规律，按老年人活动状态和居家环境两大类细分15个场景，支持面向老年群体的智能硬件研发和产业化。

6．新一代通信重点布局智能终端产业。开展智能终端行业调查，支持城市数字化转型背景下的智能终端研发。按照数字化转型工作，组织调研，编织方案，支持具备数字底座、应用场景、产线更新的智能工厂项目建设。

7．物联网抓住城市数字化转型发展机遇。组织工信部物联网试点示范项目申报评审推荐，布局基于区块链和数字孪生的建设运营项目试点，支持2个物联网地方标准立项编制，打造以制造与服务融合为特征"智能物联"数字底座，推进老旧电梯智能化加装和停车库智能引导等2个智能物联试点项目建设。支持具备在线智能识别、设备管控、多通讯协议互联、云边端协同功能的物联网设施系统研发及产业化。

（三）围绕优化产业环境，增强产业发展的支撑能力

1．构建企业做大做强的投融资环境。全年实现10家集成电路企业登陆科创办。35家集成电路企业在国内外资本市场上市，其中科创板上市22家，融资金额突破900亿元，位居国内第一。上海集成电路产业基金一期已投资72个项目，出资465亿元；基金二期已投资项目2个，完成72亿元投资。

2．打造支撑技术创新的公共服务环境。推动成立长三角集成电路融合创新发展产业联盟，开展长三角集成电路产业协同发展计划课题研究，为长三角地区的产业链上企业提供全方位、多层次的合作，加快先进制造业集群发展的产业创新体系建设。

3．营造满足行业需求的育人环境。推动在沪高校加大集成电路人才培育力度，在国内率先设立集成电路一级学科，率先成立微电子学院国家现代产业学院；联合龙头企业，承担国内首个"集成电路产学研融合协同育人实践平台"，积极推进产业人才培养。

4．创建适宜企业发展的政策环境。积极落实国家集成电路所得税优惠政策，在全国率先实施集成电路全程保税监管模式，实施符合集成电路产业发展规律的研发支持政策、人员奖励、核心团队奖励、布图设计资助、人才引进重点机构等政策。

5．保障企业稳定运行的服务环境。积极协调解决电子化学品进口困难，保障25家集成电路重点企业原材料进口需求。将重点企业列入电力供应保障白名单，协调企业境外人才来沪、供应链上游停产、危化品仓储等相关问题，加强产业链供应链保障，确保重点企业的运行稳定。

6．烘托火热发展的行业氛围。支持举办"Semi China 2021""产业领袖峰会"等国际性产业交流活动，举办首届EDA大赛、国产EDA/IP对接活动，支持产业生态建设。成功举办长三角汽车电子产业上下游对接交流会，发布汽车电子芯片产品供需手册，召开汽车半导体生态峰会，打造汽车电子芯片产业高地。

（顾伟华）

软件与信息服务业发展情况

2022年，上海软件和信息服务业在中共上海市委、市政府的领导部署下，努力克服国内疫情持续冲击的不利影响，统筹协调，实现稳步发展。通过不断提升产业核心竞争力，更好服务五型经济，助力五个中心建设和城市数字化转型。

一、2022年软件和信息服务业发展情况

（一）总体情况

1．生产经营稳定恢复。2022年，上海市软件和信息服务业实现营业收入达到14237.96亿元，比上年增长8.7%。规模以上企业超过3200家，其中，经营收入超过100亿元企业25家，超10亿元企业178家。截至2022年底，全行业从业人员85.9万人。

2．经济稳定器作用明显。2022年，上海信息传输、软件和信息技术服务业增加值为3788.56亿元，同比增长6.2%，是第三产业中增速最快的行业，带动上海市GDP增长0.5个百分点。

3．投融资趋于稳定。自6月复工复产以来，固定资产投资逐步回暖，软件和信息服务业全年投资同比增长22.7%，高于全社会固定资产投资总额23.7个百分点。从融资数据

来看，全年共有353家企业获得409笔融资，融资企业数占全国的16.2%，仅次于北京（457家）、广东（427家），居全国第三。主要围绕大数据、人工智能、物联网等新一代信息技术，以及新兴技术在企业服务、生产制造、汽车交通、医疗健康等领域的融合应用，移芯通信、震坤行、纵目科技、享道出行等融资金额均超10亿元。

（二）产业发展特点

1. 城市竞争力显著增强。从工信部数据看，全年上海市软件业务收入达8181.12亿元，同比增长9.7%，增速高于北京0.4%。互联网和相关服务业规模不断扩大，全年互联网业务收入居全国第二位，比上年上升1位，增速达8.2%，高于全国8.9个百分点。从上市企业数据看，软件和信息服务业上市企业占全国的10.4%，居全国第三，在芯片研发设计、互联网信息服务等领域具有显著优势。全国上市企业营业收入TOP30中，上海占比高达40%，远超北京（30%）、广东（15%）等城市。从行业龙头企业来看，有13家软件企业入选“2022年中国软件企业150强”，较上年新增恒为科技、普元信息2家企业，总量居全国第三；17家互联网企业入选“2022年中国互联网百强企业”，拼多多、携程进入前十强。

2. 产业集聚发展态势明显。37家市级软件和信息服务产业基地，聚焦基础软件、人工智能、云计算、大数据、工业软件、行业应用软件、信息安全、金融科技和在线新经济等重点领域，形成了圈层叠进，环状辐射，双环多点的产业布局。37家基地软件和信息服务业企业的经营收入9213.2亿元，占全市比重的64.7%；软件和信息服务业从业人员66.78万人，占全市比重的78%。同时，浦东、市北等软件园区凭借其品牌优势，在南通、嘉兴、昆山等地设立分园，助力长三角协同发展。

3. 大型企业带动作用显著增强。从企业性质来看，软件和信息服务业中民营企业占比超6成，对整个行业利润贡献率达到71.3%。国有控股企业营业收入增长最快，达到16.6%。从企业规模来看，大企业表现突出，以32%的数量占比贡献全行业97.6%的营业收入，而占比近七成的中小微企业营业收入仅占全行业的2.3%。同时，大型企业盈利能力更强，带动整个行业实现正盈利，中小微企业处于发展期，研发投入较大，盈利能力普遍不如大企业。

4. 区域特色化发展更趋鲜明。7个中心城区快速增长，软件和信息技术服务业收入达到7304亿元，增长17.2%，高于全市平均7.8个百分点，占全市比重达到56.3%，比上年提高近4个百分点。杨浦区、长宁区的增速分别为33.8%和25.2%。其中，杨浦区聚焦在线新经济，通过“长阳秀带”产业园引进、培育和发展包括哔哩哔哩、美团、小红书、字节跳动等多家在线新经济头部企业。长宁区依托其在生活性服务业领域的优势地位，在拼多多、携程等领军企业的带动下实现快速增长。9个郊区软件和信息技术服务业收入达到5682.9亿元，占全市比重达到43.7%，增长仅为1%。青浦区、崇明区、奉贤区和浦东新区4个区实现正增长，增速分别为9.2%、3.9%、1.9%和1.3%。郊区企业以中小企业为主，抗风险能力较差，超过50%企业出现负增长。其中，青浦区集聚大批物流信息服务企业，在中通吉、申雪等重点企业增速的提升带动下，实现较好增长。

二、2022年工作进展情况

（一）推动软件业发展，夯实数字经济底座。坚持“产业发展，基础先行”，针对操作系统、数据库、中间件和安全软件等关键产品的技术短板，提升核心技术自主能力，补短锻长，完善产业生态。推进工业仿真、数字孪生、智能运维管控等软件研发和产业化。开展上海工业软件推荐目录申报工作，共计71家企业87个产品入围。推动建设汽车工业软件创新中心、船舶工业软件创新中心、计算化学制造业创新中心。在嘉定设立上海智能汽车软件园，打造以智能汽车、车联网、智慧交通信息服务为主导的上海工业软件新兴产业基地。

（二）培育元宇宙新赛道，打造数字经济新引擎。加强顶层设计，率先发布《上海市培育元宇宙新赛道行动方案(2022—2025)》。统筹推进“张江数链”“漕河泾元创未来”市级元宇宙产业创新园，完善产业链布局。依托2022世界人工智能大会平台，举办元宇宙产业交流和投资促进活动30余场。加快推进重大项目落地，推动Unity、爱奇艺、莱茵检测等重点企业落户上海。加快打造行业标杆，推进首批重大应用场景建设，推动一大纪念馆、东方明珠电视塔、张江科学城、宝武集团等20个项目启动建设。联合市场监管局编制发布元宇宙相关产业标准体系实施意见，组织行业协会与领军企业编制紧缺“元宇宙”产业标准。成立上海元宇宙产业发展专家咨询委员会，举办元启上海系列活动，构建健康向上的产业生态。

（三）完善网络安全保障，守好数字经济安全底线。坚持“顶层设计先行，生态营造保障”整体思路，推动关键技术突破，围绕隐私计算、人工智能安全、数据流通安全、智能工控安全等领域孵化20项创新成果，发布《2022年度上海市网络安全产业创新攻关成果目录》。推进数据安全风险排查和数据分类分级工作，建立《上海市工业领域数据安全风险防控重点企业名录》。开展工业互联网安全深度行活动，推动全市233家工业互联网企业实施分类分级管理并落实数据安全、控制安全、设备安全等政策规范。

（叶月明）

智能制造产业发展情况

2022年，上海按照国家部署和中共上海市委、市政府要求，发挥制造业作为实体经济主战场作用，加快构建“3+6”新型产业体系（3是集成电路、生物医药、人工智能三大先导产业；6是电子信息、生命健康、汽车、高端装备、先进材料、时尚消费品）。主动把握全球产业数字化、智能化、低碳化发展趋势，注重围绕实体经济和数字经济的融合发展，用好数字孪生、人工智能、工业互联网、大数据、区块链等新一代信息技术手段，促进产品迭代、企业增效、产业升级。制造业是经济数字化转型的承重墙，智能制造是上海制造业数字化转型的核心驱动力，智能工厂是推动智能制造的主战场、主阵地。以智能工厂为载体布局新赛道、触发新动能、带动新终端，从而实现制造业高质量发展。

上海系统性实施智能制造工程，加快形成智能制造“价值链”相对高端、“产业链”较为完整、“创新链”协同性较强、“资源链”相对集聚综合优势。2020年，市经信委联合市发展改革委、市科委、市人力资源社会保障局、市地方金融监管局、市国资委发布《上海市建设100+智能工厂专项行动方案（2020—2022年）》（即建设100家智能工厂，打造10家标杆性智能工厂，培育10家10亿级规模智能制造系统集成商、搭建10个垂直行业工业互联网平台，简称“10030”工程）。通过实施智能工厂“10030”工程，上海已连续3年蝉联“中国先进制造业城市发展指数”全国第一，总体体现为“三个新成效”。

一、整体发展水平取得新成效

上海是国内最大的智能制造系统集成解决方案输出地之一，智能制造系统集成工业总产值突破500亿元，智能制造装备（工业机器人与高档数控机床、增材制造装备、智能传感与控制装备、智能检测与装配装备、智能物流与仓储装备）规模突破1000亿元，全国领先。2022年，工业机器人产业规模约为239亿元，产量7.67万台（约占全国1/5），上海规上企业机器人密度为260台／万人，是国际平均水平（126台／万人）的两倍多。高档数控机床及加工系统技术实力不断增强，高档数控磨床、五轴镜像铣机床等专用加工设备取得突破，精密结构件组线加工能力持续提升；增材制造、物流仓储、仪器仪表与传感器企业加速成长，在非金属材料3D打印、重载AGV/AMR、自动化仪器仪表、超声波焊接等细分领域培育出一批“专精特新”小巨人。

二、数字技术融合取得新成效

2022年是《上海市建设100+智能工厂专项行动计划（2020—2022年）》的收官之年，对照目标任务已全部圆满完成。聚焦电子信息、汽车、高端装备、先进材料、生命健康、时尚消费品六大重点产业，围绕离散型、流程型、网络化协同、大规模个性化定制、远程运维服务5类智能制造新模式开展智能工厂建设。3年共建成100家上海市智能工厂，打造10家上海市标杆性智能工厂，培育10家营收十亿级系统集成商，搭建10个垂直行业工业互联网平台。

近年来，上海累计推动1000多家工厂进行智能化技术改造（其中数字化设备、智能机器人等占比约35%，投资额占比约54%），激发了行业企业转型升级的新动能。牵头国家智能制造综合标准化与新模式应用37项，实现“卡脖子”关键装备、核心部件与工业软件的创新突破40余项。

三、智能制造模式取得新成效

聚焦汽车、高端装备、生命健康等重点行业骨干企业，开展智能工厂试点建设，重点培育离散型智能制造、流程型智能制造、网络化协同制造、大规模个性化定制、远程运维服务5类智能制造新模式。

自2020年实施智能工厂建设行动以来，上海对标国际最高标准、最好水平，全面推进智能制造转型升级，智能工厂建设已走在全国前列，3家企业获国家级标杆性智能工厂（上海汽车集团股份有限公司乘用车公司、上海华谊新材料有限公司、安波福中央电气（上海）有限公司）；8家企业获评国家级智能制造示范工厂（上海航天设备总厂有限公司、上海延锋金桥汽车饰件系统有限公司、上海新时达机器人有限公司、中国航发商用航空发动机有限责任公司、光明乳业股份有限公司、宝武碳业科技科技股份有限公司、上海新动力汽车科技股份有限公司、上海航天精密机械研究所）；27家单位的49个场景获评国家级优秀场景（上海氯碱化工股份有限公司等），智能制造5类新模式全覆盖，发展水平领先全国。

上汽乘用车临港工厂，得益于焊接、涂装、整车装配实现了数字装备全链接，通过供应链一体化协同平台，以点带链、以链带面，拉动上下游1100多家零部件配套协同生产。华谊新材料，充分利用数字化设备监控平台，保持设备持续健康稳定、安全运行。安波福中央电气，自主创新的研、产、供、销、人、财、物高效协同的智能信息系统和高度模块化、自动化、柔性化的智能装备，实现智能化生产制造及智能化运营管理，显著增强产业链供应链生产资源的动态分析与柔性配置能力，使产品研发周期提升26%、运营成本下降 30%。据统计，近 3 年全市智能工厂生产效率平均提升 50% 以上，运营成本平均降低 30% 以上，优于全国平均水平。

上海坚持“以评促改、以改促建、评建结合、重在建设”的智能工厂建设思路，持续增强市场供给能力，着力培育行业一流的评估诊断机构、数字化转型服务商等供给主体，2022 年 12 月 8 日，经广泛征集、各区推荐、专家评审，市经信委遴选公布上海市智能工厂评估诊断机构 20 家与智能工厂数字化转型服务商 40 家，包括上海电气自动化集团等百亿级智能制造系统集成商，将为全市工业企业开展智能工厂改造升级提供咨询指导、评估诊断、系统集成等供给服务。

央视大型融媒体《智造中国》走进上海智能工厂。上海作为央视大型融媒体报道《智造中国》压轴城市，外高桥造船、汽轮机厂、上汽乘用车、延锋金桥、安吉物流、交大智邦等企业参与拍摄。节目于 2022 年 9 月 25 日在央视财经频道播出，充分展现上海智能制造建设水平和发展成效，受到社会界的广泛关注与热议，工信部、国务院国资委等官方平台及 16 个省区市地方融媒体同步宣推，全网总阅读点击量破亿次。

（吴春平）

高端装备制造业发展情况

2022 年，上海高端装备制造业取得突破性发展，为上海制造业高质量发展发挥了重要作用。

一、航空工业

1. 国产 C919 大型客机研制成功获得型号合格证。9 月 29 日，C919 飞机型号合格证颁证仪式在北京首都机场隆重举行，中共中央政治局委员、国务院副总理刘鹤出席有关活动并讲话，国务委员王勇宣读中共中央、国务院对 C919 大型客机取得型号合格证的贺电，工信部部长金壮龙主持仪式，中国民航局局长宋志勇向中国商飞董事长贺东风颁发 C919 飞机型号合格证，市委常委、副市长张为出席相关活动。C919 获得型号合格证标志着中国具备自主研制世界一流大型客机能力，是中国大飞机事业发展的重要里程碑，进一步加快中国民航大飞机的产业化进程。

2. 国产大飞机实现首架首次商业交付运营。12 月 9 日，C919 全球首架机交付活动在上海成功举行。市委常委、副市长张为，市政府副秘书长庄木弟出席活动并共同为 C919 全球首架飞机揭幕。C919 首架机交付是中国大飞机事业发展的又一重大里程碑，意味着历经几代人的努力，中国民航运输市场将首次拥有中国自主研发的喷气式干线飞机。12 月 18 日，ARJ21 支线客机正式交付首家海外用户印尼翎亚航空，这是中国的喷气式客机首次进入海外市场，对于建设“一带一路”，构建“双循环”新发展格局具有重要意义。截至 2021 年底，ARJ21 支线客机实现累计交付 100 架，安全载客近 600 万人次。

二、航天工业

1. 中国空间站梦天实验舱成功发射。10 月 31 日，上海航天八院抓总研制的空间站梦天实验舱在文昌航天发射场由“长征五号”B 运载火箭托举升空，顺利进入预定轨道，发射任务取得圆满成功，打响中国空间站建造任务的收官之战。11 月 3 日，梦天实验舱顺利完成转位，标志着中国空间站“T”字基本构型在轨组装完成，向着建成空间站的目标迈出关键一步。梦天实验舱将与空间站其他两舱实现控制、能源、信息、环境等功能的并网管理，共同支持空间站开展更大规模的空间研究实验和新技术试验，打造空间技术应用研究“梦工场”，推动中国空间科学研究与应用迈向世界领先水平。

2. 首颗探日卫星“羲和号”成功发射。10 月 14 日，上海航天八院抓总研制的中国首颗探日卫星“羲和号”在太原卫星发射中心点火升空，成功将卫星送入预定轨道，发射任务取得圆满成功。“羲和号”在国际首次采用基于“动静隔离、主从协同”理念的非接触式磁浮卫星平台，将平台舱与载荷舱物理隔离，有效隔绝卫星平台的干扰，通过大带宽、超高精度磁浮作动器，较传统卫星提升一至两个数量级，达到国际先进水平。同时，“羲和号”在轨验证舱间无线能源传输、舱间激光通信等多项卫星平台新技术，将对太阳进行全方位立体探测，进一步深入认识太阳活动的起源和演化、监测太阳爆发的行星际传播和对地响应，为推动人类科学文明的发展贡献力量。

三、船舶海工工业

1. 国产大型邮轮进入批量建造新阶段。8 月 8 日，中国船舶集团上海外高桥造船举行国产第二艘大型邮轮开工仪式。中国首制大型邮轮于 2019 年 10 月 18 日在上海开工建造，已实现全船贯通，计划于 2023 年交船。该船 13.55 万总吨，总长 323.6 米，型宽 37.2 米，最大吃水 8.55 米，最大航速 22.6 海里／小时，乘客舱室 2125 间。第二艘国产大型邮轮约 14.2 万总吨，总长 341.0 米，型宽 37.2 米，最大吃水 8.4 米，最大航速 22.7 海里 / 小时，乘客舱室 2144 间，计划于 2025 年交船。第二艘国产大型邮轮的开工，标志着国产大型邮轮进入批量建造的新阶段。

2. 国家船用发动机重大专项启动实施。11 月 28 日，国家船用发动机重大专项启动会在上海召开，宣布船用发动机重大专项正式启动实施，并明确管理推进工作机制。上海将充分利用船舶制造业创新中心等平台优势，做好战略布局规划，推动中国船舶集团等在沪央企抓住自主产品转型机遇，加强与国内优势资源的协同创新；坚持正向研发的实施路线不动摇，坚决打赢关键核心技术攻坚战；强化专项试验验证，逐步提升核心技术成熟度，实现产业链"补链、固链、强链"；充分发挥国家队引领作用，持续强化科技创新，加速推动船舶行业高质量发展。

四、重大技术装备

1. 上海"全球动力之城"正式启动建设。6 月 28 日，市经信委、临港新片区管委会、市发改委、市科委、国防科工办、市国资委联合制定并发布《聚焦临港核心区　打造上海"全球动力之城"实施方案》，加快构建航空、航天、汽车、海洋、能源"空天陆海能"动力产业体系，全力打造集研发设计、高端制造、集成服务于一体的引擎经济集群，以高端卓越的引擎经济塑造强劲活跃的经济引擎，建设上海成为规模实力领先、集群优势明显、技术水平卓越、生态体系完善、功能复合多元的全球动力之城。8 月 24 日，上海"全球动力之城"建设推进启动仪式在临港新片区成功举行，市委常委、副市长张为和市委常委、临港新片区党工委书记、管委会主任陈金山共同启动上海"全球动力之城"建设，市政府副秘书长庄木弟为上海市级特色产业园区"动力之源"揭牌。

2. 首届国际重大技术装备产业链大会成功召开。11 月 29 日—30 日，2022 首届国际重大技术装备产业链大会系列活动在临港新片区成功召开。大会由上海市人民政府、工业和信息化部联合主办，是全面贯彻落实中共二十大精神，加快构建现代化产业体系的重要会议，也是中国首次聚焦重大技术装备的国际性行业盛会。C919 大型客机、CJ2000 发动机、高端全动 D 级模拟机、国产首制 13.5 万吨级大型邮轮、"雪龙 2"号极地科考破冰船、800 千伏换流变压器、1100 千伏绝缘子等一批大国重器模型及实物展品亮相重大技术装备精品展。

3. 长三角重大技术装备协同发展机制正式建立。11 月 29 日，按照工信部制订的《长三角重大技术装备产业链协同创新发展行动计划》，上海、江苏、浙江、安徽工信部门建立长三角重大技术装备协同发展工作机制，加强央地协同、政企协同、区域协同、产业协同，携手民用航空"链长"中国商飞、中国航发集团和中国航空工业集团，船舶海工"链长"中国船舶集团，电气装备"链长"中国电气装备集团，签署《长三角重大技术装备产业集群共建备忘录》，全面促进长三角地区重大技术装备产业高质量发展，共同打造产业集群、共同开展示范行动、共同建设创新中心、共同搭建服务平台、共同建设产业联盟、共同健全协同机制。

4. 重大装备产业创新平台相继创建。2022 年，以重大装备产业链"链长"为引领，一批国家级 / 市级创新中心、产业计量中心和产业联盟相继成立，科技创新策源力量得到持续强化。5 个创新中心相继建设：上海商用航空发动机产业创新研究院、上海船舶动力制造业创新中心正式揭牌，上海大飞机制造业创新中心、上海商用航空发动机制造业创新中心、上海航空机载系统制造业创新中心开展筹建。2 个国家级产业计量测试中心获批：中国商用飞机有限责任公司牵头建设的国家商用飞机产业计量测试中心正式获批成立，中国船舶集团牵头建设的国家海洋动力装备产业计量测试中心正式获批筹建。1 个产业链联盟组建成立："国和一号"核电产业链联盟由国家核电技术有限公司（上海核工院）发起组建并正式成立，覆盖研发、设计、制造、土建、安装、运维等产业链全环节，加速推动先进核电全链条再创新。4 个产业生态型创新联合体加快组建：中国航发商发牵头组建绿色智慧化民用航空动力生态创新联合体、中国船舶集团牵头组建深海采矿装备生态创新联合体、沪东中华牵头组建海上 LNG 装备生态创新联合体、中船动力牵头组建船舶动力生态创新联合体，大幅增强关键共性技术创新动力。

（杨　晶）

生物医药产业发展情况

2022 年，上海生物医药产业实现新发展。一是产业规模稳步增长，生物医药产业规模达 8536.23 亿元，比上年增长 5.7%，其中制造业产值累计 1849.76 亿元，可比增长 5.7%，展现出生物医药产业的强大韧性和活力。二是创新药械数量创新高，新增已获批 1 类国产创新药 4 个，获批数量居全国第一；新增通过国家创新医疗器械特别审批通道获批的器械 7 项，累计 31 个获批上市，数量约占全国总量的 1/6。三是上市企业数量持续增加，新增 11 家生物医药企业科创板上市，累计 30 家生物医药企业在科创板上市。

一、紧抓疫情防控

（一）在新冠检测设备及试剂方面，8 个核酸检测试剂获批上市，数量位居全国第一，最大日产能超 2000 万人份；5 个抗原检测试剂获批上市，数量位居全国第 3，最大日产能超 1100 万人份；上海市企业生产的 PCR 设备国内认可度最高，最大日产能超 80 台。在疫苗研制方面，上药康希诺的腺病毒新冠疫苗量产上市，吸入式疫苗作为加强针获批紧急使用。上生所、复星医药、斯微生物、中生复诺健、康希诺等在内的新冠疫苗多点研发生产。

（二）在新冠治疗药物方面，全力服务小分子抗新冠药物 VV116 研发、临床和产业化相关工作，推进产品上市。

二、强化顶层设计

（一）出台实施产业高质量发展政策，联合出台相关支持政策，印发《上海市加快打造全球生物医药研发经济和产业化高地的若干政策措施》《上海市促进细胞治疗科技创新与产业发展行动方案（2022—2024 年）》《上海市促进医疗卫生机构科技成果转化操作细则（试行）》等政策，加快打造全球研发经济和产业化高地，进一步培育发展新动能。加大生物医药产业政策宣传，发布《上海市生物医药产业投资指南（2022 版）》《上海市生物医药产业政策汇编》和《上海市生物医药人才发展白皮书（2022）》等，方便企业充分了解和利用好产业政策。

（二）深入落实浦东生物医药产业法规，《上海市浦东新区张江生物医药产业创新高地建设促进条例》实施以来，根据法规内容制定任务分工表，配合市人大做好执法检查并上报法规执行情况。其中，多点委托、临床早期阶段申请药品生产许可证、人遗服务站等多个事项已实现落地。

三、提升策源能力

（一）强化领域前沿研究，聚焦生物医药领域重大、核心、关键科技问题，组织上海科技力量申报国家重点研发专项。

（二）加强核心技术攻关，积极推动新一批市级科技重大专项立项，通过生物医药专项、生物医药创新产品攻关等项目，支持生物医药科技创新。

（三）加快重大平台建设，进一步完善临床医学研究中心体系、新型研发机构和开放式创新平台，为上海生物医药科技创新提供支撑和保障。

四、推进“张江研发 + 上海制造”

（一）优化产业空间布局，推出“四清单一活动”（空间载体清单、研发项目清单、扶持政策清单、沟通联络清单和宣传推介活动），完善区区合作机制。

（二）加大招商引资力度，因美纳、科医人等国际细分领域头部企业在上海正式启动中国首个生产制造基地，推动实现全面本土化生产。

（三）推动重大项目落地与建设，全年新开工重点项目 32 个，投资金额近 80 亿元，其中包括碧博生物的大规模 CDMO 综合平台二期，伯杰医疗产业基地建设项目，直观复星总部及产业化基地，和黄药业研发能力和生产改造项目等。

（四）推进跨区研发制造联动发展，为狠抓具体项目协调推进落地，建立生物医药产业市 - 区 - 园区三级联络员队伍，强化重点生物医药产业承载区产业发展考核。

五、加强要素供给

（一）深化产医融合发展，市级医院医企协同研究创新平台（HI-CLIP）全年新增 14 个企业 25 个项目；完成 HI-CLIP 2.0 版本平台设计方案，实现企业申请项目“一套材料，一次提交”办理模式；发布上海市首批产医融合创新基地（中山医院、瑞金医院）并授牌，加快创新成果产业转化。

（二）创新金融服务模式，推动保险机构加大对生物医药产业的支持，支持联影医疗、迈威生物、赛伦生物等多家生物医药企业在科创板上市。

（三）加快人才高地建设，设立市级专业技术人员继续教育基地，构建完善本市生物医药领域专业技术人才培养培训体系。

（四）推动产业数字化转型，组织戴尔科技、IBM 等企业研究数字疗法新领域，引导发布张江科学城产业大脑、阿里云发布飞天智算平台；授予联影医疗等 8 家为首批生物医药产业数字化转型先锋企业。

六、营造优良生态

（一）打造国际影响力产业峰会，举办第二届上海国际生物医药产业周，汇集近 200 名顶级科学家、百余名顶级投资人、千余名顶尖企业家，引起全世界生物医药产业媒体、专业人士等的广泛关注。

（二）推行生物医药研发用物品和特殊物品通关便利化，印发《关于公布生物医药研发用物品进口“白名单”（第二批）的通知》，进一步优化特殊物品的进出境监管，联合监管机制已完成两家试点企业申请材料的综合评估工作。

（三）提升环评审批效率，制订《化学原料药细分行业指导目录（2022 版）》，对列入目录的项目，在满足条件的情况下可以在除专业化工园区外的合规园区里实施。

（王　磊）

人工智能产业发展情况

2022年，上海市加快建设具有全球影响力的人工智能"上海高地"，打造世界级产业集群。上海人工智能已形成从算法、芯片、产品到行业应用的强韧产业链，在数字化转型中深度赋能，资本、人才、行业组织构建融通生态，加快赋能数字经济，五届世界人工智能大会打响全球化品牌。

上海把握人工智能产业化落地机遇，推动各类企业在上海发展，产业集群持续壮大。据市统计局数据，全年产业规模达3821.4亿元，比上年增长0.9%；其中，制造业部分完成671.01亿元，同比增长14.8%。

一、全国首部人工智能领域省级地方性法规正式施行

牵头起草并推动《上海市促进人工智能产业发展条例》出台。条例已于2022年10月1日起正式实施。作为首部正式施行的人工智能地方法规，条例倡导"以人为本"的发展理念，提出加大要素供给、破解产业瓶颈、激励应用落地、强化发展安全。条例为上海人工智能发展提供有力保障，同时也为国家建成完善的人工智能法律法规体系走出开创性的一步，贡献上海智慧。

二、创新引领提升产业能级

算法领域迭代创新，天壤自研TRFold平台，精度接近AlphaFold2；英矽全球首款由AI发现的抗纤维化药物推入I期临床；联影颅内AI影像辅助决策软件获国内首个NMPA创新通道审批通过的三类证。智能终端多点突破，节卡AI移动助手机器人助力构建高度柔性生产线，打造智能工厂；微创机器人图迈手术机器人获NMPA批准上市，成为全球第二、国产首个全面覆盖胸腹盆腔领域的临床腔镜手术机器人；西井百辆无人驾驶商用车Q-Truck落地泰国、阿布扎比等海外地区。基础设施领域，商汤"新一代人工智能计算与赋能平台"成功点亮进入试运行，上架算力3000Pflops。此外，在工信部组织的揭榜挂帅中，博睿康脑机接口等30个项目入围智能医疗器械揭榜，数量紧随北京排名全国第二，远超其他省市。

三、全力赋能数字化疫情防控

一是实现智能机器人在方舱医院的规模化部署应用。在"服务租赁+系统集成"的创新模式下，推动钛米、达闼等10余家企业，在国展中心、临港等多个方舱医院规模部署千余台各类智能服务机器人投入实战，实现服务机器人的规模化部署、系统化应用和多样化智能服务，保障医护人员超过6000人，有效减轻防疫人员工作，降低感染风险。二是携手银团为企业做好深度服务。疫情期间，在云端举办"同心抗疫助企纾困"银团助力人工智能企业复工复产专场活动，联系5家银行发布650亿元贷款总授信额度，并与24家人工智能企业在线签署授信协议。

四、全产业链能级持续提升

坚持将招商引资作为产业发展的"牛鼻子"，聚焦产业链关键环节，集聚各类优势企业在沪协同发展。一是着力引进重大项目。推动云从科技"全球创新总部"签约落地，其自主可控的云从人机协同操作系统（CWOS）平台落户上海。晶泰上海总部、零束银河融合智驾计算平台等25个项目重磅签约，总投资近150亿元。全年共有166个项目签约落户，总投资905亿元。二是精准布局创新平台。持续实施算法创新行动计划，围绕AI for Science等国际前沿热点，着力开展算法核心技术突破攻关。

五、成功举办2022世界人工智能大会

9月1日—3日，上海成功举办2022世界人工智能大会。大会以"智联世界　元生无界"为主题，构建"会展赛用才"五大板块矩阵，举办121场线上线下活动，37万人次线上体验元宇宙会展；千余家广电媒体和流量媒体播出大会盛况；全网在线观看总人次突破6.38亿元，比上届增长67%，创历史新高；全网阅读量46.36亿人次，实现"千网齐发、万人云聚、亿人同观"。

打造引领发展的创新策源地，汇集重量级嘉宾500余位，其中图灵奖得主4位，诺贝尔奖、菲尔兹奖、马尔奖得主各1位，国内外院士80余位。探索加速变革的产业新赛道。大芯片、大模型、大平台、大终端、大场景等五大创新成果集体，5个项目摘取SAIL奖桂冠，元宇宙核心展秀出领先技术产品，16家企业首发新品，18份重磅报告发布。畅享元境星球的未来体验场。数字一大、智慧国展等六大元宇宙场景发布，"元会场、元展览、元应用、元藏品、元生活"五大场景焕新升级。构建共创共享的人才蓄水池。600余家企业发布1万余个岗位需求，搭建全球人才互动平台。全国八大先导区首次齐聚。在工信部指导下，9月1日，在浦东新区召开国家人工智能创新应用先导区高端研讨会，重磅发布先导区评估报告。

六、产业支撑体系日益完善

一是重大应用场景连线成面。在2022年世界人工智能大会上，中共一大会址"数字一大"纪念馆、国家会展中心"智慧展馆"、张江科学城"未来孪生之城"等6个元宇宙重大应用场景发布，打造人工智能和元宇宙融合发展的标杆示范。在工信部近期公示的“智赋百景”清单中，上海的“东海大桥洋山深水港自动驾驶场景”等18个场景入选全国百个典型人工智能应用场景，排名第一。二是加快人工智能人才集聚上海。编制全国首部人工智能领域的人才白皮书《上海人工智能产业人才发展白皮书》。累计168人获得获取中高级职称。“海聚英才”全球大使亮相世界人工智能大会，AI行业职业技能等级认定中心揭牌。首批27人获得“上海人工智能一级训练师”证书，对310位候选人完成“人工智能二级训练师”评审。三是金融投资进一步激活。上海人工智能产业投资基金成立以来，已累计对外投资17.42亿元，完成地平线、商汤科技、乐言科技等27直投项目，累计带动落地上海投资超1000亿元。世界人工智能大会闭幕式上，围绕元宇宙、数字经济和智能终端，启动10亿元新赛道子基金募资，撬动百亿元社会资金。中国银行、浦发银行等银团创新设立百亿元信贷创新支持工具，助力人工智能产业高质量发展。

（王一雯）

附件：上海新一代人工智能算法创新行动计划（2021—2023年）

一、背景

算法是人工智能的核心。算法的迭代创新引领了人工智能技术演进，也将是未来人工智能突破发展的关键所在。为贯彻习近平总书记“推动我国新一代人工智能健康发展”的指示精神，落实人工智能“上海方案”，加快建设上海人工智能创新发展高地和世界级产业集群，发挥上海算力和数据资源的基础优势，打造从理论算法研发到行业转化应用的活跃创新生态，为城市数字化转型提供坚实的技术基础，特制订本计划。

二、行动目标

到2023年，上海人工智能算法水平总体保持国内领先、部分领域达到国际一流，初步成为前沿成果丰硕、应用生态活跃、创新人才集聚的国际人工智能算法高地，为驱动上海人工智能高质量发展、赋能城市全面数字化转型提供有力支撑。

（一）形成以上海人工智能实验室等创新机构为核心的创新平台集群，在基础理论、核心算法、通用模型、软件框架等领域创造10个左右引领性成果。

（二）形成以人工智能算法产品为标志的应用生态体系，在城市数字化转型重点领域打造具有示范推广效应的100个算法产品和100个算法应用典范案例。

（三）形成以人工智能算法交易集市为载体的知识产权流通市场，有效促进算法供需双方匹配对接，建成算法标准体系和评测体系。

（四）形成以首席算法师为中坚的多层次人才队伍，引进和培育50位左右国际算法领军学者和杰出青年科学家，在行业企业培育和选树100位左右首席算法师。

（五）形成以白玉兰开源开放平台等为代表的算法开放社区，培育10万人规模的算法应用开发者群体。

三、主要任务

（一）算法基础突破行动

构建算法创新平台体系。重点建设上海人工智能实验室，力争建成国际一流的人工智能算法基础研究和技术研发平台。积极联动全球人工智能顶级高校、国家级创新平台、创新龙头企业，推动上海高校、科研院所和企业加大投入，协同推进上海人工智能重大创新平台建设，形成人工智能战略科技力量集群。

支持基础算法理论研究。面向人工智能数学基础、类脑智能、认知智能、群体智能、小样本学习、元学习、强化学习、安全可信人工智能、生成对抗网络、量子机器学习、分布式系统等前沿领域，鼓励相关科研机构加大投入攻关，力争形成一批引领性理论成果，在国际顶级学术期刊、会议上发表具有重要国际影响的论文。引进和组织具有世界影响力的高水平学术会议和期刊，设置算法领域论文奖项，评选发布一批世界顶级算法成果。

推动核心算法技术突破。面向自然语言处理、计算机视觉、语音识别、知识图谱、决策智能等通用技术领域，支持相关科研机构和企业加快研发，突破核心算法。围绕超大规模语义模型、通用视觉模型、人工智能交互框架、小样本认知智能引擎等重点方向，构建若干具有标志意义的大规模算法模型，相关测试性能达到国际领先水平。推动相关企业、科研机构研制或改进面向深度学习、分布式系统等技术的基础开源软件框架，在框架基础上开发相关应用模型和周边工具，实施一批开源项目。

（二）算法应用创新行动

增强行业应用算法供给。面向经济、生活、治理三大数字化转型领域，推进自动驾驶、AI+工业、AI+医疗、AI+金融、AI+政务等关键算法突破升级，形成一批具有示范推广效应的算法产品。鼓励行业企业围绕算法开发部署流程，研制推广标准化算法组件、预训练模型，促进模块化算法应用。支持行业企业建设人工智能创新中心，开发企业级应用算法，鼓励与相关科研机构联合建设算法应用实验室，以多种形式深化产学研合作。支持传统行业企业构建面向业务的知识图谱，形成支撑算法应用的共性知识基础。

建立算法应用转化体系。支持建设面向重点应用领域的公共算法服务平台，推动行业共性算法的研发和供给。支持建设算法应用信息平台、算法复现平台，链接国际最新算法成果，推动算法快速部署和重复使用，加快人工智能应用项目验证推广。鼓励各类企业开放应用场景，促进算法与企业业务对接，打造一批算法转化示范项目。

加大算法应用推广力度。面向全球应用算法团队与人才开展算法应用典范大赛，围绕政务、工业、医疗、金融、商贸等重点应用领域，定期评选和推广具有标志意义的算法实践案例。构建算法服务全球供应商名单，吸引全球创新算法在沪应用落地。

（三）算法生态培育行动

建设算法交易集市。打造若干算法知识产权运营平台，开展人工智能算法运营和交易试点，促进供需双方快速精准匹配和对接，鼓励发展“算法应用商店”等新模式，逐步完善算法知识产权交易规则。

搭建算法标准和测评体系。面向机器学习、自然语言处理、计算机视觉、可信人工智能、强化学习、迁移学习、智能机器人、自动驾驶等人工智能技术及应用方向，研制相关技术和应用标准，建设算法基准测试平台，形成人工智能算法标准和测评体系。

强化算法资源支撑。构建面向各类人工智能主流技术的通用算法库，面向工业、医疗、自动驾驶、机器人等领域的应用算法库，面向类脑计算等领域的前沿算法库等。建设多种运营模式的公共算法池，推动算法池扩容与共享，支撑各类公共管理系统、政务智能平台与商业智能平台运行。

（四）算法人才集聚行动

打造首席算法师核心队伍。面向广大行业企业，培养和选树一批精通人工智能算法和企业业务、牵头推动算法应用实践、加快企业数字化转型的首席算法师，支持行业企业围绕首席算法师构建枢纽型核心算法赋能团队。建立全市首席算法师联盟，形成推动行业数字化转型的中坚力量。

加大算法人才引进支持力度。面向国内外顶尖学者、青年科学家、核心算法工程师，进一步加大人才团队引进奖励和创新项目的支持力度。依托各类算法创新科研机构，探索完善人才学术、产业双向流动制度，为高端人才提供宽松多元的发展空间。探索建立多层次算法人才评价认证体系，设置基础理论研究、核心算法攻关、应用算法创新等人才奖项，不断提升人才品牌知名度。

加快算法人才培养体系建设。进一步推动本市高校试点设立人工智能交叉学科，促进数学、统计学、计算机等学科融合发展，扩大人工智能领域招生规模，深入开展产教融合。支持建设人工智能培训机构、继续教育实训基地和高技能人才培养基地，举办各类算法培训和工作坊活动，壮大算法应用人才队伍。支持建设各类开放式在线算法学习资源、课程和社区，不断扩大行业覆盖面和影响力。

（五）算法社区开放行动

建设算法开源开放品牌社区。重点打造上海白玉兰开源开放平台等社区生态，与国内外知名开源社区互联打通，形成国际人工智能开发生态网络关键节点。汇集行业企业、高校和智库等各方资源，推动人工智能领域开源软件的国际规则互认，制订推广开源领域相关标准和协议。鼓励相关企业、机构围绕已有国产软件框架培育开发者群体，打造自主开发生态。

举办各类算法合作交流活动。进一步提升世界人工智能大会等重大活动的平台功能，发挥 WAIC 开发者生态、全球高校人工智能学术联盟、AI 青年科学家联盟等的积极性，举办多种形式的算法技术交流、黑客松、嘉年华等活动，持续吸引创新开发者，培育开放的极客文化。

四、保障措施

（一）组织保障。发挥市人工智能产业工作领导小组作用，统筹协调各成员单位按照职能分工，推进实施新一代人工智能算法创新行动计划。建立市区联动推进机制，支持各区因地制宜，出台算法创新配套支持政策。

（二）政策保障。进一步加大政策创新力度，在国家和本市相关政策框架下，对于高端算法人才在专项奖励、住房保障等方面予以重点支持。完善制度设计，在算法分级分类和安全应用方面加强研究，适时出台相应政策规范。

（三）资金保障。加大市级财政对人工智能算法创新支持力度，发挥全市各类产业发展、科技创新相关专项资金的引导作用，联动社会资本，对算法创新平台建设、技术研发攻关、应用转化落地、人才引进培养等予以支持。

（四）数据保障。依托本市公共数据开放平台，进一步扩大公共数据开放，制定落实各项配套机制。加快建设面向工业、医疗、交通、金融、环境等重点领域的公共数据集，支持数据标注、数据整理、数据清洗等各类数据服务模式发展壮大。

（五）场景保障。进一步加大本市应用场景开放力度，持续开展应用场景“揭榜挂帅”，建立全球创新算法与应用场景的对接共建机制，加快算法实践落地。

机器人产业发展情况

机器人被誉为“制造业皇冠顶端的明珠”。上海是中国机器人产业发展的领头羊。2022年，上海市印发《上海市促进智能终端产业高质量行动方案（2022—2025年）》，明确在“十四五”期间将重点发展以机器人为代表的智能终端产业，打造一批标杆品牌和应用场景。机器人产业已成为“上海制造”的一张新名片，其产业规模、技术实力与应用水平保持国内领先。

一、机器人产业发展情况

2022年，上海工业机器人与服务机器人形成齐头并进的增长格局，一是工业机器人成为智能制造的重要支撑。工业机器人年产量7.67万台，比上年增长7.1%，产值约为239亿元。国际机器人“四大家族”（ABB、发那科、安川、库卡等）持续投产布局、本土机器人领军企业（新时达、节卡、新松等）不断成长壮大。二是服务机器人成为赋能百业的增长动力，在医疗、建筑、农业、商业、家用、应急等领域，实现多项首台落地应用，节卡、蔚建、钛米、傅利叶等企业入选国家级机器人典型应用场景名单，达闼、飒智、擎朗、诺亚木木等企业在大上海保卫战期间支援方舱工程的无人化服务。机器人正在全面融入上海的城市数字化转型，成为市民的工作助手与生活伙伴。

为打响一批家喻户晓的机器人品牌，推动机器人向更加智能化、市场化发展，促进产业成果更好地赋能工业、医疗、建筑、农业、商业、家用、应急等领域智能应用升级，市经信委会同市科委、市公安局、市民政局、市住建委、市农业农村委、市卫生健康委、市应急局、市地方金融监管局等九部门，联合遴选发布第一批《上海市智能机器人标杆企业与应用场景推荐目录》，共41家企业，52个场景。

目录包括智能机器人标杆企业品牌名单与应用场景名单，主要展示七大类典型场景。一是工业智能，应用于上海市智能工厂的上料、加工、装配、搬运、码垛、检测等典型场景；二是医疗健康，应用于手术治疗、清洁消杀、物资配送、康复训练等典型场景；三是建筑服务，应用于砌墙抹灰、搬运加工等典型场景；四是农业服务，应用于耕种栽培、作物植保等典型场景；五是公共服务，应用于商业配送、智慧餐饮、迎宾讲解、清洁环卫等典型场景；六是家用服务，应用于儿童教育、娱乐助理、养老照护等典型场景；七是特种应急，应用于消防灭火、应急救援、安保巡检等典型场景。

二、重点机器人应用场景

（一）工业智能场景

节卡机器人股份有限公司在驱控一体化、一体化关节、拖拽编程、无线互联等技术应用上取得多项创新性突破。搭建模块化自研平台，通过本体算法、应用算法和OTA云端系统，实现感知、决策的软硬件技术研发和产品的快速迭代。在协作机器人核心技术领域，节卡机器人已形成包括无线示教、图形化编程、视觉安全防护等方面的核心技术，以及路径规划、轨迹平滑、末端抖动抑制等方面的核心算法。在汽车销轴生产线的自动化改造与升级场景，采用节卡协作机器人＋数控机床，进行汽车零部件的生产，具有安装部署快、安全稳定、生产效率高等特点。

上海飒智智能科技有限公司立足“移载作业”和“共生共融”的发展方向，飒智智能对机器人控制器、AI核心算法、开源开放操作系统等“卡脖子”技术进行攻关，从软件、硬件、算法三大层面进行模块化、颗粒化设计，已打磨出智能制造、智能运维两大产品体系，可实现多元复杂场景下的上下料、精密装配、巡视巡检、工厂物流、环境消杀等，打破行业壁垒，实现跨行业共性场景的广泛应用，满足电子半导体、汽车及新能源、航空航天、日化日消、医药康养、物资管理等领域的需求。

上海捷勃特机器人有限公司拥有全球首创的单芯片多核异构驱控一体运动控制器技术（SCIMC），该技术已获得中国、美国、欧盟、日本发明专利授权，是捷勃特独有的，集运动控制算法、电机控制算法、整机机电设计技术为一体的高性能工业机器人开发平台。“食品行业机器人视觉装箱码垛机器人”是捷勃特自主研发的高性能工业机器人配合视觉系统、码垛系统等多种系统，针对乳制品工业量身定制的系统自动化解决方案。

上海非夕机器人科技有限公司是一家领先的AI机器人企业，研发、生产集高精度力控、计算机视觉和人工智能技术于一体的自适应机器人产品，为不同行业的客户提供整体、创新性的解决方案和服务。非夕原创，世界首台自适应机器人－拂晓Rizon系列。能够适应复杂环境，并像人类一样完成“手眼配合”的作业。由非夕自主研发的自适应机器人搭建、全球首条全自动汽车域控制器产线已建成投产，由自适应机器人自主协同完成生产线的智能上料、涂胶、精密组装、检测、柔性化装配等一系列复杂工艺，在有效保证域控制器产品质量的同时，显著提升生产柔性。非夕自适应机器人的智能性和系统协同工作能力，客户实现了工艺数据的全回溯，优化生产数据纪录以及预警等服务。

上海圭目机器人有限公司生产的机器人应用在机场、公路、桥梁、轨道交通、城市管网等多个领域，实现基础设施安全监测从静态检测向动态预警的提升。集地空结合、算法融合、云端智慧于一体的基础设施智能检测系统，并通过搭载的工业相机和三维探地雷达检测模块，自动同步采集道面数据，从而全面掌握道面表观及内部结构病害详情。自主研发出公路路面健康自动检测机器人，并推出“路面全结构精准评估解决方案”。通过“修复养护计划路段”与“预防性养护计划路段”两种模式，对路面表观和结构病害进行精准评价分析，并且在公路路面健康自动检测机器人和车载式路面健康自动检测系统配合下，形成粗精快慢结合的最优性价比解决方案，打造公路养护业务管理与资产健康大数据管理平台。

（二）医疗健康场景

上海诺亚木木机器人科技有限公司的诺亚医院物流机器人拥有稳定、高效的机器人自动乘梯技术。诺亚团队设计机器人在进出电梯过程中，被轮椅、手推车、手术床等物品阻挡时的应对逻辑，中断后还可继续走完送货流程；机器人在运输途中应对复杂路况、复杂障碍物的高感知识别能力，具备足够的周围环境检测能力，悬空障碍物检测能力，以及灵活的脱困避障能力。能够适应多场景应用的智能货柜方案：可以 100% 识别转运箱内部物品，而且可以同时识别多个转运箱，是可自主识别目的地的智能化货柜，杜绝错放错拿，为医院药品配送、追溯管理提供可靠的技术保障，带来实际效益。

（三）建筑服务场景

上海自砌科技发展有限公司是一家建筑机器人科技创新公司。自砌科技主攻用于工序建造的现场施工型机器人，以及基于数智平台的机器人应用技术。自砌科技的研发序列包括砌筑机器人 Mobot、二次结构通用建造机器人 GCR（General Construction Robot）、专门为解决高大室内空间部件安装的智能桅杆 Smart longeron 以及面向特定应用场景的低速无人作业系统。

（四）农业服务场景

上海点甜网络科技有限公司的 AI 机器人主要是通过自主研发的 SWEET OS 进行智能机器人后台数据管理，实时掌控全部机器运行状况，并可实现 WEB 端和手机小程序端远程控制进行作业管理。通过分布式独立驱动控制技术、基于图神经网络的 3D 果蔬检测技术、多传感器融合的视觉语义 slam 定位方法、以及高效稳定的全覆盖路径规划和轨迹跟踪技术算法等在农业领域开展应用研究和实践探索。

（五）公共服务场景

汤恩智能科技（上海）有限公司通过自主研发激光 − 视觉融合导航算法、机器人控制平台、核心传感器矩阵、清洁系统及数据化平台，提高商用清洁机器人的智能化程度，复杂场景的兼容适应性，环境中人员、设备、场景共存时的安全性，以及清洁作业的专业度，同时降低产品的生产成本。

（六）家用服务场景

弗徕威智能机器人科技（上海）有限公司家庭康养服务机器人具有四大核心功能：安全看护、健康监护、生活照护、精神陪护。基于机器人的管理和服务，依靠移动互联网技术、云技术、数据共享和大数据分析，搭建机器人智慧养老管理云平台，通过数据采集、数据交互以及信息安全等关键技术，确保整个智慧养老服务管理云平台的安全性、稳定性和可靠性。自主研发的 SLAM 算法，能够精准感知周边环境并建立地图。具备运动控制能力、智能避障能力、重定位能力、利用自身的视觉识别系统识别人体特征且跟随人体运动能力；机器人能够自主移动到任意指定位置并且自主避开障碍物，能全局规划最优路径引导机器人快速安全地到达导航位置。机器人具备语音交互能力。可听见、听懂人类自然语言，并反馈或输出自然语言，具有像人一样的“能听会说、自然交互、有问必答”能力。MIC 组件为 6 麦阵列方案，支持 360° 声源定位，最远拾音距离为 3−5 米，并具有回声消除、稳态 / 动态噪音抑制、语音增强的性能。基于深度学习认知与交互技术，机器人通过重新设计训练新的神经网络模型、裁剪压缩模型和深度学习框架平台级的深度优化，在机器人板载 ARM 处理器平台上实现多种基于视觉和深度学习方法的认知与交互功能，包括语音识别、人脸识别、手势识别、人体识别、人体姿态识别、通用物体检测、识别、分割与跟踪等。

（七）特种应急场景

上海格拉曼国际消防装备有限公司生产灭火类、抢险救援类、防爆侦查类等 11 款不同型的消防机器人。灭火机器人由锂电池及柴油发动机提供动力，装有全地形履带，机动灵活，可原地转向。机器人爬坡、爬楼梯，越沟、越野能力强，可适合复杂地形情况下的快速作战需求；配备进口消防炮，射程远，可有效应对灭火需求。

（吴春平）

节能环保产业发展情况

2022年，复杂严峻的国际环境和突发疫情等超预期因素为上海节能环保产业发展带来严重冲击。6月起，随着加快复工复产，产业刚性需求不断释放，在“双碳”大目标的引领下，整体呈现回稳向好的积极态势。

据统计，2022年，上海节能环保产业实现总收入1936.7亿元（不含规模以下制造业产值），比上年下降3.4%。其中，规模以上制造企业共计217家，总产值895.4亿元。规模以上服务企业440家，总营业收入789.7亿元；规模以下服务业总营业收入251.6亿元。

一、节能环保制造与服务业发展概况

（一）节能环保制造业

2022年，全市节能环保规模以上制造企业总产值约为895.4亿元，比上年下降8.1%。上半年总产值359亿元，同比下降21.3%；下半年总产值536.4亿元，同比增长3.5%。

从区域分布看，闵行区节能环保制造业产值342.1亿元，位于全市第一。闵行、嘉定、浦东三区合计总产值654.3亿元，占规模以上制造企业总产值的73.1%。闵行、嘉定两区分别在节能制造业、环保制造业两个板块处于领先地位。

从服务领域看，节能制造业产值632.2亿元，占规模以上制造业总产值的70.6%，环保制造业产值185.1亿元，占20.7%，资源综合利用制造业产值78.1亿元，占8.7%。

从细分领域看，节能、环保、资源综合利用行业产值均有所下降，降幅最大的为节能制造业，产值减少57.1亿元。

从细分行业看，降幅最大的是空调行业，产值减少20.3亿元，其次为大气治理行业，产值减少8.6亿元；电机、水治理、机械、金属资源、泵等行业产值与上年相比，皆有所下降。

从行政区看，嘉定、松江等7个区的产值有所下降，其中降幅最大的是闵行区，产值减少24.2亿元，其次为浦东新区，产值减少21.6亿元，奉贤、长宁、普陀、崇明4个区产值略有增长。黄浦、徐汇等5个区由于规模以上制造企业数较少，未做具体统计。

（二）节能环保服务业

2022年，全市节能环保服务企业总营业收入约为1041.3亿元，比上年增长1.1%。其中，上半年总营收436亿元，同比下降4.6%；下半年总营业收入605.3亿元，同比增长5.7%。（以下数据分析仅针对规模以上服务企业）

从区域分布看，浦东新区节能环保规模以上服务企业有103家，营业收入199.2亿元，居第一位。浦东、闵行、徐汇三区合计总营业收入443.3亿元，占规模以上服务企业总营业收入的56.1%。闵行、浦东两区分别在节能服务业、环保服务业两个板块处于领先地位。

从服务领域看，环保服务业营业收入420.9亿元，占规模以上总营收的53.3%；节能服务业营业收入196.3亿元，占24.8%；资源循环利用服务业营业收入172.5亿元，占21.9%。

从细分领域看，环保服务业营业收入增长13.1亿元，环保和资源循环利用服务业营业收入均有所下降，其中节能服务业减少4.6亿元，降幅最大。

从行政区看，浦东、杨浦、黄浦等7个区的环保服务业营业收入有所增长，其中浦东新区增幅最大，为12.3亿元，其次为杨浦区，增长7.1亿元。青浦、静安等9个区环保服务业营业收入略有下降，其中闵行区降幅最大，为9.3亿元。

二、产业发展主要特征

国家提出的“双碳”发展战略，为上海节能环保产业迎来重要发展契机，但同时又面临新冠疫情的阴霾。在机遇和挑战面前，2022年，上海节能环保产业主要呈现以下特征：

（一）合同能源管理服务模式仍拥有广阔节能市场

合同能源管理模式已成为推动全社会节约资源，改善发展环境积极有效的节能服务机制。合同能源管理模式的多元化和合同执行的规范化等积极因素，在产业主体的实践中得到了诸多验证和认可。上半年，部分企业克服不利因素影响，坚持推进以合同能源管理为主要模式的节能服务，在此过程中，效益分享型、节能量保证型、能源费用托管型等多元化服务模式，进一步有效保证用能方和服务方的利益。

（二）一批环保类重大项目持续落实

根据全市环保规划和布局，部分环保企业积极响应有关部门号召，履行企业社会责任，落实一批环保类重大项目。其中，为缓解危险废物处置压力，某环境科技公司在奉贤区柘林镇建成41760吨／年的危险废物焚烧处置项目，并取得“上海市危险废物经营许可证”。某集团下属环境资源公司与宝山区签订合作协议，帮助解决宝山区下水道淤泥的清运和处置工作。某环保实业公司依托现有的全市道路扬尘在线监测系统正逐步建立道路扬尘实时情况统计大数据平台。

（三）数字化、智能化助力产业新势能

随着云计算、物联网、区块链等技术在节能环保领域应用的不断深入，部分节能环保服务企业在参与产业转型升级

坚持技术和制度“双轮驱动”，推动“感算网、云数用”统筹建设。

（一）围绕物联。不断完善城市生命体征体系和神经元建设，全市物联终端数超1.9亿元，建设城市道路物联终端综合杆7700个，建设全市10万公里地下管线“一张图”；2022年底，全市累计建设5G基站7.2万个；着力推进IPv6规模部署和应用，IPv6互联网活跃用户占比70.97%。

（二）围绕数联。建设国家级数据交易所，挂牌数据产品超1000个，签约数商超800家。7月以来累计交易额近1.5亿元，完成7项交易规范、6项指引和1项术语库；创建全市统一的公共数据目录管理体系，累计发布超2万个数据目录，汇聚总计超1903亿条数据；研究编制公共数据开放实施细则和共享实施办法，累计向社会开放数据资源20亿条，长三角地区政务数据共享平台累计交换数据超4.6亿次；率先在区域性股权市场上线应用DID分布式数字身份技术（梧桐区块链）解决数据授权采集。

（三）围绕智联。建设上海人工智能公共算力服务平台，实现全市公共与商业算力的统筹调度；启动建设工赋平台智联中心（工业互联网微服务组件平台），建成全市能源大数据监测平台、建筑碳排放智慧监管平台，完成上海城市信息模型（CIM）底座建设指导意见；完成企业“随申码”开发，在交通、文旅、司法、农业、监管等领域深度应用。

二、以数字经济为关键，着力培育发展新动能

坚持政府和市场“和弦共振”，系统谋划数实融合创新发展整体框架，数字经济核心产业增加值保持平稳较快增长。

（一）数字产业化抓布局。围绕赛道、载体、项目抢先布局，形成数字经济“1+3”总体思路，出台元宇宙、智能终端、智能网联汽车等新赛道出台行动方案，推出张江数链、漕河泾元创未来等9个新一批特色产业园区，实施类脑光子芯片、自主智能无人系统专项、脑机接口专项、未来车脑芯片专项等市级科技重大专项。

（二）产业数字化抓升级。推动工厂、企业、园区加快升级，制定制造业数字化转型“1+11”政策体系，聚焦“3+6”产业，累计建成8家国家级智能制造试点示范工厂、49个国家级智能制造优秀场景、100家市级智能工厂；加大首批10家“工赋链主”企业培育和服务力度，青浦工业园区和上海湾区高新区入选工信部工业互联网“平台＋基地”试点示范，推动80余家国企开放100+场景，形成1500+解决方案。

（三）五个中心建设抓赋能。赋能科创大生态，加快建设长三角一体化科创云平台、长三角技术市场协同平台等示范项目；赋能农业大数据，围绕一图一库一网，数据采集和上图累计绘制100多万个地块；赋能数字大贸易，创建全国首个数字人民币数字贸易创新孵化基地，深化数字商圈、智慧口岸“单一窗口”服务，2022年实现电子商务交易额3.2万亿元。赋能航运大枢纽，建设中国航运数据库及全球航运智库联盟，建设国际集装箱运输服务“一门式”平台，洋山港智能重卡实现规模化示范运营，建成数字孪生机场。赋能金融大市场，开展资本市场金融科技创新试点，建设金融大数据联合创新实验室，大数据普惠金融2.0累计开放近1000项数据，信贷2700亿元。

三、以专班推进为抓手，确保重点任务落实到位

坚持效率和温度“兼容并蓄”，着力提升行业数字化转型的深度和广度。

（一）不断强化“8+7”专班力量。拓展深化已有8个专班工作，新建7个工作专班，汇聚100余家单位和企业合力，推动新技术应用、数据共享、平台赋能。

（二）深化应用场景建设。医疗领域，2.0版场景覆盖全市412家市区医院，院内智能导诊、分诊，基于区块链技术的中药代煎配送，120急救车医保结算等特色场景形成亮点；医保账户家庭共济、沪惠保共投全覆盖。养老领域，“为老服务一键通”累计服务264.7万人次，服务成功率达94.3%；养老院＋互联网医院应用于44家养老机构，累计建成长者运动健康之家70余家；实施数字伙伴计划，全市完成5150个线下服务点“一窗多类缴费”，建设线下长者智能技术服务点4713个、志愿者8595名。交通领域，完成MaaS建设主体组建，上线“随申行”APP1.0版，“三码整合”全面覆盖公交、地铁、轮渡；上海停车查询一张图、支付一平台、共享一键达、预约一入口建设完成，全市收费道路停车场100%可线上缴费，全部三甲医院、重点商圈、交通枢纽等可预约停车。完成505个“一键叫车”社区点位建设。教育领域，构建行业数据共享底座平台，深化国家教育数字化试验区建设，完成宝山、徐汇、长宁三个实验区数字基座初步部署。文旅领域，完善“一码游”服务体系，启动“红途”平台2.0升级，一站式预约覆盖全市30家重点红色场馆，“数字酒店扫码入住”覆盖全市3000余家酒店，发布数字景区建设技术规范。体育领域，“一码健身”共享场馆达700余家，建立社区老人运动健身数字档案。

（三）推广生活新基建。建设全市早餐地图，动态归集1.6万个点位，新增网订柜（店）取点位638个；新建智能快件箱3500组，实现社区、楼宇、医院、学校等场景全覆盖。

四、以数字治理为载体，推动流程重塑和业务变革

坚持硬件和软件“有机融合”，推动跨部门、跨区域、跨层级流程重塑和业务变革的谋划建设。

（一）全面深化“一网通办”改革。“一件事”累计办件量超547.5万件，开展27个免申即享专项行动，“一网通办”自助终端累计接入服务事项1051项；拓展“随申办”事项覆盖范围，新增66项高频个人及法人事项，完善国际版

“涉外服务专窗”；持续推进市民主页和企业专属网页建设，实现 37 类电子证照长三角互认共享。

（二）全面推进“一网统管”建设。健全土壤等污染防治综合监管平台，筹建自然灾害综合监测预警系统，优化完善危险化学品监测预警系统，推进安全生产“企业码”数据标准；完善“易的 PASS”系统，可计算路网覆盖全市 7626 公里；完善长江禁捕智能管控系统，管理长江禁渔区域 3200 平方公里。

五、以区域转型为主阵地，数字化赋能创新示范

坚持条线与块面齐头并进，引导各区聚焦区域发展，打造特色战略、特色地标、特色场景、特殊政策。

（一）因地制宜推动数字新城建设。五个新城围绕新城数字化转型导引要求，陆续发布数字化转型专项规划，瞄准数字设施、公共空间、数字家园、未来产业四大领域，建设 24 个重大场景，撬动社会投资超 100 亿元。

（二）建设市级数字化转型示范区。8 个市级示范区编制完成示范区三年建设方案。临港新城围绕全要素数字孪生城、杨浦大创智实践区打造首个政企互动的元宇宙园区平台、张江数字生态园瞄准三大产业创新赋能，上线发布集成电路国产 EDA 一站式平台；松江新城围绕 G60 数字经济创新，布局卫星互联网产业，普陀海纳小镇打造数字生态谷、嘉定新城聚焦未来智慧出行，出台区域规划和产业政策；徐汇西岸和静安市北，围绕 AI 全场景和可信数据经济等谋划形成区域新增长极。

（三）着力推动城市数字化功能区建设。以临港新片区为先导建设国际数据港，组织一批跨国公司开展数据出境安全评估。推动中国北斗产业技术创新西虹桥基地获评“国家首批地理信息服务领域特色服务出口基地”。

六、以数字抗疫为重点，全力服务大上海保卫战

市级层面充分发挥疫情防控工作领导小组统筹协调作用，建立数字抗疫数据工作专班，推动疫情信息统计分析、核酸筛查、隔离转运、物资保障等领域数字化应用。

（一）紧急开展数字系统和应用迭代升级。健康云、核酸码等系统平台第一时间扩容升级，开发“相关监测机构服务和运行监测报送系统”“核酸样本运输系统”“抗原检测自查平台疫测达”等应用程序。

（二）组织机器人规模化应用建设数字方舱。面向方舱医院、隔离点、封控社区等，部署应用千余台各类智能服务机器人投入消杀、废弃物转运及物资转运分发实战，有效减轻医务人员工作量，降低感染风险。组织市内外 10 余家企业派出 500 余台无人配送车辆支撑基层社区防疫。

（三）打通抗原检测数字化管理渠道，指导开发新冠抗原试剂卡检测数字化服务平台“疫测达”，截至 12 月 9 日，累计服务全国用户超 2439.28 万户，累计查询次数 5.15 亿次。

（四）筑牢智慧疫情防控网络。推动全市各类场所主体申领“场所码”、布设“数字哨兵”共计约 300 万个，日均扫码量、数据核验调用量超过 5000 万人次。

（五）数字赋能保障复工复产。依托“一网通办”和企业服务云，上线返岗人员电子“复工证”、全国通用车辆通行证、“上海市企业复工复产服务专窗”平台（益企服）等，疫情期间保通保畅。

（陈斐斐）

工业利用外资情况

2022 年，上海市坚持高水平对外开放，提升引进外资能级，加快外资发展要素支持，促进工业利用外资稳规模，提质量，推动上海开放型经济继续向更高水平、更高质量发展。

一、上海工业领域外资对上海全市工业经济支撑明显

2022 年，上海市外资工业规模保持在 2 万亿元以上，产值、利润和出口规模均占全市规模以上工业半数以上。外资规模以上工业总产值 2.2 万亿元，占全市工业的 55%；外资工业出口交货值 6698 亿元，占全市工业的 75%；外资工业利润总额 1394 亿元，占全市工业的 50%。

（一）从行业结构看，除烟草外，其他 34 个工业大类中外资企业均有布局。汽车制造、电子信息、高端装备、化工新材料、生物医药等 5 个行业产值占外资总产值比重超过 90%。

（二）从企业产值看，全市达到千亿级的外资企业 2 家（达功、特斯拉）；百亿级外资企业 11 家（百事、罗氏、科思创、环旭、中芯南方、昌硕、ABB 工程、巴斯夫催化剂、顺诠科技、可口可乐、安波福电气），占 39.3%。

值得关注的是，自 2019 年中美贸易摩擦叠加疫情后全球产业链重塑，外资制造业对上海工业经济比重有所降低，近 5 年外资制造业占全市规模以上工业比重下降 3 个百分点（除汽车行业受特斯拉带动增长超过全市平均水平，电子信息、高端装备、化工新材料的外资产值增长均慢于全市，特别是电子行业 2022 年外资产值较 2020 年有所降低）。

二、产业领域外商投资继续增长

2022 年，上海工业投资克服疫情冲击影响，实现 V 形反弹，全年投资增长 0.7%，其中，制造业外资投资增长约

17%，增速快于工业投资增速，体现外资坚定不移投资上海、深耕中国的信心，上汽奥迪A7项目、英威达三期项目、豪威半导体等一批大项目投资加快释放，为全市工业投资持稳增长发挥重要支撑作用。

近年来，上海成功引进一大批外资重大产业项目，外商工业投资持续攀升，外商投资（含港澳台）从2018年的267亿元增长至2022年的550亿元，规模翻番（年均增长近20%），除中芯项目（注册在开曼群岛）外，其他外资投资占全市工业投资比重仍有所上升（从2018年的22%到2022年的25.5%）。

重大产业项目量质齐升。近年来，持续加大集成电路、生物医药、新能源汽车等重点领域外资招商力度，推进一批重大外资产业项目落地布局，如特斯拉在临港投资35亿元建设储能超级工厂、法雷奥计划投资10亿元在嘉定建设自动驾驶零部件产线、达思兄弟投资8亿元在青浦区建设智能驾驶研发中心等。

（涂志凡）

工业品进出口情况

2022年，在全国货物进出口小幅增长、贸易结构持续优化的形势下，上海市进出口总值达4.19万亿元，比上年增长3.2%，创历史新高，其中，出口1.71万亿元，增长9.0%；进口2.48万亿元，下降0.5%。

一、2022年上海市进出口总体情况

（一）一般贸易方式进出口比重提升

海关统计数据显示，一般贸易在全市进出口占比为58.8%，比重同比提高1.4个百分点，显著高于加工贸易占比，贸易方式继续优化。

2022年上海进出口（按贸易方式）总值

单位：万亿元

分类	进出口		出口		进口	
	总值	同比	总值	同比	总值	同比
一般贸易	2.46	5.8%	0.93	17.4%	1.53	−0.2%
加工贸易	0.70	−3.3%	0.47	−3.0%	0.23	−4.0%

（二）工业出口快速增长

全市完成工业出口交货值8889亿元，同比增长7.8%。其中，受新冠疫情影响，一段时间工业出口下降明显，后增幅逐渐收窄。

二、主要行业工业出口情况

工业出口中，规模较大的行业主要是电子、机械、轻工、汽车、石化、船舶行业等6个行业，出口占全市工业出口的94%。

（一）电子行业

电子行业工业出口交货值4139亿元，同比增长3.3%，电子出口占全市工业出口的46.6%，电子行业以出口为主，出口外向度达73.8%。

（二）机械行业

机械行业工业出口交货值1401亿元，同比增长3.0%，机械出口占全市工业出口的15.8%。机械行业出口外向度为18.1%，低于全市4个百分点。细分行业中，物料搬运设备208亿元，同比增长37.4%；输配电设备出口143亿元，同比增长11.5%。

（三）轻工行业

轻工行业工业出口交货值788亿元，同比下降4.3%，轻工出口占全市工业出口的8.9%，轻工行业出口外向度为13.2%，低于全市个8.8百分点。细分行业中，家用电器128亿元，同比下降11.9%；塑料制品业出口127亿元，同比下降4.3%。

（四）汽车行业

汽车行业工业出口交货值1198亿元，同比增长46.5%，汽车出口占全市工业出口的13.5%，汽车行业以内销为主，出口外向度为14.7%。汽车出口中，约75%为汽车整车出口。

（五）石化行业

石化行业工业出口交货值504亿元，同比增长18.4%，石化出口占全市工业出口的5.7%。石化行业外销比例较低，出口外向度为10.8%。细分行业中，合成材料制造出口174亿元，同比下降3.9%。

（六）船舶行业

船舶行业工业出口交货值371亿元，同比增长7.6%，船舶出口占全市工业出口的4.2%。船舶行业是全市出口外向度第二高的行业，2022年达56%。

（戚任远）

工业投资情况

2022年，中共上海市委、市政府高度重视工业投资工作，坚决把工业稳投资作为经济工作的重中之重，锚定产业高质量发展目标，完善工业稳投资机制，克服新冠疫情等因素影响，全市工业投资实现V型反转，重大产业项目加快建设，招商引资统筹不断强化，技术改造深入推进，投资环境持续优化，圆满完成年度任务目标。

一、工业投资实现V型反转

2022年，上海市工业投资总额比上年增长0.6%，年度实现V型反弹，做到正增长，投资规模创历史新高。其中，制造业投资同比增长2.1%。制造业投资中，生物医药、新一代信息技术、新材料等战略性新兴产业增长较快。一是六大重点产业投资稳步增长。六大重点产业同比增长8.1%，呈现“4升2降”的特点。其中生物医药制造业同比增长0.4%；电子信息产品制造业同比增长26.3%；精品钢材制造业同比增长27.3%；石油化工制造业同比增长4.5%；汽车制造业同比下降18.0%；成套设备制造业同比下降8.6%。二是新动能产业投资增长较快。七大战略性新兴产业同比增长9.3%，其中新一代信息技术同比增长24.2%，主要是集成电路制造企业加大设备采购力度，拉动投资大幅攀升。三是大项目带动效应显现。制造业投资占工业投资比重为85.7%，主要集中在中芯12英寸芯片SN1、英威达己二腈、格科12英寸产业化等重大产业项目。其中10亿元以上在建重大产业项目数量同比增长14.4%，全年完成投资同比增长17.7%，占工业投资比重55.7%，这些重大产业项目的早开工快建设，带动工业投资的增长。

二、重大项目建设跑出加速度

完善重大产业项目协调推进机制，进一步深化部门间协同，优化项目全生命周期推进体系，全力保障项目克服疫情等因素影响，推动项目早开工、快建设。一是加快项目建设。联合市住建委、市规划资源局，编制发布两轮“两个一批”开工和竣工项目清单，合计开工项目230个，竣工项目104个。跟踪推进的市重大工程项目（产业类）共55个，总投资4356亿元，超额完成全年目标。二是优化项目审批。市经信委会同市审改办、市住建委等部门，从规划、土地、施工许可、竣工验收、装配式建筑等方面提出一系列简化审批措施。复制中芯临港“芯”速度，推广容缺后补、“拿地即开工”等方式，推进联影医疗生产基地、英威达聚合物三期、超硅研究院等具有带动效应的重大产业项目开工。三是完善兜底服务。疫情期间，联合项目单位成立攻坚小组，一项目一小组，重点跟踪、持续服务，重点协调保障车、物、人需求，确保中芯临港、华为、宁德时代等项目建设进度。搭建产融对接平台，用好政策性开发性金融工具、专项债券等政策，助力企业扩大投资。

三、招商引资加快新布局

积极推进招商引资工作顶层设计、完善招商引资网络，提升招商能级水平，加快新赛道新动能项目布局，一大批重大招商引资项目签约落地，有效投资进一步扩大。一是完善招商统筹机制。召开市投资促进工作领导小组会议，编制首谈报备、市级主谈、信息共享、跨区布局等工作指引，实施“千项万亿”招商行动，市区联手招商推介。二是加快引进一批重大项目。6月16日，举办2022上海全球投资促进大会暨“潮涌浦江”投资上海全球分享季启动活动，总投资5658亿元的322个重大产业项目集中签约。推进君实生物创新药产业基地、中国电气装备供应链总部、商汤科技二期等一大批高能级项目落地。三是提高招商工作水平能级。依托进博会、世界人工智能大会等重大展会平台组织开展专题招商、论坛、集体巡馆等活动。进博会期间，集中开展83场招商推介活动，合计签约项目258个，其中10亿元以上项目26个。推进25个“上海人工智能代表性产业项目”在人工智能大会期间签约。

四、技术改造带来新动能

对存量产业加快改造升级，充分发挥技术改造投资周期短、见效快的特点，重点聚焦“智能化、高端化、集群化、服务化、精品化、绿色化”为特征的“六化”改造，支撑产业经济平稳增长，保障产业高质量发展。一是发挥技改投资对工业投资的重要支撑作用。全市工业技术改造投资占工业投资比重超过2/3，营造企业开展技术改造的浓厚氛围，提振企业投资信心。二是持续放大财政资金引导作用。保持技改专项资金投入力度，通过“点上示范带动面上提升”，集中支持、精准支持宝钢智能钢铁全流程、特斯拉技改、卡萨帝智能工厂等一批重大技改项目，2022年打造100个技术改造示范项目，面上带动规模以上企业实施1800个技改项目，为全市工业稳增长稳投资提供有力支持和坚实基础。三是全力助推产业经济高质量发展。在2018—2020年上海“技改焕新计划”基础上，谋划上海新一轮技改三年行动计划。通过打造“技改焕新计划”升级版，创新技术改造支持方式，打造资金、政策、服务相融合的技术改造工作推进体系。

附件：2022 年重大工业投资项目表

单位名称	项目名称
上海积塔半导体有限公司	特色工艺生产线建设项目
沪东中华造船集团长兴造船有限公司	中船长兴造船基地二期工程项目
格科半导体（上海）有限公司	12 英寸 CIS 集成电路特色研发与产业化项目
上海超硅半导体有限公司	AST 上海项目
上海化学工业区工业气体有限公司	合成气装置三期扩建项目
上海城投水务（集团）有限公司	竹园污水处理厂四期工程
英威达尼龙化工（中国）有限公司	英威达尼龙 6.6 三期己二腈项目
中国航发商用航空发动机有限责任公司	中航商用航空发动机有限责任公司临港基地
上海和辉光电股份有限公司	第 6 代 AMOLED 显示项目

（续表）

单位名称	项目名称
上海上药生物医药有限公司	上药生物医药产业基地建设项目
中芯国际集成电路制造（上海）有限公司	8 英寸生产线扩产
上海新昇半导体科技有限公司	300 毫米硅片技术研发与产业化二期项目
上海电力股份有限公司	闵行发电厂燃气－蒸汽联合循环发电机组示范工程
华能国际电力股份有限公司上海石洞口第一电厂	2×65 万千瓦等容量煤电替代项目
上海复宏汉霖生物技术股份有限公司	复宏汉霖生物医药产业基地
中国石化上海石油化工股份有限公司	2.4 万吨年原丝 1.2 万吨年 48K 大丝束碳纤维项目
上海新微半导体有限公司	上海临港化合物半导体 4 吋及 6 吋量产线项目
上海金山巴陵新材料有限公司	热塑性弹性体项目

（孙祐成）

建设高质量特色产业园区情况

2022 年，上海市特色产业园区规模以上工业企业经济运行健康发展，工业生产实现正增长，增幅高于全市水平。

一、特色产业园区规模以上工业产值增幅高于全市水平

特色产业园区规模以上工业企业全年实现工业总产值 7740.45 亿元，比上年可比增长 2.2%，好于全市水平，占全市规模以上工业产值的 19.1%。其中，G60 电子信息国际创新产业园规模以上产值达 1688.1 亿元，在 53 家特色产业园区中排名第一，也是唯一产值过千亿元的特色产业园区；排在第二位的是闵行开发区智能制造产业基地，规模以上产值达 548.0 亿元；东方美谷－医药（中医药产业园）和临港新片区生命蓝湾规模以上产值达均达 514 亿元，排名第三、第四位。

2022 年特色产业园区规模以上工业企业工业总产值表

单位：亿元、%

序号	类别	1–4 季度	可比增长	4 季度	可比增长
1	全市规模以上工业企业	40473.7	−1.1	11532.7	1.0
2	特色产业园区	7740.45	2.2	2320.6	10.5
3	占比	19.1		20.1	

注：数据来源统计局，下同。

从特色产业园区 10 个产业类别来看，规模以上工业总产值排名前三位的产业分别为电子信息业为 2301.7 亿元，占特色产业园区规模以上工业企业工业总产值的 30.7%，高端装备业为 1466.7 亿元，占 19.5%；生物医药业为 1416.2 亿元，占 18.9%。排名前三的产业占特色产业园区规模以上产值的 69.1%。

二、特色产业园区规模以上营业收入保持正增长，利润总额下滑

（一）特色产业园区规模以上工业企业营业收入继续保持正增长

规模以上工业企业全年营业收入达 8301.0 亿元，同比增长 4.2%，好于全市水平，占全市规模以上工业企业营业收入的 18.1%。G60 电子信息国际创新产业园规模以上工业企业营业收入为 1662.3 亿元，同比增长 2.4%，排在首位；其次为闵行开发区智能制造产业基地、东方美谷－医药（中医药产业园）和临港新片区生命蓝湾，规模以上工业企业营业收入均超 500 亿元。排名前三位的产业分别为电子信息、高端装备和生物医药。

2022 年特色产业园区规模以上工业企业营业收入表

单位：亿元、%

序号	类别	1–4 季度	同比增长	4 季度	同比增长
1	全市工业企业	45968.1	1.1	13157.8	−0.4
2	特色产业园区	8301.0	4.2	2512.0	8.7
3	占比	18.1		19.1	

（二）特色产业园区规模以上利润下滑

特色产业园区规模以上工业企业全年实现利润总额 433.6 亿元，同比下降 16.2%，占全市的 15.6%，增幅低于全市平均水平 4.5 个百分点。其中东方美谷－医药（中医药产业园）规模以上利润排名首位，紧随其后的为张江机器人谷和闵行开发区智能制造产业基地。

2022年特色产业园区规模以上工业企业利润表

单位：亿元、%

序号	类别	1-4季度	同比增长	4季度	同比增长
1	全市工业企业	2788.2	−11.7	807.1	1.4
2	特色产业园区	433.6	−16.2	136.8	6.3
3	占比	15.6		17.0	

从利润增减额分析，特色产业园区规模以上工业企业利润比上年减少76.8亿元。10个产业中除电子信息业，均呈不同程度下降，其中降幅最大的是人工智能产业。

（三）时尚消费品业工业企业销售利润率超10%

特色产业园区规模以上工业企业全年销售利润率为5.2%，低于全市平均水平1个百分点。从园区分析，排在首位的是东方美谷－医药（核心园）工业企业销售利润率为54.8%，G60生物医药产业基地和华东无人机基地销售利润率超过15%，排名第二、三位。从行业分析，时尚消费品业是10个产业类别中唯一超过10%的产业，达11.1%。生物医药和高端装备均超过9%。

2022年特色产业园区规模以上工业企业销售利润率表

单位：%

时间	全市规模以上工业	特色产业园区
1-4季度	6.1	5.2
4季度	6.1	5.4

三、特色产业园区规模以上工业企业税金总额好于全市水平

特色产业园区规模以上工业企业全年税金总额126.5亿元，同比增长16.4%，高于全市15.9个百分点，占全市比重为6.9%。其中东方美谷－医药（中医药产业园）规模以上工业企业税金总额18.9亿元，居首位。其次为闵行开发区智能制造产业基地。

2022年特色产业园区规模以上工业企业税金总额表

单位：亿元、%

序号	类别	1-4季度	同比增长	4季度	同比增长
1	全市工业企业	1841.7	0.5	426.9	−11.2
2	特色产业园区	126.5	16.4	39.1	16.7
3	占比	6.9		9.2	

四、特色产业园区规模以上工业企业出口交货值保持增长

特色产业园区规模以上工业企业全年出口交货值为3146.4亿元，同比增长6.3%，略低于全市增幅。其中G60电子信息国际创新产业园规上工业企业出口交货值达1638.2亿元居第一位，占全部特色产业园区的52.1%。

2022年特色产业园区规模以上工业企业出口交货值表

单位：亿元、%

序号	类别	1-4季度出口交货值	同比增长	4季度	同比增长
1	全市工业企业	8889.4	7.8	2531.9	−3.3
2	特色产业园区	3146.4	6.3	791.3	−13.4
3	占比	35.4		31.3	

（刘亚斐）

产业园区和结构调整工作情况

2022年，上海市深入贯彻中央精神和中共上海市委、市政府重大决策部署，认真学习贯彻中共二十大精神，坚持疫情防控和社会经济发展两手抓、坚持高质量发展主旋律、坚持稳中求进工作总基调，团结奋斗、拼搏向前，圆满完成产业园区和结构调整工作各项工作，取得积极成效。

一、坚持疫情防控和经济社会发展两手抓两促进，全力保障产业经济平稳发展

（一）发挥园区企业集聚发展优势，巩固产业发展基础

着力稳定产业园区经济底盘，加强政策聚焦工作协同，做好疫情防控和安商稳商企业服务。各产业园区快速反应，积极运用灵敏的疫情发现机制、内部管理流程再造机制、突发疫情高效处置机制三项防疫机制，统筹抓好闭环管理和复工复产，及时组织应急物资生产，保障关键产业链的稳定保障园区企业运行。2022年，上海产业园区规模以上工业企业完成工业总产值32828.3亿元，占全市工业企业的81.1%，工业生产形势好于全市情况；规模以上工业企业营业收入37087.8亿元，同比增长1.9%；工业企业销售利润率为6.2%，高于全市工业企业。

（二）增强投资对经济增长的关键作用，推动一批重点项目落地建设

统筹市级新增建设用地指标、耕地占补平衡指标、土地出让50年年期等资源，积极推进优质项目招引落地工作，推进成片征收储备、标准地出让和带方案出让，实现“好项目不缺土地、好产业不缺空间”。先声药业、艾美疫苗、正大天晴等11个项目通过市“三委两局”评审，使用市统筹指标804亩，项目投资额总计90亿元左右，预计达产后年产出330.8亿元。支持燊芯光电、华天电子等3个项目适用土地出让50年期。鼓励规划产业区块外企业，在符合正面和负面清单标准的前提下，实施“零增地”技术改造，增加有效投资；认定奉贤区梦阳药业、松江区百力格生物等4个战略预留区需增地项目为优质项目。牵头协调中船总部落户上海事宜，协调解决总部地块和保障房地块相关工作。

（三）服务项目全生命周期，跟踪产业项目建设和投达产情况

继续推进支持产业发展规划土地工作推进机制，市经信委会同市规划资源局召开全市推进大会，结合典型案例为各区提供政策支持路径。加强重大项目推进及逆周期投入，加快推动近几年拿地未开工项目尽快开工建设。完善产业项目全过程管理机制，截至12月底，全市开工率90%，竣工率79%，投产率76%。

二、坚持规划引领统筹推进，全面落实“十四五”中期任务

（一）聚焦重点区域关键载体，强化规划统筹和引领

召开2022年度上海市产业园区和结构调整工作领导小组会议，全面贯彻落实上海市产业园区转型升级“十四五”规划内容，总结2021年工作经验，推进2022年工作任务。不断优化产业空间规划布局，从总规划－单元规划－控制性详细规划等方面不断加强产业空间保障。新增叶榭镇、泖港镇总计5处产业社区，参与久富工业区、临港浦江园区、莘庄工业区等多个园区的规划调整，支持国利汽车、森马总部、615所航电基地等重大项目的规划调整。

（二）着重高端产业引领和助企纾困，不断加强政策支持

聚焦保障空间载体、加强资金支持、拓展市场空间、优化综合生态，深度参与《上海市推进高端制造业发展的若干措施》的研究和编制工作，在强化项目落地支持、探索工业上楼新模式、加强优质低价物业供给等方面制定政策干货支持制造业发展，助行业促发展，强主体增动能，进一步激发产业内生活力动力。

（三）加强招商引资和企业服务统筹，持续优化营商环境

积极落实环评制度改革、园区绿地率统筹、保障房建设等方面的改革创新政策，发挥园区改革开放试验田作用，提高园区“整体服务商”水平，提高园区配套硬实力和服务软实力，为产业升级和企业发展创造良好条件。支持成立上海吉六零园区运营管理有限公司、上海宝山高新园区（集团）有限公司2个园区开发主体。发布《关于进一步加强园区平台全生命周期共同监管的通知》，切实增强园区平台服务产业的功能。发布《关于加强本市化工园区项目管理有关事项的通知》，明确化工园区外存量化工项目的改扩建途径。发布《产业园区产业类项目配套建设保障性租赁住房建设指引（试行）》，已认定2241套产业园区保障性租赁住房，另有7000余套存量租赁住房待纳入保障房系统。

三、坚持产业园区品牌化特色化发展，赋能强基培育产业竞争优势

（一）推进五个新城“一城一名园”建设，发挥知名品牌园区头雁作用

在“一城一名园”建设中突出新城主导产业和特色产业，推动新城品牌、产业品牌、园区品牌的有机融合。以区为主实施产业支持政策，促进产业集群集聚发展。梳理确定2022年“一城一名园”工作计划，指导各新城优化完善实施工作方案，推动各新城加大“名园”建设和项目引进。

（二）打造先进制造业集群和国家新型工业化示范基地

上海市集成电路集群、上海市新能源汽车集群、上海市张江生物医药集群跻身“国家队”，成为国家先进制造业集群。积极发挥集群促进机构作用，围绕“3＋6”新型产业体系，明确集群培育和攻关重点方向，提升产业创新能力，参与国际竞争。分级分类开展国家示范基地调研交流，深入研究工信部示范基地发展质量评价指标，做好国家示范基地发展质量评价，培育和推进市级示范基地创建工作，推动数字化转型赋能示范基地，促进示范基地由集聚向集群转型提升。

（三）推动特色产业园区建设，聚力打造高端产业集群核心承载区

推出第三批13个特色产业园区，截至年底，全市共计53个特色产业园区，空间规模达200平方公里，可供产业用地近40平方公里，可供物业2900万平方米。发布《上海市特色产业园区公告目录》（2022年版），加强特色产业园区专项工作管理机制建设，明确园区的发展方向和管理主体，建立认定和后评估机制。正在研究完善上海促进特色产业园区高质量发展若干意见，进一步发挥特色产业园区在落实国家战略、打响“上海制造”品牌、提升实体经济发展能级的重要支撑作用。探索研究园区发展建设政策支撑体系，在国资考核机制、园区建设标准、市政交通配套、产业投资、“腾笼换鸟”、人才引进、金融支持等方面，强化政策集聚政企协同。

（四）上海市园区高质量基金正式揭牌运营

会同市属国企发起设立上海产业转型升级投资基金——园区高质量发展基金，募集规模100亿元，旨在发挥社会资本和金融市场的放大效应，引导各类社会资本投向产业园区二次开发转型升级，主要方向是产业定位明确、园区主体招商和运营能力较强的园区，撬动社会资本投入产业园区建设，各区和园区可在此基础上设立子基金，探索“基金＋基地”的开发新模式。

四、坚持以资源高效率配置推动产业高质量发展，同步推进淘汰落后产能和盘活存量资源工作

（一）推进“5＋X”重点区域整体转型升级，积极探索存量发展阶段园区调整提升路径

优化“5＋X”重点区域市、区工作推进机制，“一地一策”推动搬迁调整、规划编制、开发建设等工作。五大区域中，吴淞地区，加强重点片区功能定位、规划研究和招商运营；南大地区，启动西南片区建设；桃浦地区，推进产业入

驻和产城配套设施建设；高桥地区，启动对高化地区战略留白区的功能业态和空间布局的相关研究；吴泾地区，推进吴泾煤电基地调整等。X区域持续推进结构调整工作，明确功能定位、加大项目导入。研究制定上海市重点产业区域城市更新实施意见，为产业类城市更新提供政策支持；建立产业园区城市更新项目，共计150余个项目；跟踪库中项目进展，及时从市级层面予以政策指导和协调支持，总结更新项目的工作经验并进行宣传推广。

（二）比照更严要求更高标准，落实产业结构调整年度工作任务

继续坚持“四个锁定”（锁定区块、锁定项目、锁定时间、锁定责任主体），瞄准“三高三低”企业（高能耗、高污染、高风险，低技能劳动密集型、低端加工型、低效用地型），发挥产业结构调整指导目录引导作用，推动环保、安全、能耗、技术、工艺等不达标的落后产能退出。全年计划产业调整项目500项，实际实施调整项目503项、重点区域（专项）2个，超额完成年初计划。青浦华新工业园区、松江佘山高新科技园2个专项已予以市级资金支持，投入市级专项补助资金1.5亿元。

2022年主要区项目调整完成情况

区名	浦东	奉贤	嘉定	松江	宝山	青浦	闵行	金山	合计
完成市级项目数量	12	55	99	92	67	80	33	65	503

（三）研究更实举措更多途径，推进存量“腾笼换鸟”提质增效

主动服务长江经济带和长三角区域一体化发展国家战略，做实各类专项调整任务。加强产业结构调整工作与建设用地减量化、生态环境整治、生态廊道建设等工作的统筹联动。针对产业结构调整补助标准偏低、落后产能退出后存量资源再利用工作衔接不畅等问题，发布新制定的《产业结构调整专项补助办法》及配套实施政策，进一步完善优化产业结构调整项目评估、验收办法等。发布《关于〈上海市产业结构调整指导目录限制和淘汰类》及相关规定的通知〉》，根据国家和本市相关政策文件的条目变化进行对目录进行修订。

（金 昕）

电力运行情况

2022年，上海市电力运行总体特点是供需平衡情况正常。

一、2022年电力供需情况

（一）统调发电情况

2022年，全市累计统调发电量963.4亿千瓦时，比上年下降4.3%；累计发电设备平均利用小时为3406小时，同比下降323小时。

（二）全社会用电情况

2022年，全市全社会累计用电量1745.6亿千瓦时，同比下降0.2%。

（三）电力电量平衡情况

2022年，全市累计全社会用电量1745.6亿千瓦时，同比下降0.2%；本地机组累计发电量963.4亿千瓦时，同比下降4.3%；市外净输入累计电量782.1亿千瓦时，同比增长5.3%。

2022年上海市电量供需平衡情况表

单位：亿千瓦时，%

全社会用电量	本市机组发电量	市外净输入电量
1745.6	963.4	782.1
同比	同比	同比
−0.2	−4.3	5.3

二、2022年分行业用电情况

第一产业用电量6.3亿千瓦时，占全社会用电量的0.4%，同比增长14.3%；第二产业用电量829.0亿千瓦时，占全社会用电量的47.5%，同比下降4.7%；第三产业用电量589.3亿千瓦时，占全社会用电量的33.7%，同比下降1.2%；城乡居民生活用电320.9亿千瓦时，占全社会用电量的18.4%，同比增长15.5%。

全年工业用电量809.8亿千瓦时，同比下降4.9%。其中：采矿业用电量持平，制造业用电量减少24.9亿千瓦时，电力、热力、燃气及水生产和供应业用电量减少16.7亿千瓦时。

2022年上海市分行业用电量及占比情况表

单位：亿千瓦时，%

全社会用电合计	第一产业用电量及占比		第二产业用电量及占比		第三产业用电量及占比		居民用电量及占比	
1745.5	6.3	0.4	829.0	47.5	589.3	33.8	320.9	18.4

高耗电密集的重工业细分行业中，汽车制造业用电量38.6亿千瓦时，同比增长7.3%；计算机、通信和其他电子设备制造业用电量98.0亿千瓦时，同比增长21.3%；黑色金属冶炼和压延加工业用电量128.4亿千瓦时，同比下降9.5%；石油、煤炭及其他燃料加工业用电量37.1亿千瓦时，同比增长9.5%。同时，非金属矿物制品业用电量9.44亿千瓦时，同比下降18.2%；金属制品业用电量33.0亿千瓦时，同比下降11.1%；化学原料和化学制品制造业用电量78.8亿千

一步加强。开展“控股不控权”、存续企业专项审计检查，完善企业价值评估指数系统，完成22项企业国有资产评估项目备案，评估增值率75.26%。全国首创产权登记人工智能应用，推动线上线下企业服务大厅集约化标准化建设。健全内审监督体系，加强与外部监督机构协同联动。加强企业法治建设，深化合规管理。完善国资智库建设，开展系统企业优秀课题评选。风险防范处置能级进一步提升。359户重点子企业纳入集团风险预警监测范围，形成闭环式风险预警管理机制。全面排查境外投资风险，一批重大风险事项得到解决。国资监管一盘棋效应进一步显现。健全国资管理体系，制发委托、指导监管领域服务清单，聚焦产权管理、产业基金等热点难点问题，持续强化专项服务。

六、凝心聚力固本强基，不断加强党的全面领导

全面学习贯彻党的二十大精神。组织动员各级党组织开展主题宣传，通过联组学习、专家辅导等形式开展专题学习，把党的二十大精神落到实处。完成习近平新时代中国特色社会主义思想在上海的生动实践课题研究。压实管党治党责任，实施市管企业领导人员政治建设考察，逐步建立政治建设电子档案。提前完成三年巡察督导任务。健全意识形态工作责任体系。夯实基层党建基础，持续推进沪外企业党建联建。深化党建品牌创建评选。完成3000名“万名书记进党校”培训、4175名发展党员计划。加强人才队伍建设，开展干部人才队伍建设专项评价，完成干部人才使命责任书签约全覆盖，加强专业领军人才引进培养和产业工人队伍建设。凝聚力量展现形象，上线“上海国资”微信公众号、视频号、“上海国资青年”微信公众号，壮大国资新媒体矩阵。开展“海外员工看中国”“上海国企直播间”等主题宣传。统筹推进统战、老干部、工青妇、信访、安全生产和模范机关创建等工作。

（曾茂生）

促进中小企业发展情况

2022年，面对国内外复杂严峻经济环境和疫情冲击等超预期因素的多重挑战，上海市坚持以习近平新时代中国特色社会主义思想为指导，全面贯彻习近平总书记考察上海重要讲话精神和对上海工作重要指示要求，统筹疫情防控和经济社会发展，加力落实稳经济各项政策举措，全市中小企业延续回稳向好的积极趋势。

一、工业企业生产经营持续恢复，增速略有下降

2022年，规模以上中小企业累计完成产值20000.22亿元，比上年下降6.6%，低于全市规模以上工业增速5.5个百分点，两年平均增长6.4%。

分行业看，12月，13个行业的产值增速较上月均有降低，除医药行业外，其余行业均为负增长，其中跌幅超过20%的行业共有3个，烟草行业跌幅最大，达到−27.6%，纺织行业跌幅−27.0%，石化行业跌幅−20.4%，而医药行业增速2.2%。

2022年1月—12月中小工业企业分行业产值及增速情况

行业	累计产值（亿元）	累计同比（%）	12月同比（%）	上月同比（%）
医药	877.41	−0.3%	2.2%	4.4%
电子	1535.25	−1.9%	−10.0%	13.4%
轻工	4347.93	−7.9%	−13.9%	−6.3%
烟草	8.67	−11.7%	−27.6%	3.4%
电力	418.66	9.3%	−3.7%	4.0%
纺织	376.86	−12.6%	−27.0%	−21.0%
石化	2567.06	−9.7%	−20.4%	−10.5%
建材	484.89	−22.9%	−17.8%	−9.7%

（续表）

行业	累计产值（亿元）	累计同比（%）	12月同比（%）	上月同比（%）
冶金	478.72	−4.2%	−8.3%	0.5%
有色	486.34	−3.1%	−15.0%	−1.4%
机械工业	5448.74	−4.7%	−7.5%	1.8%
汽车	2059.84	6.3%	−12.7%	12.3%
船舶	70.21	0.4%	−8.6%	14.2%
全市	20000.22	−6.60	−12.3%	−0.2%

二、对外贸易增速放缓，汽车行业12月增速最快

2022年，中小工业企业实现出口交货值2871.21亿元，同比增长0.8%，低于全市规模以上工业企业7.0个百分点。

分行业看，11个主要行业中，电子、石化、有色、机械工业、汽车、船舶行业出口交货值累计增速为正，医药、轻工、建材、纺织、冶金5个行业增速仍为下降态势。12月，中小工业企业中除汽车、船舶外，其余9个行业出口交货值增速为负，降幅超过20%以上的为医药行业（−28.8%）、纺织行业（−28.6%）。正增长行业中，增速最快的为汽车行业，同比增长29.5%，对外贸易增速放缓。

2022年1月—12月规模以上中小工业企业分行业出口情况

行业	累计出口交货值（亿元）	累计同比（%）	12月出口交货值（亿元）	当月同比（%）
医药	85.23	−11.8%	7.41	−28.8%
电子	574.46	2.2%	53.34	−6.9%
轻工	613.34	−6.0%	52.83	−14.4%
纺织	94.24	−4.6%	7.32	−28.6%

（续表）

行业	累计出口交货值（亿元）	累计同比（%）	12月出口交货值（亿元）	当月同比（%）
石化	262.24	4.1%	19.77	−12.6%
建材	9.11	−4.7%	0.72	−4.5%
冶金	13.23	−5.0%	1.54	−12.4%
有色	92.21	13.7%	7.23	−17.2%
机械工业	893.79	2.1%	88.02	−9.3%
汽车	181.85	7.6%	18.62	29.5%
船舶	22.84	187.3%	0.73	11.3%
全市	2871.21	0.8%	260.29	−9.9%

三、服务业产值增速略有下降，盈利情况有所回升

2022年，全市规模以上中小企业服务业实现总产出25294.81亿元，同比下降4.8%，低于全市规模以上服务业5.3个百分点。其中，信息传输、软件和信息技术服务业产出达到5594.64亿元，同比增长0.8%，主要为其互联网和相关服务细分领域（同比增速为6.7%）拉动；服务业中产出占比最大的（占比25.5%）行业是租赁和商务服务业，实现产出6450.31亿元，同比下降4.7%。

2022年1月−12月中小企业服务业产出及增速情况

行业	总产出（亿元）	同比增速（%）
信息传输、软件和信息技术服务业	5594.64	0.8
# 电信、广播电视和卫星传输服务	399.54	8.9
# 互联网和相关服务	3308.44	6.7
# 软件和信息技术服务业	1886.66	−9.3
租赁和商务服务业	6450.31	−4.7
# 租赁业	224.90	−12.9
# 商务服务业	6225.41	−4.4
科学研究和技术服务业	1668.65	−1.4
水利、环境和公共设施管理业	334.46	−3.9
居民服务、修理和其他服务业	220.66	−8.9
教育	92.27	−63.8
卫生和社会工作	276.96	11.9
文化、体育和娱乐业	373.88	−18.3
全市	25294.81	−4.8

全市规模以上中小企业服务业实现利润2024.39亿元，比上年下降9.4%。其中，电信、广播电视和卫星传输服务扭亏为盈，8个行业实现盈利，利润总额最高的为租赁和商务服务业，实现利润899.28亿元，其次为商务服务业，实现利润865.34亿元。

2022年1月−12月中小服务业企业利润及增速情况

行业	营业收入（亿元）	同比增速（%）	利润（亿元）	同比增速（%）
信息传输、软件和信息技术服务业	14685.33	−3.70	273.79	−28.0
# 电信、广播电视和卫星传输服务	5489.43	0.67	0.55	−103.6
# 互联网和相关服务	393.38	8.78	159.10	−3.1
# 软件和信息技术服务业	3261.54	6.45	114.14	−50.6
租赁和商务服务业	1834.51	−9.51	899.28	−16.9
# 租赁业	6299.21	−4.83	33.93	197.6
# 商务服务业	212.85	−14.15	865.34	−19.2
科学研究和技术服务业	6086.37	−4.47	63.90	−32.1
水利、环境和公共设施管理业	1622.06	−1.70	34.64	23.8
居民服务、修理和其他服务业	327.66	−4.11	32.22	−9.8
教育	216.50	−9.33	8.95	−453.8
卫生和社会工作	90.21	−64.06	7.32	−288.7
文化、体育和娱乐业	276.13	11.88	26.58	−28.8
全市中小企业	24864.47	−4.95	2024.39	−9.4

四、工业企业利润增速放缓

2022年，全市中小工业企业实现营业收入22009.93亿元，比上年下降3.1%，其中船舶行业营业收入88.54亿元，同比增长22.8%，是增速最快的行业；全市中小工业企业实现利润总额1480.91亿元，比上年下降11.5%。分行业看，13个行业中，医药、烟草、有色、汽车、船舶行业利润增速正增长，其余8个行业的利润增速仍为负增长。其中汽车行业利润增速由负转正，医药行业增速较上月有所提升。

2022年1月−12月规模以上中小企业工业分行业利润及增速情况

行业	营业收入（亿元）	同比（%）	利润（亿元）	同比（%）	上月同比（%）
本市中小工业企业	22009.93	−3.10%	1480.91	−11.50%	−12.10%
医药	890.74	1.57%	200.61	10.72%	8.76%
电子	1661.82	−2.22%	65.05	−28.43%	−7.84%
轻工	5346.75	−4.41%	349.06	−16.77%	−14.92%
烟草	8.97	−13.08%	0.51	444.30%	−15.44%
电力	484.77	7.99%	−22.24	−111.03%	376.66%
纺织	454.05	−8.67%	12.08	−45.48%	−41.21%
石化	2921.07	−8.40%	221.04	−25.01%	−31.45%
建材	561.41	−20.21%	23.10	−27.82%	−35.09%
冶金	534.79	−6.53%	13.23	−42.08%	−41.53%
有色	572.23	−1.90%	20.45	36.57%	48.17%
机械工业	6176.67	−2.39%	479.31	−1.74%	−3.82%
汽车	2308.13	7.40%	115.63	0.72%	−0.08%
船舶	88.54	22.83%	3.08	35.66%	60.34%

五、新设市场主体总体保持平稳增长，增速放缓

2022年，全市累计新注册企业35.2万户，新设市场主体指标仍保持“V”字复苏态势。伴随疫情逐渐平复，宏观经济环境的回暖复苏，政策红利效应的最大释放，新设市场主体将保持平稳增长。

苏大丰产业联动集聚区已逐步成为上海先进制造业域外产能基地、新兴产业创新成果产业化生产基地和长三角区域产业合作示范区。

（一）锚定产业发展，多业并举，“做高、做香、做浓”产业经济蛋糕

从域外农场周边区域的产业基础与发展需求出发，凝聚新的要素和力量，充分发挥沪苏联动的政策优势与产业机遇，打通产业导入路径，构建融合的产业发展态势，构建服务主导产业的现代服务业体系，联手驱动沪苏大丰产业联动集聚区跨越式发展。紧密联动临港奉贤园区、临港大飞机航空产业园、临港南桥园区，以及光明集团，在生命健康产业、大飞机大部件制造、智能网联汽车测试以及智慧农业等方面聚力突破。

（二）加速配套建设，紧盯落户项目达产，跑出产业发展新速度

沪苏大丰产业联动集聚区将“高水平、高标准、高质量”适度超前推进一批配套载体建设。总投资3亿元、总建筑面积6.1万平方米的智造园一期标准厂房、邻里中心2022年6月全面建成投用；总投资3.4亿元、总建筑面积43063平方米的产业服务中心2023年6月将全面投用。

围绕落户沪苏大丰产业联动集聚区的重点企业，全方位优化营商环境，全视角创新服务，重点推进正泰新能源项目、新时代建筑节能项目、泓顺硅基高纯度石英砂项目等项目早建设、早投产、早达效。

（三）多维联通、双向辐射，为产业发展与园区建设提供人才力驱动

以产教融合打造服务园区转型、服务企业成长、服务产业集聚、赋能区域发展的有力驱动，通过产教基地、载体、空间三要素联动，形成产教要素赋能平台。探索沪苏联动的技术技能人才招引、培训、提升的新模式、新路径，进而辐射长三角地区。在解决沪苏大丰产业联动集聚区技术技能人才短缺困境的同时，为支撑上海“3+6”新型产业体系建设，打造长三角产业集群，拓展提供技术技能人才培养的新路径。

（殷文琪）

促进民营经济和中小企业发展工作情况

2022年，面对新冠疫情和错综复杂的外部形势，上海市大力促进民营经济和中小企业发展工作，全面落实中共中央、国务院和中共上海市委、市政府决策部署，发挥市服务企业联席会议协调机制作用，统筹疫情防控和经济社会发展，精准施策，精心服务，推动企业平稳健康发展。

一、加强制度供给，全面优化营商环境

优化中小企业发展环境，6月9日，工业和信息化部中小企业发展促进中心公布《2021年度中小企业发展环境评估报告》，对全国36个城市中小企业发展环境开展评估，上海再次获得年度中小企业发展环境评估排名第一。为应对疫情影响，上海市在2022年3月、5月、9月先后制定出台抗疫助企“21条”、经济恢复重振“50条”和稳增长“22条”。

二、培育创新动能，提升企业核心竞争力

构建优质中小企业培育体系，制定发布《上海市优质中小企业梯度培育管理实施细则》，支持创新型企业群体壮大，全市有效期内“专精特新”企业突破7500家，创新型中小企业超1万家，国家级“专精特新”小巨人企业500家，国家级制造业单项冠军企业（产品）38家。深耕创新创业载体培育，落实工业和信息化部工作要求，在各区推荐基础上，择优培育金山、青浦、宝山、松江、临港等5个国家级首批中小企业特色产业集群。

三、促进民营经济发展，聚焦重点企业服务

推动民资民企向新城导入，市经信委联合五个新城产业和招商部门建立协同工作机制，聚焦全国民营500强企业、262家“专精特新”小巨人企业和388家市级民营企业总部，梳理民资民企总部导入新城的项目21项，累计投资超200亿元，并推荐在7月新城建设大会上签约。重点服务民营500强企业，积极吸引全国民营500强企业来沪发展，持续开展重点民企走进五个新城和3个民企总部集聚区活动，5月，鄂尔多斯集团出资26.7亿元购置静安区商务楼宇，用于未来在沪开展业务；支持鄂尔多斯集团在沪设立10亿元创业投资合伙企业。

四、缓解融资困难，降低融资成本

落实国家小微企业融资担保降费奖补资金，2022年，上海市落实国家小微企业融资担保降费奖补资金15514万元，支持12家融资担保机构降低担保费率至1%以下，继续扩大融资担保规模。实施中小企业贷款贴息政策，为缓解中小企业在疫情期间的融资压力，在市级专项资金中安排7000万元，降低中小企业在3月–5月担保贷款贴息成本近16%。推动优质中小企业上市，上海A股上市企业416家（排名第五），首发募集资金5215亿元（排名第三）；上海科创板上市企业78家（排名第二），首发募集资金和总市值均排名第一。

五、加强统筹协调，提升服务能级

优化“1+16+X+N+Z”企业服务体系，做强市级中小企业发展服务中心，推动各区健全区级工作机制；全市培育国家级中小企业公共服务示范平台25个，市级中小企业服务机构365家，支持闵行等区开设“企业服务工作站”。开展助企纾困政策宣贯专项行动，6月9日，召开市服务企业联席会议第七次扩大会议暨中小微企业复工复产推进和助企纾困政策宣贯落实专项行动动员部署会议，在全市范围内部署开展“中小微企业助企纾困政策宣贯落实专项行动”，组建市级政策宣讲员队伍，协调市级部门录制惠企政策视频40条；服务专员近6000名，累计走访联系企业超32.7万家次，推送视频超69.7万次，举办政策宣贯活动6564场。

六、保护企业合法权益，协调解决企业诉求

防范和化解中小企业账款拖欠问题，建立专项工作协调机制，开展2022年防范和化解中小企业账款拖欠问题专项行动。经协调，已实现无分歧欠款化解率100%，50万元以下无分歧欠款清偿率100%。深入开展企业“大走访”，落实“大走访”专项工作，建立市区两级大走访工作网络，聚焦企业感受，分级分类推动企业诉求办理工作。2022年，收到跨部门企业诉求数累计1612件，诉求办结率92.1%，企业满意率91.2%。

（傅 今）

长三角产业和信息化合作情况

长三角作为中国重要的先进制造业基地和智慧城市建设驱动者，是全国产业转型升级和创新发展的“主引擎”“主阵地”。江苏、浙江、安徽、上海市产业和信息化部门（产业专题合作组、信息化专题合作组）认真贯彻落实习近平总书记系列重要指示精神，紧扣“一体化”和“高质量”两个关键，聚焦“产业集群长三角”“数字长三角”，努力打造协同创新、布局优化、资源优配、融入全球的世界级产业集群，致力构建网络设施互联、数据资源共享、智能应用领先、数字经济繁荣的世界级智慧城市群。

一、主要工作推进情况

（一）共同深化完善跨区域产业协同机制和顶层设计。作为长三角产业、信息化两个专题合作组的推进部门，会同三省经信部门建立起常态化工作和议事协调机制，2021年起在工信部指导下建立“长三角制造业协同发展规划落实协调机制”，“立柱架梁”不断深化完善跨区域多层次联动机制。在协同机制下，三省一市联合制订实施《长三角三大产业协同发展实施方案》，共同签署《长三角地区智能网联汽车一体化发展战略协议》《长三角地区数字经济一体化发展战略协议》《联合开展长三角产业链补链固链强链行动》等一系列协议，不断推进产业协同和数字长三角建设。2022年，上海市经信委轮值长三角产业专题合作组，牵头举办“新时代 新引擎”上海强化高端产业引领主题展，在主要领导座谈会期间，向三省一市主要领导集中展示上海在推动长三角一体化发展产业和信息化方面的新成果、新举措、新作为。会后按照市领导要求，主题展延展至2022年底，累计接待总计约70余批次超过2000人次参观，均对主题展表示充分的肯定和高度认可。

（二）共同全力保障产业链供应链安全稳定。疫情期间在国家部委前方工作组的有力指导下，建立长三角产业链供应链部市（省）协同保障机制、跨省市协调机制、红灯供应商及通行、通关等物流解决机制，有效保障二季度区域经济稳定运行（如汽车产业链在长三角区域深度耦合，梳理上汽、特斯拉在长三角红灯供应商672家，其中江苏556家、浙江101家、安徽15家，落实重点保障）。共同制订《联合开展长三角保产业链供应链稳定行动合作协议》，有效保障长三角汽车、集成电路、医疗物资、化工等重点领域产业链供应链安全稳定。长三角区域建设投运9个生产物资中转站（上海4个、浙江2个、江苏3个），对保障区域工业企业两链稳定和复工复产发挥了关键作用。“大上海保卫战”期间，三省一市累计互相支持近7000家配套供应商复工复产和物流保障。

（三）共同持续推进产业链补链固链强链。围绕长三角区域关键产业链实施补链固链强链行动。聚焦重点产业链突破方面，围绕薄弱环节突破一批瓶颈问题，如机器人领域推动新时达牵头长三角12家上下游企业打造“全长三角造”焊接机器人（机器人本体和一二级零部件实现全长三角制造），同时围绕民用航空产业链开展深入研究，并加快研究成果转化。产业链对接方面，围绕商飞产业链召开G60科创走廊产业链合作大会，组织长三角机器人整机与零部件企业技术对接会，应对汽车电子芯片供应短缺组织长三角汽车电子产业上下游对接交流会。重点产业链联盟方面，2021年，长三角主要领导座谈会期间共同推动成立长三角集成电路、生物医药、人工智能、新能源汽车产业链联盟，开展产业链图谱梳理和上下游交流对接，探索新格局下的长三角发展新路径。

（四）共同深耕跨区域产业合作载体建设。聚焦重点毗邻区、重点园区等载体，打造一批合作示范载体。推动长三角生态绿色一体化发展示范区建设，明确示范区数字经济、创新经济、服务经济、总部经济和湖区经济等“五个经济”发展方向，编制发布《示范区产业发展指导目录》和《示范区先行启动区产业项目准入标准》，在全国首次实现跨省级行政区域统一产业发展指导目录和产业项目准入标准；打造长三角G60科创走廊3.0升级版，九城市以“产业联盟＋合作示范园区”、共同建设产业协同创新中心等模式，探索推动区域产业高质量协同发展的路径；加快沪苏大丰产业联动集聚区建设，推动园区基建和产业同步发展，制造产业园等一批园区载体陆续启用，正泰光伏新能源等一批重大产业项目签约落户。

（五）共同抓好产业协同发展生态营造。围绕创新平台，发挥国家集成电路创新中心、国家智能传感器创新中心等国家制造业创新中心功能，共建长三角“感存算一体化”超级中试中心，聚焦集成电路、智能传感器领域关键技术协同研发突破。围绕试点示范，推动长三角道路测试互认和长三角区域车联网先导区建设，联合苏州、嘉兴等建设燃料电池汽车示范应用上海城市群，完成近1000辆示范应用；建设长三角工业互联网一体化发展示范区，推进长三角数字经济一体化发展。围绕产融合作，设立长三角协同优势产业基金（总规模1000亿元）、G60科创走廊人工智能产业基金（总规模100亿元）等跨区域产业基金，助力培育以人工智能、物联网、生物技术为核心驱动力的战略性新兴产业。围绕标准互认，三省一市共同发布《药品多仓协同运营管理规范》团体标准，共同申报智能网联、燃料电池、重卡换电等9项长三角区域地方标准，建立长三角人工智能标准子平台等。围绕数字新基建，长三角区域累计建成5G基站超50万个，占全国比重约22%；工业互联网标识解析国家顶级节点（上海）服务长三角能级持续提升，上海华峰、江苏徐工、浙江迈迪、安徽长江数据等超60个二级节点上线；上海数据交易所累计挂牌数超1200个，为长三角数据要素流通提供有力支撑。

长三角地区产业和信息化合作在取得积极进展的同时，也面临一些问题。区域产业发展“统”的格局互联不够，受限行政区划的“行政区经济”，三省一市政府间“合”的意识、“协”的手段明显弱于市场主体间“联”的动力；区域核心技术“硬”的支撑互补不强，产业链中下游产业化、集成化能力强，“溯源往上”上游核心底层技术不足，关键材料国产化程度低，存在共性技术“短板”和产业链“断点”；区域政策平台“联”的功能互通不畅，产业发展仍缺少跨区域的政策协同、标准互认，跨区域服务平台链接不广、机制不活、影响不够等，不利于跨区域要素自由流动、资源有效配置。

二、下一步工作思路和有关打算

当前，科技和产业创新已成为国际战略博弈主要战场，国际产业链供应链面临重构，长三角地区尤其是上海要扛起中国参与国际竞争与合作“国家队”的重担，当好科技和产业创新的开路先锋。要重点聚焦“三个坚持”持续发力。一是坚持创新协同。始终以产业创新协同作为推动长三角产业更高质量协同发展的突破口。针对上海发展有优势、攻关有基础、战略有需求的“使命驱动型”创新领域率先攻坚突破，如集成电路领域，支持中微、上微等带动长三角相关零部件企业继续研发攻克光刻机、刻蚀机等大规模集成电路制造工艺装备等；针对三省细分产业领域特色优势、市场前景广阔、资本意愿较强的“市场驱动型”创新领域，依托龙头企业支持相关区域上下游企业共同拉长长板。二是坚持场景驱动。始终以应用场景驱动作为推动长三角产业更高质量协同发展的驱动力，发挥长三角应用场景丰富、市场主体活跃优势，积极会同三省谋划更多应用场景开放，激发产业协同发展活力。三是坚持要素联动。始终以要素联动发展作为打破制约长三角新兴产业发展的破冰器，在政策联动、标准共建、数据要素流通、产业科技金融三角互动等方面加强合作，为新兴产业高质量协同发展提供保障。

一是更深层次完善产业合作机制。在工信部指导支持下，发挥龙头作用建设引领带动长三角的高端制造业增长极。积极探索长三角跨专题合作组间的合作，谋划“产业链＋金融团”合作牵手，推动长三角产业和信息化领域形成更多跨界合作成果。在长三角制造业协同发展规划落实协调机制下，持续优化完善产业链供应链跨区域协调机制，加强关键产业链风险监测、评估和预警，共同保障重点产业链安全稳定和核心功能运转。

二是更大力度推进产业链补链固链强链。推广“全长三角造”机器人产业创新合作模式，并在区域其他重点产业链复制推广。会同三省深化新一轮长三角民用航空（沪）、物联网（苏）、数字安防（浙）、智能语音（皖）等4条产业链协同研究，共同研究产业链图谱，摸排解决一批龙头骨干企业面临的跨区域发展问题。进一步发挥重点领域产业链联盟、行业协会和重点企业作用，支持组织开展长三角重点产业链上下游对接活动，共同打造具有国际竞争力的先进制造业集群。强化世界人工智能大会、生物医药产业周等重大活动的辐射作用，提升区域产业联动能力。

三是更实举措强化产业技术创新和协同攻关。共同推进长三角国家级制造业创新中心建设，支持联合相关主体开展共性技术攻关（如支持国家传感器创新中心会同三省相关企业攻关晶圆级三维集成工艺开发），支持区域内市场主体围绕“卡脖子”和关键核心技术攻关开展协同创新（如复旦大学、国家超级计算昆山中心、上海超算中心、中科曙光等联合攻关全脑计算项目等）。

四是更广范围探索长三角应用场景开放。围绕政策联动、示范应用、资源要素、协同创新等方面积极谋划推出长三角大场景开放合作计划，如探索建立三省一市首台套装备互认机制、探索开展跨省域高速公路道路测试、深入推进燃料电池汽车示范应用、共同探索区域智能工厂建设模式等，以应用场景开放引领驱动长三角产业协同发展。

五是更高质量营造长三角产业生态。营造更优的产业生态，以适应新兴产业瞬息万变的创新需求、产业空间、业态模式。标准共建方面，推动人工智能领域人脸识别、语音语义、智能路测通信协议等跨区域标准设立，支持跨区域推进人工智能产品和服务的标准化；合作载体方面，支持长三角G60科创走廊聚焦重点领域推动区域产业链联动发展，探索建设跨区域制造业创新中心等科技和产业创新平台，持续推动区域产业高质量协同发展新路径；数据要素方面，加快建设上海数据交易所，在数据确权、数据流通标准、数据价值评估、数字信任体系等方面进行创新探索，为全国一体化的数据要素市场提供试点经验；金融支持方面，支持长三角试点建设“产业＋科技＋金融”融合发展试验区，推动产业、科技、金融三角互动和良性循环。

（张仲麟）

市区协同招商工作情况

2022年，上海市按照中共上海市委、市政府工作部署和产业稳增长、稳投资工作要求，围绕年初确定“千项万亿”招商总体目标，联合市区各单位、各部门，主动有为，比学赶超，招商工作突出争时间、拼速度、提进度，工作统筹更强、招商氛围更浓、项目推进更快、投资活力更足。

市投资促进办公室会同各区、各部门，坚持做到防疫不放松、招商不停歇、服务不打烊，坚决打赢疫情防控和招商引资两个硬仗，将招商引资各项工作落到实处。“千项万亿”招商项目稳定向好，全市亿元以上招商项目签约超过1200项，总投资1.1万亿元，其中10亿元以上项目181项，总投资5126亿元。重大工程项目投资超额完成，共推进55个市重大工程项目（产业类），总投资4356亿元，超额完成全年目标。工业投资V行回升明显。全市工业投资全力克服疫情影响，比上年增长0.6%，其中制造业同比增长2%。

一、统筹兼顾抢机遇

（一）加强全市统筹。召开2022年市投资促进工作领导小组会议，公布2021年全市招商引资考核结果，明确2022年全市招商引资工作；组织召开各区投促工作座谈会，明确各区投资促进目标任务。

（二）加强市区统筹。市区联动共同开展招商宣传推介和重点产业调研座谈活动，加强信息共享，不断完善首谈报备、市级主谈、信息共享、跨区布局、协调推进制度，在实战中完善“1+20”市区两级推介体系。

（三）加强信息统筹。持续完善“上海市产业投资项目大数据平台”功能，构筑城市级产业资源统筹及智慧管理系统；形成全市的投促部门通讯录、投促信息通讯员队伍、招商信息工作季度例会、招商引资信息报送机制，形成市里与各区、重点园区常态化沟通机制。

二、任务压实促节奏

（一）明确目标牵引方向。联合各区编制印发2022年项目投资计划，梳理10亿元以上、1亿元—10亿元拟建和在建项目，联合相关部门，编制发布两轮“两个一批”开工和竣工项目清单。

（二）明确绩效强抓落实。将“千项万亿”招商任务分解至各区和重点产业园区，制订发布2022年招商引资考核工作方案，优化考核指标，表彰年度招商优秀个人和集体，确保压实招商目标任务。

（三）明确结果争先创优。深化全市重大项目月报和排名机制，编制《全市重大招商引资项目月报》，通报各区同比增幅和完成进度，推动各区形成比学赶超新氛围。

三、“抢”字为首引项目

举办2022上海全球投资促进大会暨“潮涌浦江”投资上海全球分享季启动活动，总投资5658亿元的322个重大产业项目集中签约。持续加大集成电路、生物医药、新能源等重点领域招商力度，一批重大产业项目签约。复制中芯临港“芯”速度，推广容缺后补、“拿地即开工”等方式，推动百亿级项目开工。重点推进90个10亿元以上在建项目加快投资进度，加快腾讯、上药等项目竣工。

四、生产防疫强支撑

（一）完善工业投资联络人制度，定期召开专题会议，与重大产业项目一对一座谈，密切关注一批10亿元以上在建项目投资，及时了解项目投资动态，防止投资出现重大起伏。加快克服疫情影响。

（二）制订发布复工复产白名单，联合项目单位成立攻坚小组，确保各项目项目按期复工复产；协调保障车、物、人需求，在原有通行证类别中新增重大工程类通行证，合计协调办理 258 张跨省和市内通行证，保障设备、钢筋、混凝土等工程物资运输。

（三）及时消除风险隐患，聚焦项目深基坑风险隐患等问题，及时做好加固工程；联合临港制订完成惰性气体运输充填方案，保障重要设备的保护诉求。

五、资源要素强保障

深入推进资源要素统筹支持，强化对市级重大产业项目资金需求、用工需求、人才需求的统筹协调。

（一）资金方面，抢抓政策性开发性金融工具支持重大项目建设机遇，为本市重大产业项目积极争取更多支持。抢抓部分领域设备购置与更新改造贷款财政贴息政策，先后两轮发动各区、集团、银行积极推荐申报。

（二）用工方面，在落实疫情防控要求前提下，推动项目单位依托总包单位、劳务中介机构，在全国范围内统筹调配施工人员。指导项目单位用好用足增值税留抵退税、延续执行阶段性降低失业和工伤保险费率、对从业人员职业培训补贴等政策。

（三）人才方面，市区联动梳理推荐符合“3+6”重点产业体系、重点招商企业，列入人才引进重点机构。围绕近 2 年引进的重大产业项目，对符合“产业领军人才”“产业青年英才”人选进行梳理推荐。

六、深挖数据平台效能，实现精准招商

依托大数据招商应用平台和系统，梳理主导产业的产业链上下游关联，精准挖掘匹配高质量招商线索，对重大招商项目进行智能化全流程关联，赋能全市招商主体实现精准招商，形成“重点产业链图谱、目标企业画像、目标企业招商图谱”。

七、健全重大项目专班推进机制

（一）健全推进机制。对特大项目，市级建立重大产业项目工作专班，“一对一”加快推进。对重大产业项目，利用市重大工程协调推进机制协调推进，明确服务专员。市级层面负责解决难点问题和统筹要素保障，涉及国家事权的事项主动对接国家部委；区级层面负责协调跟踪项目进展，及时回应企业诉求。

（二）建强招商队伍。开展“浦江之光”“投资上海系列能力提升”等品牌培训活动，做优做强招商大培训、大练兵。打造招商大比武特色“金名片”，在实战中全面提升投促人员综合能力。

八、聚焦问题贴身式服务企业

用好市重大工程协调机制、“四个一批”机制，完善要素保障、优化审批，统筹协调重特大项目在土地指标、能耗指标、环评等方面的市级统筹工作。

（一）减少疫情对项目影响。实地走访调研重大产业项目，排摸疫情后重大产业项目推进情况。召开项目用电专题协调会，项目需求都已解决或明确后续方案。

（二）协调已拿地未开工项目。对 2020 年以来已拿地未开工项目进行全面梳理排摸，联合相关部门、各区组成工作推进专班，协调项目开工前遇到的问题瓶颈，分类施策，每双周召开工作会议，跟踪推进项目建设。

（杨　政）

工业品牌建设情况

2022 年，上海市坚持以高质量发展为主题，聚焦关键核心技术、重点产品、产业基础，深入实施制造业增品种、提品质、创品牌行动，加快上海品牌之都建设。

一、强化品牌意识，着力打造竞争力强、美誉度高的“上海牌”

（一）重视品牌培育和建设工作

实施好新一轮三年行动计划，积极开展“上海制造佳品汇”“上海品牌 100+”“上海信息消费节”等品牌推广活动，保护发展国民经典品牌跨界创新振兴，提升行业优势品牌影响力和新锐网红品牌高端化竞争力，持续强化品牌塑造及品牌价值提升对上海经济发展的贡献和带动作用。2022 年，9 家上海纺织服装企业入选工信部重点培育纺织服装百家品牌名单。广泛动员、有序推进“上海品牌 100+（时尚消费品）”遴选。

（二）加强品牌建设专题培训

鼓励企业多角度制定实施品牌提升战略，引导企业牢固树立“品牌是企业灵魂”的理念，增强企业品牌意识，促进优质品牌向高端化逐步迈进，增强品牌公信度、知名度、美誉度，构建符合全球产业趋势、占据价值链高端的“上海牌”强梯队。共举办各类培育辅导活动 20 余次，其中宣贯培训活动 6 次、专项活动 3 次、答疑指导 3 次、通过在线沟通／集中接待来访 10 余次等，（线上线下）累计参与企业近 500 余家（次）、参加人员千余人（次）。

（三）推动品牌管理国家标准和行业标准宣贯

加强品牌培育管理体系试点建设工作，不断增强企业品牌培育创建能力，以标准提档、品牌增效为着力点，推动涌现更多更高质量的品牌引领示范企业、品牌培育示范企业、“专精特新”小巨人和制造业单项冠军，让卓越产品、卓著品牌成为“上海制造”的标签。新增认定37家市级培育（引领）示范企业。共有240家企业注册申请品牌培育试点，195家企业完成正式试点备案、导入品牌培养管理体系，同比增长11.4%，试点备案率达81.2%；品牌培育管理体系有效运行申请112份（其中制造业77份），比上年上升40%，总体上覆盖“上海制造、上海服务、上海购物、上海文化”等四大品牌领域。

二、深化“三品”专项，持续提升“上海制造”卓著品牌形象

贯彻落实《数字化助力消费品工业“三品”行动方案》《2022“三品”全国行活动方案》，加快品牌高端化提升，提升产品供给质量与品质，以品牌升级促进产品创新提质和产业转型升级，全力推动时尚消费品产业提质增效。

（一）不断增强消费品产业核心竞争力

出台《上海市时尚消费品产业高质量发展行动计划（2022—2025年）》，明确施工图、时间表，抓好任务分解，抓实方案落地，持续增强消费品产业韧性。

上海是中国轻工业知名品牌的摇篮。从产业现状来看，上海消费品产业结构在优化升级，消费品日益凸现科技含量，产业呈现科技化、人文化、数字化、场景化等发展趋势。2022年，上海消费品产业（轻纺）现价产值6385.66亿元，占全市规模以上企业工业总产值的15.8%；时尚消费品制造业工业总产值2679.84亿元。创新生态在持续完善，从“衣食住行”到“娱乐生活休闲”，明确提出聚焦“时尚八品”，重点实施“三大专项，十个行动”，遴选工业领域农产品深加工典型和食品工业“三品”专项行动典型成果，将消费品产业作为满足消费新需求、塑造时尚新名片、激发产业新活力的重要发力点，推进消费品产业强链补链固链，促进消费品创新生态紧密集成，激发消费品产业发展新动能。

（二）推动消费品产业多维融合发展

1．聚焦设计策源

成功举办2022年首届世界设计之都大会，深入开展“上海设计100+”征集，专注设计引领和集成创新，以数字化研发设计促进产品迭代更新，培育出了晨光文具、润米科技、马克华菲等一批具有设计引领示范的优秀企业代表，POP时尚创意综合服务平台获工信部首批国家级纺织服装创意设计示范平台。

2．聚焦数字化赋能

作为首批国家综合性信息消费示范城市，在服装家纺、化妆品、食品等行业，发展个性化定制和柔性生产，推动供需高效对接和精准交付，以数字化改造推动企业提质增效，着力“四化升级”（设计数字化、生产柔性化、供应链协同化、服务精准化），全方位赋能强链。

3．聚焦产融联动

深化产业链金融模式，设立时尚产业消费产业基金，向招商引资前沿、科技创新链前端延伸，通过“产业集群＋基金”精准赋能，打通金融流向创新的通道，利用资本市场导向，对技术的研发方向、路线选择和产业化进行优选配置。

（三）大力发展“互联网＋消费品”

自2022年起，将“上海制造佳品汇”活动纳入2022“三品”全国行，以“制造XIN声”为主题，打造推动上海时尚消费品产业高质量发展的重要IP和创新展示载体。期间，虚拟潮流数字推荐官发布12家上海知名消费品品牌新品，设计之都元宇宙推出“时尚八品”数字消费新场景，线上线下合作平台累计销售“上海制造”品牌超千亿元。

三、集聚资源要素，全力推进品牌经济发展

贯彻落实《上海市先进制造业“十四五”规划》《全力打响“上海制造”品牌　加快迈向全球卓越制造基地三年行动计划（2021—2023年）》，凝聚各方合力，擦亮“上海制造”名片，赋予“上海制造”品牌新的内涵，不断提升上海城市品牌的知名度和美誉度。

（一）强化多元空间布局

聚焦特色园区，提升发展能级，推动园区向特色化、专业化发展，加快引进重大产业项目，促进产业集群集聚发展，打造产业生态圈。优化消费品产业空间布局，放大产业集聚效应，持续创建体现消费品产业特点、特色的时尚消费品产业园区。推动青浦区获评工信部2022年消费品工业“三品”战略示范城市，推出东方美谷·美妆特色产业园区、新食尚都市产业园和江南智造国际设计港等3个时尚消费品特色产业园区。

（二）增强品牌国际影响力

积极开展各类重大会展活动，借助工博会等平台，依托“55购物节”“信息消费节”、上海制造佳品汇等大型活动，聚焦国潮出海，推动一批上海时尚消费品品牌走向国际，加大海外推广和海外布局力度，集体打造展示“上海制造”品牌的新名片。2022年，组织16家优质上海品牌代表参展“上海制造佳品汇巴黎展”，促进国际交流、传播海派文化、塑造上海形象，进一步提升品牌国际影响力。

（三）提升创新创意供给水平

推进文创园区特色化、智能化迭代升级，促进时尚消费品产业与文创园区融通发展。开展市级文创园区、文创楼宇和文创空间新一轮评审工作，为品牌企业做好园区服务工作，跨界赋能推动品牌经济工作，支持品牌企业发展，“一轴、一带、两河、多圈”产业布局进一步优化，不断深化文创园区功能建设和内涵提升，加强文创产业载体功能管理水平提升。

（郑一飞）

企业社会责任报告发布情况

2022年，上海市高度重视、积极推动企业社会责任工作。广大企业在努力实现高质量发展的过程中，自觉担当，积极履责，取得新的成绩。

一、基本情况

（一）发布企业数量

2022年，共有548家企业参与年度报告发布活动，比2021年的508家增加40家，创历史新高。其中连续5年及以上发布报告的企业183家，占发布企业总量的33.4%。上海核工程研究设计院有限公司、上海强生出租汽车有限公司等20家单位已连续11年在上海市企业社会责任发布平台上发布报告。

（二）发布企业性质

从单位性质来看，2022年社会责任报告发布单位覆盖事业单位、国有企业（中央和地方）、民营企业、外资独资企业、合资企业、社会组织等多种性质，其中事业单位占3%，中央企业（含分、子公司）占14%，地方国有及国有控股企业占36%，民营企业占34%，外资独资企业占5%，合资企业占6%，社会组织占2%。

（三）发布企业规模

从单位规模来看，300人及以上规模的单位占60%，100人-299人规模的单位占22%，100人以下规模的单位占18%。

（四）发布企业行业

从发布单位的行业属性来看，制造业企业占28%，覆盖装备制造、能源生产、汽车制造、医药制造、食品生产等领域；服务业企业占51%，覆盖金融、民生、社会管理、信息技术、设计研究、交通运输、商业商务等领域；建筑业企业占21%。值得一提的是，首次吸收来自人工智能、互联网科技领域的企业参与报告发布。

（五）发布企业区域

伴随着长三角一体化战略的深入推进，上海企业社会责任报告发布平台的辐射面进一步扩大。2022年既有上海本土企业参与报告发布，也有常州四药制药有限公司、无锡国富通企业征信有限公司、杭州汉德质量认证服务有限公司等近10家长三角地区企业在平台上发布报告。

二、绩效分析

通过在线问卷调查，从环境（environmental）、社会（social）、公司治理（governance）三个ESG维度对2021年度报告发布单位履责绩效进行统计分析，主要结果如下：

（一）环境方面

有统计数据的报告发布单位2021年温室气体排放总量、废水排放总量、固体废弃物排放总量三项指标分别比上年度提升2.69%、7.37%和10.81%，该组数据上升可能源于2021年企业已经逐步适应和克服疫情不利影响，加大恢复经济生产。对企业生产能耗指标分析发现，有统计数据的报告发布单位其2021年度单位生产总值能耗平均值为0.109吨标准煤/万元，比年度下降3.80%，且大幅低于2021年上海市单位生产总值能耗（0.278吨标准煤/万元），说明在上海市企业社会责任报告发布会平台发布报告的企业，普遍深入贯彻绿色发展新理念，在推进节能方面取得良好成效。

（二）社会方面

1．员工责任

有统计数据的报告发布单位2021年员工流失率平均值基本和上年度保持相同水平，员工人均培训时长平均值为39.88小时，比上年度提升4.03%，在重大人身伤亡事故总人数方面则下降7.69%，总体呈现较好的绩效水平，反映出报告发布单位越来越重视构建和谐有爱的劳动关系，尤其关注员工的发展成长。

2．合作伙伴责任

有统计数据的报告发布单位2021年对供应商、经销商进行社会责任指导或培训的总次数为2523次，比上年度增长19.40%，说明报告发布单位在自身履行社会责任的同时，也向合作伙伴施加正面影响，推动建立以社会责任为共同价值观的良性合作关系。

3．顾客责任

有统计数据的报告发布单位2021年顾客满意率平均值为94.89%，比上年度增长0.55%，关于产品及服务的投诉总量则同比下降17.68%，这两项结果反映出报告发布单位普遍重视顾客关系管理，将以顾客满意为导向的理念融入社会责任实践中并取得良好绩效。

4．社会贡献

有统计数据的报告发布单位2021年在社会贡献方面履责表现较为突出，其中2021年新增就业岗位总数达46328个，同比增长86.45%；慈善捐赠、公益事业投入总金额超过310亿元，同比上升94.99%；员工志愿服务总人次为104654人次，同比提升25.99%。以上三组数据的对比反映出，报告发布单位不断强化社会公民的责任意识，将自身发展与推动社会发展紧密结合，通过持续回馈社会塑造良好的社会公民形象。

三、公司治理方面

（一）经济发展责任

有统计数据的报告发布单位2021年主营业务收入超过20831亿元，比上年增长13.79%，研发投入则超过434亿元，同比上升22.55%。说明报告发布单位越来越重视创新研发投入，以创新为驱动，取得良好的企业发展绩效，在追求高质量发展的道路上阔步前行。

（二）诚信治理责任

有统计数据的报告发布单位2021年纳税总额超过574亿元，比上年度增长5.89%。有86.67%的报告发布单位纳税信用等级被评为A级，同比上升0.91%。报告发布单位组织员工参与反腐败、反贿赂、反不正当竞争培训的总人次达169433人次，比上年度提升10.65%。以上3组统计数据说明报告发布单位诚信意识不断增强，公司规范治理水平持续提升。

四、特色亮点

（一）深入实施创新驱动发展战略

随着上海市企业社会责任建设工作的深入推进，越来越多的企事业单位、社会组织把创新驱动发展摆在核心战略位置，把科技创新推动高质量发展视作履行社会责任的首要议题，深入实施创新驱动发展战略，在促进自身发展、推动产业发展、助力国家经济社会发展方面取得良好的社会责任绩效。上海电气集团股份有限公司以“科技是第一推动力、人才是第一资源”为指导思想，成立中央研究院，共承担国家级、上海市重点科技项目72项，累计拥有有效专利359件，孵化成立5家创业公司，投资多家前瞻性企业，成为上海电气科技创新体系的主体。上海商汤智能科技有限公司打造AI大装置，实现人工智能的价值闭环。以城市治理为例，商汤公司将人工智能技术应用到城市治理的发现和核查环节，构建多场景、一站式AI城市治理解决方案，有效解决暴露垃圾识别、共享单车乱堆放等城市痛点问题，实现城市管理案件从发现到结案的人工智能闭环管理，极大提升城市管理效能。

（二）广泛践行社会主义核心价值观

纵观本年度企业提交的社会责任报告，广大单位尤其是国有企业、事业单位以党建工作为引领，广泛深入开展社会主义核心价值观宣传教育，深化爱国主义、集体主义、社会主义教育，为企业社会责任管理工作赋予红色底色，向中国共产党百年华诞交出一份满意的答卷。上海国际港务（集团）股份有限公司紧紧围绕党史学习教育和“庆祝建党百年，立足岗位奉献”党建主题活动，团结和带领全体党员、干部职工把爱党爱国爱社会主义热情转化为实际行动。上港集团建设开发“上港党建网”“上港党建App”，被誉为“指尖上的党建”，成为集团广大党员职工群众教育学习、互动交流的重要方式和平台。2021年，上港集团党建网主站共发布信息5475篇，同比增加1.6%；截至年底，累计发布各类信息7.6万篇，实名评论超过212万条。国网英大股份有限公司以高质量党建引领高质量发展，公司党委制订党史学习教育实施方案，围绕3大类、21项任务，制订月度重点任务表、专项工作方案，扎实开展党史教育学习。2021年，国网英大公司举办4期专题读书班，完成7本规定书籍通读通学，党委书记讲授2次专题党课，设置200多门精品课程，班子成员通过组织生活会检视问题共计40条，并制订相应整改措施。

（三）加快推动绿色转型发展

中共十八大以来，习近平总书记在多个重要场合讲话强调：“绿水青山就是金山银山”“保护生态环境就是保护生产力，改善生态环境就是发展生产力”。从提交的企业社会责任报告发现，大部分单位均把环境保护、节能减排工作视作实现高质量发展的重要抓手，在社会责任履责实践中不断深化绿色发展理念，服务国家“碳达峰、碳中和”战略目标实现。申能（集团）有限公司坚持走绿色、低碳、可持续发展之路，积极拓展新能源发电项目，电力结构化成效斐然。截至2021年末，申能集团风电、光伏控股项目逾50个，业务遍布沪、浙、苏、青、蒙、新等16个省市；新能源装机累计超过344.88万千瓦，占总装机24.8%，比上年末提高7.7%。国泰君安证券股份有限公司深耕绿色低碳产业，提供全周期、全链条的绿色融资服务。2021年，国泰君安公司参与绿色（含碳中和）、双创、小微、乡村振兴、防疫等主题债券投资共13.8亿元，同比增长51%；承销绿色债券53只，发行规模合计550余亿元（不含地方政府债），其中碳中和债22只，发行规模合计160余亿元。

（四）全力服务国家对外开放大局

面对世界百年未有之大变局加速演进，外部环境动荡不安给中国经济带来风险和影响日益增大的局面，要求建设更高水平开放型经济体制，实施更大范围、更宽领域、更深层次的对外开放。在此背景下，越来越多企业选择深耕海外市场，推动中国产品、服务、工程走出国门，走向国际舞台，以高水平开放促进企业自身的高质量发展，同时也服务于国家对外开放大局。光明食品（集团）有限公司紧紧跟随国家“一带一路”的倡议导向，深刻把握进博会“五大开放举措”的历史机遇，坚持跨国合作，推动优质食品资源回国。已在新加坡、新西兰、以色列、澳大利亚、法国、意大利、西班牙、加拿大、巴西、阿根廷等国家和地区开展业务，范围涵盖光明食品核心业务，包括橄榄油、乳制品、牛羊肉、海洋食品、品牌渠道、集成业务等。上海建工集团股份有限公司将自身发展同国家战略相对接，积极融入全球化发展新格局中。2021年，建工集团克服全球疫情险阻，成为澳洲港建项目中唯一按时履约交付的全球性供应商，获得来自澳洲客户的感谢。2021 年，津巴布韦总统在视察“一带一路”重点项目——津巴布韦议会大厦工地时，对建工集团“零事故”安全施工以及建设速度给予高度赞赏。

（五）着力增进民生福祉

从本届发布的社会责任报告发现，大部分单位将服务民生列为社会责任的重要议题，在增进民生福祉、提高人民生活品质方面作出新的作为，取得新的成效。上海城投（集团）有限公司当好城市建设和运营管理的主力军，保障人民高品质生活，已完成全市自来水厂深度处理率 60% 的目标，改造后的出厂水质达到直饮水标准。此外，公司在推进处理工艺上持续发力，在徐泾水厂率先启用二氧化碳净水新工艺，使水中铝浓度降至 0.05 毫克／升以下，达到国际先进水平，实现供水行业在二氧化碳工艺运用上的突破。上海市第一社会福利院作为一家市属公办养老机构，坚持“专业养老、人文养老、安全养老、科技养老”的工作方针，围绕“孝文化、家文化”打造有温度的养老机构。2021 年疫情期间，市一福院利用微信、QQ 视频等新媒介手段，定期帮助长者与家人“云团圆”“云聚会”，进一步缓解长者对子女的思念。还通过网络、家属微信群，第一时间反馈长者生活情况，发布长者生活动态，解除家属后顾之忧。

（六）积极投身社会公益事业

2021 年，广大企业经营发展受到新冠肺炎疫情的冲击与影响，但企业发布的年度社会责任报告表明，大部分单位克服经营困难，深入实践社会责任理念，在精准扶贫、促进就业、救助弱势群体、支援灾区等方面积极作为，展现良好社会公民的担当。中国移动通信集团上海有限公司坚持以党建引领，助力脱贫地区巩固脱贫攻坚成果。公司规范搭建销售渠道，持续推动消费帮扶，加大动员员工消费购买力度。同时，积极做好帮扶产品的平台对接工作，依托本地“上海移动和你”App 与集团积分商城平台，营造“全民参与”的帮扶氛围。2021 年，中国移动上海公司直接购买帮扶地区农产品 200.66 万元，帮助销售农场品 111.04 万元，向对口帮扶地区（阿克陶县）引入资金 65 万元，全面、提前、超额完成帮扶目标。上海清美绿色食品（集团）有限公司贯彻落实国家和地方关于稳岗扩就业重要部署，积极提供丰富就业机会，不断拓宽人才就业渠道。2021 年，清美公司解决上海本地就业 230 多人。此外，公司在南汇地区已建立 2000 亩蔬菜种植示范基地，引导周边 1000 多位农民开展科学规范种植，带动南汇周边蔬菜种植近 5000 亩，践行了国家级农业龙头的担当。

（曹　恺　沈桑杰）

政策法规建设情况

2022 年，为适应产业经济信息化新发展、新趋势，上海市经信领域推动良法善治，制定和落实一系列地方性法规、政府规章、规范性文件等，推动产业健康平稳发展。

一、经信领域创新立法工作

（一）地方性法规

1．制定《上海市促进人工智能产业发展条例》。重点在明确人工智能产业范围、优化要素资源配置、加大政策支持力度、推动场景应用赋能、构建体系化治理框架等方面做出了规定。条例立足于促进法的基本定位，充分发挥有效市场和有为政府的作用，尤其注重创新性和引领性，在开展算法模型登记与资产评估、推动无人车等示范应用与先行测试、鼓励探索电子人格等人工智能前沿问题上探索突破当前法律法规，为解决未来产业发展将面临的热点难点谋篇布局。并在将人工智能专利纳入快速审查与确权服务范围、推动无人机低空空域测试试点等涉及国家事权的事项上做出规定，为技术和产业创新提供宽松环境。

2．制定《上海市浦东新区促进无驾驶人智能网联汽车创新应用规定》。适用于在浦东新区行政区域内划定的路段、区域开展无驾驶人智能网联汽车道路测试、示范应用、示范运营、商业化运营等创新应用活动以及相关监督管理工作。该条例充分发挥浦东新区作为引领区的立法优势，在无驾驶人智能网联汽车自动驾驶、示范运营与商业运营、责任认定与承担等方面做出了变通处理，是全国首部专门为无驾驶人智能网联汽车创新应用作出保障的法规，引起了产业界的广泛关注。

3．重点推进《上海市促进城市数字化转型条例》。围绕城市数字化转型“整体性转变、全方位赋能、革命性重塑”的内涵要求，在数字城市、创新引领、转型机制、国际竞争等方面寻求突破口和创新点。建立数字城市规划体系，健全城市数字底座，并对数字技术创新生态、经济生活与治理的数字化转型、数字安全与监管、促进与保障机制等做出规定。

（二）政府规章

制定《上海市信息基础设施管理办法》，于 2023 年 1 月 9 日出台。从制度层面进一步完善信息基础设施发展和管理，统筹资源集约利用，推进设施保护与安全。该办法围绕信息基础设施的规划、建设、维护、监督执法等环节作出规定，明确信息基础设施要统一规划、集约建设、资源共享；明确维护责任、告知责任和拆除的相关程序；建立安全保护、执法监督和应急处置等相应管理制度。

（三）规范性文件

开展《上海市公共数据开放实施细则》《上海市重点产业领域人才专项奖励实施办法》等18件规范性文件的合法性审核，制定发布规范性文件13件。修订形成《经济和信息化领域规范性文件工作手册》。

二、法律事务保障工作

（一）开展公平竞争审查工作。实施市经信委公平竞争审查工作要点指引，防止出台排除、限制竞争的政策措施，以公平的制度环境保障市场机制充分发挥作用。

（二）日常法律事务审查。审查规范性文件、合同、框架协议、公平竞争审查等文件；积极发挥法律顾问在重要文件审核，行政决策咨询、疑难案件审理、文件合规性审核等方面的作用。

三、普法工作

（一）将习近平法治思想相关内容纳入党委中心组专题学习，加强对习近平法治思想、党内法规和国家法律法规学习宣传贯彻，并邀请专家学者对系统领导干部作专题辅导报告。

（二）落实普法责任制。制订完善普法责任清单，结合日常执法检查以及中共二十大、高考等重大保障任务，积极开展无线电管理、安全用电普法宣传活动，提升行业企业、社会公众的知法守法意识。

（三）举办第六届上海市企业法务技能大赛，采用“云上故事会”的方式，讲述“抗击疫情风险，企业法治同保障”的故事。

四、“放管服”改革相关工作

（一）按照国家和上海市有关要求，根据权责清单动态更新调整一网通办政务服务事项内容，围绕“减时间、减材料、减环节、减跑动次数”进一步优化审批流程，提高全程网办率。

（二）做好涉企经营事项的证照分离改革工作，推动高频事项从“能办”向“好办”转变，落实“两个免于提交”“好办”“快办”“一件事”等工作，通过放管服改革，进一步方便企业群众办事，打造一流营商环境。

（三）加强审批服务效能监管。大部分行政审批做到现场勘验、技术审查、专家评审、听证等程序的限时办结机制。

（刘晶明）

2023 · 上海工业年鉴

SHANGHAI INDUSTRIAL YEARBOOK

区工业

浦东新区工业

【概况】

2022年，在中共上海市委、市政府坚强领导下，浦东新区坚定不移推进工业稳增长工作，顽强抵御住疫情和宏观经济下行的冲击，工业经济呈现强劲韧性，成为全市工业的压舱石和稳定器。全年完成工业总产值13390.24亿元，占全市工业总产值的33.1%，比上年增长4.0%，高于全市5.1个百分点；完成工业投资723.28亿元，占全市工业投资的42%，增长12.3%，高于全市11.6个百分点。

【2022年发展情况】

一、重点产业实现均衡优质发展

汽车制造快速成长，完成工业总产值4064.28亿元，同比增长12.1%，占全市比重达50.3%。其中，整车制造产值占比达75.1%，拉动汽车制造业增长11.8个百分点；新能源汽车实现产值1987.41亿元，增长36.9%，远高于汽车制造业总体水平，特斯拉本土化率超过95%，成为特斯拉全球主要汽车出口中心。电子信息稳步提升，完成产值2736.68亿元，增长6.0%。12英寸大硅片打破跨国公司垄断；首台90纳米ArF光刻机完成研制，5纳米刻蚀设备已应用于全球先进的集成电路生产线，清洗设备批量应用。芯片制造领域，中芯国际等效8英寸产能增长预计13万－15万片。启动中芯南方、中芯东方、华力二期、积塔特色工艺等一批重大项目建设，为产业发展添加新动能。生物医药持续创新突破，完成产值654.88亿元。创新成果保持领先，有2个一类新药获批上市（华领医药多格列艾汀片、璎黎药业林普利塞片），占全市的50%，2个创新医疗器械注册上市（微创心脉直管型胸主动脉覆膜支架系统、微创机器人腹腔内窥镜手术系统），占全市的50%。重大项目顺利推进，齐鲁制药、东方基因等项目落地，100余家生物医药企业招引落地。成套设备发展稳定，完成产值1447.21亿元，增长5.6%。船舶海工、工控设备、智能制造等领域重大项目不断推进。首制船已完成总体进度超过八成，进入下水试航前最后冲刺阶段，预计2023年完工交付。第二艘邮轮开工建造，浦东正式进入“双轮建造”时代。航空航天稳步推进，完成产值106.03亿元，下降5.5%。受全球疫情持续反复影响，浦东新区航空航天产业未实现预期增长，但ARJ21和C919等重点机型取得突破性进展。其中，ARJ21批量化交付超百架，并首次走出国门。C919飞机完成取证试飞，交付首家用户东方航空。

二、产业布局持续提质增效

特色产业园区功能提升，金谷智能终端产业基地、张江（元宇宙）数链基地、宣桥新食尚都市产业园入围上海市第三批市级特色产业园，新区创建16家市级（占全市1/4以上）特色产业园区，涵盖各类重点优势及新兴产业。发布12家区级特色产业园区，做好市级园区的储备和培养。存量土地提质增效，完善浦东推进存量提质增效管理措施，推进天正、美邦等企业提质增效案例实施，推进存量提质增效措施得到实质性落地，在点上实现突破、在面上得到推广，从而带动项目落户浦东。投促二中心迈入实体化运作，投促二中心正式挂牌并以工作小组全速运转，统筹全区科技创新、研发制造、科技服务、信息服务等重点产业的投资促进工作。直接洽谈项目32个、入库重点项目50个，以最快速度反映项目动态和需求，确保产业招商项目加快签约落地、开工建设、投产达产。

【2023年发展趋势】

2023年，浦东规模以上工业总产值目标1.37万亿元，工业投资争取实现7%增长。

一、持续推进工业稳增长工作

抓好目标落实。召开年度产业稳增长工作部署会，对各管理局和镇的目标任务分解到季度，以月保季、以季保年，根据目标任务和形势变化适当调整目标。每月向各管理局和镇反馈目标完成进度，对照进度及时形成推进措施。抓好企业服务。对存量企业，尤其是各产业重点链主企业，特别是特斯拉、昌硕、振华等百亿以上体量的龙头企业，协调保障好企业用工、用能、用料，稳定生产，争取做大增量。对目前预测下降的企业逐一核实下降原因，协调保障企业需求，尽可能缩小减量。强化运行分析，强化月度科学分析与研判，与片区、街镇强化联络，确保区域规上工业总产值保持平稳，部分区域实现增长，保障全年目标任务平稳落实。

二、持续推进高端产业发展

集成电路：加速张江、临港双核驱动，加快产业园区建设。坚持创新突破，打好关键核心技术攻坚战，做强做大细分领域，在EDA工具供给、核心芯片设计、先进制造工艺、关键设备研发等领域攻克一批“卡脖子”技术。生物医药：促进法治保障发挥更大优势，推动《上海市浦东新区促进张江生物医药产业高地建设规定》更多核心条款落实。推进产医融合，依托浦东新区医疗卫生资源，强化临床研究能力建设，搭建医学科技创新公共服务平台，落实新区创新上市药械产品示范应用，拓展药械入院渠道。人工智能：瞄准前沿领域和产业规模商业化，强化细分赛道研究规划。探索应用场景开放机制，打响浦东品牌。发挥好大型活动平台磁吸作用，完善产业生态。利用好服务型制造示范遴选平台，进一步推进浦东先进制造业与现代服务业深度融合发展。高端装备：汽车领域加大战略投入与系统布局，在无人驾驶智能网联汽车道路示范应用、智能网联汽车标准制定、高快速路测试示范、产业链供应链布局等方面彼此呼应、协同联动。航空航天和船舶海工领域，服务好国家战略，做强产业链配套健全，提高配件自主创新本土化率，联动临港在高端动力装备上合作共赢。

三、持续优化产业资源布局

抓好特色产业园区建设，聚焦特定产业方向、特强园区主体、特优产业生态，强化对特色产业园区考核管理。深入推进企镇合作，引进一批龙头企业，培育一批“专精特新”企业，推动“10+2”个镇产业园区转型升级。存量用地提质增效，以管理措施为核心，以产业监管协议为重点，形成“1+X”政策体系。开展实地踏勘，强化对空间资源利用情况的掌握，支持项目与资源深入对接。完善产业招商制度，发挥好投促二中心的战斗力量，围绕产业发展前沿和产业链薄弱环节，坚持“走出去、引进来”，形成产业高质量发展的强劲增长极。提升投资促进效率，聚焦重点项目和重点片区，做好招商接洽、项目落地、准入审批、开工建设和竣工投产等，确保续建项目按计划完成年度投资安排，确保新落地项目加快开工建设。

（葛　青）

徐汇区工业

【概况】

2022年，徐汇区面对国内外复杂严峻经济环境和疫情冲击等超预期因素的多重挑战，着力落实稳增长各项政策举措，工业经济克服诸多影响，实现持续稳定恢复，展现出较强的增长韧性和发展动能，“压舱石”作用进一步凸显。全年实现规模以上工业总产值786.05亿元，比上年增长0.8%。规模以上工业产销率100.33%，与上年持平。实现规模以上工业利润68.98亿元，同比增长20.1%。完成工业税收35.95亿元，同比增长3.2%。

【2022年发展情况】

一、工业生产稳步恢复，重点企业贡献突出

以老凤祥为代表的金饰品制造业努力克服疫情影响，坚持市场开拓力度，持续推进渠道下沉、做精做细市场，在疫情反复背景下实现引领行业的逆势扩张，产值比上年增长12.6%；复宏汉霖和捷诺生物不断推进技术创新和产品研发，持续拓展国内市场，带动生物医药制造业产值增长56.6%。

二、漕河泾开发区聚焦创新，持续升级

漕河泾开发区克服疫情影响，积极推进园区经济恢复和重振工作，开发区工业企业全年完成产值239.40亿元，占全区工业总产值的30.5%。开发区贯彻上海构建“3+6”新型产业体系要求，抢抓数字经济机遇期，提前布局智能终端、元宇宙等产业新赛道，发挥平台整体资源优势，精准招引高端、支柱产业龙头企业，全年共引进企业130余家，代表性项目包括长鑫科技（存储芯片）、吉泰生物（生物医药）、上海能源科技（清洁能源）、蔚来汽车（电动汽车）、近观科技（生物基材料）、珀莱雅（时尚美妆）、沐瞳科技、鹰角网络（游戏文娱）等。2022年，在商务部公布的国家级经开区综合发展水平考核评价中，漕河泾开发区位列全国第14位，相较2021年第15名提升1位。

三、企业自主创新意识增强，能力提升

持续完善区域内企业技术创新体系，进一步引导企业将设计作为创新发展驱动力，发挥设计对产业的引领带动作用。马克华菲（上海）商业有限公司、上海富瀚微电子股份有限公司、上海美术设计有限公司、艾麦欧（上海）建筑设计咨询有限公司等4家单位被认定为2022年度市级设计创新中心，上海核工程研究设计院股份有限公司被认定为2022年度市级设计引领示范企业。持续加强企业技术中心队伍建设，增强企业创新动力和活力。上海米哈游天命科技有限公司、上海捷诺生物科技有限公司、上海交大海洋水下工程科学研究院有限公司、星环信息科技（上海）股份有限公司、益盟股份有限公司、畅索软件科技（上海）有限公司等6家企业通过市级企业技术中心认定，中电金信软件（上海）有限公司、斑马网络技术有限公司、上海电力建设有限责任公司、上海广电通信技术有限公司、上海天天基金销售有限公司、上海维塔士电脑软件有限公司、上海硕恩网络科技股份有限公司、上海阿法迪智能数字科技股份有限公司、上海金桥信息科技有限公司、上海润和信息技术服务有限公司、上海旷通科技有限公司、上海文思海辉软件技术有限公司、上海焜耀网络科技有限公司、上海点晴信息科技有限公司、上海新高姿化妆品有限公司等15家企业通过区级企业技术中心认定。

四、有序开展各项工业节能重点工作

落实徐汇区14家工业企业双控目标责任书签约。落实汇银广场等5幢建筑，捷普科技、先进半导体等6家工业和通讯业单位开展深度能源审计工作。鼓励企业技术改造，3M新桥工厂CX2新RTO节能改造项目列入2021年市级节能技改项目。

【2023年发展趋势】

2023年，徐汇区将继续贯彻国家和上海市关于发展先进制造业的工作部署和要求，积极推动先进制造业与现代服务业融合发展，全面落实智能制造行动计划。力争全年实现规模以上工业总产值720亿元。

一、稳存量拓增量，力促工业经济稳增长

发挥现有优势企业的支撑带动作用，在产能释放、市场布局等方面精准发力，鼓励企业通过技术改造、智能化、信息化转型升级等方式优化存量，推动企业提质增效，实现内涵式发展；聚焦高成长性企业，引导企业整合资源，推动产业链融合发展，探索新业态、新模式、新市场，挖潜蓄能培育新增长点。落实工业企业疫情防控抽检工作，加强重点企业的调研走访，关注企业的运行动态，协调解决企业疑难问题；强化部门协同配合，帮助企业打通对接政策的难点堵点，从政策扶持、要素保障、服务优化等方面助推工业经济稳增长。

二、抓创新增实力，推动实体企业提能级

加强部门协作、上下联动，鼓励企业加快核心技术攻关突破，发挥企业在技术创新、研发投入、科技成果转化等方面的主体作用，培育一批国家、市级、区级企业技术中心、工业设计中心等。积极对接市级产业扶持政策，依托企业、高校、科研机构和创新联盟等，搭建产学研合作平台，推动数字经济赋能实体企业，加快企业转型升级步伐，持续提升先进制造业发展能级。积极探索“工业上楼”新模式，加速试点项目启动建设，保障高端制造业优质发展空间，助力工业产能新突破。

三、推项目强举措，加快绿色发展出成效

落实上海市工业节能降碳三年行动计划，推动工业用能企业加强节能精细化管理；加大绿色低碳技术推广力度，推进工业领域清洁能源利用；开展重点工业用能企业能源审计、专项节能诊断等工作，梳理企业能耗管理水平及用能状况，主动对标行业先进水平，挖掘节能技术改造潜力，积极采用合同能源管理等市场化模式，不断提高能源利用效率，推动产业绿色低碳高质量发展，助力碳达峰碳中和工作。

四、抓机遇促转型，探索新兴领域谋突破

着眼“双碳”战略背景，围绕区域产业特色，探索产业协同发展新模式，抢抓产业转型新机遇，在产业优化升级、节能产业布局等方面寻求新突破，培育新动能。引导中小企业在行业细分领域做精做优，聚焦有潜力的优质企业，积极推进创新型中小企业、“专精特新”中小企业、“专精特新”小巨人等优质中小企业梯度培育，进一步发挥优质企业的示范引领作用及产业政策的引导带动效用。

五、访企业解难题，提升服务能力优环境

坚持问题导向、需求导向、效果导向，做到主动服务、靠前服务、真情服务，持续提升服务能力，创新服务体系，打破服务边界，通过企业走访、座谈交流、举办特色活动等形式，整合区域内服务机构资源及专业优势，积极回应企业的合理诉求与需求，为企业破解发展瓶颈；为企业搭建发展平台，加大市、区两级政策的宣传与解读力度，推进产业扶持政策落地见效，不断提升企业的获得感和满意度。

六、订制度立规矩，加强土地全生命周期管理

为提升单位土地的经济密度和产出水平，打造高质量的发展空间，坚持聚焦规划土地政策，合理提高土地开发强度，进一步加强土地全生命周期管理。拟制定产业用地全生命周期管理办法，加强产业用地绩效评估和土地退出监管。对园区平台供地时，依据框架协议及出让前征询情况，明确产业用地全生命周期管理要求，助力产业区域整体提升能级。

（苏　哲）

长宁区工业

【概况】

2022年，长宁区属地规模以上企业完成工业总产值116.79亿元，比上年下降9.8%，完成年度目标的105.2%。两家重点航空企业，东航技术和东航食品，受疫情冲击严重，均出现明显下降。两家航空服务业企业完成工业总产值占全区规模以上工业企业完成工业总产值的64%。

【2022年发展情况】

一、重点产业推进情况

（一）推动航空服务业集聚发展。一是推动中国东航、东航股份、东航金控、东航物流四总部落户长宁。二是扎实推进重点航空企业系服务。贯彻落实“三级三系”企业走访制度，牵头组织走访中货航系、春秋系、中航油系、得斯威系及空管系企业，协调区各个部门在土地开发、财政政策、人才服务等方面给予政策支持。三是加大产业宣传。在《东方航空》杂志上宣传推广长宁区航空服务业现状和发展规划。

（二）推动生命健康产业加速发展。一是推动大虹桥生命科学创新中心建设。拟定《大虹桥生命科学创新中心行动方案（2023—2025年）》，形成以西片区“大虹桥生命科学创新中心”为核心区，中片区和东片区为特色功能区的三区协同发展空间布局。二是推动生命健康产业功能性平台和优质企业不断集聚。上海市医疗器械检验研究院大虹桥服务站、长宁区先进医疗器械产业创新支持服务中心等一批综合性服务组织和功能性机构落地长宁区，其中长宁区先进医疗器械产业创新支持服务中心被评为上海市优化营商环境优秀案例。

二、重点规模以上工业企业运行情况

（一）东方航空技术有限公司生产运营情况。2022年航空产业受疫情影响严重。东方航空技术有限公司主营业务是为东航集团做航空维修配套服务，因东航集团航班量锐减，导致相应配套业务量下降明显。

（二）中颖电子股份有限公司生产运营情况。中颖电子股份有限公司主营业务是自主品牌的芯片设计及销售。作为IC设计公司，公司采用业界惯见的Fabless模式，即无生产线的IC设计公司，仅从事IC设计及销售业务，将芯片制造、封装测试工序外包。2022年前三季度企业订单量激增，产值增长明显；从四季度开始，市场需求收缩明显。

三、中小企业发展情况

（一）挂牌成立长宁区中小企业服务中心。根据区委区政府工作要求，长宁区现代服务业促进中心增挂“长宁区中小企业服务中心”牌子。统筹全区中小企业服务工作，进一步优化全区中小企业服务工作体制机制，为更高质量开展长宁区中小企业服务工作夯实基础。

（二）开设长宁RCEP企业服务咨询站。长宁RCEP企业服务咨询站正式运营，全面助力区内企业快速把握RCEP发展机遇，用好用足、应享尽享RCEP关税降税政策红利，利用“零”关税等优惠政策降低成本。

（三）大力做好“专精特新”企业培育工作。一是推荐区内12家企业申报国家级“专精特新”小巨人企业。最终有2家企业成功获得公示，全区“小巨人”企业数量达到10家。二是积极开展市级“专精特新”企业申报工作。推荐55家企业申报市级“专精特新”企业、39家企业参与市级“专精特新”企业复核。三是大力培育一批区级“专精特新”企业。有13家企业获评区级“专精特新”企业，其中3家区级“专精特新”企业通过认定升级为市级“专精特新”企业。

（四）全面推动服务专员工作。一是区商务委会同各街（镇）、临空园区，形成全区155名服务专员的专业队伍，匹配服务3018家企业。为10家国家级“专精特新”小巨人企业和119家市级“专精特新”企业配置“一企一服务方案”。二是迅速提升中小微企业服务专员服务能力。为促进各项助企纾困政策应知尽知、应享尽享，充分发挥政策效应，区商务委组织服务专员参加专题政策宣讲活动，帮助服务专员及时掌握各项纾困政策，扩大纾困政策宣传范围。

（五）扎实推进助企纾困政策宣贯落实专项行动。根据市服务企业联席会议工作要求，开展“中小微企业助企纾困政策宣贯落实专项行动”。全区各部门、各街（镇）共推送助企纾困政策68100家次、共开展助企纾困政策宣贯活动127场。

【2023年发展趋势】

一、加强服务专员队伍建设

对各街（镇）、临空园区进行再发动、再推进，形成长宁区2023年度中小企业服务专员和匹配企业的全新名单。全面推广、使用市级服务平台，推动线上帮办功能实施。做好线上帮办的各项服务，及时为企业答疑解惑。

二、加强重点企业服务力量

组织各街（镇）、临空园区为民营企业总部、国家级“专精特新”小巨人企业、市级“专精特新”企业等重点企业配备服务专员。继续鼓励服务专员与重点企业深度联系，配置“一企一服务方案”。

三、探索培育创新型中小企业

由区商务委牵头，依托各街（镇）、临空园区，发挥服务专员工作机制优势，大力挖掘区域内符合条件的创新型中小企业，为接下来各级“专精特新”企业的培育和申报打下扎实的基础。

四、推动优质企业做大做强

推动体系完整、领域新颖、潜力巨大的优质企业积极申报国家级“专精特新”小巨人企业、市级企业技术中心、市级企业总部等各条线的高等级称号认定。通过国家、市、区三级扶持政策的资金补贴和资源倾斜机制，为企业提供全方位发展支撑，争取培育一批产业链龙头企业，并做好产业链增链、强链、补链工作。

五、加强中小企业扶持政策惠企力度

区商务委将加快各项扶持政策的申报速度、加大政策覆盖范围，持续推进政策宣贯工作，鼓励企业积极参与各项政策的申报培训，让中小企业切实感受到扶持政策提供的强大助力，增强企业发展信心。

（王韵华）

普陀区工业

【概况】

2022 年，普陀区完成在地工业总产值 144.11 亿元，比上年下降 10.06%；属地工业总产值 90.88 亿元，同比下降 13.78%。受疫情影响，工业产值受到严重冲击，1 月—5 月在地工业总产值同比下降至 31.15%，属地工业总产值下降至 47.06%。

【2022 年发展情况】

全区产值头部企业有大众燃气、施耐德工控、上海印钞、中邮科技，这 4 家企业的产值占全区规模以上工业产值的 49.52%。其中大众燃气排名第一，产值 33.47 亿元，占比为 23%；上海印钞产值 13.29 亿元、上海造币产值 3.27 亿元，作为区内产值传统龙头，生产计划为指令性生产，近年来受电子支付的冲击，产值逐年下降，同时受上半年疫情影响，部分产能任务被外省市兄弟企业分走，虽然下半年积极赶工产能已饱和，但全年产值仍下降 20% 左右，对全区产值影响较大。中邮科技产值 11.48 亿元，施耐德工控产值 13.12 亿元。

制约工业发展的主要问题是：整体工业体量不断萎缩，缺乏实质增长点。由于持续产业结构调整，区内工业企业移出较多，整体利润水平常年处于较低水平，加之近几年受疫情影响，现存工业企业扩产意愿不高，也缺乏新工业企业转入，新增长点较少。头部企业数量有限，增长潜力较小。全区产值头部企业大众燃气、施耐德工控、上海印钞、上海造币总计下拉全区工业产值 8.6 个百分点。大部分企业体量较小，对整体产值影响有限。

产值有较大增长的是中邮科技、康鹏科技、福克斯波罗、达科电子、泰林服装、顺灏新材料、普实医疗、索雷博光电、美加净日化、斯瑞科技、海宴供应链、艾佩达电子通信。因统计制度的制约，从生产结构上来看，只有分公司的产值可以计入，而子公司属于独立核算而无法计入。而规模以上企业按独立核算原则在异地通常设立的都是子公司，无法划转。从计量原则来看，产值以实际生产计量，需要相关财务凭证（进出库单据、发票等）验证，并要和税收情况相互验证。统计产值的填报需要相关财务报表数据的支持，并需通过各级统计督察的质量审核。

【2023 年发展趋势】

2023 年，随着疫情管控的全面放开，拟采取以下措施：

一、开展常态化企业走访帮扶，提振企业信心

对区内工业企业开展新一轮集中走访，加大政策宣传，积极争取市级部门支持，帮助协调印钞、造币等企业增加生产计划，落实产能增量。

二、加强指导企业产线升级，促进订单回流

督促已有订单尽早达产，加快工业新增固投产能落实。同步推进数字化转型和智能工厂建设，抢占数字经济新赛道。

三、落实规模以上工业企业智能制造诊断评估工作

结合产业定位与发展目标，实施新一轮生命健康产业专项政策，鼓励智慧医疗加快发展，支持生物医药与大数据、云计算、人工智能等新一代信息技术相融合，全力以赴做好智能工厂评估诊断、技改与提升等工作，推动生命健康企业数字化转型。

四、做好工业企业产值增长奖励工作，支持企业稳产扩产

对统计户管和税务户管均在区内的工业企业，实际产值比上年每增加 5000 万元，奖励 10 万元，鼓励企业持续增加产能。

（高　远）

虹口区工业

【概况】

2022年，虹口区积极克服疫情不利影响，推进区域产业经济工作发展。实际在统11家规模以上工业企业完成产值13.21亿元，比上年下降5.1%。

【2022年发展情况】

一、做好规模以上工业企业稳增长工作

坚持区规模以上工业企业季度工作会议制度，根据全年工业产值预测，指导企业做好目标分解，以月保季、以季保年，全力以赴提升产值。充分利用产业运行监测平台月报制度，定期开展企业走访及时掌握企业需求，畅通沟通渠道做好服务保障，促进存量规模以上企业稳定发展。在疫情期间及时为企业做好保障工作，协调市内运输通行证及全国跨省通行证，并积极帮助企业纳入复工复产白名单，指导企业及时恢复生产。

二、做好各类企业纾困政策宣传解读

全面贯彻落实《上海市全力抗疫情助企业促发展的若干政策措施》《上海市加快经济恢复和重振行动方案》，按照《虹口区全力抗疫情助企业促发展的实施办法》，及时传达宣传扩大阶段性缓缴社会保险费政策等内容，帮助企业渡过难关。积极对接各职能部门，协调落实房屋租金减免政策、援企稳岗政策，充分发挥金融服务实体作用，全力帮助企业纾困解难，促进经济稳定发展。

三、落实好重点企业节能环保工作

走访上海雷允上中药饮片厂有限公司，宣贯清洁低碳安全高效的现代能源体系构建，提升能源利用效率。推进落实重点用能单位能耗总量和强度“双控”目标，走访上海建工建材科技集团股份有限公司，督促企业落实好“十四五”双控目标总量。落实《上海市经济和信息化委员会关于2022年加强塑料生产企业日常监督管理工作的通知》要求，持续排摸区内生产企业是否开展限塑产品生产，做好日常监督管理。组织企业积极参与“节能宣传周”“全国低碳日”等活动。

四、推进产业技术创新

制定并发布《虹口区企业技术中心管理办法》《虹口区四新示范企业认定实施细则》，进一步细化流程标准，强化过程管控，提高标准化管理水平，鼓励企业通过创新实现转型升级。新认定上海市数字证书认证中心有限公司、上海天旦网络科技发展有限公司等2家市级企业技术中心，3家区级企业技术中心，13家虹口区“四新示范企业”，助力创新型企业快速成长发展。

五、做好安全生产、疫情防控相关指导工作

在日常管理过程中，督促企业切实增强责任意识，建立疫情防控制度规范，完善防疫台账，做好从业人员日常核酸检测工作。在重大节日、重点时段、不定期对企业做好各类安全生产、疫情防控、防台防汛提示，为稳定生产营造良好基础。在疫苗接种方面，及时组织动员，积极落实好规上企业疫苗接种的宣传和统计工作。

【2023年发展趋势】

2023年是虹口全力打造“上海北外滩、浦江金三角”的奋进之年，将全面落实各项工作要求，推进产业经济稳定向好发展。

一、深化服务，落实产业经济稳增长工作

持续开展走访服务企业，畅通政企沟通渠道，落实《上海市提信心扩需求稳增长促发展行动方案》，主动送政策和服务上门，努力帮助各类企业解决实际困难，稳定产业经济基本盘。全方位做好对区内存量企业的全生命周期服务，以“组合拳”式的服务举措，增强与企业的黏性，坚定企业扎根虹口、长远发展的信心。用好用足市区各项政策，扩大政策的覆盖面与受惠面。发挥好行业管理部门的牵头作用，联合市场监管局、应急局、生态环境局、人社局等与规模以上工业生产密切联系的职能部门，不断优化营商环境，促进企业稳定发展。

二、强化管理，筑牢生产安全底线

配合区安委办等部门做好深化推进厂房安全专项整治工作，深化企业安全生产主体责任意识，落实组织保障机制，强化应急值班值守。建立市、区、街道（园区）三级协调保障平台，加强协同联动和信息沟通，保障安全生产各项措施有序有效落实。通过不断构筑安全高压线，守住安全基本盘。

三、加强引导，提升企业创新能力

根据《虹口区“四新示范企业”认定实施细则》《虹口区企业技术中心管理办法》，通过政策引导，支持新兴产业企业培育和集聚，推进企业创新发展，支持“四新”（新技术、新产业、新模式、新业态）企业发展和团队建设，促进区域经济创新驱动转型升级。

四、压实责任，促进绿色低碳发展

搭建好服务平台，通过盘活各类资源，推动用能单位开展节能技术诊断，通过各类技术举措切实降低工商领域企业能耗。持续抓好重点用能单位管理，加强企业走访和监控频率，严格落实能耗总量和强度“双控”目标。加强节能宣传力度，依托商场等重点人流量集中的载体，强化节能公益宣传力度，引导广大市民践行文明低碳的生活方式和理念。

（施　洋）

杨浦区工业

【概况】

2022年，杨浦区全口径规模以上工业累计完成工业总产值777.84亿元，规模居中心城区第二，比上年增长4.9%，增幅居中心城区首位。其中，规模以上工业增长主要依赖重点企业支撑，烟草集团、上汽大通、复旦微电子全年工业总产值同比分别增长7.1%、47.3%和43.5%，拉高整体在地工业生产增速。全口径规模以上工业实现利润总额258.07亿元，同比增长10.5%。其中，烟草集团实现利润252.98亿元，同比增长11.3%。分行业看，烟草制品业、汽车制造业、以及计算机／通信和其他电子设备制造业生产增势良好。从上市情况看，杨浦区4家制造业上市公司中有2家纳入规模以上统计范围，分别为复旦微电子和上海新动力，两家企业合计贡献11%的规模以上工业总产值。区属工业企业克服疫情不利影响，实现总产值91.35亿元，产值规模连续两年突破90亿元，居中心城区第二。实现利润16.88亿元，同比增长62.6%，主要受益于复旦微电子的积极带动。因其芯片生产主要为海外或境外代工，复旦微电子全年实现利润10.89亿元，同比增长1.3倍。战略性新兴产业完成工业总产值196.59亿元，同比增长11.9%，增速高于在地工业7.0个百分点，高于全市战略性新兴产业水平6.1个百分点。

【2022年发展情况】

一、企业技术中心体系建设实现“十四五”初步目标

以上海《全力打响“上海制造”品牌加快迈向全球卓越制造基地三年行动计划》(2021—2023)为契机，加快智能制造功能区建设，鼓励和引导企业提高自主创新能力，推动企业技术中心能级提升，启动新一轮企业技术中心培育计划。年内创建国家级企业技术中心1家、市级企业技术中心11家，认定两批区级企业技术中心14家。现共建成各级企业技术中心96家。其中国家级5家，市级27家，区级64家，形成较为合理的梯队结构，有力提升企业的核心竞争力，提前实现制造业技术百强的初步目标。

二、服务企业稳增长，安全生产和防疫两不误

结合大走访大调研，走访重点企业，了解企业需求和存在困难问题，出主意、想办法，积极协调解决。同时提出指标，分解任务，要求重点企业抓生产，赶进度，超目标。为烟草解决疫情封控期间的辅料和仓储运输，确保施行三班制，加紧追赶生产进度。上汽大通汽车有限公司努力开拓海外市场，争取更多订单，完成生产任务。

加强巡查，确保工业企业有序生产。对规模以上工业企业开展安全生产和疫情防控检查，对照预案要求逐一落实措施。要求企业对场所实施分区管理，强化员工管理，加强物资储备。加强对大型工业企业的巡查力度，对上海卷烟厂、上海新动力、上汽大通、华域车身4家千人以上工厂进一步落实主管部门和属地化责任，采取抽查现场、调阅台账、抽查监控视频等形式，督促企业保持全区统一步调，真正做到安全生产和疫情防控两手抓两不误。

服务企业，保障复工企业跨省运输。为企业提供办理跨省通行证渠道。落实“一承诺两方案”，指导企业制订承诺企业不发生疫情以及企业疫情防控方案、核酸及抗原检测方案。根据“定人、定车、定证、定地”原则，为上海大通、上海新动力、华域车身等企业累计办理跨省通行证213张。

制定纾困政策细则，减轻企业成本压力。根据《上海市加快经济恢复和重振行动方案》50条和《杨浦区全力加快经济恢复和重振行动方案》30条，制定发布规模以上工业企业防疫和消杀补贴申报指南，在3月初至6月底用于疫情防控和消杀的费用按照不同档次给予最高50%的补贴，1月—7月区财政发放补贴金额共计86.4799万元。

聚焦重点技改项目，推动市级资金支持。组织排摸走访重点企业稳增长需求，争取市经信委的支持，成功推动上汽大通、上海工具厂、电控研究所申报重点技改项目，已争取2个项目立项，市级财政扶持资金共计1900万元，立项拨款800万元；成功验收上海新动力2.0T柴油发动机项目，拨付尾款1030万元；同时获得全市21家银行对重大项目的贴息融资，为夯实工业经济稳增长提供支撑。

推动智能制造全面数字化升级。推荐上海圭木机器人有限公司、上海莱陆科技有限公司、上海浩远智能科技有限公司等3家企业申报上海市智能机器人标杆企业与应用场景推荐目录；推荐指导上汽大通汽车有限公司、上海京东到家元信信息技术有限公司申报国家级智能制造优秀场景；推荐上海新动力汽车科技股份有限公司国家级智能制造示范工厂。推荐上海中移信息技术有限公司申报智能工厂数字化转型服务商，推荐上海邮电设计咨询研究院有限公司申报智能工厂

评估诊断机构。全力支持打造上海市“质量标杆”。组织开展质量标杆的申报和遴选工作。指导21家企业申报“质量标杆”，最终上海微谱检测科技集团股份有限公司、上海商米科技集团股份有限公司、上汽大通汽车有限公司3家企业上榜上海市“质量标杆”。

打造“重点品牌”和“优势品牌”。推荐千寻位置网络有限公司“千寻位置品牌宣传推广项目”和上海商米科技集团股份有限公司“SUNMI品牌综合提升项目”申报促进产业高质量发展专项资金“上海制造品牌”专项。

重大项目连续开工。2022年重大项目6个，总投资469.45亿元，当年完成投资21.353亿元。

三、工业节能减排和商业节能减碳持续推进

完成长福纸品印刷厂产业结构调整项目，降低能耗45.5吨标准煤。跟踪企业节能改造项目，鼓励企业重点推进工业锅炉、空调系统、绿色照明工程的技术改造，使节能技改项目覆盖工业、商业、宾馆住宿业。重点跟踪、推进上海复旦国际学术交流中心有限公司、苏宁、假日百货、小南国、财大豪生、大润发、市东医院等项目的进展情况。推动能源管理体系认证2家。积极指导推进复旦大学和梅思泰克首次能源管理体系认证，复旦大学已通过市经信委审核。完成上海三爱思清洁生产验收审核，总投资43.95万元，已申请市经信委清洁生产专项资金。

四、聚焦“3+6”，抢占产业人才领域新高地

推荐20人参与申报，其中10家企业11人申报产业领军人才，行业领域涉及电子信息制造、软件和信息服务、时尚消费品、信息技术、先进材料和高端装备；8家企业9人申报产业青年英才，行业领域涉及绿色低碳、时尚消费品、软件和信息服务、集成电路、生产性服务、先进材料、高端装备和信息技术。为更好发挥人才在产业发展中的引领作用，聚焦集成电路、生物医药、人工智能、软件、高端装备、航空航天、先进材料、新能源等8个产业领域，截至11月共有高端装备、航空航天、先进材料、新能源等四大领域依科绿色、挚达科技等27家企业提交资格审核，通过20家，申报奖励资金近273万元，申请奖励专业技术人员、高级管理人员及生产岗位核心骨干等126人。

五、优化企业服务，推动“专精特新”梯度培育

依托街道、分中心、文创园区和服务机构，建立169名服务专员队伍，覆盖重点企业3078家；培育有国家级小型微型企业创业创新示范基地2个，国家级中小企业公共服务示范平台4个，市级中小企业服务机构32个。推动15个文创园区和2个文创空间获得市级文创园区和市级文创空间称号。16个项目获得2021年上海市促进文化创意（创意设计类）产业发展财政市区两级扶持资金2695万元，带动社会投资1.1亿元。7家企业获得2021年上海市中小企业发展专项资金，获得市级扶持资金213万元。推动上汽大通等12个项目入选“上海设计100+”、良设夜宴等8个项目入选“时尚100+”、上海牌手表等4个品牌入选“品牌100+”。指导4家企业成功申报市级工业设计中心、4家企业成功申报市级设计引领示范企业。累计培育国家“专精特新”小巨人企业16家、市“专精特新”中小企业180家、区“专精特新”中小企业179家。累计培育市级民营总部企业13家、区级总部企业6家、贸易型总部10家。

【2023年发展趋势】

一、围绕经济增长目标，保障产业链稳定

注重重点企业需求，借力市级平台落实惠企政策；关注大型支柱企业，确保企业有序生产；借助于用电协调小组，保障重点企业用电需求；聚焦重点企业增长潜能，争取市级财政资金支持。

二、提升企业创新能力，保证经济持续发展

依托企业技术中心体系建设，提升市场竞争能力；加强智能制造体系建设，持续推进数字化升级；推广服务型制造示范遴选，推进制造业成功转型。

三、保持工业领域投资，抓紧重点项目进度

推动重点技改项目，加大工业领域投资；跟踪重大项目进度，夯实产业发展基础；持续打造北斗产业基地，推进北斗产业快速发展；聚焦“3+6”产业体系，抢占产业人才领域新高地。

（刘　伟）

黄浦区工业

【概况】

2022年，黄浦区有规模以上工业企业15家，其中在地企业3家，属地企业12家。完成工业总产值35.87亿元，比上年下降17.5%，其中属地企业完成工业总产值27.83亿元，同比下降17.5%。出口交货值0.32亿元，营业收入67.50亿元，同比下降1.6%；利润总额6.26亿元，同比下降11.3%。从行业分布来看，食品与中药生产加工企业数量较多，共有江崎格力高、老大昌、哈尔滨食品厂和童涵春堂等4家企业，从企业规模上看，全区有6家企业年产值超过亿元。

【2022 年发展情况】

一、龙头企业综合贡献显著

作为黄浦区规模最大的工业企业，老凤祥珠宝首饰有限公司生产运行对于全区工业运行趋势起到至关重要的作用，该企业克服疫情影响，把握市场机遇，努力拓展市场提振销售，企业年产值占全区属地工业产值的 55.6%，同比提升 4.7 个百分点。

二、重点领域企业发展加快

受益于国家持续在关键领域加大投入，以及节能环保产业投资力度加大等因素，中船系企业海迅机电和中船节能产值持续保持较好增长态势。新增企业风领新能源同样受益于能源结构调整，企业营业收入预计保持较好增长态势。

三、企业亏损面有所扩大

受疫情影响，全区工业企业实现利润总额 6.26 亿元，同比下降 11.3%，其中属地工业企业实现利润总额 5.06 亿元，同比下降 63.7%。扣除因动迁收入利润大幅增加的企业外，其余属地企业合计亏损 1 亿元左右。

【2023 年发展趋势】

2023 年，受企业结构调整以及同期低基数等方面影响，预计全区工业生产总体实现一定程度的增长。初步预测全年完成工业总产值 38 亿元左右，其中属地企业完成工业产值 30 亿元左右，同比增幅在 10% 左右。

为此，黄浦区将结合区域特点，采取针对性措施，确保完成各项工业生产目标。一是紧盯工作目标，继续加强与企业的联系沟通，及时掌握市场动态，帮助解决企业运行实际困难，增进政企之间合作力度，确保完成预订目标。二是抓好龙头企业，确保其生产平稳有序，进而保障全区工业经济的平稳运行。加强与优质企业的沟通力度，确保其产值转移如期推进，为全区工业生产带来新的增长动能。三是强化部门协同，针对部分停产、转产的特殊企业，加强与区统计局等部门的沟通协调，及早清退出库。同时，充分对接五经普各项工作，力争排摸一批优质企业，推动符合条件的企业早日纳统。

（陈修文）

静安区工业

【概况】

2022 年，静安区完成工业总产值（在地）66.11 亿元，比上年下降 10.3%；完成出口交货值 3.44 亿元，同比下降 15.8%；主营业务收入 61.89 亿元，同比下降 2.5%；实现利润 3.52 亿元，同比下降 12.5%。从全年来看，上半年规模以上工业产值降幅达到 23.4%。6 月以后，静安区采取一系列促进工业平稳运行的政策举措，助力工业企业复工复产，单月增幅平均保持在近 40%，最终全年工业总产值同比下降 10.3%。由于产业转型、环保趋紧，工业企业不断外迁，区内区属工业企业报库缩减至 19 家，外区迁入 1 家，现共计 20 家。

【2022 年发展情况】

2022 年，20 家区属规模以上企业共完成工业产值 44.72 亿元，同比下降 14.7%。

一、全力以赴稳增长

稳存量，发挥现有优势企业的支撑带动作用，鼓励企业通过技术改造、智能化、信息化转型升级等方式优化存量，推动企业提质增效。每月跟踪红宝石、上海铁路通信、上海通号通信、阿莱德、威旭半导体等区属重点亿元以上工业企业产值情况，了解企业增幅变动原因及下月、下季度产值预测。做增量，结合大调研大走访，做好企业信息收集、生产运营情况了解、新业务拓展或新纳统企业信息沟通，做好项目储备。抓重点，积极对接联系亿元以上规上企业全覆盖走访，积极协助企业解决生产经营中存在的问题。强服务，疫情期间，通过点对点方式解决企业复工复产工作，帮助威旭半导体申请第三批复工复产白名单。

二、促进产业技术创新

聚焦企业技术中心能力建设，培育技术创新型骨干企业。截至 2022 年底，静安区共有国家级企业技术中心 7 家，市级企业技术中心 24 家，区级企业技术中心 35 家。加强服务互动交流，通过培训、座谈、走访等多种形式，加强企业技术中心与相关领域的交流与合作。

三、加快培育“专精特新”企业

规模以上工业企业中有相当一部分是“专精特新”企业，通过运行监测、企业培育库孵化、“专精特新”企业成长营培育、对新设立的“专精特新”企业给予一次性奖励等，激励潜力中小企业进一步成长。充分发挥 4 家国家公共服务示范平台、19 家市级中小企业服务机构及中小企业服务联盟促进会作用，举办各类惠企金融、法律、人才等内容培训讲座，推动更多优质服务直达工业企业。

【2023 年发展趋势】

一、挖掘产业新动能

重点聚焦元宇宙、绿色低碳等新赛道产业发展，推动新赛道产业赋能传统产业优化升级，尤其是与区域“3+3”产业的融合发展，培育经济高质量发展新动能。加强与市级部门联动，围绕市经信委产业发展高质量专项的9个子项，排摸优质建设项目，推动区域产业融合创新发展，实现产业集聚和能级提升。

二、技术创新梯度培育

做好国家、市级、区级企业技术中心的梯度培育工作，广泛挖掘具备条件的企业进行企业技术中心建设，在企业技术中心基础上建立技术创新高质量发展企业名录。

三、聚焦培育重点

聚焦3+6产业及3个新赛道，为优质中小工业企业精准“画像”，发挥各类政策引导和激励叠加作用，加大对“专精特新”企业的扶持力度，赋能工业企业实现更好发展。

（王燕华）

宝山区工业

【概况】

2022年，宝山区围绕宝山“主阵地、主城区、样板区”的新定位，认真履职尽责、砥砺前行，聚焦全年目标任务，全力以赴稳增长、稳投资，坚决稳住经济发展基本盘。全区规模以上工业产值完成2633亿元，比上年可比增长2.4%。区属规模以上工业产值完成1047亿元，可比下降5.9%。工业投资完成143.2亿元，同比增长11.9%。软件与信息服务业营业收入完成117.2亿元。战略性新兴产业（制造业）工业总产值完成723.8亿元，占规模以上工业总产值的27.5%，可比增长7.9%。盘活低效产业用地2006亩。

【2022年发展情况】

一、全力加快主导产业集聚

生物医药产业：成立区生物医药产业发展领导小组，上药康希诺新冠疫苗在“超级疫苗工厂”量产上市，乐土生命科技、荟臻科技、上药器械、美生医疗器械、奥根诺生物等一批“潜力股”齐聚宝山。成功举办2022中国生物医药产业创新大会。先进材料产业：推进Ferrotec集团中国总部项目、宝钢股份无取向硅钢等项目、宝武碳业高性能凝纤维Ⅰ业示范项目、飞凯材料柔性面板用光学级薄膜涂层项目等项目加快建设，国缆检测公司完成上市，对接国网五公里级超导电缆输电工程。成功举办2022中国国际石墨烯产业创新大会。机器人及智能制造产业：成套智能装备产业集群成功入围国家级中小企业特色产业集群。宝武碳业获评国家级智能制造示范工厂。推动发那科三期、赛赫智能、保集二期等17个重大产业项目建设。新一代信息技术产业：推动中软国际、国泉科技、聪链信息等行业领先企业“落子”南大，成功举办第九届中国产业互联网高峰论坛。

二、全力推动特色园区建设

数智南大、宝武（上海）碳中和产业园获批市级特色产业园区，成功创建全市唯一的上海创新型疫苗科技园。培育认定14家区级特色产业园区，形成梯度发展体系。

三、全力培育产业创新动能

新增国家企业技术中心1家，市级企业技术中心11家，同比增长175%，区级企业技术中心100家。获批国家“专精特新”小巨人企业13家，同比增长330%，总数达16家；市“专精特新”企业118家，增长率超80%，总数达263家。

【2023年发展趋势】

2023年，主要工作目标：规模以上工业总产值比上年增长5%，产业投资完成200亿元，工业投资完成140亿元，软件与信息服务业完成营业收入同比增长20%，战略性新兴产业产值比重超过30%，盘活低效产业用地2000亩，新增国家（市级）企业技术中心10家、区级企业技术中心100家、国家级“专精特新”企业15家、市级“专精特新”企业100家。主导产业保持快速增长。

一、推动产业稳增长

制定年度工作目标管理责任清单。围绕年度主要指标，建立重点企业（项目）库，细化分解指标任务，稳住工业、软件与信息服务业基本盘。制定稳增长时间任务清单，强化目标任务分解和督促落实，以周保月、以月保季、以季保年，鼓励有市场、有效益、有订单的企业增加生产计划，加强企业服务和纳统跟踪指导，确保实现全年稳增长工作目标。

二、扩大有效产业投资

加快150个重点产业项目投资进度，重点推进汉氏联合、碳峰科创产业园、蓝鹊生物、国盛宝山药谷二期等一批项目开工，发那科三期、艾博生物、申和二期等一批在建项目竣工投产。支持存量企业实施高水平技术改造，加快产业数字化、绿色化转型，精准连续支持一瓶重点技改项目。开展2021年度战新与技改项目中期评估，督促企业加快项目建设，形成实物工作量。

三、优化产业发展结构

提高战略性新兴产业占比，发挥产业政策牵引作用，加快传统制造业向战略性升级。加快建设特色产业园区，编制数智南大产业园、宝武（上海）碳中和产业园规划。培育龙头企业，推动提前布局空间载体，加强配套设施建设，强化载体功能，提升整体品质，增强园区对产业和项目的吸引力和承载能力。梳理形成100个存量低效用地盘活地块，推进专班机制运转有效，做实做细存量低效地块转型，加快推进杨行宝钢特钢01—03地块、德深机械等地块转型盘活。

四、发展壮大产业集群

制订发布未来产业发展行动方案，聚焦未来健康、未来材料、未来智能，打造未来产业“一谷一极一湾”，抢占未来产业新赛道。制订并实施科创产业领军企业培育计划，建立形成科技型中小企业－“专精特新”企业－科创产业领军企业的梯度培育体系，加快培育一批具有科创硬核实力的存量企业、引进一批具有科创潜力的增量企业，提升企业科创能级。

五、构建产业发展良好环境

深化宝山区科创30条、生物医药等惠企政策实施，及时研究出台增量政策。开展科创30条项目集中申报，实施“宝你惠”政策直通车平台优化升级工作，优化政策申报拨付流程，进一步提升企业感受度。办好重大产业场馆建设和活动，成立区级工作专班，加快建设上海市工业博物馆。与顾村镇共同建设上海市机器人展示中心。统筹举办第十届中国产业互联网高峰论坛、2023中国生物医药产业创新大会、2023中国国际石墨烯产业创新大会。

（陆　韵）

闵行区工业

【概况】

2022年，闵行区面对疫情冲击、经济下行等多重考验，锚定目标、咬紧牙关、应变克难，高效统筹疫情防控和经济社会发展，奋力保障产业链供应链安全稳定，加快修复市场预期、提振发展信心、壮大发展新动能。

【2022年发展情况】

一、全力强化经济运行调度

（一）紧盯主要指标“靶向点”。工业运行稳步回升，完成规模以上工业总产值3417亿元，比上年可比下降5.6%，降幅较上半年收窄8.9个百分点，其中战略性新兴产值占规模以上工业比重提高至53%。工业固投承压前行，完成工业固定资产投资94亿元，同比下降25.3%，降幅较上半年收窄19个百分点。

（二）打好稳增长“主动仗”。建立“一对一”稳增长座谈机制，通过区镇协同、政企联动，确保产业链供应链安全稳定。编制下发12期稳增长工作提示，提前启动“稳经济”大走访工作，充分用好工业稳增长工作指引26条和走访“十问”，倾听心声、做好服务、解决问题，累计走访企业477家。

（三）用足产业政策“工具箱”。全力落实“国务院33条”“市50条”“稳增长22条”，研究制订新增设备投资、租金减免等“闵18条”助企纾困政策举措，提振市场主体信心。开展纾困政策宣贯落实专项行动，通过“闵行经委”微信公众号等途径进行政策图解、线上互动及咨询解答，累计开展政策宣贯活动181场。加快先进制造业、跨越式发展等产业政策落地兑现。

二、全力推进产业项目建设

（一）加速重大产业项目进程。持续推进61个重大产业项目，发挥多部门协同推进及重点项目提级协调机制，着力破解要素保障、审批办理等问题，推进正大天晴全球研发总部等4个项目纳入市级重点产业项目。推动至纯洁净等11个项目完成土地出让；雅诗兰黛等7个项目实现开工建设；金效实业智慧健康产业基地项目竣工；云南白药、信达生物等项目加快建设进度。

（二）加快存量用地转型升级。鼓励存量产业用地提高土地利用效率，完成大塚食品等14个存量产业项目联合评审。打开战略预留区通道，完成上海依工等4个战略预留区优质项目认定评审。拟定区级新一轮产业结构调整专项补助办法和实施细则，推动环保、能耗等不达标的落后产能退出，全年累计调整企业33家。

（三）加大全生命周期管理力度。以亩产、效益等为导向，对项目投达产进行过程评估，增加未合格项目定期监管环节，跟踪推进22个未履约项目加快执行。开展新一轮工业企业综合绩效评估，提高评估信息采集效率、完善评价结果反馈确认机制。

三、全力推动重点领域发展

（一）持续夯实制造业发展根基。高端装备领域：成功完成神舟载人飞船对接空间站等国家航天重大战略任务，推动闵行代表上海市争创国防科技工业JMRH创新示范基地，跟踪推进中航机载“三中心一总部”项目。新一代信息技术领域：研究拟定集成电路领域专项发展政策，推动半导体光罩、罗克韦尔等项目洽谈落地。推动壁仞科技发布首款通用GPU芯片BR100创全球算力新纪录；天数智芯发布国内首个通用计算应用开发及评测平台。人工智能领域：西门子开关等4家企业设计的16个场景获评“市级智能制造优秀场景”（全市排名第二）；维宏电子科技等6家企业入选“市级智能工厂数字化转型服务商”；新增诺玛液压等9家市级智能工厂（全市排名第二）；认定9家区级智能制造诊断服务商，为近100家制造业企业开展智能诊断服务。数字化转型领域：东方申信、航数智能入选市工业互联网专业服务商推荐目录；光明乳业、中航商发入选市首批“工赋链主”培育企业名单。持续开展两化融合贯标，累计373家企业参与贯标、115家企业通过贯标，较上年同期分别增长305%、228%。

（二）探索新赛道和未来产业布局发展。积极培育在线新经济，途虎养车、哈啰出行等4个品牌上榜“2022在线新经济（上海)50强”。推动云骥智行等一批智能网联汽车、数字工具等新赛道细分领域项目落地。加快绿色低碳发展，三菱电机等9家企业获评市绿色工厂，上药第一生化获评市绿色供应链管理企业；成立闵行区氢能源产业联盟，打造氢能产业链核心部件制造集聚地。推动未来能源与智能机器人未来产业科技园获批教育部、科技部建设试点，打造未来产业创新和孵化高地。

【2023年发展趋势】

2023年，闵行区将积极贯彻中共二十大精神，以“高质量发展”为主题，以“塑造产业体系、厚植载体建设、厚植载体建设、精准要素保障”为主线，提升“制造立区”水平，加快建设现代化产业体系，推动经济实现质的有效提升和量的合理增长。

一、建设现代化产业体系，增强“动能引擎”

（一）着力推进产业经济平稳运行。围绕全区年度经济增长目标，抓好指标任务分解及跟踪监测、分析研判和运行调度，确保及时灵敏反应经济领域运行可能发生的苗头性、倾向性问题。持续扩大有效投资，遴选推进69个新一轮区重大产业项目，力争完成工业固定资产投资130亿元。持续深化项目多部门联合推进机制，加大规划调整、环保指标、项目推进力度，推动一批高能级产业项目实现“拿地即开工”，确保一批重大产业项目尽快竣工投产。支持传统制造业企业向高端化、智能化、绿色化转型升级，助力优质企业实施“零增地”改建。研究修订新一轮制造业高质量发展政策意见，聚焦细分领域出台未来产业等专项政策。进一步完善跨越式发展政策，补充新增“工业企业新纳统”和“鼓励龙头企业产值首次突破”条款。

（二）着力强化高端产业引领功能。积极创建国家智能制造先行示范区、国防科技工业JMRH创新示范基地。推进新一代信息技术突破千亿规模，形成产业集群效应。通过进博会、世界人工智能大会等全国性重大活动，促进产业相关资源集聚。加快制造业数字化转型，培育认定30家市、区智能工厂及智能场景。

（三）着力提升资源集约高效利用水平。修订《产业用地项目准入、商办用地研判运行的管理办法》，引入“产业+投资”的专家评审机制，提高土地集约利用和产出率。支持存量用地的盘活与提升，探索研究政府回购、园区平台收购等低效用地处置办法，确保土地资源优质利用。鼓励企业购买现有成熟载体，支持企业转型发展。推进产业项目全生命周期管理，增加评估未合格项目的定期监管环节，“一地一策”促履约、提绩效。

二、厚植区域经济发展优势，筑牢“硬核支撑”

中部崛起：推进莘庄工业区依托重大装备、机电和汽车零部件产业优势，加快从“传统制造”向“未来领域”拓展。推进颛桥科技绿洲载体建设，加快引领工业互联网产业集聚发展。南部振兴：发挥紫竹高新区体制机制优势，聚焦集成电路与软件、新能源、数字内容等产业，强化高端研发和技术集聚区引领作用。助力闵行开发区智能制造产业基地建设，推动智造源项目加速生物医药、新材料等产业集聚。支持马桥人工智能试验区培育具有国际竞争力和技术主导权的人工智能特色产业集群。东部开发：加快临港创“芯”之城市级集成电路特色产业园区建设，支持临港浦江打造生物基因中小企业特色产业集群。

三、聚力精准化要素保障，打造“强力磁场”

（一）推动大中小企业融通发展。出台“专精特新”中小企业倍增行动方案，培育改制上市企业、龙头骨干、“专精特新”小巨人等细分赛道隐形冠军。培育认定2500家创新型中小企业，力争年内“专精特新”企业累计达1000家，力争新增上市企业7家。

（二）持续保障多方位要素供给。主动对接优质项目，推动产业、科技、人才等政策的精准匹配和有效支撑，加速产业链上下游龙头企业、骨干企业和潜力型企业集聚发展。依托“网、线、站、员”企业服务体系，开展企服专员全科医生培训行动。做好市级各类走访回复和协调处置，分主题扎实开展常态化企业走访，及时解决共性问题和个性需求。

（张　健）

嘉定区工业

【概况】

2022年，面对诸多超预期因素冲击，嘉定区迎难而上，牢牢坚持“稳中求进”工作总基调，积极落实促进稳增长的各项措施，努力推动工业发展形成良好态势，保障经济运行平稳致远。

【2022年发展情况】

一、稳增长持续发力，规模以上工业运行平稳

制定出台“新十二条”政策、推进落实稳增长工作实施方案，通过送政策、强服务、抓复工、追进度等各项措施，积极应对内外部各类影响，取得全年规模以上工业基本持平、区属工业降幅大幅收窄、制造业投资顺利完成市下达目标的不易成绩。全年在地工业实现产值5534.3亿元，规模续居“市郊八区”首位，比上年仅下降0.3%，增幅位列“市郊八区”第二；区属工业实现产值2993.6亿元，在“市郊八区”中排名第二，同比下降4.1%，区属企业完成利润225.9亿元，同比下降8.4%。产值百强企业合计实现产值2500.6亿元，同比增长4.1%。

二、汽车产业地位稳固，重点领域成绩突出

深入开展“惠嘉购车，悦享生活”活动，助力车企生产疫后迅速复苏。汽车产业保持增长态势，实现工业总产值3855.4亿元，逆势增长6%，占全区工业比重由过去三年最低时的65.9%提高至69.8%。其中，整车实现产值1619.3亿元，同比增长3.4%；汽车零部件实现产值2236.1亿元，同比增长8%；新能源汽车初显规模效应，实现产值462亿元，同比增长68.8%，占全市比重达到16%。

三、战略性新兴产业逐渐壮大，支撑引领作用加强

战略性新兴产业完成工业总产值1500.1亿元，增长9.7%，领先面上工业增长10个百分点，总量规模继续位列“市郊八区”第二，占全区规模以上工业比重为27.2%，同比提高3.1个百分点，其中新能源、生物、新能源汽车3个行业增速全市领先，分别增长7%、19.1%和68.8%。“三个千亿级”产业累计实现总产出2119.4亿元，同比增长25.4%。其中，汽车“新四化”累计产出1646.9亿元，智能传感器及物联网累计产出378.6亿元，高性能医疗设备及精准医疗累计产出235.8亿元，同比分别为41.8%、−15%、14.2%。

四、工业投资节奏提速，产业结构不断优化

强势推进“四个一批”产业项目，储融检测技术、福隆纺织染料集团中国总部等40个项目完成出让；联影、储田、康德莱等41个项目实现开工；中生复诺健、威派格智慧水务等6个项目顺利竣工；淞行实业、畅力工贸等7个项目正式投产，为工业投资打下良好基础。全年，394个工业固定资产投资项目完成投资128.2亿元，同比增长12.7%。其中，技术改造投资项目256个，占全部工业投资项目数的65.0%，完成工业投资66.4亿元。产业结构调整持续推进，累计完成调整项目84个，腾出土地875.59亩，并对33家涉及危化企业形成“一企一方案”，明确调整淘汰方向。

五、企业扶持培育加强，促进产业发展提质

持续深化“小巨人”工作推进力度，新增国家级企业技术中心1家、市级企业技术中心23家、区级企业技术中心39家，累计拥有国家级和市级技术中心合计126家，区级及以上技术中心总计332家。“专精特新”小巨人企业梯度培育加快，新增国家级“专精特新”企业38家、市级“专精特新”企业198家，累计“专精特新”企业总量达到538家。

六、加强重点区域打造，加速产城融合发展

推进嘉定新城和北虹桥双引擎建设，打响嘉定新城“国际汽车智慧城”品牌。新城范围内8个特色产业园区新引入企业1446户，累计注册企业总数达10627户。发布实施北虹桥商务区产业规划，加快构建“双核两轴一带”产业空间格局，鼓励支持北虹桥区域内企业开立自由贸易账户。着力推动特色产业园区壮大发展，落地实施《关于加快特色产业园区建设的实施意见》，19家特色产业园区共完成营业收入5377.8亿元、税收118.1亿元，其中特色产业企业完成营业收入4848.6亿元、税收96.6亿元。

【2023年发展趋势】

2023年，嘉定区计划规模以上工业总产值增长8%以上，区属工业产值增长8%以上，战略性新兴产业产值1421亿元，3个千亿级产业中，汽车“新四化”产出1715亿元，智能传感器及物联网产出407亿元，高性能医疗设备及精准医疗251亿元，工业投资132亿元。

一、以稳住经济为出发点，扎实推动稳增长举措落地

（一）强化目标管理。科学合理提出年度工业产值目标计划，落实分解目标任务。加强运行监测和分析，加强月、季、半年、年度相结合的综合预测，有效分析研判运行趋势。

（二）强化系统推进。按照《经委系统稳增长工作方案》，围绕五张清单（工业产值上拉下拉企业清单、工业稳增长重点调度企业清单、全区产值占比前80%的重点包保企业清单、全区工业投资重点项目清单、金融稳增长13家主要银行清单），加强对接，聚焦八项任务（强化目标分解、

抓好科学纳统、实施跨时段调度、落实包保服务、加强数据穿透、紧抓工业投资、推进金融稳增长、优化工作机制），综合施策，推进稳增长工作。

（三）强化纳统挖掘。以科学纳统为指引，在区级层面与统计部门形成合力，完善工业规模以下企业“小升规”纳统协作，深化信息交流，优化纳统工作机制，结合企业自身情况，开展针对性辅导，提高企业意识，确保不少报、不漏报，做到颗粒归仓、涓滴不漏。

二、以重点领域为切入点，积极培育产业发展新动能

（一）推动传统汽车加快变革。制订世界级汽车产业中心建设计划安排，高标准建设“三港两园”，建立氢能技术协同创新中心，实现汽车软件园、汽车芯谷正式开园。推动燃料电池汽车、智能网联汽车加速发展，力促嘉定区域全域和高快速路测试场景开放。筹备成立氢能及燃料电池和智能网联汽车产业联盟，筹办中国汽车论坛等一批高能级的汽车产业论坛，扩大汽车交流平台影响力。

（二）加快智能传感器产业集聚。强化集成电路嘉定“北翼”布局，聚焦以汽车芯片为代表的汽车半导体和以MEMS为代表的智能传感器，推动上海智能传感器产业园建设，强化优势产业融合发展，逐步形成智能传感器及物联网产业生态圈，加快上海集成电路装备材料产业创新中心项目建设落地。

（三）打造生物医药产业高地。优化生物医药规划布局，加速推进南翔精准医学产业园、嘉定工业区医疗理想湾等园区载体建设，积极争取市级生物医药产业特色产业园区认定。筹备上海国际生物医药产业周嘉定同期活动等一批具有行业影响力的活动，促进生物医药领域学术交流、科技创新与产业合作。

三、以重点区域为着力点，加速形成区域发展新引擎

（一）打造嘉定新城和北虹桥重要承载区。抓住嘉定新城和北虹桥发展机遇，推动区域重大项目开工、竣工、投产、达产，储备一批标志性、高能级的重大功能项目，提升区域产业能级和综合实力。以上海国际汽车城、嘉定工业区、嘉定新城中央活动区三大板块为龙头，以19个区级特色园区为重要载体，持续提升“一城一名园”品牌效应。推动北虹桥地区重点园区“二次开发”。用好虹桥商务区提升能级政策，加快推动虹桥商务区内投资类项目准入。

（二）推动长三角一体化进程。建立长三角产业链供应链互保机制，推进长三角自动驾驶智能出行走廊建设。构建长三角“感存算”一体化协同创新机制，加快推动温州（嘉定）科技创新园二期建设，搭建全方位合作交流平台。

四、以企业所需为发力点，建立完善企业服务新机制

（一）加强服务专员能力建设。结合“一站式、陪伴式、生态式”分级服务目标要求，开展服务专员素质提升专题培训，细化服务专员工作手册，优化服务专员考核管理。

（二）加快信息化平台建设。推进“一网优服”平台开发，多渠道多方式整合各部门已建系统，打破数据壁垒，实现互联互通、数据共享、系统共建。加快区政策扶持申报系统建设，推进各类产业政策和“新12条”政策全面兑现，进一步提升企业感受度。

（三）做好企业人才服务。以开展人才引领发展示范企业评选工作为抓手，加强与人才需求企业的走访与对接，了解企业人才住房、落户需求，做好人才政策宣传，确保政策落实到位。

（四）挖掘金融市场潜力。排摸“专精特新”“小巨人”企业等优质企业的上市意向，健全上市企业储备库资源，加强企业上市培育。深化产融合作力度，协同街镇多举措匹配金融机构与企业的融资供需，为企业发展注入金融活水。完善投资类企业准入标准，加快优质私募企业设立步伐，引导行业健康有序发展。持续梳理自由贸易账户拟拓展企业名单，支持区内符合准入条件的企业开立自由贸易账户、开展新型国际贸易。

（许朝军）

金山区工业

【概况】

2022年，面对复杂严峻的国内外形势、前所未有的疫情和多重超预期因素冲击，金山区坚持稳中求进工作总基调，按照“疫情要防住、经济要稳住、发展要安全”的工作要求，统筹疫情防控和复工复产复市，加快落实稳增长一揽子政策和接续政策措施，全区产业经济韧性显现，经济运行持续恢复、回稳向好。全年在地规模以上工业产值完成2340.6亿元，比上年下降7%；属地工业完成1586.1亿元，下降5.5%；属地工业实现利润77.3亿元，下降23.1%；工业性投资完成99.2亿元，下降5.1%。

【2022年发展情况】

一、工业经济持续恢复，产业集群持续优化

在新冠疫情和石化“618”等超预期因素冲击下，工业生产呈现“平稳开局、深度回落、快速反弹、持续恢复”特

的吸引力，吸引四大重点产业企业入驻，推动产业向集群化发展。以新政策强信心，研究专班化运作、项目化管理、精准化考核，推动出台支持力度更大、扶持更精准的政策保障，强化社会发展共识。以新产业提能级，促进创新链与产业链深度融合，加快汇聚高能级功能机构、高端项目、优秀人才和创业团队，加速培育产业优势，稳固构建多赢合作局面，打造具有更强功能、更高能级的“新产业”，构建更具竞争力的产业方阵。

三、持之以恒用心用情深化企业培育

着力优环境强服务，把握新形势要求，围绕“纾困解难、促进发展”，做强“奉贤企业直通车”“‘贤商会’企业沙龙”“政策申报服务”三大平台，提供全方位、全体系、全流程企业服务。着力强主体增动能，支持“专精特新”中小企业茁壮成长，对入选国家级、市级、区级的“专精特新”中小企业实现奖励全覆盖。做好“淘金工程”企业政策聚焦，加快培育成为行业龙头、“小巨人”企业、“独角兽”企业。优化创新支持政策供给，用活产业技术创新专项资金，企业技术中心、“四新经济”示范企业、工业强基项目、引进技术吸收与创新项目、创新产品项目五个专项扶持方向向区级重点产业、市级未来产业聚焦，激发企业创新的内生动力，支持中小微市场主体做强做优。

（冯祥浩）

青浦区工业

【概况】

2022年，青浦区围绕“提振企业信心，经济恢复重振”，统筹做好疫情防控和经济发展工作，严格落实常态化疫情防控举措，激发市场主体积极性，提振发展信心，站位全局、立足实际、着眼长远，全力以赴奏响高质量发展最强音。全年完成规模以上产值1685.6亿元，完成工业固定资产投资48亿元、“四个一批”产业项目完成出让8个、开工12个、竣工10个、投产3个，引大引强引实121户，新增上市企业3家、“专精特新”企业82家、“专精特新”小巨人企业21家，助力青浦区成功入围2022年消费品工业“三品”战略示范城市。

【2022年发展情况】

一、疫情防控不松懈，有序推进经济重振

（一）制定复工复产指引。一手抓疫情防控、一手抓经济发展，严格落实行业防控管理，有序推进企业复工增产，积极做好企业服务，最大限度降低新冠疫情对经济运行的负面影响。根据疫情趋势变化及防控最新要求，牵头制定《青浦区工业企业复工复产疫情防控工作指引》第1版、第2版；《青浦区工业楼宇及特色产业园区复工复产疫情防控工作指引》第1版、第2版，指导企业有序复工。封控期间，共指导备案复工企业1572家，制订区级复工企业白名单共计380家，有力保障产业链、供应链畅通。

（二）加强企业联防联控联保。出台《青浦区园区企业封控及防疫指南》，指导企业做好防疫措施，有效遏制疫情扩散蔓延势头。

（三）督促企业落实防疫措施。成立青浦工业园区企业复工复产联防联控联管工作协调小组，制订《关于开展复工复产工业研发企业防疫检查工作的方案》，联合执法部门，采用线下、线上的方式开展企业防控检查。封控期间，共计检查企业3099家（次），其中线下检查2988（次），线上检查100家（次），共责令49家企业停产整改。

（四）强化行业管理。制定《青浦区工业及研发企业常态化疫情防控工作指引》，制订《青浦区大型工厂疫情防控方案》《青浦区“无疫工厂（园区）”创建工作方案》，会同区文明办分两批发布“无疫工厂”116家、“无疫园区”10家。

（五）指导企业应急响应。制订《青浦区企业防疫应急处置工作方案》，明确涉疫企业“隔、转、消、防、管”的应急响应流程。

（六）协调企业通行返岗。制定下发员工返岗、车辆跨省、跨区通行等工作指引，“靶向”施策，打通复工复产的痛点难点。封控期间，共为757家企业办理1670张市、区车辆通行证，其中市内1379张、区内291张；为932家企业办理跨省通行证2485张；共协调员工返岗69624人。

（七）建立例会机制。封控期间区经委牵头复工复产工作专班共召开工作例会20次，下发工作提示26份，制作工作简报20份。

（八）数字赋能防控。构建复工复产企业人员健康管理平台，自动匹配、动态更新“核酸、抗原、扫码”信息，并与人员库进行比对，及时提示及时处置。

（九）加强常态化防疫检查。落实区内工业企业（含仓储、物流）、大型工厂、特色产业园区、研发楼宇、加油站等五类企业主体责任，加强常态化防疫检查及常态化人员核酸情况监测管理。

（十）搭建资源平台。梳理全区药品生产情况，助力企业产能转化，排摸本区8户防疫物资生产企业信息，共享防疫物资购买渠道。

二、产业集聚重服务，做大做优产业集群

（一）推动主导产业课题研究。牵头完成《青浦区产业调研与优势产业集聚发展研究》，总结提炼青浦区优势产业板块，优化主导产业布局，形成以“大数字”“大健康”“大商贸”为主的主导产业发展方向。

（二）聚焦北斗、民航、人工智能产业。开展北斗导航、民用航空及人工智能等3个专项政策的申报工作，扶持企业发展。聚焦三大产业领域，加强园区载体建设，开展行业管理、数据统计等业务，建立企业信息库，突显产业集群效应。

（三）聚焦集成电路产业。制订《青浦区促进集成电路产业高质量发展行动方案（2022—2024年）》，制定《关于推动青浦区集成电路产业高质量发展的若干政策》，进一步推进我区集成电路产业集聚。

（四）聚焦生物医药产业。研究制定《2022年青浦区生物医药产业发展工作要点》，开展青浦区生物医药主导产业发展分析研究，开展生物医药专项扶持资金申报，13家企业/项目获扶持资金804.12万元。全区55家规上生物医药制造企业2022年实现产值147亿元。

（五）聚焦新材料产业。开展先进材料产业优势企业与产品调查，推荐申报企业13家。推荐震坤行、开纯申报服务型制造示范平台项目，确定生产性服务业统计样本企业41家。

（六）聚焦氢能产业。修订《青浦区支持氢能产业发展激发“青氢”绿色动能实施办法》，与制造业政策实施整合，草拟形成《青浦区绿色低碳产业三年行动方案》。组织青氢科技作为系统厂商牵头中石化、中通等企业，成功示范应用全市首年度20台氢燃料电池轻型货车。

三、提质增效添动力，引导产业创新发展

（一）支持企业实施技术改造。全年新增市级技改6家，申报获批率占全市前列，申报区级技改40家，完成2021年度第三批区技术改造项目验收并拨付扶持资金1413.9万元。

（二）推进企业技术中心建设。完成2021年度国家、市、区各级企业技术中心新认定和评价合格企业的奖励资金拨付共计1310万元；组织认定17家企业为2022年度区级企业技术中心；推荐8家企业入围2022年度市级企业技术中心认定。

（三）做好工业节能相关工作。推进重点企业清洁生产审核，全年共完成评估4家、验收2家。推荐置信电气成功申报绿色工厂建设。组织33家企业开展能源审计工作培训、63家企业开展节能诊断工作专题培训。

（四）推动制造业数字化转型。制定《青浦区推进企业智能化改造和智能工厂建设实施细则（试行）》，梳理智能化改造诊断服务商名单，开展诊断服务161次，市制造协会受理区级智能工厂（车间、生产线、仓储）共13家。

四、资源优化提能级，深化落实区域发展

（一）产业园区建设。研究草拟《青浦区数字经济转型示范园区创建工作方案》，推荐华新国际高端制造业园区等6家园区申报市级精品微园，推荐华新工业园区“虹桥数字物流装备港”成功入选第三批市级重点打造特色产业园区。组织开展特色产业园区创建认定运营扶持，共9个项目扶持资金612.58万元。制定发布《青浦区经委关于组织申报产业园区租金减免补贴资金的通知》，完成18家特色产业园区租金减免补贴拨付，共计1509.5万元。

（二）产业结构调整。分解落实年度产业结构调整和工业用地腾退任务目标，完成产业结构调整项目229项，涉及土地面积约1339亩。推进重点区域调整，徐泾工业园区重点区域产调项目于8月通过市级验收，练塘蒸淀社区重点区域产调项目经申请市经信委同意延期至2023年6月底前验收，华新工业园区重点区域产调项目通过市级部门评审立项。

（三）产业链强联补链。积极梳理示范区产业链现状，参与形成《长三角生态绿色一体化发展示范区产业链强链补链实施意见》，围绕产业链协调创新和产业价值链提升“两大行动”，着手牵头开展产业链强链补链具体实施方案，加强与龙头企业、两区一县的沟通联系，对照目标任务落实落细工作。

【2023年发展趋势】

2023年，青浦区围绕“稳增长、促投资、提战新”，加速提升产业竞争力，激活制造业发展新动能。主要目标：规模以上工业总产值达到1855亿元；实现工业固定资产投资（含研发与生产性服务业）110亿元；产业结构调整项目不少于120项，调整面积1000亩，“四个一批”项目出让26个；开工22个；竣工14个；投产11个。

一、冲刺“开门红”

起势决定走势，开局即冲刺，全力以赴确保实现“以季保年”。对标一季度目标，进一步分解落实到每一个月、每一个板块、每一个上拉下拉的重点企业，真正把调度措施落到细处、抓到实处，确保“招商即招统”“应统尽统”。

二、服务重大项目

全力提速华为、美的等重点项目建设，尽早形成规模。华为研发中心项目一期、二期（占地约2400亩）计划于2023年基本建成、2024年投入使用；其配套单身公寓（200亩）已完成土地出让并开工建设，人才公寓用地（464亩）于近期出让年内开工。美的上海全球创新园区项目从洽谈开始，实现当年注册、当年出让、当年开工。年初集中启动的36项、总投资608亿元的重大项目建设抢先成势，超计划完成市级重大项目建设一季度投资量20%的目标。加快建设全国算力网络长三角枢纽，中移动、中电信等数据中心项目力争一季度开工建设。

三、完善政策供给

结合市级提信心扩需求稳增长促发展行动方案、优化营商环境6.0版等最新政策，抓紧细化落实，基于青浦实际形成特色“菜单”，出台青浦区推动高端制造业发展行动方案，通过政策杠杆全方位撬动市场主体的积极性。制定实施集成电路等产业专项扶持政策，深化“证照分离”改革，整域拓展“一照多址”“一址多照”等改革创新，进一步推动“虹桥”“张江”“新城”等政策红利全区共享，持续增强错位竞争优势。拟延续“青浦特色”的工业企业增产扩规扶持政策，对产值增量或增幅达到要求的工业企业给予分类扶持，通过政策引导，加速企业增产扩资。修订先进制造业产业政策，增加对市级技术改造项目1 ：0.5配套等适应产业发展趋势的最新扶持政策。

四、优化资源配置

推动成片腾地800亩对接市级园区高质量发展基金等优质基金，积极引进央企和国企，鼓励社会资本参与，盘活存量低效工业土地，灵活实施工业用地“二次开发”，研究出台新一轮产业结构调整三年行动方案。结合青浦实际探索“工业上楼”实施方案，推动工业资源利用效率评价体系建设，提高工业用地使用效率。协调推进北斗西虹桥基地、青浦生命科学园、虹桥数字物流装备港三个市级重点特色产业园区建设，加快长三角绿洲智谷、北斗赵巷园等一批数字经济特色园区建设，提升规模与质量，打响特色园区品牌。持续打响长三角数字干线，推进长三角要素资源一体化配置，研究市西软件园扩区方案，举办长三角数创大会，形成更大声势。

五、加强招商引资

深化研究消费级电子元器件、医疗终端、新型储能装备三条细分赛道，细化落实绿色低碳、元宇宙、智能终端“一赛道一方案”。探索经济小区“一小区一赛道”招商模式，明确各自的专业化、特色化招商方向。继续开展“双月签”项目集中签约，举办“月末下午茶”产业交流等特色益企活动，营造浓厚招商氛围，打造高规格、常态化产业链交流平台，构建区内高质量产业“生态圈”，促进以商招商。积极开展“走出去”招商活动，各招商主体开展“北上”“南下”“西进”“东联”等招商活动，实施靶向招商、榜单招商，产业链招商，积聚产业新动能。

六、深化智改数转

青浦区在全市范围内首批次出台智能化改造和智能工厂建设政策，对企业智能化改造诊断服务和建设智能工厂（车间、生产线、仓储）给予扶持。计划召开智能诊断改造推进大会，支持企业以诊断报告为基础实施智能化改造，力争到2023年底累计建成50家智能工厂（车间、生产线、仓储）。打造制造业企业智能化诊断、改造、成果运用的产业链条，提升工业产值“含金量”。依托北斗创新基地研究出台空间信息产业高质量发展工作方案，充分发挥北斗优势，向通导遥一体化拓展完善，成为首个制定出台配套政策的区域，打造空间信息产业示范区。探索建立无人化空天地水综合试验场、快递运输通信等系统，探索拓展无人驾驶应用场景。梳理整合区内现有资源，构建包含“场景建设—场景发布—场景维护—场景应用”的多元化体系。

（潘艺明）

崇明区工业

【概况】

2022年，崇明区围绕世界级生态岛建设目标任务，积极应对国内外疫情影响和严峻的外部经济形势，新动能继续发展壮大，质量效益继续改善，较好地完成各项目标任务。实现工业总产值479.5亿元，比上年下降6.4%，其中海洋装备产业实现产值347.7亿元，同比下降0.1%。规模以上工业总产值实现459.7亿元，同比下降5.9%。崇明区工商投资稳中向好。工业投资额256168万元，同比增长10.2%，其中制造业完成投资额203546万元，同比增长58.2%。

【2022年发展情况】

一、海洋装备产业与去年基本持平

2022年，全区海洋装备产业实现产值347.7亿元，同比微降0.1%，占全区的72.04%，其中中船长兴两条生产线实现产值282.4亿元，同比增长0.93%；华润大东实现产值16.4亿元，同比增长7.28%；中远海运实现产值16.6亿元，同比增长6.2%；振华配套企业实现产值10.6亿元，同比下降12.3%。

二、乡镇园区工业有所回落

全区18个乡镇实现工业总产值434.8亿元，同比下降4.8%，降幅好于全区平均水平。18个乡镇中有3个单位同比增长，分别是横沙乡（36.8%）、绿华镇（10.3%）和建设镇（2.8%）。降幅前三位的分别是三星镇（−45.9%）、庙镇（−40.7%）和中兴镇（−38.9%）。三大园区中，工业园区实现产值14.7亿元，同比下降26.9%；长兴产业基地实现产值21.7亿元，同比下降13.8%；富盛开发区实现产值8.3亿元，同比下降17.2%。重点地区长兴实现产值343.2亿元，同比下降 1.4%，占全区的 71.5%。

三、强化政策引领支撑，立足长远谋划发展

发布崇明区制造业发展“十四五”专项规划，完成《崇明区促进先进制造业高质量发展若干政策意见》实施细则。更新完善产业政策工具箱，发布 2022 版崇明区产业地图，修订民营实体企业扶持政策，启动《崇明区康养产业高质量发展专项规划》及三年行动计划，聚力打造“2+3+N”产业体系，促进产业能级稳步提升。

四、立足企业综合服务，提升企业发展质量

2022 年，崇明区泓济环保获评市级企业技术中心，新增 39 家企业获评 2021 年度市“专精特新”企业。崇明现有“专精特新”企业 102 家，“专精特新”小巨人 2 家，市级企业技术中心 10 家。4 家企业获“市级设计引领示范企业”和“市级设计创新中心”称号，1 名专业技术人士成功申报 2022 年度“上海产业菁英”高层次人才，6 家企业 94 人成功申请第一批产业人才市级奖励。全年组织开展各类培训，服务企业 1930 余家（次）。

五、实施产业结构调整，推进工业节能降耗

崇明区淘汰落后产能企业 3 家，腾出土地 116.5 亩，节约能耗近 500 吨标准煤；全年规模以上工业万元产值能耗同比增长 7.8%，综合能源消费量（不含保密企业）为 13.1 万吨标准煤，同比下降 11%。积极推动重点企业实施节能技改项目，共实施 13 项节能技改项目。推进长兴产业基地绿色园区创建工作和永利公司绿色工厂创建工作。开展节能宣传周系列活动并获市优秀组织奖。

六、深入优化营商环境，生态赋能招商引资

建立实体经济项目信息库，制定《实体项目准入评价体系》，推进产业发展服务平台建设。举办崇明区投资促进暨生态岛产业发展大会，共有 11 个重大项目完成签约，总投资近 55 亿元。协助举办 2022 上海全球投资促进大会，崇明区中船重工项目参加集中开工仪式，总投资 3.1 亿元。

【2023 年发展趋势】

2023 年，崇明区将着力打造“2+3+N”产业体系，瞄准“轻型产业”“幸福产业”等，以新赛道布局为契机，聚焦重点、打造品牌，推动实现产业生态化、生态产业化融合发展和促进产业数字化、数字产业化融合发展。

全区工业总产值预计 505 亿元，同比增长 5.3%，其中海洋装备产业产值 358 亿元，同比增长 3%；规上工业总产值 480 亿元，同比增长 4%。预计实施产业结构调整项目 3 个。规模以上工业企业万元产值能耗与 2022 年比力争下降，综合能源消费量（不含保密企业）目标控制在 15 万吨标准煤以下。

一、深化产业统筹，加大实体产业招商力度

发挥产业政策引导作用，对标其他区对工业、商业的扶持政策，立足世界级生态岛定位，进一步研究出台我区加强实体产业招商推进实体经济高质量发展的扶持政策、奖励考核办法等措施，从政策层面出实招、闯新路、破难题。集聚发展先进制造业，以全国海洋经济发展示范区建设为抓手，瞄准高端船舶与海洋工程制造，加大驻岛央企服务力度，支持中船长兴二期等项目加快建设，推动振华重工长兴智能港口装备产业项目开工，着力打造千亿级海装产业集群。积极发展特色康养产业，出台《崇明区康养产业高质量发展专项规划》及三年行动计划，完善康养产业工作机制和专班，举办崇明区康养产业发展论坛，推进重点康养项目建设进度，培育壮大特色康养品牌。着力打造新型园区经济，瞄准产业链核心和高端环节，加强重大产业项目招引，开工建设临港长兴科技园二期、声通 5G 智慧应用产业园等项目，推动各产业园区向科技研发、生态文创、智能制造转型，推动经济发展增量增效。持续加大招商引资力度。狠抓助企纾困政策落地见效，深度挖掘产业链关联企业、上下游配套企业，积极扩大有效投资；围绕新技术、新工艺、新材料、新装备、新能源，加大绿色低碳产业培育力度，谋划布局氢能产业链。

二、提升工业能级，促进实体企业转型发展

加强对宏观趋势、产业运行以及市、区二级工业生产预测分析，加强对“专精特新”、小微企业以及对影响本区工业增长的重点行业和龙头企业跟踪监测，及时发现趋势性、苗头性问题，提高预测预警的及时性。推进产业结构调整。完成工业企业资源利用效率评价工作，配合制订第八轮环保三年行动计划 2022 年相关工作任务（淘汰落后产能），进一步发挥好区产调办牵头协调作用，充分调动一切积极因素，抓住关键环节，突破重点难点，有序推进淘汰。深化工业节能降耗，抓好用能 1000 吨标煤以上企业节能降耗工作，推进重点能耗企业节能工程项目，重点抓好 5000 吨以上用能企业日常监督管理工作。开展工业领域碳达峰碳中和相关工作，推进重点用能企业有序开展实施降碳改造及专项工程；加大绿色低碳技术推广力度，推进工业领域清洁能源利用。推进产业园区和重点企业光伏发电项目。

三、主动服务企业，全力为企业发展创造条件

加快建立优质中小企业梯度培育体系，引导中小企业申报国家、市级、区级各类专项扶持资金项目，点对点动员企业申报市级产业菁英人才、数字化转型示范项目和标杆场景建设等项目。推荐区级企业技术中心申报市级、国家级企业技术中心。开展创新型中小企业评价、“专精特新”中小企业认定、“专精特新”小巨人认定三级培育工作。组织“专精特新”中小企业培训交流活动，分享企业先进技术和主要产品，促进优势互补、资源共享、合作共赢。精准高效服务企业，开展“防疫情、稳经济、保安全”大走访、大排查工作，听取企业诉求，为企业发展解决实际问题。落实服务专

员工作常态化，优化完善服务平台，组织开展各类培训，加大各级扶持政策的宣传力度。深入汽车零部件行业、锅具行业、纺织行业等具有本土特色行业的中小企业调查研究，开展本土特色企业沙龙活动，利用电商平台大力推广本土特色产品，讲好“崇明制造”的品牌故事，进一步拓展产品销售渠道。

（叶思诗）

中国（上海）自由贸易试验区临港新片区工业

【概况】

2022 年，中国（上海）自由贸易试验区临港新片区始终坚持稳中求进总基调，加快落实完善新片区前沿产业发展“十四五”规划，持续充分发挥全市稳经济发动机、增长极作用。全年完成全口径工业总产值 3520.1 亿元，比上年增长 29.7%，其中完成规模以上工业总产值 3482.7 亿元，同比增长 30.5%；完成签约落地项目 104 个，涉及投资额 1389.5 亿元；完成产业科技项目投资 457.6 亿元，同比增长 23.6%，其中完成制造业投资 360.4 亿元，同比增长 25.7%，约占全市制造业投资比重的 1/4。

【2022 年发展情况】

一、高标准完善前沿产业顶层设计

进一步完善形成由前沿产业规划、专项规划、行动方案、年度计划多级体系构建的“2+9+X”产业规划体系，新增发布工业互联网“平台 + 园区”建设、工业互联网赋能重点产业集群发展等专项规划，科技创新、集成电路、人工智能、生物医药、智能新能源汽车、高端装备六大行动方案，联合编制发布《上海市浦东新区促进无驾驶人智能网联汽车创新应用规定》《关于支持中国（上海）自由贸易试验区临港新片区氢能产业高质量发展的若干政策》《聚焦临港核心区打造上海“全球动力之城”实施方案》等市区两级产业发展政策，并同步开展汽车电子、人工智能、新材料等前沿产业规划研究。

二、前沿产业聚集发展态势显著

围绕“6+2”前沿产业体系，新片区形成产业集群梯度推进态势。智能新能源汽车产业稳居龙头地位，产业规模首次突破 2000 亿元；集成电路产业步入发展快车道，在积塔、新晟、格科、中微等龙头项目带动下，行业产出贡献开始逐步发力，完成产值 35.9 亿元，较上年翻番；高端装备产业稳步发展，即将成为新片区第二个千亿级产业；人工智能产业集聚企业近 200 家，显现快速发展趋势；生物医药产业临港存量企业表现平稳、储备项目加速聚集；氢能、新材料加快布局培育。围绕特色产业集群优势，新片区着力提升产业链供应链韧性和安全水平，推动产业链、价值链、创新链深度融合，以特斯拉、上汽、宁德、中芯东方、航发商发、微小卫星、商汤等一批在地龙头为“链主”为抓手，贯通上下游产业链，精准实施延链、补链、强链招商战略，2022 年积塔二期、长电、中石油材料院等一批重点项目相继签约落地。

三、加快打造高能级产业载体

高端装备特色园区“动力之源”、氢能特色园区“国际氢能谷”成功纳入上海市第三批特色产业园区名单，上海 53 个特色产业园区中临港新片区占据 7 家。“滴水湖 AI 创新港”正式启动，发布一批具有人工智能牵引关键核心技术攻关和产品迭代重要作用的应用场景，加快特色产业聚集；新增发布新片区加快培育特色产业楼宇的若干措施，支持大力发展生产性服务业，提升制造业服务功能支撑，认定新片区首批 11 幢特色产业楼宇，加强与特色园区相互协作，形成特色产业载体体系，推动现代化产业体系建设。

四、科技创新引领产业高质量发展

第五届世界顶尖科学家论坛成功举办，溢出效应不断显现，首届顶科协奖颁发、顶科论坛永久会场启用、国际联合实验室项目启动、WLA 系列科学期刊创刊发布；同济大学海底观测网、上海能动中心高效低碳燃气轮机、中国重燃重型燃气轮机等一批重大科学基础设施以及 14 家科创平台建设稳步推进，应用创新能力不断加强；科技企业培育能力逐步提升，全年有效期内高新技术企业达 1323 家、认定首批新片区“专精特新”企业 100 家；制造业数字化转型能力不断强化，已建成国家级标杆性智能工厂及智能制造优秀场景 4 家，市级智能工厂 5 家，临港新片区智能工厂 34 家。

五、创新成果不断涌现

高水平实验室、高企、“专精特新”企业和研发机构持续壮大，新片区诞生多项成果：承载国人“蓝天梦”的国产 C919 大型客机首架交付、中船动力全球首台新一代智能控制废气再循环系统双燃料主机交付，上汽智己 L7 智能汽车、微小卫星研究院暗物质粒子探测卫星、量子通信卫星、上海氢晨自主研发单堆 230 千瓦大功率燃料电池电堆等创新成果涌现，为打造具有国际市场竞争力的产业创新高地奠定了扎实基础。

【2023 年发展趋势】

2023 年，新片区产业发展主要目标是：实现产业科技项目投资520亿元，同比15%，其中制造业投资400亿元，同比增长11%；实现规上工业总产值4180亿元，同比增长20%，高端装备制造产业产值破千亿，形成新片区第二个千亿级产业集群。

一、聚焦重点赛道的生态谋划，做好新兴产业顶层谋划

坚持前沿产业与基础产业“两手抓”，加快推动智能汽车、集成电路、生物医药、民用航空等重点产业集群化发展，积极申报人工智能产业园“滴水湖AI创新港”、汽车电子产业园“未来汽车城”成为上海市第四批特色产业园区，提前规划和布局人工智能、氢能、新材料等未来产业，将产业谋划、生态塑造作为招商引资的首位，不断补齐基础材料、基础软件、基础元器件等基础产业短板。

二、紧抓重大项目建设进度，继续发挥投资发动机作用

以中芯国际、积塔半导体等一批重大项目为抓手，紧盯项目审批、开竣工、投产等核心节点，做到新拿地项目促开工、已开工项目促投资、已建成项目促达产。加大对年度投资亿元以上产业科技项目“基本盘”的掌控力度，确保全年投资额增长15%，持续稳住全市产业投资发动机地位。

三、围绕产业链拓展招商渠道，加快构建现代化产业体系

推动招商引资由“点对点项目招商”向“渠道招商”转变，通过头部企业精准招商、产业沙龙以商招商、应用场景联动招商、品牌产业大会引商等多样化模式，谋划一批世界500强、上市公司等“链主”企业，一批“专精特新”、行业“独角兽”等企业，一批固投大、产值大、见效快的供应链企业。

四、打造动能澎湃的科技创新体系，引领产业高质量发展

聚焦人工智能、生物医药、集成电路等重点产业领域，打造覆盖临港级、省市级、国家级三层次的科技企业成长体系，不断增强临港的育创育商能力；加快推动中芯国际、商飞制造等领军企业整合创新链、产业链资源成立创新联合体，聚焦科技成果转化和产业发展应用需求，破解“卡脖子”难题。

五、加快政策制度创新突破，优化新片区产业发展营商环境

加大临港集成电路离岸贸易创新试点力度，2023年力争突破100亿元；积极推进药械MAH制度、生物医药保税研发制造业务探索；推动支持氢能浦东新区法规正式立项；持续推动临港无驾驶人智能网联汽车创新应用开展示范应用；围绕国际数据港，形成数据跨境流动、交易、交付方式的临港模式，实现增值电信运营资质创新等制度突破。

（钱　玮）

中国石化上海高桥石油化工有限公司

高桥石化成立于1981年11月，是中国经济体制改革、国有企业联合重组的第一个重大成果。当年，为了“综合利用资源、能源，提高企业经济效益”，国务院直接批准对当时高桥地区分属于石油部、化工部等多个系统的上海炼油厂、高桥化工厂等“七厂一所”进行联合重组，成立中国第一个跨部门、跨行业的特大型石油化工联合企业—上海高桥石油化工公司。公司下属生产单位历史更为悠久，上海炼油厂成立于1945年，是中国最早炼油企业之一；高桥化工厂成立于1957年，是国内第一个石油化工厂，被誉为中国化学工业的“摇篮”。1998年2月，公司海牌2364(SJ/GF-2 10W30)和2365(SJ 15W40)获美国石油学会颁发的认可执照，这在新中国炼油工业史上尚属首次。2007年1月，国内最先进、全球单线产能最大的20万吨/年ABS装置在公司建成开车。2005年11月，公司8万吨/年聚醚扩建装置一期工程建成开车，生产能力达20万吨/年，为亚洲最大聚醚生产基地。

公司占地面积3.12平方公里(其中：高桥老区2.82平方公里、漕泾新区0.3平方公里)，为上海自贸区内最大实体企业。炼油区域具备原油综合加工能力1300万吨/年，分别为800万吨/年的燃料油系统和500万吨/年的润滑油系统。上海化工区现有苯酚丙酮、丁苯橡胶、ABS三套装置，具备50万吨/年生产能力。公司汽煤柴油份额占中国石化在沪供应主导地位，具有航煤专用管道直供上海两大机场；公司是集团公司四大润滑油基础油生产基地之一。公司是国内重要的军用油品供应点，每年向部队供应油品约50万吨。42年来，公司累计加工原油31151万吨、上缴利税1375亿元。公司先后获得国家级科技奖项18项、上海市级科技奖项102项，先后获得上海市“高新技术企业”、上海市“文明单位”、集团公司“安全生产先进单位”和“绿色企业”等荣誉。七年获评集团公司党建考核A档，连续六年蝉联浦东经济突出贡献奖(2021、2022年度获新区特别贡献企业第一名)，2022年，公司以浦东新区0.25%的土地面积，贡献了浦东5.31%的工业总产值。

MG MULAN

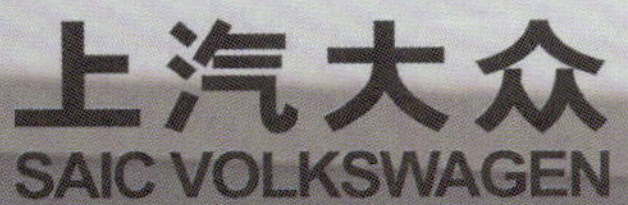
上汽大众
SAIC VOLKSWAGEN

ŠKODA

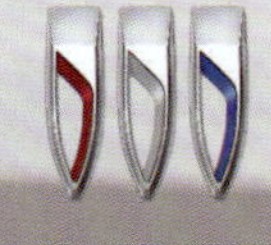
BUICK

雪佛兰
CHEVROLET

上海化学工业经济技术开发区

上海化学工业经济技术开发区是国家级经济技术开发区，位于杭州湾北岸，规划面积29.4平方公里，是以石油化工为主导产业的专业开发区，建成以乙烯为龙头的循环经济产业链、以化工新材料为特色的高端产业集群，成为全国集聚知名跨国化工企业最多、主导产业产品链关联度高、安全环保管理严格、资源循环利用水平领先的化工园区，是国务院规划的国家七大石化产业基地之一，被评为国家新型工业化产业示范基地、国家生态工业示范园区、国家低碳工业园区试点单位、中国智慧化工园区试点示范单位，连续多年排名全国化工园区榜首。2022年，化工区（包括金山、奉贤分区）共完成工业总产值1504.87亿元，销售收入1675.63亿元；引进项目投资195.89亿元，完成固定资产投资67.72亿元；园区企业实现利润106.10亿元，上缴税金118.50亿元；万元产值能耗0.621吨标准煤。截至2022年底，化工区累计批准项目总投资349.63亿美元，累计完成固定资产投资1648.18亿元。

生态湿地

华林工业气体装置

高桥石化苯酚丙酮装置

科思创上海一体化基地Deacon II工厂

化工区鸟瞰图

华谊集团丙烯酸及酯项目

上海赛科乙烯装置

中国石化上海石油化工股份有限公司

Sinopec Shanghai Petrochemical Co., Ltd.

上海石化举办北京 2022 年冬奥会
中国石化上海石化火炬团队出征仪式

上海石化员工在检查 48K 大丝束碳纤维产品

中国石化上海石油化工股份有限公司(简称上海石化)是中国石油化工股份有限公司的控股子公司，位于上海市金山区，是中国主要的炼油化工一体化企业之一，也是国内重要的成品油、中间石化产品、合成树脂和合成纤维生产基地。上海石化的前身是创建于 1972 年的上海石油化工总厂。1993 年，经过国有企业股份制规范化改制，上海石化成为中国第一家股票同时在上海、香港和纽约三地上市的国际上市公司。

上海石化的发展经历了六个阶段的大规模集中建设。至 2022 年底，上海石化具有综合加工原油能力 1600 万吨/年和乙烯 70 万吨/年、有机化工原料 407 万吨/年、合成树脂 90.8 万吨/年、合纤原料 52.5 万吨/年、合纤聚合物 15 万吨/年、合成纤维 2.8 万吨/年、高性能纤维 1500 吨/年的生产能力，并拥有独立的公用工程、环境保护系统，及海运、内河航运、铁路运输、公路运输配套设施。上海石化的主要产品分为石油制品、中间化工原料、合成树脂、合纤原料及合成纤维 4 大类产品。2022 年，上海石化全年加工原油 1044.53 万吨，生产成品油 590.80 万吨，乙烯 59.81 万吨，营业收入 825.18 亿元，利税 64.84 亿元，总资产 412.43 亿元，在岗员工总数 7647 人。

2022 年，上海石化以习近平新时代中国特色社会主义思想为指导，贯彻落实习近平总书记视察胜利油田重要指示精神，以“牢记嘱托、再立新功、再创佳绩，迎接学习贯彻二十大”为主线，融入集团公司“一基两翼三新”产业格局，统筹推进生产经营、科技创新、改革管理、项目建设、疫情防控、党的建设等工作，基本完成全年

上海石化 2.4 万吨 / 年原丝、1.2 万吨 / 年 48K 大丝束碳纤维项目产出合格产品

上海石化牵头研发、量产的北京冬奥会、冬残奥会火炬

目标任务。

2023 年，上海石化将按照中共上海市委、市政府和中国石化党组的总体部署，坚持稳字当头、稳中求进，融入新发展格局，落实集团公司高质量发展行动要求，统筹发展和安全，务实重效抓“三基”、严细管理促提升，着力“五个抓实”，突出做好强基础、强管理、强运营，防范化解重大风险，打赢安全生产翻身仗，推动生产经营“跑赢大势、好于同行”，重点项目发展取得突破，党建内部管理全面提升，为全面推进公司高质量发展奠定坚实基础。

上海石化一向重视树立良好的公司形象，积极履行社会责任，为振兴中国石化工业而不懈努力；一贯坚持规范化运作，致力于用良好的经营业绩回报股东；一直以为顾客提供优质的石化产品和良好服务为己任，多次获得社会各界的嘉奖。近年来，连续六届获全国文明单位，先后获全国绿化先进单位、全国思想政治工作优秀企业、全国“重合同、守信用”单位、全国用户满意企业、全国厂务公开先进单位、全国爱国拥军模范单位、中华环境友好企业、全国模范劳动关系和谐企业、智能制造试点示范企业、全国花园工厂、中国石化节能环保先进单位、中国石化绿色企业等一系列荣誉称号。

上海石化海运 5 号、6 号拖轮参加上海市组织的“沪应 -2022”上海危化品船舶应急处置综合演练

金山宾馆完成援沪医疗队接待任务

我的中华

我的中支

20mm

舒适满足

我的·中华细支
烟香纸 Tobacco paper
尽早戒烟有益健康
戒烟可减少对健康的危害
上海烟草集团有限责任公司出品　吸烟有害健康

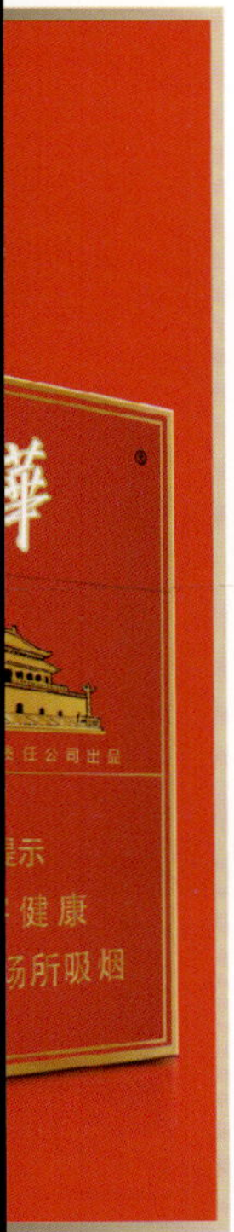

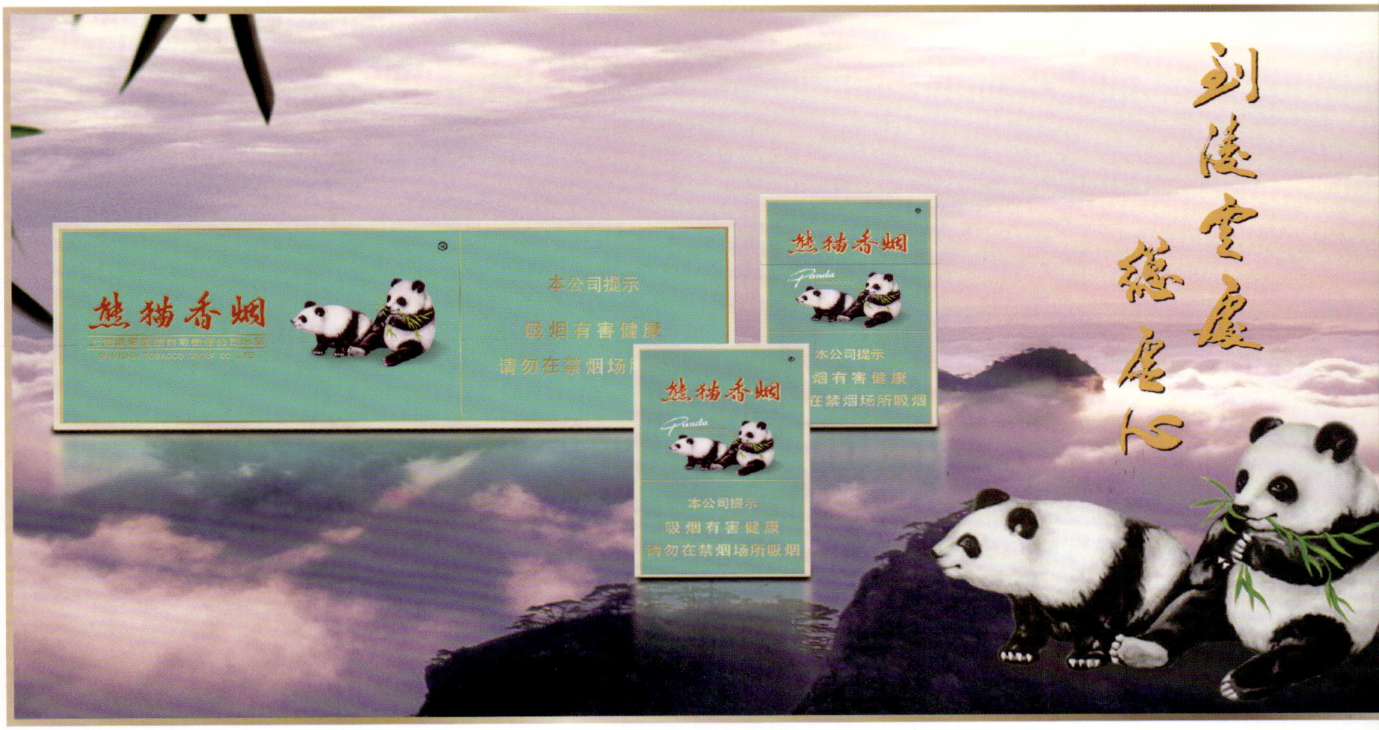

捏爆宇宙
开启冰耀纪
蓝莓薄荷爆珠
BLUEBERRY BALL MENTHOL
中南海冰耀中支
中南海
本公司提示
吸烟有害健康
请勿在禁烟场所吸烟
中南海 点燃精致生活 Light Up Refined Living

恒大牌
品味恒大
悦享中支
Hengda
本公司提示
吸烟有害健康
请勿在禁烟场所吸烟

上海张江(集团)有限公司

上海张江(集团)有限公司(前身上海市高科技园区开发公司)成立于1992年7月28日，作为张江科学城“开发主力军、新兴产业推动者、科创生态营造者”，统筹承担开发建设、项目引进、产业培育、功能服务、创新创业氛围营造等重要功能。

张江科学城位于上海浦东新区中部，规划面积220平方公里，集聚国家实验室、高校科研机构、全球顶尖创新企业和人才资源，目前汇聚24000多家企业，国家、市级研发机构150余家，跨国公司地区总部69家，近20家高校和科研院所，现有从业人员逾49.9万人。未来，将发展成为“科研要素更集聚、创新创业更活跃、生活服务更完善、交通出行更便捷、生态环境更优美、文化氛围更浓厚”的世界一流科学城。

上海金桥（集团）有限公司

金桥集团作为首批参加浦东建设的开发公司，时至今日，开发版图从东海之滨到黄浦江畔，从南到北串起一条“黄金轴线”，形成了金滩、金环、金鼎、金湾、金谷、金城、金港“七朵金花”和上海智城共 8 个开发区域，共计约 85 平方公里的开发格局。

在三十多年的发展历程中，金桥集团始终将自己定位为产业集聚的号召者和服务者，城市进步的引领者。依托传统金桥传统制造业的基础，金桥集团一直在开拓新产业赛道，瞄准“未来车”“智能造”“元宇宙”“大健康”四大核心产业，打造中国产业未来“智造”高地。

上海青浦工业园区（集团）有限公司

上海青浦工业园区于 1995 年 11 月经上海市人民政府批准设立，属九大市级工业开发区之一，规划面积 56.2 平方公里。拥有青浦综合保税区、张江高新青浦园 2 个国家级开发区，已经发展成为产值超千亿元、税收超百亿元的大型战略性新兴产业园区。历年来，获批（获评）国家生态工业示范园区、国家循环化工业示范试点园区、国家新型工业化产业示范基地（新材料）、上海市特色产业园区（生物医药）等。

园区周边交通便利、配套完善、产业集聚，有沪渝高速、沪常高速等 6 条高速公路穿越和邻近园区；沪苏嘉城际线、嘉青松金线、上海地铁 17 号线在园区内形成青浦新城三线换乘、互联互通的综合交通枢纽；崧泽高架贯穿园区中心，驱车前往虹桥机场、虹桥火车站 15 分钟就能到达；逐步构建"对内大循环、对外大联通"的立体交通网络。

经过多年开发建设，园区产业能级不断提升："高端装备产业群"代表企业有杜尔涂装、斯伦贝谢、邦飞利、天田等；"新材料产业群"代表企业有亚士创能、希悦尔、赫格纳斯、英威达等；"电子信息产业群"代表企业有汉得信息、紫光宏茂、华测、腾讯等；这三个已发展成为百亿级的产业集群。另外，"汽车零部件产业群"代表企业有索菲玛、库博、博格、日立海立等，"生物医药产业群"代表企业有绿谷生命园、上药杏林、辰光医疗、西氏药业等，"印刷传媒产业群"代表企业有海德堡、当纳利、中华商务、中华印务等，"时尚消费品产业群"代表企业有福维克、尤妮佳、上海家化、妮维雅等，人工智能产业群"代表企业有发那科、启迪、爱仕达等。产城融合步伐提速：以加快制造业高质量发展为主线，以新旧动能转换和产城深度融合为两大关键抓手，以产业集群集聚、产业空间整合、产业提质增效、产业创新驱动、产业融合发展为五大目标，以产业社区建设为导向，率先打造生命科学和数字制造两大产业社区。长三角一体化枢纽节点功能不断突显：以长三角数字干线建设为引领，以长三角一体化示范区城际线华青路站点建设为契机，全面推进数字干线新基建，加速推进优刻得、中国移动 5G 生态谷落地建设，全力推进"东数西算"长三角一体化示范区集群的关键枢纽节点建设，打造数字经济特色园区。

"十四五"以来，青浦工业园区始终着眼于全市发展大格局和长三角一体化发展大格局，紧紧围绕区委提出的"战略赋能区、数创新高地、幸福温暖家"三大建设目标和着力点，以进博会、长三角一体化示范区、虹桥开放枢纽、"五大新城"建设等重大战略为牵引，重点聚焦上海"3+6"产业体系、四个新赛道产业、五大未来产业细分领域，努力将青浦工业园区打造成为一体化示范区乃至长三角重要的产业新高地、科创新高地、宜居新高地。

上海宝山科技控股有限公司

上海宝山科技园于2008年开园，是由上海市科委、宝山区政府授牌的高新技术产业园区。2012年，被文化部认定为国家文化产业示范基地。2014年，被人力资源和社会保障部认定为全国创业孵化示范基地。2020年，纳入环上大科技园，成为环上大科技园零号基地。园区还曾获得上海市创意产业示范集聚区、上海市文化产业园区、上海市高技能人才培养基地、上海市科技企业孵化器、上海市创业孵化示范基地等多项荣誉。

上海宝山科技控股有限公司是上海宝山科技园的管理运营公司。现有注册企业1632户，其中专业技术及信息服务产业占绝大比重；其他产业涉及工业、建筑业、运输业、餐饮业、商务及租赁服务业。为能向企业提供更好、更专业的服务，基地配有核心的成熟团队，由26名专业人员组成，大专以上管理人员比例达100%。现分设招商一公司、招商二公司、平台服务科、综合服务科、办公室五个科室，为企业提供办理工商、税务登记，企业信息变更，创业扶持政策宣传、人才引进、项目申报、资金申请等全方位服务。同时成立了以总经理为组长、副总经理和副书记为副组长，各科室的科长为组员的基地领导管理小组，明确工作职责，细化任务分工，落实个人责任制，激发员工的主观能动性，大大提高公司整体服务水平，确保园区各项工作有序开展。

园区位于宝山区大场镇，地处北中环商务圈，毗邻上海大学，距离虹桥国际机场仅约15分钟车程，拥有便利的交通以及区位优势。园区结合自身产业特点和企业需求，融合研发、孵化、服务、创新等功能，已形成较为完整的服务体系，可从企业开办、人才服务、资金申报、资源对接等多方面为企业提供"保姆式"发展支持。

园区着重在服务工作中突出"四个结合"：

1、孵化服务内容与产业转型发展需求结合，针对政策、资金、知识产权等产业转型关键要素，提供政策扶持加政策建议、专业投资机构合作加专项融资咨询、知识产权培训加专业机构咨询及维权服务。

2、营造创业环境与打造产业生态圈结合，不断完善创业要素服务，同时依托宝山科技园骨干企业，发展骨干企业与创业企业的双向外包服务合作。

3、市场化培育机制与公益性扶持机制结合，有效推动银企对接，形成"点对点"的服务为企业金融纾困有成效。

4、标准化线上服务与个性化线下服务结合，发挥官网、微博、微信的服务加速器作用，推动产业公共服务与孵化增值服务联动。

通过"四个结合"特色服务，园区打通产业集聚瓶颈，在投融资服务、"产学研"合作服务等方面形成了常态化工作机制。着力通过对接校企合作项目、引进政策资源平台、组织企业家沙龙活动，形成多方联动、高效协作的长效工作机制。

近年来，在大场镇人民政府的领导和支持下，园区正快速转型，打造成为以数字信息、移动互联网、总部经济、文化创意、生物健康产业为主的新兴产业集聚地，支持区域主体经济的发展壮大。

上海浦东路桥(集团)有限公司

杨高中路(罗山路立交－中环立交)改建工程1标

上海浦东路桥(集团)有限公司成立于2015年,注册资本6.01亿元,承载浦东建设(A股代码:600284)工程施工、技术研发、材料销售等板块工作,是一家以城市基础设施建设为主业的创新型企业,业务范围涉及工程建设、路面施工、环境工程、研发咨询、新材料生产和预制构件生产等领域。

公司秉承"筑世纪路,架百年桥"质量理念,先后承接上海外环线、中环线、内环线、世博配套、度假区配套、济阳路、崧泽高架、龙东大道、杨高中路、S3公路、沿江通道、G60科创云廊等一大批市重大工程建设任务,先后获全国优秀施工企业、上海市五一劳动奖状和上海市重点工程实事立功竞赛金杯公司等多项荣誉。

在工程建设方面,获全国市政金杯示范工程、中国钢结构金奖、中国安装之星、上海市市政金奖以及上海市文明工地升级示范版等各类奖项数百项。在科技创新方面,获科技进步奖27项,授权专利113项,获批工法11项,制定行业标准7项,成果转化5项,连续获批高新技术企业、上海市企业技术中心和上海市道路功能性铺装工程技术研究中心。

2023年,公司紧紧围绕浦东打造社会主义现代化建设引领区目标,深耕浦东,辐射长三角,抓住机遇,直面挑战,再创新的辉煌。

G60科创云廊二期项目01－05地块－1工程

张江镇2022年生态清洁小流域河道综合整治工程

智创 TOP 产城综合体

智创 TOP 产城综合体（简称"智创 TOP"）是由普陀区和临港集团区企合作、联手打造，由上海市工业区开发总公司（有限）全周期开发运营的多功能商办中心和地标建筑群。这里是桃浦作为全市重点转型区域"脱胎换骨"式更新升级的先行、核心展示界面，也是国家级科创项目中以（上海）创新园的主要载体。

智创 TOP 四个地块项目环抱中心城区最大绿地—桃浦中央公园，总建筑面积超 113 万平方米。项目坚持"浦江两岸开发标准"，坚持智慧园区的先行先试，打造集高端办公、商业、人才公寓、科创服务、文娱休闲于一体的"7×24"全天候商务与生活衔接的活力产城。首发项目 2016 年开工，自 2019 年起，优质载体陆续面世亮相。截至 2022 年，智创 TOP A 区首发地块整体建成。2023 年，智创 TOP B 区新建整体竣备，将形成祁连山路－真南路门户界面的"双地标"形象。园区 AI Park 智慧园区集成管理平台是临港集团园区数字化转型先行试点项目，2022 年，在智创 TOP A 区整体落地。AI Park 已先后获得软件著作权和多项专利，获评国家、市级和区级数字化转型多个专项扶持及荣誉奖项。

智创 TOP 以优质建筑、优质服务带动优质产业。园区以发展"精（科技金融）彩（先进材料）人（人工智能）生（生命健康）"新兴产业为主导，坚持总部经济"一部三中心"的发展端面，先后引入乐凯新材料、东方雨虹华东总部、德爱威（中国）等先进材料龙头企业，承接上海电力高压、李园实业等总部型办公业态，导入禾泊科技等智能网联汽车领军企业。嫁接临港集团优质科创资源，智创 TOP 在中以（上海）创新园设立"创营 · TOP"众创空间，打造创新培育孵化和产学研合作平台。赋能科创"金字招牌"。

集"智"聚力兴桃浦，共"创"产城谱新篇。如今的中以（上海）创新园，被国家最高领导人列为中以两国合作的标志项目。智创 TOP 不断铸强园区核心竞争力，以匠心打造"区域转型的新典范、产业发展的新高地、产城融合的新亮点"，助力桃浦早日建成"中心城区转型升级示范区、上海科创中心重要承载区"！

和通汽车投资有限公司

和通汽车投资有限公司是中国领先的全国性汽车经销商集团之一，成立于2010年7月，注册资本为12,804.5万美元，总部设立于中国上海，深耕于中国汽车市场，率先紧扣大陆市场14亿人口的中枢核心，再以放射状网络紧密连结至各个主要城市。

目前经销商汽车品牌包括：和凌雷克萨斯、和裕一汽丰田、和展广汽丰田，全国性4S店共有26家，覆盖经济发达地区及城市，包括上海、天津、北京、重庆、唐山、枣庄、临沂、晋中泰州与南昌等。

集团不断深化汽车服务产业链，开展高端商务车专营，致力发展一站式的经营模式，包含高端商务车专营、精品二手车专营、售后产品与服务、汽车用品、维修保养服务、汽车美容服务、汽车金融、汽车保险、共享出行、汽车类培训业务等汽车相关业务。

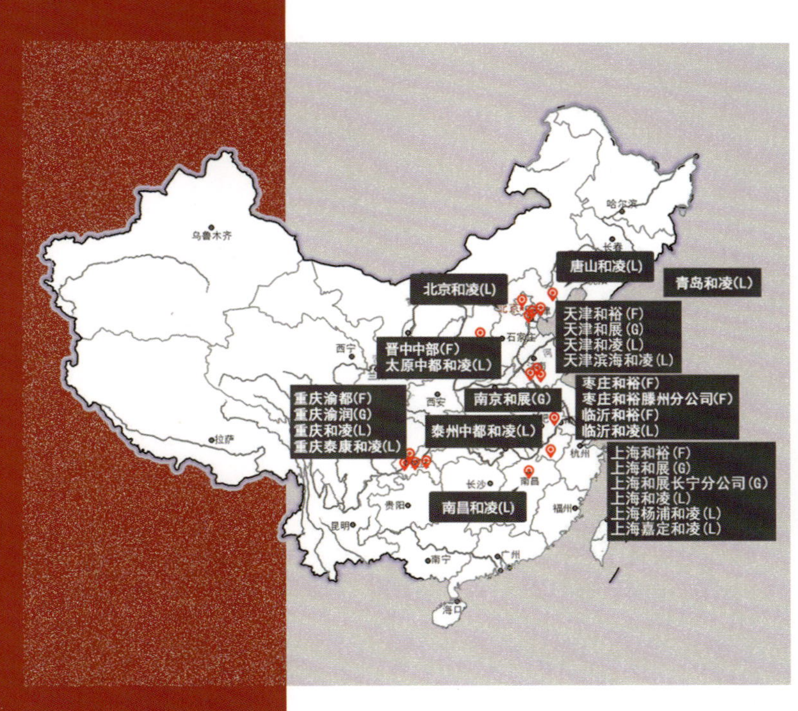

和通文化

诚信纪律

顾客满意

超越

上海区门店名称及联系方式

1、上海和凌（雷克萨斯）	电话：22259999	地址：普陀区祁连山南路 456 号
2、上海杨浦和凌（雷克萨斯）	电话：65779888	地址：杨浦区市光路 401 号
3、上海嘉定和凌（雷克萨斯）	电话：67090688	地址：嘉定区永盛路 2018 号
4、上海和裕（一汽丰田）	电话：64202769	地址：闵行区沪青平公路 999 号
5、上海和展（广汽丰田）	电话：34305128	地址：闵行区莲花南路 2058 号
6、上海和展长宁分公司（广汽丰田）	电话：4001369445	地址：长宁区长宁路 1018 号
7、上海和乾（丰田叉车）	电话：57686660	地址：松江区新桥镇曹农路 515 号
8、天津和亿上海闵行分公司（高端商务车）	电话：64202769	地址：闵行区沪青平公路 999 号 5 幢
9、天津和亿上海嘉定分公司（二手车）	电话：67090688	地址：嘉定区永盛路 2018 号 2 幢

上海淞泓智能汽车科技有限公司

上海淞泓智能汽车科技有限公司成立于 2017 年 6 月，是上海市智能网联汽车制造业创新中心，是国家智能网联汽车（上海）试点示范区具体运营和管理单位，受上海市智能网联汽车道路测试推进工作小组（市经信委、市交通委、市公安局联合成立）委托，作为第三方机构承担上海市智能网联汽车道路测试牌照申请、测试和管理工作。自公司成立以来，服务国内外多家企业，主要业务涵盖技术测试认证、前瞻技术研究、大数据分析与人工智能服务等。

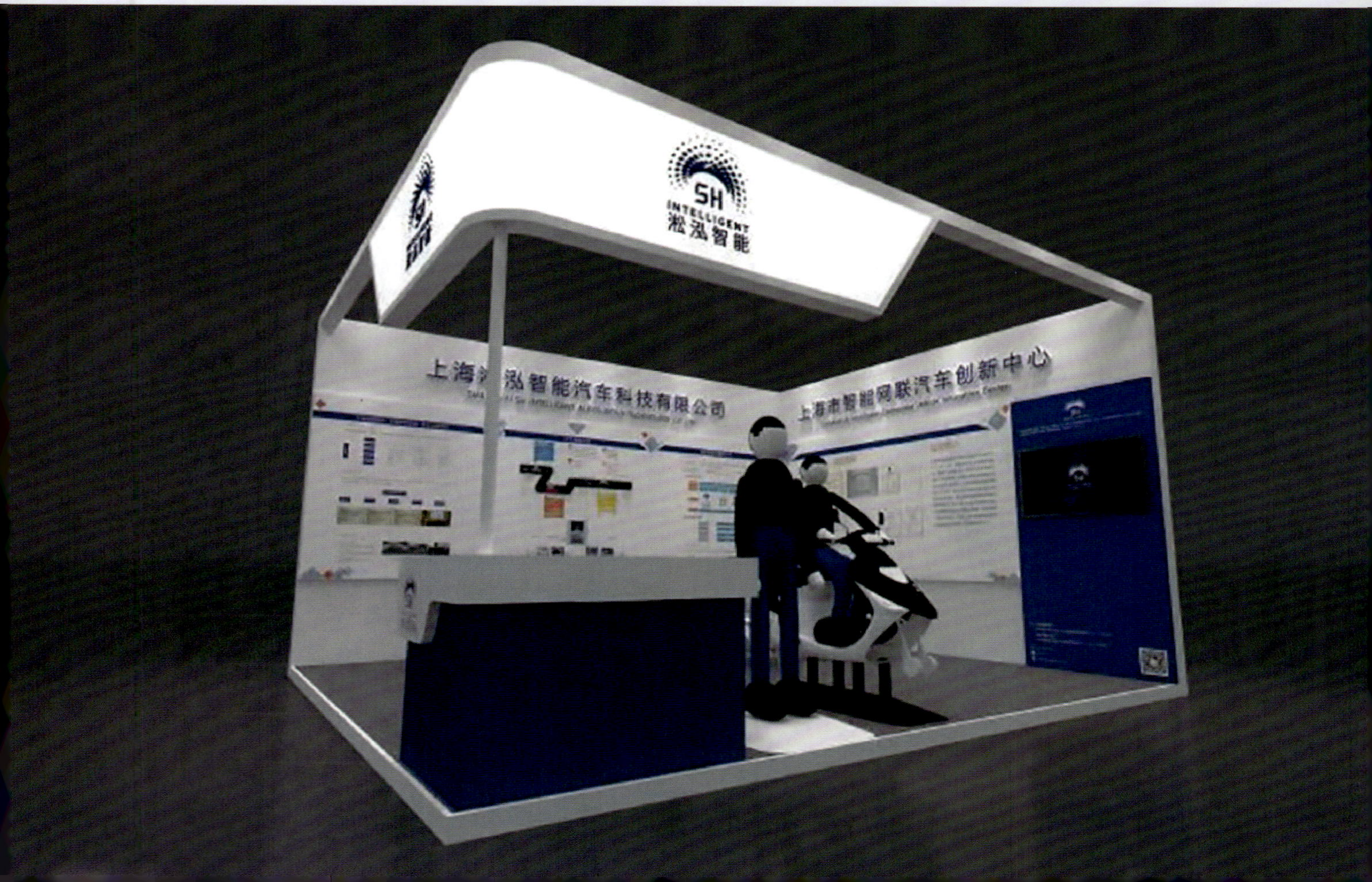

上海华培动力科技(集团)股份有限公司

上海华培动力科技(集团)股份有限公司(股票代码：603121)于2006年在上海青浦成立，总部位于上海青浦出口加工区，是一家专注于汽车零部件行业的先进制造企业，主要从事汽车零部件的研发、生产及销售。依托于在材料研发和材料成型领域多年的技术积累，公司逐步发展成为细分市场领域金属合金材料铸造成型的龙头。目前公司产品主要围绕在汽车领域，包含以下三大类：1)发动机进气系统中涡轮增压器放气阀组件、涡轮壳及中间壳等零部件；2)排气系统中的端锥、弯管、法兰等零部件；3)商用车后处理系统中的排气节流阀阀体等产品。

在涡轮增压器关键零部件领域，公司与博格华纳、霍尼韦尔(盖瑞特)、博世马勒(博马科技)等全球知名涡轮增压器整机制造商形成了长期稳健的合作关系，在竞争中占据了先发优势。近年来，不断调整产品结构，连续拓展包括排气系统端锥、弯管、法兰等和商用车后处理系统排气节流阀阀体等产品在内的新产品线，拓展全球排放系统最大供应商佛吉亚、全球商用车制动系统供应商克诺尔集团等优质客户。2020年，公司明确“积极拥抱汽车智能化、电动化”的战略发展方向，收购无锡盛迈克传感技术有限公司，战略布局汽车压力传感器、温度传感器等产品线，未来围绕盛迈克的核心技术积累，重点布局商用车尾气后处理系统、氢燃料电池系统、流量控制系统等战略项目，并将逐步延伸至制造过程中的自动化生产、标定、检测技术的软硬件技术开发，力争为客户提供一揽子解决方案。

宝陆BAOLU

上海宝山大陆汽车配件有限公司

成立于1989年11月27日，注册资本9000万元人民币

主营业务

专业生产轿车隔热罩系统零件、大型车身A类零件、中小型冲压件、焊接件、轿车千斤顶和随车工具以及内外饰注塑零件

公司现状

现拥有6个独立子公司，分别位于上海、江苏扬州、浙江宁波、福建宁德、河南开封和湖南长沙

公司具备年产5000万套冲压件、800万套千斤顶、500万套注塑件生产能力

公司主要客户有上汽大众、上汽汽车、上汽通用、一汽大众、福建奔驰等整车厂和扬州亚普、华域汽车等大型零部件企业。

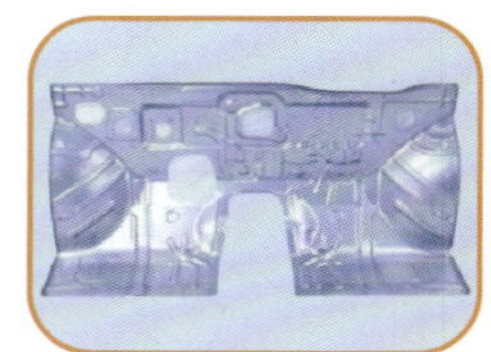

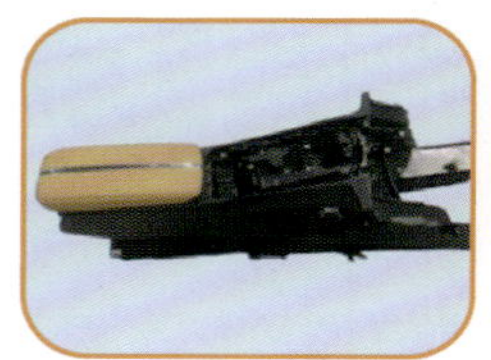

冲压类零件：

核心技术：三十年深耕冲压技术、沉淀冲压工艺

竞争优势：大吨位、自动化设备

产品类型：A类零件、隔热板、轮罩、高强度钢

千斤顶及随车工具：

核心技术：国外专利技术授权

产品类型：X型千斤顶、Y型千斤顶、EPP工具箱

注塑类零件：

核心技术：模具开发验证能力

产品类型：内外饰零件、大中型注塑件

中国船舶集团有限公司第七〇八研究所

中国船舶集团有限公司第七〇八研究所（简称第七〇八研究所）始建于 1950 年 11 月，是中国船舶行业内成立最早，成果多、技术力量雄厚、专业门类齐全、试验设施先进的船舶及海洋工程设计研究开发机构，被誉为中国舰船设计的“摇篮”。现有职工 1600 余人，其中全国最美科技工作者 1 名，船舶设计大师 7 名，上海领军人才 7 名，并有一批中青年领军人才和学科带头人。

第七〇八研究所隶属于中国船舶集团有限公司（CSSC），是中国船舶船舶与海洋工程研发中心，是船舶设计技术国家工程研究中心的依托单位，是国际拖曳水池会议（ITTC）、国际船舶结构会议（ISSC）的成员单位，中国造船工程学会船舶设计委员会主任委员单位，全国海洋船舶标准化技术委员会主任委员单位，是流体力学和船舶与海洋结构物设计制造的硕士、博士研究生培养单位。第七〇八研究所长期致力于研究开发经济、安全、环保的各类优质船舶、海洋工程和高端船用装备，把所掌握的设计技术和丰富的经验贡献给社会，以最好的服务满足客户的不同需求。

建所七十余年来，自主开发出多型具有世界先进水平的军用舰船、民用船舶、海洋工程和高端船用装备，许多科研成果和船舶产品达到国内领先、国际一流的先进水平，填补中国造船业众多空白，创造近百项中国第一。完成各类舰船、船舶及海洋工程研究开发和设计项目共 1300 余项，获各类科技成果奖励近 500 项，其中国家级奖励 50 余项（国家科技进步奖特等奖 4 项、国家科技进步奖一等奖 10 项）、省（部）级奖励 300 余项。

第七〇八研究所被中共中央、国务院、中央军委授予高技术武器装备发展建设工程重大贡献奖。先后被国防科技工业局（委）授予军工能力建设先进单位、技术创新先进单位、国防科技创新团队、国防科技工业安全保密工作先进集体等荣誉。此外，还先后获中央文明委全国文明单位、全国五一劳动奖状；国资委中央企业思想政治工作先进单位、中央企业先进基层党组织；上海市文明单位、治安安全示范单位、五好基层党组织等荣誉称号。

智能生产线一体化技术研究

船舶内装

CSSC

中船第九设计研究院工程有限公司

中船第九设计研究院工程有限公司成立于1953年5月23日，隶属于中国船舶集团有限公司。公司是一家多专业、综合技术强的大型工程公司，主要从事工程咨询、工程设计、工程管理、工程项目总承包及投融资业务，在国家海洋强国建设中，承担着践行环渤海地区、长三角地区、珠三角地区的船舶工业规划设计“国家队”的角色。公司是全国文明单位、国家级技术中心、上海市文明单位、上海市高新技术企业。

公司秉承“创新、拓展、诚信、敬业”的企业精神，以高质量发展为中心，坚持创新是发展的第一动力，持续做强设计咨询、做优总承包、做稳投融资，拓展科技产业化和智能工厂数字化平台创新业务，全面实施“3+2”战略布局，为全面建成具有特色的国内知名、世界一流工程公司不懈奋斗。

地址：上海市河间路1280号
邮编：200090
传真：021-62573715
电话：021-62579400
网址：www.ndri.sh.cn

江苏科技大学十里长山新校区建设

校企开放日

实验室环境

参展珠海航展

中国航空无线电电子研究所

中国航空无线电电子研究所（简称上电所）长期从事航空电子系统综合（架构）技术研究。承担军民机座舱显示控制系统、信息综合处理系统、无人机指挥控制系统以及无线电通信导航监视等产品的研制与服务，为各军兵种和民用飞机提供先进的产品与技术服务，是集科研、生产、服务一体化的高新技术企业，也是国内航空电子技术和产品研发的重点保军事业单位。连续十二届二十四年获得“上海市文明单位”称号。

上电所是航空电子系统综合技术重点实验室和民航空管航空电子技术重点实验室的依托单位，新建有8个具有国际先进水平的专业实验室，具备航空电子系统的自主研发能力。上电所秉持“航空报国、航空强国”的宗旨，聚焦主业，致力于复杂系统架构设计与航空电子产品创新，通过先进航电架构（AAA）、软件通信架构（SCA）和先进空管架构（ATM）研究，逐步确立以面向机载复杂系统解决方案为核心、相关多元为特征的发展战略，在军机航空电子、民机航空电子、无人机指挥控制、综合通信导航、空管系统装备、智慧航行等领域技术创新基础上，产品在四代机、国产民机（含C919、AG600、Y12）、高端无人机、通航等领域得到广泛应用。

上电所按照“技术同源、产业同根、价值同向”发展思路，积极响应军民融合发展战略，积极向非航空防务及民用系统装备方向拓展，重点聚焦空中交通管理、应急救援体系、边海防、船电与港口信息系统等领域进行产业化发展。

中电科机器人有限公司

白虹3.0 髋关节助力 外骨骼机器人

白虹3.0髋关节助力外骨骼机器人是一款用于行走助力及奔跑助力的外骨骼机器人，配备的人工智能算法精准识别人体运动状态与意图，外骨骼左右两侧电机模组提供助力。其采用人机相融造型设计，背部壳体完美贴合人体背部曲线，绑缚系统可提供快速且极致贴合的绑缚体验，响应迅速的高效驱动系统强势升级可提供9-26Nm强劲动力，电池仓一键便捷更换解决续航困扰，可伸缩腰杆设计适配不同体型人群，极具科技感的外观造型提升视觉感受，全色系个性化定制将精湛工艺与前沿科技有机融合。

产品特点

- ☑ 行走奔跑助力
- ☑ 上下楼梯助力
- ☑ 全色系颜色定制
- ☑ 科技外观设计
- ☑ 升级IP54级防护
- ☑ 智能语音提示
- ☑ CE认证标准
- ☑ 电池便捷更换
- ☑ 柔顺绑缚系统
- ☑ 智能随走随停
- ☑ 自适应步频调整
- ☑ 环形电量显示

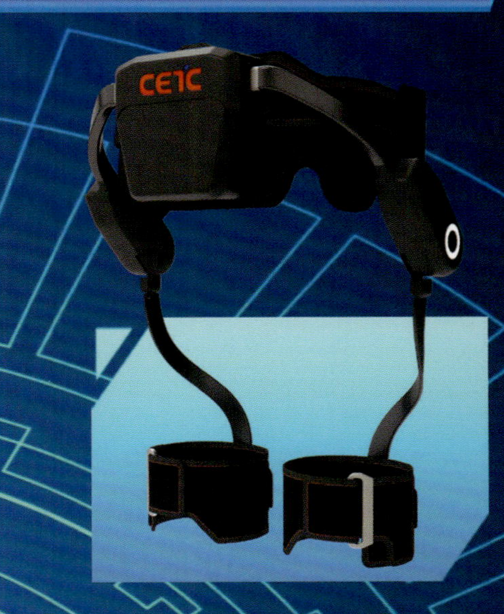

参数指标

- ➤ 整机重量: 3.5kg
- ➤ 助力模式: 5种
- ➤ 续航时间: 4h
- ➤ 最大速度: 16km/h
- ➤ 助力大小: 6种
- ➤ 防护等级: IP54
- ➤ 颜色定制: 1000+
- ➤ 助力能力: 26Nm

中国科学院上海技术物理研究所(简称上海技物所)创建于1958年10月，是集基础研究、工程技术研发和高新技术产业化为一体的综合型研究机构。上海技物所以红外物理与光电技术研究为定位，重点发展空天红外与光电有效载荷、红外凝视成像及信号处理、红外探测器、空间主动光电技术及遥感信息处理等技术。上海技物所着眼于国家重大战略需求，针对相关技术领域的特点，已形成具有自身特色的、覆盖“基础前沿—核心组部件—系统集成”完整研发体系。

截至2022年底，上海技物所共有在岗职工1356人。其中专业技术人员759人，包括中国科学院院士6人、中国工程院院士2人、国际欧亚科学院院士1人(兼)、各类国家级专家百余人次。研究员及正高级专业技术人员157人、副研究员及高级专业技术人员237人。

上海技物所是国务院学位委员会批准的首批博士、硕士学位授予单位之一。目前设有物理电子学、微电子学与固体电子学、电路与系统、光学工程、光学、凝聚态物理、制冷及低温工程等7个专业学科博士研究生培养点，物理电子学、微电子学与固体电子学、电路与系统、信号与信息处理、光学工程、光学、凝聚态物理、制冷及低温工程等8个专业学科硕士研究生培养点，电子科学与技术以及物理学等2个博士后科研流动站。截至2022年底，共有在学研究生653人(其中硕士生167人、博士生264人、留学生6人、联合培养研究生216人)、在站博士后74人。

2022年，上海技物所有在研项目461项(其中，工程型号类101项、基础预研类360项)。国家重大任务方面，全面完成23次发射任务，14台先进光电载荷和48台/套单机质量可靠，表现优异。累计申请专利142项，其中发明专利114项，实用新型28项，国际专利0项；授权专利97项，其中发明专利68项。发表科技论文371篇。“空间生物学实验装置通用设计规范”获首届上海市标准创新贡献奖二等奖。

上海技物所是中国空间科学学会空间遥感专业委员会、中国光学工程学会红外与光电器件专业委员会、中国遥感应用协会高光谱遥感技术与应用委员会、上海市传感技术学会的挂靠单位，是上海市红外与遥感学会理事单位之一。研究所编辑出版《红外与毫米波学报》《红外》等学术期刊。

【可持续发展科学卫星1号红外热像仪数据服务金砖国家可持续发展】4月26日至27日，由中国科学院上海技术物理研究所研制的可持续发展科学卫星1号红外热像仪获取的“金砖国家”热红外三谱段彩色等数据发布。金砖国家可持续发展大数据论坛认为，该热红外成像仪实现8微米 ~10.5微米、10.3微米 ~11.3微米、11.5微米 ~12.5微米三谱段空间分辨率为30米、300公里大幅宽的红外探测，有力支撑卫星精细刻画人类活动痕迹，为表征人与自然交互作用的可持续发展指标提供强专属数据。

中国科学院上海技术物理研究所

上海万泽精密铸造有限公司

上海万泽精密铸造有限公司（简称上海万泽）于2015年1月成立，生产基地于2017年5月破土动工，至2018年8月建成投产，建设速度创下国内同类项目之最。上海万泽现有员工共270人，其中相关专业博士2人、硕士6人、本科23人。上海万泽技术团队中有工程师25人、技术员33人、质量控制人员15人。上海万泽面向航空发动机、燃气轮机等先进涡轮发动机的国家重大战略需求，开展热端高代次单晶、定向凝固、等轴合金以及轻质高强金属间化合物熔模精密铸件的研发，实现关键零部件国产化的目标并带动上下游技术创新，使中国涡轮发动机热端关键零部件制造技术达到国际先进水平。

上海万泽入选2017年上海市首批工业强基项目、2018年工信部绿色制造系统集成项目、2018年上海市经信委重大技术改造项目、2022年上海市首台套突破项目。同时，作为主要参与单位，在2019年上海市科委78MW燃机叶片重大专项中承担产业化落地的任务。2019年上海万泽 被上海市认定为第五批高新技术企业。2021年上海万泽获批上海市科委"先进涡轮发动机热端关键部件精密铸造技术创新中心"，同年被工信部列入2021年第六批"绿色工厂示范单位"；2022年被授予上海市"专精特新"企业。上海万泽已通过AS9100D、IATF16949、ISO9001、GB/T29490-2013等体系认证。

上海万泽通过美国Wabtec运输（原GE运输）、SIEMENS能源、BMTS等国际知名OEM的合格供应商审核。并与国内行业龙头企业，如：中国航发商发、上海电气、中科航星科技有限公司、中车大连机车研究所有限公司、新奥能源等建立战略合作关系。

上海万泽秉承以市场及客户为导向，差异化竞争的理念，在解决一般典型产品工艺问题的基础上，精确定位市场痛点，攻坚克难，掌握一系列客户需要、市场紧缺的专有技术：如晶粒取向三维可控单晶凝固技术、大面厚比铸件整体细晶技术、复杂薄壁结构件热控凝固技术、高Al+Ti合金补焊技术等；迄今为止已获得39项专利，其中发明专利11项。形成了上海万泽的核心竞争力，并得到客户的广泛认可。同时，通过采用多尺度模拟计算、先进的陶瓷型壳材料、增材制造等技术提高产品合格率，降低单位能耗；利用型壳、蜡料等工艺辅料回收再利用技术，粉尘、废气净化处理及达标排放技术，余热回收再利用等多种技术降低铸造对环境的损害，为热端部件的高效能、绿色化铸造提供系统解决方案。

高新技术企业
证书
企业名称：上海万泽精密铸造有限公司
证书编号：GR202231009087
发证时间：2022年12月14日
有效期：三年
批准机关：

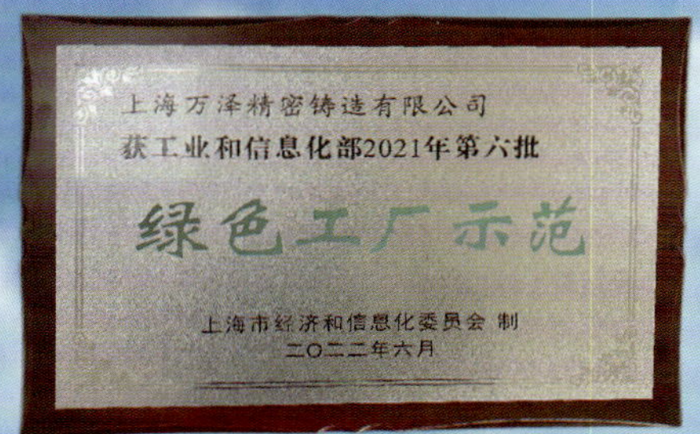
上海万泽精密铸造有限公司
获工业和信息化部2021年第六批
绿色工厂示范
上海市经济和信息化委员会 制
二〇二二年六月

知识产权管理体系认证证书
兹证明
上海万泽精密铸造有限公司
知识产权管理体系符合标准：GB/T 29490-2013 的要求
认证范围：
首次发证日期：2021年11月07日
本次发(换)证日期：2021年11月07日
证书有效日期：2024年11月06日
中际连横（北京）认证有限公司

上海市产业转型升级发展专项资金
（工业强基）项目验收证书
项目名称：高温合金精密铸造成型及涂层关键技术
承担单位：上海万泽精密铸造有限公司
立项时间：2017年
验收时间：2020年1月17日
验收结果：通过验收
上海市经济和信息化委员会
技术进步处
2020年1月

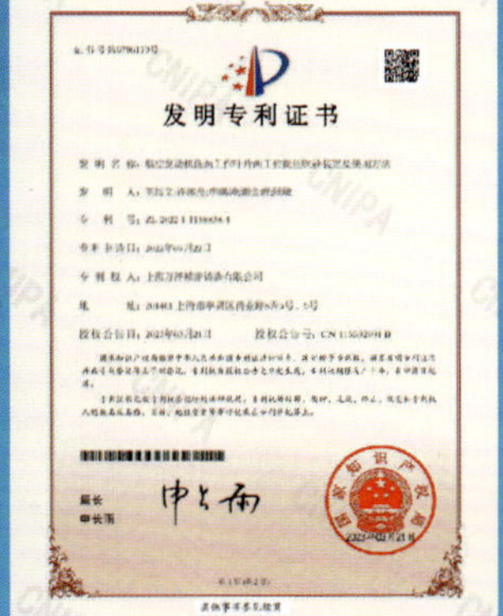
发明专利证书

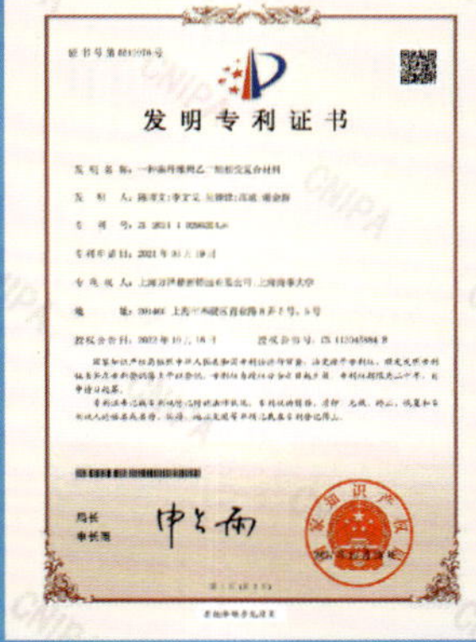
发明专利证书

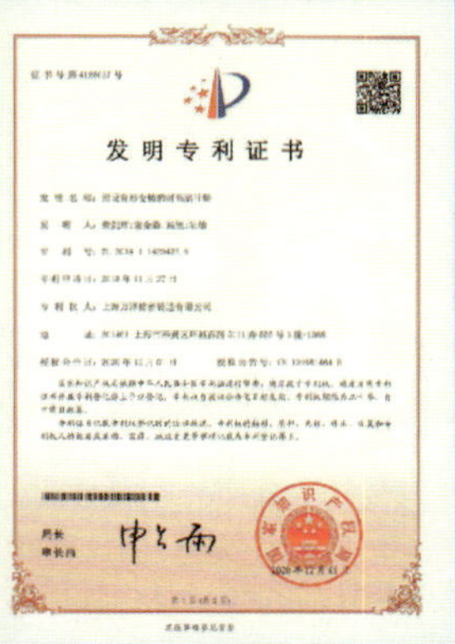
发明专利证书

实用新型专利证书

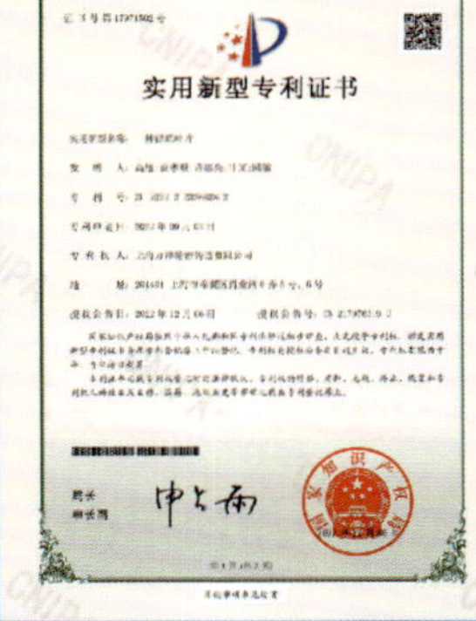
实用新型专利证书

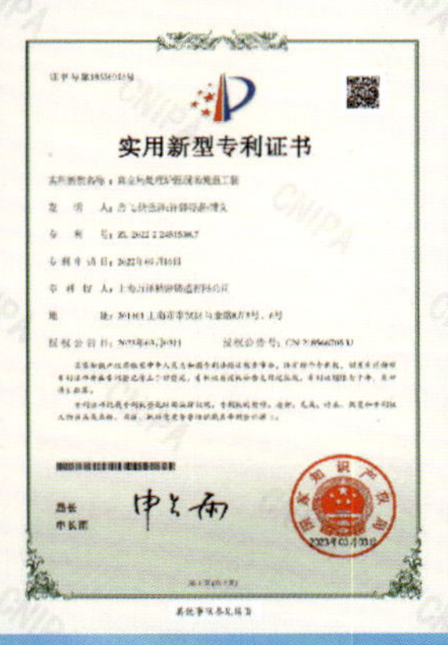
实用新型专利证书

上海无线电设备研究所

上海无线电设备研究所是中国从事精确制导、空间探测与遥感、数据通信、智能交通等领域技术研究、产品研制的国家重点科研单位。经过近六十年的发展，在专业技术、科研能力、人才队伍和企业文化等方面取得瞩目的成绩，目前拥有一个国家级重点实验室、两个上海市级重点实验室和工程技术中心，综合实力处于国内领先水平，致力建设成为世界一流精确制导专业研究所。现有国家百千万人才工程专家、政府特殊津贴专家、省部级学术技术带头人、高级工程师等人才 350 余人，先后承担数百项国家级、省部级重点科研项目，取得省部级以上科技成果 200 余项，拥有专利 560 余项。获全国五一劳动奖状、全国五四红旗团委、全国模范职工之家、国资委深化人才发展体制机制改革示范企业等称号，蝉联上海市文明单位、上海市高新技术企业。

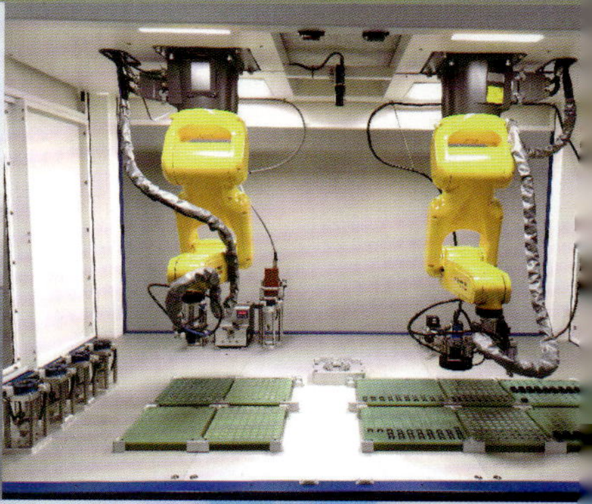

上海电控研究所

中国兵器装备集团上海电控研究所是中国兵器装备集团有限公司重要成员单位之一，成立于 1986 年 6 月，是集科研、生产为一体的专业研究所，坐落于上海市杨浦区，下设上海赛克实业有限公司和上海北通导控科技发展有限公司两家全资子公司，现有职工 280 余人。电控所牢牢肩负科技强军的时代重任，荣获部级以上科技进步奖 110 余项、取得专利 120 余项，连续 24 年荣获上海市文明单位，主营业务涵盖光电控制、电子对抗、认知通信三大领域，拥有小口径火炮综合电子技术、小口径火炮机电控制技术两大保军专业及电子对抗技术、认知通信技术等关键核心技术，主要从事复杂电磁环境构设装备、电磁侦察与干扰装备、光电信息装备、机电控制装备、灭火抑爆装备的研制、生产和保障，研发生产基地分布上海、北京、武汉、南京、无锡等地，为国防和军队现代化建设做出了突出贡献。

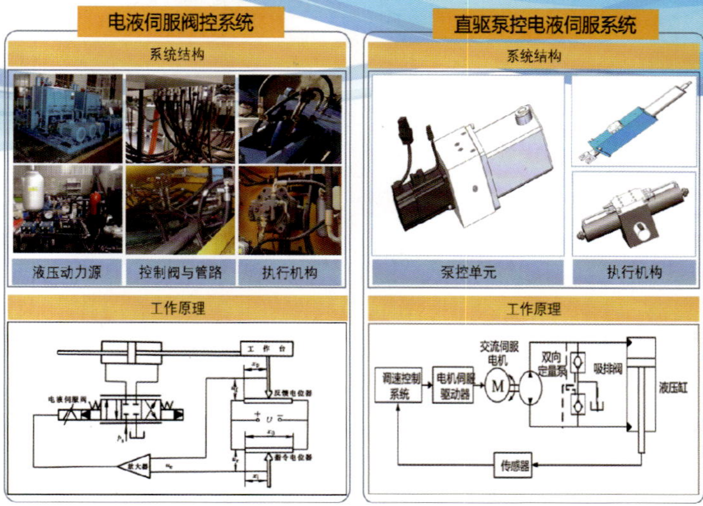

基于液压三极管的直驱泵控电液伺服系统：是一种基于泵控缸原理的电液伺服驱动系统，采用液压三极管流量匹配技术，具有液压平衡和双向液压锁紧功能。可在石油领域、水利领域、风电领域、太阳能领域和军事领域等应用。与传统比例 / 伺服变量泵的泵控伺服系统相比，直驱泵控电液伺服系统没有复杂的变量泵排量控制系统，简化了液压系统结构，具有控制精度高、抗负载刚性大等优点，系统可靠性大幅提升。

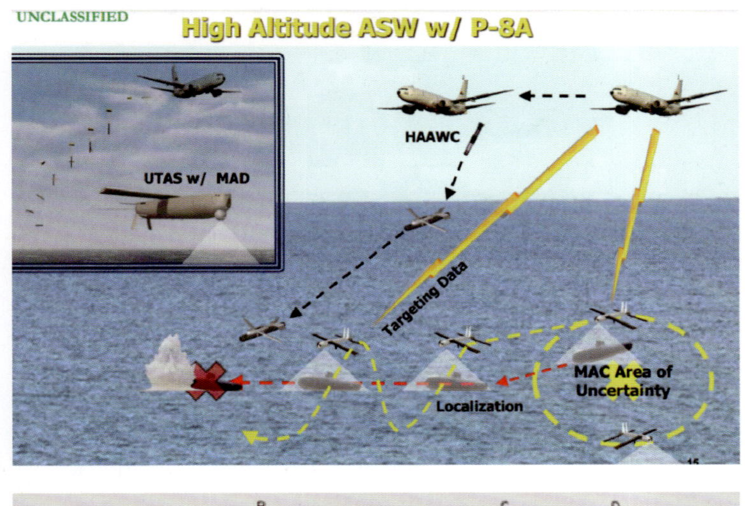

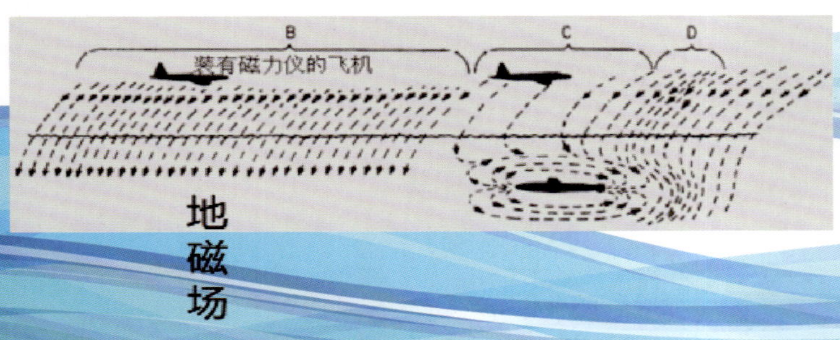

无人机地下未爆炸探测系统：此法探测广泛应用于地球物理勘测，该系统将磁探仪搭载于多旋翼无人平台，人员在安全距离外操作可对大范围区域进行快速探测，是探测手段的升级，提升了未爆弹探测效能和探测过程的自动化水平。

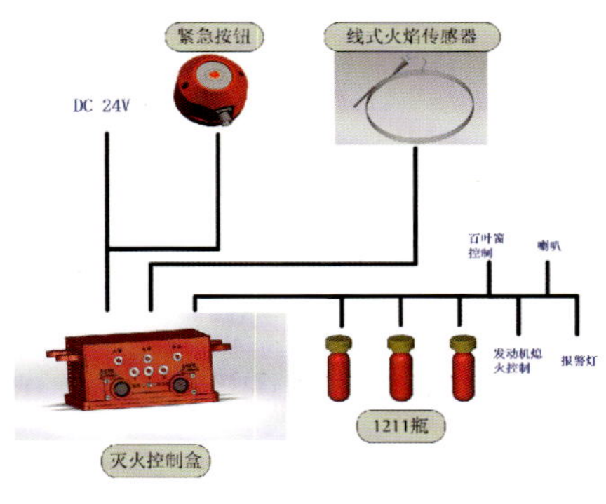

综合型灭火装置：综合型灭火装置是基于分布式光纤测温技术基础上研制的军用车辆火焰探测及灭火设备，其覆盖范围与性能指标均较第二代线式火焰探测器有显著的提高，实现了动力舱温度区域化精确感知、火灾门限灵活设定、温升异常快速预警响应，解决了特种车辆灭火领域测温精度低、火焰定位难、火灾漏报误报的技术问题，具备高精度、高灵敏度、温度连续测量的能力，具有抗干扰能力强、体积小、高可靠性、低成本等特点。

上海核工程研究设计院股份有限公司

核电技术研发

核电工程设计

项目总承包

技术服务

上海核工程研究设计院股份有限公司(简称上海核工院)始建于1970年2月8日，前身是“七二八工程研究设计院”，与中国核电同时起步，由国家电投控股。公司主营业务为核电研发、设计、工程建设管理和服务，具有核工业行业设计、工程造价、建设项目环境影响评价等一系列甲级资质，是第三代先进核电技术AP1000引进消化吸收再创新的技术主体，是大型先进压水堆核电重大专项的牵头实施单位，是“国和一号”产业链联盟建设依托单位，是具有全核岛(全结构、全系统、全主设备)研发、设计、采购、建造、调试等完整产业链的创新研发单位。

公司坚持以“国之光荣”为核心精神，以核安全文化为核心原则，打造了一支核电专业领域高级专家和核心技术人才队伍，累计获得国家科技进步特等奖、中国专利金银奖等省部级及以上荣誉788项，形成知识产权成果5924项，全力建设世界一流核能技术创新与工程建设公众公司。

上海核工院历史沿革

上海核工院诞生于1970年2月8日。是日，周恩来总理在听取关于上海缺电情况汇报时指示，“从长远看，要解决华东地区用电问题，要靠原子能发电”。为解决华东地区用电问题、建设中国大陆首台核电站——秦山核电站(七二八工程)，国家成立七二八工程设计队(院)，即上海核工院的前身。1984年，更名为“上海核工程研究设计院”。期间，上海核工院先后隶属于上海市、二机部、核工业部、中国核工业总公司、中国核工业集团公司。

2007年5月，经国务院批准，正式组建国家核电，成为我国三代核电技术引进、消化、吸收和再创新的平台与载体，肩负“引进先进技术、统一技术路线、高起点实现我国核电自主化”的国家使命。同年6月，上海核工院整建制划转国家核电，成为其成员单位。

2015年5月，国家核电与中国电力投资集团公司重组，成立国家电投，上海核工院成为国家电投成员单位。

2017年4月，“上海核工程研究设计院”改制后更名为“上海核工程研究设计院有限公司”。

2019年8月，组建国家电投核能技术创新与工程建设平台，

以上海核工院为平台“研发+AE”主体，吸收合并国核工程。新上海核工院是具有全核岛(全结构、全系统、全主设备)研发、设计、采购、建造、调试等完整产业链的创新研发单位。

2022年12月，完成股份制改造，“上海核工程研究设计院有限公司”更名为“上海核工程研究设计院股份有限公司”。

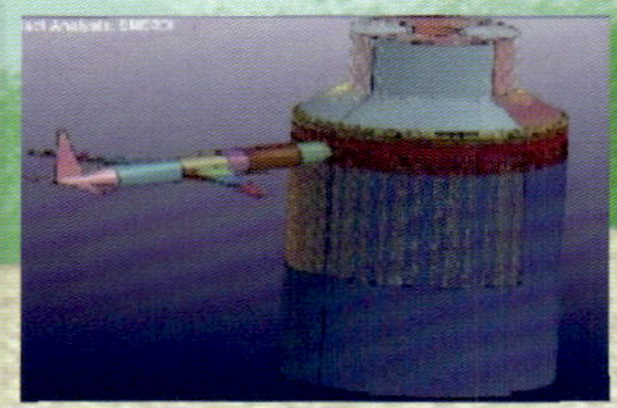
先进核电自主设计体系

先进核电验证体系

先进核电装备供应链体系

先进核电标准体系

先进核电安全审评体系

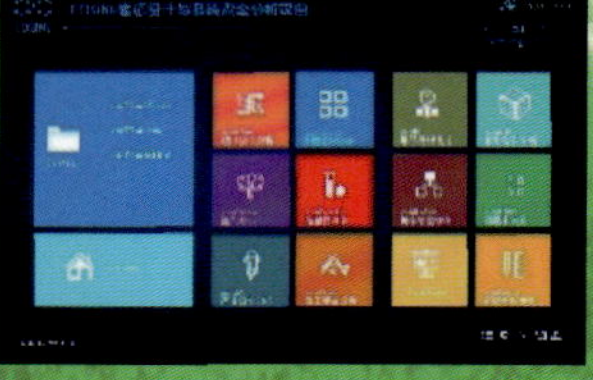
先进核电仪控体系

先进核电模块化建造体系

先进核电人才体系

元器件保证业务——提供元器件设计选用、评价验证、检测筛选、失效分析等可靠性保证技术服务，积累了丰富的元器件质量数据资源。

计量测试业务——提供几何量、热学、力学、电学、无线电、时间频率等六大类计量技术服务，积累了丰富的非标专用测试设备校准测试服务和检测系统研制经验。

信息工程业务——提供信息化整体规划、软件开发及信息系统集成服务，积累了丰富的设计资源库等信息系开发和交互式电子技术手册研制、虚拟现实应用经验。

信息咨询业务——提供企业管理咨询、标准化、知识产权、档案管理等专业服务，积累了丰富的企业标准化体系建设、产品成熟度评价服务经验。

数字媒体业务——提供数字内容制作、展览展示服务，积累了丰富的企业宣传、产品推广发布、各类国际展览、国家重点工程项目推广活动经验。

上海民防建筑研究设计院有限公司

上海民防建筑研究设计院有限公司(简称上海民防院)创建于1979年,隶属于北京建工路桥集团,是一家以人防工程、建筑工程设计为主的现代科技型企业。

公司具有国家建设部颁发的建筑行业(建筑工程、人防工程)设计甲级资质、人防工程和其他人防防护设施设计甲级资质、岩土工程专业(设计)乙级资质,同时兼有城市规划编制等资质,拥有质量、职业健康安全、环境管理三体系认证。公司各类专业技术人员配套齐全,现有人员近300人,专业技术人员占比90%,其中注册建筑师、注册结构工程师、注册城市规划师、注册咨询师、注册公用设备工程师、注册电气工程师、注册造价工程师近50名,高级工程师近60名,人防防护工程师40余名。

公司注重科研创新,引入行业内知名专家学者,开展产学研合作,已于2018年获得国家高新技术企业认定。公司于2015年成立技术研究中心,组建了一支由资深专家领衔,防护工程师、机械工程师、结构工程师为中坚力量的科研团队,致力于人防系统中新设备、新材料、新工艺等前沿技术的探索与研究。经过多年的潜心研发,共计申请专利50余项,已获多项授权发明专利,实用新型专利30余项,其中2项专利技术荣获中施企协"工程建设行业高推广价值专利大赛优胜奖"。多项课题通过了国家防办、上海市防办、上海市科委的技术成果鉴定及评估,目前已完成"结建人防""地铁人防"以及"兼顾特殊功能需要人防"三大系列13种防护设备的研发及试验验证,具有显著的市场竞争力和广阔的市场应用前景。

公司始终以高效、合作、领先、敬业、创新的企业精神,立足上海,辐射全国,已成立北京、江苏、山东、新疆、辽宁、河南、江西、广东、云南、贵州、四川、海南、西安、宁波、银川、武汉、台州等分公司及办事处。作为行业相关规范及标准参与编制单位,我院在人防行业拥有领先的技术优势,公司总体业务覆盖建筑工程、地下空间、人防工程、EPC工程、人防规划、轨道交通人防、城市改造更新以及人防全产业链等多个领域。曾参与2010年上海世博会中国馆、世博中心、中央电视台新址、上海中国博览会会展综合体、天津津门、津塔、云南昆明南亚之门、汾阳博物馆、衢州碧桂园、常州国锐雲熙等具有影响力项目的设计,并承担了多条城市轨道交通人防防护专业设计,多项工程设计荣获国家和上海市优秀工程设计奖。

未来,公司将充分发挥专业技术优势,以全价值链、产业链覆盖和多元化产业发展为导向,打造"一专多能"的现代化、服务型、全过程咨询企业。

中船动力(集团)有限公司

中船动力(集团)有限公司(简称中船动力集团，英文缩写：CPGC)，是中国船舶集团有限公司旗下核心船舶动力配套企业，本部设在中国上海。公司始于1952年，成立于2020年11月27日，注册资本52亿元，拥有完整的船用动力研发、制造和服务体系，是国内综合实力强劲、产品型谱丰富、极具市场竞争力、影响力的一流动力企业。

□ 中船动力集团是船舶动力行业的领跑者，拥有相对完整的研发、配套、生产和服务体系，基本构建成“研发、制造、全球服务于一体”的、具有完整架构的、立足国际竞争力的产业生态系统。公司坚持“军民两用、陆海并举”，核心业务范围涵盖低、中、高速船用发动机，以及分布式能源、核电及民用应急机组、大气污染治理系统等应用产品及服务。公司业务遍布全球近120个国家和地区，低速机国际市场占有率水平居世界第二。

□ 公司拥有深厚技术底蕴，专注于动力产品及其核心系统和关键零部件的研究开发和技术创新，可为客户提供动力产品的技术解决方案，及相关产品全生命周期的技术咨询服务。拥有有效专利授权1785件，其中发明专利291件。

□ □无论内外部环境与时代境遇如何变迁，公司将始终坚守企业使命——“智慧动力，实业报国”，凝聚社会和员工智慧，立足动力产业，通过科技创新为人们提供绿色环保的智能化动力及衍生产品，服务国家战略实现和社会发展需要。

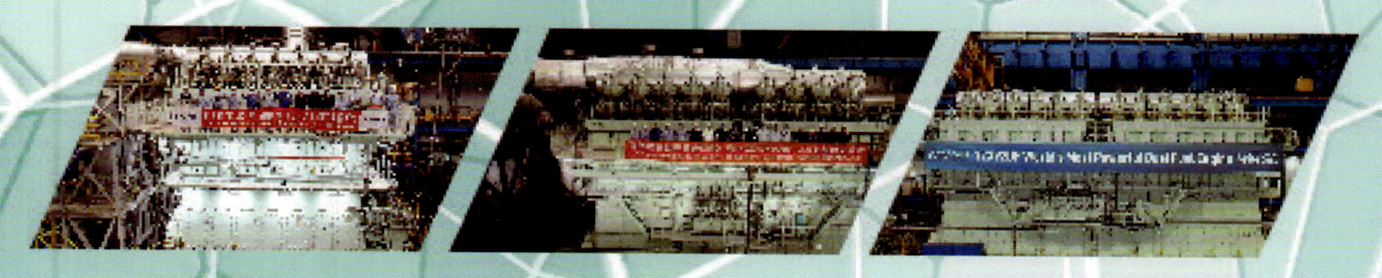

上海外高桥造船海洋工程有限公司

上海外高桥造船海洋工程有限公司（简称外高桥海工）成立于 2007 年，是中国船舶集团有限公司旗下上海外高桥造船有限公司（简称外高桥造船）的全资子公司，是外高桥造船“邮轮引领、一体两翼”高质量发展战略中船舶配套及海洋工程板块的主承载体。

公司聚焦全球最为先进的海洋油气开发装备、大型生活模块、民用船舶配套及非船应用产业。海工产品覆盖 15 万 /17 万 /30 万吨级海上浮式生产储油装置（FPSO）、JU2000E 型、CJ46 型和 CJ50 型高规格自升式钻井平台、海工辅助船 PSV/OSV 等高端海洋开发装备。船舶上层建筑是公司的拳头产品、引领品牌。产品覆盖好望角型散货船、超大型油轮、超大型集装箱船、海上浮式生产储卸油装置、自升式钻井平台等多种主流船型，拥有相对完整的技术研发、供应链配套及标准化生产制造体系，具备上层建筑完整性“交钥匙”工程的业绩和实力。聚焦当前“双碳”绿色环保要求，依托国家“一带一路”新发展目标，船舶配套、非船及应用产业未来发展前景广阔，公司成功承接建造矿藏陆地模块、大型桥梁及市政公路钢结构项目、LNG 双燃料船液化气罐等项目业务。

公司是上海市高新技术企业，获 28 项“企业管理现代化创新成果”，2 项“科学技术进步奖”，是临港新片区首批智能制造试点企业、“智能工厂”“企业研发创新机构”“专精特新”企业，拥有大型船舶上层建筑生活模块等高新技术成果转化项目以及知识产权专利 120 余项。

公司始终坚持以习近平新时代中国特色社会主义思想为指引，全面贯彻落实党的二十大精神，秉承“伴随着更高的标准前行”的企业理念，坚持党建引领、战略驱动，紧紧围绕高质量发展要求，聚焦主业实业，致力成为“中国领先、世界一流”的船舶与海洋工程建造企业。

上海优拜机械股份有限公司

关于我们

上海优拜机械股份有限公司成立于2002年，
工厂坐落于上海奉贤钱桥工业园区，占地40000平方米。
是一家致力于扭矩工具系列产品的研发设计、生产制造和全球化销售的专业工厂，
是最先在中国推出高端扭矩系列产品的企业，
是“NovaTork诺特”品牌的缔造者。

公司已掌握美国扭矩工具的核心技术并不断发展创新，
产品涵盖近50个扭矩产品系列，上千种规格，
获得的专利、软件著作权等知识产权累计70余项，其中发明专利5项。
产品远销全球40多个国家和地区，
是全球为数不多的能够提供系列扭矩产品的公司之一。

产品应用

“NovaTork诺特”的产品
已被广泛应用在中国的
高铁、军工、医疗、航空航天、
风电船舶、通信设备、汽车汽修
等很多领域。

工厂实景

加工中心，桁架机械手自动生产线，装配线等

零件仓，模具仓，成品仓，质检等

研发实验室，校验及自动测试，办公区

产品目录

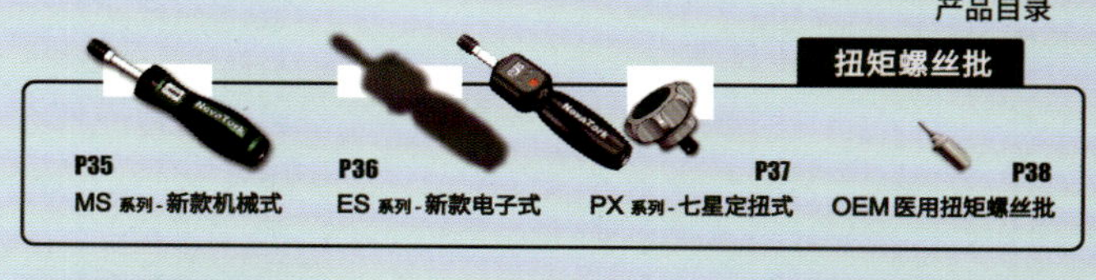

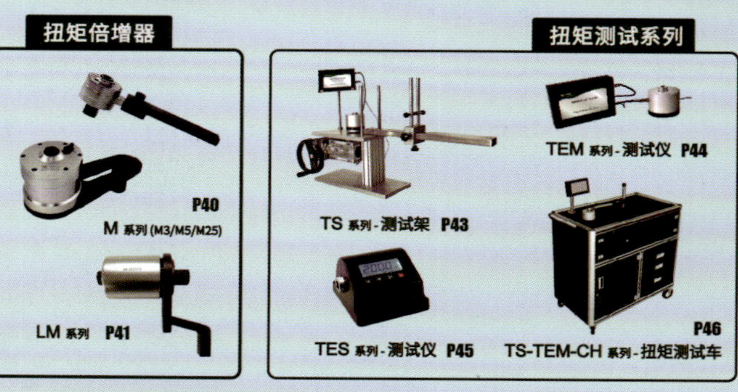

上海电气核电集团有限公司

上海电气核电集团有限公司(简称核电集团)隶属于上海电气集团股份有限公司，是专业从事核电装备与系统集成的大型高端装备制造企业，致力于打造国内领先、受行业尊敬的具备核岛集成供货和综合服务能力的核电装备制造集团和核安全文化示范基地，现拥有10家成员单位。

核电集团坐落于中国(上海)自由贸易试验区临港新片区，毗邻洋山深水港和浦东国际航空枢纽中心，享有高度开放的国际贸易、财税、高端人才引进等产业支持政策以及便捷的交通运输条件。

作为中国核电装备制造的领导品牌，核电集团的历史最早可以追溯到20世纪70年代，创造了中国与世界核电领域的多个“第一”。核电集团曾4次获国家科技进步奖，并且自2012年以来已连续8年获得中国工业领域展览最高奖项——中国国际工业博览会大奖。

经过五十余年的发展，核电集团已成为国内发展历史最久、交付业绩最多、产品配套最全、技术路线最广、装备能力最强、全球合作最深的核电装备制造集团，核电产品覆盖国内所有核电站，国内综合市场占有率持续居于领先地位。

依托临港和闵行两大核电制造基地，核电集团拥有机加工、焊接、冶炼、锻造热处理、成型、起重、检测和试验等各类设备2500余台/套，其中世界级的高端设备40余台，形成年产10台/套百万千瓦级堆内构件和控制棒驱动机构、6台/套核岛重型容器(反应堆压力容器、蒸汽发生器、稳压器等)、12台核主泵及50台核二三级泵、6套核燃料装卸及输送设备的核电设备制造能力，以及最大钢锭600吨、最大铸件450吨、最大锻件350吨的核级大型铸锻件配套能力，技术涵盖二代及二代加、三代压水堆(包括华龙一号、国和一号、AP1000及CAP1000、EPR等)，四代核电技术(包括高温气冷堆、钠冷快堆、钍基熔盐堆、铅基快堆等)，以及核聚变大科学装置等，全面覆盖国内已有的核电技术路线。

核电集团立足于国家核电发展战略和上海电气转型发展的需要，牢牢守住“四个凡事”“两个零容忍”底线，积极倡导“共铸核心力、同护核安全”核心价值观，扎实打造“质量稳定、交付准时、市场主导、技术先进、成本领先”五大核心竞争力，以先进的制造技术和强大的制造能力呈现于国内外核电市场，以开放共赢的合作和高效集约的管理建树于海内外用户需求，服务上海制造，打响核电品牌!

上海民航华东空管工程技术有限公司

上海民航华东空管工程技术有限公司，成立于 1988 年 3 月 17 日，是由中国民用航空华东地区空中交通管理局注资的全资子公司，注册资本金人民币肆仟万元。公司持有住建部颁发的机场空管工程及航站楼弱电系统工程专业承包壹级施工资质，主要从事民用机场通信、导航、雷达、气象等空中交通管制设备的选型、安装、调试及维修等工程；计算机领域内软硬件技术开发、转让、服务；货物与技术的进出口业务。

近年来，公司共取得 10 项发明专利、 3 项外观设计专利、16 项软件著作权专利。2018 年，公司完成全国飞行计划集中处理系统建设，获得中国智能交通协会科学技术奖"三等奖"。2019 年，公司完成基于无人机航空无线电多元空间信号侦测技术及应用项目，获得中国智能交通协会科学技术奖"二等奖"。2021 年，公司的"UAV 电磁眼"、"MRO 新视野"项目，分别获得民航局空管局创新大赛的银奖和铜奖。2022 年，公司的"智慧运维新生态平台"项目，获得第一届青春创客赢民航青年创新大赛决赛铜奖。

目前公司拥有一、二级注册建造师、造价师 24 名，各类管理及技术人员 197 名，是中国民航华东地区唯一从事航空设备安装工程的专业施工企业。下设综合办公室、人力资源部、财务部、市场部、综合业务室、安全管理室六个机关职能科室，工程部、研发部、技术服务部、虹桥设备室、浦东设备室、校飞协调室、飞行程序设计院七个业务科室。

公司主要业务由七个方面构成：

一、系统及服务总体介绍

针对机场及空管工作的需求，开发建设各类信息应用管理系统；承接新建、扩建、改建机场和航路空管通信、导航、雷达、气象台站设施设备的安装、调试；根据不同类型的空管设备定制巡检、定检、大修和抢修等业务；设计民用运输机场传统、PBN 进离场和进近程序，分析飞机性能；维护上海地区虹桥浦东两场导航及机坪塔台空管设备的正常运行。

二、塔台综合安全增强系统

是一套供塔台管制指挥使用的综合型辅助系统，具备地面态势监控、气象服务支持、航班实时运行动态监控等功能，辅助提升管制决策效率，确保机场运行安全。系统包括：面向管制运行态势的增强型气象支持系统、机场塔台三维视景 VR 仿真系统等。

三、智能化设备运维管理生态

上海精星仓储设备工程有限公司

上海精星仓储设备工程有限公司(简称精星)始创于 1989 年，总部位于上海闵行莘庄工业区，在闵行、松江以及浙江湖州设有三大生产基地，总占地面积超 35 万平方米。精星是专业从事自动化立体仓库和高端仓储货架的设计、制造、安装、调试的高科技民营企业，能够为客户提供一站式智能仓储物流解决方案。历年来，公司已在世界各地成功承建 15000 余座形式各异的立体库，其中自动化立体仓库约 2000 座。

精星是国家高新技术企业、国家"专精特新"小巨人、国家知识产权优势企业、上海制造业企业 100 强、上海市小巨人培育企业，多次获上海市科学技术奖、上海民营制造业企业 100 强。自成立以来，公司坚持以技术研发为导向，承建了省级研发机构—上海仓储物流设备工程技术研究中心、上海市企业技术中心，主导起草和参与多项自动化立体仓库和仓储货架的国家标准及行业标准、拥有专利技术百余项。

精星项目遍布海内外各行各业。近年来，公司紧紧抓住国家"一带一路"倡议发展机遇，主动加强与东南亚、中东、澳洲等国家和地区的合作，成功实施多个大型库架合一式自动化立体库项目，率先迈出将仓储物流行业民族品牌推出国门的步伐。精星将始终秉持"精进日新，精益求精"的企业理念，以科技创新与自主研发为手段，以智能仓储物流理念，以科技创新与自主研发为手段，以智能仓储物流设备和高端仓储货架的设计、生产和销售为载体，努力向着"成为世界一流的专业仓储物流设备制造商"的目标迈进。

输送分拣系统　库架合一　泰国库架合一

立体仓库项目　穿梭式立库

上海乐研电气有限公司

上海乐研电气有限公司是一家集研发、生产、销售、服务等为一体的专业化科技型公司，是国家高新技术企业、是上海市专利试点企业、上海市"专精特新"企业、上海市科技小巨人培育企业、国家级"专精特新"小巨人企业、国家知识产权优势企业、守合同重信用 AAA 企业，先后获江西省科学进步奖三等奖、第 30 届和第 32 届上海市优秀发明选拔赛优秀发明金奖、34 届上海市优秀发明选拔赛优秀发明银奖、国家电网公司技术发明三等奖、专利新产品奖、国网安徽省电力公司专利一等奖、国家电网有限公司专利三等奖以及上海市区级技术中心等称号，先后参与 20 多项电力国标或行业标准起草工作。公司依托技术创新和稳健经营，建立起具备完全自主知识产权的技术开发体系，在国内外已授权 200 多项发明专利、实用新型专利，国内外商标已授权 14 项，软件著作权授权 8 项，并分别通 ISO9000 质量体系认证、ISO14001 环境体系认证、OHSAS18001 职业安全健康体系认证、安全生产标准化认证、知识产权管理体系认证、欧盟 CE 认证。公司团队一直专注气体密度监测领域近 20 年，公司主导产品及核心技术在国内均处于领先地位，不断引领行业创新和进步，是国内气体密度继电器行业的领跑者，是全球气体密度继电器行业的创新引领者，创造密度继电器领域的多个全球第一。

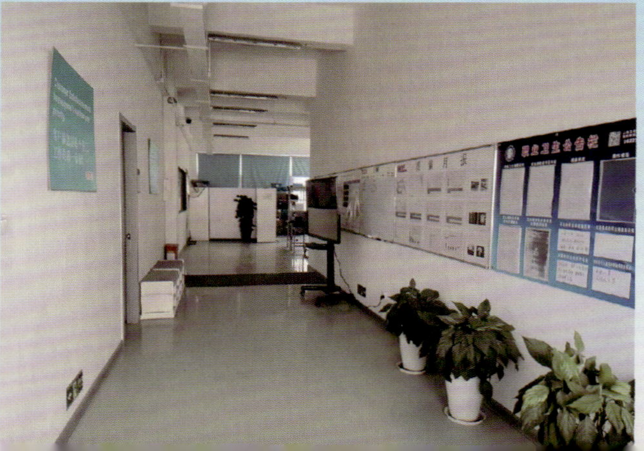

Applus+ Laboratories 中国 & Applus+ Reliable Analysis 中国

Applus+ Laboratories，艾普拉斯（上海）质量检测有限公司，于 2007 年在上海成立。公司为客户产品满足质量标准（ISO 17025、CMA、NADCAP 等）并遵守当地和国际法规提供支持，确保产品达到全球市场的认可要求。

Applus+ Reliable Analysis，乐来汽车分析测试有限公司，于 2005 年在上海成立，总部位于美国密歇根州特洛伊，主要专注于汽车行业的测试和认证服务。2020 年 9 月，Applus+ 集团收购乐来，自此，乐来成为 Applus+ 集团旗下品牌之一。

2021 年起，两家公司合作办公，为国内的客户提供一站式的测试、检验和认证服务。

Applus+ 集团和 Applus+ Laboratories

Applus+ 是测试、检验和认证（TIC）领域的全球专家。Applus+ Laboratories 是 Applus+ 集团旗下的一个分部，为客户提供测试、认证和开发工程服务，以提高客户产品的竞争力，同时也鼓励创新。公司在欧洲、亚洲和北美拥有多领域专业实验室据点。

上海乐来汽车分析测试有限公司

我们的测试能力涵盖了：

+ 材料和机械部件
+ 医疗器械
+ EMC
+ 可靠性
+ 网络安全
+ 功能和互操作性
+ 线束

我们的主要认证能力包括：

+ 产品认证
+ 全球市场准入
+ COC 项目
+ 可持续性和碳足迹认证
+ 进出口检验
+ 供应商审核

2023·上海工业年鉴

SHANGHAI
INDUSTRIAL
YEARBOOK

中国宝武钢铁集团有限公司

【概况】

中国宝武钢铁集团有限公司（简称中国宝武）的前身为始建于1978年12月的上海宝山钢铁总厂，后经历宝山钢铁（集团）公司、上海宝钢集团公司、宝钢集团有限公司等不同发展阶段，于2016年12月与武汉钢铁（集团）公司实施联合重组后揭牌成立，经营国务院授权范围内的国有资产，开展有关国有资本投资、运营业务。2019年后，相继重组马钢（集团）控股有限公司（简称马钢集团）、重庆钢铁股份有限公司、太原钢铁（集团）有限公司（简称太钢集团）、新余钢铁集团有限公司（简称新钢集团）、中国中钢集团有限公司（简称中钢集团），托管重庆钢铁（集团）有限责任公司、昆明钢铁控股有限公司（简称昆钢公司）。中国宝武注册资本527.91亿元，资产规模1.24万亿元，是国有资本投资公司，被国务院国资委纳入中央企业创建世界一流示范企业；2022年在《财富》杂志发布的世界500强企业排行榜中名列第44位。总部设在中国（上海）自由贸易试验区世博大道1859号。2022年底，在册员工262283人，在岗员工219610人（不含托管企业）。

中国宝武以“一基五元”为业务组合，即打造以绿色、精品、智慧的钢铁制造业为基础，先进材料业、智慧服务业、资源环境业、产业园区业、产业金融业等相关产业协同发展的格局。其中，钢铁制造业突出绿色、精品、智慧内涵，形成“东西南北中”全国性布局，拥有宝山钢铁股份有限公司（简称宝钢股份）、宝武集团中南钢铁有限公司、马钢集团、太钢集团、宝钢集团新疆八一钢铁有限公司（简称八钢公司）、新钢集团等10多个大中型全流程钢铁基地和多条短流程钢铁产线，装备整体水平位于全球前列，产品覆盖碳钢、不锈钢、特钢全系列、全品类，为航空航天、能源电力、交通运输、国家重大工程等众多领域解决一大批“卡脖子”材料难题，多个产品实现全球首发，汽车用钢、硅钢、车轮、H型钢、手撕钢、双相不锈钢等高精尖产品享誉国内外，氢冶金、富氢碳循环等低碳冶金创新工艺技术助力实现“双碳”目标；2022年钢产量1.32亿吨，经营规模和经营业绩位居钢铁行业全球第一。先进材料业与钢铁制造业协同耦合，覆盖镁、铝、钛、碳纤维、特种冶金等领域，为用户提供综合材料解决方案；智慧服务业、资源环境业、产业园区业和产业金融业依托科技赋能，以构建产业生态圈模式加强与制造业及相互间的协同支撑，加快向智慧型现代服务业转型，以服务创造价值。

【2022年经济工作情况】

2022年，中国宝武面对国内经济需求收缩、供给冲击、预期转弱三重压力持续加大，钢铁行业需求明显减弱、钢材价格低迷、原燃料成本高企、供应链物流不畅，特别是3月后新冠肺炎疫情高发频发对经济造成的持续反复冲击，有效应对各种风险挑战和困难考验，全年经营业绩保持行业最优，完成工业总产值（现行价格）8300.51亿元，工业销售产值8235.10亿元，资产总值12398.41亿元，营业收入10877.07亿元，实现利润总额301.56亿元，上缴税费425.38亿元，净资产收益率4.47%；铁产量11816.33万吨，钢产量13183.61万吨，商品坯材产量13135.23万吨，商品坯材销量13106.54万吨，出口钢材550.31万吨。

全年，中国宝武研发投入率3.24%，专利申请5717件，其中发明专利4062件。二氧化硫、氮氧化物、化学需氧量排放总量分别为23854吨、56391吨、1570吨，较上年分别下降13%、8%和27%；吨钢综合能耗560千克标准煤，较上年下降4千克标准煤；万元产值能耗实绩992千克标准煤，较上年下降3%。对外捐赠2.51亿元。在2021年度中央企业负责人经营业绩考核中连续第六年获评A级，2019—2021年任期考核A级。首次进入《财富》世界500强企业榜单前50强。在2022年《财富》杂志评选的最受赞赏的中国公司排行榜中位列第五。正式转为国有资本投资公司，担当新型低碳冶金现代产业链链长。国际三大评级机构标准普尔、穆迪、惠誉继续给予中国宝武全球综合性钢铁企业最高信用评级。

一、国企改革

6月13日，国务院国资委下发通知，中国宝武等5家中央企业功能定位准确、资本运作能力突出、布局结构调整成效显著，正式转为国有资本投资公司，标志着中国宝武基本完成从产业集团向国有资本投资公司的转型。年内，中国宝武完成三年改革行动（2020年，中共中央办公厅和国务院办公厅《国企改革三年行动方案（2020—2022年）》提出的改革目标）；加强子公司董事会建设，规范董事会运行，下属227家子公司董事会100%“应建尽建”；推进混合所有制改革，中钢洛耐科技股份有限公司在科创板挂牌上市，欧冶云商股份有限公司在创业板首次公开募股（IPO）获上市审核委员会会议通过；深化三项制度改革，管理人员竞争上岗比例达59.90%，退出比例达9.60%；实施中长期激励企业累计达228户，其中实施科技型企业股权或分红激励企业10户、实施员工持股企业7户；推进专业协作管理变革，整合清退钢铁业“低小散”供应商408家；压减全资控股法人108户，清理退出长期不分红、持股比例低的参股企业46户；加快剥离企业办社会职能和解决历史遗留问题，完成538户集体法人处置；按期完成国务院国资委核定的44户“两非”（非主业、非优势）企业剥离任务，中国宝武被国务院国资委评为“央企压减工作标杆”。

二、联合重组

2022年，中国宝武与中钢集团、新钢集团联合重组。10月16日，江西省国有资本运营控股集团有限公司与中国宝武签署《江西省国有资本运营控股集团有限公司与中国宝武钢铁集团有限公司之关于新余钢铁集团有限公司国有股权无偿划转协议》；11月9日，国务院国资委批复同意中国宝武与新钢集团的联合重组；12月23日，新钢集团完成工商注册变更登记，正式成为宝武大家庭中的一员。经国务院批准，12月21日，中国宝武与中钢集团实施重组，中钢集团整体划入中国宝武，不再作为国务院国资委直接监管企业；12月23日，中国宝武与中钢集团重组启动大会在北京和上海举行。

三、科技研发

2022年，中国宝武研发投入率3.24%，专利申请5717件，其中发明专利4062件，研发投入强度、专利申请创历史新高。42项成果获冶金科学技术奖，其中“欧冶炉熔融还原炼铁工艺技术研究”获冶金科学技术奖唯一特等奖；马钢集团“高速重载车轴产品研发及关键制备技术创新”、太钢集团“笔头用易切削400系不锈钢关键技术研究与应用”等24个项目获省部级科学技术奖；建成全球首个400立方米工业级低碳高炉——富氢碳循环氧气高炉，实现绿色低碳冶金技术重大突破。开展“卡脖子”核心技术攻关，关键装备用材研制能力得到提升，研发的大型运载火箭用合金、新一代发动机用高温合金，保障国家关键核心材料安全；突破薄膜型液化天然气船（罐）用不锈钢关键技术，解决基础材料“卡脖子”难题；研发的高低温韧性AISI4145H钻杆用钢，用于国家“深地一号”工程——塔里木盆地顺北深层油气田项目，钻井深度9300米，刷新亚洲纪录；通过液氢专用不锈钢产品认证，填补民用液氢压力容器用不锈钢空白。

中国宝武支撑国家重大工程项目建设。首次为国产航空母舰提供全规格、全品种钢材；保障霞浦二期、“国和一号”、陆丰核电关键核心材料供应；高温合金助力国内首个空间站建设；桥梁钢用于世界首座三塔四跨双层钢桁梁大桥——瓯江北口大桥，以及海上最大跨度深中通道（连接深圳市和中山市以及广州市南沙区的大桥）伶仃洋大桥；助力2022年北京冬季奥运会，向国家速滑馆“冰丝带”二氧化碳跨临界直冷制冰系统工程提供不锈螺纹钢筋材料，向国家雪车雪橇中心工程提供高耐腐蚀性、高韧性Q355NHD产品；向丰宁抽水蓄能电站一期工程提供关键核心材料高牌号无取向硅钢和高等级磁轭钢，确保北京冬季奥运会场馆实现100%绿电供应。

四、绿色制造

2022年，中国宝武聚焦高强度、高耐蚀、高效能，研发差异化产品，高焊接高成形超高强汽车用钢、新一代新能源车驱动电机用硅钢、铁路车辆用高强耐蚀不锈钢复合钢卷等一批产品实现全球首发。聚焦建筑、能源、交通等领域研究策划绿色材料综合解决方案，形成“宝武房”等82个解决方案。宝钢股份首次在互联网上向全球发布3个减碳超过50%的宝钢汽车板零件。八钢公司成功开发新型耐腐蚀抽油杆钢，耐腐蚀性能提高4.40倍。

五、智慧制造

2022年，中国宝武深化生态圈统一信息基础设施建设，“宝之云”优化完成全国布局，工业互联网平台“宝联登”全面升级，大数据中心平台建设和应用全面提速。智慧制造向One Mill（一个工厂）和极致效率加速发展，启动万名“宝罗”（中国宝武机器人名称）上岗履职，近千名“宝罗”上岗。智慧服务加速向数据驱动的平台化服务模式演进，宝武装备智能科技有限公司“宝武智维云”、欧冶云商股份有限公司“生态运营平台”、欧冶工业品股份有限公司“欧贝平台”入选上海市服务型制造示范平台，宝武数据科技有限公司挂牌成立。以中国宝武全球司库系统、大数据审计、办公OA4.0为代表的一批系统重构，实现寓管理于共享服务、数字赋能的穿透式监督。

六、项目建设

1月7日，宝钢股份下属宝钢湛江钢铁有限公司三号高炉点火投产。1月28日，宝钢德盛精品不锈钢绿色产业基地项目2500立方米高炉点火，项目全面进入热负荷试车阶段。2月15日，宝钢湛江钢铁有限公司全氢零碳绿色示范工厂百万吨级氢基竖炉项目开工建设。2月25日，宁波宝新不锈钢有限公司年产6万吨高品质不锈钢光亮板项目开工建设，投运后，该公司可形成年72万吨不锈钢冷轧产能，其中光亮板18万吨。2月28日，昆钢公司环保搬迁转型升级项目——昆钢新区二号高炉点火开炉，具备年产700万吨能力。4月22日，山西太钢不锈钢股份有限公司高磁感取向硅钢项目全线贯通，生产出首批18卷0.27毫米厚高磁感取向硅钢产品，成为国内第三家具备高磁感取向硅钢批量生产能力的厂家。5月24日，马鞍山钢铁股份有限公司北区10号焦炉点火烘炉。6月27日，宝武特种冶金有限公司特种冶金材料马鞍山基地项目开工建设，其中一期项目新建50吨电炉1座、50吨合金熔融炉1座，以及相关炉外精炼设备、模铸产线等，投产后可形成年产14.63万吨钢锭的生产规模，主要生产镍基合金、特种结构钢、特殊不锈钢、特级模具钢。6 月 28 日，安徽宝镁轻合金有限公司年产 30 万吨高性能镁基轻合金及深加工项目开工建设，总投资 123.50 亿元，建设从矿石开采到镁合金生产制造及深加工应用的全镁产业链。9 月 13 日，宝武集团鄂城钢铁有限公司宽厚板新增粗轧机项目热负荷试车，新增 1 台 9000 吨轧制力四辊可逆式轧机、1 座 1500 平方米厚板冷床等。9 月 20 日，兰州宝航新能源材料有限公司 10 万吨负极材料项目石墨化 1-1 炉热负荷试车。12 月 23 日，马钢集团新特钢工程一期项目实现产线联动；太钢－山东鑫海不锈钢基地项目炼钢工序投产，太钢集团新增年产 162 万吨不锈钢生产能力，不锈钢产能迈入千万吨级规模；宝钢股份取向硅钢产品结构优化二步工程开工建设。12 月 28 日，安徽马钢矿业资源集团公司罗河矿一期 500 万吨／年扩能工程重负荷联动试车，项目总投资 7.92 亿元，开采范围为全矿床 −600 米以上矿体，资源储备量为 22528.74 万吨。

七、“双碳”行动

2022 年，中国宝武担当新型低碳冶金现代产业链链长，着力打造有别于传统钢铁产业链的新型低碳冶金现代产业链，组建链长建设专家咨询委员会，构建体系化建设机制；投运全球首座富氢碳循环氧气高炉，固体燃料消耗下降 30%，碳减排超 20%，是冶金行业首个实现工业化应用的低碳新工艺；启动首个开放式千万吨级 CCUS（二氧化碳捕集、利用与封存）项目；推进极致能效，铁钢界面铁水温降减少 15℃，炼钢出钢温度下降 5℃，钢轧界面平均热装热送率提高 10%，减少碳排放 150 万吨；加快开发绿色低碳能源，锁定绿色资源 13.5GW（发电装机容量，1GW 代表 10 亿瓦特），启动绿电开发 2.9GW；举办全球低碳冶金创新论坛，为 22 个低碳冶金创新基金项目提供资助 3875 万元。欧冶云商股份有限公司率先发布钢铁行业环境产品声明标签，加速引领钢铁供应链绿色转型；华宝（上海）股权投资基金管理有限公司推动绿碳基金募投，完成投资 16.03 亿元；上海首个以绿色低碳创新及产业发展为特色的核心产业园区——宝武（上海）碳中和产业园挂牌。

八、国际化业务

2022 年，中国宝武着力加快“一带一路”国际化布局，推进海外产业布局投资项目落地，提升海外项目建设、资产运营能力，多元板块海外业务和投资布局稳步发展。4 月 29 日，上海宝钢包装股份有限公司国际化发展重点项目——柬埔寨宝钢制罐智能化铝制两片罐生产线项目开工建设。5 月 6 日，中钢集团获喀麦隆政府授予的洛比铁矿项目采矿证，双方在喀麦隆首都雅温得举行采矿协议签字仪式。9 月 30 日，宝武资源有限公司与赢联盟西芒杜控股公司（新加坡）就几内亚西芒杜铁矿北部区块项目合作事宜，在沪、京两地举行合作协议核心条款云签约仪式，参与几内亚西芒杜铁矿开发。12 月 20 日，宝武资源有限公司六大海外战略项目之一——利比里亚宝米（Bomi）项目出矿。12 月 23 日，中国宝武与力拓集团成立澳大利亚西坡合资企业，共同开发位于西澳大利亚皮尔巴拉地区的西坡矿区，项目设计年产能为 2500 万吨，平均品位 62%。

九、履行社会责任

2022 年，中国宝武对外捐赠 2.51 亿元。其中，向西藏自治区、新疆维吾尔自治区定向捐赠 6000 万元，助力新冠疫情防控；在四川省泸定县 9 月 5 日发生 6.8 级地震后，及时伸出援助之手，向灾区捐款 3000 万元，支援抗震救灾和灾后恢复重建工作；1.07 亿元乡村振兴对口援助资金全都落实到位（不含消费帮扶和引进帮扶资金）。颁发 2022 年度宝钢教育奖，全国 98 所高等院校的 769 名师生获奖。向中央援港项目——竹篙湾及启德社区隔离设施项目供应钢材 1.82 万吨。凭借在责任组织、责任融合、责任沟通等方面的突出表现，入选“央企责任管理 · 先锋 30 指数”，位列第二名。中国宝武定点帮扶工作（2021 年）被国务院扶贫开发领导小组、中央农村工作领导小组考核评价为最高等次“好”，连续第四年获此评价。

【2023 年发展趋势】

2023 年，中国宝武经营管理指导思想是：以习近平新时代中国特色社会主义思想为指导，全面贯彻落实中共二十大精神，深入贯彻落实习近平总书记关于国企改革重要论述、中国宝武重要讲话重要指示批示精神，坚持稳中求进工作总基调，完整、准确、全面贯彻新发展理念，服务加快构建新发展格局，扎实推进高质量发展，坚持“全面对标找差，创建世界一流”，坚持产业结构布局优化，坚持体制机制改革，加大科技创新力度，加速数智化转型，加快绿色低碳发展，坚定不移做强做优做大国有资本，坚决抓好稳增长，勇当钢铁强国主力军，全面建设世界一流伟大企业，为全面建设社会主义现代化国家开好局起好步作出积极贡献。经营管理总体目标是：坚持以高质量发展为主线，刚性落实中央企业负责人会议精神，坚定不移推进“一增一稳四提升”，确保利润总额增速高于全国 GDP（国民生产总值）增速，增大国资央企稳定宏观经济大盘的分量，资产负债率总体保持稳定，净资产收益率、研发经费投入强度、全员劳动生产率、营业现金比率 4 个指标进一步提升。利润目标同比增长 6% 以上，各一级子公司对标大盘净资产收益率（ROE）分位值稳中有进。大力发挥国有资本投资功能，立足产业体系升级、结构调整，深入推进国有资本布局优化，推动经济实现质的有效提升和量的合理增长。

（张文良）

上海汽车集团股份有限公司

【概况】

上海汽车集团股份有限公司（简称上汽集团）是目前国内产销规模最大的汽车集团。2022年，上汽集团销售整车530.3万辆，连续17年保持国内第一，并率先成为中国首个新能源汽车、海外市场“双百万辆企业”。在《财富》世界500强榜单中位列第68位，连续9年进入百强榜单。

上汽集团于2011年实现整体上市（股票代码600104），目前总股本116.83亿股，业务主要涵盖整车、零部件、移动出行和服务、金融、国际经营等领域，并通过创新科技构建技术底座、提供业务赋能，现已形成以整车业务为龙头、各板块融合发展的“5+1”业务板块格局。上汽集团现有整车品牌共计17个，包括荣威、名爵、智己、飞凡、大通、五菱等10个自主品牌，以及奥迪、凯迪拉克、大众、别克等7个合资品牌。现有所属二三层次企业332家；国内从业人员约23.8万人，海外员工约2.5万人。国内布局方面，上汽集团已在东北、华东、华南、西南、中南与西北等地区建设15个整车基地以及相配套的零部件与物流基地。全球布局方面，上汽集团积极参与“一带一路”建设，已初步建成集研发、制造、营销、金融、物流等为一体的面向全球市场的汽车产业链，海外出口销量已连续7年排名国内行业第一。

【2022年经济工作情况】

面对市场波动、供应端紧张等问题的冲击，上汽集团上下抱团取暖、共克时艰，以最快速度实现上海地区全面复工复产，多措并举抢抓市场机会。其中，自主品牌整车销量达到278.5万辆，占公司总销量的比重达到52.5%；新能源汽车销量达到107.3万辆，比上年增长46.5%；海外市场销量达到101.7万辆，同比增长45.9%，整车出口连续7年保持国内行业第一。经济效益方面：集团全年实现营业总收入7440.63亿元，归属于上市公司股东的净利润161.18亿元。

一、全力以赴防风险、拓市场，统筹抓好供应链管理和生产经营

（一）齐心协力保生产。公司积极响应政府号召，保障职工生命财产安全，在沪企业疫情期间最高峰时有5.8万余名员工驻厂，为有序启动复工复产、稳定生产经营提供坚强保障；同时，公司组织广大员工参与志愿者服务，多方筹措生活物资保障员工安全健康，并通过网格化管理、调剂轮班等方式最大限度保障正常生产经营和销售，确保公司运营总体平稳有序。

（二）协力稳链防风险。公司成立产业链保障委员会，对存在“断链”的风险点进行研究评估，并协调重点企业采取一系列保供措施。为缓解“缺芯”困扰，公司对短期共性紧缺芯片进行合理配置，加强与芯片原厂商、零部件合作伙伴的直联协调，并加速推进芯片国产化。为解决海外运力瓶颈公司通过完善业务协同布局、战略性投建外贸滚装船队、强化外贸滚装舱位供应能力等措施，保障海外业务快速发展。此外，公司还深化与金融机构合作，加强外汇风险管理，抓好现金流管理，并制定实施特殊支持政策，努力帮助经销商缓解经营压力共克时艰。

（三）抢抓机遇拓市场。结合国家和地方出台的汽车促消费政策，公司通过保险费用减免、优惠金融方案、售后权益等一系列“组合拳”，努力激活市场需求，并围绕用户体验和场景化趋势深入推进营销体系变革，着力抓好新能源车和中高端车型的销售。上汽大众中高端产品守稳销量基盘，上汽通用凯迪拉克品牌和别克MPV产品在细分市场表现突出，自主品牌高端智能电动车智己L7、飞凡R7上市交付，荣威iMAX8纯电版、第三代超混eRX5、名爵MULAN（MG4 ELECTRIC）、大通MIFA9、五菱星辰HEV等新品相继上市。全年公司新能源产品销量占比超过20%，自主品牌中的新能源车销量占比达到33.2%。

（四）海外领跑上台阶。公司克服芯片短缺、海运舱位紧张等重重困难，MG品牌海外年销量首次突破50万辆，连续4年排名中国单一品牌海外销量第一；海外销量结构中，自主品牌占比进一步提升至2/3，其中新能源车销量突破18万辆，同比增长207%；公司已在海外形成两个10万辆级和4个5万辆级区域市场，并且海外体系建设持续完善，整体经营质量显著提升。

二、坚定不移抓创新、促转型，加快推动能级提升和成果落地

（一）创新技术体系持续深化完善。公司设立创新研究开发总院，打造“技术创新、团队创业、个人成长”三者有机融合的平台，并聚合内外部创新资源打造“七大技术底座”。在完善电动化布局方面与清陶能源成立固态电池联合实验室；携手中石油、中石化、宁德时代等成立捷能智电，支持飞凡R7换电版，并完成第一代换电站开发交付；捷氢科技推出第四代燃料电池系统在多种车型上的搭载方案，拓展多元化示范应用场景。在推进智能网联技术升级方面，零束科技举办第二届SOA大会，推出SOA数字商城，初步实现“软件可买可卖”的商业闭环；与OPPO、地平线等在“生态域”、大

算力芯片等领域深化合作；赛可智能深入推进自动驾驶算法的研发，初步建成 Robotaxi 数据工厂；海外出行公司持续赋能国际化业务，搭载 i-SMART 的海外车联网用户已超 30 万。此外，智能底盘、一体化铸造、一体化热管理等前瞻技术的研发工作也在有序推进，加快打造自主可控的产业链。

（二）创新战略项目加快落地见效。智己汽车 L7 正式交付后持续完善产品型谱，用户权益计划正式落地，第二款量产车型 LS7 也已启动预售。飞凡汽车聚焦 R7 上市深化营销渠道建设，并打造多元化、全场景的能源补给生态。Robotaxi 项目总运营里程超过 150 万公里，发布自动驾驶技术架构 2.0，并相继在上海临港新片区、深圳前海投入运营。智能重卡项目获得智能网联汽车示范运营牌照，累计完成超过 15 万标准箱转运，并正式启动东海大桥高速场景下的队列跟驰“减员化”运营测试。

（三）产业创新生态不断丰富拓展。在产投联动方面，公司战略直投业务积极探索产业链、创新链、价值链融合发展，在新能源、半导体、先进制造及汽车电子等领域进行深度布局，在提增盈利贡献的同时不断扩大创新“朋友圈”。在智慧出行方面，享道出行强化“安全可靠”品牌定位，推出场景化专项服务；申程出行“一键叫车”智慧屏加快拓展布局。在数字化转型方面，上汽有 2 家工厂入选工信部 2022 年度智能制造示范工厂，帆一尚行云平台服务等数字化能力不断提升，为快速响应市场变化、提升组织管理效能提供了重要条件。

三、持之以恒增动力、添活力，继续深化国企改革和队伍建设

（一）进一步优化完善公司治理。报告期内，公司控股股东上汽总公司与中远海运集团实现交叉持股，为公司后续拓展产业、资本、业务等领域的合作奠定了重要基础。同时，捷氢科技拟分拆至科创板上市的申请获上交所受理；智己汽车、享道出行、中海庭等企业顺利完成新一轮市场化融资。

（二）进一步强化干部队伍建设。坚持“干部能上能下、员工能进能出、收入能增能减”的原则，对年度考核为“待改进”的中层干部进行薪资调减、岗位调整；积极落实《加快年轻干部发现培养选拔工作的实施方案》，大力提拔年轻干部到重要岗位任职，并持续开展年轻干部挂职工作，选拔青年骨干到创新业务、重点项目进行实践锻炼。

（三）进一步加强人才队伍培养与激励。在人才培养方面，多渠道引进领军人才和海外专家，加快集聚高层次人才；继续选育技术带头人，创建技能大师工作室，发挥人才引领作用；与重点高校建立“简历直推”机制，提前锁定优秀毕业生源；连续 10 年举办全球设计大赛，已累计吸引 200 余名设计人才加入上汽。在探讨激励创新方面，根据创新企业的特点，制订优化激励计划并推动落地实施；针对研发、销售、金融投资等不同团队，研究制定技术孵化激励、销量增量激励、基金激励等多种激励举措，为加快创新发展和转型升级、实现高质量发展，提供机制和人才保证。

上汽集团始终不忘“产业报国”的初心使命，以实现经济、社会、环境的可持续发展为己任，在全面建设社会主义现代化国家的新时代征程上努力回报社会，展现国企担当。积极投身乡村振兴、帮困扶贫、助学兴教等各类社会公益行动，2022 年投入款项及物资折合人民币超过 7600 万元，惠及人数超 25 万人。面对“大战大考”形势上汽坚决贯彻“人民至上、生命至上”的重要指示精神，公司及所属企业党工组织积极协调资源，加强对员工的关心关爱，公司工会拨付专项资金超过 7000 万元，各级行政和工会在保障员工健康、提供生活帮助等方面投入资金近 2 亿元。公司还组织动员广大员工参与所在街道社区的志愿服务，覆盖上海市 16 个区，累计参与志愿服务近 21 万人日，公司党员社区报到率达 100%。在特殊时期上汽人展现勇毅逆行、守望相助的可贵品质和良好形象。

【2023 年发展趋势】

上汽集团将坚持以市场为导向，牢牢把握“新四化”的大方向，以自主品牌核心能力建设为主要抓手，以重大创新成果持续快速落地为驱动，以数字化转型为支撑，实现制造与服务并举发展，着力打造一个品牌更有影响力、体系更具竞争力、体制机制更灵活的新上汽。在继续保持整车销量国内行业领先地位的同时，着力推动结构调整和布局优化。2023 年，公司力争全球整车销量上到 600 万辆台阶，其中新能源销量突破 150 万辆，海外销量超过 110 万辆。品牌结构上，从合资为主向自主品牌与合资品牌鼎势发展转变；产品技术上，从传统汽车向电动智能网联升级发展转变；市场结构上，从国内为主向深耕国内与拓展海外并重发展转变；业务范畴上，从制造为主向制造业与服务业并举发展转变。到 2025 年，上汽集团新能源车销量达到 350 万辆，比 2022 年增长 2.5 倍，年复合增长率达到 50%，其中，上汽的自主品牌在上汽新能源车整体销量中的占比将达到 70%，基本完成新老赛道的发展动力切换，力争跻身世界 500 强汽车企业排名前五，成为具有产业全球竞争力和品牌国际影响力的万亿级汽车产业集团，争创世界一流汽车企业。

（包一恺）

中国石化上海石油化工股份有限公司

【概况】

中国石化上海石油化工股份有限公司（简称上海石化）位于上海市金山区，占地面积9.40平方千米，是中国主要的炼油化工一体化综合性石油化工企业之一，也是中国首家股票在上海、香港、纽约三地同时挂牌上市的国际上市公司。前身为创建于1972年的上海石油化工总厂，1993年6月改制为上海石油化工股份有限公司，2000年10月更名为现名。截至2022年底，上海石化下设炼油部、烯烃部、芳烃部、化工部、碳纤维事业部、合成树脂部、热电部、公用事业部（海堤管理所）、先进材料创新研究院、储运部、环保水务部、碳纤维产业发展中心以及仪控中心、物资采购中心、销售中心、IT服务中心、质量管理中心、统计中心、行政事务中心、上海培训中心等单位，并由资本运营部管理对外投资企业。总资产412.43亿元，在岗员工总数7647人。具有原油综合加工能力1600万吨／年和乙烯70万吨／年、有机化工原料407万吨／年、合成树脂90.8万吨／年、合纤原料52.5万吨／年、合纤聚合物15万吨／年、合成纤维2.8万吨／年、高性能纤维1500吨／年的生产能力。主要生产石油制品、中间化工原料、合成树脂、合纤原料及合成纤维4大类产品。

【2022年经济工作情况】

2022年，上海石化贯彻落实上海市和中国石化工作部署，统筹推进生产经营、科技创新、改革管理、项目建设、疫情防控、党的建设等工作，基本完成全年目标任务。全年加工原油1044.53万吨（含来料加工37.83万吨），生产成品油590.80万吨，乙烯59.81万吨，丙烯43.58万吨，对二甲苯58.59万吨，塑料树脂及共聚物（不包括聚酯和聚乙烯醇）79.71万吨，合纤原料9.57万吨，合纤聚合物10.75万吨，合成纤维2.04万吨，发电22.13亿千瓦时。实现工业总产值（现价）714.48亿元，营业收入825.18亿元，利润总额-36亿元。

一、疫情防控守牢守稳

统筹抓实疫情防控和生产经营，优化防控措施，保障产业链供应链稳定。封闭管理期间，实现“生产运行不停摆、产品出厂不间断、驻厂员工零感染”。服务援沪医疗队，助力建设方舱医院，居家办公党员群众志愿服务社区，为打赢“大上海保卫战”做贡献。落实减免房租等纾困政策，为小微企业及个体工商户减免房租736.61万元。12月12日起，将疫情防控方向和措施由“防”转向“保”，保障人员安全和稳定生产，获国务院国资委、上海市、集团公司肯定表扬。

二、科技创新取得突破

完成北京冬奥火炬“飞扬”研发量产、服务保障任务，获“北京冬奥会、冬残奥会突出贡献集体”称号。持续攻关“卡脖子”技术，碳纤维及其复合材料等攻关任务基本实现年度目标和三年总任务要求。加强协同攻关，碳纤维复合材料应用于临港T2线氢动力电车、青岛海口路跨风河大桥等。探索实行科技攻关“揭榜挂帅”，首批揭榜实施5项课题。中国石化“十条龙”科技攻关项目出龙2项，入龙1项。申请专利120件，授权59件。

三、改革管理持续深化

完成深化改革三年行动及对标一流管理提升行动，启动中层管理干部任期制和契约化改革。优化组织机构设置，推动大车间整合，提升组织运行效率和专业管理能力；推进炼油部组织管理体制优化，增设区域生产运行主管岗位，加强生产运行现场管理力量。启动美国存托凭证（ADR）从美国退市，实施公司历史上首次H股回购。推进“合规管理强化年”工作，开展严肃财经纪律综合治理专项行动，推进依法治企建设。推进5S管理，制订发布《上海石化全面目视化管理手册》，完成公司5S管理体制搭建和20个示范创建区域验收。

四、转型发展有力推进

坚持以项目建设助推转型升级绿色发展，获评2022年度集团公司绿色企业。推动重点项目建设，2.4万吨／年原丝、1.2万吨／年48K大丝束碳纤维项目2条国产线投产，开展热电机组清洁提效改造工程前期工作。推进隐患治理和环保项目，海堤安全隐患治理项目和1—4号炼油联合装置控制室合规性改造及控制系统隐患整改项目中交。完成热电部5号、6号机组能耗达标改造。推进新能源项目建设，氢燃料电池供氢中心项目二阶段中交，首座兆瓦级光伏电站环江路仓库屋顶光伏项目完成施工。强化合资合作，推进上海市重点工程项目25万吨／年热塑性弹性体项目建设。

五、生产运行平稳恢复

“6·18”事故发生后，推进事故应急处置、风险隐患排查整治、恢复性检修和复工复产，62套（系列）生产装置实现一次开车成功，全产业链恢复常态运行。强化安全生产责任落实，层层签订HSE责任书，压实三级值班值守和干部带班值班，推行晨会和综合调度会制度，夯实现场管理，生产运行保持稳定。开展风险识别和分级管控，5 项公司级安全风险降级 1 项，整治完成 9 项集团公司级安全隐患。

六、党建质量稳步提升

开展“牢记嘱托、再立新功、再创佳绩，迎接学习贯彻二十大”主题行动，全面加强党的建设。完善“三重一大”议事决策制度，党委巡察实现一届任期内全覆盖。开展应知应会手册编写工作，形成模板、标准、流程。开展“大练兵、大比武”业务竞赛，在全国职业技能竞赛中，获个人 1 金 1 银、团体三等奖，1 人获全国技术能手荣誉称号。做优帮扶互助品牌，全年公司职工帮困基金总支出 473.62 万元；医疗帮扶补助“一站式”办理 2812 人次，补助 259.36 万元。推进与西藏班戈中学结对教育帮扶，对云南、甘肃、西藏、新疆等消费帮扶 673.67 万元。

【2023 年发展趋势】

上海石化将认真落实中共上海市委、市政府和中国石化党组的工作要求，聚焦落实集团公司高质量发展行动要求，突出做好强基础、强管理、强运营工作，防范化解重大风险，打赢安全生产翻身仗，推动生产经营“跑赢大势、好于同行”，重点项目发展取得突破，党建内部管理全面提升。

一、抓实安全环保，打赢安全生产翻身仗

抓实领导安全引领、业务技术支撑、基层有效执行，实施安全环保专项考核，落实全员 HSE 责任。抓好生产装置安全评价，完成安全生产许可证换证。落实双重预防机制，推进老旧装置等隐患整改。推进无废工厂建设，试点厂界噪声治理，打好“蓝天、碧水、净土”保卫战。加强“三基”工作，修订完善专业管理制度。加强基本功训练，做实新进员工五年培养规划，规范“三大员”和技能操作人员持证上岗。推广实施 5S 管理，努力实现“一年树样板、两年打基础、三年全覆盖”的目标。加大承包商管控力度，强化直接作业安全监管，严格落实监护职责。

二、抓实提效降本，实现生产经营跑赢大势、好于同行

加强生产异常管理、变更管理、工艺与设备防腐管理、日常操作标准化管理及设备完整性管理，发挥专业管理技术引领和支撑作用。推动原油进厂设施、调配设施等改造，降低原油采购成本。抓好乙烯新区等装置检修，优化物料平衡。推进炼油结构调整，提高汽柴油产销量，增产航煤，培育船用燃料油等新业务增长点。开展装置能效对标分析，落实芳烃低温热（二期）等能效提升项目。拓展新能源业务，实现“三新”业务增量见效。严控成本费用，探索建立“自干”替代“业务外包”的市场化机制，力争 2023 年重点费用同比下降 10% 以上。开展内部模拟利润考核，激发全员降本提效动力。

三、抓实管理提效，增强内生动能

优化组织机构设置，完善业务流程、职责权限和运行机制，推动职能化管理向流程化管理转变。继续推进基层车间组织机构优化，推进大车间管理模式，提升管理效率和水平。加强组织绩效管理，完善绩效考核评价机制和薪酬分配机制，加大收入分配与业绩贡献的关联度，促进自主管理能力提升。进一步探索建立主要生产单位、辅助服务单位内部市场化运行和评价机制，调动各层面干事创业的积极性。

四、抓实转型发展，力争重点项目发展取得突破

围绕国家科技项目等关键核心技术攻关任务，推动碳纤维产业发展。年内实现 48K 大丝束碳纤维项目（一期）商业化运行，开展项目二期建设，开稳开好 1500 吨 / 年碳纤维装置，建成投产百吨级高性能碳纤维、航空复材中试装置；落实风电叶片用大丝束碳纤维认证，推动碳纤维复合材料研发进入高端应用领域。推进 25 万吨 / 年热塑性弹性体项目建设、热电机组清洁提效改造项目开工、30 万吨 / 年醋酸乙烯等重点项目前期工作，争取全面技术改造和提质升级项目早日落地。

五、抓实党建内部管理，带动企业面貌风气持续向好

学习贯彻中共二十大精神、习近平总书记关于防范风险挑战和安全生产重要论述、习近平总书记视察胜利油田重要指示精神。穿透基层开展形势任务宣讲，增强使命感和责任感。落实对各级领导班子的管理考核，强化干部队伍作风建设。畅通规范群众诉求表达、利益协调、权益保障机制，常态化开展“联服体系”等主题实践活动。优化后勤服务，制订“大健康”任务清单，持续推进四重补充医疗保障。加强与地方政府、社区村居、产业链合作伙伴等联络沟通、资源共享，为企业改革发展稳定营造良好环境。

（吴文华）

中国石化上海高桥石油化工有限公司

【概况】

中国石化上海高桥石油化工有限公司（简称高桥石化）始建于 1981 年 11 月，是中国第一个跨行业、跨部门的特大型经济联合体，隶属于中国石油化工集团公司。成立以来历经多次体制变更，2016 年 2 月，在中国（上海）自由贸易区注册，由中国石油化工集团公司旗下的分公司变更为子

公司。

高桥石化占地面积3.12平方公里，共有56套生产装置，可生产200余种产品，主要产品有汽油、航空煤油、柴油、润滑油基础油、石蜡、合成橡胶、有机化工原料、合成塑料以及精细化工产品等，公司拥有年原油加工能力1250万吨，年化工产品生产能力50万吨，自备电厂具有装机容量17.5万千瓦。

公司加强对外经济合作与交流，先后与世界著名大公司如德国巴斯夫公司、美国雪佛龙公司、日本三井石化株式会社等分别成立了合资企业。

【2022年经济工作情况】

高桥石化全年累计加工原油1050.33万吨，生产成品油628.41万吨，化工产品产量51.16万吨，发电量5.25亿千瓦时，供热量630.67万吉焦；实现利润总额39.56亿元；实现营业收入693.22亿元，比上年增加48.99%。蝉联浦东新区经济特别贡献奖第一名。

一、坚定不移打造安全绿色领先城市型工厂，发展根基有效夯实

（一）推进体系制度融合。坚持以“一套制度文本支撑多个体系”，将体系要求细化完善融入公司制度，制订业务流程，明确执行标准，加强制度培训，抓实体系内审、岗位责任制检查，推动体系制度落实，夯实安全生产基础。

（二）加强风险管控和隐患排查治理。发挥专业部门和属地单位合力，落实“五个回归”溯源，加强风险隐患排查整治，全年累计完成38项隐患治理，安全风险总值下降22.63%。集团公司级重点监管项目“长输管线隐患治理”提前完成。

（三）强化专业安全、直接作业环节和承包商管理。抓细抓实原料合规、工艺平稳、设备可靠、报警联锁在线、作业受控等专业管理工作，确保生产过程安全；修订“7+1”直接作业环节安全管理制度，从严承包商安全专项整治，加强现场监护，落实现场问题排查治理，有效防控现场作业风险。

（四）抓好“无异味工厂”建设。加大环保投入，完成66项环保减排项目，建成VOCs网格化监测网络，落实异味管控措施239项；强化噪声、废水、废气等环保综合治理，外排废水、废气达标率100%，危废委外处置量同比减少11.09%，企业绿色生产硬实力持续增强。

二、坚定不移抓好疫情防控，企业责任担当充分发挥

3月初，针对疫情快速蔓延之势，公司在上海市企业中率先实施封闭管理，在总部和地方关心指导下，在由公司各级人员组成的指挥体系坚强领导、统筹协调下，3390余名干部员工及承包商、服务商员工从思想深化引领、方案提前谋划、问题迅捷处理、措施有效落实、后勤有力保障、职工关心关爱等方面，团结一心、党员先行、人人奋进，驻厂坚守93个日夜，实现安全连续生产，保障城市经济运行及产业链供应链稳定，获得集团公司的高度肯定和上海市主流媒体、主管部门的表扬和认可。12月，面对新一轮的疫情冲击，公司迅速调整防疫措施，各单位全力担当作为，广大党员、干部、员工冲锋在前，众志成城、爱企护企，全力保障安全连续生产，以强烈的责任担当和高度的敬业精神打赢疫情防控阻击战，为完成全年各项任务目标奠定坚实基础。

三、坚定不移推动“两个转变”，攻坚创效能力显著提升

（一）向平稳运行要效益。开展装置长周期运行攻关，严抓“三大纪律”执行，严格非计划停工与生产异常管理，全年非计划停工累计2起，同比降低60%。强化报警、联锁和控制回路管理，提高生产工艺平稳性，工艺控制指标平稳率达98.39%。推进设备完整性管理体系建设，设备缺陷同比下降22.4%，以设备本质安全保障装置安全。

（二）向经营优化要效益。落实营销体制机制改革，打造具有竞争力的营销团队，加强市场分析研判，开拓产品市场应用场景，实现市场细分、客户细分和产品细分，畅通产销研用链条，推进产业链延伸和产品价值赋能，形成市场竞争新优势。紧贴市场需求，加快科技创新攻关取得丰硕成果，国ⅥB汽油质量升级率先完成，66号全精炼石蜡、L-QB300导热油首次生产成功，轻质白油产品出厂流程顺利打通，70A沥青产量创新高并实现出厂“船运车发”双通道，差异化竞争优势日益凸显；化工产品总量再创新高，产品结构持续优化，低顺橡胶首次销往沙特基础工业公司。公司全年增产增销石蜡、白油、ABS等高附加值产品累计增效6.82亿元。加强对外投资管理，赛科股权转让顺利完成，加德士合资续延成功，三井化工首次实现分红，投资收益持续提升。

（三）向降本减费要效益。持续推进原油劣质化、重质化，节约原油采购成本2494万元。抓实物资采购全流程管控，节约采购成本7115万元。化工苯酚使用炼厂丙烯项目顺利投用，年节约原料成本776万元；ABS原料国产化替代率创新高，降低生产成本4562万元。抓实全员成本目标管理，积极争取惠企政策，降本增效1.6亿元。

四、坚定不移深化改革强化管理，组织效能持续增强

（一）优化机构设置和专业管理。完成人事、热电水务、物资采购、新闻宣传、计量统计等机构整合精简，企业管理集约化和专业化水平持续提升。

（二）深化作业部体制机制改革。树立“大抓基层”工作导向，推进基层作业部运行体制机制改革，优化作业部管理架构，公开招聘副装置长，配备作业部总工程师，调整“三大员”隶属关系，调配专业技术人员进装置，从优秀班组长中选拔现场运行主管师，为基层班组配备副班长，大力

推进管理重心下移，夯实安稳运行基础。

（三）推动体系制度优化执行。组织编制《一体化管理体系指引手册》，制订“三基”工作行动方案，修订《职责划分手册》，通过开展公司年度联检，完善专业管理部门和基层单位岗检机制，推动制度体系有效运行；组织开展三轮台账压减，落实60项为基层减负措施。

（四）加强风险防控依法合规经营。抓好“严肃财经纪律、依法合规经营”专项行动，开展内控风险排查、法律风险识别管控，强化合同招标管理，提高规范标准化水平。聚焦主责主业，推动管理审计转型，开展原油储运损失、土地管理等专项审计，有效防范重大经营风险。加强信息化建设，规范信息系统管理，建立云文档、云打印服务平台，加强网络安全管控，公司连续三年获评集团公司网络安全A级企业。

五、坚定不移推动“三点发力”，转型升级加快推进

（一）全力建设标杆企业。积极推进炼油结构调整，完成节能降碳专项规划方案和“专精特新”项目方案研究，炼油转型升级工作稳步推进。推动“油转化”“油转特”，纵深推进特种白油、环保型橡胶填充油、相变蜡等产品研发，净味环保沥青首次生产应用成功，总部级科研攻关项目“燃料电池车用氢气纯化及供应技术研发和应用”顺利“出龙”，科技成果转化持续加快。供电煤耗达标优化改造项目6号汽轮机发电机组开工一次成功，绿色低碳发展加速推进。防汛墙达标治理和人员集中场所抗爆整改等重点整治项目稳步推进，安全基础有效夯实。

（二）加快打造化工新材料基地。完成ABS装置升级改造项目可研批复，项目正式启动，公司在上海化工区转型发展取得积极进展。统筹谋划建设化工区原料保障项目和“绿色、高端、低碳”新材料产业基地，新材料产业链发展路径更加清晰。

（三）积极拓展合资合作。与跨国公司商讨绿色低碳合作事宜，与外高桥电厂开展蒸汽供应研究，大力拓展新能源业务，分布式光伏发电项目一期顺利完成。

六、坚定不移加强党建引领，政治保障充分彰显

（一）加强党的政治建设，把学习贯彻中共二十大精神与学习贯彻习近平总书记视察胜利油田重要指示精神相结合，为公司发展建设提供坚强政治保障。完善督办管理体系，推动重点工作务实高效推进。凝聚大监督合力，持之以恒正风肃纪。

（二）推进员工素质能力提升。构建形成“业务部门主管、专业部门负责、属地单位落实”的培训工作格局，开发应用培训系统，举办第二届“最强操作”竞赛，有效激发员工学习、钻研、应用技术的积极性，公司3名选手参加“全国行业职业技能竞赛”取得历史最好成绩。推进职工工作室创建，持续提升职工立足岗位攻坚克难的动力。搭建青年创新创效平台，公司青年创新项目获得上海市产业青年创新大赛金奖。持续落实“我为群众办实事”。推进厂区环境提升项目，环境面貌焕然一新。积极开展EAP服务，促进员工身心健康。用心用情做好在职员工和离退休老同志关心帮扶，形成良好企业氛围。

【2023年发展趋势】

2023年主要经营目标是：集团公司一般C级及以上生产安全事故为零、环境事件为零。全年加工原油1030万吨，生产化工产品40.6万吨，实现利润6.5亿元（其中，炼油6亿元、化工0.5亿元），炼油吨油完全费用低于325.8元、化工吨产品完全费用低于3425元。重点抓好以下工作：

一、持之以恒抓安全环保，筑牢高质量发展根基

在推进管理体系有效运行上再发力；在风险隐患排查整治上再发力；在直接作业环节和承包商监督管理上再发力；在建设绿色企业上再发力；在抓实员工健康和公共安全管理上再发力。

二、持之以恒抓平稳运行，夯实高质量发展基础保障

加强生产基础管理；加强设备完整性管理；抓好现场5S管理；抓好装置检修消缺。

三、持之以恒抓价值引领，提升高质量发展竞争优势

坚持“低成本、高效率”抓优化运行；坚持“差异化、高端化”抓优化经营；坚持“业财融合、对标提升”抓价值管理。

四、持之以恒抓转型升级，激发高质量发展强劲动能

持续优化转型升级发展规划；持续推进城市型标杆工厂建设；持续加大对外沟通合作力度。

五、持之以恒抓改革管理，释放高质量发展机制效能

深化管理体制机制改革；持续优化企业管理；坚持依法合规经营；推进数字化转型智能化提升。

六、持之以恒抓党建引领，强化高质量发展政治保障

突出党建政治引领；突出纪律作风保障；突出队伍赋能赋智；突出发展共建共享。

（魏之臣）

上海电气控股集团有限公司

【概况】

上海电气控股集团有限公司是全球领先的工业级绿色智能系统解决方案提供商，专注于智慧能源、智能制造、数智集成三大业务领域，业务遍及全球。公司聚焦高端、绿色、智能的发展方向，以科技赋能推动中国及全球工业高质量发展，为人类美好生活创造绿色可持续价值。产品包括火力发电机组（煤电、气电）、核电机组、风力发电设备、输配电设备、环保设备、自动化设备、电梯、轨道交通和工业互联网等。在智慧能源领域，重点打造风光储氢多能互补和源网荷储一体化解决方案，构建遍布全球的“全方位”新型电力系统和“立体式”零碳产业园区；在智能制造领域，提供智能装备、锂电产线、工业软件、数字医疗、轨道交通及数字化解决方案；在数智集成领域，以扎实的极限制造能力成为新能源汽车产业链、大飞机产业链、现代船舶产业链系统解决方案提供商。秉承“开放协同、合作共赢”的理念，集团携手70多家世界一流企业，协同全球客户、合作伙伴、员工等创造者，赋能全球创新与绿色可持续发展。2022年7月，由世界品牌实验室在北京主办的第十九届“世界品牌大会”发布2022年《中国500最具价值品牌》分析报告，集团以1517.39亿元的品牌价值挺进榜单TOP50，再次蝉联机械行业榜首。这是集团连续6年跻身中国最具价值品牌TOP50。

截至2022年底，电气控股注册资本108.49亿元，总资产3949.1亿元，在册员工人数7.5万人，下属企业943家，拥有4家上市公司和138个境外机构。

【2022年经济工作情况】

2022年，集团面对新冠疫情冲击，始终坚持“稳中求进、守正创新，坚定不移走高质量发展之路”的工作总基调，各项工作稳妥有序推进，取得积极进展。电气控股全年营业收入1533.67亿元，完成工业总产值1010亿元，为全市稳经济稳增长作出积极贡献。

一、产业结构不断优化

（一）聚焦主责主业布局“十四五”。制定集团“十四五”战略规划，并在迎接中共二十大胜利召开和集团120年司庆之际，以干部大会形式予以发布实施，并强化全过程管理，确保战略方向不偏，确保战略举措落地见效。

（二）推进管理提升专项行动。围绕产业能级、组织扁平化、运营质量、整体协同等方面分解任务，落实主体责任，建立传导机制，集团整体效能提升加快。

（三）进一步提高投资质量。评估历史投资效果，严格投资预算准入门槛，合理控制投资强度。组建新能源发展公司，集资源开发、产业支撑、创新示范于一体。有效完善三级经济运行分析体系，月度分析、季度评价，经济运行监测分析及时性和精准度进一步提升。

（四）完善风险防控体系。强化工程、投资、资金管理，分批分类完善内控制度体系，建立工程项目风险敞口管理机制并发挥作用。调整优化法务工作体系，法务工作能效进一步增强。持续提升审计工作能级，按照“组织分层、对象分类、责任分级”原则，强化内审监督职能和力量配置，提升审计监督有效性，守牢风险底线。

二、重大项目进展顺利

（一）参建“华龙一号”助力核强国建设。2022年3月，由集团提供核岛、常规岛主设备的“华龙一号”海外示范工程、全球第4台机组——巴基斯坦卡拉奇核电3号机组首次并网成功。至此，“华龙一号”海内外示范工程4台机组全部并网发电。3月25日，集团参建的中国自主三代核电“华龙一号”示范工程第2台机组——福清核电6号机组完成168小时试运行，具备商运条件。至此，中国三代核电“华龙一号”示范项目全面建成投产。

（二）响应“一带一路”国家倡议，持续推进迪拜太阳能发电项目。优化整合全球40多个国家资源力量，全力建设可100%依靠太阳能实现24小时连续稳定发电的“一带一路”示范项目。扎实推动巴基斯坦塔尔煤田一区块煤电一体化项目，加快项目整体建设，确保顺利进入商业运营。该项目已为当地创造近2万个就业岗位，并投入130多万美元用于企业社会责任工作。

（三）参与装配线制造的全球首架国产大飞机C919顺利交付东航，有效保障国产大飞机制造过程中的工艺质量和建造精度。此外，圆满交付空客公司A320系列飞机亚洲总装线升级改造项目，并已投产首架A321飞机。

（四）参建上海最大集中式光伏项目。9月，由集团承包的崇明港西镇128兆瓦渔光互补光伏发电项目正式开工，助力崇明“美丽乡村”和世界级生态岛建设。

（五）刷新全球已并网最大风轮直径机组纪录。9月，上海电气风电集团海神平台全新一代半直驱机组EW8.5-230成功一键并网。该机组风轮直径达230米，是全球已吊装的最大风轮直径机组。

（六）参建浙石化二期热法海淡项目全系统投产。2月，浙石化二期热法海水淡化项目第8套机组调试完毕，至此该

海外拥有 96 家业务机构，拥有全球第二的汽车内饰、全球第二的时尚箱包、全球第四的毛衫制造能力。2022 年，实现营业收入 898.9 亿元，进出口 68.9 亿美元（出口 51.9 亿美元、进口 17.0 亿美元）。

【2022 年经济工作情况】

集团坚持以习近平新时代中国特色社会主义思想为指导，全面贯彻落实中共二十大、中央经济工作会议以及中共上海市委十二届二次全会、市委经济工作会议精神，紧紧围绕市委、市政府提出的要求，发扬“四个不怕”的工作作风，上下一心，共同努力，积极应对国内外各种风险挑战，统筹疫情防控和经济发展工作，克服万难守住底线，完成了年度工作目标和任务。

一、推进战略转型综合改革，凝聚高质量发展合力

（一）迎难而上，加快战略转型综合改革。以“迎难而上，努力建设一流跨国企业”为目标，形成集团战略转型综合改革方案，提出管理思想与管理模式改革、7 个存量业务转型改革、4 个新动能改革等改革举措。集团信息传媒公司、集团数字公司、集团渠道公司进入正式筹备阶段。

（二）落实措施，不断完善法人治理结构。加快推进管理层级压缩、混改、双百行动工作，全年完成 62 户企业管理层级压缩任务。聚焦主业，实现扁平、高效的企业管理模式。规范外派董监事管理制度，完成集团委派董监事决策事项报批流程，对集团派出董监事人员开展履职培训，69 名集团监事参加国资委国有企业监事线上专题培训。

（三）稳扎稳打，重点企业深化改革取得新进展。新海航业、星海地产、纺研院、花卉公司等 4 家企业职业经理人试点单位党委完成试用期后人员评估，完成风险抵押金上缴工作。东方创业完成股权激励工作后续激励计划，正在推动新一轮可交债的发行工作。品牌公司完成以增资扩股的方式引入战略投资人，导入市场资源。纺研院完成“三位一体”新体制机制改革配套落地工作，制订三年科技行动任务，打造集团中央研究院科技体系。

（四）提质增效，持续强化精细管理水平。以“毛利费用率”“管理费用”管控为主要抓手的灭灯专项行动取得积极成效。客商黑白名单机制正式落地。完善风险提示机制，积极跟进案件执行，协调纠纷化解，挽回损失 3.12 亿元。集团外贸 ERP 系统 3.0 版升级完成，8 个界面性能优化全部上线并交付使用，运行效率大大提升。协同管理平台三期三阶段项目建设完成，大数据平台一期项目正式验收上线。集团核心业务系统无故障运行率达到 99%，实现信息安全“零事故、零报告”。

（五）共克时艰，全力打赢疫情防控保卫战。建立集团“总部统筹 - 分级落实”的立体精准疫情防控体系，全力确保“疫情要防住、经济要稳住、发展要安全”。集团联合上海市慈善基金会，向抗疫一线捐赠 88 万件、价值超过 5000 万元的三枪内衣。贸易板块企业线上办公，协调处理成交履约，维护客户关系。落实上海国有企业减免小微企业和个体工商户房屋租金政策，全年共实现减免租金约 4.97 亿元。

二、主动全方位服务进博，加快贸易转型升级发展

（一）逆势而上服务进博有新成效。第五届进博会完成签约面积 5600 平方米、展览面积超 1 万平方米，招展国别地区 42 个（超过上届 40 个），其中 RCEP 国家 8 个。场内意向采购总金额 5.04 亿美元，在国资分团的位次上升为第二名。集团打造的综合食品展位，新增上海国际友城港项目、创新孵化新材料港等展位。虹桥品汇二期 A 栋整体启用，虹桥国际咖啡港、上海国际友城港、进博商品畅购集、Japan Mall（日本进博商品常年展）、虹桥进口商品直播基地（进宝汇）、虹桥国际酒窖形象及影响力显现。贸易总部 14 家企业整体或部分入驻办公。

（二）自营出口业务呈现较强韧性。全年实现自营出口额 21.2 亿美元，比上年增长 5.3%。香港公司下属联泰控股服装和箱包业绩较上年大幅增长；东方创业（不含东松）自营出口同比增长 31.3%，申达外贸自营出口同比增加 16.3%，新联纺自营出口同比增长 9.8%；东方创业埃塞毛衫厂实现良性运转，获得 6 个欧美主要市场及国际品牌验厂资质，一手订单接单量占工厂订单近 90%，新开发客户订单量占 60%。

（三）自营进口和新贸易业务稳中有进。全年实现自营进口 2.8 亿美元，同比增长 11.4%。东方外贸累计自营进口 9779 万美元，同比增长 38.3%；康健公司累计自营进口 4912 万美元，同比增长 16.5%。集团离岸、转口贸易销售额 76.59 亿元人民币，同比增长 18.7%，其中：东方创业同比增长 101.5%，新联纺同比增长 62.9%，香港公司同比增长 14.6%。

（四）供应链业务利润创历史新高。全年完成营业收入 79.63 亿元，完成预算目标的 151.67%；实现利润总额 2.87 亿元，完成预算目标的 256.87%。新海航业灵活运用长短期租约，适时租入市场船舶，补充整体运力布局，航运业务利润同比增长 64%，自营船队毛利同比增长 36.41%。国际物流承运的中欧班列业务完成首个完整年度的运行，首开中亚线，全年共开行 58 列次（出口 51 列，进口 7 列），装载集装箱 5658TEU，承运货值约 17.9 亿元。东方物流不断提升业务质量及毛利，海运进出口货代业务在业务量下降的情况下实现利润增长 1000 万元。

三、打造时尚产业生态圈，加快先进制造协同发展

（一）三枪品牌新渠道拓展取得新突破。龙头股份三枪品牌出海业务同比增长 19.6%，抖音业务渠道同比增长 254%，3—6 线城市线下业务同比增长 65%。城投集团工装项目、国泰君安职业服项目、应急管理局制服项目完成交货，全年实

现主营收入 1.5 亿元。

（二）数字赋能时尚平台经济初具规模。2022 年是上海时装周 20 周年，经过 20 年的洗礼，上海时装周已成为上海亮丽的城市名片、亚洲时尚的风向标，被誉为“全球最具活力时装周”。全年两季共发布 222 场秀，上半年首创数字时装周实现线上数字发布；下半年创新发布新中装系列标准和《上海时装周发展报告》。2022 全球时尚产业指数 · 时装周活力指数发布，上海时装周位列全球时装周第四。时尚公司下属国际时尚中心启动“数字时尚实验室”。花卉公司举办第三届“绘”生活花园节，“G20 花岛宿集”民宿市场化运营模式基本形成。

（三）汽车内饰产业链全球协同持续深化。申达股份完成 Auria 天津工厂、南非工厂、成都工厂等建设项目，全球产业链协同配套产品陆续生产交货，已实现销售 6.65 亿美元。全球接单能力提升，国内企业实现新增订单年均销售额 3.78 亿元、海外 Auria 完成 8400 万美元新增订单；在中国采购的模具、设备、零部件及原材料等累计 1 亿元人民币。申达安亭全球科创中心项目（申达科技）全面建成并投入使用。

（四）聚焦主业科创成果产业化转化有成效。完成 11 项集团重点科创项目验收工作，新增创新产品销售收入 3.3 亿元。纺研院牵头创建上海市制造业创新中心（先进技术纺织品领域）；与申达川岛合作开发出高阻燃面料，突破性进入中国高铁市场。德福伦与北京服装学院合作开发的“长效环保阻燃聚酯及其纤维制备关键技术”被推荐为教育部 2022 年度高等学校科学技术进步奖一等奖。

四、持续稳步推进重点项目，加快大健康产业领域布局

（一）生命科学产业园区试运行。东方投资扎实推进集团首个生命科学产业园区建设，上海香杏中医院正式落成并投入运营，已稳健运行 3 个月，月手术量已达 24—26 台。东济费森血透中心已竣工验收并申请牌照。上海嘉进医院公司施工、G 楼的承接等工作也先后完成。

（二）健康养老产业布局步伐加快。集团与九如城集团合资成立了东方国际集团上海九如城健康科技发展有限公司，开始合作竞标公建民营养老项目。与黄浦区签署保屯路项目合作的框架协议。东方投资东方翌睿基金整体 IRR19%，健康基金投资项目毕得医药 10 月在科创板上市。

五、多措并举盘活存量资产，加快产业物产市场化拓展

（一）产业物产发展根基不断夯实。编制《中环内存量房地资产集中管理的顶层规划设想》；建立集团存量资产动态数据库；完成 10 亿元“三小低效”资产处置置换。完成集团 ETS 租赁审批信息系统全覆盖工作。平均出租率 95%，租费平均总单价比上年末递增 4.4%。

（二）市场化项目拓展取得新突破。星海地产竞得自贸区临港新片区地块和嘉定工业区南门社区地块，年内实现开工。南通项目完成住宅结构封顶，取得预售许可证，启动蓄客营销。镜湖项目、袍江项目按计划推进销售，实现销售资金回笼 5.5 亿元和 3.7 亿元。虹桥品汇二期 B 栋项目完成结构封顶。唐镇保障房项目结构封顶，已落实第一批次回购主体。物业管理市场拓展总面积 17.13 万平方米，其中业外 8.31 万平方米。

（三）存量资产盘活加快推进力度。推出《建设项目 OEPC 管理实施办法》，重点在建、新建工程实行 OEPC 全流程集中管理。曹家渡“元中天地”（暂名）项目完成 EPC 招标；智力产业园一期改扩建项目取得施工许可证并开工建设；半岛 1919 完成项目产业准入审核，配合完成控规调整；金沙江支路 200 号项目（航空智谷）完成新建建筑桩基工程和基坑围护工程；江场西路 200 号纳入上海市保障性租赁住宅名录；长宁会馆一期项目改造完成竣工；尚昉园区（余姚路 55 号）完成竣工验收备案并已对外营业。

六、有效提升资金管控水平，加快金融平台能级提升

（一）资金管控不断取得更好成效。财务公司 2022 年末吸收本外币存款 91.08 亿元，集团口径资金归集率达 80% 左右；结售汇规模全年达 14.3 亿美元，节约结售汇成本 575 万元；全年为集团总部低成本融资 17 亿元，与同期 LPR 利率相比节约成本约 5350 万元。

（二）围绕主业持续加强产融协同。支持星海地产临港、嘉定项目，争取最优贷款条件；协助香港公司做好香港慧联并购贷款到期承接方案；协调中国银行市分行调整申达股份并购企业 Auria 美元流贷利率。

（三）加快建设棉交持续发展平台。棉交中心农发保值贷项目创新一口价质押、籽棉收购后预售模式，年度成交 3 万吨以上。启动对接上海清算所“清算通”。国内首创，与新疆建设兵团棉花协会合作推出“上棉指数”（新疆籽棉收购价格指数），得到业界首肯。对接浦发、农发行、中信、安信农保等，推出浦商银、仓单贷、定购贷等产品。

【2023 年发展趋势】

总体思路：深入贯彻中共二十大报告、中央经济工作会议和市委十二届二次全会精神，坚持系统观念、守正创新，坚持稳字当头、稳中求进，围绕“成为中国时尚与贸易头部企业”战略目标，紧盯目标任务，深入推进战略转型综合改革，围绕一流企业发展要求，一步一个脚印抓实见效。

一、聚焦高质量发展，深入推进战略转型综合改革，强化总部战略管控和基础管理功能

深入推进战略转型综合改革。大力实施责任考核和用人体制机制改革。“放”“收”并举，强化总部基础治理能力。加强资本运营，提升资产经营能级和效益效率。落实市委巡视及市审计局经济责任审计反馈意见的整改。加强全面风险管理，切实提升风控工作水平。

二、聚焦“七联动”，培育外贸核心产品和核心竞争力，巩固提升集团贸易龙头企业地位和服务能级

加强顶层设计，实施外贸差异化竞争战略。坚持不懈培育创新转型业务，提高进博会集成服务系统能力。贯通“海陆空铁水”和“仓储 +”等优势资源，探索建立跨国跨地区、多式联运、多功能联动、24 小时服务的韧性供应链一体化服务体系。

三、突破科技时尚产业转型升级瓶颈，实现核心主业高质量发展

建设国家产业用纺织创新中心，加快科技成果商业化落地。提升在信息服务、纺织服装标准制定、产品检测等领域的行业优势地位。做强做优品牌经济，提高平台经济、活动经济的产业影响力和经济效益。积极推进花卉产业一、二、三产融合发展。

四、提高产业物产规模和效益增量，成为集团效益的“底座力量”

加强精细化管理，强化机制建设。聚焦提升产业物产核心竞争力，形成存量优化、增量突破、质量提升并重新局面。提升园区专业招商、运营及服务水平。落实“健康中国，健康上海”战略，全力落成东方国际生命科学产业园区。

（詹理敏）

上海医药集团股份有限公司

【概况】

上海医药集团股份有限公司（简称上海医药），2022 年，公司再次入选《财富》世界 500 强，位列第 430 位，较上年提升 7 位；并再次入围全球医药工业 50 强，排名提升至第 41 位。公司实现营业收入 2319.81 亿元，比上年增长 7.49%。其中：医药工业实现销售收入 267.58 亿元，同比增长 6.61%（其中 60 个重点品种销售收入 157.27 亿元，同比上升 13.12%）；医药商业实现销售收入 2052.24 亿元，同比增长 7.60%。公司实现归属于上市公司股东的净利润 56.17 亿元，同比增长 10.28%。公司研发投入 28.00 亿元，同比增长 11.87%。其中：研发费用 21.12 亿元，同比增长 6.29%。公司全年经营性现金流净流入 47.43 亿元，继续保持高质量发展。

【2022 年经济工作情况】

在艰难的条件下继续保持经营业绩逆势稳定增长，其中医药商业还首次规模突破 2000 亿元。2022 年上半年，先后启动对沪内八大物流库区闭环管理，近 50 家企业先后成功进入复工复产白名单，在极限条件下完成各类医疗物资的保障供给。同时积极响应上海市委、市政府统一部署，仅用一周时间就建成核酸检测气膜实验室，并积极配合股东单位支援上海临港 2 号方舱医院的建设及运营管理工作。同时吸入用重组新型冠状病毒疫苗（5 型腺病毒载体）克威莎®雾优®经国家卫健委提出建议、国家药监局组织论证同意作为加强针纳入紧急使用，上药康希诺于 2022 年 1 月实现量产并上市供应，助力民众构建免疫屏障。2022 年 12 月底，防抗工作重点转移到医疗救治，各类解热镇痛、感冒类药品以及相关物资等需求剧增。通过加班加点、技改扩产、紧急调拨等方式为上海市场提供了合计超过 280 万盒的解热镇痛类和镇咳类药品，大大缓解供需矛盾。商业分销系统夜以继日配送，满足各大医疗机构药品需求；保障居民购药需求。上药控股加急开展全球采购，并获得日本上市的抗新冠病毒口服药物 Ensitrelvir 在中国大陆的独家进口权和经销权，满足急需药品市场供应。

2022 年，上海医药“稳”步前行，加速四大转型发展，积极发挥作为上海生物医药产业龙头企业的引领作用，推动一系列重大项目取得显著进展。于 2021 年启动百亿级定增项目，并于 2022 年即获得中国证监委备案通过，140 亿元规模的定增圆满落地，顺利引进云南白药为战略投资者。从体制创新到业务创新的双重加持，双方强强联手也将充分发挥各自中药业务领域优势，开展业务协同，共同打造中药大健康业务新起点。与此同时，上海医药、云南白药与天津医药的“云天上”产业联盟建设加快推进中药资源领域合作，已确定首批中药材集采 8 个品种并推进实施，以保证中药材的稳定供应并有效降低原材料成本。公司未来将推动中药大品种和大品牌，振兴中药老字号，特别是抓住新版基药目录调整、配方颗粒放量、中药保护条例调整等战略性机遇，实现快速发展。

上海医药联合上海海外有限公司、上海张江（集团）有限公司、上海交通大学医学院共同出资设立的上海生物医药前沿产业创新中心有限公司于 2022 年正式成立。与上海生物医药基金一起，形成三位一体的生物医药开发新模式，建设打造国内生物医药板块布局最齐全、技术领先的孵化转化基地和产业化平台。12 月，上海医药、上海生物医药前沿产业创新中心与香港科技园公司携手在香港科技园推行生物医药共同培育计划，加速生物医药初创企业的培育与创新技术的转化，并在香港科技园先行启动 1500 多平方米场地的孵化

器合作。国际化战略布局取得新突破，全资子公司 Shanghai Pharma (Thailand) Co., Ltd.（上药泰国有限责任公司）、新加坡合资公司 Zynexis Healthcare Private Ltd. 正式成立。进一步扩大上海医药的全球业务版图，提升上海医药产品在国际市场的覆盖率，加速国际化进程。

张江路 92 号基地作为上海市重大项目，年内完成结构封顶，其地处生物医药产业集聚的上海张江高科技园区腹地，目标为打造集"新的研发中心、创新孵化平台、中试及产业化平台"三大功能为一体的国内领先的生物医药产业基地，以推进国内创新发展进程。公司进一步加快创新转型，2 个新药项目申请上市，新药研发工作取得突破性进展。研发总投入达到 28 亿元，同比增长 11.87%，占工业销售收入的 10.47%。已有安柯瑞（重组人 5 型腺病毒）、凯力康（尤瑞克林）、培菲康（双歧杆菌三联活菌）3 款创新药上市，临床申请获得受理及进入后续临床研究阶段的新药管线已有 62 项，其中创新药 50 项（含美国临床 II 期 3 项），改良型新药 12 项。在创新药管线中，已有 2 项提交 pre NDA 或上市申请，6 项处于关键性研究或临床 III 期阶段。14 个品种（15 个品规）通过仿制药质量和疗效一致性评价，过评产品累计增加到 49 个品种（71 个品规），位居行业前列。其中，注射剂一致性评价共 7 个品种获批通过。

技术创新中心进一步推动改良型新药和高端制剂的布局，开发 2 类新药项目共计 21 个，比 2021 年增加 5 项，管线已覆盖呼吸、心血管、精神神经、镇痛、抗感染、消化代谢等多个领域。公司及下属子公司还引进 NJ-2022-001 (M)、NJ-2022-001 (S)、HKS-2021-001 等改良型新药项目，进一步丰富公司新品管线。作为国内拥有罕见病药品批文最多的企业之一，共有 21 个品种，涉及 34 个罕见病病症。上药睿尔是上海医药旗下唯一罕见病平台，目前共有在研项目 15 项，涉及全球创新药、首仿药以及多个临床急需的短缺药物，涵盖肿瘤、运动神经元、内分泌、心血管、代谢等多个罕见病门类，包括 1 类新药 2 项，2 类新药 2 项及多个临床急需的仿制药。

上海医药以"自主研发 + 对外合作"的模式持续拓展具有临床价值的创新药产品群，采取以市场化体制机制为基础的混合所有制公司或者项目合作方式，与多家知名高校、科研院所、医疗机构达成合作。上海循曜生物科技有限公司与上海交通大学医学院刘俊岭教授团队合作的混合所有制公司。2022 年公司项目推进迅速，目前已有 1 个项目申请 pre IND，并获得第十一届中国创新创业大赛决赛奖项。上海惠永药物研究有限公司作为混改试点企业，成立 4 年多来已建立包括口服缓控释技术平台在内的 6 个专业平台，在研项目 40 余项，其自主研发的纳米胶束技术和多肽偶联药物 PDC 技术均处于国内领先地位。

围绕大品种聚焦战略，实现全年工业销售收入过亿产品数量 48 个，比上年增加 4 个，覆盖心血管、消化系统、免疫代谢、全身抗感染、精神神经和抗肿瘤等领域。60 个重点品种销售收入 157.27 亿元，同比上升 13.12%。六神丸、替格瑞洛系列原料药、注射用硫酸黏菌素、注射用胰蛋白酶、异维 A 酸软胶囊等过亿品种通过提升终端覆盖、优化商业布局、开发海外市场、拓展销售渠道、数字化营销等手段，实现销售收入同比快速增长。全年完成二甲弗林等休眠产品的恢复销售，以及两性霉素 B 脂质体等产品的价值链重塑。同时，从众多中成药产品中梳理出拟关注培育品种，为后续二次开发打好基础。

在积极保持现有商业业务稳定发展的同时，努力拓展网络覆盖，同时挖掘和构建新的商业模式和核心能力。医药商业以创新发展驱动逆势增长，规模首次突破 2000 亿元，在经营和防控中取得"双攻坚、双胜利"。保持全国进口药和创新药服务龙头地位，着力打造创新药服务平台，加快新品引进，创新药板块销售同比增幅约 15%，全年成功引入 20+ 个进口总代品种。

上药云健康是由上海医药孵化并持续支持的"互联网 +"医药商业科技平台，开创医药分业中国模式。截至 2022 年底，体系内拥有 203 家 DTP 药房及授权院边店，累计已与 300 多家新特药企达成合作，2022 年新增 30+ 种创新药全国首单落地，成为国内特殊疾病患者获取海内外创新疗法的主要渠道之一。镁信健康作为中国领军的普惠健康医疗服务及保障平台，推出多样化的普惠健康险与各类医疗健康福利及服务。截至年底，镁信健康平台医疗医药网络已覆盖全国超 300 个城市、服务保单量超 2 亿元，惠民保遍及全国 100+ 城市，惠及患者近 200 万人，为用户提供更全面、更经济、更优质的医疗健康服务与产品。2023 年 1 月，镁信健康完成 C+ 轮融资，引入汇丰集团作为战略投资者，未来发展更具想象空间。

【2023 年发展趋势】

2023 年，上海医药持续坚持以科技创新为驱动，深入推进创新转型发展，全面建设数字化上药。以"创新发展"为核心，持续加强研发投入，不断丰富产品管线与提升技术能级。以"国际化发展"为抓手，加速国际化发展步伐，加强海外研发合作，继续保持高质量发展。以"融产结合发展"为助力，深化融产结合运作，提高投融资效率。以"集约化发展"为根本，提升聚焦领域内产品组合市场竞争力，推动从传统供应链服务向以"科技 + 服务"为基础的科技型健康服务升级。以"数字化上药建设"为赋能，将持续推进数字化上药建设，以大数据为手段提升管理精细化水平，提升体系能力，打造高效组织。

（沈思思）

上海仪电（集团）有限公司

【概况】

上海仪电（集团）有限公司（简称上海仪电）是上海市国有资产监督管理委员会所属国有全资的竞争类产业集团，以“引领信息产业发展，助力城市数字化转型”为使命，聚焦发展以物联网、云计算、大数据、人工智能为特征的新一代信息技术产业，致力于成为智慧城市整体解决方案提供商和运营商。上海仪电已形成以新一代信息技术产业、不动产和证券等资产管理为核心主业，人工智能为培育主业的产业架构，以及“集成应用＋核心技术＋运营服务”的产业特色，面向政府、企业、居民等服务对象，强化“双底座（基础设施、工业数字）、双中台（数据、AI）”能力，提供从智慧城市顶层设计与规划、集成实施和运维的全面服务，努力发挥在上海城市数字化转型建设中的主力军作用。公司注册资本35亿元。下属控股企业193家（含3家上市公司）。从业人员约1.4万人。

【2022年经济工作情况】

2022年，实现合并营业收入198.8亿元，比上年增长1.4%；主营业务收入197.7亿元，比上年增长2.9%；利润总额8.7亿元，比上年增长16%；主业利润5.3亿元，比上年增长259.6%；归属于母公司净利润2.6亿元，比上年增长156.9%。净资产收益率1.7%，比上年提高1个百分点。

一、疫情防控与经营发展统筹有力

（一）加强组织领导，迅速建立覆盖全系统的防控工作机制。动员各级力量投身抗疫一线，主动支援社区、园区防疫工作；努力克服因疫情封控带来的大部分工厂停产、项目停滞、交付延迟、难以履行招投标程序等现实困难，多措并举努力降低疫情对经营发展的影响，加大对生产安全、网络安全、信访稳定、舆情管理的跟踪力度，整体形势平稳受控。

（二）助力构建抗疫“数字防线”。全力落实市区两级的重保任务，为市大数据中心“随申办”中后台、市疾控中心运维、国家会展中心方舱医院、浦东方舱医院等提供闭环全天候保障服务。

（三）积极布局、推广“数字哨兵”产品，自主研发的“数字哨兵”产品入选上海市创新产品推荐目录，覆盖上海16个区累计销售、部署相关设备7000余套，“仪电云”承载的“数字哨兵”核验平台为34个政府集中办公地、578家事业单位、200余家大型企业提供数字防疫支撑。建设“数字赋能常态化社区疫情防控”应用场景项目，与徐汇区12个街道完成合同签订。搭建企业复工复产益企服务管控平台，服务企业复工复产申请和日常防疫管理需求。

（四）推进复工复产，抢抓工作进度。全力帮助复工企业解决“白名单”申报、员工返岗、物流运输、进口通关、静默期住宿等方面的困难，建立封闭运行企业周报跟踪机制。至6月底，在沪共计104家企业全部复工，工业企业生产实现“V型”反转。全年完成市政府下达的工业总产值163亿元稳增长目标；系统内企业中标重大项目64个，同比持平，标的金额17.8亿元，同比增长39%。

二、拓展增量与深耕存量并驾齐驱

（一）深耕上海智慧城市建设。圆满完成中共二十大、第五届进博会、上海两会等重大活动期间的专项保障任务。深度参与“上海城市数字化转型体验周”开幕式并亮相主场展区，与市体育局签约“基于5G+AI技术融合应用的体育数字孪生体”项目；参展第五届进博会，展示工业制造领域AIoT解决方案；松江大数据中心在一期投运基础上投资建设110KV用户站，通过中国质量认证中心A级权威认证；落地上海超级计算中心市公共算力服务平台、市农委长江禁捕智能管控系统、市卫健委2022年信息化运维及服务、自贸试验区政务区块链监管服务平台及区块链应用等重大项目；与徐汇区、金山区、崇明区、松江区政府、化工区管委会以及上海国际、上海农商行、广发银行上海分行、商汤科技等延续或新建战略合作关系，全面推进与奉贤新城的合作事宜。

（二）奋力开拓全国市场。服务长三角一体化发展，承接苏州市相城区数字政府建设规划暨“一网统管”发展规划项目；落地浙江舟山电厂扩建工程；拓展长三角电动工具实验室联盟成员并新签2项合同；承建的上海化工区大数据决策平台项目荣获“数聚长三角·智汇创未来”三等奖。在成都落地“智慧蓉城”大数据平台建设项目2项。参与编制的国家级《智慧城市运营白皮书2022》正式发布。

（三）努力培育和布局人工智能产业，发布自主研发的AI中台1.0版，向上海海洋大学交付“基于仪电AI中台的无人机金枪鱼鱼群侦察系统设计与实现”项目，AI中台应用实现零的突破。完成市人工智能创新发展专项“基于微软开源技术的AI资源管理调度平台”结项。迭代优化人工智能人才培育课程，探索AI在赋能终端设备、虚拟现实交互、节能减排“双碳”、量化投资等领域的融合应用。

（四）稳步推进资产管理支撑产业，商务不动产板块围绕智慧产业开发和运营平台的定位，聚焦存量开发，将城市更新理念和数字化技术融入智慧产业社区开发运营；探索增量市场，以建设梅陇众欣产业园为契机完善轻资产管理输出模式。升级不动产管理平台，启动系统内不动产集约化管理。金融板块持续发挥金融科技的赋能作用，证券经纪业务表现亮眼；在已取得债券承销、债券自营牌照的基础上再获保荐业务牌照，投行牌照已齐全，正式开展IPO相关业务；证券分类业务连续三年获评A类A级。持续提升传统制造业。在显示材料、分析仪器等制造业领域积极布局，推进光刻胶生产线建设和研发平台搭建，专项支持质谱仪相关项目研发和产业化工作；“雷磁”“仪电物光”“沪工”和“亚”字牌产品获“上海品牌”认证；克服原材料紧缺、供应链波动等不利影响，努力稳订单、稳生产、稳合资，加强与合资合作方沟通合作。

三、强化管理与深化改革同频共振

（一）突出规划引领，围绕成为城市数字化转型建设主力军的战略定位，强化集团“十四五”规划刚性约束，编制新三年行动规划、创新发展三年行动规划、信息化建设三年行动方案。

（二）加强科研创新，围绕“服务城市数字化”和“赋能产业数字化”的前瞻技术研究，聚焦打造“双底座、双中台”核心能力。召开以“聚力突破，赓续发展”为主题的集团第九届科技工作大会。确定19项年度重点科研（新产品）项目。对标“一级云”标准持续优化“仪电云i-stack”。推出“势先知TM”城市地下管网态势感知平台。启动信息技术应用创新——国产化替代工作，开展首批信创适配测试。搭建集团统一的大数据平台，建设服务于各级企业的“数据中台”。充分发挥“有数了”数字化转型赋能服务平台效用，支撑市属38家国企集团和213家企业的数字化转型评估诊断工作。完成“知识产权维权援助中心工作站”申报并获得授牌。

（三）推进风险化解，开展财务会计信息质量检查专项工作，对重点实体企业穿透分析财务指标和运营质量情况。持续推进不良资产核销工作，完成4家僵尸企业清理。21家企业纳入“两资两非”清单并实现年度调整6家企业的目标。坚持常态化开展重大风险排查工作，全面推进依法治企，持续推进合规体系建设。加强重大案件管理，完成重大案件挽回损失率目标。修订《审计中介机构管理规定》《审计整改工作实施办法》等制度。

（四）全面深化改革。完善公司治理体系，出台《集团党委“第一议题”制度》，推动向基层党组织延伸、上线内部“三重一大”管理系统。完成云赛智联新一轮“双百行动”，推进职业经理人制度改革。完善中长期激励机制，制定《企业经理层成员任期制和契约化管理规定》《企业领导人员任期综合考核评价办法》。

【2023年发展趋势】

2023年，上海仪电将以习近平新时代中国特色社会主义思想为指导，全面学习把握中共二十大精神，深入贯彻习近平总书记考察上海重要讲话、中央经济工作会议、市第十二次党代会和市委全会精神，把牢“稳中求进、进中提质”工作总基调，坚持国有资产保值增值目标导向，保持战略定力，秉持“抓机遇、破瓶颈、挖潜能、防风险”的经营策略，铆足干劲完成年度经营计划确定的17项重点任务，进一步夯实和发挥上海城市数字化转型建设主力军的地位和作用，持续在发展、改革、创新、安全等方面出实招、谋突破、抓落实，努力焕发全新的干事创业精气神，积极打造务实的奋进发展新高地。

全年工作突出七方面重点：（一）优化存量、拓展增量，谋求业务发展新突破。（二）强化科研、注重创新，激发高质量发展新动力。（三）加强协同、提质增效，构建集约化发展新局面。（四）深化改革、调整结构，形成高效运营新格局。（五）防范风险、保障安全，打造健康发展新环境。（六）搭建平台、培育骨干，厚植人才成长新沃土。（七）坚定信心、凝心聚力，彰显企业文化新风貌。

（陈　栋）

申能（集团）有限公司

【概况】

申能（集团）有限公司（简称申能集团）创建于1987年，1996年成立集团公司，是上海市国有资产监督管理委员会出资监管的国有独资企业集团。创立以来，申能集团坚决落实中共中央、国务院和中共上海市委、市政府指示精神，始终坚持保障上海能源安全和国资保值增值，秉持“锐意开拓、稳健运作”的经营理念，立足能源主业，稳步拓展投资领域，逐步发展成为一家涉足电力、燃气、金融、线缆、氢能、环保等领域的综合性能源企业集团。截至2022年底，公司系统全资和控股企业近300家，员工近2万人，直属企业包括申能股份（600642.SH）、上海燃气、东方证券（600958.SH、03958.HK）、上海电缆研究所等。2022年，申能集团总资产2067亿元，营业收入702亿元；归属于母公司所有者净利润37亿元。公司连续21年位列中国企业500强。

【2022 年经济工作情况】

一、党建引领，卓越赋能新征程

2022 年是中共二十大召开之年，也是“十四五”规划实施关键之年。在新时代新征程，申能集团始终坚持以习近平新时代中国特色社会主义思想为指导，坚持围绕中心、服务大局，克服前所未有的困难和挑战，以实干业绩赋能申能创立 35 周年，为企业高质量发展提供坚强的政治和组织保障。

二、奉献清洁电力，引领行业发展

电力产业是申能发展的基石与起点，旗下申能股份（股票代码：600642）是全国电力能源行业首家上市企业。创立 36 年来，申能凭借高效清洁的电力供应、行业领先的创新水平、优质过硬的过程质量，已逐渐成为上海乃至全国电力领域一张靓丽的名片。2022 年底，集团累计建成控股装机 1611 万千瓦，已投产项目遍及全国 17 个省市自治区。2022 年，控股发电量 537.4 亿千瓦时，比上年增长 10.9%，承担了上海 1/3 的电力供应。控股供电煤耗 286.7 克 / 千瓦时，较全国平均水平低近 16 克 / 千瓦时。

三、加快上下游协调发展，燃气产业链建设不断完善

燃气产业是申能集团对社会的坚定承诺。近 160 年来，上海绘就中国特色城市燃气版图。申能集团投资的东海平湖油气田项目于 1999 年正式向浦东供气，推动上海实现一次能源生产“零”的突破，此后 20 多年申能集团牵头组建上海天然气管网公司，控股组建上海燃气（集团）有限公司，并于 2015 年实现上海全市燃气全天然气化。如今，申能集团建立起“X+1+X”（“6+1”多气源、“一张网”、销售多元）的产业体系，发展成集“天然气管网投资、建设与运营，燃气采购、输配、调度、销售和服务”为一体的完整燃气产业链。2022 年底，拥有燃气用户逾 700 万户，城市燃气高、中低压管网 2.7 万余公里，年供应天然气 93.3 亿立方米，占上海市场份额 95% 以上。

四、加强金融服务实体，金融产业稳步做优做强

金融产业是申能集团多元拓展的有力支撑。集团主动服务上海国际金融中心建设，从 1992 年开始便开始进行金融投资。截至 2022 年末，集团金融产业涉及证券、保险、创投等领域，控股管理东方证券、申能财务、申能租赁、申能诚毅等企业，也是中国太保单一第一大股东，金融资产市值占净资产 50% 以上，金融分红占利润总额 44% 以上，为实业发展提供了有力支撑。同时，集团统筹系统内金融服务资源，加大绿色金融发展力度，以能源与金融产业发展的良性互动，赋能企业转型升级。

五、布局绿色新赛道，加快企业创新转型

战略新兴产业是申能集团布局未来的重要方向。申能集团坚持“创新是引领发展的第一动力”，加快多元创新，积极布局战略新兴业务，拓展线缆创新服务、氢能、环保、分布式供能等产业，着力打造新增长极。作为国内氢能领域先行者，近年来申能集团围绕“三纵三横”战略积极布局氢能产业，着力打通氢能“制—储—运—加—用”全产业链，助力上海打造燃料电池示范城市群、实现“百站千亿万辆”总体目标。上海电缆研究所是全球唯一涉足全部线缆技术领域、具备强大创新研发能力的综合性优质服务商，经过上缆所 10 余年攻关，世界首条 35 千伏公里级超导电缆示范工程于 2021 年在上海市徐汇区正式投运。2022 年，上缆所旗下国缆检测（股票代码：301289）实现创业板上市，为保持行业优势奠定了基础。围绕环境治理业务发展，申能集团旗下区域环境综合服务商——申能环境形成“一基三业，赋能山水”发展战略。围绕“大虹桥、大浦东”战略布局，申能集团积极推进分布式能源业务，累计区域供能接入面积排名全市第一。

【2023 年发展趋势】

2023 年，申能集团将继续以习近平新时代中国特色社会主义思想为指导，全面贯彻中共二十大精神，坚持稳中求进工作总基调，主动融入“双碳”战略、长三角一体化发展等国家战略，坚定落实中央、市委、市政府和市国资委工作要求，切实提升能源安全保障能级，全面促进电力产业提质增效，着力增强燃气产业抗风险能力，加快构建产融结合发展新格局，大力促进战新产业规模化发展，持续加快体制机制改革步伐，稳步提升集团化管理水平，实现质的有效提升和量的合理增长，持续提升公司核心竞争力，不断促进高质量发展。

（吴子涵）

上海航天局

【概况】

上海航天局，又称上海航天技术研究院，是中国航天科技集团有限公司（以下简称集团公司）三大总体院之一，创建于 1961 年 8 月。经过 60 多年的发展已成为中国航天系统唯一的弹箭星船器多领域并举、军民协同发展的国防科技工业骨干单位。上海航天局主要承担防空导弹、运载火箭、应用卫星、空间科学探索与应用等领域产品研制生产任务。此外，通过坚持军民协同发展，形成以航天技术应用产业和航

天服务业为主的民用产业发展格局。上海航天局拥有主要从事军工产品研制生产的12家单位和主要发展航天技术应用及服务业的8家企业，其中包括中国第一家以航天命名的上市公司上海航天汽车机电股份有限公司（股票代码：600151），并形成汽车热系统全球化发展布局。截至2022年末，上海航天局有从业人员2万余人。上海航天坚持科学发展和创新发展，坚持强军首责，坚持融入上海，以“发展航天事业、建设航天强国”和“上海建设具有全球影响力的科技创新中心”为己任，勇担航天强国新使命，勇攀型号任务新高峰，勇拓产业发展新局面，深入推动全面深化改革，加快推动军民协同发展，为国防现代化建设和地方经济发展做出积极的贡献。

【2022年经济工作情况】

2022年，上海航天局克服新冠疫情影响，通过采取园区封闭生产，及时调配资源等举措，实现疫情防控与科研生产“两不误”。全年实现营业收入518.1亿元，比上年增长9.1%。实现利润50.55亿元，同比增长7.4%。实现经济增加值45.81亿元，同比增长3.6%。全员劳动生产率73.1万元／人年。经济发展质量稳步提升。

一、圆满完成宇航发射任务

上海航天局圆满完成以“长征六号”甲运载火箭首飞为代表的32次发射任务，发射次数再创新高。全年平均10天完成一次发射，顺利完成运载火箭高密度发射任务。“长征二号”丁运载火箭成功发射15次，成为国内年度发射数量最多的火箭型号。“长征六号”甲运载火箭作为中国首型固液捆绑火箭，首飞成功后迅速完成应用发射。

1月17日，“长征二号”丁遥七十运载火箭成功将“试验十三号”卫星送入预定轨道，取得中国航天2022年宇航发射开门红。卫星主要用于空间环境探测及相关技术试验。本次发射是上海航天局抓总研制的长征系列运载火箭第151次发射，也是长征系列运载火箭第406次发射。

1月26日，“长征四号”丙遥二十九运载火箭成功将“陆地探测一号”01组A星送入预定轨道，星箭均由上海航天局抓总研制。卫星主要用于国土资源、地震、防灾减灾、基础地理信息获取、林业等应用。本次发射是上海航天局抓总研制的长征系列运载火箭第152次发射，也是长征系列运载火箭第407次发射。

2月27日，“长征四号”丙遥三十运载火箭成功将“陆地探测一号”01组B星送入预定轨道，星箭均由上海航天局抓总研制。卫星主要用于国土资源、地震、防灾减灾、基础地理信息获取、林业等应用。本次发射是上海航天局抓总研制的长征系列运载火箭第153次发射，也是长征系列运载火箭第408次发射。

3月17日，“长征四号”丙遥四十七运载火箭成功将“遥感三十四号”卫星02星送入预定轨道，星箭均由上海航天局抓总研制。卫星主要用于国土普查、城市规划、土地确权、路网设计、农作物估产和防灾减灾等。本次发射是上海航天局抓总研制的长征系列运载火箭第154次发射，也是长征系列运载火箭第411次发射。

3月29日，“长征六号”甲遥一运载火箭取得圆满成功，标志着我国新一代运载火箭家族再添新成员，大幅提升上海航天运载能力，该型火箭是我国首款固液捆绑火箭，突破了国内首次自动对接加注技术、零秒脱落技术及无人值守等技术。本次任务成功将“浦江二号”卫星和“天鲲二号”卫星送入预定轨道，是上海航天局抓总研制的长征系列运载火箭第155次发射，也是长征系列运载火箭第412次发射。

4月7日，“长征四号”丙遥三十八运载火箭成功将1米C-SAR 02星送入预定轨道。卫星主要用于海洋、应急、国土等多行业用户的海陆观测快速重访。本次发射是上海航天局抓总研制的长征系列运载火箭第156次发射，也是长征系列运载火箭第414次发射。

4月16日，“长征四号”丙遥二十八运载火箭成功将大气环境监测卫星送入预定轨道，星箭均由上海航天局抓总研制。大气环境监测卫星是世界首颗具备二氧化碳激光探测能力的卫星。本次发射是上海航天局抓总研制的长征系列运载火箭第157次发射，也是长征系列运载火箭第416次发射。

5月5日，“长征二号”丁遥七十九运载火箭成功将宽幅一号宽幅01C星等卫星送入预定轨道。卫星主要为林业、农业、草原、海洋等用户提供遥感数据和产品服务。本次发射是上海航天局抓总研制的长征系列运载火箭第158次发射，也是长征系列运载火箭第419次发射。

6月23日，“长征二号”丁遥六十四运载火箭成功将“遥感三十五号”02组卫星送入预定轨道。本次发射是上海航天局抓总研制的长征系列运载火箭第159次发射，也是长征系列运载火箭第424次发射。

6月27日，“长征四号”丙遥四十六运载火箭成功将“高分十二号”03星送入预定轨道，星箭均由上海航天局抓总研制。卫星主要用于国土普查、城市规划、土地确权、路网设计、农作物估产和防灾减灾等。本次发射是上海航天局抓总研制的长征系列运载火箭第160次发射，也是长征系列运载火箭第425次发射。

7月24日，“长征五号”乙遥三运载火箭成功将问天实验舱送入预定轨道。上海航天承担火箭助推器的研制。本次发射是长征系列运载火箭第428次发射。

7月29日，“长征二号”丁遥六十五运载火箭成功将“遥感三十五号”03组卫星送入预定轨道。本次发射是上海航天局抓总研制的长征系列运载火箭第161次发射，也是长征系列运载火箭第429次发射。

8 月 4 日，“长征四号”乙遥四十运载火箭成功将陆地生态系统碳监测卫星等卫星送入预定轨道。本次发射是上海航天局抓总研制的长征系列运载火箭第 162 次发射，也是长征系列运载火箭第 430 次发射。

8 月 10 日，“长征六号”遥十运载火箭成功将“吉林一号”高分 03D 等 16 颗卫星送入预定轨道。本次发射是上海航天局抓总研制的长征系列运载火箭第 163 次发射，也是长征系列运载火箭第 432 次发射。

8 月 20 日，“长征二号”丁遥六十六运载火箭成功将“遥感三十五号”04 组卫星送入预定轨道。本次发射是上海航天局抓总研制的长征系列运载火箭第 164 次发射，也是长征系列运载火箭第 433 次发射。

8 月 24 日，“长征二号”丁遥七十五运载火箭成功将“北京三号”B 卫星送入预定轨道。本次发射是上海航天局抓总研制的长征系列运载火箭第 165 次发射，也是长征系列运载火箭第 434 次发射。

9 月 3 日，“长征四号”丙遥五十二运载火箭成功将“遥感三十三号”02 星送入预定轨道，星箭均由上海航天局抓总研制。卫星主要用于科学试验、国土资源普查、农产品估产及防灾减灾等。本次发射是上海航天局抓总研制的长征系列运载火箭第 166 次发射，也是长征系列运载火箭第 435 次发射。

9 月 6 日，“长征二号”丁遥六十七运载火箭成功将“遥感三十五号”05 组卫星送入预定轨道。本次发射是上海航天局抓总研制的长征系列运载火箭第 167 次发射，也是长征系列运载火箭第 436 次发射。

9 月 21 日，“长征二号”丁遥七十六运载火箭成功将“云海一号”03 星送入预定轨道，星箭均由上海航天局抓总研制。卫星主要用于开展大气海洋环境要素探测、空间环境探测、防灾减灾和科学试验等。本次发射是上海航天局抓总研制的长征系列运载火箭第 168 次发射，也是长征系列运载火箭第 438 次发射。

9 月 26 日，“长征二号”丁遥六十八运载火箭成功将“遥感三十六号”卫星送入预定轨道。本次发射是上海航天局抓总研制的长征系列运载火箭第 169 次发射，也是长征系列运载火箭第 439 次发射。

9 月 27 日，“长征六号”遥九运载火箭成功将“试验十六号”A、B 星等 3 颗卫星送入预定轨道。卫星主要用于国土普查、城市规划和防灾减灾等。本次发射是上海航天局抓总研制的长征系列运载火箭第 170 次发射，也是长征系列运载火箭第 440 次发射。“长征六号”运载火箭总发射量达到两位数，截至目前是我国新一代运载火箭中发射量最大的火箭。

10 月 9 日，“长征二号”丁遥五十五运载火箭成功将先进天基太阳天文台卫星送入预定轨道。卫星主要研究太阳磁场、太阳耀斑和日冕物质抛射的起源、相互作用和彼此关联，也为灾害性空间天气预报提供支持。本次发射是上海航天局抓总研制的长征系列运载火箭第 171 次发射，也是长征系列运载火箭第 442 次发射。

10 月 15 日，“长征二号”丁遥六十九运载火箭成功将“遥感三十六号”卫星送入预定轨道。本次发射是上海航天局抓总研制的长征系列运载火箭第 172 次发射，也是长征系列运载火箭第 444 次发射。

10 月 29 日，“长征二号”丁遥七十二运载火箭成功将“试验二十号”C 星送入预定轨道。本次发射是上海航天局抓总研制的长征系列运载火箭第 173 次发射，也是长征系列运载火箭第 445 次发射。

10 月 31 日，“长征五号”乙遥四运载火箭成功将梦天实验舱送入预定轨道。上海航天承担了火箭助推器的研制。

11 月 12 日，“长征六号”甲遥二运载火箭成功将“云海三号”卫星送入预定轨道。卫星主要用于大气海洋环境要素探测、空间环境探测、防灾减灾和科学试验等。本次发射是上海航天局抓总研制的长征系列运载火箭第 174 次发射，也是长征系列运载火箭第 448 次发射。

11 月 15 日，“长征四号”丙遥四十八运载火箭成功将“遥感三十四号”03 星送入预定轨道，星箭均由上海航天局抓总研制。卫星主要用于国土普查、城市规划、土地确权、路网设计、农作物估产和防灾减灾等。本次发射是上海航天局抓总研制的长征系列运载火箭第 175 次发射，也是长征系列运载火箭第 450 次发射。

11 月 27 日，“长征二号”丁遥八十九运载火箭成功将“遥感三十六号”卫星送入预定轨道。本次发射是上海航天局抓总研制的长征系列运载火箭第 176 次发射，也是长征系列运载火箭第 451 次发射。

12 月 9 日，“长征二号”丁遥四十五运载火箭成功将“高光谱综合观测”卫星送入预定轨道，星箭均由上海航天局抓总研制。卫星主要用于污染减排、环境质量监管、大气成分监测、自然资源调查、气候变化研究等。本次发射是上海航天局抓总研制的长征系列运载火箭第 177 次发射，也是长征系列运载火箭第 453 次发射。

12 月 12 日，“长征四号”丙遥五十七运载火箭成功将“试验二十二号”A/B 星送入预定轨道。本次发射是上海航天局抓总研制的长征系列运载火箭第 178 次发射，也是长征系列运载火箭第 454 次发射。

12 月 15 日，“长征二号”丁遥八十运载火箭成功将“遥感三十六号”卫星送入预定轨道。本次发射是上海航天局抓总研制的长征系列运载火箭第 179 次发射，也是长征系列运载火箭第 455 次发射。“长征二号”丁运载火箭全年完成 15

次发射，创造我国单型运载火箭年度发射量新纪录。

12 月 27 日，“长征四号”乙遥五十五运载火箭成功将“高分十一号”04 星送入预定轨道。本次发射是上海航天局抓总研制的长征系列运载火箭第 180 次发射，也是长征系列运载火箭第 457 次发射。

二、中国空间站全面建成

载人航天工程空间站建造阶段，“天舟四号／五号”货运飞船、“神舟十四号／十五号”载人飞船以及问天实验舱、梦天实验舱共 6 次发射圆满成功并顺利实施太空交会对接，空间站“T”字基本构型在轨组装完成，6 名航天员胜利会师。2022 年 12 月 31 日，国家主席习近平在新年贺词中向全世界郑重宣布：中国空间站全面建成，我们的太空之家“遨游苍穹”！上海航天局主要承担梦天实验舱总体，载人飞船、货运飞船、空间站系统的电源分系统、对接与转位机构分系统、非密封舱结构和总装、测控通信设备、非密封舱总体电路设备、电缆网等研制任务。

5 月 10 日，“天舟四号”货运飞船成功发射。“天舟四号”货运飞船发射任务是空间站建造阶段的首发任务，此次任务的圆满成功拉开了空间站建造阶段的序幕。

6 月 5 日，“神舟十四号”载人飞船成功发射。12 月 4 日，“神舟十四号”航天员乘组陈冬、刘洋、蔡旭哲安全返回。

7 月 24 日，空间站问天实验舱成功发射。7 月 25 日，“神舟十四号”航天员乘组成功开启问天实验舱舱门，顺利进入问天实验舱。

10 月 31 日，空间站梦天实验舱成功发射。11 月 3 日，空间站梦天实验舱顺利完成转位，标志着中国空间站“T”字基本构型在轨组装完成。“神舟十四号”航天员乘组顺利进入梦天实验舱。

11 月 12 日，“天舟五号”货运飞船成功发射。12 时 10 分，“天舟五号”货运飞船首次实现两小时自主快速交会对接，创造世界纪录，这一技术突破对于提升中国空间交会对接水平、提升空间站任务应急物资补给能力具有重要意义。

11 月 29 日，“神舟十五号”载人飞船成功发射，此次发射成功标志空间站关键技术验证和建造阶段规划的 12 次发射任务全部圆满完成。11 月 30 日 5 时 42 分，“神舟十五号”载人飞船成功对接于空间站天和核心舱前向端口。11 月 30 日 7 时 33 分，翘盼已久的“神舟十四号”航天员乘组顺利打开“家门”，热情欢迎远道而来的亲人入驻“天宫”，6 名航天员首次聚首中国空间站，“胜利会师”的两个航天员乘组，一起在中国人自己的“太空家园”里留下一张足以载入史册的太空合影。两个航天员乘组在空间站进行首次在轨轮换，6 名航天员共同在空间站生活 5 天，完成各项既定任务和交接工作后，“神舟十四号”航天员乘组返回。

三、世界首颗激光测碳卫星

4 月 16 日，世界首颗激光测碳卫星——大气环境监测卫星搭载“长征四号”丙运载火箭成功入轨，全球首次实现 24 小时 360° 连续激光测碳，首次实现主被动结合近地面 PM2.5 探测，为中国“双碳”国家战略以及大气污染防治提供高精度遥感数据支撑。

大气环境监测卫星是一颗由卫星向地面发射激光的卫星，集成五台遥感仪器，是一颗集 CO_2 激光主动探测、PM2.5 立体探测、气态污染物探测和地表环境探测的多要素综合监测卫星。大气探测激光雷达可敏锐地捕捉到大气成分的变化，且不受白天黑夜及纬度带的影响，进行全球全天时探测；同时国际首次采用高光谱激光探测技术，通过对大气进行分层“CT”扫描，国内首次实现全球气溶胶光学厚度、形状和尺寸等垂直分布信息的获取，助力大气污染精准防治。

大气环境监测卫星的成功发射和在轨应用标志着中国在大气遥感领域达到国际领先水平，将为中国实现减污降碳协同增效、建设美丽中国的目标提供有力支撑。“十四五”期间，中国还将发射高精度温室气体综合探测卫星，将实现温室气体主被动同源观测，与大气环境监测卫星组网观测，进一步提升中国天基碳监测能力和水平，为生态文明建设，实现“双碳”目标贡献航天力量。

四、航天成果亮相珠海航展

11 月 8 日至 13 日，上海航天局携 40 件展品亮相第十四届中国国际航空航天博览会（简称中国航展或珠海航展），本次航展是中共二十大前后中国举办的一个具有世界影响力的国际性大型展会，是“扬我国威、振我军威”的重要舞台。作为中国国防科技工业的骨干力量，上海航天局全方位、多角度、立体化展示在弹箭星船器等领域取得的累累硕果。既有首型固体捆绑运载火箭“长征六号”甲、首个太阳探测卫星“羲和号”以及“太空加油车”补加服务飞行器等“老熟人”；也有第三代低轨气象系列卫星“风云五号”、陆地探测一号卫星、大气环境监测卫星以及最新研发的中远程防空导弹武器系统等“新面孔”；还有粤港澳卫星智能制造中心、航天复杂构件焊检数字化智造平台等航天“智造”的“样板房”。同时，上海航天局还展出自主研制的以 VDES 卫星、南粤科学星、闵行少年星为代表的商业卫星和面向商业航天的离子推进系统、砷化镓太阳电池等多种类单机产品，以及“穹盾”低空小型飞行器入侵防御系统、激光加工智能生产单元、便携式快检质谱分析仪等航天技术应用产业的多项拳头产品和关键技术。此外，利用国际航展平台，上海航天局与中国长城工业集团有限公司等签署宇航及防务领域相关合作协议。自 1996 年以来，上海航天局与中国航展同成长，26 年来从最初的单一型号研制到多领域并举发展，全面展示上海航天快速成长的发展成果。

五、深入推动军民协同发展

以培育“专精特新”为方向，强化市场开拓与平台建设，加快实施“新兴产业创新发展”战略。一是军民共用（两用）产业发展良好。中核404多项特种核装备重点项目按期推进。完成轻合金材料复杂舱体铸件内壁精打磨技术攻关，实现以机代人作业模式升级，实现营收2.56亿元。复合材料推进专业整合，强化型号配套，实现营收5.72亿元。二是“航天+信息化+”培育成效显著。全球首台新一代智慧化多功能固相制造复合装备正式发布，打破国外垄断；真空装备获科技部3600万元专项支持；低空安防业务连续中标多个项目，营收突破2.1亿元。三是“专精特新”企业培育再获突破。飞奥燃气、航天氢能纳入集团第一批培育名单。航天氢能签订2.09亿元国内最大甘肃定西氢能应用项目；燃气输配中标广东粤电、港华等项目，中低压国产调压器实现进口替代。

六、创新驱动能力持续提升

扎实推进跨域融合创新，首次作为国家科技重大专项骨干力量，深度参与3个重大专项实施方案论证；加速推动天地一体跨域融合创新应用研究，推动一批重点项目获得用户支持。5项基础加强重点项目获军科委立项批复。9项自然基金重点项目获批立项。持续推动研发平台建设和科技成果策划。上海市空间智能控制技术重点实验室、集团公司空间电源技术重点实验室和集团公司空间结构与机构技术重点实验室获评优秀。上海航天局获中国专利金奖1项、银奖1项，优秀奖1项。全年获省部级以上奖励88项。其中，首次火星探测任务获得国防科技进步特等奖，获得国防科技进步一等奖1项、技术发明一等奖1项。

七、落实人才兴企战略

围绕航天强国建设目标，立足上海人才高地，落实人才兴企战略，持续加大年轻干部选拔力度。不断优化队伍专业、经历和年龄结构，持续增强领导班子整体功能，多名优秀年轻干部走上厂所领导正职岗位。继续加大优秀年轻干部培养使用，新提拔干部80后占比达到55%。持续推进干部交流工作，跨单位、跨岗位交流任职比例达到53%。以“高精缺”为导向，开展高端人才引进工作。系统梳理人力资源存量缺口，重点加强核心专业高端人才引进力度。全年招聘“211”以上高校硕博士632名，其中博士113名，来源于清华和交大等国内著名高校的硕博士逐年增多，招聘生源质量连创新高。引进13名具有高级职称的社会成熟人才、6名具有博士学历的海外人才入职，其中2名海外人才入选中组部海外高层次人才计划。

持续推动高层次科技人才和后备专家培养。制定各级专家培养标准，组织各单位编制专家培养总体方案和“一人一策”具体计划。完善创新团队创建和评选机制，评选出17支院级创新团队。新增国家级专家6人，8人入选集团公司青拔人才，3支团队入选集团公司科技创新团队，2人入选上海市科技精英，3人入选上海市科技英才。坚持向一线倾斜，向奋斗者倾斜，构建差异化的分配机制。研究制定型号项目竞标人员激励政策，优化研发人员激励政策，研究制定骨干人才激励政策。持续优化人工成本和工资总额科学管控，编制工资总额核定细则，实施与单位效益、考核结果联动。精准核定预控数，确保向骨干、奋斗者和贡献者倾斜，切实提升职工获得感。持续推动企业年金和中长期激励政策实施。

【2023年发展趋势】

2023年是“十四五”规划实施、优化调整的关键之年，面对全年的发展目标和重点任务，上海航天局将树立更加强烈的使命感、责任感、紧迫感，为圆满完成全年各项任务，实现高质量、高效率、高效益发展而努力奋斗，为推动航天强国建设和地方经济发展作出新的更大贡献！

一、主要经济目标

全年实现营业收入565亿元、净利润51亿元、全员劳动生产率74万元／人年。

二、十项重点工作措施

（一）锚定目标狠抓科研生产，确保型号任务圆满成功；

（二）聚焦问题强化质量管理，夯实高质量保证成功基础；

（三）面向长远强化规划引领，聚焦“三高”加大改革力度；

（四）精准施策优化产业管理，提升军民协同发展水平；

（五）着眼未来强化技术创新，构建战略引领创新格局；

（六）稳步实施人才强企战略，激发队伍创新创造活力；

（七）聚焦关键提升核心能力，支撑企业战略目标实现；

（八）把握机遇加快走出去步伐，不断提升国际化发展水平；

（九）靶向施治强化经营管理，全面提升企业治理能力；

（十）持之以恒加强党的建设，营造正气充盈发展氛围。

（付晓海）

中国商用飞机有限责任公司

【概况】

中国商用飞机有限责任公司（简称中国商飞公司）是实施国家大型飞机重大专项中大型客机项目的主体，也是统筹干线飞机和支线飞机发展、实现中国民用飞机产业化的主要载体，主要从事民用飞机及相关产品的科研、生产、试验试飞，从事民用飞机销售及服务、租赁和运营等相关业务。

中国商飞公司于2008年5月11日成立，总部设在上海。中国商飞公司由国务院国有资产监督管理委员会、上海国盛（集团）有限公司、中国航空工业集团有限公司、中国铝业集团有限公司、中国宝武钢铁集团有限公司和中国中化股份有限公司共同出资组建。2018年底，新增股东单位中国建材集团有限公司、中国电子科技集团有限公司、中国国新控股有限责任公司。中国商飞公司的企业使命是：让中国的大飞机翱翔蓝天，企业愿景是：为客户提供更加安全、经济、舒适、环保的商用飞机，大飞机创业精神是：航空强国、“四个长期”、永不放弃。

截至2022年底，中国商飞所属单位有上海飞机设计研究院、上海飞机制造有限公司、上海飞机客户服务有限公司、北京民用飞机技术研究中心、中国商飞民用飞机试飞中心、上海航空工业（集团）有限公司、中国商飞营销中心、上海《大飞机》杂志社有限公司、商飞学苑（商飞党校）中国商飞四川公司、中国商飞美国有限公司、中国商飞民用飞机试飞中心东营基地、商飞资本有限公司、商飞集团财务有限责任公司等成员单位。中国商飞在美国洛杉矶、法国巴黎分别设有美国办事处、欧洲办事处等办事机构。中国商飞参股中俄国际商用飞机有限责任公司、成都航空有限公司和浦银金融租赁股份有限公司。截至2022年底，中国商飞公司从业人员17456人。

【2022年经济工作情况】

2022年，是中国商飞公司成立以来挑战最大的一年。面对艰巨繁重的型号任务、复杂严峻的国际形势、世纪疫情的严重冲击，中国商飞公司党委、纪委印发1号文件，围绕“两保四高”目标，明确战时机制、战时政策、战时作风、战时纪律。中国商飞公司一手抓疫情防控；一手抓科研生产，逐一恢复受疫情影响的国内国际人流物流，科研生产并没有因疫情肆虐而中断。中国商飞公司“聚焦聚力聚心”，吃住一线、奋战一线、锚定目标、风雨兼程，经受住多方面风险挑战的严峻考验，坚守住质量安全的底线红线生命线，步步推进、干成拿下一个又一个关键的里程碑节点，推动大飞机事业取得不可逆转的历史性成就。全年ARJ21飞机生产下线20架、交付34架，其中向海外用户交付1架；C919飞机生产下线1架、交付1架；新增C919大型客机订单300架，ARJ21飞机订单30架。

2022年中国商飞重要事件：

C919大型客机首架交付机完成首次飞行。5月14日，编号为B—001J的C919大飞机成功起飞并安全降落，标志着中国商飞公司即将交付首家用户的首架C919大飞机首次飞行试验圆满完成。

ARJ21飞机安全载客突破500万人次。7月12日，由国产ARJ21飞机执飞的一二三航空MU5264航班，平稳降落在上海浦东国际机场。至此，该机型已安全运送旅客突破500万人次。在国际民航领域，安全载客量突破500万人次，是一款商用飞机发展的重要里程碑，标志着该机型的安全性和可靠性得到航空公司和民航市场的充分检验。

中国商飞公司通过事件调查体系建设试点验收。8月12日，中国商飞公司在设计研发中心召开事件调查体系建设试点验收评审总结会，进一步贯彻落实民航局“五个融合”的具体工作要求，推动国产民机高质量发展，助力“制造强国”“民航强国”建设。

中国商飞公司亮相2022湖南（国际）通用航空产业博览会。9月1日，2022湖南（国际）通用航空产业博览会在长沙开幕。中国商飞公司携C919大型客机模型、ARJ21飞机模型、CBJ公务机模型和CR929远程宽体客机模型参展，全面展示公司型号研制里程碑节点、ARJ21系列化机型和公司社会责任有关情况。

C919大型客机取得型号合格证。9月29日，C919飞机型号合格证颁证仪式在北京首都机场隆重举行，中共中央政治局委员、国务院副总理刘鹤出席有关活动并讲话。国务委员王勇宣读中共中央、国务院对C919大型客机取得型号合格证的贺电。

习近平会见C919大型客机项目团队代表并参观项目成果展览。9月30日，中共中央总书记、国家主席、中央军委主席习近平在北京人民大会堂会见C919大型客机项目团队代表并参观项目成果展览，充分肯定C919大型客机研制任务取得的阶段性成就。

李强参观C919大型客机研制群英谱影像展。10月7日，中国C919大型客机研制群英谱影像展在上海市工人文化宫正式开展。上海市委书记李强实地参观群英谱影像展，看望慰问 C919 大型客机项目团队劳模代表，代表上海市委、市政府，向参加 C919 大型客机项目的全体单位和人员表示热烈祝贺和崇高敬意。

中国商飞公司党员干部职工集体收听收看中共二十大开幕会。10 月 16 日上午 10 时，举世瞩目的党的二十大在北京开幕，中共中央总书记习近平代表第十九届中央委员会向大会做报告。中国商飞公司党委把学习贯彻党的二十大精神作为一项重要的政治任务进行部署，积极组织广大党员干部职工收听收看开幕会盛况，认真聆听习近平总书记所做的重要报告。

2022 年中国商飞公司客户大会在嘉兴举行。10 月 26 日，2022 年中国商飞客户大会在浙江嘉兴举行。本次客户大会以“迎挑战、促融合、新发展”为主题，来自政府机构、航空公司、机场集团、金融机构、租赁公司、合作伙伴以及中国商飞公司的 180 余名领导专家汇聚一堂，为推进大飞机事业安全发展高质量发展贡献智慧、凝聚共识。

2022 年中国商飞公司全球供应商大会暨民用飞机安全性可靠性提升论坛在无锡召开。10 月 28 日，中国商飞公司在江苏无锡召开 2022 年全球供应商大会暨民用飞机安全性可靠性提升论坛。199 家供应商代表通过现场或远程视频参会的方式，与中国商飞公司一起，聚焦、聚力、聚心，回顾项目研制进展，研讨 2022 年工作计划，梳理、解决重点难点问题。

C919 大型客机和 ARJ21 医疗机首次亮相中国航展。11 月 8 日，第十四届中国国际航空航天博览会在珠海拉开帷幕。中国商飞公司携 C919 大型客机和 ARJ21 医疗机首次亮相中国航展，并通过馆内展览、室外静展和飞行表演等多种方式，向公众呈现大飞机事业取得的阶段性成就。

7 家租赁公司与中国商飞公司签署 C919 和 ARJ21 飞机订单。11 月 8 日，在第十四届中国国际航空航天博览会上，国银金租、工银金租、建信金租、交银金租、招银金租、浦银租赁和苏银金租 7 家租赁公司与中国商飞公司签署 300 架 C919 大型客机确认订单和 30 架 ARJ21 飞机确认订单。

“国产商用飞机校园巡展”走进上海民航职业技术学院。11 月 23 日—25 日，由中国商飞公司主办的“国产商用飞机校园巡展”在上海民航职业技术学院举行。这是中国商飞公司第三次走进上海民航职业技术学院，深化“大飞机进校园”活动，让师生们走近国产商用飞机。巡展期间将开展飞机静态展示、国产商用飞机的发展历史文化展示、“大飞机杯”技能赛、校园招聘、主题报告、校友交流分享会等活动。

中国商飞公司参加 2022 中国航空产业大会暨南昌飞行大会。11 月 25 日，为期 3 天的 2022 中国航空产业大会暨南昌飞行大会在江西南昌瑶湖机场盛大开幕。中国商飞公司携 C919 大型客机和 ARJ21 医疗机亮相，并在企业展区展出 1:20 比例的 ARJ21 飞机、C919 大型客机和 CR929 远程宽体客机模型。

C919 大型客机获颁生产许可证。11 月 29 日，中国民航局向中国商飞公司颁发 C919 大型客机生产许可证（PC）。取得生产许可证是 C919 大型客机从设计研制阶段到批量生产阶段的重要里程碑，标志着 C919 大型客机向产业化发展迈出了坚实一步。

全球首架 C919 交付中国东方航空股份有限公司。12 月 9 日，一架编号为 B-919A 的 C919 大型客机从上海浦东国际机场启航飞往上海虹桥机场，标志着全球首架 C919 大型客机交付首家用户中国东方航空股份有限公司。C919 大型客机的首架交付和即将航线运营，将为全球航空公司和客户提供更多选择，为全球供应商和合作伙伴带来更多机遇，为全球商用飞机产业注入新的活力，更好地服务全球航空旅客美好出行需求。

ARJ21 飞机首次交付海外。12 月 18 日，我国自行研制具有完全自主知识产权的 ARJ21 飞机正式交付首家海外客户印尼翎亚航空（TransNusa），这是中国的喷气式客机首次进入海外市场，对于建设“一带一路”、构建“双循环”新发展格局具有重要意义。

【2023 年发展趋势】

一、坚持以我为主，充分发挥新型举国体制优势

针对自主可控，继续在统筹国家力量、协同各方合力上下功夫；针对产业化继续围绕研、造、买、用、拆，争取全产业链、全生命周期支持政策。

二、坚持市场导向，不断提升产品竞争力

围绕飞机全生命周期持续开展“三好一降一能”，提升产品质量和运营支持能力，用产品竞争能力赢得客户信任力。

三、狠抓风险管控，做好动态决策、风险决策

在复杂多变的世界里要善于动态决策，要用好十大风险清单管控机制，落实各单位／各部门风险管控的主体责任。

四、狠抓经营管理，大力提升劳动生产率

发挥大飞机规模经济、范围经济、学习经济效应，持续降低生产成本和运营成本。优化经营体系，勤俭研制大飞机，把每一分钱花在刀刃上。

（黄　健）

上海烟草集团有限责任公司

【概况】

上海烟草集团有限责任公司是一家以卷烟工业为主的多元化、集约化、现代化的大型国有企业。2022 年，公司实现税利 1211.18 亿元，比上年增长 4.26%；实现利润 302.33 亿元，同比增长 11.62%。公司被上海市企业联合会、企业家协会、经济团体联合会评为 2022 年度“上海企业 100 强”第 13 位。公司拥有一流水准的卷烟工业企业以及烟草储运、印刷、机械、材料等配套工业企业，并涉足商业、物流产业以及宾馆酒店、金融保险等行业。2003 年和 2004 年，公司先后与北京卷烟厂和天津卷烟厂实现战略性联合重组。目前，公司出品的主要卷烟品牌有“熊猫”“中华”“红双喜”“中南海”“牡丹”“凤凰”“大前门”“江山”“恒大”等。多年来，以“中华”卷烟为代表的集团名优品牌以其高知名度和高品质赢得全国卷烟消费市场的推崇，并始终保持畅销不衰。

【2022 年经济工作情况】

公司坚持以高质量党建为引领，高效统筹疫情防控和生产经营，着力推进技术研发、精准营销、数字化建设三个重点领域的创新转型，加强原料保障、生产运行、产业链、现代商业四大体系建设，队伍素质和管理效能稳步提升，经济效益指标再创历史新高，高质量完成全年各项目标任务，保持了企业持续平稳健康发展。

一、坚持党建引领，全面从严治党向纵深推进

（一）理论学习氛围更加浓厚。多形式、分层次、全覆盖开展学习宣传，推动中共二十大精神进企业、进车间、进班组，迅速兴起学习热潮，教育引导广大党员深刻领悟“两个确立”的决定性意义，增强“四个意识”、坚定“四个自信”、做到“两个维护”，引导广大党员干部迅速把思想和行动统一到党的二十大精神上来。

（二）基层党建质量更加过硬。深入推动党史学习教育常态化长效化，更加坚定自觉地牢记初心使命、开创发展新局。深化基层党支部标准化规范化建设，不断完善“四责协同＋党员责任区”工作机制，充分运用“三会一课”、主题党日等载体，不断提升组织生活质量，形成了一批有特色、见实效、可推广的基层党建经验成果。进一步巩固“我为群众办实事”实践活动成果，全年确立并完成“学党史、促满意”实事工程项目 191 个。

（三）从严管党治党更加有力。加强对“一把手”和领导班子监督，扎实开展纪律和作风建设专项整治，持续强化监督执纪问责，进一步加大党员干部教育管理监督力度。组织 4 个巡察组对 11 家基层单位开展政治巡察，疫情期间切实做到要素不缩减、重点不遗漏、质量不下降，按期完成十九大巡察全覆盖目标。企业文化建设更加深入。举办庆祝中国烟草总公司成立 40 周年延伸展览，进一步传播烟草历史，讲好烟草故事。不断深化“劳模工作室”“工人先锋号”“青”字品牌等职工岗位建功平台，持续激发群众性创新创造活力。

二、加快创新转型，集团核心竞争力不断增强

（一）创新策源功能进一步体现。健全完善“1+5+1”创新体系，加大科研成果转化应用力度，持续提升香精香料、原料综合利用等关键核心技术自主掌控能力。增强产品研发储备维护能力，开展“中华”（硬）规格改造和“中华”（软）配方维护，加快“熊猫”“中华”等新品设计定型。推进加热卷烟产品升级迭代，建成多规格烟支工艺试验生产线。电子烟检测取得中国检验检测机构 CMA 资质认定和中国合格评定国家认可委员会 CNAS 认可，全年受理电子烟送检样品 977 个，服务企业咨询逾 200 家。

（二）精准营销水平进一步提升。构建上海烟草品牌培育体系基本框架，形成集团品牌“1+N*X”（“1”，全国性品牌“中华”；“N”，不同市场在销规格；“X”，在销规格具有市场地域差异化的销售和培育措施）市场策略布局。深化多层级工商协同，建立“周策略双跟踪机制”和“周发运 6 天工作制”。完善“双线跟踪”价格采集机制、“分类分层”市场预警机制、“量价结合”状态分析机制，保持品牌良好市场状态。深度拓展菲律宾、伊朗有税市场，全面完成“红双喜”“金鹿”品牌海外生产计划。

（三）数字化建设进一步深化。完成省级互联网专有云和集团信创工程建设，初步形成上海烟草数字化转型实施方案及指数评估体系。推广实施行业卷烟二维码统一应用项目，稳步推进行业生产经营管理一体化平台落地。深化全数化、全链路、全过程智能管控研究，加快推进数字技术与生产制造、质量检测、设备装备、物流运输等产业链、供应链环节的深度融合。

三、加强体系建设，全产业链发展水平持续提升

（一）在原料保障体系方面，以“中华”品牌为重点，不断优化烟叶原料库存结构，持续提升优质原料获取能力和重点等级原料保障能力。进一步完善基地单元布局，扎实推进华环示范性区域加工中心建设。2022 年，中华原料采购量达 107.66 万担，为近 5 年最高水平。

（二）在生产运行体系方面，高效协调优化京津沪三地生产力布局，不断提升生产柔性化水平。各卷烟工厂进一步强化生产过程管控，持续提高产品质量。“中华”“熊猫”品牌9个规格在行业感官质量抽检中均达到Q3水平；集团产品卷制与包装质量Q3+综合达标率为65%，达到“十四五”以来新高。

（三）在产业链体系方面，探索构建物流管控一体化模式，进一步增强烟标印刷、滤棒制造、薄片生产、香精香料等企业的产品竞争力、供应保障力。

（四）在现代商业体系方面，推动全市统一卷烟营销平台落地，完善货源投放一体化规则，不断扩大核心客户群体规模，持续提升渠道掌控力和消费引导力。2022年，上海市场完成卷烟销量78.21万箱，降幅收窄到3.5%；实现卷烟销售收入375.49亿元，同比增长0.8%；单箱结构4.8万元，同比增长4.4%；零售户综合毛利率达到12.75%。

四、提高队伍素质和管理效能，集团发展活力动力有效激发

（一）队伍建设成效显著。树立选人用人鲜明导向，深化干部调研成果运用，建立健全干部培育和交流锻炼常态化机制，大力培养使用优秀年轻干部。加大高层次高技能人才培养选拔力度，健全完善高端人才培养机制，加快技能人才梯队建设，发挥行业级、集团级技能大师工作室带头作用，实施青年人才托举计划，为各类人才施展才干搭建舞台，创造条件。2022年共选拔交流厂处级干部68人，其中选任“80后”23人，岗位聘任高级技术技能人员30人，14人取得行业高级专业技术资格。

（二）管理效能持续提升。坚持“深实细新严”工作作风，把严的要求、严的标准贯穿生产经营全过程。构建新型成本核算平台，建立全产业链成本管控自触发机制；深化成本费用定额管理方法，持续探索业务成本管理融合。全年实现降本增效4.27亿元。强化审计监督，加强重点项目过程管控，进一步健全审计风险评估机制、监管联动协同机制。织密压实全员安全消防责任制，深化双重预防机制建设，提升安全风险分级管控和隐患排查治理能级。加大法律风险防控力度，扎实推进控烟履约工作，协调相关部门将电子烟纳入上海市公共场所禁烟范围。

（三）专卖监管不断强化。加强上海烟草市场动态监测，进一步提升自主情报线索分析研判能力。持续优化卷烟零售点合理布局，2022年年底全市烟草制品持证客户数同比下降4.3%。切实加强全品类、全链条、全过程专卖监管，继续保持打假打私高压态势。加快构建全市电子烟监管体系，有序推进电子烟行政许可、市场监管、政策宣贯等工作。2022年，全市共查获违法卷烟66.51万条；破获符合国家局标准重大案件17起（含部级督办案件1起）；查获5万元以上假烟案件107起；发放电子烟零售许可证户845户，实现电子烟批发销售额3686.72万元。

五、聚焦品牌发展，集团经济运行保持良好状态

（一）新旧动能加快转换。集团创新产品规模持续突破，占集团商业销量、销售额比重分别达17.9%和23.7%，同比分别上升3.6和4.3个百分点，新旧迭代效应进一步凸显。其中，集团“中短细爆”创新产品累计实现商业销量51.47万箱，同比增长24.0%，中支烟和细支烟销量增幅大于行业平均水平。“中华”新五包全年实现商业销量35.38万箱，同比增长26.6%，占“中华”品牌总销量比重达23.3%，同比上升4.3个百分点。“中华”（金中支）（双中支）持续巩固同价位同品类引领地位。

（二）市场状态持续向好。“中华”品牌持续完善全国市场布局，在销量增长的同时实现全面顺价，“中华”（软）（硬）月均市场价格达到提税顺价以来的历史新高。全年“中华”品牌累计实现商业销量151.81万箱，同比增加4.85万箱，增长3.3%；实现商业销售额1689.46亿元，创历史新高。中端新品发展势头良好，“牡丹”（红中支）（蓝中支）分别实现商业销量3.10万箱和1.85万箱，同比增长167.5%和38.4%；“中南海”（冰耀中支）延续增长势头，实现商业销量1.13万箱，同比增加1.06万箱；“恒大”（硬中支）实现商业销量0.65万箱，同比增长81.5%。

【2023年发展趋势】

2023年，公司方针目标简称“1361”，即“1”以深入学习宣传贯彻党的二十大精神为首要政治任务；“3”聚焦创新引领，培育集团发展新动能。加快科技创新前瞻性战略性布局，加快品牌培育体系建设，加强人才选育激励机制建设；“6”展现担当作为，实现集团发展新提升。加快推进数字化转型，深化生产运行体系建设，深化原料保障体系建设，深化现代商业体系建设，深化专卖监管体系建设，加快提升管理效能；“1”培育集团发展新优势。

一、加强党的领导，深入学习贯彻中共二十大精神

以高质量党建引领高质量发展。系统总结集团30年来的成绩经验，丰富完善“和搏一流”企业文化理念体系，弘扬劳模工匠精神，搭建干事创业舞台，指引干部职工为“十四五”规划目标任务而团结奋斗。牢固树立“党的一切工作到支部”鲜明导向，深化党支部标准化规范化建设，更好地发挥基层党组织的战斗堡垒作用和党员的先锋模范作用，把党领导下的上海烟草事业全面推向前进。

二、聚焦创新引领，培育集团发展新动能

加快科技创新前瞻性战略性布局；加快品牌培育体系建设；加强人才选育激励机制建设。

三、展现担当作为，实现集团发展新提升

加快推进数字化转型；深化生产运行体系建设；深化原

料保障体系建设；深化现代商业体系建设；深化专卖监管体系建设；加快提升管理效能。

四、保持良好状态，培育集团发展新优势

推动高端品牌平稳发展；加快中端品牌提质升级；保持经济运行在合理区间。实现更高水平供需动态平衡，努力为行业和地方经济发展做出更大的贡献。

（胡瀚凌）

中船上海船舶工业有限公司

【概况】

中船上海船舶工业有限公司是中国船舶集团有限公司旗下二级成员单位，协助中国船舶开展对其上海地区成员单位的部分业务归口工作。中国船舶上海地区成员单位是集团船舶海洋工程装备制造的主力军，拥有较完整的船舶、海工、船用柴油机设计、制造体系。船舶产品涵盖散货船、油轮、集装箱三大船型各系列，并覆盖各类液货船、气体船、科考船、工程船、特种船、豪华邮轮等船型，以及自升、半潜式钻井平台、FPSO等海洋工程产品。开发生产多型超大型万箱级集装箱船、LNG船、VLGC、新型绿色节能环保型散货船等主力船型。继突破世界造船皇冠上的三颗明珠之一的LNG船后，另一艘豪华邮轮设计建造也已取得显著进展。海工产品、船用柴油机产品主导地位也日益提升。

【2022年经济工作情况】

2022年，上海船舶制造业克服疫情影响，船舶海工生产保持稳步增长，产品高端化取得显著成果。船舶工业主要经济指标完成情况：完工船舶56艘，比上年下降12%；造船产量620万载重吨，比上年增长6%；工业总产值637亿元，比上年增长8%；销售产值637亿元，比上年增长8%；出口交货值349亿元，比上年增长3%；柴油机功率340万千瓦，比上年增长34%；造船主业合同金额710亿元，比上年下降9%；签约新船订单625万载重吨，比上年下降40%。以上数据不含上海除中国船舶集团外其他船舶企业。

一、经营与生产稳步前行

2022年，批量承接大型LNG船、大型VLEC船、汽车运输船、大型集装箱船，全年承接液化气运输船365万载重吨、集装箱船183万载重吨，其中中国船舶集团有限公司旗下江南造船集团承接新船订单5型26艘，批量承接7800车汽车运输船；中国船舶集团有限公司旗下沪东中华造船（集团）承接LNG运输船37艘，全球排名第二。批量交付大型集装箱船、各类液化气运输船等船舶，交付集装箱船197万载重吨、液化气运输船97万载重吨，新船订单与新船交付稳步，手持订单稳定，技术保持国内领先。

二、结构性调整成效明显

全年承接新船订单中大型LNG船、大型VLEC船、汽车运输船、大型集装箱船等高端船舶按吨位算占95%，国际竞争力不断提高，其中大型LNG船全年新接大型LNG船订单国际市场份额接近30%，取得重大突破。江南造船3万立方米C型双耳液罐LNG运输船；沪东中华24000TEU超大型集装箱船、江海联运型8万立方米LNG船；中国船舶集团有限公司旗下上海外高桥造船有限公司升级版智能散货船等首制新品船相继交付，先进制造业发展成效显著。

三、高端化进程趋势凸显

中国首制全球最大2.4万箱集装箱船、17.4万立方米大型LNG等高端船型实现批量交船；国产首艘大型邮轮实现主发电机动车重大节点，第二艘大型邮轮顺利开工建造；新一代7X62DF-2.1智能控制双燃料主机、世界首台CMD-WinGD11X92-B-LPSCR2.0主机、世界首制HHM-MAN 5S35ME-C9.7主机等船用动力装备相继交付使用。2022年全年交付船舶产品中绿色动力船舶按载重吨计占35%，造船高端化进程趋势凸显。

【2023年发展趋势】

2023年，中国船舶集团有限公司将坚持以习近平新时代中国特色社会主义思想为指导，全面贯彻落实中共二十大精神和中央经济工作会议、二十届中央纪委二次全会精神，持续深入贯彻落实习近平总书记重要讲话和重要指示批示精神，按照上级机关部署要求，坚持稳中求进工作总基调，完整、准确、全面贯彻新发展理念，服务构建新发展格局，把履行兴装强军首责摆在更加突出位置，精准发力创新驱动和竞争力塑造，着力强化集团管控和资源整合，突出抓好稳增长、推改革、降成本、调结构、强基础、防风险，发挥党建引领保障作用，全力开创建设世界一流船舶集团新局面。

2023年，中国船舶集团有限公司旗下上海地区成员单位将全力打好提质增效攻坚战；狠抓生产运行保交付，强化市场开拓接好单；充分发挥科技创新引领支撑作用，不断强化关键核心技术攻关突破，夯实提升技术基础能力，持续加快数智转型。强化责任抓落实、突出重点抓落实、加强组织抓落实，抓好全年目标任务落实，努力为稳增长做贡献。

（陆连东）

上海化学工业经济技术开发区

【概况】

上海化学工业经济技术开发区是国家级经济技术开发区，位于杭州湾北岸，规划面积29.4平方公里，是以石油化工为主导产业的专业开发区，建成以乙烯为龙头的循环经济产业链、以化工新材料为特色的高端产业集群，成为全国集聚知名跨国化工企业最多、主导产业产品链关联度高、安全环保管理严格、资源循环利用水平领先的化工园区，是国务院规划的国家七大石化产业基地之一，被评为国家新型工业化产业示范基地、国家生态工业示范园区、国家低碳工业园区试点单位、中国智慧化工园区试点示范单位，连续多年排名全国化工园区榜首。2022年，化工区（包括金山、奉贤分区）共完成工业总产值1504.87亿元，销售收入1675.63亿元；引进项目投资195.89亿元，完成固定资产投资67.72亿元；园区企业实现利润106.10亿元，上缴税金118.50亿元；万元产值能耗0.621吨标准煤。园区贯彻落实“疫情要防住、经济要稳住、发展要安全”总要求，一手抓好疫情防控；一手抓牢经济发展，努力为全市稳增长大局做出贡献，在大上海保卫战期间取得新冠病毒“零感染”、安全生产“零事故”、规模以上企业“零停工”的优异成绩。截至2022年底，化工区累计批准项目总投资349.63亿美元，累计完成固定资产投资1648.18亿元。

【2022年经济工作情况】

一、项目招引逆势而上

（一）招商引资再迎高峰。以产业能级提升为目标，全年31个项目通过准入评估，82个项目完成备案（审批），包括12个投资过亿元的项目，新增9家企业入驻。全年批准项目总投资195.89亿元，同比翻倍增长，创近10年新高，主要包括：英威达己二胺扩产、赛科聚苯乙烯装置改扩建、华谊合成气供应及配套、科思创TDI节能增效、氯碱氯循环产业链优化提升、工业气体合成气装置三期、贺利氏电子化学品新建、安集集成电路材料基地等项目。

（二）项目推进强劲有力。围绕“项目推进年”各项任务目标，全力推进重点项目建设提速增效，英威达聚合物三期扩建、工业气体合成气装置三期扩建项目列入市重大项目计划，已开工建设；英威达年产40万吨己二腈项目投产，举办尼龙一体化产业基地推进会暨尼龙产业发展论坛；科思创TDI三期、彤程电子光刻胶、彤程化学可生物降解材料一期、振泰绝缘新材料、工业气体空分扩建等39个项目竣工建成。

（三）专区建设多点开花。电子化学品专区配套新建仓储项目桩基工程开工建设，华谊天原物流甲类仓库改造项目基本完成。年内与中船七一八所签订战略合作协议，昭和高纯度电子气体扩建项目建成投产；推进彤程电子等3个项目加快投产，贺利氏等8个项目开工，巴斯夫电子等6个意向项目落地。成立电子化学品创新联合体，召开创新联合体首次理事会。

（四）创新中心建设显效。上海国际化工新材料创新中心“INNOGREEN创新绿洲”入选市第三批特色产业园区。英威达亚洲创新中心、集成电路材料研究院研发中试平台项目、凯米锐实验室已建成投用，惠翌钛系催化剂中试项目推进施工，泽升科技创新研发中心、生合万物客户验证平台完成准入，科创资源集聚效应凸显，创新生态体系日益活跃。

（五）发展规划深化拓展。紧跟能耗核定等国家产业政策引导，积极落实项目审批等全市相关要求，开展新一轮发展规划研究，提出发展碳三、聚氨酯、尼龙、电子化学品、生物医药、低碳等产业链。围绕核心项目需求，抓好补链延链强链，稳步推进生物医药专区建设。对接全市绿色低碳新赛道布局，研究园区绿色低碳发展路径，加速推进氢能保障基地建设等。

二、安全生产态势平稳

（一）重大活动保障有力。围绕中共二十大、进博会等重大活动节点，动态研判安全形势，部署重点工作任务，组织开展危化品企业安全专项检查，并深入企业开展复产必查、重点抽查和安全环保专项检查，对存在问题的企业进行“回头看”督促整改，累计督导检查400余次、检查企业100余家。

（二）预防机制双重构建。在闭环运行模式下，排摸检查园区企业安全运行与特种设备状态。制定实施《闭环运行企业安全生产十要素》《复工复产企业安全管理二十要素》等，引导企业做好闭环运行和复工复产期间安全管理。开展危化品安全专项治理和老旧装置专项整治工作，推动35家危化企业和11家非取证企业完成年度安全生产责任险认缴工作。

（三）专项行动督查促改。全面完成危化品三年行动任务以及两轮重大危险源企业专项督导检查，督促企业及时整改问题隐患。认真落实应急部光气企业专项整治“回头看”相关要求，完成77项问题整改。开展高危细分领域和老旧装置及防火防雷等专项整治、检维修专项检查以及燃气安全整治“百日行动”，集中力量开展整治攻坚，有效保障园区安全态势总体稳定。

（四）安全应急以服促管。指导27家企业做好超期未检的承压类和机电类特种设备的先行自主检测措施，并协调技术检测机构人员入区服务。协助完成7家企业安全生产许可证审查和11个危化品建设项目安全审批工作，指导32个危化品建设项目及时整改，推动23个项目通过安全审查，确保12家企业顺利完成安全生产和经营许可证换证，以跨前服务理念保障生产运营、项目建设顺利推进。

三、生态环境持续改善

（一）环境监测因时升级。采取“云踏勘”、视频会等无接触方式，完成多个项目的专家评审、环评审批等。将现场检查与在线监控、无人机和大数据分析等科技手段相结合，指导帮助企业排查相关隐患，解决设备故障问题。2022年，区域环境空气中挥发性有机物、PM10、氮氧化物浓度分别为51.9、39、32微克／立方米，比上年分别下降10.4%、13.3%、22%；PM2.5、二氧化硫浓度分别为28、5微克／立方米，均与去年持平；特征污染因子浓度均在低位波动。

（二）污染攻坚适时加力。全面完成金山地区环境治理2022年度任务。完成8家企业27项物料装卸环节无组织排放问题整改。对园区大气、土壤、地表水、地下水、海水等环境状况进行跟踪监测，摸排企业无组织异常排放，完成走航监测44次。专项检查化工医药行业排污许可证，完成17家企业年度执行报告核查和现场排查，梳理九方面问题并督促企业落实整改。

（三）绿色发展及时提速。积极探索园区非化石能源替代方案，推动实施分布式光伏项目，完成总装机41.48兆瓦19个光伏项目。围绕“双碳”工作推进要求，设立工作组并联推进7大领域摸底与研究。编制完成《化工园区雨水管控技术规范》初稿、生态湿地环评报告等，指导企业做好污染治理设施恢复运行、督促开展重点环保设施及项目安全风险评估和隐患排查。年内，经复审继续列入“绿色化工园区名录（2022年）”。

【2023年发展趋势】

2023年，上海化工区坚持以习近平新时代中国特色社会主义思想为指导，全面贯彻落实中共二十大和市第十二次党代会精神，按照习近平总书记考察上海重要讲话精神和对上海工作重要指示要求，完整、准确、全面贯彻新发展理念，服务构建新发展格局，坚持稳中求进工作总基调，把牢“五个放在”的工作基点，统筹推进园区重点工作，在推动高质量发展、提升高效能治理、提供高品质服务等方面持续用力，努力推动园区经济实现质的有效提升和量的合理增长，支撑本市实体经济发展，继续做全国化工区的排头兵、先行者。

全年目标为：批准项目投资200亿元、固定资产投资80亿元、工业总产值1400亿元。

全年要重点抓好以下主要任务和措施：

一、坚持经济发展核心任务，持续推动高质量发展

扎实推进项目建设。成立重点项目服务专班，督促园区投促服务中心拓展帮办事项范围，提升项目服务水平质量。以投资额1亿元以上的25个重点项目为抓手，推动华谊合成气供应及配套、高化ABS装置升级改造、科思创TDI节能增效、英威达己二胺扩产等一批项目开工。

全力凸显招引实效。加强与市级单位联系沟通，跨前服务指导，推动PDH等重大项目尽快落地、“两高”项目加快通过联审、准入项目高效率落地。

加快专区建设步伐。对标专区建设三年行动方案，继续以“招引一批、开工一批、投产一批”为抓手，加大总投资近70亿元项目的落地转化率。

聚力打造科创样板。制订形成园区孵化器建设方案，启动推进孵化项目引入，及时开展市级孵化器申报入库等工作。继续组织举办“SCIP+”大赛和“INNOGREENer's Club”系列活动，进一步营造有活力、更优质的创新环境氛围。

二、坚持人民城市重要理念，持续提升高效能治理

强化安全风险防范。按照国务院联防联控机制、市疫情防控领导小组的统一部署，实施好“二十条”和“新十条”。全面完成危化品安全专项整治三年行动与危化品安全风险集中治理，启动第三轮整体性区域风险评估。

加强安全应急管理。健全安全生产工作考核制度，修订企业安全应急工作考核实施细则，确保相关责任人贯彻落实“三管三必须”。持续推进安全生产标准化和安全文化建设，开展事故警示教育，强化学习宣贯。

全面改善环境质量。持续深化大气污染物防治，力争提前完成第三轮金山地区环境综合整治2023年度任务。制订园区企业挥发性有机物治理“一厂一方案2.0”实施方案，深入开展“无废园区”建设。

创新环境监管模式。依托物联网、区块链等新技术赋能，探索建立完善覆盖全过程的生态环境监管体系和联动执法长效机制。深化“双随机、一公开”监管制度，全面推行固定污染源分级分类监管机制。严格落实本市重点管控新污染物环境风险管控措施，加强源头监管。

扎实推进“双碳”工作。深入推进碳达峰碳中和总体实施计划及可行性分析，明确重点任务工作清单和实施节点，制定园区碳达峰实施方案。鼓励和支持企业开展“双碳”技术研究和应用，积极推进以现有节能减排政策为基础的双碳政策创新。加强与市各部门沟通协调，优先保障能源领域“双碳”工作顺利推进。

（龙　妍）

国网上海市电力公司

【概况】

国网上海市电力公司（简称公司）隶属于国家电网公司，是从事上海地区电力输、配、售的特大型企业，统一调度上海电网，参与制定、实施上海电力、电网发展规划和农村电气化等工作，并对全市的安全用电、节约用电进行监督和指导。国网上海市电力公司管辖的上海电网位于长江三角洲的东南前缘，北靠长江，东临东海，与江苏、浙江两省接壤。供电营业区覆盖整个上海市行政区。截至2022年底，国网上海市电力公司管辖各类电网企业、发电企业、施工、科研、能源服务、培训中心等单位28家，共有职工13031人，服务客户1164.76万户。

【2022年经济工作情况】

截至2022年底，全市发电装机容量2830.11万千瓦，最高用电负荷3806.83万千瓦，年售电量1522.97亿千瓦时。35千伏及以上变电站1286座，输电线路2.918万公里。公司上下始终坚持把迎接和贯彻中共二十大精神作为主线，坚决落实上级决策部署，积极应对“风险挑战多、困难问题多、不可预计多”等复杂形势，勇于闯难关、敢于过险滩、善于度危机，团结一心、拼搏奋斗，全力以赴保供电、保安全、保稳定、促发展，在大战大考中顶住巨大压力、交出优异答卷，如期实现“目标不变、标准不降、成效不减”，得到国家电网公司党组和中共上海市委、市政府的充分肯定。公司在国网首次企业负责人任期业绩考核中获评A段，连续8年保持企业负责人业绩考核A级，连续22年保持市政风行风和12345市民热线绩效考核第一。

一、迅速兴起学习宣传贯彻中共二十大精神热潮

公司党委把学习宣传贯彻中共二十大精神作为首要政治任务，第一时间组织集中收听收看大会开幕盛况；第一时间学习传达大会精神，制定五方面、18项举措；第一时间召开全公司中共二十大精神学习宣传贯彻工作部署会，印发实施方案，细化15个方面、52项重点任务，确保把学习宣传贯彻工作不断引向深入、落到实处。公司党委精心组织中心组学习、举办专题读书班，班子成员带头学习研讨，示范带动各级党组织累计开展集中学习1113次、交流研讨1539次。邀请权威专家、宣讲团成员进行辅导讲座，发挥二十大代表、国网公司、市经信系统宣讲团成员以及“红庐”讲师团成员的作用，深入开展形式多样的宣讲活动。精心策划推出“一图读懂”“二十大时光”等专版专栏，充分展示公司学习贯彻党的二十大精神的具体实践，形成全员大学习大普及的浓厚氛围。

二、凝心聚力守牢安全底线

修订完善全员安全责任清单8119份。编制各级安全管理手册4部、程序文件143份、风控手册17部，有效防控各级各类电网风险1394项、作业风险1255项。落实“四个管住”，开展远程督查、“四不两直”督查7万余次，查处违章近6000起，开展警示约谈31次。统筹开展安全生产大检查、安全生产提升年和“悟教训、防风险、反违章、保安全”等专项活动，整治问题隐患598条，实现重大隐患“见底清零”，形成制度措施清单19项、隐患排查标准575项。安全事件同比下降3.78%。发放安全奖励5007.92万元。面对夏季最高温度、最少水电、最大负荷、最长时间“四最”叠加挑战，落实国网公司电力保供30项工作要点和32项重点措施，紧紧依靠政府保供协调机制，开展规模化需求响应2903.47万千瓦时，经受住迎峰度夏负荷六创新高等极端考验。全年落实省间中长期购电92亿千瓦时。成功应对73年来登陆上海最强台风“梅花”，影响较上年“烟花”台风大幅下降。坚持“五个最”标准，坚定“六零三确保”目标，落实重大保电“1+11”专项预案体系，打造数字孪生、全景智慧保电系统，优质高效完成党的二十大、第五届进博会等电力保障任务。顺利完成国家网络安全攻防演习，获评国资委“优秀冬奥网络安全卫士”。

三、众志成城夺取大上海保卫战全面胜利

公司上下团结一致、同舟共济，付出艰苦卓绝的努力，克服难以想象的困难，特别是8000余名干部员工闻令而动、逆行出征，400余万件物资第一时间调配到位，展现保供为民的使命担当。在城市和人民最需要的时刻，第一时间出台“全力防控疫情保障供电服务十项举措”，以最快速度完成防疫应急项目送电，以最高标准确保防疫重点客户安全可靠供电，用“欠费不停电、减免违约金”等暖心服务、兜底服务守护万家灯火。坚持以人为本，始终把员工健康安全放在首位，积极开展职工关心关爱。全面总结抗疫经验，统筹推进111源深大厦购置、隔离场所设置与办公场所优化工作。第一时间筹措150余万元防疫与生活急需物资，为总部及其他兄弟单位抗击疫情贡献上海力量。落实国家最新防疫政策要求，按照“岗位不能没人、窗口不能关门、工地不能停工”目标，迅速优化调整防控策略，为城市安全运行和市民正常生活提供强有力的保证。

四、坚定不移推进电网提质升级

深入开展外电入沪、新型电力系统规划等专题研究，崇明西越江隧道专项规划完成编制，51项35千伏及以上项目获得核准。500千伏临港重燃送出等99项35千伏及以上重点工程完成可研批复。与临港新片区管委会以及松江、宝山、奉贤区政府签订“十四五”发展合作协议。500千伏杨行、静安增容等61项35千伏及以上工程竣工投产。220千伏综合、万祥等56项35千伏及以上工程开工建设。220千伏泰日等12项受阻工程取得突破。制订“六精四化”十个方面、39条重点任务、101项工作清单，获评国网优质工程金银奖各1项、国网和区域级现代智慧标杆工程各2项。连续4个月蝉联国网三率合一“十强市”榜首。启动配网升级改造三年行动，完成开关站双侧电源改造110座、架空线入地120公里。实现城市A+区域变电站馈线配电自动化覆盖率100%。成功投运全国首个交通领域组合光伏发电项目。全年新增太阳能发电设备容量26.52万千瓦，保持100%全额消纳。成立行业协会新能源和综合智慧能源专委会，有力推动行业绿色转型发展。

五、千方百计促进经营业绩稳步提升

新增业扩报装申请容量1888.53万千伏安，同比增加41.69%。分时电价（含尖峰电价）政策正式出台。自备电厂交叉补贴、疫情积压欠费实现应收尽收。追补电费及违约使用电费1.19亿元。HPLC改造完成350万户。同期线损综合监测达标率98.04%，同比提升0.58个百分点，累计入选国网线损治理“十强市”“百强所”9次，10千伏线路、台区达标率分别突破99%、97%。废旧物资处置回收金额3.6亿元。全社会电动汽车充电量12.62亿千瓦时，同比增长12.49%。完成11.95万户居民充电桩接电，同比增长21.81%。综合能源业务收入6.12亿元。高质量完成综合治理和“合规管理强化年”专项行动。落实“三清理两提高”要求，清理长期挂账工程20.78亿元，投资转增资产105.98亿元、转资率90.2%。配合完成国网经济责任审计等3项国审迎审任务，完成13家单位经济责任审计。完成营业收入151亿元、利润总额6.59亿元，同比分别增长8.76%、16.64%，新签合同173.7亿元。扎实开展“促夯提”专项工作，出台省管产业监督与管理指导意见，完成112项房产土地问题整改、27家对外参股企业处置。

六、持之以恒创建电力营商环境引领示范

坚持“先接入、后改造”，推出全周期“四早”办电服务体系，“契约制”项目管控、临电“即插即用”、土地“带站出让”等创新服务举措率先落地。“能源管家”通过“上海品牌”认证。促请政府发布接入工程投资界面、业扩报装容量约束机制等四项政策文件。深化与政府“一网通办”“联审平台”互联互通，实现居民“刷脸办电”、企业“一证办电”，推动实现“水电气网联合报装”一件事，综合能源智慧管控平台、地下管网数据信息系统率先上线。从严加强诉求监督检查和压降管控，95598全年投诉量同比大幅下降87.5%。积极争创市文明典范行业，全面完成营业窗口服务水平专项检查与整改提升。电子账单用户突破857万户，“网上国网”新增注册11.75万户。能效账单覆盖1.5万户，出具能效诊断报告7万份。配合加装老旧小区电梯1842台。完成农产品消费帮扶578.7万元。

七、扎实有力推动重点领域取得突破

配合完成第三监管周期成本监审工作，有力支撑科学合理的输配电价水平。启动电力市场“三动三新服务年”行动，配合修订上海电力中长期交易规则，成功开展三次现货市场模拟试运行；通过各类市场化交易和代理购电，成交电量565亿千瓦时；建立绿电绿证协调互补体系，成交绿电18.9亿千瓦时、绿证7.5万张，位居省间绿电交易规模之首。董事会实现规范建设运作，“六项重点职权”率先得到落实，经理层任期制与契约化管理全面实施。省管产业改革进一步深化，“厂网分开”历史遗留问题得到妥善处置，有效夯实了确权改革基础。系统推进“五强五型三领先”坚强本部建设，常态开展“四维”评价。制定公司世界一流企业建设实施方案。成立配网办，构建“一办两中心”组织体系，打造“规建运”一体化管理模式。成立营服中心，推出主动服务24条，打造现代服务体系。探索供电公司业务管办分开、营配末端融合。试点实行新岗位绩效工资制度。全面推广岗位聘任制，实现部门负责人、班组长等重点岗位全覆盖。

八、持续不断激发活力动力

牵头立项国家重点研发计划“储能与智能电网”专项项目2项、国网总部科技项目21项，均创历史新高。成功入选国网新型电力系统科技攻关行动计划2023年专项示范工程2项。世界首条35千伏公里级超导电缆示范工程平稳运行一周年。发布1项、立项4项IEC国际标准。1人获“IEC 1906奖”。牵头发布国内首个电力行业创新型企业建设标准。获国网公司科技进步一等奖2项，获国网公司命名实验室2个、攻关团队1支。企业数字化架构基本建成，业务中台“营配调、规建运”全面贯通。网上电网、PMS3.0、营销2.0、智慧共享财务运营平台、基建全过程综合管控平台、上海碳排放监测服务平台等业务应用纵深推进。首家构建企业级元数据管理体系。建设五大专业、34类数字化班组。形成国网数字化示范成果7项、典型案例71项。公司成功入选“上海品牌”十大卓越贡献品牌企业。获国家和上海市管理创新奖14项、上海市质量技术奖3项。QC成果获全国优秀质量管理小组等四项全国大奖。发布全国首个公交充电运维服务地方标准。

【2023年发展趋势】

2023年，公司将以习近平新时代中国特色社会主义思想为指导，全面贯彻中共二十大精神，落实中央经济工作会议部署，落实国家电网公司党组和上海市委市政府决策部署，立足“窗口”定位，围绕“十四五”目标，坚持稳中求进工作总基调，坚持高站位、高标准、高质量，在“三保”“三促”“三稳”“三强”上锚定“立潮头、勇争先”，狠抓“出亮点、树标杆”，确保“创一流、干精彩”，以“一体四翼”高质量发展全面推进具有中国特色国际领先的能源互联网企业建设，服务上海继续当好排头兵、先行者。

一、牢固底线思维，提升供电保障能级

密切跟踪一次能源供应，合理安排煤机改造检修、应急机组调用和燃机增发，做好各类电源并网服务。加强电网安全稳定分析，提前研判薄弱环节和瓶颈问题，加快形成一批受电通道、电源接入等电网补强项目。严肃调度纪律，强化电网运行和风险预警，持续深化“三道防线”建设、新能源管理等工作，严禁超稳定极限运行。

二、从严压实责任，提升安全生产能级

推进安全保证体系和监督体系齐抓共管，进一步完善风险分级管控和隐患排查治理“双预”机制，建立风险协同管控机制。强化特高压主设备、重载过载设备等运行维护。深化安全生产专项整治、安全管理体系试点等成果应用，开展大型充油设备、密集输电通道、直流控保等重点隐患治理。

三、聚焦绿色韧性，提升电网发展能级

启动临港区域500千伏新场站规划研究，落实500千伏川沙站站址通道资源。加快推进外电入沪越江隧道、漕泾二期电厂送出等重点工程前期，完成500千伏东吴—黄渡—徐行线路改造等86项35千伏及以上项目可研批复、500千伏远东主变扩建、220千伏申瑞站等56项35千伏及以上项目核准。积极服务沪苏湖铁路等国家重大项目配套工程。

四、锚定国际领先，提升优质服务能级

深细化落实“四早”办电服务体系，加强“先接入、后改造”，推行“刷脸办”“一证办”和“水电气网联合报装”。健全客户经理“一岗制”，打造“营配合一”典型样板。完成HPLC改造230万户，低压覆盖率100%、采集成功率99%。

五、注重效率效益，提升经营管理能级

强化综合计划和预算执行，优化实施预算核算一体化管理模式。深化内部模拟市场建设，建立投入与产出、效益与业绩联动的考核评价机制。大力增供扩销，挖掘售电量增长潜力，年底前投运中芯东方、中国电信临港算力、青浦华为等90项35千伏及以上用户工程。

六、突出重点领域，提升改革发展能级

积极参与电力市场建设，加强中长期和现货市场衔接，研究制订适应现货的零售市场等优化方案。依法合规实施省管产业单位确权，超前谋划省管产业高质量发展方案，加强公司治理，提升经营效益。落实世界一流企业建设方案。

七、强化策源布局，提升科技创新能级

加大韧性电网、虚拟电厂、智能配电网等关键技术攻关力度，设立公司级“十大重点科技项目”。高标准建设临港新片区韧性配电网等专项示范工程，谋划更高电压等级、更长输电距离的超导电缆示范应用。强化新型电力系统数字技术支撑体系能力建设，推进企业级实时量测中心应用拓展。

八、实施人才强企，提升队伍建设能级

加强“千优工程”精准选拔，优化“赛马制”考核评价，推行“双向选择、竞争上岗”。加大力度推动干部多岗位历练，畅通横向流动通道。实施“卓越新星成长2.0”专项行动，出版新进员工技能实训指导系列丛书，建立跨省域、跨单位的技能合作实训机制。加强全业务核心班组建设，实施核心业务工种“百千工程”。

（陈予欣）

上海漕河泾新兴技术开发区

【概况】

上海漕河泾新兴技术开发区（简称漕河泾开发区）是1991年3月经国务院批准设立的首批国家级高新技术产业开发区，也是国家级出口加工区、中国服务外包示范基地。2012年，漕河泾开发区被环保部、科技部、商务部联合命名为“国家生态工业示范园区”。通过10年的持续建设，园区在产业转型升级、资源集约利用、环境管理模式等方面取得显著成效，尤其是园区在支撑建设上海科创中心承载区、创新“一区多园”规划建设和生态文化品牌输出、老工业基地转升级、园区智慧管理平台建设等方面具有鲜明特色。

【2022年经济工作情况】

2022年是中共二十大和上海市第十二次党代会召开之年，是临港集团“十四五”承上启下、厚积成势的关键之年，也是漕河泾开发区“再创业、再出发”的攻坚突破之年。面对疫情考验，漕河泾开发区为企纾困，保供促产，积极推进园区经济恢复和重振工作，并努力探索发展新契机、新模式和新亮点。

一、园区经济企稳回升向好

2022年，漕河泾开发区经济呈现“平稳开局、深度回落、显著回升、加速重振”的V型反转态势，全年实现营业收入6351亿元（含浦江），比上年上升7.9%，三产收入5535亿元，同比上升13%；利润总额539亿元，同比上升9.3%；税收总额219亿元，同比上升2.9%；从业人员数30.5万人。园区综合发展水平不断提升，在2022年国家商务部公布的国家级经开区综合发展水平考核评价中，漕河泾开发区位列全国第14位，比2021年第15名提升1位。“漕河泾元创未来”和“数智南大”分别以元宇宙产业和数字经济产业为特色获评市级特色产业园区。

二、抢抓机遇提升园区产业能级

漕河泾开发区贯彻上海构建“3+6+3”新型产业体系要求，抢抓数字经济机遇期，提前布局元宇宙、人工智能等产业新赛道，发挥平台整体资源优势，精准招引高端、支柱产业龙头企业，全年共引进企业130余家，代表性项目包括长鑫科技（存储芯片）、吉泰生物（生物医药）、上海能源科技（清洁能源）、蔚来汽车（电动汽车）、近观科技（生物基材料）、珀莱雅（时尚美妆）、沐瞳科技、鹰角网络（游戏文娱）等。年内开发区共有4家企业上市或挂牌，新入驻上市公司1家，开发区累积已有各类上市（挂牌）企业151家。

三、工程建设与城市更新齐头并进

拿地、新建项目均按计划推进。全年在建工程体量216万平方米，其中当年开工79万平方米，竣工交付40万平方米，为持续导入未来产业、特色产业奠定空间基础。园区更新方面，配合临港集团设立上海园区高质量发展基金，母基金首期募集资金34.81亿元，“漕河泾园区高质量发展徐汇子基金”规模12.5亿元。为支持漕河泾城市更新工作，临港集团领导与徐汇区领导共同成立徐汇漕河泾开发区城市更新领导小组，发布《漕河泾开发区城市更新宣言》。上海园区高质量发展基金首投项目——漕河泾元创未来中心科研地块拿地，建筑面积15万平方米。另有中环绿廊、上澳塘公园等环境提升项目持续推进中。

四、服务赋能释放园区活力

在科创服务方面，获批国家知识产权强国建设示范园区、国家知识产权出口特色基地、国家级专利导航服务基地；牵头成立上海首个数据知识产权运营服务联盟，启用知识产权证券化徐汇服务之窗。积极承办世界人工智能大会元宇宙应用生态专场，联合徐汇区发布上海首个元宇宙区级扶持政策。年内新认定高新技术企业375家，总数达1000家；新认定国家“专精特新”小巨人企业16家，总数达24家；新认定上海市“专精特新”企业57家，总数达158家；新认定上海市科技小巨人企业（含培育）12家，总数达145家；新增高新技术成果转化项目22项。区内13个项目获得18亿元风险投资。开发区企业累计专利申请达63047件，累计发明授权达14531件，每万人拥有有效发明专利453.1件。在科技金融方面，共举办13场科技金融活动，企业对接融资需求。园区共有18个项目得到风险投资机构的青睐，获风投资金约22.7亿元。申请漕河泾融资平台担保贷款的企业为57家次，56家企业获得平台贷款授信，经融资平台担保的贷款授信总额为4.035亿元。在绿色低碳方面，与徐汇区合作，创建漕河泾低碳发展实践区，构建政府引领、园区搭台、企业主体的多元共治“1+2+X”平台。携手上海质科院打造“双碳”服务平台，为孵化基地企业提供技术检测和认证、系统方案测试等服务，助力“双碳”赛道企业快速成长。人才服务方面，举办“校纳英才”系列校园招聘，成立“临港漕河泾退役军人就业基地”，举办线上招聘会49场、各类培训90场，发挥“漕河泾开发区人才服务共享中心”功能，为临港新片区、漕河泾开发区重点企业682名专业人才提供在线人才服务。

【2023年发展趋势】

一、抓好科技创新第一动力，深耕主业提升产业能级

做强元创未来特色产业园。依托游戏企业场景优势，引入更多在开发引擎、高物理仿真、计算机图形、高精度实时渲染等领域具有底层技术的企业，围绕其搭建技术链、创新链、产业链；注重元宇宙的社交属性，打造内容创作功能性平台，挖掘“专精特新”企业与元宇宙产业结合度，以科创功能带动内容创作，真正实现“虚实共生”；发挥元宇宙企业隐性意识形态作用，服务企业文创产品出海，做好舆论宣传，树立漕河泾数字贸易强区、文化贸易强区的高辨识度形象。加强漕总平台全域孵化器打造和科创人才一体化建设。要以“专业化、国际化、资本化、社会化”为准绳，集聚一批科学家、一批金融家、一批创业企业家和一支专业服务团队，全力支持锚定战略必争领域、面向全球市场开展竞争的优秀企业、企业家。要加快各类服务基地，融资平台、基金矩阵等渠道建设，加强与高校、科研院所的产学研合作，把底层技术与市场前景结合，优化创新和产业生态，实现产业全链条扩散。

二、践行人民城市重要理念，深耕区域形成精品标杆

确保重大项目安全稳步开发。2023年在建项目22个、在建工程体量266万方，为近三年最高值，包括徐汇108万方、颛桥36万方、南大68万方、城市更新54万方，当年新开工约41万方，竣工约26.8万方。要加强全过程管控，抓进度、重安全、保质量，稳步推进开发建设工作。

提升园区更新工作的系统性与整体性。推进更新规划与产业规划“两规合一”，积极参与城市更新相关建章立制和相关协会社团，争取更多更新权利；成立专家智库、举办高端论坛，提高漕河泾城市更新显示度与关注度；明确区域投资逻辑以及开发项目投资准入机制，启动一批、跟进一批；

加快推进上澳塘、蒲汇塘等环境改造项目，完善公共设施、绿地空间形态功能，提升整体人居环境。

三、落实服务赋能高质量发展，深耕产业复构创新生态

提升国际化服务水平，打造开放创新生态。推动内外资大企业开放创新，打造大中小企业融通的创新生态；充分撬动区内功能平台、技术平台服务效能，加快新建公共服务平台落地；联动科研机构服务区内企业；打造国际孵化联合体，举办特色国际活动，提升园区科创品牌国际影响力；推动区内“专精特新”、高新技术和拟上市企业提升整合、吸收国际创新资源，加快实现自身创新的国际化，更好代表上海参与国际合作与竞争。

提升专业化服务能力，构建创新策源体系。重点服务底层技术领先的龙头企业，超越简单的项目思维，服务于项目之外的外溢效应。推动重点产业在底层和共性关键技术领域实现突破，以科技创新提高园区劳动生产率，进而提高园区核心竞争力。进一步优化全生命周期科创服务体系，覆盖全事业部服务范围，强化科创服务赋能招商的效用，实现园区与一流企业共成长。

（张骏逸）

上海市工业综合开发区

【概况】

上海市工业综合开发区是上海市的九个市级开发区之一，是一个集工业园区、科技孵化、综合保税区于一体的综合性园区。现已形成美丽健康、新能源新技术、汽车配件、电子信息、装备制造、物流六大支柱性产业。2022 年，获评首批“上海优秀科创产业园区”荣誉称号及“上海市特色产业园区”称号。

开发区位于奉贤新城规划板块中的中西部，具有良好的区位优势与交通网络，距上海市中心仅 20 公里，距上海虹桥机场 29 公里，距上海浦东机场、上海洋山深水港均在 50 公里以内。区域规划面积 21.03 平方公里，产业区域约 11.26 平方公里，内含 1.88 平方公里的奉贤综合保税区。

【2022 年经济工作情况】

2022 年，上海市工业综合开发区全年完成财政总收入 100.73 亿元，比上年增长 0.7%；完成地方财政收入 31.7 亿元，同比增长 6.3%；完成工业产值 514.34 亿元，同比增长 5.2%；完成固定资产投资 25.03 亿元，其中工业投资 15.02 亿元。综保区完成进出口总额 175.55 亿元。

一、招商引资方面

开展“云推介”“云招商”“云签约”活动，积极拓宽招商渠道，加强资源对接，“以商引商”推动招商引资持续发力。编制云数据 VR 全景智能化招商地图，将招商地块坐标，电子地图，交通等基础数据，通过无人机航拍制作成数字地图，直观立体展示园区整体发展规划、实景等，实现可视化、智能化招商，优化招商引资资源配置，提高招商精准度。稳存量，提供精准服务。抢抓增量，优化线上办公方式。开发区招商团队改“下”到“上”、由“面”到“屏”、加大“不见面招商”力度，开展对存量企业和优质平台线上沟通联系。

二、项目促三早（开）方面

坚持产业项目和基础设施项目“双轮驱动”，狠抓重点项目建设，全速推进“四个一批”项目建设。坚定不移实施项目带动战略，扎实有效推进项目建设。成立重点建设项目推进领导小组办公室，强化工作协调，全力帮助企业解决项目规划、土地、环评、施工等过程中遇到的困难和问题。

三、产业结构调整方面

积极探索产业调整新模式，通过推行产调路径“十九法”高标准、差别化抓好抓实产调工作。坚持“业态提升、产业集聚、生态改善”的不变方针，锚定“两路两村”“双菱”“龙洋”等重点项目，加快推进产业结构调整，为优质项目落地腾出空间。针对符合区域产业规划的企业，由企业申请进行自主技术改造或改扩建工程；针对不符合产业规划但有转型需求的企业，通过园区统一招商进行项目嫁接；针对三高一低（高投入、高消耗、高污染、低效益）类企业，实施优质资产协议收购及园区回购后规整开发。

四、自身经营方面

坚持“资本＋资产”双轮驱动，科学研判收购项目合理性。开展“租金＋股金＋税金”多元业务，用市场化经营机制推进开发经营、产业投资，不断加大在股权和地产领域的投资，切实优化国有资本布局，着力打造“股权化、证券化、品牌化”产业投资运营集成商。加大特色产业基金投资力度，重点围绕美丽健康、中医药研发、新能源等产业链，提高资本对接质效，推进特色产业协同发展。通过混合所有制改革，加强与民营资本交流合作，实现开发区“从参与基金、到运作基金、再到主导基金”的三步走计划。

五、综合保税区方面

2022 年，奉贤综合保税区有优质企业 41 家，实现产值 88.71 亿元，同比增长 21.16%；实现进出口额 175.55 亿元，

同比增长 51.5%。综保区跨境电商 2022 年完成总单量 100 万单，货值实现 3 亿元，同比增长 28.5%。“美谷美购 · 跨境购”影响力逐步提升，全年线上线下销售总额超 1 亿元，现场直播间观看量 1.08 亿人次。

六、产城融合方面

优化产城融合发展，实施项目带动，保持投资强度，强化工作协调，推进项目建设，以“建筑 + 风景”推动产业园区向城区转变。以数字化转型为抓手，通过园区数字化综合管理平台建设，推动智慧园区、生态园区、安全园区建设，凸显园区治理精细化、专业化。深耕综合保税区“一平台三中心”建设，利用进博窗口效应设置外贸出口企业展示平台，加快培育外贸新业态。推进“美谷美购 · 跨境购”与抖音、京东等电商平台合作，通过数字经济企业带动赋能新消费，提升跨境购线上经济发展量级，持续推进综保区品牌建设。

七、园区综合服务方面

深化“保姆、管家、顾问、政府”四位一体的角色定位，将“专业化、规范化、个性化，有效性、连续性、针对性”“三化三性”理念作为深化、优化、强化企业服务强有力的支撑，内化于心、外化于行，要深入骨髓。深化企业服务，优化营商环境，以企业评价为第一评价，以市场主体感受为第一感受，不断提高开发区服务显示度，推动开发区由相对成本优势向综合服务优势转变。关注企业发展情况，关心企业困难问题，深化银企合作、科创服务、政策扶持，将服务企业落到实处，真正成为企业的“创业伙伴”。全年举办活动 21 场，涵盖人才政策、企业上市政策、银企合作、质量工作等。

【2023 年发展趋势】

紧扣“美丽健康、智能制造”等优势领域，持续提升美丽健康、未来空间产业能级。积极推动美丽与健康相互赋能、相互融合，进一步做大化妆品集群规模总量，力争在化妆品领域形成门类齐全、品种多元的产业格局。聚焦生物医药、中医药等产业跨界融合，立足中医药“一平台三基地”建设，打造智慧医疗健康新兴产业格局。通过产业链条的横纵向延展，加快培育以新能源、人工智能、智能网联汽车核心零部件等重点的未来空间产业。

（冯乔婷）

上海市机械设备成套（集团）有限公司

【概况】

上海市机械设备成套（集团）有限公司（以下简称集团）是一家以招标监理咨询、国内外贸易、设备集成及工程承包、投资运维为主营业务的多元化国有服务型企业。2022 年，面对前所未有的挑战，集团在上级党政及董事会的坚强领导和大力支持下，全体干部职工团结一心，立足“十四五”战略规划，继续保持自身战略定力和发展特色，从年初提出的各项目标和任务出发，真抓实干贯彻落实中共二十大精神，坚定迈开高质量发展步伐，在业务经营上聚焦主业守正创新，在集约管理上突破瓶颈联动共赢，各项工作总体保持平稳、健康、有序。

【2022 年经济工作情况】

一、经营工作稳中有新，业务开拓辐射全国

（一）招标监理咨询板块：联动共赢开拓新绩，固强补弱差异竞争

招标代理业务：受疫情防控影响，2022 年招标业务实际收入同比虽有小比例下滑，但在业务多元化、综合化发展方能，发挥自身优势，成绩可圈可点，主要体现在：紧跟政策把牢方向，做大优势做强特色；新兴市场加速布局，传统业务力保稳定；全国市场持续深耕，特色领域差异竞争。工程监理业务：监理公司克服新冠疫情所带来的巨大冲击，全年中标项目 17 个，中标率为 17.2%。其中轨道交通 8 个，中标额占中标总额的 83%。城市轨道交通业务成绩突出，依然是其最具活力和亮点的板块，占据监理公司新签合同总额的 60%，呈现出：瞄准新技术新领域，探索新模式新市场；沉稳应对不利因素，重大项目不误工期；科技创新赋能管理，实现机管提高效率。咨询服务业务：集团已形成“集团军”发展共识，由机电招标公司牵头，积极推进全过程工程咨询服务业务。而随着机电招标公司“一体两翼”战略加速布局，下属造价、咨询业务全面提升，探索多种发展路径：全过程工程咨询再突破，全产业联动再提升；“一体两翼”初见成效，造价咨询探索新路；核价业务持续发力，各项工作有序推进。

（二）贸易板块：立足政策解决问题，把牢趋势寻求转型

重大装备引进业务：聚焦国有头部企业，保持稳定发展态势。进出口公司实现进出口总额 1.92 亿美元（未包含新加坡公司的转口金额 1562 万美元），基本完成年初目标。公司重大装备引进业务涵盖城市轨交、航空航天、集成电路、能源化工等国家重点战略及上海市重点工程项目领域。生产型企业供应链业务：坚决贯彻风控要求，保险兜底降低风险。年初进出口公司结合国资委和上级单位对光伏供应链相

加强资金管控、优化带息负债结构。全年实际发生财务费用1478万元，比上年减少488万元，降幅24.8%。加大精益力度，降费用、降成本、盘活闲置资产，提升资本回报率。全年累计完成精益改进项目106项，年效益1011万元。严格管控采购费用，成本费用占比同比下降。全年标准件（含胶类）采购金额3941.2万元（不含滁州分公司）单位成本同比下降4.53%；原材料通过内部模拟招标，签订年度配送制基价，静态同比降本5004.2万元（非指定钢厂＋集采指定钢厂）；叉车租赁费单位成本同比下降大于12%；料箱料架采购单位成本同比下降12.6%。

二、生产管理有进步

SAP系统上线试运行，拉动生产管理方法的变革，促进企业基础管理优化、基本实现业财数据同步。积极开展两金治理，重点优化库存结构、开票管理和超期应收账款。加快绿色制造，做好“双碳”工作，累计万元产值单位能耗0.022吨标煤／万元。公司制造中心对一线相关岗位和人员实施定岗定编，优化用工结构，做好人事费用率分析、降低用工成本。公司烟台基地提升设备利用率，利用已有设备完成E2QL车型10台机器人工作站自主集成。公司沈阳基地完成258L车型左／右侧围OP100工位机器人轨迹优化提升节拍；宝马F35门内板优化制造过程，改进生产工艺。公司武汉基地完成SGM BEV3车型工艺过程优化，提升柔性化生产能力。

三、供应链管控有进步

加强供应商准入评定及管理，更新发布年度合格供应商清单；导入自动化程度高、有工装制造和修理能力的冲压资源；导入紧缺型的集成供应商和工装供应商。规范与供应商的合同行为，加强投入产出管理，规范边废料价格发布和开票及时性；扩大使用供应链金融的货款支付方式。采购四制落地。采购配送制方面，扩大原材料配送制的范围，宝钢超高强原材料从2021年的期货制变更为配送制；原材料采购累计配送4.05万吨，占总采购量的88.54%。标准件寄售制方面，已有12家标准供应商实行结算寄售制，占总标准件供应商总数的52.2%；采用寄售制结算的标准件图号有136个，占总标准件采购图号的81.4%。采购项目内部招标制方面，内部招标实施工装外发、设备采购涉及16个车型的155个子项目。中小件采购制方面，累计有ZP11、E2SC、E2UL等项目的22个零件实行了中小件采购制。

四、市场客户和产品结构有变化

全年累计承接新订单18.042亿元，同比增长13%；新能源订单新增2.31亿元，同比下降76.1%；军民融合实现开票收入254.4万元。首次承接上汽通用地板件业务，是GL8与CT5车型地板总成，这两款车型是别克和凯迪拉克品牌的拳头产品；拓展核心地板件业务对公司提升核心供应商地位有着举足轻重的意义。承接上汽大众PASSAT B9车型，拓展高端车型业务；成为蔚来汽车潜在供应商。

五、公司治理模式有变化

发布《董事会授权管理办法》《总经理向董事会报告工作制度》《总经理工作规则》《总经理办公会议事规则》《所投资企业执行董事评价办法》《上发决策结构清单（2022版）》；修订《投资管理办法》拟提交董股会通过。推行任期制和契约化管理；优化人力资源结构；加大力度招聘高层次人才；加强新员工入职培训工作；如期开展职称评定；聚焦基础管理；用好CBA管理工具。

六、筹融资方式有变化

调整公司筹融资方式，从流贷、融资租赁为主转向流贷、银票、国内信用证并举。导入供应链金融和信用证融资支付方式。深化农行的银企合作，新引入建设银行，发挥授信额度最大效能。合理控制贷款节奏和时间安排，用好央行政策，努力降低财务费用。

七、提高风险防控能力

根据公司战略和内外部环境，识别五大风险，包括大宗物资价格持续上涨所带来的宏观经济风险、人力资源短缺所带来的人力资源风险、技术工艺风险、市场开拓风险、采购和供应链风险等采取积极措施应对风险并加强风险预警。建立合规管理体系，明晰业务审批流程，加强业务事项的风险管理。提升法治保障能力，强化业务合同问题的法律咨询，及时响应法律纠纷，维护公司正当利益。

八、筑牢疫情防控线

围绕疫情防控阻击战、加快复工复产等工作，公司积极组织党员通过“先锋上海”小程序线上向社区报到，积极参与社区防疫志愿服务。封控闭环期间做好疫情防控后勤保障工作。在物资匮乏时期，打通物流堵点，保证驻厂员工三餐和住宿需求，在新冠疫情防控常态化管理过程中，组织全体员工积极主动参与新冠疫苗接种工作，加强人员出入管控。

九、坚持党的全面领导

抓好政治建设，提升改革发展引领力；抓好“双融双促”，提升改革发展执行力；抓好组织建设，提升改革发展战斗力；抓好巡察整改，提升改革发展保障力；在党委的领导下，职工的凝聚力进一步加强，促进了公司和谐稳定的良好局面。

2022年，公司召开第五次工会会员代表大会、第四届一次职代会。公司连续十二次获“全国安康杯竞赛优胜单位（上海区）”称号。工会组织全体职工开展“看上海、品上海、爱上海”主题系列活动，参加市经信委工会举办的职工乒乓球团体赛等活动。公司团委认真落实航空工业“5811”青年工作体系。组织网络学习活动，收看庆祝中国共产主义青年团成立100周年大会、参观“学习党领导下的青年运动史”

数字展厅，开展“地图上的青运史”等，增强团员青年永远跟党走的信念信心。开展“喜迎二十大，青春在行动”主题实践活动，深刻领会习近平总书记给“罗阳青年突击队”队员的回信精神，成立制造中心“技术精益”、武汉基地“攻坚逐梦”青年突击队，投身疫情防控和生产经营双线作战。

【2023 年发展趋势】

2023 年，公司将深刻理解时代变局，把握汽车产业重构的机遇，积极培育高质量发展的新动能，为完成“十四五”规划目标、确保公司可持续发展打下坚实基础。主要经营指标营业收入 13 亿元，净利润 3000 万元；净利润预算目标，比 2022 年预算提高 15.38%。

一、稳增长，技术创新要快

把握智能化、电动化对汽车产业技术变革的机遇，深刻理解“技术创新是引领发展的第一动力”；提升研发投入占比，掌握成型和连接行业变革中的关键技术，为公司高质量发展培育新动能。

二、稳预期，市场拓展要快

优化客户和产品结构、在手订单预期指标要“稳”，抓好高质量订单，灵活市场机制、借助于外力共同开发新的高端客户；在车身底盘、开闭件、功能件上拓展，扩大车身铰链、军民融合等项目的主营份额，争取在铝制件上有较大突破。

三、稳经营，管理能力提升要快

推进 CBA 工作，强化精益运营；加紧提升精益制造和精细化管理能力；加紧开展存货专项治理；成本费用稳步下行；制定公司级低值易耗品采购策略；加强资金管控优化带息负债结构；加速盘活闲置低效资产。

四、优化人力资源结构

制定人力资源结构优化的目标、措施，存量上积极主动提升人员能力，增量上加大社招力度；在技术专家、计划物流管理、市场开拓等方面加大人才引进力度。既要优化各层级人员专业、层次、年龄、文化、职称等“硬结构”，更要提升知识、能力、素质等“软结构”。

五、做好“低碳、降碳”工作

制订到 2025 年万元产值能耗比 2020 年降 15% 的中期规划；2023 年万元产值能耗指标比 2022 年下降 3%，通过加大绿色光伏装机容量、智能制造、淘汰落后产能、做好“低碳、降碳”。

六、抓风控与合规管理

做好流程优化和合规管理；专项审计问题整改举一反三，堵塞各类管理漏洞；继续做好合同审核，从业务和法务两个视角把好合同审核关。

七、做好政策研究

提升政策敏锐性，捕捉国家政策红利；关注金融市场的创新产品，丰富公司筹融资渠道、降低融资成本。

八、抓好党建工作

以学习宣传贯彻中共二十大精神为首要任务，以习近平新时代中国特色社会主义思想凝心铸魂，持续做好党建工作；紧紧围绕中心工作、党建与业务的深度融合，为安全生产、经营发展等各项工作保驾护航，推进党建工作提质量上台阶。

（黄安全）

沪东中华造船（集团）有限公司

【概况】

沪东中华造船（集团）有限公司是中国船舶集团有限公司旗下核心造船企业，公司围绕全球视野下海运装备需求，依托两大总装造船基地和强大的自主研发和先进制造能力，形成完善的品控体系和服务网络，致力向全球客户提供一流的产品与优质服务。公司是中国综合实力最强的民用船舶制造企业之一，秉承“为客户创造最大价值”的理念，矢志服务国家战略，成功摘取世界造船“皇冠上的明珠”，成为中国唯一的大型 LNG 运输船建造企业，已经交付和在建的大型 LNG 船超过 70 艘，实现国家重大能源运输装备的自主可靠生产。8000 箱位以上超大型集装箱船建造业绩超过 70 艘，交付的 2.4 万箱集装箱船是当今世界上载箱量最大，技术性能最先进，全球首个应用 LNG 为主要动力燃料的“超级工程”。公司拥有国家级企业技术中心，国家能源 LNG 海上储运装备重点实验室，在国内船厂中唯一设有 LNG 技术研究所，建立企业博士后科研工作站和船体、轮机、信息化博士工作室。先后承担国家一系列装备研制、技术创新、能力建设等重大科研项目，拥有 70 多项国家级奖励和 700 多项发明专利。立足新时代，公司深入贯彻习近平新时代强军思想和坚持海陆统筹，建设海洋强国的重大战略部署，坚持科技创新引领市场需求；坚持高端制造支撑发展战略；坚持中国创造实现产业报国，努力建设卓越的全球化海洋科技装备产业集团。

【2022 年经济工作情况】

一、加强党的建设，强化党建赋能

公司坚持央企姓“党”，全面加强党的建设。围绕深入贯彻中共二十大精神，党委认真抓好第一议题学习，精心谋划组织党委理论中心组学习，举办党的二十大精神专题读书班，坚持以党的创新理论引领沪东中华在复杂多变形势下，坚守强军首责，深化改革创新，抢抓发展机遇，加快构建高质量新格局。年内公司基层支部顺利完成换届，38家基层党组织实现巡察和巡察整改“回头看”全覆盖。围绕强化党建赋能，推进项目制党建7项，实施“四创工程”55项。围绕重大工程攻坚、抗疫保卫战，凝练“两攻精神”“抗疫精神”等一系列精神文化成果；公司生产经营和重点产品多次登上央媒，提升企业形象。

二、坚持战略牵引，加快高质量发展

在复杂多变市场形势下，公司保持战略定力，聚焦三大主建产品，全年完工船舶16艘/133.6万载重吨，实现营业收入194.4亿元，完成年度任务目标。经营承接方面，把握能源市场需求大增和航运市场反弹机遇，强化市场主导地位，全年承接新船订单35艘/279.27万载重吨，合同金额525.9亿元；自主研发B型围护系统1.4万方加注船获得历史性首单突破，有力巩固公司在中国LNG产业链的龙头地位和领跑优势。

三、坚持创新驱动，增强发展后劲

公司坚持创新驱动发展，聚焦海上LNG储运全链条装备自主可控紧迫需求，联合产业链上下游50余家单位合力攻关，向国家发改委、工信部等各渠道申请获批科研项目13项，获国拨资金3.06亿元。承担在研国拨资金科研项目47项按计划推进取得实效；专利数据库建设、专利风险预警工作推动完成专利申请536件，发明专利占比超85%；完成9项科技成果鉴定，24项科技成果申报，“海南舰工程”获“全国质量奖卓越项目奖”。

四、面对突发疫情，戮力同心抗疫

面对长兴突发疫情，公司坚决贯彻属地政府要求，落实集团党组决策，党员干部身先士卒，广大志愿者勇毅逆行，全体员工众志成城。从紧急筹集改建7个集中疏散点，疏散5138名厂区高风险人员，到厂内员工搭帐篷、竖板房，坚守一人一空间，2081名密接员工服从指挥跨省疏散隔离，广大员工以钢铁意志迅速阻断疫情传播，仅用不到1个月时间，迅速实现“清零”目标，零号基地、长兴造船、浦东本部相继均实现复工复产。

五、聚焦问题短板，全面深化改革

公司深入贯彻国企党建工作会议精神，按照国企改革三年行动方案，深入贯彻“两个一以贯之”要求，推进经理层及14家投资企业41人次经理层成员落实任期制和契约化管理；制定《落实董事会职权实施方案》，完成9个方面77项深化改革任务。推进“两非”剥离，实施东鼎吸收船配，推进京东实业辫企业关停并转；整合管理职能，撤并投资管理部、新产业经营部；围绕整体搬迁，整合总装一部和总装三部，优化调整研发设计院机构设置；公司突出党管干部人才，完善干部转聘机制，退出干部岗位59人，加快年轻干部培养，年末科级以上干部80后占比达到62.7%。

六、加快二期建设，夯实发展根基

长兴二期工程是沪东中华的未来，2022年二期建设全面推进，一阶段各项重点建设工程全部获批，船坞、港池等主体工程开工建设，船体联合车间主体工程和2号船坞坞口主体结构实现完工，为2023年3月先行区域上岛生产奠定基础。围绕促进员工安居乐业，公司研究决策在原有保障8500人住宿基础上，增加3500人住宿的宿舍建设方案。围绕整体搬迁，公司研究制订数字化船厂顶层规划方案，与新厂建设同步推进，致力打造全球领先智能船厂。

七、落实一岗双责，全面从严治党

公司坚持以严的基调狠抓党风廉政建设和反腐败斗争，先后召开31次党委会，研究部署党风廉政工作，锲而不舍以钉钉子精神狠抓反腐倡廉，严格落实中央八项规定抓住“关键少数”，以上率下持续深化纠治“四风”，推进作风建设常态化长效化。各级党员干部严于律己、严负其责、严管所辖，围绕重大工程建设深化推进“干净工程”，强化“一岗双责”严抓狠治苗头性、倾向性问题，确保从严治党贯穿始终。

【2023年发展趋势】

一、突出党建引领，突破高质量发展困局

围绕重大工程和重点项目，深化项目制党建，引领科技创新、助力项目攻坚、抓好建设工程，深化成本工程，提升发展质量，推动党建工作深度融入治理体系。推动全面深化改革，防控风险挑战、提升核心竞争力、优化运行效率、加强年轻干部的培养，加快高质量发展。

二、坚持创新引领，持续提升企业核心竞争力

发挥国家能源LNG海上装备实验室作用，持续发力B型舱双燃料动力船、18万立方米三液货舱LNG船、应用氨、甲醇、液氢动力等更具成本、技术优势船舶，以及智能货物管理、智能航行前瞻技术领域，保持LNG产业链装备和高新技术船舶研发走在行业前列。

三、强化供应链管理，提高国产配套比率

根据全球LNG运输船需求大增，核心设备材料供应短缺，矛盾突出特点，提前谋划，早作统筹，盯紧抓牢LNG供应链管理，发挥批量优势，强化战略合作，以量换价，锁定资源，保障供给。结合“海上液化天然气运输船关键系统”攻关任务，以1.4万立方米LNG加注船为突破，加强国产化研究力度，打破技术壁垒，推动关重设备及材料国产化配套能力提升至75%。

四、强化市场地位，优化经营策略提升订单质量

围绕市场风格切换，在“手中有粮”基础上，2023 年重点要接“好”单，提升单船毛利率。围绕卡气项目后 4 艘船履约，充分运用协议规则，对标韩企船价，寸土必争，改善盈利。加强与中海油船东的沟通，进一步提升中海油一期的价格，为 2024 年效益打好基础。

五、结合巨量订单，加快推进实施产能倍增计划

结合巨量在手订单，精心策划生产计划安排，大力推进工艺技术创新，各先行生产部门加大内部挖潜力度，结合长兴二期建设进程和本部整体搬迁上岛计划，从 2023 年 4 季度起减少分段外协同时，加快 LNG 产能提升项目的批复推进，争取在春节后正式实施，并于 2024 年 1 季度形成分段产能，2024 年下半年分段不外协。

六、着眼长远发展，争分夺秒抓好长兴二期建设

严格按照生产计划模式考核建设节点，确保新建船体联合车间 2023 年一季度投产，总组平台二季度投用，年内基本打通先行生产线。新建 600 吨龙门吊及船坞主体工程 2023 年三季度竣工，保障重大工程按计划入坞。

七、深化成本工程，改革运行模式提升发展质量

紧紧围绕成本效益，推进管理工作向价值创造聚焦。持续盯紧收款节点，降低资金成本；把握锁汇时机，控制风险敞口；围绕目标成本，强化竞争比价；发挥考核指挥棒效应，加强全面预算管理。

（顾　坚）

上海外高桥造船有限公司

【概况】

2022 年是上海外高桥造船有限公司“十四五”深化之年，也是推动公司“邮轮引领、一体两翼”高质量发展战略落地的关键一年。公司紧紧围绕“夯实大型邮轮主体地位、提高民船海工盈利能力”的年度经营方针和“细化体系、创新管控”的管理主题，在毫不放松抓疫情防控和安全生产前提下着力克服高温、台风等不利因素影响，扎实推进经营生产各项工作，全面完成年度目标任务。实现工业总产值 96.98 亿元，计划完成率 101.02%；营业收入完成 97.43 亿元；交付新船 17+（1）艘 /321.4 万载重吨，超产 1 艘 19 万吨双燃料散货船，造船总量保持世界前列；承接新船 13 艘 /124.4 万载重吨，包括 8 艘 7000TEU 箱船、1 艘 18 万吨 LNG 双燃料散货船、1 艘 30 万吨级 FPSO、3 艘 8600 车双燃料 PCTC，新接订单船型结构进一步优化，中型箱船领先地位进一步巩固。

【2022 年经济工作情况】

2022 年，公司营业收入合计 97.43 亿元，其中：外高桥造船 85.64 亿元；外高桥海工 26.26 亿元；外高桥设计 0.42 亿元。

一、重点产品

稳步推进大型邮轮工程。5 月底以后，大型邮轮首制船相继实现应急发电机坞内动车、机舱艉部燃油锅炉点火、首台三发电机动车和全船中控系统上电、船艏餐厅壁板封板、剧场区域右舷围壁板封板等里程碑节点。截至 12 月底，项目生产建造总体进度完成 84.76%。项目设计、采购工作基本结束，全面进入内装工程区域完工和系统完工调试冲刺阶段。8 月 8 日，大型邮轮二号船正式开工，自此迈入“双轮”建造时代，各项工作稳步推进，12 月底，大型邮轮二号船项目总体进度 12.03%。保持民海产品高效生产。复工复产后，公司快速恢复本部、临港公司及上海船厂区域三地产能，提前一个半月完成全年交船任务目标。同时扎实推进精益生产，持续巩固“三通一排、四机一炉”成果，全面推进双燃料船“三取消”“一次试航”“鞍座整体化建造吊装”，关键周期大幅缩短，典型产品常规燃料散货船船坞周期从 90 天压缩至 86 天，码头周期从 103 天降至 85 天，人均修正吨达到 57.1，同比增长 36%，每修正吨工时消耗 18.95；加强箱船建造策划工作，重点推进“总段镗孔”“数字化试箱”等新工艺工法，实现箱船全年 13 艘连续开工、4 艘下坞既定目标，为 2023 年批量箱船的连续交付打好基础。

二、科技创新

公司始终将科技创新作为引领高质量发展的第一动力，持续推动科技攻关，打造战略转型新优势，增强企业核心竞争力。研发设计方面，完成 21 万吨甲醇燃料动力散货船、9200 车双燃料动力汽车运输船、创新型 30 万吨原油轮等新船型开发；扎实推进好望角型散货船、阿芙拉 / 苏伊士油船等传统优势产品的双燃料升级换代工作，建造技术储备得到丰富。同时加强自主设计制造，推动 B 型舱（样舱建造）、FGSS 整体集成及模块化、节能装置、箱船舱口盖、滚装系统结构件等工程化项目实施。数字化转型方面，持续完善新一代研发制造一体化协同平台，通过整合业务流程，应用新 IT 技术完善 TIME 平台功能，系统集成及应用效率大幅提升。以邮轮鹰图 Smart 3D 软件设计平台为基础，加大船舶全设计周期的一体化三维数字设计流程及模式研究。同时完成车联网平台、智慧物流（一期）、生产数字化指挥中

(续表)

序号	代码	公司简称	行业
97	301060.SZ	兰卫医学	批发和零售业—批发业
98	301062.SZ	上海艾录	制造业—造纸和纸制品业
99	301070.SZ	开勒股份	制造业—通用设备制造业
100	301099.SZ	雅创电子	批发和零售业—批发业
101	301151.SZ	冠龙节能	制造业—通用设备制造业
102	301156.SZ	美农生物	制造业—食品制造业
103	301161.SZ	唯万密封	制造业—橡胶和塑料制品业
104	301166.SZ	优宁维	批发和零售业—批发业
105	301228.SZ	实朴检测	科学研究和技术服务业—专业技术服务业
106	301230.SZ	泓博医药	科学研究和技术服务业—研究和试验发展
107	301257.SZ	普蕊斯	科学研究和技术服务业—研究和试验发展
108	301273.SZ	瑞晨环保	制造业—通用设备制造业
109	301289.SZ	国缆检测	科学研究和技术服务业—专业技术服务业
110	301303.SZ	真兰仪表	制造业—仪器仪表制造业
111	301419.SZ	阿莱德	制造业—计算机、通信和其他电子设备制造业
112	430139.BJ	华岭股份	制造业—计算机、通信和其他电子设备制造业
113	430300.BJ	辰光医疗	制造业—专用设备制造业
114	600000.SH	浦发银行	金融业—货币金融服务
115	600009.SH	上海机场	交通运输、仓储和邮政业—航空运输业
116	600018.SH	上港集团	交通运输、仓储和邮政业—水上运输业
117	600019.SH	宝钢股份	制造业—黑色金属冶炼和压延加工业
118	600021.SH	上海电力	电力、热力、燃气及水生产和供应业—电力、热力生产和供应业
119	600026.SH	中远海能	交通运输、仓储和邮政业—水上运输业
120	600061.SH	国投资本	金融业—资本市场服务
121	600072.SH	中船科技	建筑业—土木工程建筑业
122	600073.SH	上海梅林	制造业—农副食品加工业
123	600081.SH	东风科技	制造业—汽车制造业
124	600088.SH	中视传媒	文化、体育和娱乐业—广播、电视、电影和录音制作业
125	600094.SH	大名城	房地产业—房地产业
126	600097.SH	开创国际	农、林、牧、渔业—渔业
127	600104.SH	上汽集团	制造业—汽车制造业
128	600115.SH	中国东航	交通运输、仓储和邮政业—航空运输业
129	600119.SH	长江投资	交通运输、仓储和邮政业—道路运输业
130	600150.SH	中国船舶	制造业—铁路、船舶、航空航天和其他运输设备制造业
131	600151.SH	航天机电	制造业—电气机械和器材制造业
132	600170.SH	上海建工	建筑业—土木工程建筑业
133	600171.SH	上海贝岭	制造业—计算机、通信和其他电子设备制造业
134	600193.SH	创兴资源	建筑业—建筑装饰、装修和其他建筑业
135	600196.SH	复星医药	制造业—医药制造业
136	600210.SH	紫江企业	制造业—橡胶和塑料制品业
137	600272.SH	开开实业	批发和零售业—零售业
138	600278.SH	东方创业	批发和零售业—批发业
139	600284.SH	浦东建设	建筑业—土木工程建筑业
140	600315.SH	上海家化	制造业—化学原料和化学制品制造业
141	600320.SH	振华重工	制造业—通用设备制造业
142	600420.SH	国药现代	制造业—医药制造业
143	600490.SH	鹏欣资源	制造业—有色金属冶炼和压延加工业
144	600500.SH	中化国际	制造业—化学原料和化学制品制造业

（续表）

序号	代码	公司简称	行业
145	600503.SH	华丽家族	房地产业—房地产业
146	600508.SH	上海能源	采矿业—煤炭开采和洗选业
147	600517.SH	国网英大	制造业—电气机械和器材制造业
148	600530.SH	交大昂立	制造业—食品制造业
149	600532.SH	*ST未来	采矿业—黑色金属矿采选业
150	600597.SH	光明乳业	制造业—食品制造业
151	600601.SH	*ST方科	制造业—计算机、通信和其他电子设备制造业
152	600602.SH	云赛智联	信息传输、软件和信息技术服务业—软件和信息技术服务业
153	600604.SH	市北高新	房地产业—房地产业
154	600605.SH	汇通能源	房地产业—房地产业
155	600606.SH	绿地控股	建筑业—土木工程建筑业
156	600608.SH	ST沪科	制造业—黑色金属冶炼和压延加工业
157	600611.SH	大众交通	交通运输、仓储和邮政业—道路运输业
158	600612.SH	老凤祥	制造业—文教、工美、体育和娱乐用品制造业
159	600613.SH	神奇制药	制造业—医药制造业
160	600616.SH	金枫酒业	制造业—酒、饮料和精制茶制造业
161	600618.SH	氯碱化工	制造业—化学原料和化学制品制造业
162	600619.SH	海立股份	制造业—通用设备制造业
163	600620.SH	天宸股份	交通运输、仓储和邮政业—道路运输业
164	600621.SH	华鑫股份	金融业—资本市场服务
165	600622.SH	光大嘉宝	房地产业—房地产业
166	600623.SH	华谊集团	制造业—化学原料和化学制品制造业
167	600624.SH	复旦复华	制造业—医药制造业
168	600626.SH	申达股份	批发和零售业—批发业
169	600628.SH	新世界	批发和零售业—零售业
170	600629.SH	华建集团	科学研究和技术服务业—专业技术服务业
171	600630.SH	龙头股份	制造业—纺织业
172	600635.SH	大众公用	电力、热力、燃气及水生产和供应业—燃气生产和供应业
173	600636.SH	国新文化	信息传输、软件和信息技术服务业—软件和信息技术服务业
174	600637.SH	东方明珠	文化、体育和娱乐业—广播、电视、电影和录音制作业
175	600638.SH	新黄浦	房地产业—房地产业
176	600639.SH	浦东金桥	房地产业—房地产业
177	600640.SH	国脉文化	租赁和商务服务业—商务服务业
178	600641.SH	万业企业	房地产业—房地产业
179	600642.SH	申能股份	电力、热力、燃气及水生产和供应业—燃气生产和供应业
180	600643.SH	爱建集团	金融业—货币金融服务
181	600647.SH	*ST同达	房地产业—房地产业
182	600648.SH	外高桥	批发和零售业—批发业
183	600649.SH	城投控股	房地产业—房地产业
184	600650.SH	锦江在线	交通运输、仓储和邮政业—道路运输业
185	600651.SH	飞乐音响	制造业—电气机械和器材制造业
186	600655.SH	豫园股份	批发和零售业—零售业
187	600661.SH	昂立教育	教育—教育
188	600662.SH	外服控股	租赁和商务服务业—商务服务业
189	600663.SH	陆家嘴	房地产业—房地产业
190	600675.SH	中华企业	房地产业—房地产业
191	600676.SH	交运股份	制造业—汽车制造业
192	600679.SH	上海凤凰	制造业—铁路、船舶、航空航天和其他运输设备制造业

(续表)

序号	代码	公司简称	资产总计	股东权益	主营业务收入	利润总额	净利润
49	300225.SZ	金力泰	111986.85	77005.86	61684.19	−12587.53	−10598.47
50	300226.SZ	上海钢联	1384817.63	396467.96	7656304.15	43488.47	34487.42
51	300230.SZ	永利股份	374907.38	273974.30	209438.55	28813.93	24585.12
52	300236.SZ	上海新阳	562035.27	415479.10	118867.50	5203.62	5690.86
53	300245.SZ	天玑科技	173253.82	146047.99	59348.81	−487.37	−447.65
54	300253.SZ	卫宁健康	782182.80	512667.69	309148.74	3854.08	1455.42
55	300257.SZ	开山股份	1311231.98	581416.85	368862.12	45378.73	41561.81
56	300262.SZ	巴安水务	357759.59	9418.90	25846.12	−39507.61	−40865.69
57	300272.SZ	开能健康	231401.44	111748.35	164496.81	11427.29	9942.59
58	300286.SZ	安科瑞	157665.52	114705.32	101095.59	18431.70	17058.56
59	300326.SZ	凯利泰	341214.86	281470.15	114627.37	−226.35	−2395.28
60	300327.SZ	中颖电子	197767.01	148441.40	160148.00	31066.25	31238.18
61	300330.SZ	计通退	57463.96	36049.19	30010.34	−2343.36	−1977.20
62	300336.SZ	*ST新文	108692.85	4731.55	12608.05	−15605.20	−15325.61
63	300378.SZ	鼎捷软件	284184.64	193011.54	199520.43	19759.05	13817.91
64	300380.SZ	安硕信息	84505.68	41592.34	77902.55	−9637.35	−7969.78
65	300398.SZ	飞凯材料	631401.31	381884.96	286346.93	49311.05	44353.76
66	300442.SZ	润泽科技	1600844.94	296357.04	271474.07	122611.69	119702.16
67	300462.SZ	华铭智能	232553.30	159026.34	61833.71	6353.29	6035.35
68	300469.SZ	信息发展	95435.32	26774.73	26249.04	−17978.86	−18164.15
69	300483.SZ	首华燃气	768558.53	450728.59	204015.93	12602.34	7817.51
70	300493.SZ	润欣科技	159321.47	102437.39	210153.45	6396.89	5387.02
71	300501.SZ	海顺新材	230535.21	167955.30	100031.24	12292.31	10985.21
72	300508.SZ	维宏股份	85698.91	65274.25	38682.08	5083.56	4900.76
73	300511.SZ	雪榕生物	407203.21	162583.34	229114.66	−38054.92	−39411.55
74	300551.SZ	古鳌科技	158799.67	108902.83	50514.23	−4749.44	−5285.25
75	300578.SZ	会畅通讯	198634.90	166456.47	66452.11	1767.17	1436.62
76	300590.SZ	移为通信	195966.83	168755.15	96682.59	17725.11	16543.32
77	300609.SZ	汇纳科技	125717.21	108391.67	36112.09	−4658.83	−3044.95
78	300613.SZ	富瀚微	344759.93	250881.64	211057.36	40471.87	37838.94
79	300627.SZ	华测导航	401755.97	257948.84	223624.68	35324.82	36039.88
80	300642.SZ	透景生命	166472.27	148064.96	71562.99	13066.40	12374.83
81	300762.SZ	上海瀚讯	336652.02	269024.06	40048.88	6811.70	8557.91
82	300802.SZ	矩子科技	139603.27	121082.86	66777.77	14947.63	12880.36
83	300892.SZ	品渥食品	144410.71	114573.99	153788.29	1700.20	1120.38
84	300899.SZ	上海凯鑫	70900.28	66014.26	15407.07	2997.94	2730.76
85	300915.SZ	海融科技	172219.73	145318.93	86563.76	10730.33	9331.15
86	300947.SZ	德必集团	616805.82	134261.16	77884.98	4150.02	3194.65
87	300963.SZ	中洲特材	135857.83	92566.57	86198.55	8865.81	8000.60
88	300983.SZ	尤安设计	330048.23	309586.25	50791.21	3112.33	2002.59
89	300999.SZ	金龙鱼	22794320.90	9328340.60	25696969.10	386575.10	312508.10
90	301000.SZ	肇民科技	127724.60	111764.33	51376.99	10429.91	9391.88
91	301001.SZ	凯淳股份	102694.63	81894.64	76447.00	−682.73	−592.43
92	301005.SZ	超捷股份	113509.15	86790.88	46478.30	7060.69	6378.51
93	301024.SZ	霍普股份	79595.86	66439.77	13393.98	−18260.94	−17861.17
94	301025.SZ	读客文化	80878.20	65618.56	50599.06	7966.23	6232.08
95	301037.SZ	保立佳	251813.25	83126.17	298775.75	274.75	573.72
96	301046.SZ	能辉科技	116430.67	76347.34	38167.26	2717.57	2523.95

（续表）

序号	代码	公司简称	资产总计	股东权益	主营业务收入	利润总额	净利润
97	301060.SZ	兰卫医学	374687.43	227275.45	418180.09	90444.34	73905.52
98	301062.SZ	上海艾录	189513.67	110522.11	111444.83	11764.63	10492.80
99	301070.SZ	开勒股份	95902.29	79086.93	30038.73	3822.91	3181.60
100	301099.SZ	雅创电子	213324.97	115422.20	220197.30	19872.30	16367.71
101	301151.SZ	冠龙节能	263214.64	200869.60	93269.33	12691.47	10180.70
102	301156.SZ	美农生物	88704.66	78165.97	47012.50	5828.45	5249.20
103	301161.SZ	唯万密封	101985.45	91573.81	33838.25	4594.92	4620.49
104	301166.SZ	优宁维	247872.28	215751.59	119512.42	12851.77	10648.51
105	301228.SZ	实朴检测	123538.30	96723.88	35146.96	−2472.19	−1582.96
106	301230.SZ	泓博医药	130126.08	111288.44	47212.22	7292.15	6717.59
107	301257.SZ	普蕊斯	116071.92	95196.78	58622.97	8083.75	7241.14
108	301273.SZ	瑞晨环保	127204.56	98907.65	42870.95	5760.04	5034.95
109	301289.SZ	国缆检测	116871.01	95904.81	19877.48	8488.52	7360.85
110	301303.SZ	真兰仪表	178824.86	98172.00	118008.46	24242.91	21693.88
111	301419.SZ	阿莱德	70144.22	40321.72	39220.52	8105.42	7406.40
112	430139.BJ	华岭股份	114546.67	102785.45	27549.39	7447.13	6986.73
113	430300.BJ	辰光医疗	44132.98	29206.05	18780.89	2217.44	2270.29
114	600000.SH	浦发银行	870465100.00	70677500.00	—	5614900.00	5199700.00
115	600009.SH	上海机场	6777509.88	4070348.78	548044.76	−382502.35	−278998.47
116	600018.SH	上港集团	18180170.56	12116704.84	3619459.11	2012428.91	1791011.26
117	600019.SH	宝钢股份	39824885.51	21587635.44	36603466.59	1504404.77	1402891.59
118	600021.SH	上海电力	16098506.91	4405940.16	3853272.28	254641.21	158662.22
119	600026.SH	中远海能	6825008.20	3357039.03	1862793.01	274905.90	178480.44
120	600061.SH	国投资本	26659342.27	5661211.62	191609.67	406091.70	346886.48
121	600072.SH	中船科技	752889.53	434833.36	330867.75	11817.16	10879.91
122	600073.SH	上海梅林	1579286.67	713475.54	2486356.36	110856.87	66545.05
123	600081.SH	东风科技	891571.23	410576.62	652378.81	33253.65	28866.95
124	600088.SH	中视传媒	155996.60	104581.90	114880.52	−8371.67	−6686.47
125	600094.SH	大名城	3462864.59	1271046.72	735293.31	33315.60	19196.66
126	600097.SH	开创国际	343444.96	212709.06	193387.34	11926.87	10971.09
127	600104.SH	上汽集团	99010738.12	33630023.69	70555014.94	2807108.05	2284265.28
128	600115.SH	中国东航	28798400.00	3010100.00	4392100.00	−4015400.00	−3990000.00
129	600119.SH	长江投资	77364.97	35754.55	127101.14	−467.52	−1044.94
130	600150.SH	中国船舶	16243750.09	5047929.90	5844440.43	217328.41	87245.22
131	600151.SH	航天机电	1117375.41	576774.86	794484.84	−12111.25	−13462.75
132	600170.SH	上海建工	36680361.91	5108005.27	28498591.86	227107.09	168003.56
133	600171.SH	上海贝岭	497601.59	422719.55	199363.87	42827.00	39958.96
134	600193.SH	创兴资源	72676.10	31845.78	26365.46	680.64	459.50
135	600196.SH	复星医药	10711319.00	5410890.96	4337706.35	457438.16	394746.41
136	600210.SH	紫江企业	1207674.88	592354.64	919534.86	78762.58	67383.09
137	600272.SH	开开实业	120725.55	57825.14	86883.81	6074.26	4009.53
138	600278.SH	东方创业	1898905.07	743957.05	4138710.45	61775.42	47765.72
139	600284.SH	浦东建设	2709727.63	726818.99	1407294.55	59546.56	57366.42
140	600315.SH	上海家化	1226948.58	724948.46	709923.57	54888.32	47203.93
141	600320.SH	振华重工	7821316.87	1812234.48	3002561.48	65523.48	59756.23
142	600420.SH	国药现代	1963034.61	1215272.17	1280953.54	98411.99	86748.50
143	600490.SH	鹏欣资源	878797.29	584025.16	833369.42	−81755.73	−79268.49
144	600500.SH	中化国际	7025720.59	2654294.25	8727315.57	260978.89	218046.67

（续表）

序号	代码	公司简称	资产总计	股东权益	主营业务收入	利润总额	净利润
145	600503.SH	华丽家族	487656.86	368397.43	19965.58	7349.88	6989.06
146	600508.SH	上海能源	1934025.27	1213749.16	1246898.80	235472.41	172217.33
147	600517.SH	国网英大	4450154.47	2205415.41	705351.37	187330.65	145033.67
148	600530.SH	交大昂立	—	—	—	—	—
149	600532.SH	*ST未来	255291.76	148239.84	13940.56	−1316.88	−1155.38
150	600597.SH	光明乳业	2445233.67	1054825.24	2784133.68	49790.47	39115.69
151	600601.SH	*ST方科	576472.75	345189.73	473025.43	−42693.85	−42547.28
152	600602.SH	云赛智联	721777.67	473001.47	453172.45	20332.81	18816.46
153	600604.SH	市北高新	2206178.47	850884.96	125329.47	15303.33	9862.18
154	600605.SH	汇通能源	228820.61	113137.74	10415.02	1763.17	383.67
155	600606.SH	绿地控股	136532105.94	16426988.24	42883633.92	880062.61	459680.21
156	600608.SH	ST沪科	19756.36	7092.20	36677.50	544.89	414.16
157	600611.SH	大众交通	2002091.15	1016319.00	211527.75	−29343.91	−23701.35
158	600612.SH	老凤祥	2600484.03	1198147.10	6286854.86	302797.99	226785.10
159	600613.SH	神奇制药	338108.55	237317.65	238840.07	6322.83	4800.95
160	600616.SH	金枫酒业	226019.37	189432.04	65067.13	460.74	218.44
161	600618.SH	氯碱化工	1117075.83	828225.04	630358.83	150421.95	133737.37
162	600619.SH	海立股份	2021154.76	738567.80	1601117.53	−8107.34	−7556.08
163	600620.SH	天宸股份	335894.65	211988.73	23667.85	4552.40	4790.44
164	600621.SH	华鑫股份	3503547.87	753481.96	6716.44	41328.55	35332.44
165	600622.SH	光大嘉宝	3030147.20	910796.02	551168.32	30956.10	7030.62
166	600623.SH	华谊集团	5920089.14	2605008.02	3817511.66	210845.94	169257.82
167	600624.SH	复旦复华	186040.90	99372.80	77629.57	392.22	65.88
168	600626.SH	申达股份	1037202.87	330916.70	1122909.38	−19586.16	−25432.68
169	600628.SH	新世界	571553.93	421152.04	83570.45	−5957.24	−5145.12
170	600629.SH	华建集团	1552352.63	488488.74	802402.03	50571.58	44397.13
171	600630.SH	龙头股份	170288.07	71783.29	209865.18	−51310.45	−52206.24
172	600635.SH	大众公用	2324592.30	957656.68	571913.25	−29948.61	−25406.88
173	600636.SH	国新文化	284307.98	268521.07	46681.11	14287.09	13366.71
174	600637.SH	东方明珠	4327856.52	3443509.59	661757.13	24896.48	14001.74
175	600638.SH	新黄浦	2452414.56	458642.87	428101.45	13611.89	6498.43
176	600639.SH	浦东金桥	3454767.90	1525714.36	504903.66	208757.79	155227.73
177	600640.SH	国脉文化	548173.97	443457.76	349900.69	−20586.09	−20628.27
178	600641.SH	万业企业	976217.36	838473.01	115698.16	51380.25	38671.38
179	600642.SH	申能股份	8989966.77	3816088.91	2807554.27	142925.11	104925.40
180	600643.SH	爱建集团	2653466.84	1246658.87	148547.53	72860.01	48158.46
181	600647.SH	*ST同达	35144.51	33336.13	1767.38	602.69	60.39
182	600648.SH	外高桥	4169025.87	1229577.81	902599.13	166385.33	125454.42
183	600649.SH	城投控股	7132915.43	2158145.68	841365.05	151726.86	78337.71
184	600650.SH	锦江在线	532418.19	409560.18	201992.69	71161.24	51165.24
185	600651.SH	飞乐音响	474614.80	247844.21	325742.59	34241.72	30592.45
186	600655.SH	豫园股份	12837341.82	3960955.90	4956907.64	594409.98	393692.29
187	600661.SH	昂立教育	123001.35	42441.62	76042.30	22336.54	19873.15
188	600662.SH	外服控股	1469637.18	423432.85	1462544.34	81329.50	61096.09
189	600663.SH	陆家嘴	12569670.74	3765898.53	1138224.91	201124.67	146092.20
190	600675.SH	中华企业	5871059.13	1644961.52	254446.31	31889.80	14713.75
191	600676.SH	交运股份	784277.04	552785.40	582697.83	938.41	−12.68
192	600679.SH	上海凤凰	302096.11	212992.01	159237.56	−31040.59	−31471.68

（续表）

序号	代码	公司简称	资产总计	股东权益	主营业务收入	利润总额	净利润
193	600688.SH	上海石化	4113671.70	2637138.60	8204818.50	−359957.00	−286821.60
194	600689.SH	上海三毛	80022.16	42531.89	101049.17	−1054.50	−1291.55
195	600692.SH	亚通股份	295570.74	98871.05	121282.48	1586.03	772.25
196	600696.SH	岩石股份	152190.84	63246.76	108946.77	9899.36	4865.54
197	600708.SH	光明地产	6749765.71	1175201.15	1629339.22	57241.11	17271.16
198	600732.SH	爱旭股份	2468973.15	905894.65	3501591.48	247271.89	232857.37
199	600741.SH	华域汽车	16279693.94	5705471.87	14955382.09	913899.42	806120.51
200	600748.SH	上实发展	4534519.71	1101024.91	520519.56	27573.63	6244.71
201	600754.SH	锦江酒店	4743106.81	1715028.81	1100762.16	49477.98	24512.82
202	600816.SH	ST安信	1644733.53	85897.96	–	−158611.35	−104343.40
203	600818.SH	中路股份	92011.53	58085.68	90727.18	−10944.30	−8684.05
204	600819.SH	耀皮玻璃	784768.67	443842.59	466181.00	3381.87	2332.47
205	600820.SH	隧道股份	14643503.68	3385580.82	6499933.80	382636.52	299336.00
206	600822.SH	上海物贸	347035.68	106998.28	495076.56	6328.01	4916.49
207	600823.SH	ST世茂	13044589.27	4080834.69	569063.60	−824853.78	−730424.83
208	600824.SH	益民集团	321356.01	237226.71	73344.57	−36610.08	−29917.31
209	600825.SH	新华传媒	396637.34	249927.16	115413.15	1012.62	886.59
210	600826.SH	兰生股份	576063.72	358662.06	76907.07	12445.84	10957.53
211	600827.SH	百联股份	5767574.56	2005466.82	3141150.71	103316.76	61443.45
212	600833.SH	第一医药	203910.22	95867.81	261740.38	19051.87	14355.63
213	600834.SH	申通地铁	260935.03	165701.33	34296.60	10071.26	7717.20
214	600835.SH	上海机电	–	1558436.98	2333883.48	166704.30	153391.87
215	600836.SH	上海易连	206075.84	117627.01	48778.19	−6246.27	−8154.49
216	600837.SH	海通证券	75360757.70	17762205.76	–	799903.56	519615.00
217	600838.SH	上海九百	155695.47	143133.75	6498.75	5229.97	5229.97
218	600841.SH	动力新科	2209689.04	795234.48	984795.35	−152073.12	−161146.79
219	600843.SH	上工申贝	583753.58	344853.61	323568.96	14338.97	8080.12
220	600845.SH	宝信软件	1958103.16	1066000.31	1314034.07	239896.29	225130.12
221	600846.SH	同济科技	1083777.00	359942.92	387678.83	43005.59	37113.45
222	600848.SH	上海临港	6631377.61	2741725.35	574107.93	181666.66	134657.81
223	600850.SH	电科数字	1112148.64	432653.89	987097.24	56933.39	53169.89
224	600851.SH	海欣股份	493006.41	401884.83	127774.88	23032.97	19838.25
225	600882.SH	妙可蓝多	743678.78	487651.87	481759.89	23575.62	17101.97
226	600895.SH	张江高科	4272723.42	1529051.50	188715.36	93326.26	78764.49
227	600958.SH	东方证券	36806695.90	7739828.86	–	337801.97	301033.19
228	601021.SH	春秋航空	4341968.15	1369289.07	819535.75	−339877.02	−303582.32
229	601156.SH	东航物流	2606781.09	1468500.69	2345481.73	572227.56	429109.51
230	601200.SH	上海环境	2900072.66	1203392.13	628104.83	73050.75	62375.78
231	601211.SH	国泰君安	86068854.70	16382608.89	–	1413997.16	1162116.92
232	601229.SH	上海银行	287852475.90	22164852.40	–	2404429.30	2231792.80
233	601231.SH	环旭电子	3857446.47	1574983.91	6847009.39	347719.52	305998.98
234	601328.SH	交通银行	1299241900.00	103574000.00	–	9821500.00	9203000.00
235	601519.SH	大智慧	233653.01	161918.25	77584.19	−8362.42	−9252.81
236	601595.SH	上海电影	290596.32	167519.44	36834.53	−33500.96	−34687.12
237	601601.SH	中国太保	217629900.00	23412800.00	–	2517600.00	2524000.00
238	601607.SH	上海医药	19813490.15	7800245.11	23124005.75	880835.33	699201.48
239	601611.SH	中国核建	19737386.11	3508658.91	9802167.12	297716.48	245460.59
240	601616.SH	广电电气	306020.45	259973.71	95282.67	9357.94	8559.70

（续表）

序号	代码	公司简称	资产总计	股东权益	主营业务收入	利润总额	净利润
241	601696.SH	中银证券	6433134.83	1641185.08	–	90246.27	81086.75
242	601702.SH	华峰铝业	628500.24	373256.01	837872.46	72196.61	66578.58
243	601727.SH	上海电气	28802085.20	9419416.70	11449648.80	–197529.80	–231300.60
244	601788.SH	光大证券	25835448.20	6478443.85	–	385390.54	324062.46
245	601825.SH	沪农商行	128139912.10	10571564.70	–	1366897.50	1139317.70
246	601828.SH	美凯龙	12948245.90	5699535.71	1370696.59	165221.49	85780.57
247	601866.SH	中远海发	12809063.10	2889430.73	2540768.21	482646.58	392155.74
248	601872.SH	招商轮船	6546995.44	3350002.01	2970840.53	593397.94	506696.85
249	601968.SH	宝钢包装	829935.94	395495.34	851586.16	33977.03	28041.11
250	603003.SH	龙宇股份	444664.25	361954.43	998160.79	4571.48	3004.39
251	603006.SH	联明股份	229044.37	172149.71	122496.83	19405.77	15354.90
252	603009.SH	北特科技	319386.26	163168.93	167338.30	4331.28	4061.12
253	603012.SH	创力集团	624646.13	337510.56	258362.60	49921.54	41945.64
254	603020.SH	爱普股份	387046.07	331647.60	318190.22	16530.95	12464.68
255	603022.SH	新通联	100006.86	73167.02	75164.41	4166.25	3470.75
256	603030.SH	*ST全筑	603179.20	–8971.89	200363.61	–109042.59	–119422.46
257	603037.SH	凯众股份	110036.43	88396.50	63238.19	8260.57	7086.19
258	603039.SH	泛微网络	354130.64	191105.21	223663.46	23369.00	22322.68
259	603056.SH	德邦股份	1502531.86	692440.30	3139154.37	78464.73	64922.91
260	603057.SH	紫燕食品	274425.58	201655.45	356722.56	28316.36	21559.71
261	603068.SH	博通集成	201965.68	179751.51	71322.14	–24495.56	–24138.08
262	603083.SH	剑桥科技	523184.34	192568.82	378373.91	17851.19	17146.85
263	603108.SH	润达医疗	1451886.23	500985.03	1048728.58	81965.13	65511.01
264	603121.SH	华培动力	219295.40	117761.61	90271.24	–300.23	–846.36
265	603122.SH	合富中国	155906.51	117857.41	127933.90	11384.42	8271.71
266	603128.SH	华贸物流	977232.66	601525.54	2206782.20	117592.76	92465.92
267	603131.SH	上海沪工	232047.92	126537.82	97903.88	–11920.11	–13252.92
268	603153.SH	上海建科	411109.19	284681.29	355323.13	34819.42	30710.22
269	603159.SH	上海亚虹	63772.22	47967.43	58414.42	3139.05	3014.12
270	603170.SH	宝立食品	153148.83	114447.47	202621.58	29527.96	23049.59
271	603189.SH	网达软件	187105.61	171964.13	31659.73	3547.64	3663.48
272	603192.SH	汇得科技	229113.89	139573.06	283530.52	5551.46	6176.71
273	603196.SH	日播时尚	126162.10	80147.59	93319.23	2327.27	1657.25
274	603197.SH	保隆科技	661505.99	278655.56	453167.60	30328.94	22725.54
275	603200.SH	上海洗霸	137310.53	95082.16	60489.77	4303.71	3913.63
276	603211.SH	晋拓股份	168052.34	113479.39	95304.26	6501.90	6107.06
277	603214.SH	爱婴室	273570.52	111664.62	338055.56	12840.97	9824.91
278	603226.SH	菲林格尔	141345.69	107961.72	50655.98	705.82	829.90
279	603232.SH	格尔软件	174619.22	137431.74	65952.07	–1443.64	–915.40
280	603236.SH	移远通信	1027317.32	371971.68	1423024.65	61332.81	62052.49
281	603256.SH	宏和科技	260486.17	150720.32	61209.68	5783.65	5237.18
282	603324.SH	盛剑环境	259937.80	142468.79	132604.38	14149.94	13031.11
283	603329.SH	上海雅仕	214190.85	129422.72	307174.38	19961.07	15127.15
284	603330.SH	天洋新材	229783.63	102456.06	140472.23	–7325.55	–5611.38
285	603365.SH	水星家纺	353561.59	276723.25	365593.78	33142.15	27825.65
286	603378.SH	亚士创能	658326.22	172556.18	305130.84	10327.37	10573.06
287	603466.SH	风语筑	511643.99	219790.88	168190.45	7594.38	6604.42
288	603496.SH	恒为科技	170774.64	126514.75	76928.84	7490.27	7519.50

（续表）

序号	代码	公司简称	资产总计	股东权益	主营业务收入	利润总额	净利润
289	603499.SH	翔港科技	119199.85	62839.28	63606.80	363.15	1805.64
290	603501.SH	韦尔股份	3519016.22	1810023.06	1997229.48	130132.26	95833.36
291	603515.SH	欧普照明	869539.80	610563.10	719553.03	88630.77	78569.08
292	603565.SH	中谷物流	2013042.21	933608.25	1420845.78	366866.02	274313.77
293	603579.SH	荣泰健康	342382.52	187009.05	198624.55	17937.27	16471.98
294	603580.SH	艾艾精工	52993.30	45495.14	17651.79	−349.63	−351.20
295	603587.SH	地素时尚	436022.91	361122.94	239373.26	49841.19	38454.67
296	603619.SH	中曼石油	715451.29	229781.53	305753.13	68684.00	50274.39
297	603633.SH	徕木股份	288113.81	185944.88	89359.50	7210.39	6835.09
298	603648.SH	畅联股份	229222.98	183366.07	163715.21	19160.23	16497.11
299	603650.SH	彤程新材	686112.11	314213.01	249173.98	30568.71	28083.13
300	603659.SH	璞泰来	3569730.92	1396921.90	1541659.76	367142.53	332434.05
301	603681.SH	永冠新材	645718.13	248511.09	494018.82	25106.10	22712.64
302	603682.SH	锦和商管	526306.84	123002.75	88174.88	11537.19	8216.77
303	603683.SH	晶华新材	184017.83	101437.56	141012.80	2253.30	2767.02
304	603690.SH	至纯科技	983794.50	470925.63	304528.15	29300.27	28030.11
305	603713.SH	密尔克卫	951068.51	389392.40	1154997.60	72930.64	62385.99
306	603718.SH	海利生物	151425.25	111100.32	29412.00	13121.73	11069.09
307	603728.SH	鸣志电器	386554.44	271675.11	295962.13	28501.68	24907.01
308	603729.SH	龙韵股份	67993.25	52396.30	40060.40	−20740.36	−19409.92
309	603730.SH	岱美股份	581830.21	426129.63	505620.38	59036.48	56981.15
310	603777.SH	来伊份	368866.92	181140.97	423825.29	11398.66	10203.60
311	603786.SH	科博达	529505.30	430350.73	327625.15	56632.70	50160.56
312	603790.SH	雅运股份	162169.57	125758.87	76822.10	4473.37	3929.94
313	603855.SH	华荣股份	425077.12	183390.25	293282.26	40024.66	35934.82
314	603868.SH	飞科电器	434653.65	342813.89	461321.50	108683.89	82253.22
315	603881.SH	数据港	744673.09	302117.78	145539.58	14514.55	10707.45
316	603885.SH	吉祥航空	4514725.12	956976.55	809728.46	−548512.98	−416949.82
317	603886.SH	元祖股份	314325.45	162240.50	249279.21	34401.82	26640.03
318	603887.SH	城地香江	846496.48	341701.54	267746.31	−934.58	259.42
319	603895.SH	天永智能	169337.50	43881.03	57823.02	−16293.58	−15591.04
320	603899.SH	晨光股份	1302259.34	725217.81	1998626.26	166489.65	135537.88
321	603918.SH	金桥信息	166801.82	108027.28	86374.83	1641.99	1155.08
322	603956.SH	威派格	346583.42	211425.13	105007.18	−14774.90	−12674.75
323	603960.SH	克来机电	128922.80	100098.96	67433.39	7182.96	6751.40
324	603987.SH	康德莱	413729.72	254916.07	311182.19	39937.86	37412.14
325	605050.SH	福然德	689532.32	404960.18	1033600.44	41197.22	30948.50
326	605081.SH	太和水	191316.59	159669.63	20540.71	−19018.55	−16394.25
327	605098.SH	行动教育	195065.65	106982.10	44980.66	12842.20	11206.89
328	605128.SH	上海沿浦	216571.29	113236.25	109558.31	4218.99	4577.15
329	605136.SH	丽人丽妆	318142.71	249962.66	324027.56	−17170.69	−14338.76
330	605151.SH	西上海	198773.88	137472.91	120552.69	16260.85	13678.84
331	605186.SH	健麾信息	119884.41	108326.03	29817.06	13203.45	11996.19
332	605208.SH	永茂泰	335442.06	207314.64	345764.27	10106.22	9419.42
333	605222.SH	起帆电缆	1221747.56	419150.32	2005846.44	49492.40	37018.15
334	605289.SH	罗曼股份	188068.78	123691.21	31052.15	−2278.67	−1744.22
335	605338.SH	巴比食品	267600.45	206968.39	152388.40	29001.99	21989.08
336	605339.SH	南侨食品	416143.75	325257.10	285644.21	19590.17	16059.61

（续表）

序号	代码	公司简称	资产总计	股东权益	主营业务收入	利润总额	净利润
337	605398.SH	新炬网络	123366.42	101858.93	61189.69	6377.81	5706.24
338	605598.SH	上海港湾	185751.17	156445.89	87004.08	19013.09	15679.13
339	688008.SH	澜起科技	1068604.60	992725.50	367121.29	141386.56	129937.17
340	688012.SH	中微公司	2003478.15	1548250.13	473983.10	125854.79	116789.73
341	688016.SH	心脉医疗	199511.87	174262.45	89650.04	41389.54	35205.06
342	688018.SH	乐鑫科技	208279.68	182667.75	127112.72	8608.77	9732.31
343	688019.SH	安集科技	204760.13	152154.99	107628.94	33919.88	30143.70
344	688031.SH	星环科技−U	194732.20	170868.24	37262.47	−27225.21	−27225.21
345	688061.SH	灿瑞科技	271803.05	257209.20	59320.12	14888.05	13504.24
346	688062.SH	迈威生物−U	461947.52	351061.08	2759.54	−95812.58	−95812.58
347	688063.SH	派能科技	808953.88	430996.44	595976.50	148223.04	127272.90
348	688065.SH	凯赛生物	1782728.06	1503821.26	233243.00	69599.19	61265.49
349	688071.SH	华依科技	130001.61	50644.05	33404.62	3811.30	3766.68
350	688073.SH	毕得医药	235920.62	207615.42	83380.00	17177.20	14597.07
351	688082.SH	盛美上海	817556.40	552403.33	275605.32	71669.63	66848.70
352	688085.SH	三友医疗	219136.60	191301.62	64780.43	23954.12	20355.57
353	688091.SH	上海谊众	135459.36	131917.83	23570.43	14956.16	14285.49
354	688098.SH	申联生物	160508.37	149687.45	32787.39	7455.10	6097.11
355	688099.SH	晶晨股份	586507.62	493159.38	554491.34	72094.71	73177.57
356	688107.SH	安路科技	187576.82	160511.53	103769.91	5982.80	5982.80
357	688110.SH	东芯股份	432358.71	411671.16	114444.32	23692.98	21735.85
358	688118.SH	普元信息	102081.69	87061.24	42535.65	−939.81	121.79
359	688121.SH	卓然股份	769173.45	217677.81	293572.03	20404.46	17651.50
360	688123.SH	聚辰股份	205737.39	190358.16	98043.28	38326.61	34631.63
361	688126.SH	沪硅产业	2546260.64	1954632.74	351509.93	40327.24	34455.05
362	688129.SH	东来技术	124110.89	84413.40	38864.87	2466.54	2150.92
363	688131.SH	皓元医药	359774.45	233196.56	134828.01	19854.31	19155.76
364	688133.SH	泰坦科技	397160.49	276667.19	260694.67	15109.45	13171.84
365	688155.SH	先惠技术	455724.25	136875.29	178765.94	−9343.25	−5796.22
366	688158.SH	优刻得−W	407689.60	297967.96	196884.31	−41825.02	−41942.69
367	688160.SH	步科股份	89401.92	72687.32	53638.59	10264.33	9078.30
368	688163.SH	赛伦生物	116306.68	112129.05	17421.22	7403.82	6413.58
369	688179.SH	阿拉丁	147647.67	97472.17	37102.10	10567.35	9233.15
370	688180.SH	君实生物−U	1257628.60	977646.03	122922.99	−267718.43	−258407.75
371	688188.SH	柏楚电子	450480.47	430475.09	88140.61	55101.47	49209.85
372	688193.SH	仁度生物	108872.17	96138.47	29394.35	2668.15	2333.14
373	688202.SH	美迪西	232958.09	160278.47	165886.98	36810.63	33823.63
374	688206.SH	概伦电子	250097.66	217018.12	27703.86	4584.49	4345.00
375	688212.SH	澳华内镜	146030.69	128184.24	44525.90	1698.47	2509.64
376	688213.SH	思特威−W	605401.05	373145.53	248298.73	−14468.16	−8274.80
377	688217.SH	睿昂基因	108292.29	97142.20	41605.50	7148.21	6591.92
378	688220.SH	翱捷科技−U	832301.55	747218.81	214000.55	−24831.02	−25150.61
379	688230.SH	芯导科技	221276.33	217110.10	33614.79	12975.26	11944.63
380	688238.SH	和元生物	249007.79	217119.79	28930.73	4162.42	3902.52
381	688247.SH	宣泰医药	133233.39	117728.39	24668.81	9747.54	9294.15
382	688265.SH	南模生物	205367.80	176592.68	30242.88	−1471.47	−539.96
383	688271.SH	联影医疗	2420451.84	1747350.89	902401.49	191979.54	165008.56
384	688293.SH	奥浦迈	234774.91	218467.80	29426.64	11943.41	10536.94

（续表）

序号	代码	公司简称	资产总计	股东权益	主营业务收入	利润总额	净利润
385	688301.SH	奕瑞科技	581873.25	390369.71	144939.65	70869.35	63870.91
386	688317.SH	之江生物	474385.13	420041.17	226266.83	90148.36	76027.35
387	688330.SH	宏力达	415056.11	353248.35	106725.32	36555.88	31844.47
388	688335.SH	复洁环保	154443.47	122926.64	78947.27	13181.83	11423.71
389	688336.SH	三生国健	509840.37	459952.18	81788.13	2895.57	4543.46
390	688351.SH	微电生理-U	178833.15	167549.39	25751.98	297.18	297.18
391	688366.SH	昊海生科	689239.90	590238.45	211416.66	23572.65	19033.17
392	688368.SH	晶丰明源	251632.01	152660.63	107931.93	−17783.18	−20586.68
393	688370.SH	丛麟科技	375057.76	289827.92	72614.29	20015.94	16711.40
394	688372.SH	伟测科技	338530.54	237946.29	70245.20	24476.40	24332.73
395	688373.SH	盟科药业-U	149737.01	121427.41	4820.67	−22029.34	−22029.87
396	688382.SH	益方生物-U	234160.90	221492.21	–	−48348.50	−48348.50
397	688385.SH	复旦微电	611088.81	515316.94	351057.31	112151.07	111726.48
398	688391.SH	钜泉科技	218787.50	199815.80	70990.47	19734.39	20005.35
399	688392.SH	骄成超声	214309.84	175430.54	52237.25	11864.47	10961.81
400	688435.SH	英方软件	45779.73	39438.11	19254.63	3546.14	3700.29
401	688479.SH	友车科技	104747.32	69360.52	66155.43	11784.71	10778.01
402	688484.SH	南芯科技	230432.00	107424.50	129983.74	24131.68	24620.04
403	688505.SH	复旦张江	297600.73	225302.14	103115.98	13229.35	13727.22
404	688507.SH	索辰科技	72500.99	52658.81	26803.09	5788.68	5377.12
405	688519.SH	南亚新材	488896.63	267683.85	371903.24	1264.74	4488.52
406	688521.SH	芯原股份	442616.01	290722.04	267353.88	9368.43	7381.43
407	688538.SH	和辉光电-U	3089323.23	1580505.24	414972.73	−160179.21	−160179.21
408	688578.SH	艾力斯	344217.22	318705.57	79094.42	12599.89	13052.07
409	688585.SH	上纬新材	182374.64	114648.13	185905.25	10751.22	8414.59
410	688590.SH	新致软件	238020.37	141913.41	131402.38	−5874.16	−4541.08
411	688596.SH	正帆科技	595400.10	241305.20	270453.68	26800.32	26118.80
412	688608.SH	恒玄科技	641326.46	596276.43	148479.84	12409.35	12241.94
413	688660.SH	电气风电	3020798.58	715001.83	1197663.25	−44843.48	−33809.64
414	688680.SH	海优新材	647782.78	248178.22	527268.24	3261.11	5009.34
415	688682.SH	霍莱沃	90427.75	67627.03	32548.07	5859.76	6181.82
416	688718.SH	唯赛勃	84875.51	71720.34	30786.11	3186.14	3137.84
417	688728.SH	格科微	1815217.99	789541.16	594376.76	52913.65	43882.19
418	688766.SH	普冉股份	240654.49	198412.46	92481.61	8078.03	8314.63
419	688798.SH	艾为电子	472857.76	353529.67	208946.86	−8220.83	−5338.28
420	688981.SH	中芯国际	4380778.40	20170471.30	4888471.20	1475956.40	1465353.00
421	830799.BJ	艾融软件	71506.66	35830.46	60603.42	4980.38	5277.48
422	831305.BJ	海希通讯	81765.90	78027.49	22035.54	7477.30	6495.79
423	831961.BJ	创远信科	104532.01	71386.63	31791.47	1058.28	2051.82
424	833346.BJ	威贸电子	47806.32	41838.16	19428.66	3795.37	3472.35
425	836414.BJ	欧普泰	36524.76	29457.79	13294.27	3183.72	2915.90
426	872541.BJ	铁大科技	44590.26	28095.09	22778.64	3561.16	3336.09

(续表)

序号	代码	公司简称	每股收益	每股净资产	净资产收益率	每股经营现金净流量
97	301060.SZ	兰卫医学	1.54	5.15	29.92	0.21
98	301062.SZ	上海艾录	0.27	2.75	9.65	0.57
99	301070.SZ	开勒股份	0.47	12.13	3.84	0.60
100	301099.SZ	雅创电子	1.93	12.27	15.71	−3.45
101	301151.SZ	冠龙节能	0.66	11.98	5.07	0.00
102	301156.SZ	美农生物	0.75	9.77	6.72	0.53
103	301161.SZ	唯万密封	0.47	7.63	5.05	0.15
104	301166.SZ	优宁维	1.23	24.89	4.94	−1.65
105	301228.SZ	实朴检测	−0.15	7.58	−1.99	0.07
106	301230.SZ	泓博医药	1.10	14.48	6.04	1.29
107	301257.SZ	普蕊斯	1.35	15.61	7.61	0.66
108	301273.SZ	瑞晨环保	0.89	13.81	5.09	0.13
109	301289.SZ	国缆检测	1.61	14.95	8.21	1.64
110	301303.SZ	真兰仪表	0.97	4.44	21.79	0.55
111	301419.SZ	阿莱德	0.99	5.37	18.45	0.86
112	430139.BJ	华岭股份	0.30	3.85	6.80	0.56
113	430300.BJ	辰光医疗	0.34	3.54	7.93	−0.27
114	600000.SH	浦发银行	1.56	19.94	7.33	12.44
115	600009.SH	上海机场	−1.26	15.92	−7.56	−0.05
116	600018.SH	上港集团	0.74	4.82	15.33	0.59
117	600019.SH	宝钢股份	0.55	8.74	6.26	2.01
118	600021.SH	上海电力	0.07	5.72	1.51	4.31
119	600026.SH	中远海能	0.31	6.62	4.62	0.88
120	600061.SH	国投资本	0.44	7.48	5.74	1.70
121	600072.SH	中船科技	0.15	5.46	2.73	−0.36
122	600073.SH	上海梅林	0.54	5.17	10.38	2.11
123	600081.SH	东风科技	0.23	6.80	3.42	1.28
124	600088.SH	中视传媒	−0.16	2.52	−6.52	−0.22
125	600094.SH	大名城	0.07	4.97	1.39	0.35
126	600097.SH	开创国际	0.44	8.68	5.08	0.50
127	600104.SH	上汽集团	1.40	23.90	5.77	0.81
128	600115.SH	中国东航	−1.98	1.30	−128.56	−0.29
129	600119.SH	长江投资	−0.04	0.54	−7.21	0.24
130	600150.SH	中国船舶	0.04	10.28	0.37	−0.01
131	600151.SH	航天机电	−0.07	3.73	−1.94	0.53
132	600170.SH	上海建工	0.10	3.36	3.35	1.01
133	600171.SH	上海贝岭	0.57	5.94	9.44	−0.29
134	600193.SH	创兴资源	0.02	0.75	1.95	−0.16
135	600196.SH	复星医药	1.43	16.68	8.37	1.58
136	600210.SH	紫江企业	0.40	3.63	10.95	0.50
137	600272.SH	开开实业	0.16	2.34	7.03	0.33
138	600278.SH	东方创业	0.42	8.00	5.24	1.08
139	600284.SH	浦东建设	0.58	7.41	7.90	2.53
140	600315.SH	上海家化	0.70	10.68	6.51	0.98
141	600320.SH	振华重工	0.07	2.78	2.45	0.49
142	600420.SH	国药现代	0.61	9.78	6.09	2.78
143	600490.SH	鹏欣资源	−0.28	2.73	−10.32	0.01
144	600500.SH	中化国际	0.46	4.85	7.22	0.95

（续表）

序号	代码	公司简称	每股收益	每股净资产	净资产收益率	每股经营现金净流量
145	600503.SH	华丽家族	0.05	2.32	2.06	−0.10
146	600508.SH	上海能源	2.41	16.82	14.31	5.28
147	600517.SH	国网英大	0.19	3.29	5.67	0.23
148	600530.SH	交大昂立	–	–	–	–
149	600532.SH	*ST未来	−0.01	2.90	−0.40	−2.40
150	600597.SH	光明乳业	0.26	5.80	4.51	0.48
151	600601.SH	*ST方科	−0.10	0.83	−12.27	0.11
152	600602.SH	云赛智联	0.13	3.32	3.98	0.16
153	600604.SH	市北高新	0.04	3.52	1.19	0.96
154	600605.SH	汇通能源	0.04	5.46	0.82	1.73
155	600606.SH	绿地控股	0.07	6.45	1.11	1.95
156	600608.SH	ST沪科	0.01	0.20	6.13	−0.02
157	600611.SH	大众交通	−0.12	3.96	−2.92	−0.33
158	600612.SH	老凤祥	3.25	19.36	16.79	1.84
159	600613.SH	神奇制药	0.09	4.36	2.08	0.60
160	600616.SH	金枫酒业	0.01	2.85	0.27	0.15
161	600618.SH	氯碱化工	1.19	6.74	17.60	1.23
162	600619.SH	海立股份	0.03	5.62	0.58	0.47
163	600620.SH	天宸股份	0.05	2.87	1.82	−0.21
164	600621.SH	华鑫股份	0.33	6.99	4.75	1.51
165	600622.SH	光大嘉宝	0.04	4.70	0.82	0.04
166	600623.SH	华谊集团	0.60	10.21	5.89	3.50
167	600624.SH	复旦复华	−0.01	1.29	−0.41	0.04
168	600626.SH	申达股份	−0.17	2.81	−6.13	0.31
169	600628.SH	新世界	−0.08	6.51	−1.24	0.04
170	600629.SH	华建集团	0.44	4.66	8.52	0.48
171	600630.SH	龙头股份	−1.23	1.64	−74.92	0.24
172	600635.SH	大众公用	−0.11	2.79	−4.04	0.14
173	600636.SH	国新文化	0.30	6.10	4.98	0.22
174	600637.SH	东方明珠	0.05	8.56	0.60	0.44
175	600638.SH	新黄浦	0.08	6.51	1.29	4.80
176	600639.SH	浦东金桥	1.41	11.41	12.36	−2.26
177	600640.SH	国脉文化	−0.25	4.97	−5.05	−0.04
178	600641.SH	万业企业	0.46	8.68	5.10	−0.70
179	600642.SH	申能股份	0.22	6.29	3.51	0.98
180	600643.SH	爱建集团	0.30	7.68	3.87	1.65
181	600647.SH	*ST同达	−0.07	2.12	−3.43	−1.24
182	600648.SH	外高桥	1.09	10.56	10.35	−1.51
183	600649.SH	城投控股	0.31	8.18	3.78	−3.23
184	600650.SH	锦江在线	0.95	6.99	13.56	0.04
185	600651.SH	飞乐音响	0.12	0.95	13.08	−0.02
186	600655.SH	豫园股份	0.99	9.15	10.72	−0.02
187	600661.SH	昂立教育	0.64	1.18	49.74	−0.78
188	600662.SH	外服控股	0.24	1.71	13.98	0.37
189	600663.SH	陆家嘴	0.27	5.34	5.04	−0.13
190	600675.SH	中华企业	0.00	2.50	0.15	−0.24
191	600676.SH	交运股份	0.03	5.37	0.49	0.17
192	600679.SH	上海凤凰	−0.61	4.11	−14.75	0.44

(续表)

序号	代码	公司简称	每股收益	每股净资产	净资产收益率	每股经营现金净流量
193	600688.SH	上海石化	−0.27	2.42	−10.94	−0.68
194	600689.SH	上海三毛	−0.06	2.12	−3.03	0.14
195	600692.SH	亚通股份	0.01	2.63	0.49	−0.44
196	600696.SH	岩石股份	0.11	1.53	7.27	0.19
197	600708.SH	光明地产	0.00	4.85	0.47	1.69
198	600732.SH	爱旭股份	1.34	6.96	25.70	4.02
199	600741.SH	华域汽车	2.29	16.80	13.60	3.17
200	600748.SH	上实发展	0.07	5.41	1.23	1.14
201	600754.SH	锦江酒店	0.11	15.49	0.68	2.09
202	600816.SH	ST安信	−0.19	0.03	−683.65	0.02
203	600818.SH	中路股份	−0.24	1.82	−13.05	0.15
204	600819.SH	耀皮玻璃	0.02	3.72	0.44	0.50
205	600820.SH	隧道股份	0.89	8.68	10.30	1.19
206	600822.SH	上海物贸	0.12	2.05	5.90	−0.49
207	600823.SH	ST世茂	−1.21	5.53	−21.85	0.16
208	600824.SH	益民集团	−0.29	2.22	−12.84	0.06
209	600825.SH	新华传媒	0.01	2.39	0.35	0.23
210	600826.SH	兰生股份	0.21	6.61	3.25	0.85
211	600827.SH	百联股份	0.38	9.86	3.89	1.91
212	600833.SH	第一医药	0.64	4.27	15.08	0.59
213	600834.SH	申通地铁	0.15	3.42	4.46	0.16
214	600835.SH	上海机电	0.96	12.67	7.58	0.68
215	600836.SH	上海易连	−0.12	1.70	−7.06	0.09
216	600837.SH	海通证券	0.50	12.60	3.98	0.68
217	600838.SH	上海九百	0.13	3.57	3.65	0.01
218	600841.SH	动力新科	−0.99	4.87	−20.26	−1.26
219	600843.SH	上工申贝	0.10	4.48	2.29	0.08
220	600845.SH	宝信软件	1.12	5.03	21.99	1.28
221	600846.SH	同济科技	0.56	5.69	9.91	3.20
222	600848.SH	上海临港	0.40	6.75	5.93	0.25
223	600850.SH	电科数字	0.81	6.02	12.61	0.12
224	600851.SH	海欣股份	0.14	3.18	4.27	0.06
225	600882.SH	妙可蓝多	0.27	8.62	3.05	−0.40
226	600895.SH	张江高科	0.53	7.56	7.02	−0.29
227	600958.SH	东方证券	0.35	8.52	3.89	2.54
228	601021.SH	春秋航空	−3.30	13.99	−22.17	0.45
229	601156.SH	东航物流	2.29	8.52	26.89	3.42
230	601200.SH	上海环境	0.46	9.16	5.06	1.59
231	601211.SH	国泰君安	1.24	15.90	7.30	5.70
232	601229.SH	上海银行	1.50	14.13	10.08	1.77
233	601231.SH	环旭电子	1.40	6.95	19.43	1.56
234	601328.SH	交通银行	1.14	11.43	9.00	4.96
235	601519.SH	大智慧	−0.04	0.79	−5.48	−0.01
236	601595.SH	上海电影	−0.75	3.51	−21.26	0.21
237	601601.SH	中国太保	2.56	23.75	10.77	15.38
238	601607.SH	上海医药	1.61	18.14	8.38	1.28
239	601611.SH	中国核建	0.56	5.64	6.99	−1.46
240	601616.SH	广电电气	0.07	2.62	2.42	0.15

（续表）

序号	代码	公司简称	每股收益	每股净资产	净资产收益率	每股经营现金净流量
241	601696.SH	中银证券	0.29	5.90	4.92	2.50
242	601702.SH	华峰铝业	0.67	3.74	17.84	0.33
243	601727.SH	上海电气	−0.23	3.52	−6.50	0.54
244	601788.SH	光大证券	0.61	11.82	4.98	3.98
245	601825.SH	沪农商行	1.14	10.56	10.78	12.96
246	601828.SH	美凯龙	0.17	12.30	1.40	0.89
247	601866.SH	中远海发	0.29	2.13	13.57	0.83
248	601872.SH	招商轮船	0.61	4.07	15.39	0.86
249	601968.SH	宝钢包装	0.24	3.33	7.13	0.70
250	603003.SH	龙宇股份	0.08	8.97	0.90	0.10
251	603006.SH	联明股份	0.58	5.66	10.29	0.64
252	603009.SH	北特科技	0.13	4.72	2.93	0.53
253	603012.SH	创力集团	0.63	4.96	12.52	0.76
254	603020.SH	爱普股份	0.29	8.01	3.58	0.22
255	603022.SH	新通联	0.18	3.64	4.86	0.30
256	603030.SH	*ST全筑	−2.06	−0.44	–	0.09
257	603037.SH	凯众股份	0.75	8.23	9.04	0.65
258	603039.SH	泛微网络	0.86	7.33	11.68	0.89
259	603056.SH	德邦股份	0.64	6.74	9.37	3.51
260	603057.SH	紫燕食品	0.58	4.91	10.96	0.85
261	603068.SH	博通集成	−1.58	11.97	−13.23	−1.34
262	603083.SH	剑桥科技	0.67	7.36	8.90	0.22
263	603108.SH	润达医疗	0.72	6.52	10.74	−0.74
264	603121.SH	华培动力	−0.02	3.26	−0.75	0.30
265	603122.SH	合富中国	0.22	2.96	7.02	−0.08
266	603128.SH	华贸物流	0.69	4.44	15.29	1.11
267	603131.SH	上海沪工	−0.40	3.92	−10.00	0.32
268	603153.SH	上海建科	0.78	7.41	10.49	0.60
269	603159.SH	上海亚虹	0.22	3.43	6.30	0.44
270	603170.SH	宝立食品	0.57	2.82	19.09	0.63
271	603189.SH	网达软件	0.14	6.38	2.13	0.11
272	603192.SH	汇得科技	0.50	10.07	4.43	0.41
273	603196.SH	日播时尚	0.07	3.34	2.07	−0.03
274	603197.SH	保隆科技	1.04	11.96	8.57	0.84
275	603200.SH	上海洗霸	0.24	5.07	4.80	0.57
276	603211.SH	晋拓股份	0.28	4.12	5.81	−0.18
277	603214.SH	爱婴室	0.61	7.66	7.98	3.05
278	603226.SH	菲林格尔	0.03	2.82	0.97	0.15
279	603232.SH	格尔软件	−0.04	5.90	−0.63	−0.14
280	603236.SH	移远通信	3.30	19.69	16.74	2.65
281	603256.SH	宏和科技	0.06	1.70	3.47	0.33
282	603324.SH	盛剑环境	1.05	11.39	9.15	−1.37
283	603329.SH	上海雅仕	0.94	7.14	13.13	1.19
284	603330.SH	天洋新材	−0.17	2.90	−5.87	−0.77
285	603365.SH	水星家纺	1.05	10.38	10.06	0.39
286	603378.SH	亚士创能	0.25	4.00	6.13	0.75
287	603466.SH	风语筑	0.11	3.62	3.00	0.40
288	603496.SH	恒为科技	0.38	5.56	6.02	0.11

（续表）

序号	代码	公司简称	每股收益	每股净资产	净资产收益率	每股经营现金净流量
289	603499.SH	翔港科技	0.07	2.84	2.28	0.57
290	603501.SH	韦尔股份	0.84	15.00	5.49	−1.68
291	603515.SH	欧普照明	1.04	8.04	12.94	0.58
292	603565.SH	中谷物流	1.93	6.56	29.47	2.79
293	603579.SH	荣泰健康	1.23	13.03	8.80	1.69
294	603580.SH	艾艾精工	−0.02	3.35	−0.64	0.25
295	603587.SH	地素时尚	0.80	7.50	10.65	1.03
296	603619.SH	中曼石油	1.26	5.75	21.88	1.50
297	603633.SH	徕木股份	0.24	5.66	3.68	0.26
298	603648.SH	畅联股份	0.45	5.02	8.91	0.80
299	603650.SH	彤程新材	0.50	5.01	9.80	0.17
300	603659.SH	璞泰来	2.24	9.68	23.07	0.88
301	603681.SH	永冠新材	1.19	12.67	9.21	2.62
302	603682.SH	锦和商管	0.21	2.38	8.64	1.23
303	603683.SH	晶华新材	0.03	4.46	0.60	0.88
304	603690.SH	至纯科技	0.89	13.89	6.33	−2.52
305	603713.SH	密尔克卫	3.68	22.83	15.98	3.73
306	603718.SH	海利生物	0.19	1.77	10.66	0.45
307	603728.SH	鸣志电器	0.59	6.45	9.12	0.02
308	603729.SH	龙韵股份	−2.05	5.59	−36.61	0.53
309	603730.SH	岱美股份	0.61	4.52	13.37	0.26
310	603777.SH	来伊份	0.30	5.38	5.63	1.97
311	603786.SH	科博达	1.12	10.29	10.83	−0.03
312	603790.SH	雅运股份	0.22	6.16	3.50	0.75
313	603855.SH	华荣股份	1.06	5.32	19.94	0.54
314	603868.SH	飞科电器	1.89	7.87	24.01	1.87
315	603881.SH	数据港	0.35	9.17	3.81	3.60
316	603885.SH	吉祥航空	−2.03	4.31	−43.47	0.09
317	603886.SH	元祖股份	1.11	6.76	16.42	2.32
318	603887.SH	城地香江	0.01	6.86	0.08	0.81
319	603895.SH	天永智能	−1.17	4.36	−26.82	−1.53
320	603899.SH	晨光股份	1.39	7.39	18.72	1.46
321	603918.SH	金桥信息	0.05	2.94	1.66	0.29
322	603956.SH	威派格	−0.30	3.87	−7.01	−0.29
323	603960.SH	克来机电	0.25	3.80	6.44	0.06
324	603987.SH	康德莱	0.71	5.05	13.97	1.05
325	605050.SH	福然德	0.70	9.05	7.75	0.25
326	605081.SH	太和水	−1.45	14.09	−10.27	−0.85
327	605098.SH	行动教育	0.94	9.03	10.40	0.61
328	605128.SH	上海沿浦	0.57	13.32	4.06	0.63
329	605136.SH	丽人丽妆	−0.35	6.24	−5.57	0.33
330	605151.SH	西上海	0.87	9.51	8.97	1.70
331	605186.SH	健麾信息	0.85	7.39	11.51	−0.27
332	605208.SH	永茂泰	0.37	8.17	4.54	0.20
333	605222.SH	起帆电缆	0.88	9.49	8.82	−4.41
334	605289.SH	罗曼股份	−0.14	11.45	−1.22	1.43
335	605338.SH	巴比食品	0.90	8.33	10.76	0.77
336	605339.SH	南侨食品	0.38	7.59	4.94	0.47

（续表）

序号	代码	公司简称	每股收益	每股净资产	净资产收益率	每股经营现金净流量
337	605398.SH	新炬网络	0.68	12.22	5.60	0.74
338	605598.SH	上海港湾	0.91	9.06	10.02	0.77
339	688008.SH	澜起科技	1.15	8.74	13.11	0.61
340	688012.SH	中微公司	1.90	25.13	7.55	1.00
341	688016.SH	心脉医疗	4.96	23.88	20.76	4.64
342	688018.SH	乐鑫科技	1.21	22.70	5.33	0.89
343	688019.SH	安集科技	4.59	20.37	19.81	3.20
344	688031.SH	星环科技-U	−2.84	14.16	−15.86	−2.48
345	688061.SH	灿瑞科技	2.21	33.36	5.25	0.29
346	688062.SH	迈威生物-U	−2.44	8.80	−27.17	−1.80
347	688063.SH	派能科技	8.22	27.83	29.53	6.16
348	688065.SH	凯赛生物	0.95	18.77	5.05	1.38
349	688071.SH	华依科技	0.50	6.90	7.23	0.90
350	688073.SH	毕得医药	2.77	31.98	7.03	0.46
351	688082.SH	盛美上海	1.54	12.74	12.10	−0.62
352	688085.SH	三友医疗	0.84	8.15	10.37	0.69
353	688091.SH	上海谊众	0.99	9.17	10.83	0.77
354	688098.SH	申联生物	0.15	3.65	4.08	0.02
355	688099.SH	晶晨股份	1.77	11.83	14.85	1.29
356	688107.SH	安路科技	0.15	4.01	3.73	−0.71
357	688110.SH	东芯股份	0.42	8.89	4.72	−0.59
358	688118.SH	普元信息	0.01	9.13	0.14	0.01
359	688121.SH	卓然股份	0.89	10.05	8.82	1.93
360	688123.SH	聚辰股份	2.93	15.84	18.47	2.38
361	688126.SH	沪硅产业	0.12	5.23	2.27	0.17
362	688129.SH	东来技术	0.18	7.03	2.55	0.16
363	688131.SH	皓元医药	1.86	21.78	8.35	−2.26
364	688133.SH	泰坦科技	1.58	32.35	4.59	−1.80
365	688155.SH	先惠技术	−1.24	14.82	−8.31	−6.98
366	688158.SH	优刻得-W	−0.92	6.55	−13.92	0.12
367	688160.SH	步科股份	1.08	8.56	12.66	1.15
368	688163.SH	赛伦生物	0.63	10.36	5.72	0.63
369	688179.SH	阿拉丁	0.65	6.53	9.47	−0.31
370	688180.SH	君实生物-U	−2.60	9.65	−25.18	−1.81
371	688188.SH	柏楚电子	3.31	29.30	11.21	4.24
372	688193.SH	仁度生物	0.62	24.03	2.43	−0.10
373	688202.SH	美迪西	3.89	18.42	21.10	−0.25
374	688206.SH	概伦电子	0.10	4.96	2.09	0.16
375	688212.SH	澳华内镜	0.16	9.51	1.71	−0.31
376	688213.SH	思特威-W	−0.22	9.33	−2.22	−3.81
377	688217.SH	睿昂基因	0.73	16.86	4.32	1.31
378	688220.SH	翱捷科技-U	−0.61	17.86	−3.37	−0.85
379	688230.SH	芯导科技	1.42	25.85	5.50	0.76
380	688238.SH	和元生物	0.08	4.40	1.80	0.04
381	688247.SH	宣泰医药	0.22	2.60	7.89	0.16
382	688265.SH	南模生物	−0.07	22.65	−0.31	0.24
383	688271.SH	联影医疗	2.19	21.21	9.47	0.83
384	688293.SH	奥浦迈	1.54	26.65	4.82	1.36

上海工商类上市公司 2022 年度总股本排序

（单位：万股）

序号	代码	公司简称	总股本 2022 年	总股本 2021 年	序号	代码	公司简称	总股本 2022 年	总股本 2021 年
1	601328.SH	交通银行	7426272.66	7426272.66	48	688126.SH	沪硅产业	273165.87	248026.00
2	600000.SH	浦发银行	2935217.37	2935216.80	49	600196.SH	复星医药	267215.66	256289.85
3	600018.SH	上港集团	2328414.48	2327867.98	50	601611.SH	中国核建	264807.50	264859.57
4	600019.SH	宝钢股份	2226819.00	2226841.16	51	600649.SH	城投控股	252957.56	252957.56
5	600115.SH	中国东航	1887444.01	1887444.01	52	600848.SH	上海临港	252248.70	252248.70
6	601727.SH	上海电气	1557980.91	1570597.11	53	002269.SZ	美邦服饰	251250.00	251250.00
7	601229.SH	上海银行	1420666.22	1420663.71	54	600651.SH	飞乐音响	250702.80	250702.80
8	600606.SH	绿地控股	1405421.83	1277656.21	55	688728.SH	格科微	249888.72	249888.72
9	688538.SH	和辉光电-U	1388963.32	1380943.76	56	600009.SH	上海机场	248848.13	192695.84
10	601866.SH	中远海发	1358647.73	1358647.73	57	600094.SH	大名城	247532.51	247532.51
11	300059.SZ	东方财富	1321416.25	1036632.79	58	300017.SZ	网宿科技	243723.07	244702.98
12	600837.SH	海通证券	1306420.00	1306420.00	59	600611.SH	大众交通	236412.29	236412.29
13	600104.SH	上汽集团	1168346.14	1168346.14	60	600662.SH	外服控股	228329.68	226327.95
14	600688.SH	上海石化	1082381.35	1082381.35	61	600708.SH	光明地产	222863.67	222863.67
15	601825.SH	沪农商行	964444.44	964444.44	62	603885.SH	吉祥航空	221400.53	196614.42
16	601601.SH	中国太保	962034.15	962034.15	63	600490.SH	鹏欣资源	221288.71	221288.71
17	601211.SH	国泰君安	890667.21	890844.95	64	601231.SH	环旭电子	220350.58	221017.28
18	600170.SH	上海建工	890439.77	890439.77	65	300253.SZ	卫宁健康	214772.96	214642.45
19	600958.SH	东方证券	849664.53	699365.58	66	600623.SH	华谊集团	213144.96	213038.14
20	601872.SH	招商轮船	812625.00	810784.18	67	601519.SH	大智慧	203587.02	202822.40
21	688981.SH	中芯国际	791266.47	790385.66	68	600845.SH	宝信软件	197618.01	152014.20
22	002252.SZ	上海莱士	674078.79	674078.79	69	600604.SH	市北高新	187330.48	187330.48
23	600061.SH	国投资本	642530.59	642530.13	70	600748.SH	上实发展	184456.29	184456.29
24	600675.SH	中华企业	609613.53	609613.53	71	600827.SH	百联股份	178416.81	178416.81
25	002506.SZ	协鑫集成	585031.64	585031.64	72	300180.SZ	华峰超纤	176106.02	176106.02
26	002195.SZ	二三四五	572484.77	572484.77	73	300008.SZ	天海防务	172802.91	172802.91
27	600517.SH	国网英大	571843.57	571843.57	74	600841.SH	动力新科	163153.57	163153.57
28	600816.SH	ST安信	546913.79	546913.79	75	600643.SH	爱建集团	162192.25	162192.25
29	300999.SZ	金龙鱼	542159.15	542159.15	76	600503.SH	华丽家族	160229.00	160229.00
30	600320.SH	振华重工	526835.35	526835.35	77	601156.SH	东航物流	158755.56	158755.56
31	600642.SH	申能股份	490942.83	491203.83	78	600895.SH	张江高科	154868.96	154868.96
32	600026.SH	中远海能	477077.64	476269.19	79	600210.SH	紫江企业	151673.62	151673.62
33	601788.SH	光大证券	461078.76	461078.76	80	600622.SH	光大嘉宝	149968.54	149968.54
34	600150.SH	中国船舶	447242.88	447242.88	81	600151.SH	航天机电	143425.23	143425.23
35	601828.SH	美凯龙	435473.27	435473.27	82	603565.SH	中谷物流	141896.16	95875.78
36	600601.SH	*ST方科	417029.33	219489.12	83	603659.SH	璞泰来	139083.00	69438.35
37	600663.SH	陆家嘴	403419.74	403419.74	84	600597.SH	光明乳业	137864.09	137864.09
38	600655.SH	豫园股份	389993.09	389038.30	85	600602.SH	云赛智联	136767.35	136767.35
39	600823.SH	ST世茂	375116.83	375116.83	86	688660.SH	电气风电	133333.34	133333.34
40	601607.SH	上海医药	369674.11	284208.93	87	603128.SH	华贸物流	130946.30	130946.30
41	600500.SH	中化国际	359329.06	276516.65	88	600851.SH	海欣股份	120705.67	120705.67
42	600637.SH	东方明珠	341450.02	341450.02	89	000863.SZ	三湘印象	120437.05	122520.82
43	600741.SH	华域汽车	315272.40	315272.40	90	300168.SZ	万达信息	118758.48	118758.48
44	600820.SH	隧道股份	314409.61	314409.61	91	603501.SH	韦尔股份	118430.20	87572.46
45	600635.SH	大众公用	295243.47	295243.47	92	600618.SH	氯碱化工	115640.00	115640.00
46	600021.SH	上海电力	281674.36	261716.42	93	600732.SH	爱旭股份	113987.41	203632.92
47	601696.SH	中银证券	277800.00	277800.00	94	600648.SH	外高桥	113534.91	113534.91

（续表）

序号	代码	公司简称	总股本		序号	代码	公司简称	总股本	
			2022 年	2021 年				2022 年	2021 年
95	688008.SH	澜起科技	113406.82	113130.68	142	002328.SZ	新朋股份	77177.00	77177.00
96	601968.SH	宝钢包装	113303.92	113280.74	143	002028.SZ	思源电气	76947.87	76604.18
97	002706.SZ	良信股份	112312.50	101912.37	144	603515.SH	欧普照明	75421.07	75421.07
98	600639.SH	浦东金桥	112241.29	112241.29	145	600072.SH	中船科技	73624.99	73624.99
99	601200.SH	上海环境	112185.85	112185.85	146	002636.SZ	金安国纪	72800.00	72800.00
100	600626.SH	申达股份	110797.87	110797.87	147	600508.SH	上海能源	72271.80	72271.80
101	600619.SH	海立股份	108441.99	108507.24	148	300326.SZ	凯利泰	71702.63	72014.63
102	600754.SH	锦江酒店	107004.41	107004.41	149	600843.SH	上工申贝	71316.65	71316.65
103	600621.SH	华鑫股份	106089.93	106089.93	150	600171.SH	上海贝岭	71217.84	71281.53
104	002565.SZ	顺灏股份	105998.89	105998.89	151	002178.SZ	延华智能	71215.30	71215.30
105	600824.SH	益民集团	105402.71	105402.71	152	600620.SH	天宸股份	68667.71	68667.71
106	300067.SZ	安诺其	105027.62	105285.62	153	600850.SH	电科数字	68507.43	42685.22
107	002568.SZ	百润股份	105016.00	74978.51	154	600624.SH	复旦复华	68471.20	68471.20
108	300039.SZ	上海凯宝	104600.00	104600.00	155	600315.SH	上海家化	67887.32	67963.45
109	600825.SH	新华传媒	104488.79	104488.79	156	600638.SH	新黄浦	67339.68	67339.68
110	688505.SH	复旦张江	102900.00	104300.00	157	600836.SH	上海易连	67275.31	67105.31
111	600676.SH	交运股份	102849.29	102849.29	158	300262.SZ	巴安水务	66976.70	66976.70
112	600420.SH	国药现代	102698.31	102696.46	159	600616.SH	金枫酒业	66900.50	66900.50
113	603056.SH	德邦股份	102695.75	102695.75	160	002527.SZ	新时达	66292.98	65976.19
114	600835.SH	上海机电	102273.93	102273.93	161	300061.SZ	旗天科技	65899.37	66094.42
115	002324.SZ	普利特	101406.23	101406.23	162	688373.SH	盟科药业-U	65521.01	–
116	601702.SH	华峰铝业	99853.06	99853.06	163	603012.SH	创力集团	65156.00	63656.00
117	300257.SZ	开山股份	99363.50	99363.50	164	600628.SH	新世界	64687.54	64687.54
118	688180.SH	君实生物-U	98287.16	91075.67	165	603718.SH	海利生物	64400.00	64400.00
119	601021.SH	春秋航空	97854.88	91646.27	166	300171.SZ	东富龙	63541.50	62833.70
120	600629.SH	华建集团	97094.28	63420.96	167	002454.SZ	松芝股份	62858.16	62858.16
121	600284.SH	浦东建设	97025.60	97025.60	168	300762.SZ	上海瀚讯	62801.44	39195.00
122	600641.SH	万业企业	95793.04	95793.04	169	600846.SH	同济科技	62476.15	62476.15
123	603730.SH	岱美股份	94174.02	72441.55	170	688336.SH	三生国健	61678.58	61621.14
124	600073.SH	上海梅林	93772.95	93772.95	171	688012.SH	中微公司	61624.45	61624.45
125	601616.SH	广电电气	93557.50	93557.50	172	603466.SH	风语筑	59847.75	42196.60
126	600819.SH	耀皮玻璃	93491.61	93491.61	173	603650.SH	彤程新材	59612.06	59715.25
127	300129.SZ	泰胜风能	93489.92	71915.33	174	688065.SH	凯赛生物	58327.82	41668.20
128	603899.SH	晨光股份	92693.31	92774.56	175	603030.SH	*ST全筑	58007.02	58005.34
129	002162.SZ	悦心健康	92650.00	92650.00	176	603108.SH	润达医疗	57954.27	57953.84
130	603256.SH	宏和科技	88437.00	87780.00	177	300272.SZ	开能健康	57717.19	57717.19
131	600278.SH	东方创业	88226.02	86845.94	178	688382.SH	益方生物-U	57500.00	–
132	300170.SZ	汉得信息	86691.36	88405.61	179	600650.SH	锦江在线	55161.01	55161.01
133	002486.SZ	嘉麟杰	83200.00	83200.00	180	300627.SZ	华测导航	53512.11	37871.32
134	688271.SH	联影医疗	82415.80	–	181	002158.SZ	汉钟精机	53472.41	53488.18
135	300442.SZ	润泽科技	82042.07	10000.00	182	600613.SH	神奇制药	53407.16	53407.16
136	688385.SH	复旦微电	81665.65	81450.20	183	600826.SH	兰生股份	53276.11	53592.09
137	300230.SZ	永利股份	81620.60	81620.60	184	300074.SZ	华平股份	53102.09	53389.29
138	300336.SZ	*ST新文	80623.02	80623.02	185	300398.SZ	飞凯材料	52865.01	51616.70
139	600640.SH	国脉文化	79569.59	79569.59	186	600612.SH	老凤祥	52311.78	52311.78
140	300222.SZ	科大智能	78024.22	78024.22	187	600882.SH	妙可蓝多	51607.51	51621.01
141	600530.SH	交大昂立	78000.00	78000.00	188	600532.SH	*ST未来	51606.57	51606.57

（续表）

序号	代码	公司简称	总股本		序号	代码	公司简称	总股本	
			2022年	2021年				2022年	2021年
189	600679.SH	上海凤凰	51529.43	51529.43	236	301060.SZ	兰卫医学	40051.70	40051.70
190	002022.SZ	科华生物	51429.68	51428.44	237	605136.SH	丽人丽妆	40045.85	40203.00
191	603956.SH	威派格	50843.54	42596.08	238	301062.SZ	上海艾录	40039.18	40039.18
192	300493.SZ	润欣科技	50475.11	48656.90	239	301025.SZ	读客文化	40030.94	40001.00
193	300511.SZ	雪榕生物	50304.44	44192.29	240	688107.SH	安路科技	40010.00	40010.00
194	688521.SH	芯原股份	49775.07	49516.88	241	603170.SH	宝立食品	40001.00	—
195	600822.SH	上海物贸	49597.29	49597.29	242	688213.SH	思特威-W	40001.00	—
196	688238.SH	和元生物	49318.90	8868.00	243	603619.SH	中曼石油	40000.01	40000.01
197	300225.SZ	金力泰	48920.53	48920.53	244	688062.SH	迈威生物-U	39960.00	29970.00
198	603587.SH	地素时尚	48107.76	48120.00	245	603122.SH	合富中国	39805.26	29853.94
199	600834.SH	申通地铁	47738.19	47738.19	246	600088.SH	中视传媒	39770.64	39770.64
200	603682.SH	锦和商管	47250.00	47250.00	247	603020.SH	爱普股份	38323.78	38323.78
201	688351.SH	微电生理-U	47060.00	7003.13	248	002401.SZ	中远海科	37190.46	37209.89
202	600081.SH	东风科技	47041.89	47041.89	249	603918.SH	金桥信息	36775.90	36674.61
203	300590.SZ	移为通信	45780.85	30452.70	250	600119.SH	长江投资	36527.04	36527.04
204	688247.SH	宣泰医药	45334.00	—	251	002278.SZ	神开股份	36390.96	36390.96
205	688158.SH	优刻得-W	45309.51	42280.52	252	603648.SH	畅联股份	36241.28	36866.67
206	603887.SH	城地香江	45075.44	45071.77	253	603009.SH	北特科技	35873.01	35873.01
207	688578.SH	艾力斯	45000.00	45000.00	254	603226.SH	菲林格尔	35549.18	27345.52
208	601595.SH	上海电影	44820.00	44820.00	255	002184.SZ	海得控制	35190.84	35190.84
209	688110.SH	东芯股份	44224.98	44224.98	256	600692.SH	亚通股份	35176.41	35176.41
210	002346.SZ	柘中股份	44157.54	44157.54	257	300551.SZ	古鳌科技	34575.29	30404.70
211	603987.SH	康德莱	44156.90	44156.90	258	603121.SH	华培动力	34258.71	26475.30
212	600636.SH	国新文化	44044.90	44693.69	259	300327.SZ	中颖电子	34203.93	31094.48
213	002451.SZ	摩恩电气	43920.00	43920.00	260	603855.SH	华荣股份	33755.90	33759.80
214	603868.SH	飞科电器	43560.00	43560.00	261	603777.SH	来伊份	33655.99	33679.70
215	605050.SH	福然德	43500.00	43500.00	262	600696.SH	岩石股份	33446.94	33446.94
216	688206.SH	概伦电子	43380.44	43380.44	263	603330.SH	天洋新材	33282.59	23773.28
217	688082.SH	盛美上海	43355.71	43355.71	264	603881.SH	数据港	32892.72	32892.72
218	002211.SZ	ST宏达	43247.58	43247.58	265	600608.SH	ST沪科	32886.14	32886.14
219	603378.SH	亚士创能	43173.64	29895.13	266	603633.SH	徕木股份	32831.60	26350.12
220	002116.SZ	中国海诚	42822.07	41762.89	267	600818.SH	中路股份	32144.79	32144.79
221	605339.SH	南侨食品	42812.44	42765.44	268	603690.SH	至纯科技	32009.85	31850.05
222	600193.SH	创兴资源	42537.30	42537.30	269	300153.SZ	科泰电源	32000.00	32000.00
223	600630.SH	龙头股份	42486.16	42486.16	270	603131.SH	上海沪工	31798.47	31798.24
224	603728.SH	鸣志电器	42006.30	42016.50	271	300245.SZ	天玑科技	31345.75	31345.75
225	688220.SH	翱捷科技-U	41830.09	37647.08	272	300236.SZ	上海新阳	31338.14	31338.14
226	605222.SH	起帆电缆	41813.44	41821.32	273	002669.SZ	康达新材	30540.30	25249.29
227	002561.SZ	徐家汇	41576.30	41576.30	274	300126.SZ	锐奇股份	30395.76	30395.76
228	688099.SH	晶晨股份	41349.99	41112.00	275	600661.SH	昂立教育	28654.88	28654.88
229	603057.SH	紫燕食品	41200.00	—	276	603211.SH	晋拓股份	27180.80	—
230	688098.SH	申联生物	41064.40	41064.40	277	688596.SH	正帆科技	27017.72	25650.00
231	002605.SZ	姚记科技	40646.15	40448.97	278	603189.SH	网达软件	26954.83	26954.83
232	603786.SH	科博达	40409.80	40010.00	279	300483.SZ	首华燃气	26853.51	26853.17
233	688585.SH	上纬新材	40320.00	40320.00	280	300226.SZ	上海钢联	26730.29	19093.06
234	603003.SH	龙宇股份	40244.35	40244.35	281	300378.SZ	鼎捷软件	26703.42	26644.14
235	600838.SH	上海九百	40088.20	40088.20	282	430139.BJ	华岭股份	26680.00	22680.00

（续表）

序号	代码	公司简称	总股本		序号	代码	公司简称	总股本	
			2022 年	2021 年				2022 年	2021 年
283	603365.SH	水星家纺	26667.00	26667.00	330	603329.SH	上海雅仕	15875.62	15875.62
284	603960.SH	克来机电	26349.85	26094.45	331	300963.SZ	中洲特材	15600.00	12000.00
285	603039.SH	泛微网络	26060.31	26060.31	332	688063.SH	派能科技	15484.45	15484.45
286	300802.SZ	矩子科技	25992.40	16245.25	333	300947.SZ	德必集团	15360.36	8084.40
287	603083.SH	剑桥科技	25558.16	25222.06	334	603068.SH	博通集成	15128.00	15128.00
288	603006.SH	联明股份	25425.43	25425.43	335	301046.SZ	能辉科技	14979.00	14948.00
289	605208.SH	永茂泰	25380.00	18800.00	336	688188.SH	柏楚电子	14597.48	10033.53
290	605338.SH	巴比食品	24800.00	24800.00	337	688091.SH	上海谊众	14388.80	10580.00
291	002825.SZ	纳尔股份	24466.03	17139.84	338	002058.SZ	威尔泰	14344.83	14344.83
292	600272.SH	开开实业	24300.00	24300.00	339	831961.BJ	创远信科	14284.05	10991.54
293	600097.SH	开创国际	24093.66	24093.66	340	688179.SH	阿拉丁	14130.68	10093.34
294	603886.SH	元祖股份	24000.00	24000.00	341	300380.SZ	安硕信息	14079.58	14100.98
295	603196.SH	日播时尚	23964.25	24000.00	342	603214.SH	爱婴室	14051.69	14151.82
296	688590.SH	新致软件	23872.38	18202.23	343	831305.BJ	海希通讯	14026.00	7013.00
297	688519.SH	南亚新材	23475.16	23440.00	344	603159.SH	上海亚虹	14000.00	14000.00
298	603232.SH	格尔软件	23172.20	23172.20	345	603579.SH	荣泰健康	13997.34	14000.34
299	300613.SZ	富瀚微	22954.50	12022.97	346	600647.SH	*ST同达	13914.36	13914.36
300	603496.SH	恒为科技	22779.99	22795.45	347	603192.SH	汇得科技	13866.67	10666.67
301	688085.SH	三友医疗	22586.69	20533.35	348	605186.SH	健麾信息	13600.00	13600.00
302	600833.SH	第一医药	22308.63	22308.63	349	605151.SH	西上海	13494.00	13334.00
303	603683.SH	晶华新材	21715.49	18312.90	350	688212.SH	澳华内镜	13334.00	13334.00
304	300286.SZ	安科瑞	21471.61	21480.01	351	603580.SH	艾艾精工	13067.32	13067.32
305	830799.BJ	艾融软件	21068.85	14076.93	352	300983.SZ	尤安设计	12800.00	8000.00
306	603197.SH	保隆科技	20873.03	20780.59	353	603324.SH	盛剑环境	12507.07	12511.65
307	600605.SH	汇通能源	20628.24	20628.24	354	300609.SZ	汇纳科技	12243.95	12191.24
308	300469.SZ	信息发展	20513.54	20513.54	355	688123.SH	聚辰股份	12090.59	12084.19
309	688121.SH	卓然股份	20266.67	20266.67	356	688031.SH	星环科技–U	12084.21	–
310	603499.SH	翔港科技	20115.34	20118.00	357	301161.SZ	唯万密封	12000.00	–
311	600689.SH	上海三毛	20099.13	20099.13	358	301228.SZ	实朴检测	12000.00	–
312	300578.SZ	会畅通讯	20034.97	19984.14	359	688129.SH	东来技术	12000.00	12000.00
313	603022.SH	新通联	20000.00	20000.00	360	688608.SH	恒玄科技	12000.00	12000.00
314	688317.SH	之江生物	19470.44	19470.44	361	605098.SH	行动教育	11807.86	8434.19
315	300501.SZ	海顺新材	19353.15	19371.15	362	605081.SH	太和水	11324.71	7810.14
316	603790.SH	雅运股份	19136.00	19136.00	363	300508.SZ	维宏股份	10909.44	9091.20
317	603681.SH	永冠新材	19112.99	19112.99	364	605289.SH	罗曼股份	10833.75	8667.00
318	603236.SH	移远通信	18898.21	14537.08	365	688479.SH	友车科技	10823.80	10823.80
319	300462.SZ	华铭智能	18826.50	18826.50	366	688163.SH	赛伦生物	10822.00	8116.00
320	688366.SH	昊海生科	17413.00	17582.21	367	603895.SH	天永智能	10808.00	10808.00
321	688718.SH	唯赛勃	17375.44	17375.44	368	872541.BJ	铁大科技	10670.00	10370.00
322	603200.SH	上海洗霸	17290.92	12529.65	369	688131.SH	皓元医药	10651.81	7434.20
323	605598.SH	上海港湾	17274.35	17274.35	370	688370.SH	丛麟科技	10640.00	–
324	300330.SZ	计通退	16991.85	17115.79	371	603037.SH	凯众股份	10490.14	10490.14
325	301151.SZ	冠龙节能	16767.43	–	372	301005.SZ	超捷股份	10416.33	5712.69
326	688798.SH	艾为电子	16600.00	16600.00	373	001266.SZ	宏英智能	10281.60	–
327	603713.SH	密尔克卫	16438.47	16448.44	374	688335.SH	复洁环保	10153.01	7252.15
328	300642.SZ	透景生命	16383.46	16390.41	375	301037.SZ	保立佳	10037.94	9010.00
329	002858.SZ	力盛体育	15992.58	15992.58	376	300892.SZ	品渥食品	10000.00	10000.00

(续表)

序号	代码	公司简称	总股本		序号	代码	公司简称	总股本	
			2022年	2021年				2022年	2021年
377	688330.SH	宏力达	10000.00	10000.00	402	688155.SH	先惠技术	7667.61	7598.80
378	301000.SZ	肇民科技	9600.03	5333.35	403	688019.SH	安集科技	7470.16	5322.06
379	688118.SH	普元信息	9540.00	9540.00	404	688071.SH	华依科技	7284.48	7284.48
380	603729.SH	龙韵股份	9333.80	9333.80	405	688301.SH	奕瑞科技	7269.15	7254.78
381	300915.SZ	海融科技	9000.00	9000.00	406	688016.SH	心脉医疗	7197.81	7197.81
382	688372.SH	伟测科技	8721.07	—	407	301273.SZ	瑞晨环保	7164.18	—
383	688202.SH	美迪西	8701.67	6207.95	408	688073.SH	毕得医药	6491.64	—
384	301166.SZ	优宁维	8666.67	8666.67	409	301070.SZ	开勒股份	6455.52	6455.52
385	688133.SH	泰坦科技	8407.17	7624.90	410	300899.SZ	上海凯鑫	6378.35	6378.35
386	688680.SH	海优新材	8402.00	8402.00	411	301024.SZ	霍普股份	6358.50	4239.00
387	688160.SH	步科股份	8400.00	8400.00	412	688368.SH	晶丰明源	6290.38	6203.01
388	688230.SH	芯导科技	8400.00	6000.00	413	688435.SH	英方软件	6255.33	5520.00
389	430300.BJ	辰光医疗	8359.71	6859.71	414	301257.SZ	普蕊斯	6097.50	4500.00
390	605398.SH	新炬网络	8329.75	5949.82	415	301289.SZ	国缆检测	6000.00	
391	688392.SH	骄成超声	8200.00	—	416	688391.SH	钜泉科技	5760.00	4320.00
392	688293.SH	奥浦迈	8198.03	—	417	688217.SH	睿昂基因	5557.71	5557.71
393	833346.BJ	威贸电子	8068.26	5733.10	418	688682.SH	霍莱沃	5194.78	3700.00
394	688018.SH	乐鑫科技	8046.93	8015.90	419	688766.SH	普冉股份	5072.02	3622.87
395	301001.SZ	凯淳股份	8000.00	8000.00	420	688193.SH	仁度生物	4000.00	—
396	301099.SZ	雅创电子	8000.00	8000.00	421	836414.BJ	欧普泰	3357.59	2757.59
397	301156.SZ	美农生物	8000.00	6000.00	422	301303.SZ	真兰仪表	—	—
398	605128.SH	上海沿浦	8000.00	8000.00	423	301419.SZ	阿莱德	—	—
399	688265.SH	南模生物	7796.35	7796.35	424	603153.SH	上海建科	—	—
400	688061.SH	灿瑞科技	7710.70	—	425	688484.SH	南芯科技	—	—
401	301230.SZ	泓博医药	7687.33	5555.33	426	688507.SH	索辰科技	—	—

上海工商类上市公司 2022 年度净资产排序

（单位：万元）

序号	代码	公司简称	净资产		序号	代码	公司简称	净资产	
			2022 年	2021 年				2022 年	2021 年
1	601328.SH	交通银行	103574000.00	97723600.00	48	603501.SH	韦尔股份	1810023.06	1630437.47
2	600000.SH	浦发银行	70677500.00	67821800.00	49	688271.SH	联影医疗	1747350.89	503355.10
3	600104.SH	上汽集团	33630023.69	32877073.06	50	600754.SH	锦江酒店	1715028.81	1733658.52
4	601601.SH	中国太保	23412800.00	23240500.00	51	600675.SH	中华企业	1644961.52	1701905.28
5	601229.SH	上海银行	22164852.40	20576844.50	52	601696.SH	中银证券	1641185.08	1570899.01
6	600019.SH	宝钢股份	21587635.44	21072057.35	53	688538.SH	和辉光电–U	1580505.24	1739833.41
7	688981.SH	中芯国际	20170471.30	16197483.10	54	601231.SH	环旭电子	1574983.91	1308236.51
8	600837.SH	海通证券	17762205.76	17775478.61	55	600835.SH	上海机电	1558436.98	1463578.23
9	600606.SH	绿地控股	16426988.24	16388289.24	56	688012.SH	中微公司	1548250.13	1394020.02
10	601211.SH	国泰君安	16382608.89	15063659.19	57	600895.SH	张江高科	1529051.50	1450762.20
11	600018.SH	上港集团	12116704.84	10780562.92	58	600639.SH	浦东金桥	1525714.36	1251289.25
12	601825.SH	沪农商行	10571564.70	9733143.70	59	688065.SH	凯赛生物	1503821.26	1468755.71
13	601727.SH	上海电气	9419416.70	9814435.30	60	601156.SH	东航物流	1468500.69	1184623.36
14	300999.SZ	金龙鱼	9328340.60	9110842.80	61	603659.SH	璞泰来	1396921.90	1066927.31
15	601607.SH	上海医药	7800245.11	5906621.01	62	601021.SH	春秋航空	1369289.07	1374709.19
16	600958.SH	东方证券	7739828.86	6414310.56	63	600094.SH	大名城	1271046.72	1312355.43
17	300059.SZ	东方财富	6516466.32	4404023.66	64	600643.SH	爱建集团	1246658.87	1238715.08
18	601788.SH	光大证券	6478443.85	5859526.21	65	600648.SH	外高桥	1229577.81	1196821.67
19	600741.SH	华域汽车	5705471.87	5367453.23	66	600420.SH	国药现代	1215272.17	1036985.85
20	601828.SH	美凯龙	5699535.71	5753121.81	67	600508.SH	上海能源	1213749.16	1052673.60
21	600061.SH	国投资本	5661211.62	5454321.97	68	601200.SH	上海环境	1203392.13	1186615.92
22	600196.SH	复星医药	5410890.96	4837556.45	69	600612.SH	老凤祥	1198147.10	1085864.51
23	600170.SH	上海建工	5108005.27	5156705.55	70	600708.SH	光明地产	1175201.15	1377120.64
24	600150.SH	中国船舶	5047929.90	5310417.36	71	600748.SH	上实发展	1101024.91	1112304.91
25	600021.SH	上海电力	4405940.16	3780741.34	72	600845.SH	宝信软件	1066000.31	960357.92
26	600823.SH	ST世茂	4080834.69	4898521.98	73	600597.SH	光明乳业	1054825.24	1035190.22
27	600009.SH	上海机场	4070348.78	2770593.55	74	600611.SH	大众交通	1016319.00	1019902.42
28	600655.SH	豫园股份	3960955.90	4175671.52	75	688008.SH	澜起科技	992725.50	839069.94
29	600642.SH	申能股份	3816088.91	3853391.16	76	688180.SH	君实生物–U	977646.03	831637.43
30	600663.SH	陆家嘴	3765898.53	3842257.67	77	600635.SH	大众公用	957656.68	1001619.76
31	601611.SH	中国核建	3508658.91	2992212.43	78	603885.SH	吉祥航空	956976.55	1009974.15
32	600637.SH	东方明珠	3443509.59	3543221.17	79	002028.SZ	思源电气	943598.29	859817.76
33	600820.SH	隧道股份	3385580.82	2936714.78	80	002195.SZ	二三四五	940822.21	928589.34
34	600026.SH	中远海能	3357039.03	2992228.25	81	603565.SH	中谷物流	933608.25	973447.73
35	601872.SH	招商轮船	3350002.01	2688335.27	82	600622.SH	光大嘉宝	910796.02	950994.80
36	600115.SH	中国东航	3010100.00	5491000.00	83	300017.SZ	网宿科技	907340.23	883895.05
37	601866.SH	中远海发	2889430.73	3268889.89	84	600732.SH	爱旭股份	905894.65	558200.65
38	002252.SZ	上海莱士	2881334.14	2590416.67	85	600604.SH	市北高新	850884.96	844804.09
39	600848.SH	上海临港	2741725.35	1997805.50	86	600641.SH	万业企业	838473.01	763086.24
40	600500.SH	中化国际	2654294.25	1992942.18	87	600618.SH	氯碱化工	828225.04	710372.40
41	600688.SH	上海石化	2637138.60	3039543.10	88	600841.SH	动力新科	795234.48	976929.15
42	600623.SH	华谊集团	2605008.02	2483010.93	89	688728.SH	格科微	789541.16	754970.41
43	600517.SH	国网英大	2205415.41	2138317.71	90	300171.SZ	东富龙	764401.97	447835.67
44	600649.SH	城投控股	2158145.68	2226352.31	91	600621.SH	华鑫股份	753481.96	735988.59
45	600827.SH	百联股份	2005466.82	2047151.64	92	688220.SH	翱捷科技–U	747218.81	113134.49
46	688126.SH	沪硅产业	1954632.74	1049424.43	93	600278.SH	东方创业	743957.05	724289.35
47	600320.SH	振华重工	1812234.48	1765005.30	94	600619.SH	海立股份	738567.80	764493.44

（续表）

序号	代码	公司简称	净资产		序号	代码	公司简称	净资产	
			2022年	2021年				2022年	2021年
95	600284.SH	浦东建设	726818.99	690168.51	142	600650.SH	锦江在线	409560.18	397241.45
96	603899.SH	晨光股份	725217.81	652329.12	143	300129.SZ	泰胜风能	405827.33	277790.17
97	600315.SH	上海家化	724948.46	696327.74	144	605050.SH	福然德	404960.18	324556.96
98	688660.SH	电气风电	715001.83	762411.14	145	600851.SH	海欣股份	401884.83	428277.91
99	600073.SH	上海梅林	713475.54	670309.43	146	300226.SZ	上海钢联	396467.96	370828.42
100	603056.SH	德邦股份	692440.30	649033.37	147	300170.SZ	汉得信息	395874.63	340923.98
101	603515.SH	欧普照明	610563.10	582990.12	148	601968.SH	宝钢包装	395495.34	375512.50
102	603128.SH	华贸物流	601525.54	540916.60	149	688301.SH	奕瑞科技	390369.71	307655.78
103	688608.SH	恒玄科技	596276.43	590333.27	150	603713.SH	密尔克卫	389392.40	321959.91
104	600210.SH	紫江企业	592354.64	594448.59	151	300398.SZ	飞凯材料	381884.96	324751.18
105	688366.SH	昊海生科	590238.45	606028.50	152	002568.SZ	百润股份	376635.84	379122.83
106	002022.SZ	科华生物	585200.52	513126.40	153	300039.SZ	上海凯宝	376103.08	304491.18
107	600490.SH	鹏欣资源	584025.16	627315.83	154	002706.SZ	良信股份	374343.88	220615.29
108	300257.SZ	开山股份	581416.85	492535.67	155	601702.SH	华峰铝业	373256.01	314086.01
109	600151.SH	航天机电	576774.86	585316.11	156	688213.SH	思特威-W	373145.53	262835.68
110	600676.SH	交运股份	552785.40	558044.39	157	603236.SH	移远通信	371971.68	320930.06
111	688082.SH	盛美上海	552403.33	481496.11	158	002636.SZ	金安国纪	369588.51	366463.32
112	688385.SH	复旦微电	515316.94	336690.25	159	600503.SH	华丽家族	368397.43	368649.82
113	300253.SZ	卫宁健康	512667.69	517340.51	160	002328.SZ	新朋股份	363748.24	338594.04
114	603108.SH	润达医疗	500985.03	439203.98	161	603003.SH	龙宇股份	361954.43	360015.22
115	688099.SH	晶晨股份	493159.38	390751.69	162	603587.SH	地素时尚	361122.94	375814.15
116	600629.SH	华建集团	488488.74	360535.71	163	600846.SH	同济科技	359942.92	343254.36
117	600882.SH	妙可蓝多	487651.87	490615.93	164	600826.SH	兰生股份	358662.06	379230.69
118	300180.SZ	华峰超纤	476083.07	514519.70	165	688798.SH	艾为电子	353529.67	372789.31
119	600602.SH	云赛智联	473001.47	468238.99	166	688330.SH	宏力达	353248.35	333803.88
120	603690.SH	至纯科技	470925.63	429045.07	167	688062.SH	迈威生物-U	351061.08	100862.06
121	688336.SH	三生国健	459952.18	453910.07	168	600601.SH	*ST方科	345189.73	−68933.45
122	600638.SH	新黄浦	458642.87	452332.02	169	600843.SH	上工申贝	344853.61	333215.50
123	300483.SZ	首华燃气	450728.59	446756.60	170	603868.SH	飞科电器	342813.89	304111.18
124	600819.SH	耀皮玻璃	443842.59	445606.80	171	603887.SH	城地香江	341701.54	341370.51
125	600640.SH	国脉文化	443457.76	463720.98	172	603012.SH	创力集团	337510.56	311129.63
126	600072.SH	中船科技	434833.36	428473.49	173	603020.SH	爱普股份	331647.60	332453.81
127	600850.SH	电科数字	432653.89	312912.79	174	600626.SH	申达股份	330916.70	359576.15
128	688063.SH	派能科技	430996.44	296998.11	175	605339.SH	南侨食品	325257.10	320113.38
129	688188.SH	柏楚电子	430475.09	299914.84	176	688578.SH	艾力斯	318705.57	297326.49
130	603786.SH	科博达	430350.73	421143.39	177	002669.SZ	康达新材	314286.64	229124.52
131	603730.SH	岱美股份	426129.63	398397.48	178	603650.SH	彤程新材	314213.01	284339.93
132	600662.SH	外服控股	423432.85	396877.03	179	002324.SZ	普利特	310814.30	261746.56
133	600171.SH	上海贝岭	422719.55	398127.34	180	300983.SZ	尤安设计	309586.25	318261.16
134	600628.SH	新世界	421152.04	435857.94	181	002158.SZ	汉钟精机	307425.42	263017.23
135	688317.SH	之江生物	420041.17	382740.90	182	603881.SH	数据港	302117.78	298340.11
136	605222.SH	起帆电缆	419150.32	372628.13	183	688158.SH	优刻得-W	297967.96	271182.32
137	002454.SZ	松芝股份	418902.27	410366.68	184	300442.SZ	润泽科技	296357.04	47379.95
138	300236.SZ	上海新阳	415479.10	498731.55	185	688521.SH	芯原股份	290722.04	272111.85
139	000863.SZ	三湘印象	411882.45	423022.39	186	688370.SH	丛麟科技	289827.92	127993.42
140	688110.SH	东芯股份	411671.16	396530.54	187	603153.SH	上海建科	284681.29	258098.70
141	600081.SH	东风科技	410576.62	404635.97	188	300326.SZ	凯利泰	281470.15	277837.63

（续表）

序号	代码	公司简称	净资产		序号	代码	公司简称	净资产	
			2022 年	2021 年				2022 年	2021 年
189	603197.SH	保隆科技	278655.56	245111.55	236	603057.SH	紫燕食品	201655.45	120939.21
190	603365.SH	水星家纺	276723.25	263696.89	237	301151.SZ	冠龙节能	200869.60	77355.41
191	688133.SH	泰坦科技	276667.19	161606.57	238	688391.SH	钜泉科技	199815.80	30573.42
192	300230.SZ	永利股份	273974.30	244136.03	239	688766.SH	普冉股份	198412.46	193192.02
193	002605.SZ	姚记科技	272892.12	245387.06	240	300378.SZ	鼎捷软件	193011.54	167733.83
194	603728.SH	鸣志电器	271675.11	244514.67	241	603083.SH	剑桥科技	192568.82	174254.53
195	002346.SZ	柘中股份	271006.37	337340.44	242	300222.SZ	科大智能	192520.10	221381.32
196	300762.SZ	上海瀚讯	269024.06	261367.11	243	688085.SH	三友医疗	191301.62	173627.25
197	600636.SH	国新文化	268521.07	256908.90	244	603039.SH	泛微网络	191105.21	187955.17
198	688519.SH	南亚新材	267683.85	289384.94	245	688123.SH	聚辰股份	190358.16	151980.38
199	601616.SH	广电电气	259973.71	252733.87	246	002527.SZ	新时达	189733.13	364880.72
200	300627.SZ	华测导航	257948.84	223625.49	247	600616.SH	金枫酒业	189432.04	191220.62
201	688061.SH	灿瑞科技	257209.20	43638.33	248	603579.SH	荣泰健康	187009.05	178014.65
202	603987.SH	康德莱	254916.07	338996.35	249	603633.SH	徕木股份	185944.88	110566.39
203	300613.SZ	富瀚微	250881.64	209389.71	250	603855.SH	华荣股份	183390.25	179241.28
204	605136.SH	丽人丽妆	249962.66	268977.61	251	603648.SH	畅联股份	183366.07	182120.44
205	600825.SH	新华传媒	249927.16	260974.36	252	688018.SH	乐鑫科技	182667.75	182301.79
206	603681.SH	永冠新材	248511.09	223632.39	253	603777.SH	来伊份	181140.97	169564.50
207	688680.SH	海优新材	248178.22	230638.43	254	603068.SH	博通集成	179751.51	202644.08
208	600651.SH	飞乐音响	247844.21	230503.50	255	300008.SZ	天海防务	178333.50	167339.75
209	688596.SH	正帆科技	241305.20	186712.91	256	688265.SH	南模生物	176592.68	178366.04
210	688372.SH	伟测科技	237946.29	89895.61	257	688392.SH	骄成超声	175430.54	34438.15
211	600613.SH	神奇制药	237317.65	239251.66	258	688016.SH	心脉医疗	174262.45	152209.96
212	600824.SH	益民集团	237226.71	269989.89	259	603378.SH	亚士创能	172556.18	162005.09
213	300067.SZ	安诺其	235758.89	230456.26	260	603006.SH	联明股份	172149.71	166448.75
214	688131.SH	皓元医药	233196.56	183644.07	261	603189.SH	网达软件	171964.13	169324.12
215	603619.SH	中曼石油	229781.53	197041.01	262	688031.SH	星环科技-U	170868.24	61651.95
216	301060.SZ	兰卫医学	227275.45	163981.39	263	300590.SZ	移为通信	168755.15	154612.27
217	002561.SZ	徐家汇	227008.10	231187.26	264	300501.SZ	海顺新材	167955.30	158550.12
218	002506.SZ	协鑫集成	225566.63	235225.13	265	688351.SH	微电生理-U	167549.39	58963.34
219	688505.SH	复旦张江	225302.14	218959.00	266	601595.SH	上海电影	167519.44	204302.99
220	688382.SH	益方生物-U	221492.21	68502.97	267	300578.SZ	会畅通讯	166456.47	165015.08
221	603466.SH	风语筑	219790.88	229450.44	268	600834.SH	申通地铁	165701.33	159979.37
222	688293.SH	奥浦迈	218467.80	56245.36	269	002116.SZ	中国海诚	164839.78	150182.54
223	688121.SH	卓然股份	217677.81	199310.56	270	603009.SH	北特科技	163168.93	161089.32
224	688238.SH	和元生物	217119.79	91766.66	271	300511.SZ	雪榕生物	162583.34	165454.69
225	688230.SH	芯导科技	217110.10	208765.47	272	603886.SH	元祖股份	162240.50	159728.92
226	688206.SH	概伦电子	217018.12	211219.70	273	601519.SH	大智慧	161918.25	157640.65
227	301166.SZ	优宁维	215751.59	208825.51	274	688107.SH	安路科技	160511.53	150886.92
228	600679.SH	上海凤凰	212992.01	248631.31	275	688202.SH	美迪西	160278.47	132750.94
229	600097.SH	开创国际	212709.06	201594.01	276	605081.SH	太和水	159669.63	183894.29
230	600620.SH	天宸股份	211988.73	233460.94	277	300462.SZ	华铭智能	159026.34	150355.73
231	603956.SH	威派格	211425.13	133391.62	278	605598.SH	上海港湾	156445.89	140460.80
232	688073.SH	毕得医药	207615.42	62886.10	279	002184.SZ	海得控制	154985.92	142207.29
233	605208.SH	永茂泰	207314.64	200771.19	280	688368.SH	晶丰明源	152660.63	190695.63
234	605338.SH	巴比食品	206968.39	191416.61	281	688019.SH	安集科技	152154.99	120116.09
235	002565.SZ	顺灏股份	203947.84	210785.10	282	603256.SH	宏和科技	150720.32	153314.84

（续表）

序号	代码	公司简称	净资产		序号	代码	公司简称	净资产	
			2022年	2021年				2022年	2021年
283	688098.SH	申联生物	149687.45	147298.75	330	603718.SH	海利生物	111100.32	98719.24
284	300327.SZ	中颖电子	148441.40	132895.30	331	301062.SZ	上海艾录	110522.11	102354.47
285	600532.SH	*ST未来	148239.84	149389.14	332	300126.SZ	锐奇股份	109179.69	110782.83
286	300642.SZ	透景生命	148064.96	139625.57	333	300074.SZ	华平股份	109099.90	120503.50
287	300245.SZ	天玑科技	146047.99	152557.65	334	300551.SZ	古鳌科技	108902.83	64394.65
288	300915.SZ	海融科技	145318.93	139643.39	335	300609.SZ	汇纳科技	108391.67	114212.35
289	002401.SZ	中远海科	143773.72	127809.44	336	605186.SH	健麾信息	108326.03	97553.84
290	600838.SH	上海九百	143133.75	151813.27	337	603918.SH	金桥信息	108027.28	112833.85
291	603324.SH	盛剑环境	142468.79	138414.93	338	603226.SH	菲林格尔	107961.72	107834.04
292	688590.SH	新致软件	141913.41	128413.01	339	688484.SH	南芯科技	107424.50	91380.50
293	002825.SZ	纳尔股份	139746.58	114518.48	340	600822.SH	上海物贸	106998.28	102042.49
294	603192.SH	汇得科技	139573.06	136711.56	341	605098.SH	行动教育	106982.10	108206.40
295	605151.SH	西上海	137472.91	128109.05	342	600088.SH	中视传媒	104581.90	111268.36
296	603232.SH	格尔软件	137431.74	139592.22	343	002486.SZ	嘉麟杰	104279.97	97021.10
297	688155.SH	先惠技术	136875.29	120696.62	344	001266.SZ	宏英智能	103182.29	39847.06
298	300947.SZ	德必集团	134261.16	126907.26	345	430139.BJ	华岭股份	102785.45	45714.20
299	688091.SH	上海谊众	131917.83	117553.98	346	603330.SH	天洋新材	102456.06	113646.92
300	603329.SH	上海雅仕	129422.72	117431.99	347	300493.SZ	润欣科技	102437.39	80053.22
301	688212.SH	澳华内镜	128184.24	125887.88	348	605398.SH	新炬网络	101858.93	97640.14
302	603131.SH	上海沪工	126537.82	140496.54	349	002162.SZ	悦心健康	101702.87	129155.78
303	603496.SH	恒为科技	126514.75	117382.62	350	603683.SH	晶华新材	101437.56	98811.67
304	603790.SH	雅运股份	125758.87	124218.94	351	603960.SH	克来机电	100098.96	101952.38
305	605289.SH	罗曼股份	123691.21	130718.06	352	600624.SH	复旦复华	99372.80	99937.48
306	603682.SH	锦和商管	123002.75	125062.70	353	301273.SZ	瑞晨环保	98907.65	33300.76
307	688335.SH	复洁环保	122926.64	112486.10	354	600692.SH	亚通股份	98871.05	98024.98
308	300168.SZ	万达信息	122865.84	153858.55	355	301303.SZ	真兰仪表	98172.00	82193.12
309	688373.SH	盟科药业-U	121427.41	43837.24	356	688179.SH	阿拉丁	97472.17	85831.79
310	300802.SZ	矩子科技	121082.86	105821.50	357	688217.SH	睿昂基因	97142.20	89666.57
311	300061.SZ	旗天科技	120560.14	115987.42	358	301228.SZ	实朴检测	96723.88	44435.88
312	603122.SH	合富中国	117857.41	79576.67	359	688193.SH	仁度生物	96138.47	28774.74
313	603121.SH	华培动力	117761.61	115487.30	360	301289.SZ	国缆检测	95904.81	39427.01
314	688247.SH	宣泰医药	117728.39	70518.73	361	600833.SH	第一医药	95867.81	77792.36
315	600836.SH	上海易连	117627.01	126139.08	362	301257.SZ	普蕊斯	95196.78	22884.31
316	301099.SZ	雅创电子	115422.20	83869.92	363	603200.SH	上海洗霸	95082.16	87031.19
317	002278.SZ	神开股份	114872.20	117857.32	364	300963.SZ	中洲特材	92566.57	86365.97
318	300286.SZ	安科瑞	114705.32	97935.58	365	301161.SZ	唯万密封	91573.81	37836.37
319	688585.SH	上纬新材	114648.13	105283.25	366	603037.SH	凯众股份	88396.50	89266.09
320	300892.SZ	品渥食品	114573.99	115293.70	367	688118.SH	普元信息	87061.24	92526.19
321	603170.SH	宝立食品	114447.47	67760.15	368	301005.SZ	超捷股份	86790.88	77396.98
322	603211.SH	晋拓股份	113479.39	67030.88	369	600816.SH	ST安信	85897.96	95659.58
323	605128.SH	上海沿浦	113236.25	103268.22	370	002451.SZ	摩恩电气	85069.68	83605.86
324	600605.SH	汇通能源	113137.74	113265.71	371	688129.SH	东来技术	84413.40	86379.61
325	688163.SH	赛伦生物	112129.05	36962.91	372	301037.SZ	保立佳	83126.17	82607.63
326	301000.SZ	肇民科技	111764.33	110372.47	373	301001.SZ	凯淳股份	81894.64	83311.56
327	300272.SZ	开能健康	111748.35	125222.60	374	300153.SZ	科泰电源	80768.10	76954.93
328	603214.SH	爱婴室	111664.62	105920.16	375	603196.SH	日播时尚	80147.59	85467.81
329	301230.SZ	泓博医药	111288.44	34844.12	376	301070.SZ	开勒股份	79086.93	79086.52

（续表）

序号	代码	公司简称	净资产		序号	代码	公司简称	净资产	
			2022 年	2021 年				2022 年	2021 年
377	301156.SZ	美农生物	78165.97	32414.84	402	603580.SH	艾艾精工	45495.14	48007.60
378	831305.BJ	海希通讯	78027.49	78567.41	403	603895.SH	天永智能	43881.03	59656.25
379	300225.SZ	金力泰	77005.86	92642.17	404	600689.SH	上海三毛	42531.89	43823.44
380	002858.SZ	力盛体育	76719.01	81559.23	405	600661.SH	昂立教育	42441.62	21433.33
381	301046.SZ	能辉科技	76347.34	78696.19	406	833346.BJ	威贸电子	41838.16	21480.16
382	603022.SH	新通联	73167.02	68788.24	407	300380.SZ	安硕信息	41592.34	49835.77
383	688160.SH	步科股份	72687.32	66315.56	408	301419.SZ	阿莱德	40321.72	32882.82
384	600630.SH	龙头股份	71783.29	124036.27	409	688435.SH	英方软件	39438.11	35737.86
385	688718.SH	唯赛勃	71720.34	68432.63	410	300330.SZ	计通退	36049.19	38026.39
386	831961.BJ	创远信科	71386.63	70837.73	411	830799.BJ	艾融软件	35830.46	34259.22
387	688479.SH	友车科技	69360.52	55004.69	412	600119.SH	长江投资	35754.55	37068.84
388	688682.SH	霍莱沃	67627.03	62164.52	413	600647.SH	*ST同达	33336.13	33275.74
389	301024.SZ	霍普股份	66439.77	83096.60	414	600193.SH	创兴资源	31845.78	35140.24
390	300899.SZ	上海凯鑫	66014.26	65144.44	415	836414.BJ	欧普泰	29457.79	13327.05
391	301025.SZ	读客文化	65618.56	62401.74	416	430300.BJ	辰光医疗	29206.05	19673.57
392	300508.SZ	维宏股份	65274.25	61696.83	417	872541.BJ	铁大科技	28095.09	24759.01
393	600696.SH	岩石股份	63246.76	61372.04	418	300469.SZ	信息发展	26774.73	21776.11
394	603499.SH	翔港科技	62839.28	61002.74	419	002269.SZ	美邦服饰	24705.93	－
395	600818.SH	中路股份	58085.68	68646.31	420	002058.SZ	威尔泰	20179.40	21897.63
396	002178.SZ	延华智能	58005.11	73611.10	421	300262.SZ	巴安水务	9418.90	50418.10
397	600272.SH	开开实业	57825.14	54654.36	422	002211.SZ	ST宏达	9262.65	5302.72
398	688507.SH	索辰科技	52658.81	47347.31	423	600608.SH	ST沪科	7092.20	6750.78
399	603729.SH	龙韵股份	52396.30	72401.22	424	300336.SZ	*ST新文	4731.55	−42295.89
400	688071.SH	华依科技	50644.05	46645.57	425	603030.SH	*ST全筑	−8971.89	145055.31
401	603159.SH	上海亚虹	47967.43	46343.01	426	600530.SH	交大昂立	－	91356.91

上海工商类上市公司2022年度主营业务收入排序

（单位：万元）

序号	代码	公司简称	主营业务收入		序号	代码	公司简称	主营业务收入	
			2022年	2021年				2022年	2021年
1	600104.SH	上汽集团	72098752.83	75991463.56	48	600026.SH	中远海能	1865784.32	1269866.77
2	601601.SH	中国太保	45537200.00	44064300.00	49	600708.SH	光明地产	1654106.11	2587973.45
3	600606.SH	绿地控股	43551965.24	54428636.20	50	600619.SH	海立股份	1650283.15	1576878.95
4	600019.SH	宝钢股份	36777824.24	36434929.81	51	603659.SH	璞泰来	1546390.60	899589.41
5	600170.SH	上海建工	28603661.47	28105546.80	52	600662.SH	外服控股	1466370.33	1145392.46
6	601328.SH	交通银行	27297800.00	26939000.00	53	603236.SH	移远通信	1423024.65	1126192.17
7	300999.SZ	金龙鱼	25748544.40	22622516.20	54	603565.SH	中谷物流	1420891.65	1229118.19
8	601607.SH	上海医药	23198129.98	21582425.90	55	601828.SH	美凯龙	1413831.98	1551279.22
9	600000.SH	浦发银行	18862200.00	19098200.00	56	600284.SH	浦东建设	1408428.68	1139478.61
10	600741.SH	华域汽车	15826790.68	13994413.96	57	600845.SH	宝信软件	1314988.68	1175936.15
11	601727.SH	上海电气	11698580.70	13068145.00	58	600420.SH	国药现代	1295932.05	1394494.83
12	601611.SH	中国核建	9913779.83	8371993.35	59	600508.SH	上海能源	1263385.44	1015588.65
13	600500.SH	中化国际	8744902.57	8064777.85	60	688660.SH	电气风电	1207513.98	2397218.27
14	600688.SH	上海石化	8251831.50	8928041.50	61	600663.SH	陆家嘴	1176230.25	1387204.28
15	300226.SZ	上海钢联	7656664.06	6577462.22	62	603713.SH	密尔克卫	1157561.54	864471.90
16	601231.SH	环旭电子	6851607.60	5529965.48	63	600626.SH	申达股份	1124403.19	1055041.12
17	600820.SH	隧道股份	6527449.83	6222614.00	64	600754.SH	锦江酒店	1100762.30	1133913.44
18	600612.SH	老凤祥	6301014.42	5869077.34	65	601788.SH	光大证券	1077968.47	1670657.51
19	600150.SH	中国船舶	5955773.91	5974042.63	66	002028.SZ	思源电气	1053709.76	869533.51
20	601229.SH	上海银行	5311247.80	5622990.40	67	603108.SH	润达医疗	1049441.87	886010.80
21	600655.SH	豫园股份	5011796.98	5106310.90	68	605050.SH	福然德	1034243.56	995306.22
22	688981.SH	中芯国际	4951608.40	3563063.40	69	603003.SH	龙宇股份	998415.59	797575.74
23	600115.SH	中国东航	4611100.00	6712700.00	70	600841.SH	动力新科	992903.40	2440151.37
24	600196.SH	复星医药	4395154.69	3900508.66	71	600850.SH	电科数字	987152.27	896177.69
25	600278.SH	东方创业	4147711.99	4354944.21	72	600210.SH	紫江企业	960794.22	952859.30
26	600021.SH	上海电力	3916111.14	3063131.83	73	688271.SH	联影医疗	923812.27	725375.57
27	600623.SH	华谊集团	3851110.75	3969183.74	74	600648.SH	外高桥	905828.46	874350.18
28	600018.SH	上港集团	3727980.67	3428869.73	75	600151.SH	航天机电	880446.38	629298.16
29	601211.SH	国泰君安	3547128.48	4281713.87	76	601702.SH	华峰铝业	854476.67	644863.40
30	600732.SH	爱旭股份	3507495.71	1547050.27	77	601968.SH	宝钢包装	854337.77	696828.31
31	600827.SH	百联股份	3226903.10	3465014.94	78	600649.SH	城投控股	846814.24	919300.44
32	603056.SH	德邦股份	3139154.37	3135906.81	79	601021.SH	春秋航空	836896.63	1085810.74
33	600320.SH	振华重工	3019179.30	2597797.70	80	002506.SZ	协鑫集成	835360.92	470146.05
34	601872.SH	招商轮船	2970840.53	2441223.03	81	600490.SH	鹏欣资源	835228.46	858727.71
35	600597.SH	光明乳业	2821490.80	2920599.25	82	603885.SH	吉祥航空	821034.84	1176710.79
36	600642.SH	申能股份	2819311.85	2531277.39	83	600629.SH	华建集团	803966.59	905478.30
37	600837.SH	海通证券	2594818.75	4320546.74	84	600094.SH	大名城	736139.96	766122.46
38	601825.SH	沪农商行	2562727.00	2416431.90	85	603515.SH	欧普照明	726997.65	884662.67
39	601866.SH	中远海发	2557679.69	3711837.10	86	600315.SH	上海家化	710631.29	764612.30
40	600073.SH	上海梅林	2498730.40	2361734.63	87	600517.SH	国网英大	708091.45	571264.39
41	600835.SH	上海机电	2356952.89	2471673.86	88	002022.SZ	科华生物	696986.26	485431.05
42	601156.SH	东航物流	2347037.85	2222692.08	89	600081.SH	东风科技	685032.45	786118.05
43	603128.SH	华贸物流	2207018.96	2466765.74	90	002324.SZ	普利特	675848.16	487077.50
44	605222.SH	起帆电缆	2064419.71	1887754.17	91	600637.SH	东方明珠	670453.03	906917.62
45	603501.SH	韦尔股份	2007817.95	2410350.96	92	002252.SZ	上海莱士	656719.86	428772.68
46	603899.SH	晨光股份	1999631.56	1760740.33	93	600618.SH	氯碱化工	636422.39	666418.95
47	600958.SH	东方证券	1872862.90	2437039.50	94	601200.SH	上海环境	628551.53	710190.23

（续表）

序号	代码	公司简称	主营业务收入		序号	代码	公司简称	主营业务收入	
			2022 年	2021 年				2022 年	2021 年
95	002328.SZ	新朋股份	604697.90	472163.20	142	605208.SH	永茂泰	353396.08	328967.37
96	688063.SH	派能科技	601317.48	206251.50	143	600640.SH	国脉文化	351098.11	461093.25
97	600848.SH	上海临港	599940.94	627192.13	144	603786.SH	科博达	338391.76	280650.87
98	688728.SH	格科微	594379.67	700056.13	145	600072.SH	中船科技	334945.17	240947.19
99	600676.SH	交运股份	594295.30	750988.20	146	600651.SH	飞乐音响	333394.37	457148.27
100	600635.SH	大众公用	576849.43	541759.40	147	300222.SZ	科大智能	333232.35	288904.67
101	600823.SH	ST世茂	574658.84	1939161.64	148	600843.SH	上工申贝	332900.39	312452.15
102	002116.SZ	中国海诚	571962.90	526504.97	149	002158.SZ	汉钟精机	326573.39	298116.35
103	600622.SH	光大嘉宝	556984.31	409456.16	150	605136.SH	丽人丽妆	324153.11	415485.38
104	688099.SH	晶晨股份	554491.44	477707.49	151	300168.SZ	万达信息	322353.70	351311.40
105	600009.SH	上海机场	548044.76	372779.73	152	603020.SH	爱普股份	320224.15	334455.68
106	300171.SZ	东富龙	546942.64	419242.11	153	301037.SZ	保立佳	316288.07	297483.87
107	688680.SH	海优新材	530684.97	310528.41	154	300129.SZ	泰胜风能	312669.00	385269.18
108	600748.SH	上实发展	524794.37	1006319.82	155	603987.SH	康德莱	311883.18	309702.48
109	603730.SH	岱美股份	514579.71	420871.18	156	603378.SH	亚士创能	310769.85	471513.07
110	300017.SZ	网宿科技	508422.73	457501.47	157	002527.SZ	新时达	309729.60	426421.26
111	600639.SH	浦东金桥	505349.36	461715.16	158	300253.SZ	卫宁健康	309286.47	275020.21
112	603681.SH	永冠新材	502695.22	384004.81	159	603329.SH	上海雅仕	308838.83	259302.24
113	600822.SH	上海物贸	502208.37	656684.62	160	603619.SH	中曼石油	306515.56	175380.89
114	600601.SH	*ST方科	488869.28	543161.36	161	603690.SH	至纯科技	304952.53	208409.77
115	600882.SH	妙可蓝多	482953.80	447830.56	162	603855.SH	华荣股份	304292.62	302730.32
116	603197.SH	保隆科技	477771.43	389758.56	163	603192.SH	汇得科技	301725.84	319141.76
117	600819.SH	耀皮玻璃	475604.65	464907.73	164	300170.SZ	汉得信息	300688.11	281066.15
118	688012.SH	中微公司	473983.10	310813.47	165	603728.SH	鸣志电器	295996.24	271422.22
119	300059.SZ	东方财富	462858.49	540480.50	166	601696.SH	中银证券	295927.25	333351.87
120	603868.SH	飞科电器	462713.38	400525.72	167	688121.SH	卓然股份	293572.03	390088.66
121	600602.SH	云赛智联	453425.10	499297.66	168	300398.SZ	飞凯材料	290680.55	262710.44
122	603777.SH	来伊份	438239.31	417236.77	169	688082.SH	盛美上海	287304.55	162086.91
123	600638.SH	新黄浦	431728.02	358608.11	170	605339.SH	南侨食品	286139.52	287299.24
124	300180.SZ	华峰超纤	423913.16	414222.69	171	300008.SZ	天海防务	275461.28	142174.64
125	002454.SZ	松芝股份	422501.30	412369.42	172	300442.SZ	润泽科技	271474.07	69164.52
126	301060.SZ	兰卫医学	419930.51	177833.28	173	002184.SZ	海得控制	270564.43	249095.22
127	688538.SH	和辉光电-U	419088.15	402054.66	174	688596.SH	正帆科技	270474.26	183676.44
128	002706.SZ	良信股份	415706.80	402715.45	175	603887.SH	城地香江	268357.31	290717.36
129	600846.SH	同济科技	394275.15	613235.41	176	688521.SH	芯原股份	267899.01	213931.48
130	002605.SZ	姚记科技	391484.67	380724.87	177	600833.SH	第一医药	265590.85	139828.50
131	603083.SH	剑桥科技	378561.05	291953.90	178	603012.SH	创力集团	260791.11	261433.03
132	688519.SH	南亚新材	377821.13	420711.96	179	688133.SH	泰坦科技	260789.43	216423.84
133	002636.SZ	金安国纪	376039.88	589117.28	180	600675.SH	中华企业	260134.95	959689.86
134	300257.SZ	开山股份	375425.24	348473.73	181	002568.SZ	百润股份	259340.77	259435.75
135	688008.SH	澜起科技	367225.85	256201.75	182	603886.SH	元祖股份	258714.46	258431.57
136	603365.SH	水星家纺	366375.11	379931.07	183	603650.SH	彤程新材	250005.18	230835.97
137	603214.SH	爱婴室	361946.14	265234.88	184	688213.SH	思特威-W	248298.73	268932.79
138	603057.SH	紫燕食品	360259.21	309209.24	185	002669.SZ	康达新材	246636.18	227161.30
139	688126.SH	沪硅产业	360036.10	246683.22	186	688065.SH	凯赛生物	244110.40	219745.67
140	603153.SH	上海建科	355770.75	343522.92	187	603587.SH	地素时尚	240037.16	289759.99
141	688385.SH	复旦微电	353890.89	257726.23	188	600613.SH	神奇制药	238861.77	230303.27

（续表）

序号	代码	公司简称	主营业务收入		序号	代码	公司简称	主营业务收入	
			2022年	2021年				2022年	2021年
189	603039.SH	泛微网络	233148.37	200286.32	236	002486.SZ	嘉麟杰	136516.64	115524.41
190	688317.SH	之江生物	232625.51	201882.97	237	688131.SH	皓元医药	135805.40	96922.56
191	300511.SZ	雪榕生物	232043.20	206282.88	238	000863.SZ	三湘印象	134852.56	300628.28
192	300627.SZ	华测导航	223624.68	190317.82	239	603324.SH	盛剑环境	132847.68	123302.97
193	301099.SZ	雅创电子	220277.84	141784.74	240	688590.SH	新致软件	131541.71	128248.04
194	600630.SH	龙头股份	219436.22	294949.93	241	688484.SH	南芯科技	130078.08	98417.27
195	600611.SH	大众交通	216313.47	215130.96	242	603122.SH	合富中国	127966.62	119106.02
196	688220.SH	翱捷科技-U	214019.97	213689.49	243	600119.SH	长江投资	127157.59	110075.10
197	688366.SH	昊海生科	213027.60	176699.43	244	688018.SH	乐鑫科技	127112.72	138637.15
198	300613.SZ	富瀚微	211057.36	171700.30	245	600604.SH	市北高新	126296.25	111410.74
199	300493.SZ	润欣科技	210153.45	185760.63	246	600825.SH	新华传媒	125946.65	128430.26
200	300230.SZ	永利股份	210071.51	321320.68	247	300061.SZ	旗天科技	125568.07	105437.39
201	688798.SH	艾为电子	208952.16	232700.14	248	605151.SH	西上海	124205.75	107038.88
202	600650.SH	锦江在线	208800.37	271465.87	249	603006.SH	联明股份	123116.52	121961.81
203	300483.SZ	首华燃气	204508.96	182355.63	250	600692.SH	亚通股份	122532.85	150605.80
204	600171.SH	上海贝岭	204426.64	202433.46	251	300236.SZ	上海新阳	119568.61	101635.85
205	603170.SH	宝立食品	203678.36	157770.90	252	301166.SZ	优宁维	119512.42	110966.79
206	603030.SH	*ST全筑	200891.56	404178.53	253	301303.SZ	真兰仪表	119107.82	106294.17
207	603579.SH	荣泰健康	200482.07	261257.04	254	300326.SZ	凯利泰	116604.21	126857.95
208	300378.SZ	鼎捷软件	199520.43	178813.93	255	002162.SZ	悦心健康	116262.77	126083.20
209	688158.SH	优刻得-W	197221.87	290124.73	256	600641.SH	万业企业	115757.61	87990.73
210	600097.SH	开创国际	194091.82	198031.70	257	600088.SH	中视传媒	114949.22	118805.60
211	600061.SH	国投资本	193660.30	119113.46	258	688110.SH	东芯股份	114600.09	113428.13
212	600895.SH	张江高科	190671.94	209706.18	259	301062.SZ	上海艾录	112211.13	112014.95
213	688585.SH	上纬新材	185976.47	207258.97	260	605128.SH	上海沿浦	112173.28	82650.74
214	688155.SH	先惠技术	180515.56	110198.12	261	300039.SZ	上海凯宝	111885.05	110057.84
215	002401.SZ	中远海科	175158.42	170685.15	262	600696.SH	岩石股份	109138.03	60330.84
216	603009.SH	北特科技	170550.27	173786.30	263	688368.SH	晶丰明源	107939.98	230234.82
217	603466.SH	风语筑	168190.45	293990.63	264	002451.SZ	摩恩电气	107848.72	114229.58
218	300272.SZ	开能健康	166064.24	151148.74	265	688019.SH	安集科技	107678.73	68666.06
219	688202.SH	美迪西	165893.03	116726.16	266	688330.SH	宏力达	107150.25	113206.08
220	603648.SH	畅联股份	163757.28	159295.46	267	603956.SH	威派格	105687.46	126404.58
221	002825.SZ	纳尔股份	161831.48	175870.05	268	688107.SH	安路科技	104200.92	67852.02
222	600679.SH	上海凤凰	160989.55	205790.63	269	600689.SH	上海三毛	103366.48	87504.98
223	300327.SZ	中颖电子	160189.41	149390.77	270	688505.SH	复旦张江	103115.98	114031.31
224	600643.SH	爱建集团	157838.86	191286.24	271	300286.SZ	安科瑞	101858.49	101698.28
225	688301.SH	奕瑞科技	154911.67	118735.29	272	300501.SZ	海顺新材	101260.12	85685.78
226	300892.SZ	品渥食品	153874.80	165071.21	273	300590.SZ	移为通信	100222.30	92073.96
227	605338.SH	巴比食品	152514.14	137544.62	274	603131.SH	上海沪工	99151.52	131144.70
228	688608.SH	恒玄科技	148479.84	176533.82	275	601616.SH	广电电气	98380.78	100469.64
229	603881.SH	数据港	145539.58	120584.06	276	688123.SH	聚辰股份	98043.28	54405.39
230	688180.SH	君实生物-U	145349.27	402484.09	277	603211.SH	晋拓股份	97829.94	91628.91
231	600851.SH	海欣股份	144009.07	151125.53	278	603196.SH	日播时尚	95245.89	102471.50
232	002269.SZ	美邦服饰	143935.95	263867.87	279	301151.SZ	冠龙节能	93334.19	104684.85
233	603330.SH	天洋新材	142599.98	106774.09	280	603633.SH	徕木股份	93062.21	68554.42
234	603683.SH	晶华新材	141388.44	139471.70	281	600818.SH	中路股份	92748.62	72211.81
235	002565.SZ	顺灏股份	141109.84	155023.34	282	688766.SH	普冉股份	92482.83	110292.40

(续表)

序号	代码	公司简称	主营业务收入		序号	代码	公司简称	主营业务收入	
			2022 年	2021 年				2022 年	2021 年
283	603121.SH	华培动力	90450.38	92129.50	330	603256.SH	宏和科技	61209.68	80815.95
284	688188.SH	柏楚电子	89849.19	91343.97	331	830799.BJ	艾融软件	60603.42	42144.89
285	688016.SH	心脉医疗	89650.04	68463.07	332	603200.SH	上海洗霸	60497.98	55993.77
286	600272.SH	开开实业	89417.19	66983.04	333	002278.SZ	神开股份	60395.99	77542.88
287	605598.SH	上海港湾	88510.52	73451.85	334	300245.SZ	天玑科技	59828.62	54210.28
288	603682.SH	锦和商管	88174.88	90875.95	335	603159.SH	上海亚虹	59769.27	67844.12
289	300153.SZ	科泰电源	87520.37	95294.95	336	688061.SH	灿瑞科技	59320.12	53719.43
290	300963.SZ	中洲特材	87239.20	68487.16	337	301257.SZ	普蕊斯	58623.18	50296.67
291	300915.SZ	海融科技	86816.35	74693.44	338	603895.SH	天永智能	57824.39	50376.09
292	603918.SH	金桥信息	86374.83	112223.57	339	688160.SH	步科股份	53930.65	53732.64
293	600628.SH	新世界	85001.60	116554.73	340	301000.SZ	肇民科技	53459.05	58439.03
294	688073.SH	毕得医药	83383.16	60621.91	341	603226.SH	菲林格尔	52657.56	78145.86
295	688336.SH	三生国健	82549.18	92880.69	342	300551.SZ	古鳌科技	52533.59	17349.85
296	600824.SH	益民集团	79941.60	99908.86	343	688392.SH	骄成超声	52248.94	37063.28
297	603022.SH	新通联	79303.59	72852.15	344	600836.SH	上海易连	51434.68	83308.84
298	688578.SH	艾力斯	79100.25	53009.42	345	301025.SZ	读客文化	51379.27	51920.17
299	688335.SH	复洁环保	78947.27	31302.80	346	300983.SZ	尤安设计	50816.08	95537.37
300	600624.SH	复旦复华	78900.54	104133.57	347	301156.SZ	美农生物	48331.68	54625.47
301	601519.SH	大智慧	78025.34	81866.16	348	002561.SZ	徐家汇	48086.77	61913.65
302	300380.SZ	安硕信息	77902.55	75518.00	349	301230.SZ	泓博医药	47888.38	44821.38
303	300947.SZ	德必集团	77884.98	95489.33	350	301005.SZ	超捷股份	46968.51	39397.08
304	600826.SH	兰生股份	77308.81	92493.32	351	600636.SH	国新文化	46868.18	44444.93
305	603496.SH	恒为科技	77052.83	67820.57	352	605098.SH	行动教育	45091.95	55521.12
306	603790.SH	雅运股份	76822.10	92957.63	353	688212.SH	澳华内镜	44525.90	34705.36
307	301001.SZ	凯淳股份	76447.00	83063.43	354	301273.SZ	瑞晨环保	43863.62	40763.81
308	600661.SH	昂立教育	76042.30	158745.69	355	300126.SZ	锐奇股份	43470.46	62592.85
309	300067.SZ	安诺其	75142.11	105200.06	356	688118.SH	普元信息	42535.65	43642.93
310	688370.SH	丛麟科技	73315.00	66668.36	357	688217.SH	睿昂基因	42429.81	29095.16
311	688372.SH	伟测科技	73302.33	49314.43	358	300074.SZ	华平股份	41279.29	44862.83
312	002346.SZ	柘中股份	72561.30	68896.22	359	001266.SZ	宏英智能	40725.44	50248.24
313	300642.SZ	透景生命	71597.09	65458.86	360	603729.SH	龙韵股份	40087.61	73982.59
314	603068.SH	博通集成	71322.14	109499.27	361	300762.SZ	上海瀚讯	40061.11	72924.70
315	688391.SH	钜泉科技	70990.47	49934.16	362	301419.SZ	阿莱德	39848.94	37220.63
316	300802.SZ	矩子科技	68354.70	58802.98	363	688129.SH	东来技术	39364.62	49369.84
317	603960.SH	克来机电	67727.57	56091.77	364	300508.SZ	维宏股份	38751.96	41348.75
318	300578.SZ	会畅通讯	66974.63	67829.49	365	301046.SZ	能辉科技	38167.26	59268.68
319	002195.SZ	二三四五	66734.56	93240.93	366	688179.SH	阿拉丁	37810.40	28766.13
320	603499.SH	翔港科技	66308.37	64771.31	367	688031.SH	星环科技-U	37262.47	33086.16
321	600616.SH	金枫酒业	66160.57	64937.94	368	601595.SH	上海电影	36834.53	73108.35
322	688479.SH	友车科技	66155.43	58905.89	369	600608.SH	ST沪科	36677.50	32248.94
323	603232.SH	格尔软件	65952.07	61107.17	370	002211.SZ	ST宏达	36460.76	55378.10
324	688085.SH	三友医疗	64915.23	59335.93	371	300609.SZ	汇纳科技	36112.09	38848.85
325	300225.SZ	金力泰	64689.93	85795.94	372	301228.SZ	实朴检测	35146.96	42486.62
326	603037.SH	凯众股份	64201.93	54840.09	373	600834.SH	申通地铁	34313.31	34849.93
327	002178.SZ	延华智能	62597.57	81712.98	374	301161.SZ	唯万密封	34043.33	41068.26
328	300462.SZ	华铭智能	62382.15	59362.45	375	688071.SH	华依科技	33679.96	32070.02
329	605398.SH	新炬网络	61318.64	59143.67	376	688682.SH	霍莱沃	33619.98	32953.83

(续表)

序号	代码	公司简称	主营业务收入		序号	代码	公司简称	主营业务收入	
			2022年	2021年				2022年	2021年
377	688230.SH	芯导科技	33614.79	47564.95	402	872541.BJ	铁大科技	23275.25	20179.82
378	688098.SH	申联生物	32859.45	35842.92	403	831305.BJ	海希通讯	22054.57	28583.00
379	605186.SH	健麾信息	32235.98	48975.54	404	600503.SH	华丽家族	21145.93	52483.08
380	831961.BJ	创远信科	31799.15	42142.31	405	301289.SZ	国缆检测	20867.97	21854.68
381	603189.SH	网达软件	31659.73	36224.79	406	605081.SH	太和水	20540.71	46028.52
382	605289.SH	罗曼股份	31229.78	73573.57	407	833346.BJ	威贸电子	20206.73	22215.76
383	688718.SH	唯赛勃	30804.84	37918.60	408	688435.SH	英方软件	19686.81	15978.05
384	301070.SZ	开勒股份	30393.59	34316.51	409	430300.BJ	辰光医疗	18780.89	19615.42
385	688193.SH	仁度生物	30384.87	29230.62	410	603580.SH	艾艾精工	17651.79	25248.33
386	300330.SZ	计通退	30309.04	37169.77	411	688163.SH	赛伦生物	17422.10	20869.36
387	688265.SH	南模生物	30296.52	27526.90	412	600532.SH	*ST未来	16565.05	69744.51
388	603718.SH	海利生物	29999.17	34728.92	413	300899.SZ	上海凯鑫	15407.07	22792.60
389	688293.SH	奥浦迈	29436.57	21268.33	414	002058.SZ	威尔泰	14765.01	24486.97
390	688238.SH	和元生物	29130.43	25494.91	415	301024.SZ	霍普股份	13393.98	34123.15
391	688206.SH	概伦电子	27854.97	19386.86	416	836414.BJ	欧普泰	13295.43	12430.44
392	430139.BJ	华岭股份	27549.39	28442.59	417	300336.SZ	*ST新文	12604.44	14244.15
393	688507.SH	索辰科技	26805.23	19269.40	418	600605.SH	汇通能源	10848.38	11287.38
394	600193.SH	创兴资源	26365.46	69038.07	419	600621.SH	华鑫股份	10566.97	13032.66
395	300262.SZ	巴安水务	26363.99	13623.16	420	600838.SH	上海九百	6854.33	9863.72
396	300469.SZ	信息发展	26352.44	42188.70	421	688373.SH	盟科药业-U	4820.67	766.00
397	688351.SH	微电生理-U	26032.50	19002.99	422	688062.SH	迈威生物-U	2772.82	1622.62
398	002858.SZ	力盛体育	25830.23	28088.60	423	600647.SH	*ST同达	1868.84	9725.29
399	688247.SH	宣泰医药	24756.24	31547.06	424	600530.SH	交大昂立	–	36257.67
400	600620.SH	天宸股份	24373.46	4181.76	425	600816.SH	ST安信	–	–
401	688091.SH	上海谊众	23595.70	407.75	426	688382.SH	益方生物-U	–	–

上海工商类上市公司2022年度利润总额排序

（单位：万元）

序号	代码	公司简称	利润总额 2022年	利润总额 2021年	序号	代码	公司简称	利润总额 2022年	利润总额 2021年
1	601328.SH	交通银行	9821500.00	9395900.00	48	603899.SH	晨光股份	166489.65	186140.31
2	600000.SH	浦发银行	5614900.00	5907100.00	49	600648.SH	外高桥	166385.33	133682.68
3	600104.SH	上汽集团	2807108.05	4155765.94	50	601828.SH	美凯龙	165221.49	280197.56
4	601601.SH	中国太保	2517600.00	3079600.00	51	600649.SH	城投控股	151726.86	144436.02
5	601229.SH	上海银行	2404429.30	2355459.80	52	600618.SH	氯碱化工	150421.95	200709.49
6	600018.SH	上港集团	2012428.91	1796138.40	53	688063.SH	派能科技	148223.04	35610.62
7	600019.SH	宝钢股份	1504404.77	3070825.64	54	600642.SH	申能股份	142925.11	250924.15
8	688981.SH	中芯国际	1475956.40	1159390.70	55	688008.SH	澜起科技	141386.56	91500.74
9	601211.SH	国泰君安	1413997.16	1911228.10	56	002028.SZ	思源电气	133109.82	140368.56
10	601825.SH	沪农商行	1366897.50	1217821.00	57	603501.SH	韦尔股份	130132.26	500207.68
11	300059.SZ	东方财富	978266.80	1005397.07	58	688012.SH	中微公司	125854.79	113281.51
12	600741.SH	华域汽车	913899.42	896370.21	59	300442.SZ	润泽科技	122611.69	−1526.51
13	601607.SH	上海医药	880835.33	814381.49	60	603128.SH	华贸物流	117592.76	118969.11
14	600606.SH	绿地控股	880062.61	1793300.09	61	688385.SH	复旦微电	112151.07	57344.95
15	600837.SH	海通证券	799903.56	1854379.88	62	600073.SH	上海梅林	110856.87	13261.57
16	600655.SH	豫园股份	594409.98	496286.37	63	603868.SH	飞科电器	108683.89	83507.53
17	601872.SH	招商轮船	593397.94	434288.79	64	600827.SH	百联股份	103316.76	117963.29
18	601156.SH	东航物流	572227.56	565176.79	65	300171.SZ	东富龙	100241.34	101956.24
19	601866.SH	中远海发	482646.58	791622.52	66	600420.SH	国药现代	98411.99	91820.88
20	600196.SH	复星医药	457438.16	605383.84	67	600895.SH	张江高科	93326.26	87255.64
21	600061.SH	国投资本	406091.70	671651.71	68	301060.SZ	兰卫医学	90444.34	31803.08
22	300999.SZ	金龙鱼	386575.10	617726.40	69	601696.SH	中银证券	90246.27	117865.26
23	601788.SH	光大证券	385390.54	466820.59	70	688317.SH	之江生物	90148.36	89637.07
24	600820.SH	隧道股份	382636.52	297632.05	71	603515.SH	欧普照明	88630.77	105098.21
25	603659.SH	璞泰来	367142.53	202927.04	72	603108.SH	润达医疗	81965.13	78045.58
26	603565.SH	中谷物流	366866.02	321609.17	73	600662.SH	外服控股	81329.50	77476.54
27	601231.SH	环旭电子	347719.52	213885.89	74	600210.SH	紫江企业	78762.58	76083.70
28	600958.SH	东方证券	337801.97	630683.38	75	603056.SH	德邦股份	78464.73	16679.42
29	600612.SH	老凤祥	302797.99	324161.64	76	002158.SZ	汉钟精机	76803.17	56031.37
30	601611.SH	中国核建	297716.48	267078.94	77	601200.SH	上海环境	73050.75	96434.57
31	600026.SH	中远海能	274905.90	−451733.02	78	603713.SH	密尔克卫	72930.64	52785.18
32	600500.SH	中化国际	260978.89	963025.69	79	600643.SH	爱建集团	72860.01	154032.42
33	600021.SH	上海电力	254641.21	−109758.13	80	601702.SH	华峰铝业	72196.61	55091.50
34	600732.SH	爱旭股份	247271.89	−24475.99	81	688099.SH	晶晨股份	72094.71	84653.96
35	600845.SH	宝信软件	239896.29	201341.67	82	688082.SH	盛美上海	71669.63	26874.38
36	600508.SH	上海能源	235472.41	53265.38	83	600650.SH	锦江在线	71161.24	18000.27
37	002252.SZ	上海莱士	227360.77	153903.61	84	688301.SH	奕瑞科技	70869.35	55993.03
38	600170.SH	上海建工	227107.09	528322.22	85	688065.SH	凯赛生物	69599.19	73994.63
39	600150.SH	中国船舶	217328.41	32826.06	86	603619.SH	中曼石油	68684.00	11814.97
40	600623.SH	华谊集团	210845.94	444960.33	87	600320.SH	振华重工	65523.48	60534.11
41	600639.SH	浦东金桥	208757.79	213379.37	88	002568.SZ	百润股份	65103.54	84246.80
42	002022.SZ	科华生物	206518.19	163740.15	89	600278.SH	东方创业	61775.42	57981.38
43	600663.SH	陆家嘴	201124.67	677962.63	90	603236.SH	移远通信	61332.81	36165.50
44	688271.SH	联影医疗	191979.54	169754.26	91	600284.SH	浦东建设	59546.56	55832.68
45	600517.SH	国网英大	187330.65	202997.77	92	603730.SH	岱美股份	59036.48	45587.64
46	600848.SH	上海临港	181666.66	246490.49	93	600708.SH	光明地产	57241.11	109008.80
47	600835.SH	上海机电	166704.30	128512.92	94	002346.SZ	柘中股份	57047.17	49097.93

上海工商类上市公司 2022 年度每股收益排序

（单位：元）

序号	代码	公司简称	每股收益		序号	代码	公司简称	每股收益	
			2022 年	2021 年				2022 年	2021 年
1	688301.SH	奕瑞科技	8.84	6.67	48	688230.SH	芯导科技	1.42	2.48
2	688063.SH	派能科技	8.22	2.04	49	600639.SH	浦东金桥	1.41	1.45
3	688016.SH	心脉医疗	4.96	4.39	50	600104.SH	上汽集团	1.40	2.12
4	688019.SH	安集科技	4.59	2.35	51	601231.SH	环旭电子	1.40	0.85
5	688391.SH	钜泉科技	4.27	2.35	52	603899.SH	晨光股份	1.39	1.65
6	688317.SH	之江生物	3.93	3.98	53	301257.SZ	普蕊斯	1.35	1.28
7	688202.SH	美迪西	3.89	4.55	54	300171.SZ	东富龙	1.34	1.32
8	603713.SH	密尔克卫	3.68	2.66	55	600732.SH	爱旭股份	1.34	−0.06
9	688372.SH	伟测科技	3.52	2.09	56	688385.SH	复旦微电	1.32	0.69
10	688188.SH	柏楚电子	3.31	5.49	57	603619.SH	中曼石油	1.26	0.17
11	603236.SH	移远通信	3.30	2.49	58	601211.SH	国泰君安	1.24	1.65
12	600612.SH	老凤祥	3.25	3.59	59	301166.SZ	优宁维	1.23	1.66
13	688330.SH	宏力达	3.18	4.13	60	603579.SH	荣泰健康	1.23	1.75
14	688123.SH	聚辰股份	2.93	0.90	61	688018.SH	乐鑫科技	1.21	2.48
15	688073.SH	毕得医药	2.77	2.04	62	002158.SZ	汉钟精机	1.21	0.91
16	601601.SH	中国太保	2.56	2.79	63	603681.SH	永冠新材	1.19	1.31
17	600508.SH	上海能源	2.41	0.52	64	600618.SH	氯碱化工	1.19	1.53
18	601156.SH	东航物流	2.29	2.40	65	688008.SH	澜起科技	1.15	0.73
19	600741.SH	华域汽车	2.29	2.05	66	601328.SH	交通银行	1.14	1.10
20	603659.SH	璞泰来	2.24	2.53	67	601825.SH	沪农商行	1.14	1.08
21	688061.SH	灿瑞科技	2.21	2.16	68	688335.SH	复洁环保	1.14	0.89
22	688271.SH	联影医疗	2.19	1.96	69	603786.SH	科博达	1.12	0.97
23	688370.SH	丛麟科技	1.97	2.37	70	600845.SH	宝信软件	1.12	1.22
24	301099.SZ	雅创电子	1.93	1.50	71	603886.SH	元祖股份	1.11	1.42
25	603565.SH	中谷物流	1.93	2.70	72	301230.SZ	泓博医药	1.10	1.28
26	688012.SH	中微公司	1.90	1.76	73	600648.SH	外高桥	1.09	0.83
27	603868.SH	飞科电器	1.89	1.47	74	688160.SH	步科股份	1.08	0.89
28	002022.SZ	科华生物	1.89	1.65	75	603855.SH	华荣股份	1.06	1.13
29	688131.SH	皓元医药	1.86	2.94	76	836414.BJ	欧普泰	1.06	1.25
30	688099.SH	晶晨股份	1.77	1.97	77	603324.SH	盛剑环境	1.05	1.31
31	300613.SZ	富瀚微	1.74	3.03	78	603365.SH	水星家纺	1.05	1.46
32	688507.SH	索辰科技	1.73	1.68	79	688479.SH	友车科技	1.05	1.20
33	688392.SH	骄成超声	1.66	1.21	80	603197.SH	保隆科技	1.04	1.40
34	688766.SH	普冉股份	1.64	9.64	81	603515.SH	欧普照明	1.04	1.20
35	301289.SZ	国缆检测	1.61	1.63	82	688366.SH	昊海生科	1.04	2.00
36	601607.SH	上海医药	1.61	1.79	83	300915.SZ	海融科技	1.04	1.25
37	002028.SZ	思源电气	1.59	1.57	84	002346.SZ	柘中股份	1.03	1.02
38	688133.SH	泰坦科技	1.58	1.89	85	688608.SH	恒玄科技	1.02	3.40
39	300442.SZ	润泽科技	1.57	−0.12	86	688596.SH	正帆科技	1.01	0.66
40	600000.SH	浦发银行	1.56	1.62	87	301419.SZ	阿莱德	0.99	0.94
41	301060.SZ	兰卫医学	1.54	0.58	88	600655.SH	豫园股份	0.99	1.00
42	688082.SH	盛美上海	1.54	0.68	89	688091.SH	上海谊众	0.99	−0.05
43	688293.SH	奥浦迈	1.54	0.98	90	301000.SZ	肇民科技	0.98	2.43
44	688981.SH	中芯国际	1.53	1.36	91	688682.SH	霍莱沃	0.97	1.80
45	601229.SH	上海银行	1.50	1.48	92	301303.SZ	真兰仪表	0.97	0.99
46	002825.SZ	纳尔股份	1.47	0.36	93	600835.SH	上海机电	0.96	0.79
47	600196.SH	复星医药	1.43	1.85	94	688065.SH	凯赛生物	0.95	1.46

（续表）

序号	代码	公司简称	每股收益		序号	代码	公司简称	每股收益	
			2022 年	2021 年				2022 年	2021 年
95	300327.SZ	中颖电子	0.95	1.20	142	688193.SH	仁度生物	0.62	2.15
96	600650.SH	锦江在线	0.95	0.24	143	603214.SH	爱婴室	0.61	0.52
97	603329.SH	上海雅仕	0.94	0.90	144	600420.SH	国药现代	0.61	0.55
98	605098.SH	行动教育	0.94	2.21	145	300802.SZ	矩子科技	0.61	0.62
99	605598.SH	上海港湾	0.91	0.44	146	601788.SH	光大证券	0.61	0.72
100	605338.SH	巴比食品	0.90	1.27	147	601872.SH	招商轮船	0.61	0.48
101	301273.SZ	瑞晨环保	0.89	1.54	148	603730.SH	岱美股份	0.61	0.57
102	600820.SH	隧道股份	0.89	0.76	149	301005.SZ	超捷股份	0.60	1.52
103	688121.SH	卓然股份	0.89	1.91	150	600623.SH	华谊集团	0.60	1.39
104	603690.SH	至纯科技	0.89	0.89	151	688680.SH	海优新材	0.60	3.07
105	605222.SH	起帆电缆	0.88	1.71	152	603728.SH	鸣志电器	0.59	0.67
106	605151.SH	西上海	0.87	0.77	153	688435.SH	英方软件	0.59	0.54
107	002605.SZ	姚记科技	0.86	1.43	154	600284.SH	浦东建设	0.58	0.55
108	603039.SH	泛微网络	0.86	1.20	155	603057.SH	紫燕食品	0.58	0.89
109	605186.SH	健麾信息	0.85	0.86	156	603006.SH	联明股份	0.58	0.54
110	300398.SZ	飞凯材料	0.84	0.75	157	603170.SH	宝立食品	0.57	0.52
111	603501.SH	韦尔股份	0.84	5.16	158	605128.SH	上海沿浦	0.57	0.88
112	688085.SH	三友医疗	0.84	0.91	159	600171.SH	上海贝岭	0.57	1.04
113	300286.SZ	安科瑞	0.82	0.84	160	601611.SH	中国核建	0.56	0.49
114	600850.SH	电科数字	0.81	0.76	161	300999.SZ	金龙鱼	0.56	0.76
115	603587.SH	地素时尚	0.80	1.44	162	600846.SH	同济科技	0.56	0.92
116	603153.SH	上海建科	0.78	0.79	163	600019.SH	宝钢股份	0.55	1.07
117	300642.SZ	透景生命	0.77	0.99	164	600073.SH	上海梅林	0.54	0.32
118	300226.SZ	上海钢联	0.76	0.93	165	300501.SZ	海顺新材	0.53	0.64
119	301156.SZ	美农生物	0.75	1.18	166	600895.SH	张江高科	0.53	0.48
120	603037.SH	凯众股份	0.75	0.80	167	300963.SZ	中洲特材	0.51	0.42
121	600018.SH	上港集团	0.74	0.63	168	300378.SZ	鼎捷软件	0.51	0.42
122	688217.SH	睿昂基因	0.73	0.95	169	002116.SZ	中国海诚	0.50	0.39
123	001266.SZ	宏英智能	0.72	2.36	170	002568.SZ	百润股份	0.50	0.89
124	603108.SH	润达医疗	0.72	0.66	171	600837.SH	海通证券	0.50	0.98
125	603987.SH	康德莱	0.71	0.66	172	603192.SH	汇得科技	0.50	1.10
126	600315.SH	上海家化	0.70	0.97	173	603650.SH	彤程新材	0.50	0.55
127	605050.SH	福然德	0.70	0.78	174	688071.SH	华依科技	0.50	0.93
128	603128.SH	华贸物流	0.69	0.65	175	002401.SZ	中远海科	0.50	0.43
129	300627.SZ	华测导航	0.68	0.82	176	300170.SZ	汉得信息	0.49	0.22
130	605398.SH	新炬网络	0.68	1.19	177	301070.SZ	开勒股份	0.47	1.03
131	688484.SH	南芯科技	0.68	0.71	178	301161.SZ	唯万密封	0.47	0.66
132	601702.SH	华峰铝业	0.67	0.50	179	300508.SZ	维宏股份	0.46	0.65
133	603083.SH	剑桥科技	0.67	0.27	180	601200.SH	上海环境	0.46	0.61
134	301151.SZ	冠龙节能	0.66	1.53	181	600500.SH	中化国际	0.46	0.80
135	300059.SZ	东方财富	0.65	0.83	182	833346.BJ	威贸电子	0.46	0.60
136	688179.SH	阿拉丁	0.65	0.89	183	600641.SH	万业企业	0.46	0.41
137	600661.SH	昂立教育	0.64	−0.77	184	603648.SH	畅联股份	0.45	0.39
138	600833.SH	第一医药	0.64	0.22	185	600061.SH	国投资本	0.44	0.73
139	603056.SH	德邦股份	0.64	0.15	186	600097.SH	开创国际	0.44	0.79
140	603012.SH	创力集团	0.63	0.48	187	600629.SH	华建集团	0.44	0.52
141	688163.SH	赛伦生物	0.63	0.94	188	831305.BJ	海希通讯	0.43	1.63

(续表)

序号	代码	公司简称	每股收益		序号	代码	公司简称	每股收益	
			2022年	2021年				2022年	2021年
189	300899.SZ	上海凯鑫	0.43	0.75	236	603122.SH	合富中国	0.22	0.27
190	600278.SH	东方创业	0.42	0.44	237	603159.SH	上海亚虹	0.22	0.27
191	688110.SH	东芯股份	0.42	0.77	238	603790.SH	雅运股份	0.22	0.36
192	002328.SZ	新朋股份	0.41	0.52	239	688247.SH	宣泰医药	0.22	0.33
193	300257.SZ	开山股份	0.41	0.31	240	300947.SZ	德必集团	0.21	1.33
194	002184.SZ	海得控制	0.40	0.38	241	600826.SH	兰生股份	0.21	0.22
195	002706.SZ	良信股份	0.40	0.42	242	603682.SH	锦和商管	0.21	0.26
196	600848.SH	上海临港	0.40	0.61	243	688585.SH	上纬新材	0.21	0.03
197	600210.SH	紫江企业	0.40	0.37	244	002324.SZ	普利特	0.20	0.02
198	603496.SH	恒为科技	0.38	0.26	245	688519.SH	南亚新材	0.20	1.70
199	600827.SH	百联股份	0.38	0.42	246	603718.SH	海利生物	0.19	0.08
200	605339.SH	南侨食品	0.38	0.92	247	600517.SH	国网英大	0.19	0.21
201	605208.SH	永茂泰	0.37	1.29	248	300039.SZ	上海凯宝	0.18	0.13
202	300590.SZ	移为通信	0.36	0.53	249	688718.SH	唯赛勃	0.18	0.34
203	600958.SH	东方证券	0.35	0.73	250	603022.SH	新通联	0.18	0.10
204	603881.SH	数据港	0.35	0.34	251	688129.SH	东来技术	0.18	0.78
205	430300.BJ	辰光医疗	0.34	0.35	252	688728.SH	格科微	0.18	0.54
206	600621.SH	华鑫股份	0.33	0.47	253	002669.SZ	康达新材	0.18	0.09
207	300129.SZ	泰胜风能	0.33	0.36	254	300236.SZ	上海新阳	0.17	0.34
208	300462.SZ	华铭智能	0.32	−1.01	255	301046.SZ	能辉科技	0.17	0.83
209	600649.SH	城投控股	0.31	0.36	256	601828.SH	美凯龙	0.17	0.51
210	872541.BJ	铁大科技	0.31	0.28	257	300272.SZ	开能健康	0.16	0.18
211	600026.SH	中远海能	0.31	−1.04	258	300983.SZ	尤安设计	0.16	4.15
212	430139.BJ	华岭股份	0.30	0.40	259	600272.SH	开开实业	0.16	0.09
213	603777.SH	来伊份	0.30	0.09	260	688212.SH	澳华内镜	0.16	0.55
214	600636.SH	国新文化	0.30	−0.96	261	831961.BJ	创远信科	0.16	0.47
215	300230.SZ	永利股份	0.30	0.25	262	301025.SZ	读客文化	0.16	0.18
216	600643.SH	爱建集团	0.30	0.71	263	300483.SZ	首华燃气	0.15	0.24
217	601696.SH	中银证券	0.29	0.35	264	600834.SH	申通地铁	0.15	0.15
218	601866.SH	中远海发	0.29	0.50	265	002454.SZ	松芝股份	0.15	0.18
219	688578.SH	艾力斯	0.29	0.04	266	688098.SH	申联生物	0.15	0.27
220	603020.SH	爱普股份	0.29	0.61	267	688521.SH	芯原股份	0.15	0.03
221	002252.SZ	上海莱士	0.28	0.19	268	688107.SH	安路科技	0.15	−0.09
222	603211.SH	晋拓股份	0.28	0.40	269	600072.SH	中船科技	0.15	0.11
223	301062.SZ	上海艾录	0.27	0.40	270	300762.SZ	上海瀚讯	0.14	0.62
224	600663.SH	陆家嘴	0.27	1.07	271	603189.SH	网达软件	0.14	0.28
225	600882.SH	妙可蓝多	0.27	0.33	272	600851.SH	海欣股份	0.14	0.11
226	600597.SH	光明乳业	0.26	0.48	273	600602.SH	云赛智联	0.13	0.19
227	603378.SH	亚士创能	0.25	−1.84	274	600838.SH	上海九百	0.13	0.26
228	603960.SH	克来机电	0.25	0.19	275	603009.SH	北特科技	0.13	0.18
229	830799.BJ	艾融软件	0.25	0.36	276	688505.SH	复旦张江	0.13	0.21
230	601968.SH	宝钢包装	0.24	0.26	277	600651.SH	飞乐音响	0.12	−0.18
231	603200.SH	上海洗霸	0.24	0.33	278	688126.SH	沪硅产业	0.12	0.06
232	603633.SH	徕木股份	0.24	0.18	279	002636.SZ	金安国纪	0.12	0.95
233	600662.SH	外服控股	0.24	0.31	280	600822.SH	上海物贸	0.12	0.30
234	600081.SH	东风科技	0.23	0.66	281	002486.SZ	嘉麟杰	0.11	0.02
235	600642.SH	申能股份	0.22	0.33	282	300493.SZ	润欣科技	0.11	0.12

（续表）

序号	代码	公司简称	每股收益		序号	代码	公司简称	每股收益	
			2022 年	2021 年				2022 年	2021 年
283	300892.SZ	品渥食品	0.11	0.95	330	600193.SH	创兴资源	0.02	0.05
284	600696.SH	岩石股份	0.11	0.19	331	600692.SH	亚通股份	0.01	0.13
285	603466.SH	风语筑	0.11	1.20	332	688118.SH	普元信息	0.01	0.42
286	600754.SH	锦江酒店	0.11	0.10	333	600608.SH	ST沪科	0.01	0.00
287	600843.SH	上工申贝	0.10	0.10	334	002506.SZ	协鑫集成	0.01	−0.34
288	600170.SH	上海建工	0.10	0.36	335	300126.SZ	锐奇股份	0.01	0.03
289	688206.SH	概伦电子	0.10	0.07	336	600616.SH	金枫酒业	0.01	−0.02
290	002211.SZ	ST宏达	0.09	−1.66	337	600825.SH	新华传媒	0.01	0.03
291	600613.SH	神奇制药	0.09	0.13	338	688351.SH	微电生理−U	0.01	−0.03
292	300153.SZ	科泰电源	0.09	0.03	339	603887.SH	城地香江	0.01	−1.47
293	300578.SZ	会畅通讯	0.09	−1.31	340	600675.SH	中华企业	0.00	0.13
294	600638.SH	新黄浦	0.08	0.16	341	600708.SH	光明地产	0.00	−0.04
295	603003.SH	龙宇股份	0.08	−0.38	342	600624.SH	复旦复华	−0.01	−0.15
296	688238.SH	和元生物	0.08	0.14	343	300245.SZ	天玑科技	−0.01	0.13
297	300008.SZ	天海防务	0.08	0.02	344	600532.SH	*ST未来	−0.01	−0.36
298	300017.SZ	网宿科技	0.08	0.07	345	603121.SH	华培动力	−0.02	0.26
299	300061.SZ	旗天科技	0.08	−0.55	346	603580.SH	艾艾精工	−0.02	0.26
300	688336.SH	三生国健	0.08	0.03	347	300326.SZ	凯利泰	−0.03	0.22
301	600094.SH	大名城	0.07	−0.17	348	600119.SH	长江投资	−0.04	−0.37
302	600320.SH	振华重工	0.07	0.08	349	603232.SH	格尔软件	−0.04	0.34
303	600606.SH	绿地控股	0.07	0.48	350	601519.SH	大智慧	−0.04	0.01
304	600748.SH	上实发展	0.07	0.08	351	002565.SZ	顺灏股份	−0.06	−0.03
305	603499.SH	翔港科技	0.07	−0.09	352	600689.SH	上海三毛	−0.06	0.06
306	600021.SH	上海电力	0.07	−0.77	353	301001.SZ	凯淳股份	−0.07	0.68
307	603196.SH	日播时尚	0.07	0.34	354	688265.SH	南模生物	−0.07	1.04
308	601616.SH	广电电气	0.07	0.09	355	600151.SH	航天机电	−0.07	0.04
309	603256.SH	宏和科技	0.06	0.14	356	600647.SH	*ST同达	−0.07	0.04
310	002561.SZ	徐家汇	0.06	0.25	357	002278.SZ	神开股份	−0.08	0.12
311	301037.SZ	保立佳	0.06	0.66	358	600628.SH	新世界	−0.08	0.11
312	600637.SH	东方明珠	0.05	0.55	359	600601.SH	*ST方科	−0.10	−0.55
313	300253.SZ	卫宁健康	0.05	0.18	360	600635.SH	大众公用	−0.11	0.10
314	600620.SH	天宸股份	0.05	0.18	361	300330.SZ	计通退	−0.12	0.06
315	603918.SH	金桥信息	0.05	0.25	362	600611.SH	大众交通	−0.12	0.14
316	600503.SH	华丽家族	0.05	0.06	363	688538.SH	和辉光电−U	−0.12	−0.08
317	600605.SH	汇通能源	0.04	0.29	364	600836.SH	上海易连	−0.12	0.31
318	002195.SZ	二三四五	0.04	0.07	365	605289.SH	罗曼股份	−0.14	1.48
319	600150.SH	中国船舶	0.04	0.05	366	002058.SZ	威尔泰	−0.15	0.10
320	600604.SH	市北高新	0.04	0.06	367	301228.SZ	实朴检测	−0.15	0.56
321	600622.SH	光大嘉宝	0.04	0.24	368	600088.SH	中视传媒	−0.16	−0.01
322	000863.SZ	三湘印象	0.03	0.10	369	603330.SH	天洋新材	−0.17	0.47
323	002451.SZ	摩恩电气	0.03	0.03	370	600626.SH	申达股份	−0.17	0.04
324	600619.SH	海立股份	0.03	0.34	371	300551.SZ	古鳌科技	−0.18	0.05
325	600676.SH	交运股份	0.03	0.01	372	300336.SZ	*ST新文	−0.19	−0.81
326	603226.SH	菲林格尔	0.03	0.07	373	600816.SH	ST安信	−0.19	−0.21
327	603683.SH	晶华新材	0.03	0.18	374	300074.SZ	华平股份	−0.20	0.02
328	300067.SZ	安诺其	0.03	0.10	375	300180.SZ	华峰超纤	−0.20	0.04
329	600819.SH	耀皮玻璃	0.02	0.11	376	002178.SZ	延华智能	−0.21	0.01

（续表）

序号	代码	公司简称	每股收益		序号	代码	公司简称	每股收益	
			2022年	2021年				2022年	2021年
377	688213.SH	思特威-W	−0.22	1.11	402	688220.SH	翱捷科技-U	−0.61	−1.57
378	300225.SZ	金力泰	−0.22	−0.23	403	601595.SH	上海电影	−0.75	0.05
379	688590.SH	新致软件	−0.22	0.78	404	300469.SZ	信息发展	−0.78	−0.39
380	601727.SH	上海电气	−0.23	−0.64	405	688158.SH	优刻得-W	−0.92	−1.50
381	300168.SZ	万达信息	−0.24	0.06	406	688382.SH	益方生物-U	−0.95	−0.78
382	600818.SH	中路股份	−0.24	0.12	407	600841.SH	动力新科	−0.99	0.56
383	688660.SH	电气风电	−0.25	0.46	408	603895.SH	天永智能	−1.17	0.07
384	600640.SH	国脉文化	−0.25	−0.45	409	600823.SH	ST世茂	−1.21	0.26
385	600688.SH	上海石化	−0.27	0.19	410	600630.SH	龙头股份	−1.23	−0.72
386	600490.SH	鹏欣资源	−0.28	0.03	411	688155.SH	先惠技术	−1.24	0.93
387	600824.SH	益民集团	−0.29	0.09	412	600009.SH	上海机场	−1.26	−0.89
388	603956.SH	威派格	−0.30	0.47	413	605081.SH	太和水	−1.45	1.22
389	002162.SZ	悦心健康	−0.30	0.05	414	603068.SH	博通集成	−1.58	0.39
390	300609.SZ	汇纳科技	−0.31	0.29	415	002527.SZ	新时达	−1.61	0.24
391	688798.SH	艾为电子	−0.32	2.09	416	600115.SH	中国东航	−1.98	−0.73
392	002269.SZ	美邦服饰	−0.33	−0.19	417	603885.SH	吉祥航空	−2.03	−0.25
393	605136.SH	丽人丽妆	−0.35	1.03	418	603729.SH	龙韵股份	−2.05	−0.68
394	300222.SZ	科大智能	−0.37	−0.13	419	603030.SH	*ST全筑	−2.06	−2.34
395	688373.SH	盟科药业-U	−0.38	−0.43	420	688062.SH	迈威生物-U	−2.44	−2.57
396	603131.SH	上海沪工	−0.40	0.45	421	688180.SH	君实生物-U	−2.60	−0.81
397	002858.SZ	力盛体育	−0.49	0.02	422	301024.SZ	霍普股份	−2.80	1.30
398	300380.SZ	安硕信息	−0.52	0.08	423	688031.SH	星环科技-U	−2.84	−2.70
399	300262.SZ	巴安水务	−0.58	−1.95	424	688368.SH	晶丰明源	−3.29	10.95
400	300511.SZ	雪榕生物	−0.59	−0.72	425	601021.SH	春秋航空	−3.30	0.04
401	600679.SH	上海凤凰	−0.61	0.21	426	600530.SH	交大昂立	—	0.05

上海工商类上市公司 2022 年度净利润排序

（单位：万元）

序号	代码	公司简称	净利润		序号	代码	公司简称	净利润	
			2022 年	2021 年				2022 年	2021 年
1	601328.SH	交通银行	9203000.00	8893900.00	48	600618.SH	氯碱化工	133737.37	175576.69
2	600000.SH	浦发银行	5199700.00	5376600.00	49	688008.SH	澜起科技	129937.17	82913.75
3	601601.SH	中国太保	2524000.00	2761800.00	50	002028.SZ	思源电气	128748.61	127231.77
4	600104.SH	上汽集团	2284265.28	3394175.89	51	688063.SH	派能科技	127272.90	31618.01
5	601229.SH	上海银行	2231792.80	2208036.80	52	600648.SH	外高桥	125454.42	95041.73
6	600018.SH	上港集团	1791011.26	1548072.00	53	300442.SZ	润泽科技	119702.16	−1291.44
7	688981.SH	中芯国际	1465353.00	1120250.50	54	688012.SH	中微公司	116789.73	101126.98
8	600019.SH	宝钢股份	1402891.59	2645502.07	55	688385.SH	复旦微电	111726.48	55932.47
9	601211.SH	国泰君安	1162116.92	1530254.20	56	600642.SH	申能股份	104925.40	177607.62
10	601825.SH	沪农商行	1139317.70	1004691.90	57	603501.SH	韦尔股份	95833.36	454588.13
11	300059.SZ	东方财富	850946.12	855292.77	58	603128.SH	华贸物流	92465.92	93311.93
12	600741.SH	华域汽车	806120.51	799148.76	59	300171.SZ	东富龙	90303.90	88616.89
13	601607.SH	上海医药	699201.48	627456.94	60	600150.SH	中国船舶	87245.22	23187.24
14	600837.SH	海通证券	519615.00	1374786.24	61	600420.SH	国药现代	86748.50	82114.59
15	601872.SH	招商轮船	506696.85	365857.00	62	601828.SH	美凯龙	85780.57	218900.00
16	600606.SH	绿地控股	459680.21	944280.85	63	603868.SH	飞科电器	82253.22	63832.36
17	601156.SH	东航物流	429109.51	421260.58	64	601696.SH	中银证券	81086.75	96313.45
18	600196.SH	复星医药	394746.41	498743.81	65	600895.SH	张江高科	78764.49	64831.05
19	600655.SH	豫园股份	393692.29	392665.96	66	603515.SH	欧普照明	78569.08	91025.19
20	601866.SH	中远海发	392155.74	609068.20	67	600649.SH	城投控股	78337.71	89733.85
21	600061.SH	国投资本	346886.48	530818.74	68	688317.SH	之江生物	76027.35	75852.49
22	603659.SH	璞泰来	332434.05	178287.54	69	301060.SZ	兰卫医学	73905.52	26161.68
23	601788.SH	光大证券	324062.46	356320.60	70	688099.SH	晶晨股份	73177.57	82790.67
24	300999.SZ	金龙鱼	312508.10	448870.50	71	600210.SH	紫江企业	67383.09	60266.89
25	601231.SH	环旭电子	305998.98	185669.30	72	688082.SH	盛美上海	66848.70	26624.82
26	600958.SH	东方证券	301033.19	537313.92	73	601702.SH	华峰铝业	66578.58	50012.97
27	600820.SH	隧道股份	299336.00	242679.19	74	600073.SH	上海梅林	66545.05	−10211.25
28	603565.SH	中谷物流	274313.77	240636.71	75	603108.SH	润达医疗	65511.01	59820.07
29	601611.SH	中国核建	245460.59	219830.24	76	603056.SH	德邦股份	64922.91	14725.61
30	600732.SH	爱旭股份	232857.37	−11580.36	77	002158.SZ	汉钟精机	64618.33	48783.42
31	600612.SH	老凤祥	226785.10	244724.45	78	688301.SH	奕瑞科技	63870.91	48457.41
32	600845.SH	宝信软件	225130.12	190876.72	79	603713.SH	密尔克卫	62385.99	43596.55
33	600500.SH	中化国际	218046.67	656968.08	80	601200.SH	上海环境	62375.78	83433.80
34	002252.SZ	上海莱士	187299.79	128894.76	81	603236.SH	移远通信	62052.49	35833.74
35	600026.SH	中远海能	178480.44	−465713.05	82	600827.SH	百联股份	61443.45	63278.73
36	002022.SZ	科华生物	173137.01	135382.48	83	688065.SH	凯赛生物	61265.49	64668.45
37	600508.SH	上海能源	172217.33	40934.54	84	600662.SH	外服控股	61096.09	58671.45
38	600623.SH	华谊集团	169257.82	353072.01	85	600320.SH	振华重工	59756.23	52834.56
39	600170.SH	上海建工	168003.56	404809.47	86	600284.SH	浦东建设	57366.42	53799.85
40	688271.SH	联影医疗	165008.56	140350.94	87	603730.SH	岱美股份	56981.15	41606.55
41	600021.SH	上海电力	158662.22	−168136.21	88	600850.SH	电科数字	53169.89	34546.91
42	600639.SH	浦东金桥	155227.73	157519.30	89	002568.SZ	百润股份	52084.11	66447.50
43	600835.SH	上海机电	153391.87	117259.81	90	600650.SH	锦江在线	51165.24	14691.56
44	600663.SH	陆家嘴	146092.20	501567.86	91	603619.SH	中曼石油	50274.39	6565.94
45	600517.SH	国网英大	145033.67	155639.76	92	603786.SH	科博达	50160.56	42757.68
46	603899.SH	晨光股份	135537.88	153359.57	93	688188.SH	柏楚电子	49209.85	54892.69
47	600848.SH	上海临港	134657.81	186026.82	94	600643.SH	爱建集团	48158.46	115237.96

（续表）

序号	代码	公司简称	净利润		序号	代码	公司简称	净利润	
			2022年	2021年				2022年	2021年
95	600278.SH	东方创业	47765.72	46108.33	142	688372.SH	伟测科技	24332.73	13217.56
96	600315.SH	上海家化	47203.93	64925.19	143	603170.SH	宝立食品	23049.59	19479.09
97	600629.SH	华建集团	44397.13	39101.20	144	603197.SH	保隆科技	22725.54	29160.97
98	300398.SZ	飞凯材料	44353.76	40096.42	145	603681.SH	永冠新材	22712.64	22551.70
99	688728.SH	格科微	43882.19	125844.71	146	603039.SH	泛微网络	22322.68	30869.87
100	300170.SZ	汉得信息	43287.32	18995.47	147	605338.SH	巴比食品	21989.08	31322.02
101	002346.SZ	柘中股份	43222.18	41995.17	148	688110.SH	东芯股份	21735.85	28409.13
102	002706.SZ	良信股份	42176.74	41852.98	149	301303.SZ	真兰仪表	21693.88	22135.80
103	603012.SH	创力集团	41945.64	35421.87	150	002324.SZ	普利特	21657.78	2100.42
104	300257.SZ	开山股份	41561.81	30890.03	151	603057.SH	紫燕食品	21559.71	31980.08
105	600171.SH	上海贝岭	39958.96	73755.09	152	002195.SZ	二三四五	21207.50	39749.37
106	600597.SH	光明乳业	39115.69	56689.36	153	002116.SZ	中国海诚	20709.15	16078.74
107	600641.SH	万业企业	38671.38	37694.86	154	688085.SH	三友医疗	20355.57	19515.19
108	603587.SH	地素时尚	38454.67	68948.38	155	688391.SH	钜泉科技	20005.35	10139.89
109	002328.SZ	新朋股份	37890.98	44697.68	156	600661.SH	昂立教育	19873.15	−18891.36
110	300613.SZ	富瀚微	37838.94	38213.25	157	600851.SH	海欣股份	19838.25	9368.47
111	603987.SH	康德莱	37412.14	41921.20	158	600094.SH	大名城	19196.66	−32900.41
112	600846.SH	同济科技	37113.45	64941.00	159	688131.SH	皓元医药	19155.76	19057.17
113	605222.SH	起帆电缆	37018.15	68329.47	160	688366.SH	昊海生科	19033.17	34728.40
114	002825.SZ	纳尔股份	36349.59	8805.18	161	300039.SZ	上海凯宝	19008.48	14011.13
115	300627.SZ	华测导航	36039.88	28968.30	162	600602.SH	云赛智联	18816.46	29222.06
116	603855.SH	华荣股份	35934.82	39016.58	163	300017.SZ	网宿科技	18413.44	16368.68
117	002605.SZ	姚记科技	35813.69	56730.39	164	002401.SZ	中远海科	18192.29	15675.75
118	600621.SH	华鑫股份	35332.44	49798.98	165	688121.SH	卓然股份	17651.50	28271.75
119	688016.SH	心脉医疗	35205.06	31351.19	166	600708.SH	光明地产	17271.16	46557.27
120	688123.SH	聚辰股份	34631.63	10368.60	167	603083.SH	剑桥科技	17146.85	6725.98
121	300226.SZ	上海钢联	34487.42	35254.32	168	600882.SH	妙可蓝多	17101.97	19376.91
122	688126.SH	沪硅产业	34455.05	14548.35	169	300286.SZ	安科瑞	17058.56	17006.52
123	688202.SH	美迪西	33823.63	28464.76	170	688370.SH	丛麟科技	16711.40	18250.42
124	688330.SH	宏力达	31844.47	41288.74	171	002184.SZ	海得控制	16575.36	17003.62
125	300327.SZ	中颖电子	31238.18	37065.57	172	300590.SZ	移为通信	16543.32	15555.23
126	605050.SH	福然德	30948.50	34011.66	173	603648.SH	畅联股份	16497.11	14880.12
127	603153.SH	上海建科	30710.22	30397.71	174	603579.SH	荣泰健康	16471.98	22803.36
128	600651.SH	飞乐音响	30592.45	−45131.31	175	301099.SZ	雅创电子	16367.71	9289.09
129	688019.SH	安集科技	30143.70	12508.41	176	605339.SH	南侨食品	16059.61	36904.42
130	600081.SH	东风科技	28866.95	43517.19	177	605598.SH	上海港湾	15679.13	6133.92
131	603650.SH	彤程新材	28083.13	30969.76	178	603006.SH	联明股份	15354.90	14284.93
132	601968.SH	宝钢包装	28041.11	28992.39	179	603329.SH	上海雅仕	15127.15	13369.17
133	603690.SH	至纯科技	28030.11	28424.85	180	600675.SH	中华企业	14713.75	118191.85
134	603365.SH	水星家纺	27825.65	38587.49	181	688073.SH	毕得医药	14597.07	9757.30
135	300129.SZ	泰胜风能	27014.69	25353.18	182	600833.SH	第一医药	14355.63	4941.91
136	603886.SH	元祖股份	26640.03	33984.13	183	300008.SZ	天海防务	14332.83	2645.62
137	688596.SH	正帆科技	26118.80	16813.16	184	688091.SH	上海谊众	14285.49	−399.71
138	603728.SH	鸣志电器	24907.01	28151.80	185	600637.SH	东方明珠	14001.74	194409.76
139	688484.SH	南芯科技	24620.04	24403.01	186	300378.SZ	鼎捷软件	13817.91	11228.35
140	300230.SZ	永利股份	24585.12	21751.07	187	688505.SH	复旦张江	13727.22	21238.07
141	600754.SH	锦江酒店	24512.82	29934.74	188	605151.SH	西上海	13678.84	11158.31

（续表）

序号	代码	公司简称	净利润		序号	代码	公司简称	净利润	
			2022 年	2021 年				2022 年	2021 年
189	688061.SH	灿瑞科技	13504.24	12500.16	236	300963.SZ	中洲特材	8000.60	4610.88
190	600636.SH	国新文化	13366.71	−42785.26	237	300483.SZ	首华燃气	7817.51	13856.65
191	688133.SH	泰坦科技	13171.84	14228.87	238	600834.SH	申通地铁	7717.20	7890.80
192	688578.SH	艾力斯	13052.07	1827.46	239	603496.SH	恒为科技	7519.50	4954.18
193	603324.SH	盛剑环境	13031.11	15235.10	240	301419.SZ	阿莱德	7406.40	7011.60
194	300802.SZ	矩子科技	12880.36	9858.58	241	688521.SH	芯原股份	7381.43	1329.24
195	603020.SH	爱普股份	12464.68	24666.42	242	301289.SZ	国缆检测	7360.85	7321.38
196	300642.SZ	透景生命	12374.83	16105.79	243	301257.SZ	普蕊斯	7241.14	5776.90
197	688608.SH	恒玄科技	12241.94	40771.65	244	001266.SZ	宏英智能	7150.72	13025.72
198	002454.SZ	松芝股份	12215.48	14004.48	245	603037.SH	凯众股份	7086.19	8542.55
199	605186.SH	健麾信息	11996.19	12716.26	246	600622.SH	光大嘉宝	7030.62	22345.22
200	688230.SH	芯导科技	11944.63	11452.63	247	600503.SH	华丽家族	6989.06	8795.68
201	688335.SH	复洁环保	11423.71	6455.41	248	430139.BJ	华岭股份	6986.73	9012.24
202	605098.SH	行动教育	11206.89	17297.23	249	603633.SH	徕木股份	6835.09	4772.49
203	603718.SH	海利生物	11069.09	4566.63	250	603960.SH	克来机电	6751.40	5167.28
204	300501.SZ	海顺新材	10985.21	10902.93	251	301230.SZ	泓博医药	6717.59	7357.66
205	600097.SH	开创国际	10971.09	19801.60	252	603466.SH	风语筑	6604.42	43883.59
206	688392.SH	骄成超声	10961.81	7282.73	253	688217.SH	睿昂基因	6591.92	4008.00
207	600826.SH	兰生股份	10957.53	12861.30	254	600638.SH	新黄浦	6498.43	14528.94
208	600072.SH	中船科技	10879.91	8058.04	255	831305.BJ	海希通讯	6495.79	9705.69
209	688479.SH	友车科技	10778.01	12229.65	256	688163.SH	赛伦生物	6413.58	7648.28
210	603881.SH	数据港	10707.45	9939.38	257	301005.SZ	超捷股份	6378.51	7586.42
211	301166.SZ	优宁维	10648.51	10872.82	258	600748.SH	上实发展	6244.71	7840.50
212	603378.SH	亚士创能	10573.06	−54399.32	259	301025.SZ	读客文化	6232.08	6725.45
213	688293.SH	奥浦迈	10536.94	6039.37	260	688682.SH	霍莱沃	6181.82	6662.78
214	301062.SZ	上海艾录	10492.80	14256.17	261	603192.SH	汇得科技	6176.71	11775.79
215	603777.SH	来伊份	10203.60	3100.10	262	603211.SH	晋拓股份	6107.06	8075.17
216	301151.SZ	冠龙节能	10180.70	19231.44	263	688098.SH	申联生物	6097.11	10445.91
217	300272.SZ	开能健康	9942.59	11710.25	264	300462.SZ	华铭智能	6035.35	−18982.25
218	600604.SH	市北高新	9862.18	12961.23	265	688107.SH	安路科技	5982.80	−3084.91
219	603214.SH	爱婴室	9824.91	7975.96	266	002506.SZ	协鑫集成	5712.89	−195130.52
220	688018.SH	乐鑫科技	9732.31	19842.77	267	605398.SH	新炬网络	5706.24	6934.54
221	002636.SZ	金安国纪	9681.27	70100.82	268	300236.SZ	上海新阳	5690.86	10333.10
222	605208.SH	永茂泰	9419.42	22732.44	269	300493.SZ	润欣科技	5387.02	5769.32
223	301000.SZ	肇民科技	9391.88	11641.50	270	688507.SH	索辰科技	5377.12	5035.64
224	300915.SZ	海融科技	9331.15	11243.65	271	830799.BJ	艾融软件	5277.48	5067.53
225	002486.SZ	嘉麟杰	9322.94	2048.30	272	301156.SZ	美农生物	5249.20	7055.77
226	688247.SH	宣泰医药	9294.15	13491.60	273	603256.SH	宏和科技	5237.18	12425.88
227	688179.SH	阿拉丁	9233.15	8936.08	274	600838.SH	上海九百	5229.97	10245.07
228	688160.SH	步科股份	9078.30	7478.07	275	002669.SZ	康达新材	5068.21	2144.02
229	601616.SH	广电电气	8559.70	11216.18	276	301273.SZ	瑞晨环保	5034.95	8272.50
230	300762.SZ	上海瀚讯	8557.91	23503.91	277	688680.SH	海优新材	5009.34	25217.84
231	688585.SH	上纬新材	8414.59	1257.71	278	600822.SH	上海物贸	4916.49	14938.72
232	688766.SH	普冉股份	8314.63	29115.06	279	300508.SZ	维宏股份	4900.76	5870.43
233	603122.SH	合富中国	8271.71	8016.45	280	600696.SH	岩石股份	4865.54	7065.03
234	603682.SH	锦和商管	8216.77	11878.85	281	300061.SZ	旗天科技	4848.13	−37498.64
235	600843.SH	上工申贝	8080.12	8306.02	282	600613.SH	神奇制药	4800.95	6796.24

(续表)

序号	代码	公司简称	净利润		序号	代码	公司简称	净利润	
			2022年	2021年				2022年	2021年
283	600620.SH	天宸股份	4790.44	12002.65	330	000863.SZ	三湘印象	613.15	2753.65
284	301161.SZ	唯万密封	4620.49	5964.24	331	301037.SZ	保立佳	573.72	5045.14
285	605128.SH	上海沿浦	4577.15	7048.02	332	600193.SH	创兴资源	459.50	2300.52
286	688336.SH	三生国健	4543.46	−169.61	333	600608.SH	ST沪科	414.16	274.18
287	688519.SH	南亚新材	4488.52	39932.66	334	300126.SZ	锐奇股份	393.37	1022.63
288	688206.SH	概伦电子	4345.00	2784.08	335	600605.SH	汇通能源	383.67	5696.14
289	603009.SH	北特科技	4061.12	5800.34	336	688351.SH	微电生理−U	297.18	−1197.43
290	600272.SH	开开实业	4009.53	1637.74	337	603887.SH	城地香江	259.42	−60525.36
291	002211.SZ	ST宏达	3959.93	−33790.20	338	600616.SH	金枫酒业	218.44	−1706.33
292	603790.SH	雅运股份	3929.94	6574.99	339	688118.SH	普元信息	121.79	3912.63
293	603200.SH	上海洗霸	3913.63	3907.90	340	600624.SH	复旦复华	65.88	−10118.95
294	688238.SH	和元生物	3902.52	5425.73	341	600647.SH	*ST同达	60.39	579.73
295	688071.SH	华依科技	3766.68	5908.07	342	600676.SH	交运股份	−12.68	−2359.26
296	688435.SH	英方软件	3700.29	3392.22	343	603580.SH	艾艾精工	−351.20	3346.74
297	603189.SH	网达软件	3663.48	6555.78	344	300245.SZ	天玑科技	−447.65	3700.56
298	300067.SZ	安诺其	3598.35	10604.64	345	688265.SH	南模生物	−539.96	6086.09
299	833346.BJ	威贸电子	3472.35	3369.43	346	301001.SZ	凯淳股份	−592.43	4840.21
300	603022.SH	新通联	3470.75	2058.90	347	603121.SH	华培动力	−846.36	6803.69
301	872541.BJ	铁大科技	3336.09	3013.97	348	603232.SH	格尔软件	−915.40	7981.14
302	300947.SZ	德必集团	3194.65	10969.08	349	600119.SH	长江投资	−1044.94	−14117.00
303	301070.SZ	开勒股份	3181.60	5503.20	350	600532.SH	*ST未来	−1155.38	−19772.92
304	002561.SZ	徐家汇	3138.28	11406.43	351	600689.SH	上海三毛	−1291.55	1180.58
305	688718.SH	唯赛勃	3137.84	5047.90	352	002058.SZ	威尔泰	−1520.29	2377.90
306	603159.SH	上海亚虹	3014.12	3761.50	353	301228.SZ	实朴检测	−1582.96	5093.37
307	603003.SH	龙宇股份	3004.39	−14777.98	354	605289.SH	罗曼股份	−1744.22	11765.85
308	836414.BJ	欧普泰	2915.90	3057.91	355	002278.SZ	神开股份	−1944.64	5048.73
309	603683.SH	晶华新材	2767.02	3253.03	356	300330.SZ	计通退	−1977.20	1021.15
310	300899.SZ	上海凯鑫	2730.76	4804.59	357	300326.SZ	凯利泰	−2395.28	17499.37
311	300153.SZ	科泰电源	2728.42	999.02	358	300609.SZ	汇纳科技	−3044.95	4411.48
312	301046.SZ	能辉科技	2523.95	10368.59	359	688590.SH	新致软件	−4541.08	14495.96
313	688212.SH	澳华内镜	2509.64	5977.27	360	600628.SH	新世界	−5145.12	7002.92
314	688193.SH	仁度生物	2333.14	6461.89	361	300551.SZ	古鳌科技	−5285.25	1475.30
315	600819.SH	耀皮玻璃	2332.47	13519.90	362	688798.SH	艾为电子	−5338.28	28834.91
316	430300.BJ	辰光医疗	2270.29	2334.41	363	603330.SH	天洋新材	−5611.38	10558.94
317	688129.SH	东来技术	2150.92	9392.62	364	002565.SZ	顺灏股份	−5771.46	−2579.70
318	831961.BJ	创远信科	2051.82	5105.07	365	688155.SH	先惠技术	−5796.22	7089.90
319	300983.SZ	尤安设计	2002.59	30338.27	366	002858.SZ	力盛体育	−6409.19	1662.94
320	603499.SH	翔港科技	1805.64	−1483.33	367	600088.SH	中视传媒	−6686.47	624.01
321	002451.SZ	摩恩电气	1747.81	1536.87	368	600619.SH	海立股份	−7556.08	29051.36
322	603196.SH	日播时尚	1657.25	8129.28	369	300380.SZ	安硕信息	−7969.78	1076.70
323	300253.SZ	卫宁健康	1455.42	35373.43	370	600836.SH	上海易连	−8154.49	20804.85
324	300578.SZ	会畅通讯	1436.62	−23668.80	371	688213.SH	思特威−W	−8274.80	39833.32
325	603918.SH	金桥信息	1155.08	8761.68	372	600818.SH	中路股份	−8684.05	2408.40
326	300892.SZ	品渥食品	1120.38	9546.97	373	601519.SH	大智慧	−9252.81	1604.95
327	600825.SH	新华传媒	886.59	3308.10	374	300074.SZ	华平股份	−9974.19	1270.42
328	603226.SH	菲林格尔	829.90	1944.19	375	300225.SZ	金力泰	−10598.47	−11891.63
329	600692.SH	亚通股份	772.25	4521.45	376	603956.SH	威派格	−12674.75	19636.05

（续表）

序号	代码	公司简称	净利润		序号	代码	公司简称	净利润	
			2022 年	2021 年				2022 年	2021 年
377	603131.SH	上海沪工	−13252.92	14561.16	402	601595.SH	上海电影	−34687.12	1411.52
378	600151.SH	航天机电	−13462.75	5257.95	403	300180.SZ	华峰超纤	−35578.16	6214.05
379	605136.SH	丽人丽妆	−14338.76	40981.51	404	300511.SZ	雪榕生物	−39411.55	−34846.76
380	300336.SZ	*ST新文	−15325.61	−64969.07	405	300262.SZ	巴安水务	−40865.69	−138905.34
381	002178.SZ	延华智能	−15465.99	894.05	406	688158.SH	优刻得−W	−41942.69	−63757.61
382	603895.SH	天永智能	−15591.04	383.36	407	600601.SH	*ST方科	−42547.28	−121384.25
383	605081.SH	太和水	−16394.25	9094.09	408	688382.SH	益方生物−U	−48348.50	−35791.15
384	301024.SZ	霍普股份	−17861.17	4688.17	409	600630.SH	龙头股份	−52206.24	−30321.48
385	300469.SZ	信息发展	−18164.15	−7471.41	410	600490.SH	鹏欣资源	−79268.49	7292.91
386	603729.SH	龙韵股份	−19409.92	−6222.86	411	002269.SZ	美邦服饰	−82281.58	−40156.99
387	688368.SH	晶丰明源	−20586.68	71083.73	412	688062.SH	迈威生物−U	−95812.58	−77269.97
388	600640.SH	国脉文化	−20628.27	−35444.82	413	600816.SH	ST安信	−104343.40	−112984.84
389	688373.SH	盟科药业−U	−22029.87	−22627.02	414	002527.SZ	新时达	−105970.78	16918.59
390	600611.SH	大众交通	−23701.35	37780.55	415	603030.SH	*ST全筑	−119422.46	−128537.48
391	603068.SH	博通集成	−24138.08	5846.36	416	688538.SH	和辉光电−U	−160179.21	−94515.82
392	688220.SH	翱捷科技−U	−25150.61	−58939.46	417	600841.SH	动力新科	−161146.79	80037.56
393	600635.SH	大众公用	−25406.88	39217.53	418	601727.SH	上海电气	−231300.60	−1024013.10
394	600626.SH	申达股份	−25432.68	−6895.45	419	688180.SH	君实生物−U	−258407.75	−73053.39
395	688031.SH	星环科技−U	−27225.21	−24631.29	420	600009.SH	上海机场	−278998.47	−162230.65
396	002162.SZ	悦心健康	−28088.33	4776.97	421	600688.SH	上海石化	−286821.60	200368.10
397	300222.SZ	科大智能	−29730.68	−8498.92	422	601021.SH	春秋航空	−303582.32	3728.66
398	600824.SH	益民集团	−29917.31	9029.98	423	603885.SH	吉祥航空	−416949.82	−49818.09
399	600679.SH	上海凤凰	−31471.68	10049.64	424	600823.SH	ST世茂	−730424.83	213549.47
400	300168.SZ	万达信息	−31501.15	4335.63	425	600115.SH	中国东航	−3990000.00	−1328400.00
401	688660.SH	电气风电	−33809.64	50701.59	426	600530.SH	交大昂立	−	4048.40

（续表）

序号	代码	公司简称	每股净资产		序号	代码	公司简称	每股净资产	
			2022年	2021年				2022年	2021年
377	600824.SH	益民集团	2.22	2.53	402	600115.SH	中国东航	1.30	2.72
378	688505.SH	复旦张江	2.19	2.10	403	600624.SH	复旦复华	1.29	1.34
379	601866.SH	中远海发	2.13	2.04	404	002486.SZ	嘉麟杰	1.25	1.16
380	300330.SZ	计通退	2.12	2.22	405	600661.SH	昂立教育	1.18	0.60
381	600647.SH	*ST同达	2.12	2.19	406	688538.SH	和辉光电-U	1.14	1.26
382	600689.SH	上海三毛	2.12	2.18	407	002058.SZ	威尔泰	1.12	1.26
383	600822.SH	上海物贸	2.05	1.94	408	002162.SZ	悦心健康	1.09	1.38
384	300493.SZ	润欣科技	2.02	1.63	409	300168.SZ	万达信息	1.07	1.31
385	300074.SZ	华平股份	1.96	2.15	410	300008.SZ	天海防务	1.03	0.97
386	300272.SZ	开能健康	1.89	2.08	411	600651.SH	飞乐音响	0.95	0.87
387	300061.SZ	旗天科技	1.86	1.79	412	600601.SH	*ST方科	0.83	−0.32
388	688373.SH	盟科药业-U	1.85	0.83	413	601519.SH	大智慧	0.79	0.78
389	600818.SH	中路股份	1.82	2.12	414	600193.SH	创兴资源	0.75	0.74
390	603718.SH	海利生物	1.77	1.56	415	002178.SZ	延华智能	0.59	0.80
391	002565.SZ	顺灏股份	1.76	1.81	416	600119.SH	长江投资	0.54	0.58
392	600662.SH	外服控股	1.71	1.68	417	300469.SZ	信息发展	0.43	0.75
393	600836.SH	上海易连	1.70	1.81	418	002506.SZ	协鑫集成	0.39	0.39
394	603256.SH	宏和科技	1.70	1.75	419	300262.SZ	巴安水务	0.26	0.83
395	002451.SZ	摩恩电气	1.70	1.70	420	002211.SZ	ST宏达	0.21	0.12
396	830799.BJ	艾融软件	1.69	2.41	421	600608.SH	ST沪科	0.20	0.19
397	002195.SZ	二三四五	1.64	1.62	422	002269.SZ	美邦服饰	0.10	0.41
398	600630.SH	龙头股份	1.64	2.87	423	300336.SZ	*ST新文	0.09	−0.49
399	301025.SZ	读客文化	1.64	1.56	424	600816.SH	ST安信	0.03	0.05
400	300225.SZ	金力泰	1.58	1.86	425	603030.SH	*ST全筑	−0.44	1.85
401	600696.SH	岩石股份	1.53	1.44	426	600530.SH	交大昂立	–	1.12

上海工商类上市公司 2022 年度净资产收益率排序

（单位：%）

序号	代码	公司简称	净资产收益率		序号	代码	公司简称	净资产收益率	
			2022 年	2021 年				2022 年	2021 年
1	300442.SZ	润泽科技	70.18	−2.36	48	300059.SZ	东方财富	15.58	22.16
2	600661.SH	昂立教育	65.94	−55.48	49	600508.SH	上海能源	15.37	3.59
3	002211.SZ	ST宏达	54.37	−152.22	50	300627.SZ	华测导航	15.30	17.98
4	688063.SH	派能科技	34.97	11.09	51	688372.SH	伟测科技	14.84	18.03
5	301060.SZ	兰卫医学	34.03	14.63	52	830799.BJ	艾融软件	14.82	14.27
6	600732.SH	爱旭股份	32.93	−2.41	53	600850.SH	电科数字	14.72	11.42
7	601156.SH	东航物流	29.68	44.76	54	688271.SH	联影医疗	14.71	32.81
8	002825.SZ	纳尔股份	28.94	6.69	55	603987.SH	康德莱	14.47	15.18
9	603565.SH	中谷物流	28.85	32.33	56	300171.SZ	东富龙	14.39	20.89
10	688385.SH	复旦微电	28.07	20.29	57	688008.SH	澜起科技	14.20	10.07
11	603659.SH	璞泰来	25.93	18.03	58	600662.SH	外服控股	14.18	15.12
12	603868.SH	飞科电器	25.44	21.82	59	002706.SZ	良信股份	14.18	19.72
13	688484.SH	南芯科技	24.77	38.72	60	600650.SH	锦江在线	14.10	3.67
14	603170.SH	宝立食品	24.19	32.69	61	600741.SH	华域汽车	14.05	12.67
15	301303.SZ	真兰仪表	23.71	29.58	62	002028.SZ	思源电气	13.91	16.09
16	603619.SH	中曼石油	23.57	3.41	63	603730.SH	岱美股份	13.82	10.56
17	300327.SZ	中颖电子	23.13	31.24	64	002568.SZ	百润股份	13.80	19.01
18	688202.SH	美迪西	23.09	23.03	65	603329.SH	上海雅仕	13.75	16.18
19	600845.SH	宝信软件	23.06	22.32	66	603057.SH	紫燕食品	13.71	27.97
20	002158.SZ	汉钟精机	22.73	19.85	67	600651.SH	飞乐音响	13.68	−18.60
21	002022.SZ	科华生物	22.35	24.25	68	836414.BJ	欧普泰	13.63	35.06
22	688016.SH	心脉医疗	22.22	23.15	69	002605.SZ	姚记科技	13.53	25.45
23	688019.SH	安集科技	22.14	11.12	70	002401.SZ	中远海科	13.40	12.95
24	601231.SH	环旭电子	21.23	14.79	71	688160.SH	步科股份	13.28	11.85
25	688123.SH	聚辰股份	20.57	7.25	72	603012.SH	创力集团	13.25	10.65
26	301419.SZ	阿莱德	20.34	23.97	73	603515.SH	欧普照明	13.24	16.45
27	603855.SH	华荣股份	20.16	22.57	74	688188.SH	柏楚电子	13.20	20.07
28	603899.SH	晨光股份	19.66	26.66	75	002116.SZ	中国海诚	13.15	11.08
29	300613.SZ	富瀚微	19.39	22.95	76	688082.SH	盛美上海	12.93	9.08
30	601702.SH	华峰铝业	19.37	17.23	77	601866.SH	中远海发	12.74	21.35
31	688317.SH	之江生物	18.94	28.68	78	300398.SZ	飞凯材料	12.66	12.84
32	600618.SH	氯碱化工	18.71	29.51	79	872541.BJ	铁大科技	12.62	12.14
33	688301.SH	奕瑞科技	18.51	17.03	80	600639.SH	浦东金桥	12.59	14.05
34	603236.SH	移远通信	17.98	14.10	81	300226.SZ	上海钢联	12.30	12.22
35	002346.SZ	柘中股份	17.62	19.96	82	301257.SZ	普蕊斯	12.26	29.34
36	600612.SH	老凤祥	17.60	21.87	83	605186.SH	健麾信息	12.14	13.72
37	603713.SH	密尔克卫	17.44	17.75	84	688596.SH	正帆科技	12.11	9.44
38	688391.SH	钜泉科技	17.37	36.66	85	300170.SZ	汉得信息	11.87	5.86
39	688479.SH	友车科技	17.33	24.06	86	603039.SH	泛微网络	11.78	19.14
40	601872.SH	招商轮船	17.11	13.89	87	002184.SZ	海得控制	11.46	11.89
41	301099.SZ	雅创电子	16.92	15.32	88	688091.SH	上海谊众	11.45	−0.56
42	600833.SH	第一医药	16.67	6.53	89	301289.SZ	国缆检测	11.40	20.60
43	688099.SH	晶晨股份	16.57	23.89	90	300802.SZ	矩子科技	11.37	9.67
44	603886.SH	元祖股份	16.55	21.97	91	603108.SH	润达医疗	11.37	11.41
45	600018.SH	上港集团	16.24	15.68	92	603718.SH	海利生物	11.33	5.22
46	603128.SH	华贸物流	16.24	17.22	93	601825.SH	沪农商行	11.22	11.34
47	300286.SZ	安科瑞	16.05	18.94	94	605338.SH	巴比食品	11.19	17.72

(续表)

序号	代码	公司简称	净资产收益率		序号	代码	公司简称	净资产收益率	
			2022年	2021年				2022年	2021年
95	833346.BJ	威贸电子	11.15	18.08	142	601328.SH	交通银行	9.27	9.57
96	603153.SH	上海建科	11.06	12.39	143	688330.SH	宏力达	9.27	12.98
97	600655.SH	豫园股份	10.94	11.48	144	688121.SH	卓然股份	9.24	24.92
98	603786.SH	科博达	10.93	9.85	145	301230.SZ	泓博医药	9.19	24.06
99	600210.SH	紫江企业	10.91	10.19	146	603197.SH	保隆科技	9.12	16.03
100	600073.SH	上海梅林	10.88	6.94	147	603579.SH	荣泰健康	9.02	13.76
101	688085.SH	三友医疗	10.82	11.57	148	688061.SH	灿瑞科技	8.98	33.52
102	601601.SH	中国太保	10.81	12.14	149	300963.SZ	中洲特材	8.94	6.64
103	688073.SH	毕得医药	10.79	19.65	150	603648.SH	畅联股份	8.93	8.20
104	600820.SH	隧道股份	10.76	9.96	151	600196.SH	复星医药	8.91	12.43
105	688507.SH	索辰科技	10.75	12.96	152	603037.SH	凯众股份	8.90	9.58
106	688392.SH	骄成超声	10.58	31.03	153	300642.SZ	透景生命	8.71	12.11
107	605598.SH	上海港湾	10.56	5.45	154	600500.SH	中化国际	8.62	17.26
108	603006.SH	联明股份	10.48	10.73	155	605050.SH	福然德	8.62	11.19
109	600648.SH	外高桥	10.48	8.28	156	603682.SH	锦和商管	8.61	9.28
110	601229.SH	上海银行	10.45	11.14	157	688163.SH	赛伦生物	8.60	23.03
111	603587.SH	地素时尚	10.44	19.16	158	688370.SH	丛麟科技	8.56	16.75
112	605098.SH	行动教育	10.34	22.41	159	301000.SZ	肇民科技	8.48	16.94
113	603365.SH	水星家纺	10.30	15.45	160	603122.SH	合富中国	8.38	10.61
114	002328.SZ	新朋股份	10.29	14.48	161	603214.SH	爱婴室	8.20	7.20
115	603650.SH	彤程新材	10.24	12.49	162	300008.SZ	天海防务	8.16	1.56
116	300590.SZ	移为通信	10.23	11.86	163	600284.SH	浦东建设	8.11	8.08
117	600846.SH	同济科技	10.15	17.98	164	300272.SZ	开能健康	8.09	8.83
118	688179.SH	阿拉丁	10.07	10.67	165	300129.SZ	泰胜风能	8.09	9.67
119	301062.SZ	上海艾录	10.03	16.22	166	688682.SH	霍莱沃	8.07	15.28
120	001266.SZ	宏英智能	10.02	39.08	167	831305.BJ	海希通讯	8.03	16.89
121	688981.SH	中芯国际	10.00	10.30	168	300508.SZ	维宏股份	7.98	10.06
122	600629.SH	华建集团	9.91	10.50	169	688012.SH	中微公司	7.95	11.05
123	688247.SH	宣泰医药	9.87	21.29	170	301005.SZ	超捷股份	7.83	14.54
124	688435.SH	英方软件	9.84	9.96	171	600835.SH	上海机电	7.77	6.69
125	688335.SH	复洁环保	9.83	5.86	172	601611.SH	中国核建	7.71	8.18
126	300230.SZ	永利股份	9.80	8.87	173	688293.SH	奥浦迈	7.67	11.43
127	600171.SH	上海贝岭	9.77	20.18	174	688585.SH	上纬新材	7.65	1.19
128	301025.SZ	读客文化	9.74	11.84	175	300257.SZ	开山股份	7.63	6.28
129	603681.SH	永冠新材	9.70	11.94	176	301273.SZ	瑞晨环保	7.62	28.42
130	603056.SH	德邦股份	9.67	2.45	177	300378.SZ	鼎捷软件	7.61	7.04
131	601607.SH	上海医药	9.65	10.76	178	601211.SH	国泰君安	7.55	10.56
132	603728.SH	鸣志电器	9.60	12.10	179	688071.SH	华依科技	7.52	17.16
133	301156.SZ	美农生物	9.49	24.42	180	600696.SH	岩石股份	7.49	15.63
134	430300.BJ	辰光医疗	9.47	12.90	181	600000.SH	浦发银行	7.48	8.10
135	430139.BJ	华岭股份	9.41	21.87	182	002324.SZ	普利特	7.43	0.90
136	688131.SH	皓元医药	9.35	16.25	183	301151.SZ	冠龙节能	7.32	28.39
137	603083.SH	剑桥科技	9.35	3.95	184	603211.SH	晋拓股份	7.32	13.30
138	605222.SH	起帆电缆	9.34	21.17	185	601968.SH	宝钢包装	7.30	9.11
139	002486.SZ	嘉麟杰	9.29	2.09	186	600895.SH	张江高科	7.27	6.83
140	603324.SH	盛剑环境	9.28	14.60	187	600272.SH	开开实业	7.24	4.13
141	605151.SH	西上海	9.27	8.78	188	301161.SZ	唯万密封	7.14	17.11

（续表）

序号	代码	公司简称	净资产收益率		序号	代码	公司简称	净资产收益率	
			2022 年	2021 年				2022 年	2021 年
189	002252.SZ	上海莱士	6.87	5.07	236	600834.SH	申通地铁	4.53	4.64
190	600420.SH	国药现代	6.64	6.80	237	688718.SH	唯赛勃	4.48	9.05
191	600315.SH	上海家化	6.64	9.65	238	603192.SH	汇得科技	4.47	8.86
192	603690.SH	至纯科技	6.63	7.82	239	688217.SH	睿昂基因	4.43	6.17
193	300501.SZ	海顺新材	6.60	9.04	240	300061.SZ	旗天科技	4.29	−26.72
194	300915.SZ	海融科技	6.55	8.27	241	600958.SH	东方证券	4.25	8.64
195	603960.SH	克来机电	6.54	5.18	242	688766.SH	普冉股份	4.25	25.07
196	603159.SH	上海亚虹	6.41	8.34	243	605128.SH	上海沿浦	4.25	6.93
197	600608.SH	ST沪科	6.33	2.40	244	688578.SH	艾力斯	4.24	0.62
198	600019.SH	宝钢股份	6.32	12.59	245	300899.SZ	上海凯鑫	4.17	7.57
199	603378.SH	亚士创能	6.32	−29.67	246	600851.SH	海欣股份	4.12	3.18
200	603496.SH	恒为科技	6.25	5.37	247	688098.SH	申联生物	4.11	7.67
201	600848.SH	上海临港	6.23	10.27	248	600602.SH	云赛智联	4.02	5.87
202	688505.SH	复旦张江	6.20	10.15	249	600837.SH	海通证券	3.99	8.10
203	600822.SH	上海物贸	6.07	17.18	250	300462.SZ	华铭智能	3.98	−11.83
204	300493.SZ	润欣科技	5.97	7.55	251	600643.SH	爱建集团	3.88	9.56
205	600623.SH	华谊集团	5.93	14.82	252	600827.SH	百联股份	3.86	4.16
206	600061.SH	国投资本	5.85	10.09	253	688107.SH	安路科技	3.84	−3.37
207	600104.SH	上汽集团	5.83	9.19	254	301070.SZ	开勒股份	3.83	9.49
208	603777.SH	来伊份	5.82	1.84	255	603881.SH	数据港	3.83	3.78
209	688133.SH	泰坦科技	5.81	9.55	256	600649.SH	城投控股	3.81	4.52
210	603501.SH	韦尔股份	5.79	32.63	257	688193.SH	仁度生物	3.74	25.70
211	600517.SH	国网英大	5.75	6.87	258	300153.SZ	科泰电源	3.61	1.11
212	605398.SH	新炬网络	5.71	9.95	259	603020.SH	爱普股份	3.59	7.71
213	688728.SH	格科微	5.68	24.51	260	600838.SH	上海九百	3.55	7.09
214	688230.SH	芯导科技	5.61	10.27	261	603790.SH	雅运股份	3.53	5.99
215	300039.SZ	上海凯宝	5.61	4.98	262	600642.SH	申能股份	3.51	5.32
216	688018.SH	乐鑫科技	5.33	11.46	263	603256.SH	宏和科技	3.45	8.25
217	600641.SH	万业企业	5.32	5.27	264	600081.SH	东风科技	3.44	10.55
218	600278.SH	东方创业	5.30	5.50	265	300999.SZ	金龙鱼	3.43	4.85
219	601788.SH	光大证券	5.23	6.32	266	301046.SZ	能辉科技	3.37	16.93
220	600097.SH	开创国际	5.22	9.91	267	600170.SH	上海建工	3.33	9.71
221	601200.SH	上海环境	5.17	7.19	268	300762.SZ	上海瀚讯	3.23	11.78
222	688065.SH	凯赛生物	5.12	5.78	269	688366.SH	昊海生科	3.21	6.29
223	600636.SH	国新文化	5.09	−15.24	270	600826.SH	兰生股份	3.17	3.23
224	601696.SH	中银证券	5.03	6.26	271	831961.BJ	创远信科	3.14	7.53
225	301166.SZ	优宁维	5.02	8.72	272	600882.SH	妙可蓝多	3.02	5.15
226	603022.SH	新通联	5.00	3.03	273	603009.SH	北特科技	2.95	4.29
227	605339.SH	南侨食品	4.98	14.33	274	603466.SH	风语筑	2.94	20.57
228	603200.SH	上海洗霸	4.93	5.01	275	600072.SH	中船科技	2.76	2.03
229	600663.SH	陆家嘴	4.92	20.13	276	688126.SH	沪硅产业	2.63	1.47
230	600026.SH	中远海能	4.84	−15.74	277	002506.SZ	协鑫集成	2.63	−60.91
231	600621.SH	华鑫股份	4.81	6.99	278	688521.SH	芯原股份	2.62	0.50
232	688110.SH	东芯股份	4.78	12.12	279	300947.SZ	德必集团	2.55	9.52
233	605208.SH	永茂泰	4.62	13.99	280	688238.SH	和元生物	2.53	6.14
234	603633.SH	徕木股份	4.61	4.37	281	002454.SZ	松芝股份	2.52	3.07
235	600597.SH	光明乳业	4.55	8.38	282	688129.SH	东来技术	2.52	11.36

（续表）

序号	代码	公司简称	净资产收益率		序号	代码	公司简称	净资产收益率	
			2022年	2021年				2022年	2021年
283	002636.SZ	金安国纪	2.48	21.77	330	600692.SH	亚通股份	0.49	5.05
284	600320.SH	振华重工	2.47	2.98	331	600676.SH	交运股份	0.49	0.21
285	601616.SH	广电电气	2.46	2.97	332	600708.SH	光明地产	0.44	0.53
286	600843.SH	上工申贝	2.32	2.26	333	600819.SH	耀皮玻璃	0.44	3.08
287	603499.SH	翔港科技	2.30	−3.10	334	600150.SH	中国船舶	0.37	0.47
288	002195.SZ	二三四五	2.27	4.32	335	300126.SZ	锐奇股份	0.36	0.96
289	603189.SH	网达软件	2.15	5.08	336	600825.SH	新华传媒	0.34	1.33
290	300017.SZ	网宿科技	2.13	1.88	337	600616.SH	金枫酒业	0.27	−0.66
291	300253.SZ	卫宁健康	2.12	7.86	338	688351.SH	微电生理−U	0.26	−2.05
292	688206.SH	概伦电子	2.11	1.86	339	600675.SH	中华企业	0.15	5.15
293	688680.SH	海优新材	2.09	16.49	340	688118.SH	普元信息	0.14	4.11
294	600613.SH	神奇制药	2.08	3.01	341	603887.SH	城地香江	0.08	−16.21
295	688608.SH	恒玄科技	2.06	7.15	342	300245.SZ	天玑科技	−0.21	2.67
296	600503.SH	华丽家族	2.06	2.57	343	688265.SH	南模生物	−0.30	5.97
297	603196.SH	日播时尚	2.00	9.67	344	600532.SH	*ST未来	−0.40	−11.91
298	600193.SH	创兴资源	1.97	6.55	345	600624.SH	复旦复华	−0.40	−10.77
299	002451.SZ	摩恩电气	1.97	1.77	346	603580.SH	艾艾精工	−0.62	7.57
300	002669.SZ	康达新材	1.82	0.96	347	603232.SH	格尔软件	−0.63	5.85
301	688212.SH	澳华内镜	1.73	6.40	348	301001.SZ	凯淳股份	−0.72	8.26
302	600620.SH	天宸股份	1.72	5.38	349	603121.SH	华培动力	−0.74	6.00
303	600021.SH	上海电力	1.65	−10.17	350	300326.SZ	凯利泰	−0.78	6.02
304	603918.SH	金桥信息	1.62	9.59	351	605289.SH	罗曼股份	−1.19	11.94
305	688519.SH	南亚新材	1.61	14.56	352	600628.SH	新世界	−1.22	1.60
306	601828.SH	美凯龙	1.39	4.03	353	688798.SH	艾为电子	−1.47	14.04
307	300483.SZ	首华燃气	1.39	2.26	354	600151.SH	航天机电	−1.93	1.10
308	600094.SH	大名城	1.37	−3.21	355	002278.SZ	神开股份	−2.56	3.82
309	300067.SZ	安诺其	1.36	5.16	356	688213.SH	思特威−W	−2.60	16.43
310	600638.SH	新黄浦	1.29	2.53	357	301228.SZ	实朴检测	−2.71	12.60
311	600748.SH	上实发展	1.23	1.72	358	600611.SH	大众交通	−2.88	3.47
312	600604.SH	市北高新	1.19	1.77	359	600689.SH	上海三毛	−2.99	2.73
313	300236.SZ	上海新阳	1.17	2.15	360	002565.SZ	顺灏股份	−3.15	−1.46
314	600606.SH	绿地控股	1.12	7.07	361	600647.SH	*ST同达	−3.37	1.94
315	002561.SZ	徐家汇	1.09	4.60	362	300609.SZ	汇纳科技	−3.50	3.19
316	688336.SH	三生国健	1.08	0.40	363	600635.SH	大众公用	−3.92	3.50
317	300578.SZ	会畅通讯	1.03	−16.10	364	688590.SH	新致软件	−4.28	12.81
318	300892.SZ	品渥食品	0.97	8.58	365	688660.SH	电气风电	−4.58	8.49
319	603226.SH	菲林格尔	0.97	2.03	366	600640.SH	国脉文化	−4.93	−8.26
320	603003.SH	龙宇股份	0.90	−4.06	367	300330.SZ	计通退	−5.34	2.71
321	600605.SH	汇通能源	0.83	6.36	368	605136.SH	丽人丽妆	−5.37	16.33
322	600622.SH	光大嘉宝	0.82	5.30	369	601519.SH	大智慧	−5.54	1.04
323	301037.SZ	保立佳	0.69	7.66	370	603330.SH	天洋新材	−5.55	12.75
324	600754.SH	锦江酒店	0.68	0.69	371	688220.SH	翱捷科技−U	−5.85	−41.52
325	000863.SZ	三湘印象	0.66	2.40	372	600626.SH	申达股份	−5.97	1.24
326	300983.SZ	尤安设计	0.66	15.63	373	601727.SH	上海电气	−6.31	−16.04
327	603683.SH	晶华新材	0.60	3.35	374	600088.SH	中视传媒	−6.32	−0.19
328	600637.SH	东方明珠	0.59	6.24	375	600836.SH	上海易连	−6.87	18.59
329	600619.SH	海立股份	0.58	6.02	376	600119.SH	长江投资	−6.96	−48.34

（续表）

序号	代码	公司简称	净资产收益率		序号	代码	公司简称	净资产收益率	
			2022 年	2021 年				2022 年	2021 年
377	300180.SZ	华峰超纤	−7.16	1.23	402	600823.SH	ST世茂	−19.47	3.70
378	300551.SZ	古鳌科技	−7.24	2.45	403	300168.SZ	万达信息	−20.53	4.59
379	688155.SH	先惠技术	−8.12	6.17	404	601021.SH	春秋航空	−22.13	0.28
380	603956.SH	威派格	−8.52	14.79	405	688031.SH	星环科技−U	−23.30	−35.00
381	600009.SH	上海机场	−8.93	−6.03	406	603895.SH	天永智能	−23.61	1.21
382	603131.SH	上海沪工	−9.51	10.61	407	301024.SZ	霍普股份	−24.35	8.14
383	605081.SH	太和水	−9.55	6.48	408	002162.SZ	悦心健康	−24.37	3.99
384	688538.SH	和辉光电−U	−9.65	−6.81	409	688373.SH	盟科药业−U	−26.66	−42.75
385	300074.SZ	华平股份	−9.67	0.79	410	688180.SH	君实生物−U	−27.40	−10.47
386	600490.SH	鹏欣资源	−10.10	1.16	411	002178.SZ	延华智能	−29.46	1.58
387	600688.SH	上海石化	−10.17	6.73	412	603729.SH	龙韵股份	−30.73	−8.36
388	002858.SZ	力盛体育	−10.87	0.59	413	600601.SH	*ST方科	−30.79	−7777.13
389	688368.SH	晶丰明源	−11.99	42.79	414	688382.SH	益方生物−U	−33.34	−42.22
390	600824.SH	益民集团	−11.99	3.49	415	688062.SH	迈威生物−U	−42.21	−62.03
391	600818.SH	中路股份	−12.04	5.59	416	603885.SH	吉祥航空	−42.33	−4.76
392	002058.SZ	威尔泰	−12.31	8.22	417	002527.SZ	新时达	−42.56	5.20
393	603068.SH	博通集成	−12.44	2.91	418	600630.SH	龙头股份	−54.51	−22.19
394	300225.SZ	金力泰	−12.61	−11.52	419	600115.SH	中国东航	−92.94	−23.18
395	600679.SH	上海凤凰	−13.62	4.76	420	300262.SZ	巴安水务	−105.80	−111.72
396	688158.SH	优刻得−W	−14.59	−21.26	421	002269.SZ	美邦服饰	−127.86	−36.17
397	300222.SZ	科大智能	−15.05	−5.47	422	300469.SZ	信息发展	−132.76	−41.50
398	300380.SZ	安硕信息	−16.43	2.45	423	603030.SH	*ST全筑	−258.08	−75.22
399	300511.SZ	雪榕生物	−16.82	−16.67	424	600816.SH	ST安信	−518.70	−197.68
400	600841.SH	动力新科	−18.19	10.08	425	600530.SH	交大昂立	—	4.35
401	601595.SH	上海电影	−19.10	1.11	426	300336.SZ	*ST新文	—	—

上海工商类上市公司2022年度每股现金流量排序

（单位：元）

序号	代码	公司简称	每股经营现金净流		序号	代码	公司简称	每股经营现金净流	
			2022年	2021年				2022年	2021年
1	601601.SH	中国太保	15.38	11.27	48	600606.SH	绿地控股	1.95	4.87
2	601825.SH	沪农商行	12.96	−0.12	49	688121.SH	卓然股份	1.93	−0.35
3	600000.SH	浦发银行	12.44	−8.76	50	600827.SH	百联股份	1.91	2.09
4	688063.SH	派能科技	6.16	−2.13	51	603868.SH	飞科电器	1.87	1.70
5	688372.SH	伟测科技	5.73	3.86	52	600612.SH	老凤祥	1.84	3.80
6	601211.SH	国泰君安	5.70	1.16	53	688391.SH	钜泉科技	1.79	4.46
7	600508.SH	上海能源	5.28	1.66	54	601229.SH	上海银行	1.77	−0.78
8	601328.SH	交通银行	4.96	−0.47	55	600605.SH	汇通能源	1.73	−2.22
9	600638.SH	新黄浦	4.80	2.40	56	605151.SH	西上海	1.70	1.00
10	688016.SH	心脉医疗	4.64	4.17	57	600061.SH	国投资本	1.70	0.41
11	688981.SH	中芯国际	4.62	2.64	58	603579.SH	荣泰健康	1.69	2.41
12	688301.SH	奕瑞科技	4.36	3.42	59	600708.SH	光明地产	1.69	2.75
13	300226.SZ	上海钢联	4.32	3.80	60	600643.SH	爱建集团	1.65	0.92
14	600021.SH	上海电力	4.31	0.59	61	301289.SZ	国缆检测	1.64	2.64
15	688188.SH	柏楚电子	4.24	4.97	62	688335.SH	复洁环保	1.61	0.83
16	002022.SZ	科华生物	4.19	2.10	63	601200.SH	上海环境	1.59	0.51
17	600732.SH	爱旭股份	4.02	0.23	64	600196.SH	复星医药	1.58	1.54
18	601788.SH	光大证券	3.98	−1.05	65	601231.SH	环旭电子	1.56	−0.50
19	603713.SH	密尔克卫	3.73	1.23	66	600621.SH	华鑫股份	1.51	−0.68
20	603881.SH	数据港	3.60	2.17	67	603619.SH	中曼石油	1.50	1.29
21	603056.SH	德邦股份	3.51	2.34	68	603899.SH	晨光股份	1.46	1.68
22	600623.SH	华谊集团	3.50	2.75	69	002605.SZ	姚记科技	1.43	1.34
23	601156.SH	东航物流	3.42	3.70	70	605289.SH	罗曼股份	1.43	−0.74
24	688019.SH	安集科技	3.20	1.15	71	688065.SH	凯赛生物	1.38	1.43
25	600846.SH	同济科技	3.20	1.04	72	002028.SZ	思源电气	1.37	0.50
26	600741.SH	华域汽车	3.17	2.81	73	688293.SH	奥浦迈	1.36	1.86
27	603214.SH	爱婴室	3.05	−1.23	74	688366.SH	昊海生科	1.33	1.95
28	688317.SH	之江生物	3.00	3.30	75	688217.SH	睿昂基因	1.31	1.40
29	300947.SZ	德必集团	2.83	7.52	76	301230.SZ	泓博医药	1.29	1.82
30	603565.SH	中谷物流	2.79	3.31	77	688099.SH	晶晨股份	1.29	1.40
31	600420.SH	国药现代	2.78	1.64	78	601607.SH	上海医药	1.28	1.78
32	300613.SZ	富瀚微	2.71	−0.15	79	600845.SH	宝信软件	1.28	1.27
33	603236.SH	移远通信	2.65	−3.36	80	600081.SH	东风科技	1.28	0.92
34	603681.SH	永冠新材	2.62	0.06	81	600618.SH	氯碱化工	1.23	1.19
35	600958.SH	东方证券	2.54	−1.51	82	603682.SH	锦和商管	1.23	0.89
36	600284.SH	浦东建设	2.53	0.93	83	688519.SH	南亚新材	1.22	0.21
37	601696.SH	中银证券	2.50	2.59	84	603329.SH	上海雅仕	1.19	0.70
38	300483.SZ	首华燃气	2.44	3.12	85	600820.SH	隧道股份	1.19	1.00
39	688123.SH	聚辰股份	2.38	0.46	86	301037.SZ	保立佳	1.16	−1.92
40	603886.SH	元祖股份	2.32	2.72	87	688160.SH	步科股份	1.15	−0.25
41	300442.SZ	润泽科技	2.18	0.52	88	600748.SH	上实发展	1.14	−1.94
42	002116.SZ	中国海诚	2.11	1.03	89	603128.SH	华贸物流	1.11	0.20
43	600073.SH	上海梅林	2.11	0.59	90	600278.SH	东方创业	1.08	0.15
44	600754.SH	锦江酒店	2.09	1.93	91	831961.BJ	创远信科	1.08	0.82
45	688370.SH	丛麟科技	2.09	3.27	92	001266.SZ	宏英智能	1.05	1.48
46	600019.SH	宝钢股份	2.01	2.69	93	603987.SH	康德莱	1.05	0.93
47	603777.SH	来伊份	1.97	1.71	94	603587.SH	地素时尚	1.03	1.82

（续表）

序号	代码	公司简称	每股经营现金净流		序号	代码	公司简称	每股经营现金净流	
			2022 年	2021 年				2022 年	2021 年
95	600170.SH	上海建工	1.01	1.16	142	301257.SZ	普蕊斯	0.66	0.92
96	300642.SZ	透景生命	1.01	0.50	143	300627.SZ	华测导航	0.66	0.72
97	688012.SH	中微公司	1.00	1.65	144	603037.SH	凯众股份	0.65	1.14
98	600315.SH	上海家化	0.98	1.46	145	603006.SH	联明股份	0.64	0.73
99	600642.SH	申能股份	0.98	0.65	146	603170.SH	宝立食品	0.63	0.50
100	688484.SH	南芯科技	0.97	−0.23	147	605128.SH	上海沿浦	0.63	1.25
101	301000.SZ	肇民科技	0.97	1.96	148	688163.SH	赛伦生物	0.63	1.14
102	600604.SH	市北高新	0.96	−0.24	149	002636.SZ	金安国纪	0.63	1.02
103	600500.SH	中化国际	0.95	0.50	150	300915.SZ	海融科技	0.62	0.63
104	002158.SZ	汉钟精机	0.93	1.19	151	688008.SH	澜起科技	0.61	0.60
105	688071.SH	华依科技	0.90	−0.72	152	605098.SH	行动教育	0.61	4.47
106	603039.SH	泛微网络	0.89	1.43	153	603153.SH	上海建科	0.60	0.45
107	601828.SH	美凯龙	0.89	1.24	154	600613.SH	神奇制药	0.60	0.35
108	688018.SH	乐鑫科技	0.89	0.39	155	301070.SZ	开勒股份	0.60	0.85
109	600026.SH	中远海能	0.88	0.71	156	600833.SH	第一医药	0.59	0.16
110	603683.SH	晶华新材	0.88	0.69	157	600018.SH	上港集团	0.59	0.58
111	603659.SH	璞泰来	0.88	2.48	158	603515.SH	欧普照明	0.58	0.91
112	301419.SZ	阿莱德	0.86	0.94	159	301062.SZ	上海艾录	0.57	0.05
113	601872.SH	招商轮船	0.86	0.80	160	603200.SH	上海洗霸	0.57	0.18
114	002568.SZ	百润股份	0.86	1.16	161	603499.SH	翔港科技	0.57	0.21
115	603057.SH	紫燕食品	0.85	0.92	162	300230.SZ	永利股份	0.56	0.36
116	600826.SH	兰生股份	0.85	0.25	163	430139.BJ	华岭股份	0.56	0.68
117	603197.SH	保隆科技	0.84	0.63	164	301303.SZ	真兰仪表	0.55	0.67
118	688271.SH	联影医疗	0.83	1.30	165	601727.SH	上海电气	0.54	−0.67
119	601866.SH	中远海发	0.83	1.07	166	603855.SH	华荣股份	0.54	1.51
120	300899.SZ	上海凯鑫	0.82	0.72	167	603009.SH	北特科技	0.53	0.21
121	603887.SH	城地香江	0.81	−0.64	168	600151.SH	航天机电	0.53	0.33
122	600104.SH	上汽集团	0.81	1.85	169	603729.SH	龙韵股份	0.53	0.21
123	603648.SH	畅联股份	0.80	0.69	170	301156.SZ	美农生物	0.53	1.50
124	605598.SH	上海港湾	0.77	0.45	171	002825.SZ	纳尔股份	0.52	0.74
125	605338.SH	巴比食品	0.77	0.64	172	833346.BJ	威贸电子	0.51	0.61
126	688091.SH	上海谊众	0.77	−0.46	173	600097.SH	开创国际	0.50	0.93
127	688230.SH	芯导科技	0.76	1.53	174	600210.SH	紫江企业	0.50	0.68
128	603012.SH	创力集团	0.76	0.46	175	600819.SH	耀皮玻璃	0.50	0.62
129	300286.SZ	安科瑞	0.76	0.52	176	600320.SH	振华重工	0.49	0.40
130	300398.SZ	飞凯材料	0.76	0.49	177	600597.SH	光明乳业	0.48	1.49
131	603790.SH	雅运股份	0.75	0.20	178	688479.SH	友车科技	0.48	1.15
132	603378.SH	亚士创能	0.75	−3.43	179	600629.SH	华建集团	0.48	1.23
133	300378.SZ	鼎捷软件	0.74	1.19	180	002184.SZ	海得控制	0.48	0.44
134	605398.SH	新炬网络	0.74	1.33	181	600619.SH	海立股份	0.47	0.38
135	300511.SZ	雪榕生物	0.73	0.56	182	605339.SH	南侨食品	0.47	0.50
136	831305.BJ	海希通讯	0.72	1.56	183	688073.SH	毕得医药	0.46	−1.33
137	300501.SZ	海顺新材	0.71	0.72	184	603718.SH	海利生物	0.45	0.07
138	601968.SH	宝钢包装	0.70	0.86	185	601021.SH	春秋航空	0.45	1.84
139	688085.SH	三友医疗	0.69	0.71	186	600637.SH	东方明珠	0.44	0.62
140	600835.SH	上海机电	0.68	0.70	187	603159.SH	上海亚虹	0.44	0.44
141	600837.SH	海通证券	0.68	5.43	188	300983.SZ	尤安设计	0.44	1.27

（续表）

序号	代码	公司简称	每股经营现金净流		序号	代码	公司简称	每股经营现金净流	
			2022年	2021年				2022年	2021年
189	600679.SH	上海凤凰	0.44	0.13	236	301060.SZ	兰卫医学	0.21	0.56
190	603192.SH	汇得科技	0.41	2.41	237	300225.SZ	金力泰	0.21	−0.43
191	002706.SZ	良信股份	0.41	0.37	238	688578.SH	艾力斯	0.20	0.07
192	603466.SH	风语筑	0.40	0.78	239	605208.SH	永茂泰	0.20	−0.85
193	301001.SZ	凯淳股份	0.40	−0.15	240	300008.SZ	天海防务	0.20	−0.11
194	688385.SH	复旦微电	0.39	0.74	241	600696.SH	岩石股份	0.19	0.74
195	603365.SH	水星家纺	0.39	1.74	242	300462.SZ	华铭智能	0.19	0.88
196	300171.SZ	东富龙	0.39	2.18	243	002328.SZ	新朋股份	0.19	0.25
197	300017.SZ	网宿科技	0.38	0.34	244	002565.SZ	顺灏股份	0.18	0.25
198	688682.SH	霍莱沃	0.38	0.48	245	300153.SZ	科泰电源	0.18	0.55
199	688336.SH	三生国健	0.38	−0.40	246	688728.SH	格科微	0.18	0.18
200	600662.SH	外服控股	0.37	0.94	247	600676.SH	交运股份	0.17	0.45
201	300039.SZ	上海凯宝	0.36	0.12	248	603650.SH	彤程新材	0.17	0.58
202	300257.SZ	开山股份	0.35	0.44	249	830799.BJ	艾融软件	0.17	0.09
203	600094.SH	大名城	0.35	2.64	250	688126.SH	沪硅产业	0.17	0.12
204	300508.SZ	维宏股份	0.35	0.33	251	002858.SZ	力盛体育	0.17	0.46
205	603256.SH	宏和科技	0.33	0.13	252	300061.SZ	旗天科技	0.17	0.00
206	605136.SH	丽人丽妆	0.33	−0.33	253	688129.SH	东来技术	0.16	0.56
207	300326.SZ	凯利泰	0.33	0.53	254	002486.SZ	嘉麟杰	0.16	−0.14
208	601702.SH	华峰铝业	0.33	0.38	255	688206.SH	概伦电子	0.16	0.13
209	600272.SH	开开实业	0.33	0.11	256	600834.SH	申通地铁	0.16	1.30
210	603131.SH	上海沪工	0.32	0.02	257	688247.SH	宣泰医药	0.16	0.36
211	600626.SH	申达股份	0.31	0.11	258	600823.SH	ST世茂	0.16	−4.30
212	603121.SH	华培动力	0.30	0.36	259	688505.SH	复旦张江	0.16	0.26
213	300578.SZ	会畅通讯	0.30	0.43	260	002211.SZ	ST宏达	0.16	−0.07
214	603022.SH	新通联	0.30	0.17	261	600602.SH	云赛智联	0.16	0.11
215	688061.SH	灿瑞科技	0.29	1.31	262	601616.SH	广电电气	0.15	0.17
216	603918.SH	金桥信息	0.29	0.33	263	600616.SH	金枫酒业	0.15	0.10
217	300272.SZ	开能健康	0.27	0.32	264	603226.SH	菲林格尔	0.15	0.43
218	603730.SH	岱美股份	0.26	0.10	265	600818.SH	中路股份	0.15	−0.11
219	603633.SH	徕木股份	0.26	0.44	266	301161.SZ	唯万密封	0.15	0.22
220	002401.SZ	中远海科	0.26	0.49	267	600689.SH	上海三毛	0.14	−0.10
221	002252.SZ	上海莱士	0.26	0.19	268	600635.SH	大众公用	0.14	0.23
222	603580.SH	艾艾精工	0.25	0.21	269	300999.SZ	金龙鱼	0.13	0.13
223	600848.SH	上海临港	0.25	0.04	270	301273.SZ	瑞晨环保	0.13	0.33
224	605050.SH	福然德	0.25	0.04	271	002346.SZ	柘中股份	0.13	0.22
225	600630.SH	龙头股份	0.24	0.18	272	002195.SZ	二三四五	0.13	0.03
226	600119.SH	长江投资	0.24	0.26	273	688158.SH	优刻得−W	0.12	0.29
227	688265.SH	南模生物	0.24	1.43	274	600850.SH	电科数字	0.12	2.31
228	002454.SZ	松芝股份	0.24	0.90	275	600601.SH	*ST方科	0.11	−0.01
229	600825.SH	新华传媒	0.23	0.50	276	002058.SZ	威尔泰	0.11	0.00
230	600517.SH	国网英大	0.23	0.13	277	603189.SH	网达软件	0.11	−0.13
231	600636.SH	国新文化	0.22	0.19	278	603496.SH	恒为科技	0.11	−0.29
232	603020.SH	爱普股份	0.22	0.36	279	300551.SZ	古鳌科技	0.11	−0.09
233	603083.SH	剑桥科技	0.22	−0.25	280	603003.SH	龙宇股份	0.10	0.10
234	688718.SH	唯赛勃	0.21	0.23	281	000863.SZ	三湘印象	0.10	0.14
235	601595.SH	上海电影	0.21	0.59	282	300059.SZ	东方财富	0.10	0.87

（续表）

序号	代码	公司简称	每股经营现金净流		序号	代码	公司简称	每股经营现金净流	
			2022 年	2021 年				2022 年	2021 年
283	300074.SZ	华平股份	0.10	0.07	330	603786.SH	科博达	−0.03	1.05
284	603885.SH	吉祥航空	0.09	0.79	331	301025.SZ	读客文化	−0.03	0.10
285	002561.SZ	徐家汇	0.09	0.39	332	600640.SH	国脉文化	−0.04	0.09
286	600836.SH	上海易连	0.09	0.28	333	600009.SH	上海机场	−0.05	0.16
287	603030.SH	*ST全筑	0.09	−0.43	334	603122.SH	合富中国	−0.08	0.02
288	300180.SZ	华峰超纤	0.08	0.26	335	002669.SZ	康达新材	−0.08	0.82
289	600843.SH	上工申贝	0.08	0.11	336	688585.SH	上纬新材	−0.09	−0.15
290	002506.SZ	协鑫集成	0.08	0.07	337	688193.SH	仁度生物	−0.10	1.81
291	872541.BJ	铁大科技	0.07	0.19	338	300067.SZ	安诺其	−0.10	0.16
292	301228.SZ	实朴检测	0.07	0.96	339	600503.SH	华丽家族	−0.10	−0.17
293	300170.SZ	汉得信息	0.06	0.22	340	002324.SZ	普利特	−0.11	−0.13
294	300802.SZ	矩子科技	0.06	0.16	341	002451.SZ	摩恩电气	−0.11	−0.93
295	603960.SH	克来机电	0.06	−0.31	342	300236.SZ	上海新阳	−0.12	0.61
296	600851.SH	海欣股份	0.06	0.18	343	300222.SZ	科大智能	−0.13	−0.03
297	600824.SH	益民集团	0.06	0.20	344	688435.SH	英方软件	−0.13	0.24
298	002178.SZ	延华智能	0.05	0.06	345	600663.SH	陆家嘴	−0.13	0.92
299	301005.SZ	超捷股份	0.05	1.27	346	603232.SH	格尔软件	−0.14	−0.05
300	688392.SH	骄成超声	0.05	−0.50	347	300330.SZ	计通退	−0.15	0.29
301	300253.SZ	卫宁健康	0.05	0.17	348	600193.SH	创兴资源	−0.16	−0.02
302	300336.SZ	*ST新文	0.05	0.23	349	002278.SZ	神开股份	−0.18	0.15
303	688238.SH	和元生物	0.04	0.28	350	603211.SH	晋拓股份	−0.18	0.33
304	300168.SZ	万达信息	0.04	0.05	351	836414.BJ	欧普泰	−0.19	−0.43
305	600624.SH	复旦复华	0.04	0.07	352	600620.SH	天宸股份	−0.21	−0.31
306	600622.SH	光大嘉宝	0.04	2.60	353	002269.SZ	美邦服饰	−0.21	0.11
307	600628.SH	新世界	0.04	0.40	354	300126.SZ	锐奇股份	−0.22	−0.03
308	600650.SH	锦江在线	0.04	0.19	355	600088.SH	中视传媒	−0.22	−0.20
309	688507.SH	索辰科技	0.03	−1.63	356	600675.SH	中华企业	−0.24	0.47
310	002162.SZ	悦心健康	0.03	0.17	357	688202.SH	美迪西	−0.25	7.30
311	688098.SH	申联生物	0.02	0.22	358	300245.SZ	天玑科技	−0.25	0.19
312	603728.SH	鸣志电器	0.02	0.53	359	300590.SZ	移为通信	−0.25	−0.07
313	600816.SH	ST安信	0.02	0.03	360	430300.BJ	辰光医疗	−0.27	0.63
314	300262.SZ	巴安水务	0.02	0.17	361	605186.SH	健麾信息	−0.27	0.40
315	688118.SH	普元信息	0.01	0.70	362	603956.SH	威派格	−0.29	−0.11
316	300327.SZ	中颖电子	0.01	0.01	363	600171.SH	上海贝岭	−0.29	0.54
317	600490.SH	鹏欣资源	0.01	0.49	364	300469.SZ	信息发展	−0.29	0.19
318	600838.SH	上海九百	0.01	0.02	365	600115.SH	中国东航	−0.29	0.30
319	301151.SZ	冠龙节能	0.00	1.73	366	300493.SZ	润欣科技	−0.29	−0.22
320	688538.SH	和辉光电−U	0.00	0.01	367	600895.SH	张江高科	−0.29	−0.28
321	600150.SH	中国船舶	−0.01	0.45	368	688179.SH	阿拉丁	−0.31	0.15
322	300609.SZ	汇纳科技	−0.01	0.46	369	688212.SH	澳华内镜	−0.31	0.50
323	601519.SH	大智慧	−0.01	0.07	370	300129.SZ	泰胜风能	−0.32	−0.02
324	300762.SZ	上海瀚讯	−0.02	0.57	371	300963.SZ	中洲特材	−0.32	−0.70
325	600651.SH	飞乐音响	−0.02	0.01	372	600611.SH	大众交通	−0.33	0.60
326	600608.SH	ST沪科	−0.02	0.02	373	688330.SH	宏力达	−0.34	0.42
327	688351.SH	微电生理−U	−0.02	0.05	374	301024.SZ	霍普股份	−0.35	−1.46
328	600655.SH	豫园股份	−0.02	−1.77	375	600072.SH	中船科技	−0.36	0.45
329	603196.SH	日播时尚	−0.03	0.41	376	688373.SH	盟科药业−U	−0.37	−0.34

（续表）

序号	代码	公司简称	每股经营现金净流		序号	代码	公司简称	每股经营现金净流	
			2022年	2021年				2022年	2021年
377	600882.SH	妙可蓝多	−0.40	0.85	402	601611.SH	中国核建	−1.46	0.91
378	002527.SZ	新时达	−0.44	0.25	403	600648.SH	外高桥	−1.51	3.11
379	600692.SH	亚通股份	−0.44	−0.47	404	603895.SH	天永智能	−1.53	−1.67
380	600822.SH	上海物贸	−0.49	−0.06	405	301166.SZ	优宁维	−1.65	0.68
381	688590.SH	新致软件	−0.54	−0.06	406	603501.SH	韦尔股份	−1.68	2.50
382	688660.SH	电气风电	−0.54	0.25	407	688062.SH	迈威生物−U	−1.80	−1.41
383	688110.SH	东芯股份	−0.59	0.27	408	300892.SZ	品渥食品	−1.80	1.71
384	688596.SH	正帆科技	−0.59	−0.08	409	688133.SH	泰坦科技	−1.80	−3.18
385	688082.SH	盛美上海	−0.62	−0.44	410	688180.SH	君实生物−U	−1.81	−0.66
386	688521.SH	芯原股份	−0.66	0.31	411	688131.SH	皓元医药	−2.26	0.78
387	600688.SH	上海石化	−0.68	0.38	412	600639.SH	浦东金桥	−2.26	0.96
388	600641.SH	万业企业	−0.70	0.37	413	688798.SH	艾为电子	−2.33	1.73
389	688107.SH	安路科技	−0.71	−0.41	414	600532.SH	*ST未来	−2.40	0.98
390	603108.SH	润达医疗	−0.74	0.64	415	688031.SH	星环科技−U	−2.48	−2.63
391	301046.SZ	能辉科技	−0.76	0.15	416	603690.SH	至纯科技	−2.52	−0.60
392	603330.SH	天洋新材	−0.77	−0.15	417	688766.SH	普冉股份	−2.57	5.02
393	600661.SH	昂立教育	−0.78	−1.66	418	688608.SH	恒玄科技	−3.00	−0.36
394	688382.SH	益方生物−U	−0.83	−0.55	419	600649.SH	城投控股	−3.23	−5.01
395	688220.SH	翱捷科技−U	−0.85	−1.70	420	301099.SZ	雅创电子	−3.45	−4.00
396	605081.SH	太和水	−0.85	−1.64	421	688213.SH	思特威−W	−3.81	−3.51
397	300380.SZ	安硕信息	−1.11	−0.69	422	605222.SH	起帆电缆	−4.41	0.21
398	600647.SH	*ST同达	−1.24	0.51	423	688368.SH	晶丰明源	−6.45	8.14
399	600841.SH	动力新科	−1.26	−1.33	424	688155.SH	先惠技术	−6.98	0.46
400	603068.SH	博通集成	−1.34	1.10	425	688680.SH	海优新材	−34.69	−16.69
401	603324.SH	盛剑环境	−1.37	0.28	426	600530.SH	交大昂立	−	0.13

2023 · 上海工业年鉴

SHANGHAI
INDUSTRIAL
YEARBOOK

上海市工业经济联合会
上海市经济团体联合会

上海市工业经济联合会成立于1991年3月。2008年9月经市有关部门批准增挂上海市经济团体联合会牌子。是上海经济类行业协会、专业性行业协会、中央在沪企业、大中型企业（集团）、工业经济研究单位、全国知名的民营企业以及经济界知名人士自愿联合组成的非营利性的社会团体法人。现有会员单位400余家。

2022年主要工作：

一、聚焦复工复产，助力经济重振

3月起，上海遭遇空前严峻的新冠疫情，市工经联、市经团联坚决贯彻中共上海市委、市政府决策部署，全力配合上级主管部门落实疫情防控、协调保供保产、助力复工复产，为经济恢复重振做贡献。

（一）肩并肩架起沟通桥梁。充分发挥枢纽型社会组织功能作用，主动与各行业协会和相关企业保持热线联系，协调解决各行业协会及会员企业在防疫抗疫、物资生产等工作中所遇到的困难，及时向政府有关部门反映情况、提供建议并协调解决方案。在了解到部分协会反映企业因多地疫情管控物流受阻而影响生产的情况后，第一时间向政府部门反映并提出建议。相关建议迅速被政府有关部门所采纳，明确长三角地区协同保障措施，确保上海城市生活生产物资运输和供应链的畅通，缓解企业的燃眉之急。

（二）稳信心构筑宣传阵地。会同各行业协会根据现实情况及时调整工作方法，充分运用网络等通信工具，保持特殊时期工作不断不乱。建立信息传递报送工作专班，分工完成各类文稿汇总和编撰。3月—5月，联合会微信公众号共刊载各行业协会、会员企业投身疫情防控、保供保产、复工复产方面的报道60篇。其中40篇被新华社、《解放日报》《文汇报》《新民晚报》《劳动报》、东方网、学习强国、上海基层党建、市经信委官微等平台、媒体刊用或转载。

（三）齐聚力助推复工复产。通过举办60余场线上讲座、实务报告等，了解企业复工复产需求，积极为企业排忧解难。5月，连续组织两场“推进有序有效复工复产”行业企业座谈会，集思广益、建言献策。为及时有序推进复工复产征集意见建议，收集各类企业在线调查问卷反馈479份，梳理企业复工复产基本情况和共性问题，形成《关于促进本市企业复工复产的调研综述和建议》《关于将中药材列入市级中药储备的建议》等多份情况专报，得到市委常委、常务副市长吴清等市领导批示及政府相关部门高度重视。

二、聚焦产业发展，促进合作交流

市工经联、市经团联始终以协助政府部门构建现代化产业体系为中心工作，着力促进产业跨界融合，助力全产业链、全要素高质量发展。

（一）创办“百家行业协会走进五个新城，促进产业对接”系列活动。联合各行业协会助推政企协作，搭建新城产业发展平台、跨界融合平台、合作交流平台，为重大产业项目引进、产业创新资源集聚和高端产业人才汇聚提供有力支撑。9月，率先启动走进松江新城系列活动，先后举办“松江新城区长、企业座谈会”“正泰智电园区与行业协会对接会”等。12月，举办“走进松江新城，促进产业对接”主场活动，会上有7个项目成功签约，涉及园区招商引资和产业、科技、金融对接合作。市委常委、副市长张为发表视频讲话，对活动给予充分肯定。

（二）着力促进“上海品牌”“上海标准”建设。与上海东方网合作开展《走进上海品牌》栏目活动，先后与20余家企业达成协议，组织企业现场访谈，挖掘企业品牌故事，于9月开拍，12月正式上线。联手专业机构、专业协会共同发布2022上海制造品牌价值榜、生产性服务业品牌价值榜、企业品牌成长榜等榜单。联合行业协会组织多场“上海标准”培训。组织256家企业参加由市经信委举办的“上海市品牌引领示范企业培育”申报和辅导，有37家企业获得“上海市品牌引领示范企业培育”称号。

（三）全力参与上海工业博物馆筹建工作。发挥自身功能优势和职能作用，配合主管部门梳理上海工业编年史，聚焦重大事件、重点展品、重要人物，讲好上海工业百年故事；从300多个享有“国内第一”“世界第一”殊荣的产品中精选30个“国之重器”展品，开展调研走访，建立展品的展陈档案；支持相关单位积极探索工业史和重点展品的数字化呈现方式。

（四）成功举办第六届上海市工商领军人物评选。在往届工作基础上，以选树产业领军人物为目标，以“产业数字化”为重点，组织系统内各协会推荐优秀企业家参与评选工作，广泛发动单位推荐、细致审核候选材料、严格执行导则规程，确保工作有序、合规推进，得到企业积极响应。有150余位企业家参与评选，为历届参评人数之最。经专家初审、信用征询、终审投票、名单公示等程序，有70位企业家当选第六届上海市工商业领军人物。

三、聚焦会员服务，积极建言献策

市工经联、市经团联始终以服务会员单位为己任，持续开展调研走访，倾听会员呼声、了解协会和企业发展诉求，及时向政府部门建言献策。

（一）有效增强与会员单位的交流沟通。积极探索服务会员新形式，联合会领导班子带头走进行业协会和企业，全年共调研走访会员单位80余次；创新推进企业家片区沙龙和会长沙龙活动，从条块两个维度分别组织各类形式多样的活动，构建多层次交流平台，拓展交流渠道。进一步优化“智造＋合作”平台，推动行业协会编写产业发展报告。

（二）持续发挥好专家委员会智库作用。专家委员会成员根据宏观经济形势、产业发展、重点行业和企业发展需要，积极开展调查研究，协助分析研究重点行业、产业经济政策，倾听企业和行业协会呼声。专家委主任蒋以任亲自撰写的《坚定不移发展上海先进制造业》专报，先后得到李强、陈吉宁两任市委书记和多位市领导的批示。专报有关内容已被市经信委制订的行动方案所采纳。

（三）展现基层立法联系点接地气、察民情、聚民智、惠民生“直通车”作用。围绕《上海市就业促进条例（草案）》《上海市促进人工智能产业发展条例（草案）》等多部地方性法规征集意见，通过行业协会和专业机构组织发动、信息传递、意见搜集，提出立法建议数量53条。7月，市人大常委会主任蒋卓庆赴市工经联调研，并主持召开《市人大常委会关于促进就业的决定（草案）》征求意见座谈会，听取行业协会和企业代表意见，对社会组织在重振经济、促进就业方面所起作用给予指导。

（四）搭建、强化市工经联对外宣传和信息交流的平台。微信公众号不断改进文风，注重信息的时效性和内容的简洁，适应读者对新媒体文章的阅读习惯。通过整合，将微信公众号信息与网站信息进行差异化分类，凸显新媒体载体的功能优势。《上海工经联》杂志改版后已连续出版6期，坚持“突出主线、提高质量、充实内容、优化版面”，获得广大会员单位的认可。

（五）不断完善秘书处自身建设。适应新形势、新要求，联合会秘书处进一步优化人员结构，提升服务水平，以办公区域环境重塑为契机，辟出专门活动区域，作为会员单位交流联系场所。加大工作协调力度，对联合会重点工作、会长办公会议决议和部署的重点任务，做好协调，抓好执行情况的跟踪与反馈，推进重点工作落实。

四、聚焦枢纽功能，发挥联合优势

市工经联、市经团联积极发挥枢纽平台作用，联合各行业协会关注产融结合、绿色低碳、数字经济等热点领域，通过各类活动的举办，助推新动能发展壮大。

（一）专业委员会拓展功能提升服务。品牌建设专委会举办品牌经济论坛、品牌之旅、品牌引领示范、品牌价值榜等活动；投融资服务专委会依托“产融荟”平台，组织5场主题为“绿色低碳”“产融结合”的企业家沙龙和项目对接活动；合作交流专委会举办各类对外交流活动，通过举办上海产品（SH−Mart）推介会等系列工作进一步提升联合会的影响力；文化创意专委会举办“百福具臻”《壬寅年》邮票首发仪式暨2022年新春集邮文化沙龙。与华谊集团等企业开展文化交流，结合中医药发展等主题，扩展工作外延；法治专委会通过热线、杂志等媒体加强对企业的服务，结合特殊时期用工、世界百年未有之大变局下企业海外法律服务等热点开展专题培训和法律咨询服务等活动，为企业提供精准法律服务。

（二）筹建“专精特新”专业委员会。积极对接配合市经信委等政府部门，开展专精特新企业的培育工作。完成“关于开展本市制造业单项冠军培育工作的汇报稿”和“上海市制造业单项冠军企业培育提升专项行动实施方案”。做好本市专精特新企业的分层、分类梳理，走访相关组织，为打造高质量、有针对性的服务生态做好准备。

（三）积极投身长三角一体化建设。学习贯彻长三角一体化国家战略，找准联合会工作切入点，组织召开2022年长三角工经联秘书长联席会议，共商在新形势下长三角工经联深化合作，助力一体化发展大计，探索形成未来江浙皖沪四省市工经联合作交流机制。筹划举办“长三角工经联高端产业和金融服务融合发展高峰论坛”。

（四）节能减排（JJ）小组活动践行数字化转型。JJ小组活动参与企业积极响应数字化转型，利用数字化手段精益生产过程，对生产能效进行更为精准地统计，从细微处着手，不断降低消耗与排放。2022年共收到12家协会和企业集团提交的321份JJ小组项目总结。初步核算参与人数2106人次，实现经济效益13.48亿元。43家单位获评绿色低碳节能减排示范单位。

（五）产业行业人才培养持续推进。联合会下属市工业经济管理进修学院高技能基地属地化管理工作得到市经信委、市人社局和黄浦区人社局批准。前三季度完成5个单位共1200名新型学徒制培训项目申报，并已通过主管部门评审。其中15个岗位、19个班级已陆续开展培训。新开发安全生产管理员、物流师二级、三级培训项目。

五、聚焦典型示范，提升品牌效应

市工经联、市经团联坚持以特色项目为抓手，强化典型示范，进一步抓好全过程管理，打造辐射广、影响大、功能强的服务载体。

（一）参与中国工业大奖和制造业单项冠军推荐入围企

业创历史之最。广泛发动行业协会，推选一批注重自主创新研发、注重数字化转型引领、注重绿色低碳发展、注重社会责任实践的企业和项目参与第七届中国大奖评审。经中国工业大奖办组织评选，上海有3家企业和3个项目分别获得中国工业大奖和中国工业大奖表彰奖，获奖数量为历届最高。同时组织56家企业参加年度制造业单项冠军申报辅导，经材料评审，共推荐15家企业正式申报第七批国家级制造业单项冠军。经工信部和中国工经联审定，上海有5家企业和6项产品分别入选。

（二）企业社会责任报告发布覆盖面进一步扩大。2022年有超过530家单位在市工经联、市经团联企业社会责任报告发布平台上报名，数量为历年最多。协助市国资委承办国资系统43家集团及部分子公司社会责任报告发布培训班，吸引学员超过1000人次。重点突出ESG标准为目标的企业履责绩效评价。组织编写颁布的上海市工经联、市经团联ESG团体标准已在全国团体标准信息平台上获批发布。

（三）企业管理创新成果评审工作进一步优化。围绕市委、市政府构建现代化产业体系的战略部署，贯彻深入推进企业管理体系和管理能力现代化建设的工作要求，以企业管理数字化为重点，进一步优化申报内容和参评对象，全年共收到成果立项210项，创历史新高。经评审，共有156项成果分获年度市企业管理成果一、二、三等奖。

（四）组织申报“上海产学研合作优秀项目奖”成果丰硕。坚持以产学研合作带动科技创新，促进产业转型升级，积极组织系统内行业协会和企业会员参与奖项申报，并开展培训辅导，共推荐30个优质项目参加评选。经评审，市工经联、市经团联系统企业共获特等奖1项，一等奖2项，另有4个项目获得三等奖和提名奖。

六、聚焦党建引领，强化责任意识

市工经联党委坚持以习近平新时代中国特色社会主义思想为指引，认真学习贯彻中共二十大精神，聚焦中心任务，坚定工作方向，系统推进党建工作，党组织向心力、组织力、战斗力、凝聚力不断提升，为各项工作开展提供坚强政治保证。

（一）突出政治建设筑牢思想根基。市工经联党委坚决贯彻中央和上海市委、市经信工作党委的要求部署，结合联合会工作实际，以党委中心组学习为主要形式，自觉主动学、及时跟进学、联系实际学、笃行笃信学，不断在学懂弄通做实上下功夫。系统各党支部认真学习贯彻中共二十大和市第十二次党代会精神，邀请系统内党代表作会议精神传达和学习体会交流；完成党建工作、党风廉政建设、意识形态工作等三项责任制落实情况自查，制订完善《党建工作责任清单》《意识形态工作责任清单》。

（二）严格组织建设夯实基层堡垒。加强基层组织建设，做好协会换届改选主要负责人审核把关。2022年，对20余家行业协会换届负责人进行审核，指导推动10家（次）协会党支部完成换届，新成立9个党支部，为17个社会组织配备党建联络员，保证行业协会党的工作有效覆盖和有序开展；加强专题调研，不断探索创新，推进党建工作与时俱进。党委重点对《关于进一步加强和改进行业协会党建工作的意见》和《系统党建工作三年规划》两部文件的贯彻执行情况开展检查。通过走访20余家行业协会，召开3次座谈会以及大量问卷调查，积累翔实一手资料和典型案例，以此为基础完成党建课题《聚焦工作重点不断探索创新——行业协会党建工作的实践与思考》。

（三）加强队伍建设提升整体素质。以支部为单位，先后完成中共二十大代表候选人初步人选推荐工作、上海市第十二次党代会代表推荐选举工作和上海市第十六届人大代表、第十四届政协委员的推荐和考察工作；加强支部书记队伍建设，注重选优配强行业协会党支部书记，以支部书记培训班这一常态化工作为重要抓手，提升支部书记党务工作能力；运用党内“三会一课”、主题党日活动、党建工作站、党建联建等有效载体和活动形式，开展富有成效的党员教育活动；认真履行发展党员工作程序，2022年，系统内共有5名入党积极分子发展为预备党员，3名预备党员转为正式党员。

（*杨　磊*）

上海市创业投资行业协会

上海市创业投资行业协会成立于2000年11月，是由从事创业投资、投资管理、投资咨询公司，有律师、会计师事务所等中介服务机构，有银行、证券公司等金融机构，还有创业企业及孵化机构等自愿具有社会团体法人资格的社会组织。协会遵循“服务第一”的宗旨，致力于创投资本与创新技术的有机结合，致力于政府与创投行业的沟通和交流。根据行业特点和会员需求开展各项服务活动。现有团体会员250余家。

2022年主要工作：

一、以通讯的形式召开六届二次会员大会

3月上旬，因防疫要求，协会秘书处将《协会2021年工作总结及2022年工作要点》等会议材料邮寄全体会员，报告协会工作。以通讯表决的方式进行，完成理事增补事宜。增补上海华京投资管理有限公司、上海国有资本有限公司、上海真金创业投资管理有限公司三家单位为协会理事。7月上旬召开六届二次理事会，向理事报告上半年的工作。

二、协会与创合会商学院联合推出10期《开年十问》线上讲座

由21世纪新商学研究院、创合会新商学携手知名院校教授与华为、平安、美的等实战专家就认知升级、战略创新、组织激活、人才发展、科技赋能、资本加速等6个专题进行“问道”系列直播，答疑释惑。协会与副会长单位上海农商银行合作，在3月中旬推出“码上行动，同心抗疫”——助力中小微企业战疫融资直通车服务；受温州市协会的委托，与部分有募资需求的理事单位进行沟通，得到正海资本、麦腾创投、汇竑资本、中汇金、会畅资本的积极响应。正海资本、汇竑资本还专程前往温州对接；接待青岛科创母基金来访，听取介绍，并进行交流；赴张江国家实验室调研，开拓合作新渠道；在调研的基础上，与他们举办一场脑机接口神经电极项目推介会，科创投集团、道彤投资、科投股份等7家会员单位参加交流。

三、协会与市经信委、市中小企业发展服务中心等单位联合组织“创客中国”上海市中小企业创新创业大赛、诸神之战创客大赛（上海赛区）及上海市最具投资潜力50佳创业企业评选活动”

第七年举办这项赛事，特别创设元宇宙、生物医药、在线新经济、G60科创走廊文化创意、长三角数字干线、智能科技、智能汽车等9项专业赛，吸引686家创业企业和创客团队参与，赛事的覆盖面得到显著扩大。据不完全统计，2022年上海最具投资潜力50佳创业企业融资总金额达62.8亿元，有40家企业进入A轮以上融资。符合条件的优胜企业将有机会纳入专精特新政策支持，为企业提供实实在在的政策福利。

四、进一步助推创新创业的热潮，不断激发提升企业创新力

协会与上海市中小企业发展服务中心华讯科技创业中心共同举办第五期“浦创108训练营”，经过筛选40位创业者加入训练营。以“专题分享＋园区实训＋教练辅导”相结合的训练模式，带给学员全新的学习体验，受到学员高度的赞扬。

五、协会与会员单位协力律师事务所合作

利用微信平台推出涉疫法律问题百问百答；与会员单位盈科律师事务所共同举办“上市公司并购重组中并入资产大幅缩水引起的董监高责任”——上海金融法院十大案例系列之二线上研讨活动，60余位业内人士参加活动；由虹桥基金小镇主办、拓韦财税联合主办“创投企业税收知识讲座”，由拓韦财税合伙人讲解创投企业相关税收政策、常见税收风险及筹划等知识。会员单位代表、小镇入驻单位代表共50余人出席讲座。

六、协会与金享云联合主办智能科技和新材料领域7个项目的投融资路演活动

惠畅资本、正海资本、浦东创投、探针创投、上海联交所、上海科投股份等投资机构代表及项目方代表50余人出席现场活动，有10多家投资机构代表通过线上方式参与活动。还与上海股交中心、上海股权托管登记中心和虹桥基金小镇联合主办“S市场新趋势、S基金新变量——S基金发展探讨沙龙”。上海股交中心副总经理徐军作“共建VC后市场的生态圈”的主题分享；邦明资本、协力律所、双创投资中心、鼎嘉创投等40余家投资机构代表、市场服务机构负责人等参加活动。

七、根据国家发改委财金司召开的“2022年创业投资年度工作部署会”要求，协会采取“收集一批，评审一批”的工作方法，组织两批评审

2022年通过备案年检的企业共计361家（创业投资有限公司50家、创业投资合伙企业162家、创业投资管理企业149家）。

（李忠湖）

上海漕河泾新兴技术开发区企业协会

上海漕河泾新兴技术开发区企业协会成立于1998年9月，是经上海市社会团体管理局批准设立的市级社会团体。协会是由上海市漕河泾新兴技术开发区发展总公司等单位发起，漕河泾开发区内各企事业单位自愿参加并组织。协会下设集成电路、通信、金融、软件、现代服务业、人力资源、汽车研发与配套、法律、生物医药等9个专业委员会。

2022年主要工作：

一、统筹服务资源，提升园区服务能级

（一）整合系统内自有资源。协会充分发挥开发区系统内服务资源，注意将园区企业的需求和意见及时反馈至各业务部门或服务类子公司，实现服务信息双向沟通无障碍。如及时了解企业的扩租或搬迁需求，促成二次招商的成功落地；

来感谢信。持续跟踪调研200多家企业、功能区，全面了解疫情防控、复工复产等情况，参与撰写《疫情下本市生产性服务业企业经营状况分析》等工作专报，为政府决策提供第一手依据。

四、以服务型制造为主线，推进两业深度融合发展

促进会深入推动服务型制造发展，助力上海整体发展水平在全国位列第一梯队。在市经信委指导下，组织开展工信部及上海市服务型制造示范遴选的初审工作，其中工信部示范遴选报送18家，最终入选14家。按工信部部署，配合完成对前三批服务型制造示范企的后评估工作。遴选第四批市级服务型制造示范主体34个。启动《服务型制造发展水平评估指南》团体标准制定工作，为评估服务型制造示范企业的发展水平，提供标准化、规范化、程序化操作依据。共同承办2022服务型制造创新与研究大会，市经委阮力副主任及多位院士致辞。会上，服务型制造创新与研究中心揭牌。

五、以发布品牌榜为主动创新，推进领头雁引领发展

12月27日，促进会与市工经联、市经团联及上海企业文化与品牌研究所，共同发布上海生产性服务业品牌价值榜。本次入榜企业共58家，最低入榜企业品牌价值达到1亿元以上，品牌价值总和为975.2亿元，其中前2位中通、钢联的品牌价值均超百亿元。在市工经联的支持下，促进会还发布上海生产性服务业成长榜。经对企业品牌成长性进行纵向对比研究和横向比较分析，28家企业入选“成长榜”。其中14家同时入选“价值榜”，入围成长榜的企业成长指数均在50以上。

六、以市级功能区为主阵地，推进产业集聚发展

建管并举、市区联动，积极推动闵行浦江智谷、浦东金融数据港、嘉定氢能港、静安临港新业坊新申报市级生产性服务业功能。宣传示范典型，举办生产性服务业功能区与媒体沟通座谈会，央广网、《人民日报》《解放日报》等30多家权威媒体受邀参加，会后发表《24小时接力提高试剂产能生产性服务业功能区如何破局?》等报道。11月22日，成功举办2022上海生产性服务业功能区数字化转型论坛。市经信委阮力副主任发表视频致辞。会上为获得复审优秀及良好功能区颁发奖牌、证书，举行功能区数字化转型指南团体标准启动仪式，发布首批功能区数字化转型专业服务商推荐名录，签订战略合作协议，交流先进发展经验。

七、以专精特新为主攻方向，推进中小企业梯度培育可持续发展

促进会作为首批服务服务国家级“专精特新”小巨人企业示范平台（机构），在市经信委指导下，加大服务力度，推动中小企业转型。疫情封控期间，联合上海市企业服务云，定期开办“云讲堂”线上公益系列课程11期，参与培训人数超8000人。8月24日—26日，联合上海市中小企业发展服务中心，成功举办首期上海市生产性服务业“专精特新”企业数字化提升高级研修班。编印《上海生产性服务业中小企业专精特新数字化转型场景应用经典案例》，共收录45个应用场景案例。全年，促进会累计服务专精特新企业237家，包括市级中小企业175家、国家级“小巨人”企业62家，取得明显效果。

八、以供应链物流为主渠道，推进产业链全过程协同发展

疫情封控期间，受市经信委委托，大力推进上海机场、上海港、洋山港等疏港进程，在一个半月时间内，与130多家企业取得联系，办理通行证50多张，涉及提货量4000多个集装箱约6万吨。为促进供应链物流领域企业的合作交流，有效推动行业高质量创新发展，更精准地服务供应链物流企业，促进会筹划成立供应链物流创新专委会，并召开筹备会议。立刻网、鸭嘴兽、泓明供应链等30家企业高管和相关负责人应邀出席。各企业代表交流自身业务开展情况，就如何推动行业创新发展，加强合作畅所欲言。专委会将围绕推动行业有序发展、开展共性关键技术攻关、制定推广标准、搭建供需对接平台等。

九、以标志性活动为主平台，推进重点领域创新发展

积极举办各类标志性活动，搭建交流合作、供需对接平台，推进重点领域高质量发展。助力产业电商及在线新经济发展。7月6日—9月28日，促进会协助举办第三届中国（上海）工业品在线交易节。本届交易节以“数实融合稳大盘、产业互联促发展”为主题，累计交易额473亿元。9月2日，秘书长王惠珍应邀出席2022世界人工智能大会智能工厂产业对接会，并做嘉宾致辞。9月16日，2022CITC·网易创新创业大赛上海（奉贤）赛区决赛在会长单位爱企谷成功举行。加快推动检验检测领域数字化转型。协办以“共建智检生态，赋能产业发展”为主题的2022年第二届检验检测数字化转型发展论坛。承担编制上海市总集成总承包发展三年行动计划。

十、以服务经济社会为主旋律，推进行业宣传工作与时俱进发展

在举办2022年迎新春话发展专家座谈会上，首次颁发上海生产性服务业杂志特聘专家证书，正式建立智囊团。强化促进会三大微信公众号，以及《上海生产性服务业》内刊、简报、网站等宣传阵地建设。微信公众号全年发布131篇，内刊6期，简报46期。编写《2021年上海生产性服务业发展报告》（白皮书）。《发展报告》全景式呈现上海生产性服务业发展成果，持续勾画高质量发展轨迹；功能区导览手册介绍本市功能区的发展概况、主导产业、典型企业、服务特色等，助力功能区开展招商引资工作；《服务型制造在上海》第二辑深度挖掘示范企业、示范平台典型案例，聚焦新模式、新业态。《专精特新案例》收录45家企业的典型案例，总结推广中小企业专精特新数字化转型先进经验。

全年召开生产性服务业统计座谈会7场，在线培训会4场，全市16个区约500家企业参会。

（郑修铭）

上海市企业法律顾问协会

上海市企业法律顾问协会成立于2004年。现有理事单位会员162家，其中，央企占15%、地方国企占44%、民企占27%、外企占10%、其他占4%。现有个人会员约600名。

2022年主要工作：

一、牢记宗旨，做好会员法律服务

年内，协会新发展24家单位加入理事会。全年共组织45场高质量的专题讲座研讨会，为5家企业公司组织专题内部培训，受到会员、内训单位的欢迎和肯定。

（一）精益求精，做好月度特色培训服务。协会以依法治企的需求和问题为导向，在听取会员意见的基础上，坚持每月2—3场法律培训。疫情期间，协会联手市工经联法治专业委员会、市企业家联合会、市外商投资协会、市中小企业发展服务中心等单位，有针对性地安排《疫情防控期间企业劳动用工的热点问题》《疫情下企业经营问题法律分析和解决之道》《面对疫情反复企业应关注的工伤新问题》《企业复工复产疫情防控措施指南》《企业减税降税最新税收政策》等线上线下专题讲座。协会承接5家企业委托的内部培训工作。根据培训企业要求，邀请师资、安排课程及内容主要围绕《民法典》、企业内控、企业合规等展开。

（二）尽心尽责，做好法律咨询调解。为完善社会矛盾多元预防调处化解综合机制，给会员企业提供专业的法律咨询、调解、救济等服务。全年，“联合调解中心”共受理劳动争议等案子46件（涉及中小企业47家），其中，成功调处45件，取得纠纷化解率98%。协会还为一批企业先后提供专项法律服务，参与部分企业的咨询、立案、保全、拍卖等相关的协调配合工作，追回或避免损失人民币数亿元。

（三）多渠道宣传，做好协会窗口服务。协会如期出版六期《企业法律顾问》双月刊，加大在网站、微信公众号和会员QQ群运营管理方面的投入，使会员通过以上渠道了解协会工作概况，及时收到协会相关会议活动、培训通知、学习资料等信息，协会平台的关注度和活跃度双向增长，受到会员欢迎。

二、多措并举，开展法治宣传教育

（一）成功承办第六届上海市企业法务技能大赛。第九个国家宪法日暨上海市第34届宪法周“宪法进企业”主题活动，由市法宣办、市经信委、市司法局、市国资委、市工商联主办，协会承办的第六届上海市企业法务技能大赛圆满落幕。大赛以“抗击疫情防风险，企业法治同保障”为主题，以故事会的形式，展现全市各类企业同心协力、抗击疫情、复工复产，为上海经济发展保稳提质的生动实践。其间，受到在沪央企、国企、民企、外企的积极支持和参与，共收到报送作品116部，作品网络展播活动吸引逾14万人关注。历经六届的法务技能大赛见证并推动上海企业法治建设的前行之路，为进一步深入推进“八五”普法，促进企业依法治理，营造浓厚的法治氛围。

（二）配合开展“八五”普法相关工作。协会配合市经信委协助起草“上海经信系统2021年法宣工作总结和2022年法宣工作安排”、市经信委系统“八五”普法规划；配合市国资委开展“八五”普法工作调研，增进国企与其他所有制企业的法治工作交流互通；配合“市经团联（市工经联）法治服务专委会”开展市人大立法相关工作，参与《上海市数据条例（草案）》《公司法（修订草案）》《上海市促进人工智能产业发展条例（草案）》等法律法规的修订意见征询工作。疫情期间，协会联合专委会及律所先后汇编《上海疫情期间企业劳动用工热点问题实务解答》《疫情背景下上海地区劳动用工政策要点解读》并对外发布，供有需求的企业做参考。

三、对接政府，做好相关项目落地

（一）配合开展政府部门委托相关工作。协会配合市经信委政策研究和法规处举办“上海产业新发展格局下新挑战、新机遇智库沙龙”线上活动；承接市经信委生产性服务业处委托的“专业服务商联盟机制编制推进工作方案”课题并开展调研等，按时间节点完成此项工作，为制定、调整相关政策提供依据。

（二）做好“12345”热线知识库维护管理。协会长期接受市经信委委托的“12345”市民服务热线知识库的管理维护工作。整体上确保知识库信息的完整有效，为服务热线有序运行提供保障。

（三）认真承办中小企业培训项目。受上海市中小企业发展服务中心委托，2022年协会承办第10期《上海市中小企业法律风险防范》培训班。学员反映，培训班课程及实践贴近企业实务，可操作性强，收获满满。

四、资源共享，做好对外合作交流

（一）参加长三角企业法律顾问协会联席会议。9月，长三角企业法律顾问协会联席会议在宁波顺利召开。会议主要讨论由浙江协会负责起草制定的《企业法务工作规范》等制度文件，并就长三角协会间的合作理念、机制、路径作进一步交流，促进长三角企业法律顾问协会联席会议机制越来越成熟，合作交流越来越深入。

（二）扩大合作共赢机制。协会进一步拓展合作面，与华东政法大学、蓝海中小企业法律中心、蓝旗（上海）法律咨询有限公司联合成立“律政人才培训基地”，已进行第二届招生开班。与上海政法学院、长三角区块链协会、华东理工大学法学院签订战略合作协议；积极参与上海法学家联谊会牵头组建的长三角营商法治联盟。

（三）发挥协会专委会作用。协会“特邀专家委员会”的专家先后参与协会有关课题的调研和评审工作，以及有关法律专项工作的咨询；协会“特邀专业委员会”中许多知名律所律师每月配合协会为会员开设辅导讲座；协会“外资企业法务专委会”定期举办月度外商投资专题沙龙，积极发挥多元化争议解决机制作用，为外资企业做好法律咨询调解等服务。

五、凝聚团队，抓好协会自身建设

（一）加强党支部建设，发挥党员先进模范作用。一是根据上级党委有关部署和要求，协会党支部坚持加强自身学习。二是党支部带领党员自觉担当，积极参加抗疫防疫工作。三是积极参加上级党委组织的相关活动。党支部顺利完成2021年度党员民主评议工作，受到市工经联党委的充分肯定。

（二）协会顺利进行换届选举。9月7日，协会成功召开第五届会员代表大会第一次会议暨五届一次理事会、监事会，协会各会长单位、理事单位代表和会员代表220余人参加会议。大会认真、严格按照市社团局相关规定，逐项完成会员代表大会、理事会会议、监事会会议各项议程。经新一届理事会中，民企和外企占比较以往有明显提高，较好地优化协会团队结构，为促进不同类型企业间的交流互动创造有益条件。

（姜　潮）

上海市质量协会

上海市质量协会成立于1981年6月13日。现为上海市各行业致力于质量管理与质量创新事业的企事业单位会员组成的专业性非营利社团法人组织（5A级）。市质协以习近平新时代中国特色社会主义思想为指导，统筹疫情防控和服务经济社会高质量发展，与广大会员单位协力同心助力打赢疫情防控大上海保卫战；全面贯彻新发展理念，服务质量强国和长三角一体化等国家战略；深入践行人民城市理念，服务上海经济社会高质量发展和质量高地建设；全力推进落实《上海市质量提升三年行动计划（2021—2023)》和《2022年上海市质量发展工作要点》。

2022年主要工作：

一、疫情防控勇于担当，质量服务积极有为

3月以来，上海市打响新一轮疫情防控阻击战。协会全体员工以强烈的使命担当，努力做到疫情防控不松懈，质量服务不停摆，为自身、社区和全市的疫情防控、质量提升奉献力量、彰显作为。协会共产党员和工作人员，积极参加社区疫情防控志愿者活动。通过“上海质量网”开设疫情防控专题，做正能量的传播者。先后在线举办“中国企业品牌创新成果发布活动”上海地区经验分享与推进工作会、群众性质量提升活动研讨会、会员企业践行社会责任交流会、“质量战疫、课不容缓”能力提升不停歇质量公益培训等活动。

二、战略引领、服务大局，助力提升上海质量国际影响力

11月8日，协会成功举办主题为“质量：创新治理可持续”的第五届进博会上海交易团配套活动——国际质量创新论坛。论坛开通上海电信“上海热线”在线中英文直播通道，通过海内外专业组织的传播推广，中英文直播通道在线观摩论坛合计6.5万余人次，其中收看英文通道1.7万余人次。参与国家《质量强国建设纲要》编制工作，继续开展与同济大学合作的国家社会科学基金重大项目子课题四“新技术变革下开展质量提升与质量强国建设路径”的专项研究。完成2021年全国公共服务监测项目，再次中标2022年全国公共服务监测项目。承接上海市市场监管现代化“十四五”规划年度(2021—2022)评估项目。围绕上海城市精细化管理，开展交通、市容环卫、精神文明创建、消费品质量安全等群众满意度测评工作，为政府部门加强行业监管、促进行业质量提升提供支撑。

三、聚焦企业、强化创新，助力提升市场主体质量竞争力

聚焦企业，改进会员单位服务；聚焦重点产业、重点领域，推进卓越绩效模式实施，开展新一轮质量提升行动与品牌建设，推广先进质量技术方法应用等，助力提升市场主体的质量竞争力。聚焦企业高质量发展需求，在做好疫情防控情况下，持续开展线上线下结合的相关培训与质量推进活动。按照行业主管部门聚焦重点、注重成果和注重成效的要求，遵循合规、专业、公正原则，组织开展各类相关奖项与成果经验评审、评定与交流分享。2021年度上海市质量协会质量技术奖颁奖暨2022年质量创新促进大会在线举行，通过上海热线直播，分享质量创新的新成果、交流质量管理的新经验。2022年上海市质量协会质量技术奖申报说明与经验交流会在线举行，完成本年度协会质量技术奖的评审与审定工作，经公示后正式发布获奖项目公告。加强中小企业质量提升服务，探索优势互补、供需对接和“大手牵小手”帮扶中小企业质量提升的新路径，组织开展中小企业现场质量诊断与质量素质提升培育活动。积极响应全国和上海市质量月活动通知要求，策划并开展10项质量月活动。

四、聚焦主责、强化网络，提升专业化质量服务能级

聚焦重点片区，发挥协会平台覆盖行业广泛的优势，持续开展会员单位跨行业的交流活动，促进跨行业的经验交流分享和标杆对比活动，共同提升质量水平。加强与市经团联／市工经联等枢纽型社团和中国质量协会、长三角相关省市质量协会等组织的对接与协作。扩大与行业协会的交流合作，围绕发挥质量专业协会与行业协会优势互补作用，推进行业质量提升、服务质量评价、质量宣传与品牌培育、内部规范治理等工作。积聚、整合内外部资源，聚焦高质量发展、数字化转型、绿色低碳、城市精细化管理、美好生活等重点，开展业务创新，加快建设上海市绿色低碳能源装备技术标准创新基地。进一步完善协会下属专业机构的激励考核机制，落实经营管理责任，大力推动专业机构之间的协作，提升一站式服务能力。

五、开展宣传推广、深化国际质量交流与合作

协会通过“上海质量网”官方网站、“上海质量”公众号、《上海质量》，以及《中国质量报》《文汇报》《新民晚报》、上海热线等多种媒体渠道，广泛宣传报道党和国家有关经济及质量工作的重大方针政策，传播国际先进的质量管理理念和技术方法，分享最佳实践经验，帮助企业提高核心竞争力。积极地支持会员单位走出去，参与亚太质量大会等交流活动，交流分享质量创新最佳实践。作为亚太质量组织核心理事会成员，推荐上海陆家嘴物业管理有限公司、上海漕泾热电有限公司申报并获得2022年全球卓越绩效奖，并推荐企业质量管理人员在2022年亚太质量大会上发表视频演讲。

六、聚焦发展、强化管理，持续提升品牌社会组织治理能力

以迎接、学习、宣传、贯彻中共二十大为主线，全面推进党的政治、思想、组织、作风和党风廉政建设。坚持理论学习的制度化建设，完善学习体系，不断提高政治站位。积极学习宣传党的十九届六中全会、党的二十大精神、习近平新时代中国特色社会主义思想和上海市第十二次党代会精神，坚定拥护“两个确立”，坚决做到“两个维护”，真正把理论学习转化为理论自信，提高政治引领和提升政治站位的能力。充分发挥党组织战斗堡垒作用和党员先锋模范作用，为促进协会总体战略和各项工作的扎实推进提供坚强的政治和组织保证。按照行业主管部门和社团登记机关要求，在协会指导下推进规范治理再上新台阶。进一步营造风清气正、奋发向上的氛围；完善秘书长班子、部门与机构绩效目标与考核机制，压实管理责任；进一步规范涉企收费、与相关方合作。围绕创新转型，结合数字化与质量创新平台、高端能源装备标准创新基地、质量人才评级体系建设等重点工作，通过内部和外聘讲师，组织开展员工业务培训，确保工作顺利开展。

（奚勤峰）

上海服装行业协会

上海服装行业协会成立于1986年3月，是上海服装行业企事业单位自愿组成的跨部门、跨所有制的非营利性的行业社会团体法人，始终坚持以服务为宗旨，在政府与企业，企业与企业、企业与国际之间发挥桥梁和纽带作用，尽全力为上海乃至全国的服装行业的发展和繁荣而努力。现有会员单位260家。

2022年主要工作：

一、坚持以服务为中心

（一）深入会员单位倾听需求和呼声。会长朱勇带领秘书处先后到劲霸集团、新联纺、上服集团、龙头股份、东方创业、纺织装饰、纺织检测等企业，与上海视觉艺术学院、东华大学、上海工程技术大学等院校，面对面座谈，听取意见和建议，交流行业建设和协会工作情况等。

（二）为疫情下的中小会员企业提供切实有效的帮助。全年协会领导走访中小会员企业超100家次，及时掌握第一手情况，上传下达，牵线搭桥，帮助中小企业和独立设计师品牌寻找办公场地，加工资源，发布会赞助等。

（三）及时转发市经信委主办的“2022上海品牌100+

（时尚消费品）”申报通知，支持沙驰、安莉芳、北极绒、银蚕、衣架、劲霸、拉谷谷、DAZZLE、LILY、三枪、宝鸟等单位积极申报。为宝鸟、华律、小蓝象等申请专精特新项目提供支持。动员产品销售利润率等指标成绩突出的会员参加中服协“百强企业”评选活动，嘉麟杰、东隆、安莉芳（上海）、安正、地素、沙驰等6家会员企业上榜百强。

（四）向政府有关部门反映企业在疫情下发展遇到的瓶颈与阻碍。上半年新冠疫情期间，协会主动通过微信、电话、邮件等联系会员，收集汇总企业在发展中和复工复产遇到的问题，向市经信委等部门专报反映。

（五）按时转发相关政府部门的各种项目和培训通知，给企业提升自我、争取项目支持的机会。转发市中小企业办关于开展“益企服”复工复产服务平台培训、市工经联等举办的“上海标准”评价培育在线公益讲座、中服协关于2022年老年用品推广目录申报工作、市商务委举办关于上海市贸易援助相关政策宣讲培训等通知。

（六）以“好衣人生”为载体，传播行业正能量，宣传行业优秀人才。协会利用自媒体号“时尚背后的秘密”联手华衣网、悦尚界、第一纺织网、SHALLPAY、DADASHOW，策划组织“好衣人生”第一季活动，包括一场启动仪式、五期“好衣人生”图文＋视频的活动报道，在全网媒体的传播量每场均超过百万，中新社、日本纤维信息等中外媒体也以相当篇幅报道。疫情期间，协会公众号仍坚持更新，及时传递上海行业动态。公众号粉丝数呈现逐月上升趋势。

二、努力做沟通的桥梁

（一）为政府部门决策提供依据和参考。协会在收集整理有关经济数据，为市经信委都市产业处、市统计局工业处、市政府研究发展中心等部门提供季度／半年度／年度上海服装行业经济运行分析报告；参加市经信委都市产业处召开的季度经济运行分析会；参与2021年上海纺织产业发展报告、上海经济年鉴、上海现代服务业发展报告等的编纂工作；每月编写《上海服装行业协会网络商场销售情况分析》、发布月度服装销售品牌排行榜。

（二）积极搭建企业间沟通的平台和机会。协会带领三枪、嘉麟杰到新入会企业溢达参观和交流。动员会员参加上海连锁经营协会主办的第十六届上海零售业大会暨中国零售创新峰会。组织会员参加行业大咖围绕“后疫情上海服装企业升级发展”主题开展的在线交流讨论会。

（三）向有关部门报告企业抗击疫情的良好做法和先进人物事迹，宣扬正能量。在上半年新冠疫情多发散发的特殊阶段，收集企业相关报道，汇总整理东方国际、三枪、劲霸、银蚕等企业抗击疫情的有效做法和先进人物事迹，上报给市经信委、市工经联等有关部门。

（四）与外省市协会多方联动和沟通。上半年，因疫情原因，企业生产、销售、物流、人力等深受影响，协会和南京服装行业协会、南京市工商联服装商会携手，联合含拉谷谷、群弘发展、龙头集团、海螺服饰、劲霸、龙头家纺、三枪（集团）、速卓实业、丝绸集团、沙驰服饰等52家长三角服装企业签署“关于疫情时期共克时艰的倡议”。还作为嘉宾参加宁波服装协会、河南服装协会的换届改选线上会议。

三、认真做好人才的培育

（一）做好本年度上海市工美系列服装设计专业中（高）级职称任职资格申报和评审组织工作。耐心细致地对待申报人员的咨询，严格按照评审通知要求，确保每一环节的公开公平公正。最终，100人通过专家评审获得中级职称。

（二）以协会下属服装学校名义中标的天山路基地服装成衣实训室委托管理项目为契机，服务行业人才的培训和竞赛。天山路服装实训室全年接待5家培训机构近400人次前来进行服装制作实训，圆满完成市残疾人就业服务中心主办的民间工艺品制作（丝绸手绘）竞赛和服装裁剪（男女装制作）竞赛的配合接待工作。

（三）协会和上海纺织工会等共同主办，服装学校参与承办的“2022年度上海市纺织行业服装制版师技能大赛暨富怡·第七届全国十佳服装制版师大赛”上海选拔赛。大赛参照富怡杯的赛制和规则，设置男装、女装和羽绒服三个门类，“立体裁剪”“服装手工平面制版”“样衣制作”和“理论知识”四个模块，有23位选手参加比赛，以赛代练，有效促进服装制版师人才的技能提升。

（四）以“中华杯”系列服装设计大赛为行业发展积蓄服装设计人才。中华杯系列服装设计大赛因疫情采用线上投稿线下评审及线上线下相结合的颁奖典礼等特殊形式，吸引国内外200多所设计相关院校的超过千名选手踊跃投稿，“中华杯”的影响力不断提高。

（五）为市就业促进中心和新闻晨报主办的“大国小工匠”青少年职业体验活动项目提供创意方案和线上体验课程。协会提交活动创意方案供主办方遴选，并联络东华大学的知名教授工作室，提供一次30个上课名额的小小“艺术皮革设计师”线上体验课。

（六）确保协会下属的服装行业职业技术学校教学资质。先后完成年度培训机构网检等，接受政府相关部门的监督、检查和整改，完成学校法人变更，企业登记证书的变更，参与市里组织的校长和教务长继续教育学习，按规定做好疫情防控下的复工复产线下培训申请工作等。

四、加强协会基础管理，完善内部相关制度

（一）积极吸纳新会员。充分利用各种机会，宣传协会功能，吸纳龙头纺织科技、拍可文化、企兰科技、瑰丝陈时装设计、蓝嘉文服装、中纺联和生态、匡敦科技、卿佐实业、乌禾等企业加盟成为协会会员。

（二）做好会员资料存档。对新会员的入会资料，逐一做好书面材料存档和电子存档，会员证书发放等记录，以便日后备查。

（三）加强协会日常运作规范。因疫情防控，协会以线上线下相结合的方式召开理事会和会员大会，通报协会工作，讨论工作思路。不定期采用电话或微信交流信息，推动工作进展。根据市民政局相关规定，不断完善协会内部管理制度。

（四）以中共二十大召开为契机强化协支党建工作。开展党支部学习活动，深入学习先进人物事迹，并按上级党委要求，认真选举党代表，组织党员学习党的二十大精神，结合协会工作认真贯彻落实。

（五）指派工作人员参加各种专业培训学习，增强专业能力。参加市民政局关于社团年检和规范建设等网上培训，学习国家人社局关于职称改革的相关通知文件等。

（杨红穗）

上海市节能协会

上海市节能协会成立于1985年3月21日，由上海市生产和转换能源、使用能源、生产节能产品和节能减排服务等企业单位，能源管理、科研、设计、教育、信息等事业单位自愿组成的节能专业性、非营利性的5A级社会团体法人组织。协会积极开展节能减排技术和技改项目咨询；进行节能减排、低碳环保、能源（电力、燃气、石油等）、能源互联网等课题研究；制定能源、节能减排、分布式供能、绿色制造等相关标准；提供能源相关项目第三方评审，编制节能专项规划等；承担能源方面前瞻、宏观、智库性质研究；出版《上海节能》杂志（含广告）。现有会员单位220家。

2022年主要工作：

一、创新工作理念和工作载体，节能宣传工作取得新进展

（一）协会坚持传承创新和注重实效并举，节能宣传周活动不断取得丰硕成果。2022年上海市节能宣传周，全市各条战线围绕双碳工作和复工复产，组织各类活动240余项。据不完全统计，活动期间约有235家媒体进行宣传报道，宣传周全域曝光量突破11.6亿，宣传阵地数和市民参与量均创历史新高。

（二）"上海节能宣传"微信公众号运营工作取得新进展。截至年底，共发布推文1310篇，总阅读量达到345万余次，推文转发数32万多次，订阅用户数从两位数增长至6位数，年龄涵盖16—70岁，关注群体实现全国覆盖。

（三）《上海节能》杂志品质进一步提升，在同类杂志中处于中上水平，为推动上海节能减排工作发挥应有作用。据中国知网统计，2022年的复合影响因子0.55，综合影响因子0.317，较往年有明显提高。

二、主动作为、开拓创新，"三为"服务工作取得可喜成绩

（一）主题为"走向碳中和之路"的首届上海国际碳中和技术、产品与成果博览会将于2023年6月举办，协会从2021年起，配合市贸促会等部门做好承办工作，已基本完成能源转型、节能增效、循环经济、实践探索、低碳交通、低碳服务等六大板块的布局设计工作。

（二）围绕国家双碳战略目标和能源绿色低碳转型契机，结合上海天然气分布式供能发展政策，组织调研上海五大新城及临港、北外滩、虹桥等重点区域的分布式供能项目实施情况。

（三）积极组织会员单位参加市经信委绿色低碳服务机构申报和遴选工作。经评审，协会和15家会员单位成功入选100家大名单。同时，做好2020—2021年度"双评"工作和2022年度（第一批）上海市节能减排优秀案例征集工作。经过协会培育和推荐，上海氢枫能源技术公司成功入选"上海市重点服务独角兽（潜力）企业"榜单；董事长兼总经理方沛军获评第六届上海市工商业领军人物。

（四）配合市能效中心开展上海市2021—2022年度节能减排技术产品评审，6家会员单位入选（40家名单中榜上有名），并充分利用协会的媒体矩阵进行宣传和推广。

（五）协会联合市工经联、市建设协会等成功举办第四届上海绿色智慧建设高峰论坛；会同节能系统单位举办"双碳战略驱动，绿色低碳转型"系列讲座；还联合阳光时代律师事务所在线上举行"同心抗疫、守望沪助"系列法律讲座。

三、把握能源新动向，适应能源新发展，专业化发展水平迈上新台阶

（一）课题研究不断深入，积极向政府有关部门建言献策。一是上海工业和电信业重点用能单位双控考核和分解、工业通信业节能形势月度分析等课题顺利结题。二是围绕"新赛道"，开展氢能、储能产业发展研究，编制相关产业发展报告。

（二）基于工业互联网技术和能源互联网技术，助力推动能源行业（产业）数字化转型。3月，市经信委发布首批18个能源双碳领域数字化转型示范应用场景名单，4家会员

三、持续做好《上海市设备维修安装行业年度发展报告》的编写和发布工作

《上海市设备维修安装行业年度发展报告》自2015年首次发布以来逐年不断完善，2022年又新增“技术进步投入”和“数字化投入”信息的采集，从而对每家企业的数据采集量增加至37个；行业涵盖面持续扩展，已延伸至船舶修理、地铁维保和港机维修专业等17个类别；区域延伸至长三角和北京等外省市。年度发展报告对规范全市设备维修市场建设和整个行业的健康发展具有积极的指导意义，相关数据为编制《上海市智能运维服务发展三年行动计划》提供翔实的参考依据。

9月28日，“2022第三届中国（上海）工业品在线交易节”闭幕式举行。会上，协会发布和解读2021年度设备维修安装行业“五十强”企业名单，并向行业10家头部企业授牌，市经信委官微对此作深度报道。

四、助推复工复产，保障产业链的总体稳定

3月14日，为深入贯彻落实中共上海市委、市政府关于“从严从紧、从细从实抓好疫情防控工作”的要求，协会向全体会员单位发出《关于进一步做好疫情防控工作的倡议书》。在疫情期间，企业的生产经营活动受到不同程度的影响，协会积极配合市经信委做好各项抗疫和复工复产工作，根据政府有关产业政策的要求和企业的实际情况，将部分会员企业率先列入复工复产白名单；通过排摸企业重点物资跨省（境）境运输受阻情况，为13家重点企业协调解决跨省运输困难，打通产业链供应链物流运输的“堵点”；通过协会网站、微信公众号等平台，及时推送《上海市服务业纾困政策汇编和申请指南》《上海市加快经济恢复和重振行动方案》等政策和信息。其间，协会及时完成市经信委临时交办的确保部分设备正常运行等任务。5月12日，协会联合宁波银行上海分行及旗下的永赢金融租赁有限公司，共同策划并成功举办主题为“盘活设备价值，共渡疫情难关”的大型线上直播交流活动，吸引500余人次参会，深入探讨如何利用设备融资租赁赋能疫情防控，为企业复工复产和经营发展提供新的助力。

五、做好《上海市智能运维服务发展三年行动计划》的编制工作

受市经信委委托，协会开展《上海市智能运维服务发展三年行动计划》的编制工作。协会对全市冶金、造船、海工、电气、石化、汽车、仪表、核电、火电、港机、水务等行业进行广泛的调研或座谈，听取各重点行业企业的意见和建议。该行动计划的编制和推进，将对优化完善智能运维服务发展环境、创新智能运维服务新模式、推动上海制造业发展能级提升及赋能经济高质量发展发挥积极作用。

六、发挥协会职能，做好服务于企业和政府的工作

按照市经信委的工作安排，协会在会员企业中开展“2022年技能大师工作室及首席技师资助申报”“上海产业菁英”高层次人才选拔等工作。11月，在会员单位中开展“2021年度上海市重点产业领域人才专项奖励”申报工作，有7家企业76名专业人才完成申报，涉及人工智能、高端装备、生物医药、先进材料等重点产业领域。

七、加强协会间交流合作，促进互利共赢发展

7月15日，协会与江苏、浙江、安徽等省设备管理协会及无锡设备管理协会在安徽马鞍山市召开“第四届长三角地区设备管理协会联席会议”，就筹建长三角设备智能运维服务联盟、采集区域内设备维修企业的数据、和专项培训筹备“长三角设备智能运维发展论坛”等工作进行研讨和落实。

秉承“优势互补、资源共享、工作协同、互利共赢”的原则，协会与兄弟省市设备管理协会加强交流与合作。7月，与陕西省设备管理协会就能源化工企业进口设备国产化协作并达成合作意向。9月7日，与北京设备管理协会就两地企业在轨道交通钢轨智能化检测合作达成共识。

为进一步搭建协会间交流合作平台、凝聚更多行业优势力量，实现资源共享和协同发展，11月16日，协会与上海市咨询业行业协会进行交流座谈，围绕发挥各自优势和资源，在企业数字化转型、组织跨行业交流、人员培训、行业专家库等合作达成共识。

八、以党建为引领，以实干显担当

3月—5月，协会党支部组织全体党员进行多次视频会议，认真学习市委组织部《致全市共产党员的公开信》，按照“党员同志要亮身份、见行动，要披坚执锐、攻坚克难，要深入基层、深入群众，要发出好声音、传播正能量”的精神，所有党员均在行政区官网专栏上签到并到居住小区党支部报到，自觉服从居委会党组织安排，作为抗疫志愿者奋斗在疫情防控的第一线，以“我先上、跟我上”的实际行动为抗疫取得胜利做出贡献，有的党员同志被街道党组织评为先进个人光荣称号。

中共二十大召开期间和会议闭幕后，协会党支部组织全体党员和全体员工认真学习二十大会议精神和习近平总书记重要讲话，党员和群众在学习中结合工作生活实际谈学习体会，话协会发展，纷纷表示将以二十大会议精神为指引，进一步发挥设备管理协会桥梁和纽带作用，加强自身建设，不断学习并提高服务能力，真正起到政府的助手、行业的抓手、企业帮手的作用。

（夏仁海）

上海市新材料协会

上海市新材料协会成立于2000年，是中国第一家以新材料命名，跨行业、跨地域，整合长三角乃至全国涉及新材料研发、制造、检验、应用、配套服务等相关领域各类企业和科研院所成立的社团法人组织。现有会员单位500多家。

2022年主要工作：

一、努力对接先进材料发展规划，持续加强协会服务平台建设，以服务清单和特色服务为抓手，为政府、行业和会员提供增值有效的服务

（一）积极宣贯先进材料发展规划，强化产业技术创新能力和产业链安全保障，当好政府决策“参谋”和企业发展“助手”。一是协会按照“2022上海新材料产业发展重点方向”指南项目，开展先进材料项目库储备工作，共收集到70多家单位的约140个项目，在深入调研基础上对项目进行梳理，并召开专家评审会，为政府专项政策制定提供依据。二是参与市经信委“一城两都”课题项目的调研，认真开展数字引擎联盟和膜材料联盟的筹建工作，在各创始成员单位的共同努力下，成立上海新材料产业数字引擎联盟、上海膜材料产业发展联盟，为上海新材料产业高质量发展搭建平台，增添动力。三是围绕编制《2022上海新材料产业统计手册》组织开展行业调研，走访企业和专家，加强交流对接，完成统计手册编印工作。组织开展上海新材料中试基地建设运行和中试项目研究管理办法制定，正在广泛征求意见。组织开展军民融合成果转化项目调研和高端材料产业化基地建设课题研究，首次组织国防领域科学技术奖励申报，配合军民融合办组织开展评审工作，获一等奖1项，二等奖1项，三等奖3项。四是坚持金融服务实体经济的理念，发挥金融对新材料产业的支撑作用，推进上海新材料产融合作，产业链、供应链和资金链精准对接。协会与基金联盟创造条件搭建舞台，金融机构与新材料企业合作的活动不断开展，对抓好复工复产、促进企业经营起到积极的推动作用。五是积极组织推荐并辅导会员单位参加上海市新材料领域领军人物、专家型人才，优秀企业家、专精特新企业等申报，做好上海新材料领域服务机构梳理及新材料产业数据库建设工作。

（二）以服务清单和特色服务为抓手，积极引领新材料企业绿色发展，促进协会服务平台建设和业务创新发展。一是认真落实2022年服务清单，为会员单位组织开展多专业多领域的培训，围绕企业需求开展专精特新申报、财产保险理赔、银企合作沙龙、产学研对接等专项服务。加强专业化、个性化的服务，为会员单位项目建设、项目申报等提供专业服务。二是加强协会平台建设，发挥专委会和联盟服务平台的引领作用。结合新形势和新要求，最大限度地整合行业龙头企业及行业发展的资源，使专委会和联盟工作平台“月月有交流，活动更精彩”。三是以绿色低碳发展、数字技术赋能等新视野、新内容、新需求，积极引领新材料企业绿色发展。年内征集首批项目有包括技改项目、军民融合项目、强基项目等180多项，为行业和会员单位争取政策支持30多项。新材料数字技术赋能10个示范项目。

二、落实疫情防控主体责任，强化各项防控措施，精准有序推进复工复产，全力以赴打赢疫情防控攻坚战

（一）在疫情防控形势下，协会因势利导，开拓创新，多项工作取得新突破。一是及时调整协会工作计划和安排，采用线上、线下结合的方式开展工作。借助协会服务平台，推动产融跨界合作。组织举办上海谷雨、华昌聚合物、瑞然公司等10家企业与长三角新材料园区的专题交流对接会。加强与巴斯夫新材料、东丽纤维研究所、康宁反应器公司等外企开展交流，加强与临港集团、金桥集团等产业园区的交流合作。促进上海新材料产业的成果转化、技术对接、产品推广、品牌宣传活动。二是加强协会人才培养基地的建设，进一步完善内部管理和制度建设，金智达实训项目通过验收；完成企业首席技师和技能大师工作室项目申报辅导；聘请大学老师、行业专家和企业实训辅导员参加教材的修改；基地师资培训资料编制和抗菌防疫高研班培训都已完成预定目标。三是进一步加强协会团体标准制定和管理工作，建立完善以企业为主体、市场为导向、科研院所合作为支撑的协会标准化体系建设，编制和评审工作进一步规范，全年完成10个团体标准制定和备案。协会参加的标准化试点工作，已通过市区二级政府组织的专家考核验收。四是协会为企业提供全流程辅导；支持和辅导会员企业三爱富公司“新型显示用聚三氟苯乙烯高分子材料制备工艺技术”项目申报市科技进步奖；支持辅导超导公司科技领军人物申报和一郎公司优秀企业家申报工作。

（二）落实疫情防控主体责任，强化各项防控措施，精准有序推进会员复工复产。一是协会于3月—4月先后发出2份疫情防控倡议书，受到上海新材料行业和广大从业人员的积极响应。疫情期间，协会秘书处坚持线上办公，加强与会员单位的对接和联系，了解会员单位疫情防控和安全生产现状，听取会员企业特别是中小企业的意见和诉求，及时向上反映，为政府制定抗疫助企政策提供依据。协会还注意搜集会员企业疫情防控动态，采编40篇会员动态和信息在协会公众号上进行宣传。二是在政府有关部门及银行、基金、投融资企业和国际知名机构的支持协助下，协会围绕支持企业复工复产主题，举办6场专题视频讲座和路演活动，受众达1800多人次，为助力企业复工复产提供政策支持及相应的技术和产品，受到会员企业和社会各界的肯定和好评。

三、加强服务平台规范化运作，发挥行业龙头企业的引领作用，不断增强协会的社会知名度和影响力

（一）协会专委会和基金联盟开展各项活动，促进新材料产业链、供应链和生态圈的发展。协会举办6次线上视频讲座，近20位专家学者在会上作政策解读和演讲，受到会员及社会各界欢迎。协会还举办专题论坛、项目路演、高端培训等活动，为复工复产提供强有力的支撑。

（二）协会专委会、产业联盟从管理模式到制度保证，理念渐趋成熟，运作逐步规范，在工作中不仅关注新材料企业的诉求，帮助企业解决实际问题，而且注意发挥行业龙头企业的引领作用，帮助企业增值赋能。基金联盟在复工复产中，开展一系列产业与金融合作路演活动，有效链接投资人、龙头企业、创业团队、行业专家等各方资源，发挥联盟服务的针对性和有效性，为新材料创业团队融资和新材料投资人选择项目打下基础。

在推进数字引擎联盟建设中，协会抓好新材料数字技术创新工作站建设和能力提升，引领企业在研发、生产等领域的创新实践。通过开展数字技术应用示范，带动新材料企业的技术创新和产业升级。

四、坚持抓党建促会建，促进协会党支部制度化规范化建设，为协会争先创优迈上新台阶提供保证

协会以建设学习型、服务型、创新型党支部为目标，着力抓好党组织的思想、组织、作风、制度建设。在抓党建促会建工作中，党支部坚持开展制度建设，健全和完善党建工作制度、党员学习制度、党支部工作制度、民主评议党员制度等“五项制度”；坚持开展“三个一”，即把党建工作与业务工作一起谋划、一同部署、一并落实；坚持开展“学习工作化，工作学习化”的探索实践，坚持开展对政府政策的学习和研判，更好地发挥桥梁纽带作用，把服务政府、服务行业、服务企业的各项举措落到实处。

在全体党员共同努力下，在各级领导和会员单位的关心支持下，协会较好地完成全年工作任务和目标，得到政府、行业和会员单位的认可和肯定：协会先后被上海市工经联评为“2022年先进社会组织”，被上海市工商联评为“2022年四好行业协会”；何扣宝秘书长被评为上海市工商联优秀秘书长；协会在疫情防控期间开展的工作，也受到市有关部门的表扬；协会党支部被上海市工经联推荐参加上海市经信工作系统基层党组织的“五好”学评活动。

（陈友新）

上海市信息安全行业协会

上海市信息安全行业协会成立于2003年3月。下设职业能力教育专业委员会、金融科技安全专业委员会、数据安全和隐私计算专业委员会，以及上海市网络和信息安全服务能力评估办公室、ISG网络安全技能竞赛组委会办公室秘书处、上海市信息安全高技能人才培养基地、上海信息安全职业技能鉴定所。现有会员单位200余家，包括信息安全企业及用户单位。

2022年主要工作：

一、重视并加强产业趋势研究和应用需求对接工作

协会参与《上海信息化年鉴》《上海现代服务业发展报告》等编制工作，为政府职能部门决策提供参考，为企业发展提供政策支持。同时，协会邀请规划组及相关专家，召开规划报告研讨会及专家论证会，对市科委网络安全领域“十四五”规划报告进行更新、完善，并为2023年高新技术领域项目指南的制定提供参考依据。

11月中旬，协会发布《2021年上海市网络与信息安全服务单位能力评估及2022年服务单位推荐通知》。受年底疫情影响，材料申报及初审、评审工作合并到2022年服务能力评估中。

协会响应产业发展对标准的需求，积极组织制定并推广应用团体标准建设。《网络安全保险安全服务技术要求》《网络安全保险安全服务能力评价指南》两项团体标准立项通过后，将于2023年初发布标准文本；《精神科隐私保护和数据脱敏管理标准规范》已完成草案编制工作，标准完善后将进行对外征求意见工作。

协助做好市经信委、市国资委2022年重点行业网络安全解决方案揭榜工作。主要支撑解决金融、医疗、汽车、互联网、航运等关键领域、重点企业数字化转型的网络安全问题，推动可复制推广的解决方案，保障重点网络安全、数据安全建设需求。

为推动数据安全与隐私计算产业的发展，1月，协会组织成立数据安全与隐私计算专业委员会，专委会第一届成员单位包括上海人工智能研究院、云从科技、零幺宇宙、奇安信等 36 家单位。

二、扎实推进网络安全人才培养工作

做好网络和信息安全国家级认证培训工作。受疫情影响，协会采取线上模式开展安全运维、安全集成、风险管理、应急管理与服务和安全软件 5 个方向的培训和考试组织工作，年度培训 70 余人，开班质量、数量和组织工作均受到中国网络安全审查技术与认证中心高度评价。协会还与相关单位联合开展网络与信息安全管理员职业技能等级评价培训和考试工作，为来自全市高校、企业的 200 余名学员提供培训和考试服务。

积极申请社会培训评价组织。为贯彻落实市人社局《关于征集第三批社会培训评价组织的公告》文件精神和相关工作要求，建立完善的人才评价体系，协会积极申请社会培训评价组织资质（评价职业工种为信息安全测试员〈渗透测试员〉），以面向社会开展市场化、社会化、专业化职业技能等级认定工作。

三、开展网络安全宣传及竞赛活动

协会承办以“产业赋能生态打造”为主题的网络安全产业创新推进会。市政府副秘书长陈鸣波为上海网络安全产业示范园揭牌，市经信委副主任张英围绕《上海市建设网络安全产业创新高地行动计划（2021—2023 年）》进行政策解读。举行重点行业安全优秀解决方案战略合作签约仪式等。

举办专题论坛和沙龙活动。在协会指导下，数据安全与隐私计算专委会围绕数据安全与隐私计算主题，先后举办数据安全沙龙活动；金融科技安全专委会联合上海市浦东新区金融促进会、上海市物联网协会、上海金融信息行业协会，分别举办 3 场金融安全专题论坛。通过线上线下活动的举办，组织加强行业间交流、行业和技术企业沟通，并积极宣传和传达相关法律法规及主管部门最新态势。

协会和其他相关单位联合承办由上海市总工会主办的 2022 年上海职工职业技能竞赛——网络与信息安全管理员技能大赛暨长三角 G60 科创走廊城市职工网络与信息安全技能大赛，并负责大赛的组织、题库建立以及宣传等工作。

四、服务疫情防控和复工复产，助力企业发展

上半年疫情初期，协会向全体会员单位发起《疫情防控倡议书》，获得广大会员单位的积极响应。居家办公期间，协会携手会员单位，推出 9 期“守‘沪’信息安全贡献战‘疫’力量”系列直播活动。此外，协会组织编写《利用数字化工具赋能基层工作的建言》《关键岗位点式复工工作方案解读》、收集申请复工事项、复产复工政策，调研企业复工复产过程中面临的问题和困难，汇总后向上级政府有关部门上报，积极助力企业复工复产。

协会不定期地将政府职能部门发布的法律法规、行业动态、产业政策等文件发送到会员沟通群，并在会员单位有疑问时立即给予解释和帮助。协助会员单位做好专精特新项目推荐、市场占有率证明、优秀人员评优推荐等工作。协会秘书处为会员单位提供技术、法律相关咨询，为外地拟落户上海的企业提供网络安全企业落户政策咨询及区级相关部门对接。

五、积极贯彻落实上级党委部署的各项工作，加强基层党建

协会党支部组织党员集体学习中共二十大精神和有关文献，并组织讨论。年初，按照上级党委部署，协会党支部组织开展 2021 年度基层党组织组织生活会和民主评议党员工作，通过对党支部和党员开展民主评议，查找支部党建工作存在的不足和差距。5 月，推荐选举市工经联系统出席市第十二次党代表大会代表。此外，协会党支部加强在协会秘书处青年中培养入党积极分子工作，6 月，将秘书处一名同志列为入党积极分子。

（朱方园）

上海安全防范报警协会

上海安全防范报警协会成立于 1992 年。现有会员单位 989 家，个人会员 286 人。会员单位包括从事安全技术防范产品科研、开发、生产、经营、推广应用、技术培训、信息服务、安全技术工程设计、施工、维修等技术服务和安全防范行业宣传教育、出版、印刷等企事业单位。

2022 年主要工作：

一、戮力同心、共克时艰，全力以赴投入抗疫战役

上半年，为助力打赢疫情防控阻击战，协会响应市委、市政府关于疫情防控部署要求，广泛发动各安防企业和安防人员，全力投入抗击疫情战役。在协会的动员号召下，会员单位和全体员工在做好企业内部疫情防控的同时，积极参与方舱隔离点工程设计与施工，捐助物资、参与志愿服务，以实际行动助力一线抗疫。26 家会员单位协助街镇封控区域参与监控联网建设，53 家会员单位为各级政府提供隔离防疫设备（包括监控、道闸、测温、对讲、报警器、无人机巡逻等设备）。还有多家会员单位在全国范围调配智能门磁设备，累计配送发货安装 30 余万个；提供其他报警器、监控、紧急按钮，对讲等设备近 20 余万台。52 家会员单位为街镇社区捐助生活物资，总计 800 余万元，126 家会员单位的 5.3 万余名安防从业人员、保安服务人员积极投身隔离点安保、杂工、志愿服务等防控志愿者工作，以舍小家为大家的无私情怀，奋战在抗疫的第一线。

二、与时俱进、立规树标，大力引领行业规范发展

协会在主管部门指导下，组织相关单位参加国家标准《安全防范工程通用规范》（GB55029—2022）《爆炸危险化学品汽车运输安全监控系统第一部分：通用技术要求》（待批）《爆炸危险化学品汽车运输安全监控系统第四部分：监控客户端》（待批）的编制，以及参与《城市公共汽电车和道路客运恐怖袭击风险评估指南》《危险化学品生产企业反恐怖防范要求》《危险化学品经营企业反恐怖防范要求》等行业标准的制定。同时，组织相关专家对“寄递企业”“公交车站和公交专用停车场”“港口、码头”“轮渡、游览船”“游乐场所”5 个地方标准的制修订讨论、专题调研等工作，不断完善上海地方标准建设，引领行业规范发展。

三、服务行业、纾困解难，切实发挥协会平台作用

协会始终秉持“加强会员企业之间的联系，发挥企业的社会影响力，为行业的发展做贡献”的理念，不断调整会员服务模式，强化服务力度，注重会员单位的社会效益和经济效益的统一性。一是减轻企业负担，助力企业发展。协会与相关培训学校协调沟通，减免会员单位的培训费用。同时，联系相关部门，为会员单位融资需求提供解决途径。二是搭建宣传平台，推送行业资讯。协会充分发挥平台优势，为行业推送最新的安防理念和科技成果，联手多家企业开展线上沙龙，如为亮风台（上海）信息科技有限公司开设“智能黑科技——AR 在安防场景中的应用”沙龙等。三是协调相关各方，加快项目建设。针对会员单位在产品检测、项目申报等方面存在的问题，协会联系公安部三所和德梁安防两家检测单位，为送检的会员单位提供指导服务。协会为会员单位方舱建设取用产品进行协调。还推出放宽《上海市公共安全防范工程设计施工单位核准证书》申报升级项目业绩认定期限等便民利民措施。

四、组织评审、严格把关，着力规范专家履职行为

协会注重发挥专家在技防产品方案论证和工程项目评审验收等方面的积极作用，履行专家职责。一是提供政策咨询及技术论证服务，对产品单位的创新研发开展多场技术论证，包括涉及大数额封包式现金智能自助存取服务设备、智能安防数据传输加解密设备等新产品。与此同时，专家们通过预评审和日常的评审验收工作，为建设单位与工程单位解读政策，优化设计方案，推进行业共同发展。二是开展工程质量验收评审，全年协会委派评审验收专家 3895 人次，负责对项目设计方案、系统功能应用要求的技防把关，为提升安防工程质量保驾护航。通过技防监管平台共申报新改扩建评审项目数量 1879 个（包括金融项目评审合计 367 个），累计金额 21.03 亿元。验收项目 1756 个，累计金额 16.68 亿元。三是开展新任专家业务见习转正工作，于 8 月发布《新任评审验收专家见习暂行办法》，择优选拔具备一定能力的人员参与到日常服务中。四是落实《上海安全防范报警协会专家违规行为惩戒办法》等规定，加强对专家队伍的监督管理。

五、加强培训、强化考核，不断激发行业发展动力

协会注重行业人才梯队的储备，通过组织行业考评，为企业输送人才，稳步推进安防行业的发展。一是加强专业培训，组织专家编写组编写培训大纲，内容包括安全防范工程通用规则、安防系统关联应用介绍、化工单位、通信单位新标宣贯等，委托四家培训机构承担培训工作。二是组织职称评审，邀请轻工协会老师解读 2022 年度中高级职称评审申报政策，同时邀请评审专家讲解申报人员的论文写作的注意事项。全年有 39 人完成中高级职称评审网上申报注册，有 12 人通过中高级职称评审，其中 11 人获得中级职称、1 人获得高级职称。三是开展能力考评，组织技术能力测试，对于测试成绩合格且满足申报助理工程师资格条件的人员颁发《助理工程师证书》。

六、多措并举、加强交流，强化社会宣传力度广度

协会积极打造媒体矩阵，不断提高多维度宣传工作的能力和水平。一是提升《上海内保与技防》会刊编辑质量，大力宣传会员单位攻坚克难、技术优化的新发现、新成果，大力弘扬一线安防工作人员的先进事迹，撰写多篇安防企业积极参与防控工作的专题报道，使会刊成为会员单位和广大安防人员工作交流和互帮共勉的学习园地。二是积极维护上海安防网，通过自检自查，对症下药补短板，针对涉及的网络安全漏洞进行改版升级，切实保障会员单位信息安全。三是优化微信公众号发布模式，做到内容鲜活，形式多样，信息发布及时、精准、有效。

七、精心准备、蓄势待发，有序推进展会筹备工作

根据上海疫情防控要求，原定 5 月 17 日—19 日在世博展览馆举办的第二十届上海安博会再次延期。协会加强与有关部门协调沟通，积极有序开展各项应对工作。一是及时发布展会延期信息，做好多方协调和处理工作。二是以展商需求为导向开展走访、调研，做好服务与宣传工作，并通过协会自媒体推送展商的新产品、新技术、新成果。三是加强与兄弟协会、同类展会主办方之间的交流，尽最大努力开拓办展新模式。

八、党建引领、凝心聚力，坚持党员先锋模范作用

协会根据街道党委要求，加强汇银楼宇联合党支部建设工作。在抗击疫情期间，党员自愿到所在地居委报到，成为属地抗疫自愿者，默默地奉献在抗疫第一线。在日常工作中，协会根据党建工作要求，组织学习习近平新时代中国特色社会主义理论，收听收看中共二十大报告。不定期开展“红色之旅”教育，牢固树立“四个意识”、自觉坚定“四个自信”、坚决做到“两个维护”，为加强协会自身建设和长远发展打下坚实基础。

（施赛琴）

上海电子商会

上海电子商会（上海电子制造行业协会）成立于2002年4月，是由上海市从事电子业制造、服务、采购经销企业，相关大学、科研院所、信息中心以及协会、学会等单位自愿组成的地区性跨部门、跨所有制具有社团法人资格的行业社团组织。商协会下设流通分会、绿色照明应用专业委员会、智能安防专业委员会、智慧园区产业服务专委会、大健康专委会专家委员会等机构，具有较强的行业代表面和广泛的行业基础。现有会员单位185家。2022年，商会先后获得“优秀服务机构”“优秀工作站”等多项荣誉称号。

2022年主要工作：

一、学习宣传贯彻中共二十大精神，充分发挥党建引领作用

协会召开学习宣传贯彻中共二十大文件精神专题会，结合实际提出初步学习贯彻意见，指出商协会的工作也要与时俱进，为行业发展出谋划策，为会员单位做好服务。发挥协会联系政府、市场和企业的桥梁作用。运用行业协会的资源优势和平台作用，做到上情下达、下情上报，协调好行业发展进程中的各种关系，在深学细悟中牢记初心使命，把思想和行动真正统一到党的二十大精神上来。

二、携手会员单位共同抗击疫情

疫情期间，商协会通过多种形式，急企业所急，当企业贴心人，携手会员单位共同抗击疫情，主动了解封控期间企业状况，对会员企业提出问题积极协调解决，主动帮助企业解决保供保产、复工复产中的各类困难，传达抗疫复工复产政策，进一步提高商协会的凝聚力和向心力。同时，还联合相关部门先后组织会员单位参加线上线下业务推广专题会议、论坛、沙龙等活动20余场，主动搭建供需对接渠道、推介企业产品、最新信息交流分享，为上海抗击疫情注入正能量，受到会员企业的一致称赞。

三、承接政府职能，当好政府参谋助手

商协会承担的“上海城市数字化转型过程中的标准化路径分析”项目通过验收。本项目从国内外城市数字化转型标准化建设的研究现状，对标国内部分城市先进经验和标准化实践，分析总结数字基础设施“经济、生活、治理”三大领域的总体框架。同时，提出上海城市数字化转型过程中的标准化路径相应的对策建议。

商协会承担的“上海电子信息行业数字化转型质量管理状况调查分析报告”项目通过验收。本项目选取电子信息行业等100余家企业开展企业数字化转型管理质量状况分析，项目成果体现电子信息行业质量管理数字化转型的现状，报告相关内容已纳入《上海市质量状况分析报告（2022年）》。

四、组织承办各类培训，精准做好会员单位服务工作

持续举办职称申报培训。为更好开展专业技术人员职称申报工作、了解职称申报的流程和方法，年内持续举办上海市工程系列仪表电子专业高、中级职称申报公益培训，商协会职称申报资深专家任文辉老师分别从受理范围、申报条件和要求、申报流程和方法以及材料报送等四个方面内容，为大家作详尽的解读。500余人在线参加2022年度公益培训。同时由商协会与电子元器件行业协会组织承办的仪电系统安全生产培训工作达到预期成效，仪电系统1100位各级企业负责人和安全管理人员通过线上和线下相结合培训及分批考核，以100%的考核通过率，全面完成年度安全培训工作目标。参训学员满意率总体达到90%以上。

五、创新服务模式，组织会员企业与市场业务对接、培养选树工作

全年商协会组织会员企业与市场业务对接的活动30余次。并按会员企业需求，开展定向业务对接及会员间合作工作。为大力弘扬工匠精神，在电子信息行业内培养一支知识型、技能型、创新型高技能人才队伍，加快推进经济社会和电子信息行业高质量发展，经会员单位向商协会选树办公室推荐，并由商协会选树办公室对照申报条件和要求进行初审、专家复审、选树办公室审定，8位会员荣获上海电子商会（上海电子制造行业协会）评选的“上海市电子信息工匠”称号，经商协会向上海市总工会推荐，由市总工会与市相关部门联合审核评选，上海京波传输科技有限公司杨崔波被市总工会授予“上海工匠”称号。组织开展“第六届上海市工商业领军人物”评选活动，推荐上海聚水潭网络科技有限公司的创始人、董事长骆海东同志为“第六届上海市工商业领军人物”候选人。

六、加强对外合作，强强联手共谋发展

商协会与智慧园区促进会开展合作，一是发挥商协会在智慧园区标准制定的技术资源，加强对智慧园区标准制定深度合作。二是争取政策层面对推广先进园区评审工作的政策支持和实际效果。三是发挥双方会员企业资源优势，对园区企业数字化转型中的项目、业务，加强对接工作，促进会员企业共同发展。

商协会与上海临港浦江国际科技城合作。商协会各专业委员会切实加强与上海临港浦江国际科技城发展有限公司的互动，发挥产业链作用，产业链主体企业及上下游企业、服务型企业组成的联合体，共同发展。按照上海支援老区的政策，商协会与福建尤溪、安徽六安政府签订共同发展战略协议。

七、持续开展中小企业诉求的调研

应上海市中小企业办要求，商协会不断走访中小微会员企业，了解企业经营中的遇到的政策、融资、法律、人力资源等各类诉求，寻求解决办法，并汇总纪要，及时向市中小办反映企业情况。

向企业发放问卷及收集。及时了解企业在生产经营中遇到的困难。在走访调查的基础上，撰写 2022 年度上海电子商会（上海电子制造行业协会）中小企业诉求调研报告。分析行业现状，地区产业链情况，行业发展的优劣势；介绍典型企业情况，汇总走访、活动过程中企业提出的诉求及应对方案，提出解决意见及建议。

（李　瑾）

上海市信息服务业行业协会

上海市信息服务业行业协会成立于 2001 年 1 月。协会下设 8 个专业委员会、5 个联盟。协会以忠于人民、服务企业、规范行业、发展产业为宗旨，维护信息服务行业的市场秩序和会员单位的合法权益，增强本市信息服务行业的诚信自律管理水平，促进信息服务行业健康发展。现有会员单位 300 余家，其中既有电信、移动、联通等一批传统互联网领军企业，又有美团、优刻得、小红书等一批在线新经济头部企业和新一代互联网企业。

2022 年主要工作：

一、开展品牌项目建设，持续增强协会影响力

3 月以来，上海本土疫情反复，呈多点散发、多链并行、隐匿传播、快速蔓延态势。协会和上海市新的社会阶层人士联谊会发起“上海加油守‘沪’有我”公益活动，致敬坚守岗位、默默奉献的人们，提振市民抗疫信心，用特殊方式号召大家用信心和坚持守护上海。在公益活动期间，80 多家新媒体进行全面报道，16 家门户网站、传统媒体平台覆盖报道。128 家商场大屏参与此次联合互动，25000+ 块户外地标大屏集体投放，户外传达曝光量达数千万次。微博话题阅读量超过 7300 万人次，微博讨论量 1.3 万人次，微信阅读量超过 500 万人次，其他平台阅读量约 100 万人次，全网转发量超过 20 万人次，全网点赞量达到 24.5 万人次，线上线下传播量超 1 亿人次。

7 月—8 月，协会参与承办的 2022 全国信息消费城市行（上海站）暨上海信息消费节，本届信息消费节以“城市新纪元 · 未来新消费”为主题，打造“1 × 4 × N”的活动矩阵，在全市开展开幕式、互动体验、线上论坛、首发首秀、优惠促销等 110 余场活动，带动信息消费增量突破 400 亿。同时，活动还发布“益沪企星计划”，通过凝聚行业合力，赋能上海企业高质量发展，活动累计优惠补贴近 70 亿元，帮助超过 10000 家企业。

7 月 26 日，由协会和中新财经、中新社上海分社共同发起的“2022 数字经济风云榜”之元宇宙 OCEAN 奖评选在上海信息消费节开幕式上正式启动。评选面向国内外数字经济领军企业和平台机构，以上海企业为主要代表进行评选。

8 月 24 日—31 日，以“共建共享数字之都”为主题的“上海城市数字化转型体验周”成功举办。本次体验周在宣传工作上充分发挥媒介优势，35 家媒体撰写 100 余篇报道，中新网还为体验周设置新闻专栏，阅读量超 1500 万。同时，多种渠道加强户外宣传力度。

协会主办上海市产业青年创新大赛，参与构建大赛的报名平台，动员企业与社会报名，对接参赛团队，邀请评审专家，组织线上初评和线下决赛，策划大赛颁奖大会。吸引 297 个报名项目报名参赛，经过 50 位专家线上初评和 15 位专家线下终评，于 12 月 8 日举办颁奖大会，并同步直播元宇宙颁奖大会。

二、开展日常会员服务，持续加强协会自身建设

为会员企业创造举荐渠道，协会推荐 13 家企业参与 2022 年新型信息消费示范项目申报；推荐 10 项企业项目参加 2022 世界人工智能大会 SAIL 奖评选；推荐 51 家企业参与复工复产数字化产品和解决方案征集活动；推荐 5 家企业参与“智慧工匠”“领军先锋”评选；推荐 3 位企业代表担任第二届市新联会会员；推荐 3 家企业进入“文创上海”创新创业大赛直通赛道。

协会邀请会员单位负责人参加市政府研修培训班，分别邀请上海CA、得物、新达达、辉禹网络、海纳致远等企业参加市委统战部第二期网络代表人士理论研修班；推荐众安科技等企业参加市经信委2022年党外代表人士理论研修班；通过培训让企业负责人深刻感悟上海城市发展变迁和产业信息化发展挑战与机遇，提高领导能力和职业素养。

为配合安全有序推进复工复产，协会对全体会员单位进行排摸调研，梳理60余家会员单位的复工复产需求；召开10场复工复产座谈会，整理并汇总71条疫情防控、助企纾困政策措施，受市经信委委托，协助落实企业复工复产情况，助力保运白名单企业顺利复工复产。

三、开展专业交流活动，持续促进企业发展机遇

为充分发挥检察职能作用，深入探索督促企业数据合规管理，及时有效惩治预防数据违法犯罪，进一步优化营商环境，为经济社会高质量发展提供更加优质的法治保障。1月17日，协会与杨浦区工商联、杨浦区检察院、上海赛博网络安全产业创新研究院共同组织召开上海市杨浦区企业数据合规指引座谈会。

2月25日、28日，协会召开5场上海城市数字化转型展企业线上沟通会，协会秘书长陆雷和20余家企业代表参加相关会议。会议旨在收集数字化转型相关展品，体现上海领先的数字化转型标杆，推进数字化成果共享、数字化交流共进。

协会与上海赛博网络安全产业创新研究院共同召开20期数安周享会·CyberTalk系列直播活动，覆盖10万+专业听众，通过“App监管态势与企业实践”“企业上市的数据合规之路”“生命科学领域的数据合规要点”等不同主题分享，增加企业对数据安全的认知和重视程度。同时，在协会指导下，产业互联网专委会共召开6场“WIM大家说”线上讨论会，分别探讨零售数字化、隐私计算、量子计算、研发数字化、营销数字化等时下热门主题，为企业分享更多信息化方面专业知识。

6月2日，由协会支持、中国信通院华东分院和亿欧联合主办的“探索元宇宙，点亮实体经济新活力”主题活动分享企业成功经验、促进产业交流合作。8月19日，协会携手支付宝共同打造数字技术高技能人才实训营，来自16个企业，55位企业代表参与首批首届实训营，提升企业技术竞争力。9月初至10月底，协会分批次召开会员单位工作会议，了解会员企业在疫情期间的经营状态和发展需求，并介绍协会开展的相关合作项目，共邀请200余家企业参会，会议取得较好成效。10月13日，由市经信委、市委网络安全信息化委员会、市通信管理局共同指导，协会和上海赛博网络研究院联合主办的在线新经济安全合规培训会线上线下同步进行。邀请29家企业派员参加培训。11月24日，由市委统战部、中共杨浦区委指导，协会和杨浦区新联会承办的以“共创数字经济美好未来”为主题的上海新的社会阶层人士专题建言活动在杨浦区举行。活动采用线上线下结合的方式，共同探讨在城市数字化转型背景下如何推动数字经济发展。

四、开展行业研究工作，持续强化产业发展

在数字化浪潮席卷而来，各行各业数字化蝶变提速的背景下，协会受上海市中小企业发展服务中心委托，总结提炼中小企业数字化转型经验，共收集78家企业的103个案例，进行逐一分类、整理、汇总。协会邀请专家围绕项目符合度、创新性、实用性、成熟度、经济性等多维度、综合性评分标准，筛选出典型案例5个、应用场景解决方案28个。最终编写形成《中小企业数字化转型案例集》，助力更多中小企业找到数智化捷径。

协会受上海杨浦滨江投资开发有限公司委托，就聚焦在线新经济，加强杨浦滨江产业功能定位研究，通过项目调研以及材料分析等形式，编写《杨浦滨江数字经济产业功能研究》报告。

（贺　静）

上海市通信制造业行业协会

上海市通信制造业行业协会成立于2002年3月26日，是上海市通信制造业行业企事业单位自愿组成的跨部门、跨所有制的非营利性行业性社会团体法人。下设上海5G创新发展联盟、移动终端、移动互联网应用等专委会，并建立了各专业领域的专家库。协会坚持新发展理念，努力促进行业高质量发展，围绕协会2.0版本创建，以“三认清、三务实、三提高”为工作准则，进一步加强对行业、会员服务工作深度和广度提升，重点针对行业及会员发展需求，创新工作形式，丰富活动内容。现有会员单位100余家。

2022年主要工作：

一、服务政府，响应号召

协会配合市经信委、市商委、浦东科经委、浦东产促中心等政府部门及机构参与各类规划及组织专家开展行业预判与论证工作，先后完成《2022年浦东新区下一代通信产业发展报告》和《2022年度浦东新区5G产业发展报告》2项课题的编制。通过相关专题研究，全面反映行业最新态势、观察行业发展动态、梳理行业发展瓶颈及反馈企业发展需求。

疫情期间，协会积极响应政府号召，及时发布疫情防控指引及政府加快经济恢复和重振行动方案等政策；协调企业抗疫物资资源，支援战疫一线需要、持续收集汇总企业生产发展需求，反馈并沟通政府。根据防疫抗疫生产要求，全面助力企业复工复产。随着企业有序恢复生产，经营陆续步入正轨，协会配合浦东新区征集5G应用标杆案例及创新案例，形成《浦东新区5G应用案例集》。

二、服务行业，促新发展

协会全年组织开展49次线上、线下研讨、培训、座谈、沙龙等专题活动，其中按原有计划执行开展工作为25项，结合行业热点、会员需求新增工作为24项，其余8项活动计划因疫情原因延期至2023年。

上半年度，协会携手多家行业协会及金融机构召开多场线上会议，如“上海有序推动复工复产政策解读”专题直播、“同心守沪稳发展，法治护航保安全”系列培训活动等，为行业企业纾困，有序推动经济加快恢复和重振。6月22日，组织“5G领域芯机联动”供需对接交流会，加强上海整机企业与芯片企业之间的联动，推动构建芯片与整机协同发展的大产业链体系，为通信行业与集成电路产业链生态建设、产业可持续高质量发展贡献力量。10月29日，协会组织“2022年上海市5G/6G专家委员会”专题活动，各位专家围绕6G智能网络通信开展研讨，为上海6G前瞻性研究和产业布局建言献策。11月15日—16日，协会组织创远信科、电信一所、紫光展锐、移远通信、上海工创中心等10余家重点企业参与“2022全球6G发展大会”，展示最新研发成果。12月14日，协会与沪地市商会和51家行业协会共同发起“商会＋协会协同发展联合体公约”，探索上海社会组织发展新机制、新模式、新路径，共同促进上海和全国各地之间资源共享、各行业协同发展。11月21日—22日，协会组织参加“税务规划与调整”政策培训会，邀请行业企业开展全面纳税自查工作，帮助纳税人正确理解、遵从税收政策，正确计算应纳税款，消除纳税风险，提升专业财税人员的业务能力，与会者均感受益匪浅。

协会为行业企业应对跨境贸易、知识产权等相关国际业务开展提供协助。11月9日，协会与多家行业协会共同发起“2022年长三角产业国际竞争力联盟倡议书”，并获得长三角产业国际竞争力联盟单位授牌。12月7日—9日在“第四届上海商事调解宣传周”期间，协会组织行业企业参与线上线下系列主题活动，包括：中外企业海外知识产权保护座谈会、商事调节助力国企纠纷化解主题沙龙、经典案例分享会。

三、服务会员，共克时艰

协会通过实地走访、书面征询等方式开展184次调研工作，根据企业个性化需求做好对接服务。如协助推进会员单位上海星思半导体有限责任公司注册地落地浦东张江；引荐诺优信息技术（上海）有限公司承接浦东新区5G网络测试、开元通信5G滤波器、无线电监测平台等项目，形成《浦东新区5G网络质量测试分析报告》。为12家会员单位申请市专精特新、创新产品推荐目录、绿色工厂等专项出具相关行业推荐意见。

协会通过日常基础工作服务企业，一是在疫情期间持续搜集会员单位抗疫举措和动态，共计发布“协会抗击疫情简报”27篇。二是每周发放信息汇编至理事单位及会员单位，让大家获得更多的行业资讯信息。三是每月发布简报和协会网站信息，使会员单位及时了解协会动态。四是定时更新微信公众平台，更好地开展好对接工作。五是设立《会员风采》专栏，通过简报、微信、网站等多渠道宣传及推广会员单位业务与发展经验等。六是汇总整理市发改委、市经信委、市商委、市科委、大张江管委会及企业荣誉资质专项资金申报政策，印发《政策汇编》供会员单位参考。

四、自身建设，加强规范

协会积极加强自身建设，3月，召开第六届第三次理事会。12月，召开线上第六届第四次理事会及第六届第二次会员大会。年内发展会员12家，其中有1家单位（上海华悦投资）申请担任协会理事单位。

协会自2021年末获得“5A社会组织”认定以来，不断以5A标准规范自身建设，加强自身业务能力，发挥行业协会功能，并积极响应政府号召，协调捐赠抗疫物资给抗疫一线医护人员，并投身抗疫一线志愿者服务团队，充分发挥先锋模范带头作用，做守护居民群众的主力军。协会在疫情期间开展的各项抗疫、协调、助力企业复工复产工作，得到社会各方赞扬，6月底收到来自上海市民政局（上海市社会组织管理局）的感谢信。

协会作为上海市进出口公平贸易行业工作站、上海通信制造产业安全预警监测站，创新工作形式和服务功能，及时分析行业贸易动态，推动行业健康发展，8月，协会获上海市商务委员会、上海产业安全监测与预警研究中心颁发的“2021年度产业安全预警监测”优秀服务奖及“上海市进出口公平贸易（行业服务）工作站”授牌。

五、党建引领，求真务实

3月，在疫情爆发的紧要关头，协会党支部李春强书记认真履行党建第一责任人职责，带领党员同志全力以赴，积极投身到疫情防控第一线。先后分别为浦东新区塘桥街道办事处、宝山区大场镇大华碧云天社区捐赠20箱消毒液、20箱酒精和大白、小兰防护服、面罩、酒精喷雾抢等1万多元的应急物资。封控期间，党员同志争当志愿者，无私奉献，奋战在各自的封闭小区，街道及居委发挥积极的作用。

疫情平稳后，协会党支部落实民主生活会制度，以视频会议的形式召开专题会议，通过自己讲、互相提、大家评的方法深入开展自我剖析，查找现存不足。党的二十大召开之时，党支部及时传达上级党委要求，聆听习近平总书记的工作报告，通过学习，党员们表示，要以党的二十大胜利召开为契机，振奋精神、明确方向，切实把学习成果转化为做好协会工作的动力。10 月 14 日，协会党支部联合爱心企业共同举办“特儿旱地冰壶体验”活动，情暖特儿童心。

（孙逸瑾）

上海市软件行业协会

上海市软件行业协会成立于 1986 年 6 月，是国内最早成立的软件行业协会之一，下设信创等 7 个专业委员会。协会遵循“行业代表、行业服务、行业自律、行业协调”的工作宗旨，按照公开、公平、公正的原则承担行业促进与服务职能，积极开展评估评价、政企沟通、人员培训、活动筹办、技术交流、行业促进等活动。发挥行业组织优势，扎实推进行业高质量发展，为推动软件产业发展竭诚服务，形成企业服务、行业自律和软件工程规范的工作特色，获得政府、企业和上级协会的认可，被民政部评为“全国先进社会组织”，被中国软件行业协会评为“先进行业协会”。现有会员单位 1500 余家。

2022 年主要工作：

一、强化党建，加强领导

一是党支部成功换届。协会党支部召开支部换届大会，选举姚宝敬担任新一届党支部书记，余燕丹任纪检委员和组织委员，刘赟任宣传委员。二是强化党支部建设，健全支部“三会一课”制度并执行到位，自觉加强政治理论学习，组织党员认真学习中共二十大报告，持续加强党性、党风、党纪教育，还与会员单位党组织开展了系列联合党建活动。三是持续加强党的领导。持续优化协会治理结构，使党组织发挥作用组织化、制度化、具体化，为协会高质量发展提供坚强政治保证。四是宣传党建引导会员，协会党支部组织企业代表共同学习二十大报告，号召全体会员单位全面贯彻习近平新时代中国特色社会主义思想，自信自强、守正创新，踔厉奋发、勇毅前行。

二、抗疫复工，勇担责任

一是助企纾困稳定信心。积极调研企业困难，撰写供主管部门政策参考。广泛收集、汇编、传递抗疫纾困政策，并协调产业园区，从速落实减免房租政策。组织 18 场线上活动，累计覆盖企业 1200 余家次。积极帮助解决企业困难。联系银行专场对接信贷服务；对接电子签章服务商，批量提供免费服务；协调资源，帮助企业完成项目申报和投标等。积极引导软件企业数字化抗疫保供。征集近百个优秀复工复产数字化产品，获市经信委和上海发布官微公示。组织软件企业帮助市商务委、世赛主委会等紧急免费开发抗疫保供软件。二是推动企业复工复产。按照主管部门统一部署，传达行业复工指引，逐一排摸骨干企业复工条件，先后 4 批推荐 100 多家骨干企业申请复工白名单。并安排专人一对一每日跟踪企业复工进程，收集企业反映的具体困难，并配合政府协调解决。三是社区报到志愿服务，疫情期间，党员及员工分别参加社区志愿服务累计达 120 人小时。

三、规范运作，品牌服务

一是成功通过 5A 复评估。协会精心准备、逐项落实、自检自查、汇总材料、诚恳应答，再次成功通过社会组织 5A 级评估。二是规范运作合规守纪。召开八届二次会员代表大会和理事会、监事会，进行 2022 年度财务审计，开展社会组织分支（代表）机构专项整治行动。全年吸纳新会员单位 261 家。三是奋发有为收获荣誉，先后被中国软件行业协会认定为“软件行业中小企业公共服务示范平台”；被上海技术市场管理办公室认定为“上海市技术合同登记社会服务机构”；获市工经联／市经团联“年度先进协会”称号；协会秘书长、党支部书记姚宝敬被上级党组织评为优秀党员。5 人被上级党组织和所在街镇党组织评选为“抗疫先锋”。

四、政策支撑，惠企强企

一是广泛宣贯惠企政策。积极宣贯软件产业政策及其他软件企业可享受的各类普适性政策，惠企强企。邀请专家，以线上线下相结合的方式开展系列政策讲座，全年共计服务会员单位、行业企业超 1000 家次。二是支撑助力政策落实。依据采购合同，保质保量完成系列政策支撑服务，帮助全市软件企业落实税收优惠和财政补贴总计近 10 亿元。

五、建设基地，培养人才

一是强力支撑世界技能大赛。继续强化 46 届世赛上海选手培养基地的工作，取得 2022 世界技能大赛“网站设计与开发”项目铜牌，创中国选手在该项目上的历史最好成绩。二是积极开展职业技能认定。继续强化国家级高技能人才实训基地建设。全年完成“计算机软件测试员”（一、二级）直接认定 130 人、“计算机软件测试员”（三级）企业内评价 257 人、“计算机软件测试员（二、三级）”社会化评价 508 人。三是实训教师促进产教融合。继续推进“上海市职业教育和职业培训教师企业实践基地”工作。全年共安排 30

名中高职教师进入 10 余家软件企业开展岗位实践学习活动，形成论文 15 篇、教学案例 30 余个和发明专利 1 项。四是承办软件职业技能竞赛。连续第四年承办“上海市经济和信息化系统职业技能竞赛”；在市人社局的支持下，还联合嘉定、宝山、闵行、长宁、普陀、松江等 6 区人社局开展区域性竞赛，共吸引近 3000 人参加比赛。

六、诚信建设，行业自律

一是信用服务强化诚信建设。继续开展“软件服务业企业信用评价”服务。全年共服务 66 家会员企业。二是制定团标激发科技创新。立项团体标准 5 项，发布 1 项。三是实施标准加强行业自律。组织开展技能人才和软件企业核心竞争力评价活动，评价结果由协会自筹经费发布在《文汇报》上。此外，首次遴选出第一届“长三角百家品牌软件企业”，上海共有 30 家企业入选，有力促进企业品牌建设。四是积极发挥行业自律作用。开展双软评估服务，全年共完成软件企业评估服务 2573 家次、软件评估服务 4231 件次。五是协会信创工委会联合会员单位发布全国首个信创产品评估团体标准，并免费开展评估服务。全年共服务上海及外省市大、中型行业应用软件造价评估项目 8 项。

七、知识产权，保护创新

一是诉前调解促进知识产权保护。深度参与上海市知识产权法院“诉前、诉中调解”工作，全年提供服务超 25 人天，案件调解共计 6 件，案件总标的达 500 万元，案件类型涉及软件著作权纠纷、合同纠纷等。其中调解成功 5 件。二是优化服务促进知识产权创造。全年代理软件著作权近 1700 项，创历史新高。共计服务会员企业超 250 家。

八、调查研究，信息服务

一是深入调研反映行业诉求。开展“软件行业重要核心技术企业（民营）”等 8 项专题调研，采集近百家会员单位的意见、建议，汇总形成调研报告报送主管部门。二是产业研究取得丰硕成果。完成 5 项课题的研究，编撰完成《“十四五”软件企业适用优惠政策汇编》等。全年研究、编撰成果总计超 60 万字。三是推荐会员申报资质荣誉。推荐 300 余家会员单位申报“专精特新企业”“2022 上海智慧城市建设‘领军先锋’”等，有力促进会员企业成长。四是持续优化会员信息服务。编撰《上海软件和信息技术服务产业月报》12 期、《张江科学城软件和信息技术服务产业月报》12 期、《协会动态》12 期、《上海信创工委会月报》6 期、《上海软件行业抗疫纪实》16 期，受到广泛好评。

九、举办活动，促进交流

一是主办承办系列行业活动。承办“鲲鹏应用大赛 2022- 上海赛区”等 5 项大型活动，主办“IT 人才双选会(上海站)”等系列沙龙活动，有力活跃了产业氛围。协会还继续开展“软协大讲堂”，全年共开展活动 18 期，服务会员单位超 800 家次，受到广泛欢迎。二是广泛联办协办产业活动。联合、支持会员单位和合作伙伴举办“2022 世界人工智能大会云原生论坛”等系列活动，有力促进行业交流和会员单位的业务拓展，推动加快建设行业生态。三是履行社会责任和公益慈善。协会向上海市红十字会捐赠 5 万元，向“上海市青少年发展基金会”捐款 3 万元；开展“党员一日捐”活动。团结号召广大软件企业，广泛深入参与各类公益活动。

（姚宝敬）

上海照明电器行业协会

上海照明电器行业协会成立于 1996 年 10 月 15 日，是跨部门、跨系统、跨所有制，既有电光源、灯具及照明电器附件（材料）的生产企业，又有照明电器研究所和高等院校，还有照明电器大型专业市场和经营商家以及照明工程设计、施工服务，集科工贸于一体的面向全行业的社会团体法人。现有会员单位 100 多家。

2022 年主要工作：

一、坚持新时代发展理念，对接政府发行业之声，提升社会影响力

协会坚持新发展理念、新创机制，带领会员企业积极参与行业发展中设计新策源、品牌新引领、数字新赋能、文创新融合、产业新布局、要素新集聚的六新发展格局，努力把推进上海照明行业发展和服务好会员企业视为己任。

2022 年，上海照明行业规模以上企业（58 家）工业产值 196.1 亿元，与上年持平；实现销售产值 200.9 亿元，同比增长 8.4%；主营业务收入 234.2 亿元，同比增长 7.5%；利润总额 8.4 亿元，同比增长 19%；出口交货值 18.3 亿元，同比降低 25.8%。

协会与会员企业多次参加市经信委关于“上海时尚消费品产业高质量发展三年行动计划”座谈会及讨论会，发行业之声，提出照明行业发展目标和途径。协会借助于上海照明产业底蕴深厚、市场消费需求量大（家居、景观、健康、文旅）等资源配置优势，激发供给需求活力，推进落实“增品种、提品质、创品牌”战略，提升时尚消费品供给能级，助力上海“四大品牌”，为上海建设国际消费中心城市、上海时尚之都提供支撑。

二、坚持规范行业、发展产业的宗旨，搭建好为企业、政府沟通服务平台

协会为企业提供实质性的支持和帮助，根据政府项目要求推荐和支持企业参与活动。市委、市政府提出通过设计全面赋能产业发展、打造活力城市空间、优化城市公共服务、点亮民众美好生活，聚力共铸城市品牌，“上海设计 100+”是该五个维度设计成果的集中展示和推广平台。协会推荐企业积极申报，第一届复旦规划建筑设计研究院项目《黄浦江两岸景观照明总体方案及实施管控》，第二届罗曼照明科技“上海外白渡桥景观提升工程景观照明工程”“上海三思产品智能语音读写台灯”，第三届罗曼照明科技“浦东八万吨筒仓光影秀”和“永远跟党走”浦江影秀光艺作品，都入选“上海设计 100+”评选，获得很高评价。

协会鼓励、推荐、帮助三思、芯龙、易壳、里浦、盛丽光电、夏仑、天狼星、子光科技、勇电等企业申报国家小巨人和市“专精特新”企业，有 15 家企业获得上海市“专精特新”企业，其中上海三思电子工程有限公司、上海芯龙光电科技股份有限公司、森本照明有限公司分别在 2020 年、2021 年、2022 年获得工信部“专精特新”小巨人企业。2022 年，上海芯龙光电科技股份有限公司获得“上海科技小巨人培育企业”。

协助政府组织企业共抗疫情。3 月，急需一大批抗疫救援物资，协会接到相关部门通知后及时联系上海三思电子工程有限公司支援紫外消毒灯 100 台，送达上海市社会福利中心接收点；联系欧普照明股份有限公司为浦东塘桥街道预建集中隔离区域送达 200 个台灯；联系华荣照明公司为徐汇区应急局搭建室外帐篷紧急需要应急移动灯具，捐赠使用在室外帐篷中的应急灯具 100 台；联系上海芯龙光电科技有限公司捐赠 1000 套优质防护服和 6000 个医用口罩，送到徐汇区天平街道和杨浦区抗疫物资接收站。上海灯具城紧急组织志愿者到岗 48 小时守候，整整三天三夜在灯具城核酸检测点共计服务 16142 人次，未发生一起舆情事件。罗曼科技第一时间成立“罗曼党员志愿者服务队”，下沉至杨浦区控江街道所辖小区，协助开展核酸检测扫码、登记、维持秩序等工作。三思、欧普、华荣、芯龙、罗曼、灯具城、亚明作为上海照明企业的“上海品牌”，全力配合支持上海防疫紧急救援物资需求，为上海抗疫尽绵薄之力。

三、积极挖掘行业资源，吸纳新会员，不断加强协会工作能力的自身建设

协会始终将发展会员企业作为每年工作重点，主动对接和挖掘在照明行业健康发展的相关照明设计、照明工程、照明器件、智能控制企业吸收加入协会，为他们提供与政府对接机会和共享资源，努力构建会员间合作、沟通、共享、共赢的平台。

协会坚持每年召开二次理事会会议、会长办公会议、会员大会及相关的沟通会议，认真报告年度工作总结、监事工作报告，财务报告、年会费收缴情况、会员单位调整情况等提请审议并听取意见和建议后加以改进。

9 月，协会顺利完成第七届理事会的换届选举工作，新一届理事会会长单位上海明凯投资（集团）有限公司，协会将在新会长的带领下不忘初心，笃力前行。

协会坚持开展党建工作，党支部认真安排党员的“三会一课”，自觉学习和参加组织活动，提高思想觉悟，严于律己。党支部连续两次被中共上海市工业经济联合会委员会评为“先进基层党组织”。

（黄振帼）

上海市信息家电行业协会

上海市信息家电行业协会成立于 2002 年 3 月，是上海市信息家电行业企事业单位自愿组成的跨部门、跨所有制的非营利性行业性社会团体法人。2019 年 5 月，在市经信委和市文旅局的支持和指导下，由协会牵头成立上海市超高清视频产业联盟。现有会员单位 116 家。

2022 年主要工作：

一、积极参与抗击疫情，彰显协会责任担当

3 月，上海疫情爆发。协会积极响应市委、市政府的决策部署，秘书处人员在协会秘书长、党支部书记朱静莲的带领下，主动加入所在社区疫情防控志愿者队伍；协助市民政局为本市养老机构急需防疫物资设备对接采购渠道；帮助会员单位尽快实现复工复产等，以实际行动彰显协会责任担当。

二、坚持党建引领，促进党建与业务融合发展

10 月，中共二十大胜利召开，协会第一时间召开“学习党的二十大精神专题组织生活会”，将学习二十大精神贯彻到各项工作中；协会党支部与咪咕视讯直播制播中心党支部共同开展“党建和创”新模式，进一步促进双方业务沟通交流，开启党建合作新篇章。协会不断强化党建对各项工作的引领与融合发展，促进协会高质量发展。

三、贯彻落实产业政策，推进产业高质量发展取得成效

年内“百城千屏”超高清视频落地推广活动、培育“元宇宙”新赛道、促进“智能终端”产业高质量发展等多项产业政策出台，协会联合政产学研各方力量，推动超高清视频和智能家居产业发展取得积极成效。一是推进“百城千屏”超高清视频落地推广。配合市经信委编制《关于组织开展“百城千屏”超高清视频落地推广活动的通知》。协会通过调研，为SMG、东方有线等龙头企业在超高清视频播控平台、网络传输渠道和超高清大屏点位等方面的建设提供专业指导和帮助。同时根据五大新城超高清大屏点位的调研情况，配合组织推进“百城千屏”点亮五大新城主题活动举办。二是推荐会员单位入选工信部超高清视频典型应用案例。协会向市经信委推荐优秀案例，最终东方有线、咪咕视讯、天翼数字生活、极清慧视等多家会员单位超高清视频典型应用案例成功入选，代表上海超高清视频行业应用的最新技术水平和成果。三是中国自主视频编解码标准AVS3成为DVB下一代超高清视频编码标准。协会超高清领域重点会员单位上海海思技术有限公司、上海数字电视国家工程研究中心等单位参与AVS3标准的制定和推动。

四、充分发挥协会平台作用，为政府部门和会员单位提供服务

协会深入调研超高清视频和智能家居行业发展现状，向政府主管部门建言献策，推动产业发展；参与开展电子信息产品质量检测及服务能力评估相关工作；配合市经信委开展长三角数字安防产业发展情况调研；受市经信委委托，承担上海数字音视频行业经济运行统计工作，被市经信委授予“统计工作先进单位”称号；组织会员单位参加市商务委举办的“同心守沪稳发展，法治护航保安全”系列培训活动；搭建交流平台，为会员单位提供更多优质服务，多次召开相关专题会议，促进行业信息及时交流，推进产业链上下游合作；年内解读培育“元宇宙”新赛道、促进智能终端产业高质量发展相关政策。协会围绕数字音视频、超高清视频、智慧家庭产业做了大量组织、推广工作，推进产业发展取得显著的成绩，获得政府部门和各会员单位的一致好评。

五、开展团体标准研制，规范产业发展

6月，协会牵头组织联合百视通、东方有线、上海电信互联网部、仪电数字、亦非云等单位共同参与编制的《专用网络电视软终端总体功能和技术要求》（T/SIAA000007–2022）团体标准正式发布。随着智能电视机的快速普及，电视终端形态的创新变革、软终端产品的部署成为行业重要发展趋势。本标准的制定和实施进一步推进软终端在IPTV、有线电视终端中的应用和推广，逐步实现软终端对传统机顶盒的替代，为用户提供全新的收看方式。

六、提升综合服务能力，做好相关推优推荐工作

协会参与编写市经信委等政府主管部门主编的行业年鉴、白皮书等出版刊物，提升行业整体影响力，宣传展示会员单位形象。为会员单位申报工程师职称提供咨询和指导，促进会员单位人才队伍建设。做好相关荣誉奖项的推优推荐工作，择优推荐会员单位申报上海制造品牌项目、推荐行业内优秀人才申报上海市重点产业领域人才专项奖励等。

（朱珍妮）

上海市交通电子行业协会

上海市交通电子行业协会成立于2008年7月31日，是由上海汽车集团股份有限公司、中国航空无线电电子研究所、上海外高桥造船有限公司、上海轨道交通设备发展有限公司等单位共同发起成立。协会现有会员单位206家。会员涵盖汽车电子、航空电子、船舶电子、轨交电子等领域企业、高校、科研院所等跨行业、跨领域、跨学科、创新型的社会团体组织。

2022年主要工作：

一、规范建设，持续发展

（一）紧跟行业发展趋势，通过拜访和组织多元化活动形式，吸纳包含新势力造车、汽车电子芯片、轨交等领域多家互联网创新科技属性企业加入，打造产业链生态圈，促进协会内部会员企业间全方位合作。年内吸纳新会员单位17家，办理退会13家。

（二）协会新设创新服务部，与长三角国家技术创新中心对接，推进会员企业与科研机构共建联合中心；完成市民政局社团管理处组织的2021年度年检工作；协会公众号累计发布300余条信息，涵盖协会、会员、行业、政策等多维度信息。

（三）本着“以评促改、以评促建、评建结合、重在规范”的指导方针，经过3个月准备，于10月26日完成上海市社会组织评估院组织的“中国社会组织评估5A等级”复评工作，得到评估专家组的好评。经2023年1月民政局官网公示，正式评为5A级社会组织。

（四）鼓励并安排协会秘书处专职人员参加工程师职称培训、社团组织的秘书长培训，以及税务财务培训等，提升秘书处专职人员的综合能力。

二、同心抗疫，助力复产

（一）宣传政策，保障权益。4月26日，邀请会员单位上海市软件评测中心有限公司，召开“惠企政策专题线上讲座”培训会议，围绕上海市全力抗疫情助企业促发展的若干政策措施和政府相关专项资金扶持政策，向与会的40多家会员单位进行宣讲，帮助企业对相关政策全面、准确的理解，最大限度减少疫情冲击所带来的影响。5月5日，联合市工经联投融资专委会、宁波银行张江支行共同组织召开“抗疫助企政策大揭秘”线上会议，针对退税减税、降费让利、房租减免、财政补贴、金融支持、援企稳岗等进行政策解读。

（二）收集信息，及时报送。协会信息平台特设“同心抗疫、共克时艰”板块，从会员单位网站、企业微信公众号和各大新闻媒体中收集上汽集团、轨交检测、保隆科技、上汽大通、安吉物流、上海联通等多家理事和会员单位支援抗疫、捐资防疫、规范生产的先进事迹40多条，通过协会信息平台进行发布，并编辑多期专报上报市经信委。

（三）跟踪信息，助力复产。协会配合市经信委电子信息产业处，联系近百家重点企业，收集汇总《关于推进“场所码”“数字哨兵”全覆盖应用工作的通知》具体落实情况。同时，积极向市经信委推荐多家会员企业进入复工复产白名单，协调防疫物资和物流保障，建立复工复产跟踪微信群，每周督促企业填报反馈复工到岗信息，编制《关于上海市交通电子行业协会“抗疫防疫”期间企业复工情况的专报》，反映企业复工复产中所面临的实际困难和问题，报送市经信委。

三、精准发力，服务为本

（一）服务企业，助力发展。一是协会秘书处走访集度汽车、保隆科技、上海联通、信耀电子等30余家会员单位，重点调研企业复工复产情况和待解决的实际需求问题，专报政府相关部门。二是协助联创汽车、思特威、等10多家会员企业推荐申请国家、上海市“专精特新”企业称号；推荐博泰车联网CEO参评上海城市数字化转型“领军先锋”；组织20家上海企业参加“第四届中国工业互联网大赛”，工控安全、保隆科技2家会员企业获优秀奖。三是邀请业内专家对航天802所的智能交通毫米波雷达和轨道交通微波雷达两个技术成果召开鉴定会，并出具鉴定意见。四是联手上海市软件评测中心和中国质量认证中心为会员企业组织“企业数字化转型评价”线上专题讲座；联合上海浦东新区产业促进中心为40多家会员企业和浦东汽车电子联盟企业召开“浦东促进重点优势产业高质量发展政策”线上宣讲会及解读专项扶持政策。五是10月中旬，与集成电路协会共同发布《2022版汽车芯片产品目录》，供汽车产业链上下游整车、零部件、芯片企业寻找合作机会，继续推进汽车芯片国产化的进程。

（二）服务政府，建言献策。一是参加上海市情报所组织的“电子信息制造业十四五规划”和“集成电路十四五规划”两项课题评审会，对规划内容中涉及汽车电子产业的大展提出建议和意见。受市经信委电子信息处委托，组织相关企业开展汽车电子产业的经济运行统计工作。连续多年获得“行业统计工作优秀单位”称号。二是配合市区两级相关政府部门开展“防疫情、稳经济、保平安”大走访、大排查工作，陪同市经信委、市科委、浦东科经委走访调研20多家家会员企业，了解企业发展情况和需求。三是协助上汽集团规划部召开上海汽车电子芯片国产化专家组第二次工作会议，帮助政府研判国际、国内汽车芯片发展趋势，指导五项国产化芯片技术攻关和产业化配套。四是参加国务院督察组在上海组织的行业发展专题会议，反映上海汽车行业发展情况和企业受疫情影响的实际诉求；组织华大半导体、宏景智驾等7家企业参加国务院督察组组织的汽车芯片专题座谈会。五是根据市经信委要求，协会组织业内整车、零部件、软件、应用示范单位、测试园区等12家企业召开“上海智能汽车新终端研讨会”。研讨成果给市情报所承担的2022年度市政府决策咨询研究“产业和信息化专项课题”提供有力支撑，得到市科技情报所的感谢。六是根据市经信委要求，收集会员企业研发建设项目信息，为市经信委编写“工业强基”和“软件集成电路”指南提供建议。

（三）服务行业，创新发展。一是与长三角国家创新中心战略合作，依托协会交通电子领域长期搭建的众多企业网络和长三角国家技术创新中心的人才、技术及资金等创新优势，共同建设国创中心交通电子行业创新服务平台，集聚顶端科技创新资源，打造百家企业联合创新中心，攻克关键核心技术和共性技术难题，提升交通电子行业企业竞争力。二是协会承办“上海浦东汽车电子创新与智能产业联盟换届改选暨2022年度工作会议”，完成联盟领导班子的改选，组建新的专家指导委员会。召开“汽车电子技术创新论坛”，以线下＋线上的形式，邀请泛亚、华虹宏力、普华软件、长三角国创中心4家企业专家作报告，近200位业内专业人士参会，形成行业企业间的深度研讨交流，促进行业集聚创新资源，赋能企业技术创新，推动汽车电子产业科技和产业生态的高质量发展。三是10月中旬，主办“第二届长三角汽车电子产业链上下游企业供需交流对接会”。11月，参加“2022张江汽车半导体生态峰会暨全球汽车电子展”，推进整车厂、汽车零部件企业与芯片企业合作。协会与上海市集成电路行业协会召集整车、零部件、芯片、测试等30多家企业，共同召开“上海汽车芯片产业联盟”发起人会议，一致同意成立联盟，推动构建完整的关键汽车芯片自主供给体系和内循环格局，保障产业链的安全性和稳定性，提升上海汽车电子芯片产业的核心竞争力。

（殳天盛）

上海市无线电协会

上海市无线电协会成立于2003年12月，是由无线电管理研究、设计、生产及运用单位自愿组成的本地区无线电业的专业性、非营利性法人资格的社会团体组织。协会发挥政府与企事业间的桥梁和纽带作用，为政府宏观决策和企业生产经营服务，在行业管理、协调、咨询和技术研究等多方面开展一系列工作，促进无线电技术进步，持续快速健康发展。现有会员单位80家。其中副理事长单位8家，理事单位24家。

2022年主要工作：

一、做好选举工作

10月31日，上海市无线电协会第五届第一次会员全体会议顺利完成新一届理事会和监事会选举。协会在“网站”和“微信公众号”建设上，着重做好新闻中心、专家园地、行业展厅、协会成员等几大板块的网站更新工作。全年共发布信息63条（包括微信公众号）。同时，完成33家会员单位的资质审证工作。

二、做好无线电考试保障工作

截至6月底，共参与考试保障工作7次，确保22所学校的考场电磁环境；受崇明区科委委托，为该区2022年度春秋季高考、中考和等级考试以及成人高考提供无线电考试保障服务3次。

三、做好“无线电台站验收数据采集委托服务项目”

协助上海市无线电管理局台站处梳理相关频率许可证明、无线电台站设置申请表等资料，全年共录入台站数据2002条。

四、做好运营商基站外部干扰排查服务

发挥协会自身技术能力及协调能力，不断完善干扰排查技术和干扰源清除技巧，充实运用移动通信电磁环境的维护力量。全年共处理干扰小区数量250个。

五、开展“2022年度本市5G网络感知度评测”工作

9—10月，协会对杨浦区和青浦区的重点区域进行前期的5G网络感知度测试摸底测试工作，引导电信运营商不断改善总体服务水平，全面提升用户体验。

六、做好测试工作

受民航新时代机场设计研究院委托，对温州龙湾机场进行“温州机场甚高频（129.05MHz）台址及频率申报”的现场电磁环境测试并完成测试报告。

七、开展“本市无线电作弊产业链分析及研究”工作

受上海市无线电监测站委托，通过对现有作弊设备的市场调研、作弊设备的分析以及考试保障模拟演练等方式研究制定具有针对性的防范措施，为上海无线电考试保障工作提供有力支撑。

（沈嘉怿）

上海市电子商务行业协会

上海市电子商务行业协会成立于2002年4月，是由从事电子商务的企事业单位按照自愿平等原则组成，具有独立法人资格的非营利性行业组织。涉及消费电商、产业电商、品牌电商、直播电商、跨境电商、数字科技、现代物流等领域，为行业、企业和政府提供行业活动、行业标准化、行业评价、咨询培训认证等服务。通过内部自律机制，维护企业的合法权益，保证行业有序、规范的发展。同时，在政府和企业之间架起一座桥梁，及时把政府的政策、法规、行业导向等传达给会员单位。

2022年主要工作：

一、行业报告编写和发布

编写《2021年上海市国民经济和社会发展报告》《2021上海市电子商务发展报告》《2021年工业年鉴》《2021上海现代服务业发展报告》等电子商务部分。同时，在市经信委指导下，编写《上海市产业电商高质量发展行动计划（2022—2025年）》。

联合上海财经大学、上海商学院、阿里本地生活新服务研究中心发布《上海市老字号餐饮品牌数字化转型指数研究报告》。联合中德制造业研修院、Masterland、工业品牌营销研习社、市场易、圆禹营销咨询等启动《2022中国B2B市场营销白皮书》制订工作。联合上海市互联网协会、盈科律所、来咖智库发布《2022盲盒经济创新发展白皮书》。受上海市中小企业发展服务中心委托，编写《上海市中小企业诉求调研分析报告》。

二、组织行业交流活动

（一）与上海生产性服务业促进会联合主办"第三届中国（上海）工业品在线交易节"，赋能中小企业、激发市场活力、普惠银企信贷，挖掘产业新赛道，激发工业新动能；通过多层次、多场景的企业数字化服务体系，提供线上线下深度融合的场景服务，产业链全方位赋能，重构数字化生态圈。

（二）与欧冶工业品联合主办2022欧贝杯工业品供应链数据智能创新大赛，通过利用商业模式创新，把复杂的商流、物流、资金流、信息流进行有效整合；使用数字技术创意，助力生产服务领域的产品业务创新升级；应用数据智能算法，推动管理效率提升。

（三）与震坤行联合举办"破界而生，共创未来"数字化供应链论坛，指导举办盲盒 & 数字藏品创新发展合规峰会，举办"电商未来"抗击疫情促发展线上企业交流会，元宇宙与电子商务未来融合发展企业交流座谈会，以及举办跨境电子商务发展企业交流座谈会、大宗电子商务发展企业交流座谈会、MRO工业品电子商务发展企业交流座谈会、电子商务赋能"3+6"重点产业企业交流座谈会和"时尚消费品供应链数字化管理"沙龙。

三、行业前沿领域研修培训，加强与相关组织项目合作

举办"产业电商数字化赋能核心产业链，精准延链、补链、强链"高级研修班。邀请产业互联网领域有较深理论研究和丰富实践经验的专家进行授课，并组织现场学习考察，从理论和实践方面，为学员深入剖析产业电商和产业数字化的发展趋势、机遇、挑战以及应对策略，助力企业抓住"互联网+"的契机，成功实现转型升级。

加强与政府及相关组织项目合作。与上海市计量协会联合开展"2022上海市生鲜电商行业诚信计量示范单位"评选活动，为7家获评上海市生鲜电商行业"诚信计量示范单位"称号的单位授牌。对电商领域"上海市放心消费优秀示范单位"进行评价。推荐一批企业负责人参与2022年"上海产业菁英"高层次人才选拔。推荐10家企业进入"上海市人才引进重点机构"。推荐一批企业参与"上海市第四批服务型制造示范"评选。推荐企业申报重点领域人才奖励计划。推荐产业电商企业申报生产性服务业高质量专项。

四、加强协会基础工作

一是持续完善协会官方公众号及官方网站。切实做好直播分会嘉定分中心揭牌。定期举办走进会员企业系列活动，加深与会员单位之间交流互动，进一步了解企业诉求，有针对性地开展供需对接服务，不断总结与提高会员服务质量。二是10月26日召开第五届第二次理事会暨第二届监事会第二次会议。爱姆意云商、腾讯云、亚马逊、京东、百度、汇付天下、苏宁易购、顺丰速运、中国联通、宝尊电商、微盟、上海CA、上海国际展览、优趣汇、产业互联网等62家理事单位代表出席。三是与市消保委联合13家行业组织发出《"全力以赴抗击疫情，携手共护消费公平"倡议》。帮助50家企业对接解决保供通行证、供应链、防疫物资、金融等方面困难。

（高　平）

上海电子元器件行业协会

上海电子元器件行业协会成立于1989年5月。是由上海高等院校、科研单位、各类电子元器件企业自愿组成跨部门、跨所有制非营利性的行业性社团法人，成员企业中电子信息类企业占80%以上。协会秘书处常设器件、电容器、接插件元件、电子电位器、继电器、电声（磁性）、智能安防、智能照明、智慧园区、电子信息服务健康产业等10个专业委员会。现有会员单位70家。

2022年主要工作：

一、发挥桥梁纽带作用，提高协会服务功能

积极开展走访会员企业活动，倾听会员呼声，为会员单位牵线搭桥，尽力提供精准服务。上半年，协会秘书处及时了解会员单位在疫情封控期间生产和员工生活情况及疫情后期的复工复产情况，及时向市经信委反映疫情后期企业生产经营情况和企业相关诉求，发挥协会的桥梁纽带作用。

二、加强沟通交流，助力企业共同发展

通过走访企业、开展主宾月、筹备专委会等多种活动形式加强会员单位之间的沟通交流，分享经验，助力会员单位共同发展。8月，上海维安电子有限公司获2022中国IC设计成就奖——最佳功率器件奖；依柯力信息科技（上海）股份有限公司）被评为"中国汽车行业数字化转型解决方案优质供应商（2022年度）"，并获国家级"小巨人"称号；上海吉泰电阻器有限公司、昊佰电子科技（上海）有限公司取得第四批"专精特新"小巨人企业称号；上海仪电科学仪器股份有限公司蝉联"科学仪器行业国内综合类领军企业"。

三、与时俱进，积极开展培训活动

一是安全培训。为贯彻落实新《安全生产法》、新《上海市安全生产条例》，以及《生产经营单位安全培训规定》等法律法规，协会承办2022年度仪电集团所属单位主要负责人和安全生产管理人员培训班，共组织 7 期，1100 人次参加培训，其中单位负责人班 2 期，共计 243 人，安全生产管理人员班 5 期，共计 867 人。二是节能降耗减排专题培训。根据市政府、市经信委和仪电集团对节能降耗工作的整体要求，9 月，协会协办节能降耗减排专题培训，线上线下培训人次共计 200 余人。10 月，协会和相关单位联手组织节能降耗拓展培训活动，共有 40 余人参加。三是知识产权相关主题培训。10 月，中国（上海）知识产权保护中心仪电集团维权援助工作站挂牌成立，根据协议，由协会负责工作站的日常事务工作，协会详细制定工作站年度工作计划，并于 11 月成功举办“专利申请与保护”的知识产权专题培训，仪电系统内各企业法务、知识产权工作者、仪电知识产权维援站工作人员等参培对象参加专题培训。

四、加大协会会刊宣传，凸显行业服务功能

坚持做好《电子元器件》内刊的编辑出版工作，定期刊载行业市场需求、发展趋势分析供会员企业参考，月刊的“产业政策”“专家视点”“行业纵览”“公平贸易”“会员动态”“协会信息”等栏目内容充实，成为会员单位了解产业政策、行业趋势、前瞻技术、会员信息以及协会服务的信息平台。

五、加大协会组织发展，拓展新会员，开展各类联谊活动

协会立足自身发展，加强自身建设，积极发展新会员单位，年内发展长佳物业、守正行远信息科技等多家新会员单位。协会坚持定期组织各类联谊活动，每年开展女性主题活动，坚持落实节假日和会员单位负责人生病家访及生日祝贺制度，通过活动搭建平台，互动交流，增强凝聚力。

六、加强协会自身建设，推进健康规范发展

严肃财经纪律，强化财务管理，按照国家相关法律制度严格控制经费开支，厉行勤俭节约，严格遵守廉洁从政八项规定，确保财务收支活动合法合规，推进协会健康规范发展。

（辛蔚青）

上海家用电器行业协会

上海家用电器行业协会成立于 1985 年 8 月，是上海家用电器行业企事业单位自愿组成的跨部门、跨所有制的非营利性行业性社会团体法人。协会坚持“服务政府、服务社会、服务会员单位”的理念，全方位、多角度推进年度工作计划，得到广大会员单位认可。现有会员单位 515 家。

2022 年主要工作：

一、推进党建各项学习教育工作，在抗击疫情中发挥党员作用

（一）在抗击新冠疫情中，党支部组织每一位党员，力所能及对抗击疫情活动尽一份责任，给予无私支持。党支部全体党员自愿捐款，尽绵薄之力支持新冠肺炎疫情防控工作。

（二）3—6 月，党支部书记李富春代表协会向四川北路街道捐送 1000 只 N95 医用口罩。协会还向全体会员单位发出“献爱心共同战胜疫情”倡议；传达市民政局《致全市各级社会组织及从业人员的倡议书》；编发会员单位防疫工作情况简报 21 篇。

（三）党支部每年开展支部建设以及党员民主评议活动，在协会日常工作中，发挥体现党员的作用和影响，在“上海家用电器党建群”中交流学习心得，将党支部工作与协会日常工作紧密结合在一起。

二、推进“数字双碳”新发展，促进协会工作向广度延伸

（一）促进“碳中和、碳达峰”会员企业新发展。2022 年成立的上海家电行业协会双碳学习辅导小组，相继走进海立集团、开能集团等大中型企业会员单位，双方以“双碳目标与制造企业的发展关系，以及绿色工厂建设”为主题，展开深入探讨。

（二）协助长江三角洲经开区招商。协会接待安徽当涂县经开区招商引资工作组，双方交流家电行业总体情况以及当涂县经济发展情况，取得相互了解，达成进一步合作意向。

（三）推动长三角家电行业联盟发展。继 2020 年“长三角家电行业合作联盟”成立，上海、江苏、浙江、安徽家电协会加快步伐探索与实践，不断助推家电智能化生产性服务业的创新发展。

三、助力政府有关部门开展工作，彰显协会的“三服务”宗旨

（一）建立公平贸易工作站点。积极帮助会员单位了解进出口公平贸易知识，掌握 WTO 规则，引导企业规避贸易风险，维护企业进出口贸易安全。被市商务委授予“优秀进出口公平贸易工作站”称号。

（二）建立产品质量风险监测站。在市市场监督管理局指导下，协会每月报送家电产品咨询投诉信息，并提出建议和意见，较好发挥行业协会平台的作用。

（三）建立法律咨询合作点关系。多次为会员单位提供法律咨询服务，使受益方进一步提高运用法律维权和用法律手段来规避风险的意识。

四、协会各专委会主动发挥作用，努力为全体会员单位做好服务

（一）协会中央空调、家电维修、水家电专委会以及信息统计部门，分别组织研讨会。既有共性课题研讨，也有不同侧重点。大家聚集一堂，为行业整体发展各抒己见献计献策。

（二）疫情闭环管理期间，不少用户与各种家用电器接触次数增多，使用保养和性能特点，希望得到更多了解。协会与市消保委合作，联合品牌会员单位推出冰箱等六项《家电常用 DIY 保养技巧指南》方法，通过协会公众号系列推出，帮助指导广大消费者进一步了解掌握并提高对这些电器的使用保养知识，受到消费者好评。

（三）根据疫情防控的要求，为防止教室培训易产生交叉感染的群体事件，协会认真组织在线上开展培训工作，全全完成上门服务证初训 426 余人次、复训近 1128 人次。

五、协助 3·15 消费者保护日工作，抓复审培训服务好会员单位

（一）协会按照市消保委安排，在 2022 年“3·15”消费者权益日中，组织专家在协会网站、微信公众号和热线电话 65661637 受理家电维修咨询、投诉和维权需求。

（二）做好复审加强维修单位管理监督工作。协会剔除已不从事家电行业或者退出家电协会的企业近 10 家，增加新补充的近 20 家，并上报《上海各区域合格维修服务企业》名录。

（三）加强特种作业安全技术操作证培训。将年度培训与实际业务操作挂钩，积极寻找新知识、新热点。经协会推荐到相关学校的培训与考试，一百余人取得电工证、焊工证、登高证和制冷空调作业证。

六、参与行业调研积极实践，当好政府制定决策的“参谋助手”

（一）参与调查研究为政府决策提供有益依据。2022 年，参加上海市节能环保服务业协会组织的推进绿色制造体系战略，打造上海绿色制造品牌研讨会。

（二）组织申报多种类型的推介评选活动。协会把申报市级各类推介评选活动，作为日常主要工作之一。通过系利推介评选活动，全面提升协会会员单位的产品档次和社会形象。

（三）加强协会自身建设，努力提升运行水平。立足提升定位、提升功能、提升素质三大目标，不断加强协会的自身建设，确立“功能服务型”“管理自律型”“服务网络化”“手段现代化”的协会工作总体定位。

（李富春）

上海空调清洗行业协会

上海空调清洗行业协会成立于 2007 年 4 月（原名“上海空调风管清洗协会”，2011 年 10 月更名为“上海空调清洗行业协会”），是从事空调清洗、净化、消毒、检测服务与相关设备、产品生产、经营以及技术研究开发的企业、事业单位自愿组成的跨部门、跨所有制的非营利性行业性社会团体法人。协会设有 4 个专业委员会。现有会员单位 201 家，占行业企业总数的 80% 左右。

2022 年主要工作：

一、深入学习二十大报告，积极推进党建引领

中共二十大胜利闭幕后，组织党员和积极分子深入学习二十大报告，形成心得体会，进行交流分享。联系工作实际，认真贯彻落实。

积极推进党建引领，新冠疫情封控期间，协会党支部带领 8 名党员及员工完成“先锋上海”的社区报到，其中 7 名下沉到社区。

二、积极参与疫情防控，有效保障空调卫生

协会和会员单位积极参与疫情防控，投身社区消毒，开展空调清洗和消毒，并力所能及捐款捐物。

为保障 DDH 空调卫生，确保 DDH 大会顺利召开，10 家保障酒店和世博中心，需在 6 月 10 日之前完成空调通风系统的清洗消毒。由协会秘书长王彬亲自带队，会员单位积极参与，按时完成保障任务。

结合疫情，开展线上培训。疫情期间，为保障清洗消毒作业的科学、合理和规范，协会举办四期线上系列讲座。

三、完善协会服务职能，提升协会服务能力

全面推行“安全质量技术服务活动”，参加技术服务的会员占比达到 70%，服务成效显著。

充分运用各宣传平台，为会员提供行业的实时动态，宣贯政策法规，宣传企业风采，提供技术和商务交流平台。

编制会员手册，手册涵盖行业相关的国标、地标和团标及相关法律法规，并进行全员发放。

四、拓展大数据平台，加快数字化赋能

上海空调清洗行业主动求变，主动求新，拥抱数字化浪潮，倡导数字化赋能。协会制作空调清洗消毒的数字 3D 视频和新版的空调清洗消毒大数据平台。

持续完善大数据平台的功能性，赋予其管理职能，平台内开发项目工单系统。

五、改革培训模式，完善培训体系

建立实训基地，以实操培训为主，向学员传授标准化的服务理念和规范化的服务流程。

充分应用移动互联网技术，推动线上培训的开设和普及。全年组织开展培训项目7项，采用线上和线下相结合的培训模式。

六、加强标准化管理，完善行业质控体系

协会组织完成《T/KTSJ22001-2022十大重点场所之酒店集中空调通风系统清洗消毒技术服务规范》和《集中空调通风系统检测技术服务规范》二项团标编制、发布和宣贯。

协会不断完善行业的质控体系，增加质控的频率，加强视频质量控制。对质量控制情况进行统计和汇总，形成行业质量分析报告。

（胡慧中）

上海锅炉压力容器行业协会

上海锅炉压力容器行业协会成立于2003年12月。是锅炉压力容器研究设计、制造安装、咨询服务等企事业单位自愿组成的跨所有制的非营利行业性社会团体法人。现有各所有制会员企业79家，其中有研究院、高等院校、设计院、国企和民企及锅炉压力容器相关企业组成。产品门类齐全，有核电和（电站、工业、生活）锅炉及压力容器、化工设备等，具有广泛的行业基础和较强的行业代表性。

2022年主要工作：

一、履行章程职责，开展协会各项工作

精准施策。上半年，为贯彻落实党中央、市委、市政府“关于做好疫情防控和复工复产”的工作精神及要求，协会坚持“两手抓、两不误、两促进”，当得知个别小微企业在“疫情防控和复工复产”中遇困时，想企业所想，急企业所急，充分利用协会微信群、网络信息平台，为会员企业在政策宣传上、帮困援助上给予支持与服务。并将市委、市政府相关部门发布的关于疫情防控和复工复产的优惠政策、措施、问卷调查、倡议书”及相关“政策解读、法律援助”，通过及时转发各会员企业，累计发布相关政策和信息30多项，组织参加各类线上培训8次，问卷调查会员企业26家，并按要求及时汇总反馈上级部门。同时，在专题简报上转载相关“法律指南和解决问题汇总”等信息8项，有针对性地为会员企业提供法律援助导向。

精准举措。全体会员企业和秘书处成员积极响应市、区政府号召，采取留守工作岗位和居家办公。秘书处开启居家办公视频会11次，通报疫情动态和传达上级部门的政策措施、要求和法律解读”等信息。同时，在锅协分会微信群发布题为“抗击疫情、守望相助，上海锅协在行动”专题简报27期，让会员企业分享抗疫经验亮点超100例，得到市经信委、市社团管理处、市工经联的认可，并在市工经联党委公众号发布宣传。

精准服务。受疫情影响，个别会员企业在疫情防控和复工复产中遇到困难，协会第一时间为会员企业提供服务与指导。尤其是小微企业在运输物流方面遇到困难时，及时与上级相关职能部门联系，请求支持为其解决困难，挽回不必要损失。一家小微企业由于邮件被困直接影响国外订单的时效性，协会及时伸出援助之手相助。一家实施“‘智能安全弱电综合系统管理平台’技术设计与安装”的会员企业，因产业供应链信息受限，借助于协会信息平台进行宣传与推广，成功打开市场，有效提高企业市场竞争力。此外，对8家会员企业给予会费减免，以解燃眉之急。

精准固防。下半年，疫情防控形势稳中向好，复工复产队伍日渐壮大。协会将“疫情要防住、经济要稳住、发展要安全”的总体要求落到实处。通过邮箱、微信群等网络平台及时为会员企业转发中央、市委、政府发布的指导性文件。以服务为宗旨，指导会员企业落实“防控复产”承诺要求，切实做到防控复产“不松劲、不懈怠、稳增长”。协会还把抓好企业证后监管和检测监督抽查与有序推进企业生产、生活相结合，取得一定成效。

二、为提升企业职业技能甘当行业建设守护者

主动走访会员企业，深入调研会员企业经营、生产情况，听取他们对政府、行业、协会工作的诉求，将协会开展的各项工作进行沟通与交流，对他们所提出的要求，尽最大努力整合资源给予帮助。尤其是在做好疫情防控的前提下，助推会员企业开展技术合作交流和高技能人才培养及队伍建设，进一步提升企业竞争力。

持续培养高技能人才队伍建设，在完成会员企业创建“首席技师”和“技能大师工作室”的前提下，开展跟踪随访和提升指导服务工作。有一家电厂要提升技能大师工作室质量，协会组织专家为该技能大师工作室研发的2项“创新课题”，以及2篇“优秀论文”进行指导，分别获得“第五届全国设备管理与技术创新成果”二等奖和“全国电力行业技术监督创新成果”二等奖，以及上海市质量协会优秀成果奖和全国电力行业技术监督创新成果奖项和专利等。在全国“安全生产月”期间，为落实“规范特种设备安全责任和使用管理”，借助于“技能大师工作室”平台，举办“特种设备‘双预防’”技术交流会，促进企业“特种设备‘双预防’”技术互动交流，有效推动“特种设备”安全风险自辨自控及隐患自查自治，提升设备管理人员的技能水平和技术管理水平。年底，该“技能大师工作室”与协会会员企业开展调研交流活动。通过开展“首席技师”和“技能大师工作室”的创建、提升和跟踪随访指导，进一步弘扬“工匠精神”，提升职业素养和专业技能水平，为助力企业高标准向高质量持续发展奠定基础。

协会与市能效中心举办“锅炉能效测试技能提升”线上培训，为36名测试人员讲解“作业指导文件的编制和使用要求”的规范性，提升专业人员的测试技能。此外，组织参与“第七届机械工业高技能人才优秀论文征集评选”活动，推荐2家会员企业上报2篇论文。同时，帮助会员企业开展“认定初级职称资格评审（助理工程师及技术员）和推荐中高级职称（工程师）、经济类等级职称评审工作。在申报工作期间，为来电咨询的专业技术人员答疑解难，耐心指导，得到会员企业的认可。

（徐莉萍）

上海市汽车行业协会

上海市汽车行业协会成立于1996年08月29日，是由上海地区从事汽车与零部件制造及其相关的单位和科研、院校等法人自愿组成的、跨部门、跨所有制的非营利性的代表汽车行业的经市主管部门批准的社会团体组织，现有会员单位258家。

2022年主要工作：

一、做好会员服务工作、推广新技术新理念

3月7日，为推进车用塑料的技术进步，协会和上海市汽车工程学会联合雅式展览服务有限公司共同主办“CHINAPLAS2022汽车塑料应用新技术交流会”，与行业同仁一起分享车用塑料的应用新技术。

11月24日，中国汽车工程学会承办、上海市汽车行业协会举办“2022世界智能制造大会——制造智能感知与仿真论坛”，围绕智能感知和建模仿真技术，结合汽车行业智能制造的实践，从发展战略、企业进展、共性技术创新三个层面，探索智能感知和建模仿真赋能智能制造的理论方法和典型应用。

协会每月做好全国及上海汽车市场的产销分析、预测，每3个月还提供季度报告，及时上报领导参阅。同时，利用协会网站、微信公众号向各分会和专家委员会通报市场信息。坚持定期编写行业发展报告，每两个月组织编写“汽车汽配界”，下发各会员企业，让企业进一步了解市场现状和发展趋势，为会员企业更好地适应市场要求，推动企业经济发展提供帮助。协会网站改版更新和升级完善，拓展传播渠道和功能，定期更新和发布市场信息、企业动态、行业热点、政策环境和协会动态；协会微信公众号、企业信箱、《会员园地》栏目等深受大家的喜爱，为会员企业提供更加便捷的信息了解渠道。

积极推荐会员企业申请政府对中小企业的资金扶持，帮助多家企业在受疫情影响、经济下滑的困难时期，申报各区经信委“高新技术企业”“科技小巨人企业”等政策上的资金补贴。配合会员企业推进行业自主品牌建设的创建工作，组织、推荐会员企业参加“名牌产品”“自主创新品牌”“专项资金立项”的申报，为会员企业积极争取政策上的红利。

二、一手抓疫情防控、一手抓复工复产

上半年，协会充分发挥行业组织的积极作用，作出行业组织的独特努力。4月8日，上汽集团接到市国资委紧急通知，集团下属会员企业立即组织50名志愿者支援闵行抗疫一线工作。上汽在沪党员通过“先锋上海”小程序第一时间到社区线上报到，有的当起“协管员”，协助居委会完成核酸检测工作；有的当起“司机”，接送医护人员往返住所和医院；有的当起“翻译官”，为外籍人士排忧解难……上汽大通通过旗下“铃驹”运力服务品牌保障民生物资，为上海主要农产品、生活用品交易市场提供2000多次运力服务，同时为城市配送提供600多辆新能源货车，为市疾控中心陆续交付40辆V90、G20防疫专用车。为上海防疫做出一份贡献。

协会积极推动下属会员企业一手抓疫情防控；一手抓复工复产。各整车企业顺势而为，重塑汽车营销模式，加快推动线上能力建设，直联用户，纷纷采取“直播＋短视频”、“线上团购＋送车上门”等无接触营销新模式，并探索直播“云获客”、团购“云成交”等营销新举措，用活、用好支持政策，结合国家和地方促进汽车消费利好，抓住疫后市场恢复窗口期，推出购置税补贴升级、保险费用减免、优惠金融方案等一系列“组合拳”，促进市场逐月提升。各整车企业集中优势资源，确保以新能源产品为主的热销车型供应，上汽集团新能源产品的增速继续保持爆发式增长。上汽通用五菱宏光 MINIEV 继续排名纯电动车市场单车型第一。

三、发挥协会专家作用、帮助企业转型发展

11 月 9 日，协会的资深专家受邀参加中央电视台的《面对面》访谈栏目，深入解读汽车零部件制造企业高质量发展问题。资深专家的发言深入浅出，让更多人认识到汽车产业作为国民经济的支柱产业，要实现从中国制造到中国创造、中国速度到中国质量的转变，离不开零部件产业的高质量发展。

协会组织专家委员会成员赴重庆长江造型材料常州有限公司和江苏海安万力铸造有限公司进行调研，开展型砂造型和湿砂造型工艺的先进性和经济性技术评审，帮助企业技术创新成果上报省级先进企业的评审工作。还应江苏鼎泰工程材料有限公司的邀请，组织专家实地考察，开展技术支持服务，有关专家 3 次上门为该企业的 50 多名技术人员进行业务培训。

四、加强协会建设、不断完善架构

加强协会建设，努力按照规范化建设的要求，不断完善理事会工作机制，坚持规范化管理标准，进一步发挥会长单位和理事单位对协会工作的决策、领导作用，发挥秘书处的积极作用，落实工作责任和进度要求，确保各项工作规范、有序地展开。

（卢益鸣）

上海船舶工业行业协会

上海船舶工业行业协会成立于 1993 年，是中国社会组织 4A 级行业协会，是上海及周边地区主要从事船舶及其配套设备的研究、设计、制造、修理、经贸、教学的企事业单位自愿组织的跨部门、跨所有制的非营利性的行业性社会团体。现有会员单位 96 家。

2022 年主要工作：

一、坚持会议制度，审议决策大事

协会秘书处严格按照《章程》规定和年度工作计划的要求，认真履行职责，积极参与议事审事。

8 月 5 日，六届四次理事会听取协会 2022 年度上半年工作总结及 2022 年上半年度财务收支情况；听取和审议《关于协会换届选举工作方案》。

8 月 30 日，六届五次理事会听取和审议对《章程》的修改说明；听取换届领导小组对第七届理事会理事、副会长、会长及监事会监事、监事长候选名单的建议说明，审议通过建议候选名单。

11 月 25 日，六届六次理事会听取和审议向七届一次会员大会暨七届一次理事会、监事会提交的相关资料。

二、坚持党建引领，强化团队建设

（一）抓学习教育，强化理想信念。针对疫情影响，党支部组织以线上学习方式，精心组织学习，营造浓厚学习氛围，汲取精神力量。发挥领导干部带头示范作用，支部党员围绕《党章》、习近平谈治国理政等专题进行学习交流，不断增强党员“四个意识”、做到“两个维护”。

（二）抓好意识形态工作，强化组织引导。落实党支部抓好意识形态工作的主体责任。通过党支部书记授课和党员学习教育、政治理论学习和学习强国 APP 等方式，学习习近平新时代中国特色社会主义思想和党的二十大会议精神。开展形势任务教育，讲形势、讲任务、讲思路、讲信心，将党的各项工作在协会得到有效贯彻落实。

（三）聚焦协会工作，发挥党建引领作用。在大上海保卫战期间，党支部组织党员积极投入疫情防控第一线，配合社区开展疫情防控各项工作，深入协会相关单位了解情况，与宁波银行共同举办“复工复产政策先行”解读专题直播活动，举办“勇立潮头，共享共赢，共话滨水休闲产业破冰之路”线上沙龙，帮助企业尽早复工复产。

（四）压实党风廉政建设和反腐败工作。党支部签订党建责任书和党风廉政建设责任书，落实两个责任要求。开展支部反腐倡廉教育宣传警示活动，在重要节日通过网络认真做好廉洁教育，组织党员和职工观看《清除国企蛀虫——“靠企吃企”典型案件警示录》。党支部书记上党风廉政和反腐败专题党课，组织党员和非党同志参观陈云故居，提高广大党员遵纪守法的自觉性，形成风清气正、迎难而上的工作氛围。

三、坚守协会宗旨，努力做好各项服务

（一）开展课题调研，做好政府的助手。协会积极承担市经信委等地方政府以及国家有关部门委托的课题，利用组织好会员单位资源优势，开展行业相关情况统计调研，向市经信委提交季度和年度《上海船舶工业行业经济运行分析报告》。高质量完成政府部门的调研任务，获得中船协（工信部委托）“2021—2022 年度船舶工业优秀统计工作组织单位”表彰，王玉洁获中国船舶工业行业协会颁发的 2022 年度船舶工业统计工作先进个人。还应市经信委要求，提交《关于长兴岛海洋装备产业基地的调研报告》，就长兴地区船舶与海洋工程装备产业发展，对市区两级政府提出政策方面的诉求及建议。配合中船协完成工信部对相关单位统计催报、数据审核等相关工作及疫情期间重点监控船舶企业调研问卷填报工作，了解企业疫情期间生产经营面临的困难并及时上报。

（二）搭建行业平台，共享行业资源。企业管理现代化创新成果评审工作持续推进，共收到会员单位申报的“企业管理现代化创新成果”项目60个，经协会评审委员会评审，最终审定获奖成果50项，其中一等奖6项，二等奖19项，三等奖25项。并向上海市现代化创新成果评委会推荐17个项目参与市级评选。

按期完成协会季度刊物《上海船舶工业》的编辑发行；利用协会微信公众平台，及时发布国家有关政策、行业信息、协会业务动态，积极发挥新媒体宣传作用。

（三）主动服务会员，为企业办实事。受市经信委委托，协会对上海振华重工（集团）股份有限公司和天海融合防务装备技术股份有限公司申请的《船舶生产企业设计条件基本要求评价》项目，协调相关方落实项目立项等各项前期准备工作。组织有关会员单位积极参与申报“专精特新企业”活动，提升企业知名度，争取国家政策支持。推进会员单位复工复产，协会与宁波银行共同举办“复工复产政策先行—上海有序推进复工复产政策解读”专题线上直播活动，组织会员单位积极参加，邀请市经信委领导和银行金融专家解读政府有关复工复产政策和融资优惠措施。

疫情期间，协会与博华展会公司在线上联合主办“勇立潮头共享共赢共话破冰之路”等2期滨水休闲产业沙龙，以分享平台汇聚产业链智慧，拓展行业视野，创造新商机、新突破。协会作为支持单位参与“中国邮轮产业发展研讨·外高桥论坛（第一期）活动”，推进协会会员单位关注和参与邮轮产业的发展和建设。

（四）整合平台资源，加强对外合作交流。协会和AMPP（材料性能与防护协会）联合召开“造船表面处理与腐蚀防护标准技术交流研讨会”，围绕现有的腐蚀防护技术与行业标准互相交流、积极建议，谋划合作共赢、共同发展。参加上海海事法院举办的《“服务保障船舶产业发展审判情况通报”白皮书》新闻发布会、首届长三角海事司法论坛暨长三角海事司法合作协议签约及“新瞭望”国际海事案件研究沙龙首期学术活动等。加强跨省跨行的交流学习。接待湖北省船舶工业行业协会、宜昌商会、威海商会，陪同有关人员拜访在沪造船企业，交流有关企业生产条件评价和信息化工作的情况。与上海市商会会长联合会共商合作事宜。与上海市保密协会交流有关协会等级评审工作事项。

四、强化协会自身建设、做好各项工作

（一）增设秘书长联席会议制度，优化协会运行机制。为更好地推动协会工作的开展，经报会长同意，经六届一次理事会同意，建立秘书长联席会议制度，确定协会秘书处业务事项的承办制，使部门及个人的工作分工更加具体化和精细化，进一步促进秘书处部门间相互交流和沟通，提高协会管理水平。

（二）严格规范筹备完成换届选举工作。秘书处把换届工作列为年度重点工作，严格按照换届程序规范指引，成立换届领导小组和工作组，经走访会员单位和充分发扬民主，广泛听取大家意见，汇总情况报告，召开换届工作会议和理事会并履行相关程序，完成协会第七届理事会监事会换届选举前期筹备工作。确保协会第七届理事会换届选举大会顺利举行。

（三）加强预算管理，严格财务工作。协会坚持预算管理制度，每年编制预算报告，报经批准下达年度预算指标，根据实际情况形成年度预算执行情况，报经理事会和监事会审议。按照财务工作要求，严格核算流程，按时编制完成年度财务收支报告，并提交审计报告。在换届同期完成六届财务收支及法人任期审计工作，经由会计事务所出具相关的审计报告，提交会员大会审议通过。为加强对外投资风险控制，协会按时完成对投资公司（京微公司）的财务审核及查阅经营管理的情况。

（四）重视各类专业培训，提升员工自身业务能力。秘书处派员参加由上海新闻出版教育培训中心组织的“上海市连续性内部资料性出版物编辑培训”；参加由市标准化协会、市工经联、市经团联组织的关于团体标准培训；参加市工经联法制服务专委会会议及法律专题培训；参加市民政局社会团体管理处举办的“市级社会团体负责人能力建设培训班”等，不断提升工作人员的水平和能力，更好地为会员服务。

（吴　超）

上海有色金属行业协会

上海有色金属行业协会成立于2002年1月，下设有色金属信息资讯、会议会展、技术检测、培训鉴定等服务平台。还有全国最大的有色金属交易市场和现货电子交易中心。现有会员单位170家，基本覆盖上海地区主要的有色金属骨干企业，聚集有色金属材料、辅料、制品、装备等制造领域企业和相关的商贸、金融、信息、物流、咨询、会展等单位。

2022年主要工作：

一、继往开来，隆重纪念协会成立20周年

3月，协会隆重举行成立20周年庆典暨五届三次会员大会。上海和外省市兄弟协会领导、各会员单位代表以及各界特邀嘉宾300余人出席活动。

总结过去，展望未来。20年来，协会紧紧围绕中共上海市委、市政府改革发展的大局和产业结构调整的战略目标，牢牢抓住上海有色金属产业调整和发展的历史性机遇，不断克服困难迎接挑战，积极探索上海有色金属产业转型发展之路，在创建上海有色金属网站、打造有色金属高峰论坛品牌、建立汽车新材料与应用合作伙伴、搭建上海蓄电池环保产业联盟、长三角有色金属行业发展联盟、上海有色金属高技能培养基地和职业技能等级认定机构等平台，为推进上海有色金属行业高质量发展做了许多富有成效的工作，并取得积极成果。

表彰先进，牢记使命。大会授予张敏祥等6位同志为“行业突出贡献者”荣誉称号；授予吴小云等10位同志为“行业先进工作者”荣誉称号；授予张景明等8位同志为“协会优秀工作者”荣誉称号；授予上海华峰铝业股份有限公司等22家企业为“先进集体”荣誉称号；授予上海物资贸易股份有限公司等9家企业为“风雨同舟示范企业”荣誉称号。庆典活动还先后举行协会20周年庆银质纪念币发行、“长三角有色金属行业发展联盟”揭牌、“上海有色金属行业企业职业技能等级认定机构授牌”等仪式。与此同时，协会出版《上海有色金属信息》20周年庆专刊，编纂发行协会20周年庆纪念册。

二、打破常规，全力做好疫情防控工作

凝心聚力，第一时间发出倡议。3月，协会向行业企业发出《关于加强上海有色企业疫情防控倡议书》，号召企业认真贯彻落实市委、市政府关于加强疫情防控工作的重要精神，把疫情防控放在各项工作的首位，守住企业防疫的安全底线。

走访企业，及时了解行业动态。协会领导及工作人员走访和了解上海龙阳精密铜管有限公司、上海海亮铜业有限公司、上海华峰铝业股份有限公司等多家行业骨干企业抗疫与生产经营情况。市商务委、市经信委、上海期货交易所等领导先后来行业调研考察，指导工作。

使命担当，全力做好抗击疫情工作。协会向会员单位发出“接力爱心传递，抗击疫情需要您”倡议，号召积极捐款捐物，向浦东、长宁、杨浦等街道伸出援手。在徐明会长带领下全体工作人员率先捐款。与此同时，上海巨合物资回收有限公司等13家单位、4位企业负责人纷纷倾囊相助，参与“接力爱心传递”活动。据不完全统计，共计捐出爱心善款5.5万元，捐防疫物资折算人民币约为30万元。4月，协会通过微信公众号编发126多篇专题报道，及时传递疫情防控有关政策，报道行业企业积极防控、复工复产等信息。

多措并举，引导企业降本增效。为实现全年经济指标，许多企业春节期间加班加点，疫情封控后积极采取防控措施，主动进入闭环运行，管理骨干和关键岗位人员24小时吃住在工厂维持正常生产。许多企业坚持扩大投资，技术创新，抢抓市场，降本增效，以增强企业发展后劲。上海华峰铝业股份有限公司入选国家级和上海市“绿色工厂”榜单，在重庆基地投资19.8亿元建设“年产15万吨新能源汽车用高端铝板带箔项目”。上海海亮铜业有限公司加紧实施“扩建年产5万吨高效节能环保精密铜管信息化生产线”项目。上海神火铝箔股份有限公司通过技术改造提高生产轧制速度，提高生产平均宽度，预计产量提升约10%。上海晶盟硅材料有限公司坚持做强8英寸，做大12英寸，把产品应用从小家电扩展到新能源汽车领域，“8英寸超重掺衬底单晶硅外延片”通过上海市经信委首批次新材料项目。

三、持之以恒，认真办好第四届中国汽车新材料应用高峰论坛

6月，汽车新材料与应用专业委员会召开线上工作会议，确定高峰论坛的主题：“谋创新、补短板、保供应、促低碳”；确定“2022年汽车材料创新应用奖”“2022年汽车材料低碳创新成果奖”“2022年汽车轻量化铸件／一体化压铸成果奖”评选细则；确定专家访谈议题：一体化压铸技术和新能源汽车的供应链。

7月，汽车新材料与应用专业委员会工作会议在线上召开，总结和部署专委会工作，围绕“一体化压铸技术和汽车低碳方向新探索”进行互动交流，为大会的专家访谈储备理论基础。

9月，为期3天的“2022年第四届中国汽车新材料应用高峰论坛”在浙江宁波成功举行。中国有色金属工业协会党委常委、副会长王健通过视频方式致辞、市经信委副主任阮力向论坛发来贺信。论坛设置“汽车低碳新材料发展”“汽车镁合金材料发展”“汽车大型一体化压铸发展”等6个分论坛。此外，经上海市新材料发展战略专家委员会汽车新材料与应用专业委员会专家评审，13家企业获“2022年汽车材料创新应用奖”；7家企业获“2022年汽车轻量化铸件/一体化压铸成果奖”；5家企业获“2022年汽车材料低碳创新成果奖”。

四、重在育人，举办有色金属现货交易职业技能竞赛

经市人社局批准，在全行业开展“2022年上海市有色金属行业职业技能大赛有色金属现货交易员职业技能竞赛”。

7月，举行“2022年上海市有色金属行业职业技能大赛有色金属现货交易员职业技能竞赛”组委会工作会议，确定竞赛的主题：融合、育人、赋能。协会组建竞赛组委会、竞赛执委会和竞赛专家组，制定竞赛各赛制的考核规范，编制技术文件和命题，赛制形式、参赛条件、赛制安排和奖励设置，开展有色金属现货交易员“专项职业能力的理论和实操考试系统”“现货模拟交易考试系统”“期货模拟交易的考试系统”等上机操作可行性的认证。

8月，有40家单位156人报名参加个人赛，14家单位18个团队报名参加团体赛。除上海之外，广东、山东、新疆的有色金属企业也参加竞赛。9月，举行赛前动员和培训，分别开展个人赛和团体赛。经过层层选拔和网络“投票评选”等环节，上海靖升金属材料有限公司等6家团队进入团体决赛。

五、聚焦热点，不断增强协会服务功能

协会发起成立的“长三角有色金属行业发展联盟”历时两年筹备，于3月在上海挂牌成立。联盟由江苏、浙江、安徽、山东、新疆及上海有色金属行业协会等组成，助推各地有色金属产业资源有效整合，并与“汽车创新材料与应用的战略合作伙伴”携手，集聚地域资源，发挥各自优势，形成有色金属企业产业链内循环融合发展的新格局。

3月，协会与上海市能效中心、上海钢联电子商务股份有限公司联合举办有色金属排放企业提升数据质量管理实操能力高级研修班。8月，协会召开“上海有色金属行业绿色低碳转型发展线上专题培训会”。同月，邀请市商务委公平贸易处领导就“加强公平贸易工作站工作及服务能级的提升”为行业企业做专题讲座；合办由市经信委指导的“产业+科技+金融”直通车——衍生品市场服务实体经济推动供应链稳定发展的讲座。9月，邀请市商务委外贸发展处领导专题介绍上海外贸进出口相关产业政策。10月，协会在线上召开“2022年上海有色金属行业海外业务纠纷处理专题培训”，有1100多位行业人员受益。另外，协会撰写《2021年上海有色金属行业经济运行分析报告》《2021年上海有色金属行业发展报告》，组织编纂《2022年上海有色金属行业公平贸易发展报告（铝行业）》，并通过微信公众号编发《信息简报》20期。此外，协会还组织编纂《上海现代服务业发展报告2021（上海有色金属行业部分）》《2021年全国有色金属工业年鉴（上海有色金属工业部分）》《2021年上海经济年鉴（有色金属部分）》等。

（许寅雯）

上海起重运输机械行业协会

上海起重运输机械行业协会成立于2003年11月，是上海市起重运输机械科研院校、设计制造、安装维修等企事业单位自愿组成的跨地区、跨部门、跨所有制的行业性社会团体法人。主要业务范围：行业调研、技术培训、会展招商、产品推介、技术咨询服务、国内外技术信息交流等。现有会员单位100家。

2022年主要工作：

一、“起”心“协”力，共同抗疫

3月初，协会在网站发出“起”心“协”力，共同抗疫的倡议书，号召会员单位落实并贯彻市委、市政府关于加强疫情防控工作的重要精神，坚决打赢疫情防控阻击战；鼓励有条件的企业安排员工居家办公，实行“2+12”管控措施，落实防疫责任，做好企业防控，参加社区防疫志愿活动；要求各企业积极宣传市政府的50条复工、复产、复商、复市政策，做好调研，抓好落实。

二、直面市场，对接商机

协会组织会员单位代表一行8人赴鼠浪湖码头公司考察交流，了解设备使用情况、用户对设备后续服务的意见和建议，以及用户对设备培训、技术改造及行业标准制定等方面的需求，并就具体议题洽谈合作。

4月25日，协会组织上海新时达公司举行线上技术交流会。各单位就共性问题加深沟通，通过交流，给各企业带来商机。协会尽最大努力协助各企业复工复产。

三、做好会员发展，保证会费收缴

发展传仕实业发展（上海）有限公司、无锡市宏泰电机股份有限公司、多稳移动供电系统技术开发（上海）有限公司、岳阳凯力信电气有限公司、上海港安机电工程有限公司为新任协会会员单位。

缴纳会费是会员单位应尽的义务和责任，虽受疫情影响，但在会员单位的积极支持下，年内已有78家缴纳会费。

四、刊物定期出版，网站改版工作基本完成

遵循服务公开的理念，协会网站为广大会员提供一个信息交流的平台。网站（更新版）已完成，微信公众号一直正常发布信息。

协会刊物《行业通讯》坚持每双月底出刊，登录在协会网站上，还通过微信发给各会员单位领导参阅。协会与《起重运输机械》杂志社合作，定期报道行业协会的工作与动态，每2月给每个会员单位赠送当期杂志，供会员单位参阅。

五、推进开展行业团体标准

协会标准化委员会是协会团体标准的技术归口组织，协会秘书处负责团体标准日常管理工作。年初，上海奕奥实业有限公司申报的“夹轨器”标准，由上海港安机电工程有限公司主起草。6月24日，协会专委会组织评审，并在网上进行意见征询。10月修改完成，11月发布第二项团标。

六、加强党组建设，规范协会工作

贯彻执行市工经联党委关于党建工作制度汇编的要求，协会秘书长兼党支部书记保障党对行业协会的领导。协会在协会刊物《行业通讯》中开辟《党组建设》专栏，宣传中共十九大、二十大精神，发布党课材料，介绍中央新政策，供党员学习参考。党支部正常开展活动，执行党内学习制度，提倡自学和集中学相结合，正常开展组织生活，在自我教育的基础上提高党性修养。通过加强党建工作，努力形成组织工作新机制、思想工作新机制、政治工作新机制。党员积极发挥先锋模范作用，确保完成行业协会服务企业、规范行业、发展产业的各项任务。

（康水琴）

上海铝业行业协会

上海铝业行业协会成立于1989年3月。协会的前身是中国有色金属加工工业协会轻金属分会上海地区协作组，现为上海及周边地区从事铝加工的生产企业和铝加工产业链中设备、贸易、科研等相关企事业单位自愿组成的行业性社会团体。现有会员单位178家。

2022年主要工作：

一、抓协会队伍建设，努力做好服务工作

协会领导经常走访会员单位以及涉铝单位，这既是上海铝协的一个工作亮点，也是一个优良传统。即使受疫情影响但仍坚持每月走访，深度了解企业，和企业家交朋友，谈合作，促发展，整合协会平台资源做好服务工作。协会积极与上海交大材料学院、同济大学汽车学院、中国有色金属工业协会、中国有色金属加工工业协会、中国再生资源技术创新战略联盟等加强战略合作，为汽车轻量化、轨道交通、铝加工市场研究、固废处理等重点领域组织开展各类交流活动，促进项目合作。

9月23日—25日，由协会牵头组织，邀请全国各地10位专家教授专程赴江西鹰潭，成功举办“江西保太集团20万吨铝板带项目技术研讨会”。这次活动受到保太集团彭保太董事长的积极评价，并引起业内同行的广泛关注，取得良好效果。

11月17日，协会邀请上海交大等有关专家教授赴上海恒辉铝业，就6101铝材存在技术参数长期不稳定的攻关项目举办现场咨询活动，解决长期困扰企业的技术问题，受到会员单位的欢迎。协会多次开展二次铝灰无害化资源化利用技术研讨活动。宣传江苏海光集团铝灰无害化资源化的处理成果，成功协调对接奥科宁克、仪征同泰、浙东铝业等单位的铝灰处理合作项目。协会对接格朗吉斯、华峰铝业等单位开展业务合作，在减排降耗中促进分牌号保级应用再生铝的工作。

二、抓合作平台，为企业保驾护航

协会在走访中了解到企业需求后，积极开展与长三角国家技术创新中心（国创中心）的深度合作，与律师事务所、上海钢联、咨询公司、金融平台等开展新的合作。长三角国家技术创新中心（简称国创中心）是科技部在京津冀、长三角、大湾区成立的三个技术创新中心之一。该中心在长三角地区运用政策、资金和技术支持，以及国内外大学产学研资源，助推企业技术创新工作，形成不少科研技术成果。上海铝协主动与国创中心取得联系，双方共同考察4家企业，研究国创中心与有关会员单位开展“众筹合作”“联创中心”等项目合作意向，形成深度、全面、广泛合作的共识，并签订了“国创中心－上海铝协战略合作联盟”协议。

协会不仅为池州市政府撰写铝产业发展的调研报告，还为协会的数据库增加力量。池州地区有30多家铝加工企业。第三季度，应池州市政府邀请，上海铝协联合上海钢联实地考察池州市铝产业园区，并出具相应报告，对该市铝产业发展提出意见与建议，得到当地政府的充分肯定。协会与久项咨询公司联手为10多家会员单位组织法务培训、开展法律咨询、提供法律支持、承办司法案例，处理法律纠纷等。受到会员单位的普遍好评。同时，协会还与金融平台、政策咨询公司开展多类型的合作，为会员单位提供人力资源培训及相关服务，政策申报、企业投融资、并购等相关服务。

三、抓加强党员队伍的建设

上海铝协于2019年成立党总支，是上海工业系统第一个成立行业党总支的试点单位，党总支下属5个党支部，也是市工经联党委第一党建工作站站长单位。党总支书记袁永达注重在协会发展和各项工作中坚持党建引领，积极发挥党员的先锋模范作用和协会各级党组织的战斗堡垒作用。

为庆祝中国共产党成立100周年，协会党总支隆重组织“中国共产党成立100周年纪念大会”。通过上党课、入党宣誓、知识竞赛、表彰先进、文艺节目多种形式重温党史，激发协会党员和秘书处全体工作人员不忘初心，砥砺前行的强劲动力。协会秘书处一班人认真学习贯彻党的二十大精神，加强协会党的建设，发挥党总支的战斗堡垒作用和党员的先锋模范作用，不忘初心，勇于开拓，兢兢业业，竭尽全力做好服务工作。

（平佳雯）

上海市铸造行业协会

上海市铸造行业协会成立于1984年6月，是上海及周边地区的锻造企业及相关企事业单位自愿组成的跨地区、跨部门、跨所有制的非营利性社会团体法人。现有会员单位60家。

2022年主要工作：

一、加强自身规范化建设，坚持开展行业监管

3月24日，协会秘书处人员参加民政部培训中心举办的2022年社会工作教育，助力社会工作主题宣传培训班。该培训采用线上直播和点播形式，围绕社会工作与民政工作和社会工作人才队伍培养现状及建设途径两大主题，帮助参训人员理解社会工作的含义，明确社会工作的发展方向，有序推进社会工作高质量发展。

4月22日，民政部召开社会组织专项工作动员部署电视电话会议，全面动员和系统部署社会团体分支（代表）机构专项整治、社会服务机构非营利监管、社会组织领域重大风险防范化解等专项工作，协会秘书处组织观看视频会议，认真对照整治要求深入开展自查自纠。

6月24日，协会秘书处参加由市工经联与市标准协会共同举办的上海标准评价培育在线公益讲座，市场监督管理局标准创新发展处副处长史燕君就“上海标准评价”政策进行宣讲、解读，“上海标准”评价委员会主任委员沈远东教授就如何对标“上海标准”提升团标水平进行阐述、介绍。

10月12日，国家发展改革委体改司以“品牌兴会”为主题，邀请中央财经大学金融品牌研究所所长王晓乐教授就协会品牌建设与管理做专题培训。协会根据要求积极响应，组织秘书处参加培训。通过学习培训，进一步提高理解品牌、认识品牌和建设品牌的重要性。

10月14日，协会秘书处参加“静安区重点行业“标准提升”工作会议。分享《2022年静安区标准化工作要点》与团体标准工作经验；分享解读《团体标准组织发展能力指标体系及评估指南》及上海市空气净化协会标准化工作经验。

11月9日—10日，协会秘书长谈悦晨参加民政部全国社会组织教育培训基地（上海交通大学）、上海浦江社会组织创新发展研究院和上海伯乐产业人才发展基金会共同举办的行业协会商会秘书长培训班，为期两天，结束培训后，培训基地为每位参训人员颁发了结业证书。

组织参与一年一度的上海市节能减排JJ小组活动，协会上报5家会员企业的节能减排小组活动项目。上重铸锻有限公司、上海华新合金有限公司两家企业向协会提交节能减排项目。

二、立足企业，辅助政府

1月12日，协会秘书长谈悦晨出席市经信委产业园区和结构调整处组织召开的《上海市产业结构调整指导目录限制淘汰类》认定指导专家库工作机制方案——结题验收会。与会部门和专家一致认为，建立具有权威性、客观性、专业性的专家库，可为《上海市产业结构调整指导目录限制和淘汰类》提供重要技术支撑和决策依据。

8月10日，应上海市市场监督管理局要求，秘书处参加上海市能源标准化技术委员会开展的“2022年度地方标准复审工作推进和线上培训会”。协会对《有色金属压力铸造单位产品能源消耗限额》(DB31/848–2014)标准的实施情况作评估报告，论述标准实施情况、标准技术指标的协调性与适用范围，以及标准实施带来的经济、社会、生态效益，给予标准“继续有效”的复审建议。

6月7日，参加协会秘书处《四大工艺行业创新发展行动计划》座谈会，审议《上海市加快四大工艺行业转型突破发展行动计划》(2022–2024）征求意见稿。10月28日，参加市经信委副主任汤文侃专题调研四大工艺行业情况，研究行动计划文件，与市领导与奉贤区经委领导进行热烈的交流与讨论。秘书处还向市经信委提供：煤耗2000吨以上的铸造工厂和项目、行动计划的修改意见、铸造重点工艺技术目录、铸造行业的重要技术项目与进展。

三、同心守沪、抗击疫情、助力复工复产

3月14日，协会第一时间向会员企业发出《关于加强上海铸造企业疫情防控》倡议书，号召企业在做好安全防护的前提下，合理组织安排生产，积极发挥自身优势为抗疫防控贡献力量。协会通过微信、电话、后期走访等渠道与企业定期交流，将抗疫事迹整理通报市委和市社团局，如上海华新合金、上重铸锻、烟草机械、金范等企业领导与员工踊跃参与社区志愿活动，捐赠各类防疫与生活物资，奉献爱心；还有上海华新、东岩、普锐赛司、中振等企业领导与员工第一时间驻扎单位日以继夜闭环管理生产。同时，协会也把企业响应政府号召、复工复产时所面临的各类生产成本大幅上升、供应链受阻、物流不畅、订单流失等诸多困境向市经信委反馈，并向企业传达市政府援企纾困政策。铸造企业顾全大局、团结一心、守望相助、共克时艰，并肩抗疫，为切断传播链、遏制疫情蔓延扩散，为“防疫情、稳经济、保安全”做出巨大奉献。

5月5日，协会与上海市热处理行业协会、上海市焊接行业协会等协会汇同宁波银行上海分行、上海地市商会联合会联合组织开展守“沪”行动政策解读线上直播会。邀请市发改委国民经济综合处副处长解读上海市全力抗疫情助企业促发展的21条政策，综合退税减税、降费让利、房租减免、财政补贴、金融支持、援企稳岗等多种帮企纾困政策，全力支持相关行业和困难企业、恢复生产。

疫情稳定后，协会走访上海正荣机械模具有限公司等8家铸造企业生产现场进行交流评审，结合市、区各部门的产业政策和行业现状，与各区经委进行沟通与协调。同时对企业的安全生产、节能减排、现场管理过程进行评议审核。

6月30日，上海市民政局（上海市社会组织管理局）给协会发来感谢信，对疫情期间协会在会员企业的大力支持下积极响应号召，发挥专业优势，发扬公益精神，与企业共同应对疫情做出的贡献表示感谢。

四、开展培训与交流活动

1月9日，协会开展的铸造工五级（初级）职业技能等级认定工作严格按照程序圆满完成。自2021年9月开班以来，得到上海市热处理协会和理事长单位上海华新合金有限公司的大力支持。协会邀请铸造专家老师对学员进行为期5个月的系统性培训，从铸造工艺、工艺流程、操作规范、缺陷分析、现场操作等方面进行详细讲解，通过系统性学习，学员收获满满，一致给予好评。

为推进《上海市制造业数字化转型实施方案》，协会参与上海工业互联网协会主办的全球工赋年会（原工业人嘉年华）系列活动，推荐优秀铸造企业或有影响力的企业家参与“2022年度工赋风云榜”企业／人物。

1月11日，协会秘书长谈悦晨与上海市焊接协会共同拜访润申标准化技术服务（上海）有限公司，双方探讨今后可合作的机会，如共同推进团体标准的编写与发布，联合头部企业，为行业与协会的进一步规范、提升开展现代化、智能化、可持续的服务平台。

协会秘书处先后出席中国铸造协会第九届会员大会、山东省铸造协会年会、马鞍山铸造协会年会和技术论坛、金山区铸锻热镀协会会员大会、2021—2022浙江铸造年会；参与杨浦区铸造学会专家委员会优秀论文评审会议；参与协办2022压铸创新与智能发展论坛暨上海市压铸技术协会年会。6月30日，协会接待中铸协长三铸造产业创新发展联盟秘书长袁亚娟、秘书处杨杨，双方就协会工作方向和内容进行交流介绍，探讨会员服务、产业政策、教育培训、团体标准制定等方面的合作可能性。

拜访上海山田律师事务所，探讨合作交流、成立上海市铸造行业协会法律工作室等事宜，为会员单位组织关于合同、劳动纠纷等法律风险的免费培训与讲座，向会员单位提供日常法律咨询。

（谈悦晨）

上海市焊接行业协会

上海市焊接行业协会（原上海市焊接协会）成立于1985年，是非营利性社会团体法人。现有会员单位127家。

2022年主要工作：

一、同心战疫，共克时艰

（一）年初，为做好疫情防控工作，协会及时发出疫情防控倡议书，号召会员单位做好疫情防控工作。疫情期间，协会发挥网站、微信公众号等宣传工具，编辑发布“同心战疫，会员单位在行动”系列报道，共计8篇。积极收集编辑报道会员单位在疫情期间共同战疫、爱心捐赠和复工复产工作中的先进事迹。

（二）积极发挥协会专家作用，协会专家组成员，上海交通大学薛小怀副教授在线上举办并主讲“抗新冠，迎五一，焊接失效分析”系列特别研讨活动，参加和收看研讨活动达 8000 多人次，在焊接行业引起很大的反响。

（三）5 月 5 日，守“沪”行动——《上海市全力抗疫情助企业促发展的若干政策措施》21 条解读和企业用工所面临的问题线上直播会议召开。本次活动由上海市焊接行业协会等 5 家协会、宁波银行上海分行、上海地市商会会长联合会联合组织。5 家协会会员单位和有关企业 900 多人参加本次活动，市发改委国民经济综合处副处长于王捷对 21 条作解读。

二、爱心捐赠，助力抗疫

（一）疫情初期，面对日夜奋战在抗疫前沿的社区街道工作者和医护人员，急需防疫支援物资，协会和会长单位上海电站辅机厂有限公司得知情况后，会长朱建伟迅速组织有关人员准备抗疫物资，及时将 1000 只 N95 口罩捐赠运送到四川北路街道，医用口罩 5000 只、N95 口罩 1000 只捐赠运送到杨浦区救助管理站，爱心捐助防疫物资迅速到达防疫一线，以实际行动支持抗疫工作。

（二）协会名誉会长陈永强和副会长陈振刚、上海通用重工集团有限公司向协会捐款，协会将捐赠的费用全部用于购置抗疫物资，向各会员单位进行免费发放，共计发放消毒液 340 箱，为会员单位进一步做好常态化疫情防控贡献一份微薄之力，受到会员单位的好评。

（三）8 月，协会收到上海市民政局发来的感谢信，对协会在疫情期间，发动会员单位捐款捐物献爱心，为打赢疫情防控阻击战贡献一份力量，给予肯定和表扬。

三、全力以赴，做好工作

（一）7 月，组织召开九届三、四次理事会、监事会视频会议，审议通过《协会 2021 年工作总结》、《协会 2021 年度财务报告》等 7 个报告提议。12 月，组织召开九届五次理事会、监事会视频会议，审议通过《关于变更协联法人情况说明》、《关于调整核销应收账款等科目的报告》等 4 个报告、提议。

（二）积极组织开展各类专业工作组的活动，9 月 27 日，协会第九届学术交流出版工作组第一次会议在线上召开，工作组就全年工作内容与注意事项进行深入细致且卓有成效的讨论，并提出建议。10 月 12 日，国家发展改革委体改司举办“行业协会品牌建设与管理”培训活动，协会根据要求积极响应，迅速组织参加培训。通过学习培训，大家进一步提高理解品牌、认识品牌和建设品牌的重要性，促进协会努力创建品牌工作意识的增强。

（三）响应市民政局的通知精神，积极组织参与社会团体助力乡村振兴帮扶项目，协会所属会员单位上海陶派金属焊接科技有限公司参加广西融水苗族自治县的帮扶项目，以焊接技能培训、就业安置的方式，实现技能致富，实施技能帮扶，该项目已被市民政局采纳。

（四）推动培训及职业教育工作高质量发展，高效服务长三角 G60 科创走廊产业发展。12 月 6 日，协会培训及职业教育工作组启动会议在线上顺利召开。参加本次会议的有中国焊接协会副秘书长、中国焊接协会职业教育工作委员会秘书长林晓辉等 18 人。本次会议为协会职教工作提供交流平台。

四、坚持宗旨，开展服务

（一）3 月 8 日，协会开展清洁生产推广政策讲座，邀请上海市电镀协会周敏老师和刘蓓蕾老师解读宣讲。为会员单位办实事，助力美丽中国建设。受到相关会员单位的欢迎和参与。清洁生产工作将是今后焊接行业的一项重要工作。

（二）3 月 9 日，由协会主办，上海通用重工集团有限公司承办的数字焊接技术交流会在通用重工集团会议室召开。会议主题是数字焊接技术的应用，目的是加强制造企业与应用企业的合作交流，促进数字焊接技术的推广应用。受到与会代表的一致肯定，取得较好效果。

（三）为推送参加各类市级、全国大赛做好人才储备，发现培育优秀焊工选手，11 月 10 日，由上海市总工会主办，协会和上海市职工技术协会、中船上海船舶工业有限公司工会共同承办、上海船厂船舶有限公司协办、上海通用重工集团有限公司技术支持的 2022 年上海职工职业技能系列竞赛——焊工项目技能大赛决赛，在上海船厂高技能人才实训基地顺利举行。协会以本次大赛为契机，为会员单位职工提供了技能展示和行业交流平台。

（四）11 月 4 日，根据《上海市人力资源和社会保障局关于全面推行企业职业技能等级认定工作的通知》要求，经过协会秘书处的努力，上海市焊接行业协会经上海市人力资源和社会保障局批准为本市企业职业技能等级认定机构。市人社局要求协会迅速展开工作，在时间紧、要求高、人手少的情况下，协会加班加点工作，圆满完成首批直接认定和考核答辩任务，通过 85 人（高级技师一级 18 人、技师二级 23 人、高级工三级 44 人）的职业技能认定。同时全年完成各类标准焊工考试 1916 项，各类焊接工艺评定项目 17 项。

（五）协会和机械工业出版社与上海交通大学薛小怀副教授联合举办公益性焊接公开课（第二季第九讲），直播收看人数创新高，每场达到近 9000 人，受到会员单位和全国焊接行业的欢迎，进一步提升了协会影响力。

（六）配合市工经联开展企业节能减排工作，组织会员单位积极汇总上报节能减排项目，上海大西洋焊接材料有限责任公司、伟创力（上海）金属件有限公司、上海焊接器材有限公司、上海沪工焊接集团股份有限公司等单位总结 2022 年节能减排成果项目 7 项，申报 2023 年节能减排项目 8 项。全年走访会员单位 7 家，吸纳新会员 11 家。

（余新华）

上海市工具行业协会

上海市工具行业协会成立于1987年，成员单位主要是工具五金制造企业，涵盖制造、贸易、金融、法务、科研等。会员单位所有制类型有外资、中外合资、股份制、民营等。现有会员单位86家。

2022年主要工作：

一、发挥党组织战斗堡垒作用，确保协会健康发展

协会党支部坚持“三会一课”制度，组织党员认真学习中共二十大精神和习近平总书记一系列重要讲话精神，党支部书记积极参加上级党委组织的学习培训和活动，与会员单位党支部开展党建联建活动。9月，协会党支部与宁波银行党支部、山田律师事务所党支部组织党员去镇江参观新四军先遣支队韦岗战斗历史陈列馆，开展净化心灵，不忘初心做一个合格党员树一面旗的活动。年初，在上海抗疫封控期间，协会党支部组织党员到社区党组织报到做志愿者。

党支部全过程参加协会一切会议和活动，主动联合监事会对协会发展中碰到的问题开展协调工作。

二、落实政府抗疫防控，想方设法复工复产

协会十分关注并及时传达政府抗疫防控信息，根据行业人员特点提出工作建议，同时密切关注工作群中的信息，引导传播正能量，坚决杜绝传谣、信谣情况发生。加强与各成员单位沟通信息，了解企业抗疫防控工作落实情况、主要干部和员工的思想状态。

根据相关部门要求开展复工复产问卷调查、召开座谈会，将收集信息及时反馈到相关部门。疫情期间，理事单位山田律师事务所为会员单位免费开展相关企业法律咨询服务。

在社区防疫物资人员严重短缺，急需大量防疫物资时，协会号召企业承担社会责任，理事单位易尔拓第一时间向二个社区、一所大学捐助物资。各企业干部特别是党员干部都积极加入到社区志愿者队伍中。

三、推送相关政策和工作动态等信息，积极做好宣传工作

协会工作群及时推送相关政策和工作动态等信息，让全体会员特别是理（监）事成员正确使用理（监）事权力，让全体会员单位知道自己的权力和义务。帮助企业掌握政策，帮助政府做好各方面调研、调查工作，为政府出台政策提供相应依据。还在协会网站、公众号、工作群等媒体上发布管理、技术、走访、党建、企业特色、企业风采等信息。

四、组织参加各类培训，加强专项工作研讨

协会秘书处全年共参加各类培训10场；组织有意向参加工博会的企业进行工博会相关工作的研讨，邀请东浩兰生工业商务展览有限公司专家介绍工博会情况和对协会组团参展政策解读。成立由银行、知识产权公司、律师事务所、培训机构等服务型会员单位组成的护航工作组。

（戴　波）

上海市热处理行业协会

上海市热处理行业协会成立于1984年。是以上海市热处理企业为主和相关的设计、科研、教育及有关的单位自愿组成的市级社会团体，涉及30多个行业的上万种产品，覆盖全市国企、民企、外企及台资企业等多种所有制形式；会员单位包括航空航天、电气、核电风电、军工、航海、医疗器械、汽车高铁、机械制造等领域和教学、科研以及与热处理领域相关行业。现有团体会员单位212家。

2022年主要工作：

（一）协会认真贯彻落实科学发展观和中共二十大精神，聚焦党建引领，把握好发展“方向盘”，全面推进党建各项工作，将党建核心理念牢牢植根在协会日常管理中，在党组织指导下进一步做好工作。

（二）重点围绕市经信委、市生态环境局关于《上海市推动四大工艺行业高质量提升发展实施意见（2023—2025）》开展工作。按照市政府的要求和技术发展先进制造业思路，引导行业自我提升，继续全力推进清洁生产工作、绿色工厂建设、专精特新申报，以及进一步做好行业协会的规范化建设工作。

（三）努力为广大会员提供最优质的服务。通过会员大会、调查走访、问卷调查等形式充分了解会员诉求，进一步搭建好会员与政府间沟通桥梁，积极汇集行业声音向相关政府部门反馈，探索解决方案，帮助会员企业解决困难。

（四）组建行业专家委员会（包括技师、高级技师等来自生产一线的专家），加强专业交流，提供行业需求信息和相关政策咨询。联合上海市热处理学会组织高端学术讲座，组织企业专家分享生产现场工艺技术难题案例解读。

（五）提供业内便捷有效的交流发展平台，促进行业上下游企业的交流互动，推动上海市热处理行业与其他省市（特别是长三角经济区）共同发展。预定2023年6月与长三角经济区的兄弟协会一起，利用杜塞尔多夫（上海）展览有限公司的展会平台，举办2023中国国际管材展览会热处理分展——中国热处理加工技术展览会(Thermprocess China)。

（六）进一步发展和开拓业内从业人员的各类培训工作，开展新一轮的等级工认定和上岗证培训。完成金属热处理工三级、金属热处理工二级的职业技能认定工作，为上海市热处理行业的生存和发展提供高素质蓝领阶层的人才。此外完成协会、理事、监事会的换届工作。

（安　东）

上海市轻工业协会

上海市轻工业协会成立于2007年6月21日，2019年9月换届组成第四届理事会、监事会，是一个由轻工企事业单位以及相关社会组织自愿组成的联合性的5A级社会团体。现有会员单位307家，理事会成员66家（包括上海轻工行业各大集团公司和专业行业协会），监事会成员3家。

2022年主要工作：

一、应对新冠疫情重大挑战，力保生产经营稳定

协会主动应对突如其来的新冠疫情，助力行业抗疫。3月21日，协会发布《关于做好疫情防控工作响应书》；《上海轻工业》杂志出版抗疫专刊，宣传“光明食品国际有限公司坚守城市‘肉盘子’供应底板”“上海亚明照明有限公司在战‘疫’中书写担当”以及来自10余家专业协会、企业奋战在抗疫一线的动人事迹。向市经信委推荐复工复产“白名单”企业。复工复产中，为缓解轻工企业物流、供应链及员工上班受阻、经营活动难以开展等困境，协会秘书处人员主动走访多家会员单位，帮助排忧解难。12月，顶住新冠感染率快速上升压力，尽力维护生产经营稳定。上海轻工业运营年初开局平稳，4月因疫情出现断崖式下跌，6月有部分子行业由降转增，下半年降幅逐季收窄。全年经济总体回稳向好，显现出韧性和活力。

二、多方位服务企业，行业高质量发展

为推进上海轻工行业数字化转型和智能制造转升级，协会携手上海捷勃特机器人有限公司举办“春晓青浦，智汇轻工”等系列活动。协办由中国轻工业联合会主办、在杭州举行的第十二届轻工业信息大会，海立股份、上海家化、欧普照明、石库门酿酒、思乐得不锈钢、帕弗洛文化用品等单位获2022年中国轻工业数字化转型先进单位称号。

协会力促时尚创意、质量提升、绿色环保和节能减排，向市经信委上海时尚之都促进中心等主办的“第五届上格时尚科创先锋榜”，推荐思乐得不锈钢摩卡壶、“琴馨怡”银杏系列护肤品等产品并获奖。承办市经信委主办、聚焦“食品工业企业诚信管理体系建设和质量安全追溯体系建设”的主题日活动。及时转发市经信委文件，协助电力迎峰度夏、迎峰过冬。向电力公司申请并获准18家市场需求旺盛的企业不参加轮休（错峰）。

开展季度、半年度、年度上海轻工经济运行分析，形成上海轻工行业经济运行情况年度分析报告，为政府部门和各专业协会和会员企业提供服务。面向全国轻工业，发动会员单位，落实向中国轻工业联合会推荐中国轻工业百强企业等多项工作。

三、协力培育专业技能人才

5月，市人社局确认协会为上海市企业职业技能等级认定机构。8月，召开上海轻工职业技能等级认定评价工作推进会。11月，完成“民族拉弦弹拨乐器制作工（3级）”的直接认定。年内申报备案“品酒师（3级）”和“品酒师（4级）”的文件，并力争将其列为“面向社会开展职业技能等级认定”。5月—9月，协会举办2022年工程系列轻工专业继续教育线上培训，开设《智能制造发展与应用》等13门课程、24个班培训学员、1027人、4830人次。全年开展上海市轻工专业技术职务任职资格申报和评审工作，804人获工程师职称，109人获高级工程师职称，17人获正高级工程师职称，31人获高级工艺美术师职称。

作为第二届全国工业设计职业技能大赛上海赛区的主办方，协会把组织大赛作为加强轻工行业人才队伍建设的重要手段，在上海市职业技能鉴定中心指导下开展各项筹备工作。迅速发出通知，成立组委会，得到相关方面的大力支持。紧密结合上海轻工企业和院校教学的实际，积极动员符合条件的人员报名参赛。与相关专业行业协会和院校等通力合作，创新选拔方式，发现、挖掘有潜质的选手，参加包装设计师、玩具设计师、灯具设计师、工艺美术品设计师、室内装饰设计师、宝石琢磨工等全部6个赛项的决赛。上海代表队夺得“四金五银六铜”15枚奖牌，金牌、获奖总数超过首届，1个赛项获得学生组冠军，上海市轻工业协会获“优秀组织奖”。还与相关部门共同组织开展“上海轻工工匠”

培养选树活动，产生16名2022年“上海轻工工匠”。

四、重视和用好宣传舆论阵地

《上海轻工业》杂志贯彻“轻工业窗口，企业家朋友，新生活向导”的办刊方针，着力扩大在行业和社会的影响力，每期页码从48页增至56页。同北京万方数据股份有限公司、万方数据电子出版社、重庆维普资讯有限公司、龙源创新数字传媒（北京）股份有限公司等国内权威信息数据库平台建立合作关系，宣传影响力得到提高，外部投稿量也明显增加。11月，《上海轻工业》杂志社换届成立四届一次理事会，决定自2023年第1期起增容扩版。

通过协会门户网站、公众号、微信群，经常发布信息，扩大上海轻工业的影响力。协会参与承编出版由上海市地方志办公室编纂的《上海市志·工业分志·轻工业卷（1978—2010）》，该卷有130余万字和108幅（组）图片。9月，举行出版发行仪式暨修志工作总结会。协会《轻工业卷》编纂室被市地方志办公室公示为“上海市第二轮新编地方志书编纂工作优秀编纂集体”。

五、规范运作，加强自身建设

按章程规范运作，克服疫情影响，3月和9月，分别以视频方式在线上举行协会四届五次理事会和四届四次会员大会暨四届六次理事会。健全和完善各项规章制度，特别是加强财务制度建设，严格财务纪律；加强会员管理，大力吸收新会员。

党支部和党建工作站着力深化党的建设。党员融入所在小区参与疫情防控，12人向社区报到，6人参与社区抗疫志愿者工作。做好“光荣在党50年”纪念章颁发工作。积极推荐党代会代表。中共二十大召开后，通过党员微信群发布学习材料、组织学习二十大精神。举行主题党课，由党支部书记宣讲二十大精神，结合行业实际提出深入贯彻思路。根据轻工行业和产业特点，拓展党建工作站工作面，为紧密型党建工作打下基础。

（季旅青　范伟民）

上海市摩托车行业协会

上海市摩托车行业协会成立于1995年，是上海市研制、生产、销售摩托车的企业自愿组成的跨地区、跨部门、跨所有制的非营利性行业性社会团体法人。协会主要业务为开展行业协调、市场调研分析咨询、情报编辑、信息交流、培训，接受政府委托开展行业统计等（涉及行政许可的，凭许可证开展业务）。现有会员单位52家。

2022年主要工作：

一、发展产业方面

协会参与起草摩托车国Ⅴ排放标准，排放限值继续加严，对摩托车排放控制技术提出更高要求。继续开展电动摩托车共享电池标准体系研究，以团体标准为基础，开展上海市轻型电动两轮车换电系统领域的标准体系研究和相关技术标准的制定工作，完成《电动轻型两轮车换电安全要求》等7项团体标准征求意见稿的编制工作，推动产业发展。

二、服务企业方面

以协会专家组为核心为摩托车生产企业服务。开展的项目有：标准、认证规则培训、技术服务等。如摩托车发动机净功率、电动摩托车和电动轻便摩托车用电机及控制器等技术交流。针对进口摩托车企业开展政策、技术及信息的传达和交流。办好《摩托车行业信息》，为会员单位提供信息服务。开展学术交流活动，帮助企业及会员单位了解摩托车标准，有助于标准的实施和企业产品质量的提升。如开展GB15084—2022《机动车辆间接视野装置性能和安装要求》、GB/T4570—2022《摩托车和轻便摩托车耐久性试验方法》等标准培训，帮助会员单位加深对标准的理解，协会组织对外交流活动，如上海海关对口岸检测站能力评级工作，协助制订评级方案、完成评价报告。还协助上海市生态环境局开展摩托车产品一致性抽查工作。

三、开展科研活动

开展的项目三轮摩托车和正三轮轻便摩托车安全带及固定点可行性研究、基准燃料对摩托车排放的影响、对摩托车转向角度测量方法分析及探讨、摩托车和轻便摩托车燃油箱安全性能要求和试验方法、摩托车和轻便摩托车耐久性试验方法研究，参与《摩托车和轻便摩托车污染物排放限值及测量方法（中国第五阶段）》标准研究等。

（黄　岚）

上海市电梯行业协会

上海市电梯行业协会成立于1988年，涵盖上海及江苏、浙江长三角电梯产业集群，遍布世界各主要电梯品牌和国内知名电梯品牌公司的生产整机厂50余家，主要电梯配件厂家100多家，以及上海主要的电梯维保企业100多家。上海市电梯行业协会是政府颁发的最高等级5A级行业协会和上海市先进行业协会称号获得者。现有会员单位300家。

2022年主要工作：

一、坚持党建引领协会工作

3月底，上海防疫部门发布《关于做好全市新一轮核酸筛查工作的通告》，因通告对行业电梯设备在管控期间是否具有正常的交通保障未进行明确说明，而导致行业应急救援人员在开展工作时，无法正常通行。协会闻讯企业困难后，第一时间主动作为，广泛征求意见，及时向政府主管部门致函，积极协调解决问题，保障管控期间电梯应急维保人员的正常通行需要、妥善处置乘用电梯故障。在市政府发布复工复产相关通知后，协会成立专项领导小组，关注企业复工复产情况，向行业会员单位发出疫情防控倡议，切实认真做好电梯维护保养，为市民安全乘用电梯保驾护航。

自5月23日起，协会传媒部对会员单位的复工复产、城市安全运行守护者的相关事迹开展连续报道共计20篇，为有效有序恢复正常生产生活秩序积极传递行业正能量。协会党支部号召全体党员和群众主动担当，积极配合，凝聚合力共同抗疫。协会全体同志积极响应党支部的号召，其中有多名同志自觉主动投身到社区志愿者服务当中去，积极抗疫，共同守“沪”。

二、积极做好五A复审的准备工作

协会是上海市5A级社会团体称号首批获得者。协会花费大量时间和精力准备5A级复审，这不仅关系到协会的荣誉，更主要的是经过复审能找到不足，提升服务水平，使协会工作更加有序、高效和规范。已通过第一次复评。这既是对协会工作的肯定，更是鞭策协会和会员单位不断取得新突破取得新成绩。

三、持续开展信得过电梯维保企业创建活动

为让电梯维保企业更加关注专业、安全、诚信的核心诉求，协会于2021年下半年起开展创建信得过电梯维保企业的活动。2022年开始第二批信得过电梯维保企业评审，截至10月底又有10多家企业成为信得过电梯维保企业。至此，信得过维保企业已经超过50家，电梯维保量已经涵盖上海50%以上的在用电梯。持续推进电梯维保信得过企业创建活动，不断提高电梯维保质量和服务水平。

四、继续做好加装电梯工作

今后几年，上海加装电梯的数量大幅提高，每年将保持在2000台以上的水平。针对加装电梯中注重加装过程，忽视加装后电梯维护保养的现象，协会专门提出改进意见。同时，召开加装电梯的专项座谈会，希望在加装电梯中推行全包合同，逐步推广至所有住宅电梯；并给出测算依据，为加装电梯的全生命周期保险提供依据。协会编制的“上海市既有住宅加装电梯技术规范”得到市市场监督管理局、市民政局（上海市社会组织管理局）、市工商联合会三个机构联合所给予的推荐上海市团体标准典型案列中的——优秀典型案例。

五、组织技能竞赛，编写培训材料

为提升行业职业技能弘扬工匠精神，10月29日—30日，协会举行上海市电梯行业电梯安装维修工（二级四级）职业技能大赛。共有23家企业188人参加大赛，经市人社局审核通过取得相应等级的职业技能等级证书。协助浦东新区市场管理局等部门主办的完成浦东新区青年技能大赛电梯维保青年技能竞赛。完成职业技能等级题库等技术文件编制，主要是10月完成由协会组织的2022年度上海市电梯安装维修工职业技能竞赛（四级／中级、二级／技师）的全套技术文件；12月完成市人社局对电梯高技能人才培养基地考核机构所需的电梯安装维修工5个级别备案材料的文件编写及职业简介、操作技能复习题、模拟试卷等7个组合文件。完成社会培训评价组织管理工作。完成基地属地化管理工作和基地各类资助项目，如成功申请到首席技师资助项目等。

六、发挥传媒作用，促进企业复工复产

一是协会党支部多渠道宣传坚持防疫防范工作无私奉献的志愿者，以及企业复工复产情况，展现城市安全运行守护者的良好形象；协会“上海电梯”微信公众号全年有效关注数为7986人，平均每周发送12—15篇原创推文，保持发布及时性和原创率。二是按目标计划及市场需求，高质量完成《上海电梯》杂志、DM的出版发行；《上海电梯》杂志在保持原有特色的基础上，以新的姿态、新的面貌和新的工作方式，完成全年杂志的编辑出版，引领行业走向海外。三是在响应国家”一带一路”倡议的基础上，为电梯行业去产能拓市场，加强对电梯企业海外市场拓展的服务与支持。

（杨　玥）

上海市自行车行业协会

上海市自行车行业协会成立于1988年11月，是上海自行车行业企事业单位自愿组成的跨部门、跨所有制的非营利性行业性社会团体法人。协会下设电动车专业委员会分支机构。团体会员全市覆盖率已达行业的90%以上。协会是中国自行车协会的理事单位，并参与GB17761《电动自行车通用技术条件》的修订工作。现有会员单位120余家。

2022年主要工作：

一、组织企业捐赠抗疫物资

4—5月，协会响应会员单位的倡议，结合行业生产代步交通工具的特点，共同发起“抗疫守沪，有您有我”捐赠电动自行车活动。捐赠活动采用上海市和长宁区慈善基金会统筹方法进行。共分4个批次进行。首批由新大洲电动车捐赠的70辆电动自行车于4月24日送至受赠单位普陀区桃浦镇社区党群服务中心以及普陀分局交警支队等抗疫一线单位。第二批由凤凰公司捐赠的70辆电动自行车于4月26日送至受赠单位长宁区新泾镇人民政府和虹桥临空经济园区办公室，共有10个街道分配到捐赠车辆。第三批参与捐赠的单位有欧鸽、绿亮、依莱达、尚品、杰林、三斯，捐赠车辆于5月6日送至受赠单位闵行区梅陇镇人民政府。第四批参与捐赠的是捷安特（昆山）有限公司上海联友路分公司和上海我恋你电动科技有限公司，捐赠车辆于5月26日送至受赠单位青浦区朱家角镇人民政府。

协会会员单位凤凰公司专门从江苏美乐及凤凰供应商筹集到一批N95口罩40600只，通过上海市慈善基金会捐赠给金山区的社会福利院、养老机构和佛教协会。绿亮公司专门从外地采购30辆三轮电动车自行捐赠给闵行区慈善基金会。

协会卓越的工作和组织能力获得“优秀组织奖”和“优秀编纂工作者”的奖励。

二、制定多项团体标准

协会制定的7项团体标准，其中有三项是在政府有关文件中明确，受有关部门委托进行的。第一项是由市经信委委托在2021年10月起草，2022年3月1日发布、9月1日实施的《电动自行车用锂离子蓄电池和充电器安全要求》团体标准。第二项是由市道路运输局委托在2021年12月起草，2022年7月20日发布、8月20日实施的《互联网租赁自行车清运服务规范》团体标准。第三项是由市市场监督局委托在2021年7月起草，2022年9月20日发布、10月20日实施的《阳光车行经营规范及评价准则》团体标准。

这些团体标准的发布和实施已成为上海各区政府对清运企业进行整顿的参考文件，有的区还将是否承诺执行标准作为清运企业参加2023年度招投标的先决条件。11月28日，协会召开首批申报阳光车行的47家门店共54人出席的标准宣贯会议，对《阳光车行经营规范及评价准则团体标准》的评价原则、要求、考核评分细则等章节内容逐条进行详细讲解。

配合中国自行车协会执笔起草四项团体标准。协会被中国自行车协会指定为《电动自行车数字化管理工作指南》《时尚产品指南自行车与电动自行车》《可持续时尚企业指南自行车与电动自行车》和《电动自行车集中充电设施运营管理服务规范》四项团体标准的执笔单位。前三项标准代表行业未来的发展方向，是超前制定的标准，在2022年内已经发布和实施。后一项《电动自行车集中充电设施运营管理服务规范》团体标准配合2022年12月30日发布，2023年7月1日实施的的国家推荐性标准《电动自行车集中充电设施技术规范部分》具有重大意义。

（罗甲裔）

上海市计算机行业协会

上海市计算机行业协会成立于1988年5月，是上海计算机行业企事业单位自愿组成的跨部门、跨所有制的非营利性的以经济类为主的社团法人。协会以“创新、服务、促进、发展”为宗旨，不断创新服务方式，积极开展信息安全、互联网+、区块链、知识产权方面的工作，并取得卓越成效，得到各级领导及社会各界人士的高度认可。现有会员单位192家。

2022年主要工作：

一、在线指导和召开职称申报培训

在疫情下，协会从线上加大对职称政策宣传和解读力度，针对企业和个人的申报困惑，开展协会全天在线企业微信客服咨询模式，召开免费职称受理申报流程及政策解读会

3场。对于专业技术人员在职称申报受理过程中经常遇到申报人员对政策的不清晰，材料提交的准备不充分，导致申报材料缺失，网上申报操作错误等问题进行解答。6月，发布评审通知，中、高级专业系统注册申报近千人。简化材料审核程序、打造专业评审专家团队。为保证每位参评人员的材料可以得到严格的审核，对内职评办所有审核人员通过统一的审核培训，把控审核标准。制定统一的审核标准，严格审核后进入评审程序的共700人。

二、协会司法鉴定所工作

协会司法鉴定所承接涉及计算机领域的司法鉴定案例4起，接受相关个人和企业免费咨询及调解达336多起，案例类型包括“东营司法鉴定案”“东营质量鉴定案”“一中院劳动仲裁案”“遵义数据提取固定案”“印度邮件分析案”等。在业务拓展方面，协会司法鉴定所与伟特电脑科技（上海）有限公司开展在电子数据司法实践领域的合作。在政策法规学习方面，协会司法鉴定所组织执业鉴定人对《电子数据鉴定业务规范指引》《关于启动全国司法鉴定管理信息系统开展统计工作的通知》《关于报送司法鉴定行业学习教育和自查核查情况统计表的通知》《电子数据司法鉴定通用实施规范》等法律法规文件进行深入学习，提升鉴定人的责任和风险意识。协会知识产权培训基地，举办各类培训活动10多场。

三、规范团体标准化工作，促进团体标准优质发展

工业互联网平台大数据分析技术规范团体标准化试点项目顺利通过验收。《工业大数据平台技术规范》系列标准被市市场监督管理局、市民政局（市社会组织管理局）、市工商联评选为上海市团体标准典型案例“十佳案例”。带动社会各界不断提升对团体标准作用的认识，起到持续推动团体标准高质量发展的作用。

四、举办知识产权海外维权培训及服务调研

8月15日，由上海国际贸易知识产权海外维权服务基地主办，协会协办的“2022国际贸易知识产权海外维权培训及服务调研研讨会”在上海举办，邀请同济大学上海国际知识产权学院于馨淼副院长、许春明教授和上海大学知识产权学院袁真富院长以及国内多家全球业务律所：德恒上海律师事务所、段和段律师事务所、元达律师事务所、金茂律师事务所、汇业律师事务所共同参与研讨。

开展上海国际贸易知识产权海外维权服务基地知识产权主题培训。为适应企业培训的需求，加快结合热点培训的效率和广泛性，每月1—2次滚动开展线上录播培训，培训内容是数字合规下欧盟知识产权保护；海外知识产权规划布局实务；RCEP协定国知识产权纠纷应对实务；RCEP协定国运营交易实务。

五、数字经济赋能服务企业，企业活力迸发

为帮助以“专精特新”为代表的中小企业了解数字化，加速数字化，3月18日—11月25日，协会举办20期线上“数字化转型企业微课”系列培训。联合华为云计算技术有限公司、百度飞桨、中国移动、鼎捷软件股份有限公司等13家企业，为中小企业寻找合适的转型路径，介绍数字化应用经验，有效帮助中小企业更好地拥抱数字化浪潮。举办2场线下“人才政策宣讲活动”。通过线上线下活动的相互结合，及时有效地将最新的政策，最优质的师资转型题材给到需要的企业。

（周晓婷）

上海电器行业协会

上海电器行业协会成立于1987年，是以上海地区电器行业的企事业单位及其他经济组织自愿组成的非营利性社会团体法人。现有会员单位193家。

2022年主要工作：

一、当好会员企业的贴心服务员

协会走访多家会员企业，与企业老总交流座谈，掌握企业目前生产、销售状态，有针对性地帮助会员企业解决难题和痛点。

进一步强化协会公众号、网站等载体，转发各类信息。特别是疫情防控期间，把党和国家的防控相关政策信息及时转发给会员企业。在线上举行团体标准审查、技术市场交流会等会议。

二、当好企业高质量发展的助推器

根据国家双碳政策的目标实施，对新能源产品的研发，协会积极开展一系列调研，对广泛用于海上风电、光伏产品以及高能耗变压器开展制定团体标准，以满足国家、行业标准的缺失。全年完成《海上风力发电机组用环保气体绝缘开关设备》《高阻抗电力变压器》团体标准的制定。

协会聚集各方力量，助力电器行业优势制造企业打造优秀品牌形象。通过加强品牌建设，挖掘一批优秀企业代表行业积极参与国内、国际市场竞争。会员企业积极投入品牌建设工作中，参与品牌示范引领企业的申报。精益电器厂有限公司获2021年品牌示范企业称号。上海西屋高新集团、上海南华兰陵参与申报2022年品牌示范企业申报。

协会克服新冠疫情影响，采用线上线下相结合方式组织会员企业相互交流学习，加快企业数字化转型，提升企业核心竞争力。

三、当好企业共同发展的连心桥

协会与宁波银行静安支行签署合作协议，为会员企业牵线搭桥，解决会员企业在生产活动中的资金问题。为会员企业拓展业务活动能力。协会与上海市核电办公室合作，在中国铁建公司的大力支持下，在线上举行西南地区光伏市场的交流对接会。

疫情防控期间，协会组织会员企业参加市工经联主持的多场线上论坛，其中华为公司的数字化专家、云产品总监韦宁先生的借助于数字化工具走好“专精特新”发展之路演讲，受到大家好评。

协会组织多家会员企业参观中国电器工业协会在南京主办的2022年的全电展。11月21日，上海电器科学研究院举行第八届中国电器与能效管理技术高峰论坛，协会作为此论坛支持单位组织多家会员企业参加论坛会议。在C919交付中国东方航空之际，协会组织部分会员企业参观考察中国商飞有限公司生产现场。

四、当好防控新冠疫情的减压阀

3月，协会和会员单位按照市委、市政府的统一部署，第一时间发出倡议，号召全行业众志成城、团结协作，以新时代上海人、上海企业家的责任担当，助力打赢打好上海疫情保卫战。

协会多家企业积极行动，克服多种困难，为建立方舱医院提供多种设备。良信电器为龙阳路方舱医院提供多种配电设备。人民电器厂坚持统筹推进疫情防控与经营工作“两手抓、两不误”，率先吹响抗疫保产“集结号”，并组织起一支超过百人的“上联铁军”驻扎企业保生产。

协会认真落实全国稳住经济大盘电视电话会议部署，根据市委、市政府有关要求，在抓好常态化疫情防控的同时，助力会员企业加快复工复产步伐，推动经济社会恢复重振各项工作，确保城市运行安全平稳有序。

五、当好政府产业发展工作的参谋助手

配合市工经联，组织好上海市制造业单项冠军推荐工作。经协会审核推荐，上海良信电器股份有限公司、上海诺雅克电气有限公司入选国家第三批制造业单项冠军企业。

协会与上海电力大学合作，鼓励会员企业与高校合作，加快产学研对接，促进科技成果转化。上海纳杰电气等一批企业积极投入到产学研活动中。

推动上海市工商业领军人物表彰活动，助力政府部门营造尊重企业家价值，发挥企业家作用的氛围。2022年，上海柘中集团公司总经理被评为上海市第五届工商业领军人物。协会同时开展交流学习，推动行业掀起比学赶超活动。

六、当好党建引领社会组织的领跑者

在抗击新冠疫情中，协会党支部所有党员自愿捐款，尽绵薄之力支持新冠肺炎疫情防控工作。

协会党支部每年开展支部建设以及党员民主评议活动，在协会日常工作中，发挥体现党员的作用和影响，将党支部工作与协会日常工作紧密结合在一起。

协会党支部在学习中共二十大精神的同时，通过协会公众号及时宣传、交流学习心得体会，党支部还组织党员赴一大会址学习。

（马学能）

上海市锻造协会

上海市锻造协会成立于1984年6月，是上海及周边地区的锻造企业及相关企事业单位自愿组成的跨地区、跨部门、跨所有制的非营利性社会团体法人，现有会员单位60余家。

2022年主要工作：

一、借助平台多方位服务企业

协会充分利用政策、信息、沟通等平台优势，加强企业复工复产政策宣传、协助企业“专精特新”申报、以及在企业产品工艺链衍生、原材料及设备、培训、人才及用工等方面，协会都能急企业所急，积极提供信息和咨询，尽最大努力，为企业提供力所能及的服务。

二、对照章程和要求规范协会工作

协会严格执行市民政局的管理要求，坚持协会是非营利性的社会服务团体，坚持协会不开公司，不为个人或小团体谋私利；杜绝乱收费乱摊派的行为；规范内部管理制度和流程，严格执行财务制度，杜绝违规操作。协会一次性通过上海市民政局的年审。

协会按照章程的要求，克服疫情等困难，召开九届二次理事长办公会议和九届三次理事会暨会员大会。大会通过减免2022年会员单位1/3会费的决定，并得到切实履行。协会邀请上海汽车集团和上海工程技术大学交流关于新能源汽车的发展趋势以及新能源汽车给锻造行业所带来的变化及应对措施，得到会员单位的赞同。

三、职业技能培训等级资格再上一个台阶

按照计划，协会完成锻造四级工（中级）和模锻五级工

（初级）的培训大纲和所有题库编制，所有申请资料在12月上旬上报上海市职业技能鉴定中心，待上海市职业培训鉴定中心后续专家评审后认定。

与此同时，锻造初级工培训合格的人员，已经全部颁发上海市职业技能鉴定中心的证书，并申领到上海市人社局职业技能提升补贴。

四、配合政府政策研究及产业调研

协会保持和政府相关部门的密切联系，在四大工艺行业发展方面积极呼吁和建言献策，多次参加市经信委组织的论证会，强调基础工艺及产业链的重要性，对上海市《关于四大工艺行业转型突破发展行动计划》多次提出修改意见，积极反映企业的呼声，努力为锻造行业的生存和发展争取更大的空间。2月1日，市经信委、市生态环境局联合发文颁布实施《关于上海市加快四大工艺行业转型突破发展行动计划（2022—2025)》。该文件的出台，有利于上海市锻造行业重振信心，给行业发展带来新的转机。

配合中国锻压协会进行产业调研工作。

五、组织产教融合和技术交流活动

年初，协会与上海工程技术大学材料学院签订战略合作协议，旨在优势互补，产教研融合，促进共同发展。为提升企业职业技能水平，按上海市职业鉴定中心培训大纲要求，协会邀请上海工程技术大学材料学院的专业老师对锻造初级工培训班进行系列讲课并全部通过考试。9月，协会邀请材料学院董万鹏教授在会员大会上作关于“新能源汽车对传统汽车模锻件市场所带来的变化和影响”的报告。

（殷达义）

上海重型装备制造行业协会

上海重型装备制造行业协会成立于2004年12月，是上海及周边地区从事重型装备研发与制造的企事业单位自愿组成的跨部门、跨所有制的非营利性行业性社会团体法人。现有会员单位80多家。

2022年主要工作：

一、继续加强桥梁纽带作用、多维度服务会员

（一）利用自身资源，做好职称评审工作。按照年初制订的工作计划，发挥特有的资质优势，不断提高规范化、标准化水平，开展技术职称评审工作。协会总结以往职称评审工作经验，进一步修订并完善技术职称任职资格评审办法，确保评审办法更规范、更标准、更具操作性。协会职称评审委员会举办相关辅导培训会，专家老师讲解、答疑，帮助企业推荐的优秀工程技术人员进行申报，同时也帮助申报者提高写作工作总结和论文的效率和质量。年内共完成6家企业、22名工程技术人员的职称申报工作。

（二）关注政策动向，为企业争取利益。协会时刻关注政府惠企助企政策动态，及时把国家对企业的关心和支持落到实处，助力企业加大技术创新和升级转型的投入，牵头帮助企业成功申报市经信委“首台装备”突破项目和“技术改造”专项资金项目。同时，协会积极向兄弟协会、以及其他制造型企业宣传国家“3060”双碳战略等政策导向，走访深入企业一线，宣传“清洁生产促进法”，组织企业参加市经信委和市生态环境局联合开展的2021年度企业清洁生产审核申报工作，促进企业绿色转型。

（三）拓宽服务范围，强化服务职能。在抗疫的特殊时期，协会形成常态化的微信公众号宣传推送、微信群信息通知、网上培训、线上直播等新服务形式，不断提升服务能力和效果。利用会员工作群及时转发相关通知，通过App介绍政策、以及银行为企业战疫情、保生产经营所提供的特殊金融措施。大力宣传微小科创企业申报科技型中小企业技术创新资金计划，帮助企业及时享受到政策红利。组织会员单位参加“抗疫情助企业促发展”系列政策解读、企业复工复产金融扶持政策等专题培训。协会继续加强会员单位发展工作，优化会员单位结构，新发展2家制造型企业和1家金融企业入会。

二、继续完善合作交流平台、进一步提高活力生机

（一）搭建完善交流合作平台，组织会员企业领导进校园，促进校园招聘，寻找合作契合点，加强校企合作，增强校企联动。组织会员单位参加临港地区5所高校春季校园空中招聘会，有针对性地将上海电机学院机械设计制造及其自动化专业宣传电子文件推送给会员单位，促进会员企业与学校互动，响应政府号召在疫情艰难情况下鼓励企业招聘应届新生就业，共度时艰，进一步促进企业人才队伍建设，提高技术研发实力。

（二）加强跨区域和跨界合作、激发协会活力。协会与20余家在沪地市商会和行业协会共同发起成立“商会+协会协同发展联合体”，共同促进成员单位之间资源共享、协同发展为目标，在商会、协会和企业之间搭建起沟通合作的桥梁，建立有效的跨区域沟通、交流、合作机制，相互提供本地区经济活动的动态和有关信息，为多方互动活动提供便利，不定期开展互访活动，拓展合作空间、探讨合作模式，协商并解决合作中遇到的困难和问题。协会与一些地方银行建立战略合作关系，推介一批适合科创企业、中小企业发展的金融工具，更好地为会员单位提供优惠、优质的金融服务。

三、继续强化宣传推介工作，提高会员单位社会影响力

（一）加强对会员单位的对外宣传推介工作。多渠道、多形式地宣传会员单位在经营特色亮点、产品技术升级、创新管理、抗击疫情等方面的最新进展和成果，鼓舞发展实体经济的士气和信心，帮助会员单位扩大社会影响力和知名度。协会副会长单位参加上海机械工程学会举办的2022制造业企业数字化转型发展线上论坛，得到论坛组织方和与会人员的高度评价。

（二）组织多家会员单位参加市工经联和东方网共同创办的《走进上海品牌》栏目宣传活动，宣传企业和产品，为打响“上海四大品牌”助力、发声。积极参加中国（上海）工业品在线交易节活动，共同为上海企业的复工复产、供应链恢复提供服务。

（三）坚持每年编写行业发展白皮书，翔实地反映行业发展动态，为政府主管部门建言献策。大力弘扬先进，积极传播抗疫正能量，及时宣传抗疫和复工复产中的先进人物、先进事迹，发挥好典型示范引领作用。

四、坚定信心、以实际行动投身防疫抗疫

协会联合多家兄弟协会，迅速对接外省市产商，想尽办法克服物流困难，采购一批防护服捐赠给奋战在抗疫第一线的社区工作者和志愿者。3月底，会员单位上海英佛曼纳米科技股份有限公司急社会所急，辗转采购到价值5万多元的的防护服、口罩等防疫急需物资及时送到徐汇区龙华街道办事处。会员单位上海长肯试验设备有限公司发挥专业所长，及时研发制造安全先进的核酸检测采样亭，加急部署落实采购寻源、生产、运输等工作，向浦东新区定向捐赠一批价值100万元的核酸检测采样亭，及时在多个社区街道安装调试到位，及时投用到抗疫战场。市民政局对协会在大上海保卫战中所彰显的社会组织的责任与担当给予高度肯定，专此发来书面感谢信。

五、加强党建工作，以党建促会建

（一）组织开展好“三会一课”。5月5日，认真学习中共中央政治局常委会会议精神和习近平总书记重要讲话精神，落实中共上海市委工作要求，坚定必胜信心，全力打赢大上海保卫战，坚决拥护动态清零总方针，统一思想，坚定信心，共同抗疫。发挥党员先锋模范作用，全体党员迅速及时完成“双报到”，积极当好社区志愿者，在各自社区的抗疫工作上作出表率作用。

（二）把党史学习教育贯穿全年。突出学党史、悟思想、办实事、开新局的任务目标，注重融入日常，抓在经常。认真组织学习“建党百年”重要讲话精神，精心组织部署，制订学习计划，深刻把握精神实质和核心要义，在各项工作中加倍努力、加大探索，推动“建党百年”重要讲话精神入脑入心。开展党建主题活动，多次组织全体党员赴红色革命纪念馆、爱国主义教育基地进行参观学习。

（三）加强内部规范管理。严格执行政府部门关于社会组织管理的各项法律法规要求，严格按照协会章程研究决策和组织开展各项工作。严格费用收支管理，年内按照市民政局的管理口径自查，全部符合政府管理要求，一次性通过社会组织的年检。

（傅　桢）

上海市建筑材料行业协会

上海市建筑材料行业协会成立于1986年12月。协会现有流通、节能低碳、地板、定制家居、新型墙体和建筑节能材料、暖通与可再生能源、建筑钢材、建筑绿化、创意与工程设计、干混砂浆、新材料等11个专业委员会（分会）。现有会员单位900余家。

协会先后获“全国建材行业先进协会”“上海工业先进行业协会”“AAAA级社会组织”“上海市三八红旗集体”“上海新经济组织、新社会组织五好党组织”“五星级社会组织党组织”“党支部建设示范点”“先进基层党组织”“‘政会银企’四方合作机制金融服务工作优秀商（协）会”等荣誉称号。

2022年主要工作：

一、勠力同心，积极配合疫情防控

3月，新冠疫情突袭，协会坚决贯彻市委、市政府疫情防控工作的要求，发布多项倡议，号召会员单位坚定不移抓牢抓实疫情防控工作。协会精心策划“守沪抗疫，上海建材人在行动”和“复工复产，上海建材人在行动”系列报道，传播企业事迹，树立行业榜样。同时，向会员单位传递防疫指南、助企纾困政策、复工复产指引等信息80次，帮助会员及时了解相关政策措施。

二、全力以赴，建材企业尽显担当

建材企业严格落实疫情防控，竭尽所能配合方舱建设，积极捐赠物资，恢复生产经营，为打赢大上海保卫战添上浓墨重彩的一笔。协会及建材企业中的党员、员工自发参与所在社区志愿者队伍，接受统一指挥，协助医护人员及社区工作者做好基层疫情防控，为上海早日恢复常态发挥力所能及的力量。

三、恪尽职守，协会工作、抗疫并行

协会在协助社区和居委疫情排查、服务群众等工作中当先锋、显担当。坚守岗位服务会员，将咨询服务电话呼叫转移至相关人员手机，保证居家办公期间，服务企业不停歇。通过多种方式保持与企业沟通联系不间断，了解企业动态，解答企业各类咨询，及时传递相关政策，帮助企业渡过难关，为解封后尽快实现复工复产做好准备。6 月初，协会迅速复工，全力以赴做好会员服务工作。

四、精益求精，加强标准规范建设

根据《关于促进团体标准规范优质发展的意见》，认真组织学习讨论，梳理修订团体标准管理的相关流程文件，修订《上海市建筑材料行业协会团体标准管理办法实施细则》。2 个团标编制完成并发布，3 个团标编制中。

五、创新服务，线上线下齐头并进

为会员提供远程指导和帮助，提升服务质量和能效。组织召开“全屋定制如何实现数字化生产”主题交流会、“2022 建材家居企业数字营销交流会”“创新升级融合发展交流活动”、线上“工业资源综合利用政策”培训、“同心守护稳发展，法治护航保安全”系列政策解读及培训等，配合市经信委做好企业复工复产需求调研等相关工作。升级诚信信息系统中的节能材料部品库模块，进一步提升协会信息化水平和服务会员的能力。

六、服务政企，深化诚信自律建设

下半年，策划组织“绿色低碳和质量提升系列”工作，包括绿色低碳发展政策信息学习交流会、绿色建材技术要求学习交流会；参加市住建委召开的“绿色低碳建材工作会议”“建筑垃圾再生应用推广研讨会”，组织会员单位参加市商务委举办的“2022 年高端国际经贸商事调解人才培训班”“企业知识产权海外维权实践—商标篇”“中美贸易 2022 最新法案实操及解析”等线上讲座，协会官微开创“绿 · 碳 · 慧”栏目。

七、聚焦调研，打造学习型建材行业

高质量完成 2021 年度上海市新型墙体材料等 11 个建材子行业发展报告。参与完成 2021 年度《上海工业年鉴》《中国建筑材料工业年鉴》的相关内容编纂。圆满完成“建材应用篇”编纂任务，现志书已付印成册。

打造“学习型建材行业”，激发全行业学习热潮，营造浓厚学习氛围。10—11 月，“2022 上海建材行业知识达人学习营”线上活动首期正式上线，近万人次参与答题，获得会员单位广泛好评与肯定。

八、学深悟透，认真学习宣传贯彻党的二十大精神

10 月 16 日，协会党支部组织全体党员集中观看中共二十大开幕盛况，下午即召开主题党日，热烈庆祝二十大胜利召开。11 月，党支部、秘书处全体人员分别召开会议学习二十大报告。支部书记、秘书长石泉就学习二十大报告结合实际工作为大家上党课，大家分享学习体会和感悟，一致表示要切实把思想和行动统一到二十大精神上来，为新时代新征程高质量发展贡献力量。

九、提升能力，推进提高办会水平

坚持以协会《章程》规定为准绳，向理事会和会员大会报告 2021 年协会工作总结及 2022 年协会工作计划。契合国家绿色低碳发展要求，经征求理事单位意见，通过将协会建筑陶瓷卫生洁具专业委员会更名为节能低碳分会，以进一步提升为企业服务的能级，更好助力产业升级发展。

十、党建引领，党政融合践行公益

协会充分发挥党支部的政治核心作用和战斗堡垒作用，不断推进党支部“党建 1+1”工作的广度和深度，在党员群众、党建联建、社会公益等三个维度探索发力，引领协会党政工作融合发展，服务大局。

（张春玲）

上海市模具行业协会

上海市模具行业协会成立于 1994 年 12 月。是上海市模具行业生产、经营的企业和有关高校、科研机构等以及其他相关经济组织自愿组成，实行行业服务和自律管理的行业性、非营利性社会团体法人。协会理事会下设经营管理、模具技术、模具标准件、模具材料、信息化、标准化、汽车模具、教育培训、特种加工和专家等 10 个专业委员会，各专业委员会活动基本上覆盖整个模具行业。现有会员单位 252 家。

2022 年主要工作情况：

一、开展党建活动，加强队伍建设

10 月 16 日，协会党支部组织全体党员通过电视全程收看中共二十大召开盛况，随后召开组织生活会议，在侯小鸣书记的带领下研读二十大报告。协会党支部还组织党员、入党积极分子、群众观看撤侨主题电影《万里归途》，观后，大家深切感受到祖国的强大，身处和平的环境显得多么珍贵。

二、助力复工复产，共渡疫情难关

第二季度，上海疫情形势极度严峻，企业订单断崖式下降，处于产业链前端的模具行业首当其冲受到影响，打乱年初订下的经营计划。为推动模具及相关企业平稳、有序地恢复生产，协会发布《关于助力企业平稳、有序复工复产的倡议书》，组织企业线上参加由市商务委、市商业联合会、市进出口商会和市贸促会联合举办的“同心守沪稳发展，法治护航保安全”三场系列政策解读和培训会，与宁波银行联合举办“齐心抗疫，与宁同行”直播会，为模具企业在疫情期间对接更便捷、更高效的融资资源服务。企业逐步恢复生产后，有模具企业因产能饱和急需寻求模具零部件加工时，协会积极联络、对接相关企业予以解决困难，确保模具及上下游产业链供应链的畅通。

三、加强内部治理，规范协会工作

12月9日，召开协会六届三次会长工作会议，审议协会2022年度工作总结、2023年度工作打算及监事会工作报告等；讨论疫情开放之后，协会工作重点应放在解决会员单位遇到的困难，帮助企业开拓市场，促进国内国际双循环上。

12月2日，协会教育培训委员会在上海市就业促进中心指导下，联合AAT3D中国公司，在中国（上海）高技能人才公共实训中心举办“CAPPSNC数控加工在机测量数字孪生技术交流会”，现场观摩在机测量、自动找正、3D刀补补偿等模块实际应用，研讨行业先进测量技术的应用前景。

抓好载体建设。协会会刊、网站、微信公众号始终坚持高标准、精益求精、永不自满的精神，本着高起点、高定位的目标，不断进行调整，及时发布行业新闻、协会活动、技术分享、法律普及、人才招聘、供需对接等资讯，成为协会面向会员、面向社会敞开的窗口。还展示会员单位的风采，发布会员单位党建工作、企业内部智能化转型案例、社会公益、重大庆典活动等内容。协会秘书处在保证防疫要求的前提下先后走访接待20余家会员单位，倾听企业诉求。

四、开展普法教育，增强风险意识，加强商协会互动

协会会刊开设《模具与法务》专栏，邀请协会法律顾问程华平律师撰写《劳动争议案件中的几个主要问题》《公司章程涉及的主要问题》，转发上海律协编写的《本市企业复工复产劳动用工合规指南》和上海山田律师事务所编写的《疫情期间履行相关17问》，与山田律所联合举办“疫情下的合同违约和应收账款处理”专题讲座。

加强商协会互动，共享工作心得。协会与地方各模具协会之间加强联系，分享协会工作经验，交流行业发展动态，为更好地服务会员单位提供思路与方法。协会先后拜访江西省模具工业协会、重庆市模具工业协会、昆山市模具工业协会，为新成立的晋江市安海模具工业协会送去贺信，参加中国模具工业协会在宁波召开的九届三次常务理事会（扩大）会议。

五、对接政府部门，架起桥梁作用

协会与市商务委、市民政局、市工经联等有关部门保持紧密联系。组织参加由市商务委指导，市商联会承办的“首届上海市进出口公平贸易工作站专项能力提升培训班”，组织会员单位通过到会和线上观看直播的方式参加了第五届中国国际进口博览会配套活动——“着力提升产业链供应链韧性和安全水平，全面推动开放型经济更高质量发展”论坛会。接待辽宁抚顺望花区区委常委、统战部部长陈立新，重点交流模具和模具材料企业与望花区的合作事宜。

（邵正彪）

上海市化工行业协会

上海市化工行业协会成立于1997年6月，是上海化工行业同业企业以及其他相关经济组织自愿组成、实行行业服务和自律管理的非营利性社会团体法人。协会以服务企业、服务行业、服务政府和服务社会为宗旨，开展行业管理、咨询、培训、编辑刊物、组织合作交流交往等活动。现有会员单位230家。

2022年主要工作：

一、坚持共克时艰，抗疫与保产稳产两手抓、两手硬

（一）发挥桥梁、纽带作用，及时协调政府相关部门助力企业复工复产。年初，实施静默管理不少企业面临员工无法到岗，原料、产品运输阻断，减产甚至停产状态。协会秘书处及时联系市政府相关委办，协调解决企业困难，致力恢复正常的生产经营。向市经信委、市工经联提交5份《情况专报》，及时化解企业物流受阻困境，保障供应链畅通；协调相关企业紧急提供实验用特殊物资，保障科研有序进行；协调相关部门和行业协会，化解生产抗“疫”物资企业资金链断链风险；协调相关单位，无偿为上海多家敬老院提供用于环境消杀的消毒剂。

（二）编辑上传《抗疫简报》，为政府部门了解一线企业疫情和生产经营情况，提供信息依据。共编辑《抗击疫情，上海化工行业在行动》简报159期，为市政府相关委办、市工经联及时掌握本市化工行业抗“疫”情况和复工复产动态；

为政府部门指导企业抗击疫情、“稳产保供”提供信息支持。

（三）防疫抗疫的“大考”中，化工企业交出优良成绩单。上海化工区从紧、从严、从细落实防控要求，实现病毒“零感染”、安全生产“零事故”、规上企业“零停工”。华谊集团下属企业、上海碳谷绿湾产业园中的一线职工吃住在企业，坚持满负荷生产，做到疫情“零感染”、效益稳增长。

二、积极应对国际贸易新挑战，力保出口创汇新突破

（一）组织开展宣讲和调研，制定的针对性措施获政府部门支持。配合市商务委落实“上海市贸易调整援助支持政策”，组织化工出口企业申报“上海市外经贸发展专项资金项目”，30家企业申请的31个项目通过市商务委核准。召开“上海市国家外贸转型升级基地（化工产业）”企业座谈会。邀请重点化工出口企业负责人，就稳定上海化工出口贸易供应链的具体对策和需政府提供政策支持等话题，开展交流。认真听取专家意见，制订专家咨询、线上培训、对口宣传等多项“进出口公平贸易公共服务项目”国际贸易应对性措施，助力企业积极应对贸易摩擦。

（二）开展国际贸易合规培训，增强企业应变能力。3次组织举办线上“国际贸易合规的新趋势与企业应对”等专题培训。帮助出口企业了解国际贸易最新动向、进出口贸易符合国际贸易新规定。鼓励企业充分利用RCEP贸易协定便利规则，开辟RCEP协议国市场。

（三）有的放矢开展调研，形成专题分析报告。聚焦化工国际贸易受影响较大的产品，开展调查研究；发布《复杂多变的国际环境下上海化工产业贸易应对措施报告》，提出RCEP对化工国际贸易带来的冲击，补齐上海化工行业高技术、高附加产品生产技术和生产能力短板的技术进步措施。

（四）承办中外企业线上对接会。与上海之帆“一带一路”经贸巡展组委会共同承办“中外企业线上专场对接会”，聚焦化工、医疗器械、新能源及现代机械装备产业高质量发展。组织60余家化工企业与国外40余家商会代表和企业代表开展对接交流。

三、优质服务政府，为城市“安全发展”保驾护航

（一）中标一批委托项目，完成多项技术性评估。承接“化工企业‘低老坏’分级指标体系研究”“国内首次化工工艺安全论证”“外高桥第三电厂烟气CO2捕集制甲醇中试示范项目非首次工艺鉴定”课题，以及上海化工区、杭州湾经济技术开发区、碳谷绿湾园区等三家园区安全风险排查评估分级复核，上海北芳危险品物流有限公司上海金山危险品物流基地变更设计说明安全设施技术论证等13项政府委托的行政许可第三方技术审查项目。

（二）全面完成“禁化武”专项检查。承担2022年度“上海市禁化武许可及批后监管专项协助项目”。组织专家团队检查审核3家第二类监控化学品经营许可，6家第二类监控化学品使用许可，1家监控化学品生产装置竣工验收，2家监控化学品生产许可，为接受国际禁化武组织飞行核查做好前期准备。

（三）禁毒工作严格监管，安全推进。对药品类、非药品类易制毒化学品生产经营企业开展专题培训；加强对芬太尼类物质、合成大麻素类物质和氟胺酮等18种物质监控。配合市禁毒部门，加强易制毒化学品生产经营企业监管，对查出的问题和隐患限时整改；配合相关部门加强监控类物质原料生产经营流通单位许可证管理，进一步明确易制毒化学品生产经营企业线上填报相关信息的规定，易制毒化学品信息化管理做到制度化、规范化、常态化。全年在“易制毒化学品管理服务网”平台登记注册企业873家。

四、坚持安全生产，坚守“底线”“红线”不动摇

（一）建立咨询平台和安全培训，疫情期间“安全管理”不松懈。搭建线上咨询平台，组织安全专家线上接受企业安全生产咨询，指导企业加强安全巡查，消除安全隐患。开办线上、线下安全培训。静默管理期间，安全管理和安全培训工作不掉“链子”。与危险化学品生产经营企业及有培训需求的单位保持“热线”联系，汇总整理近100家危化企业培训申请资料。全市静默管理解除后，立即恢复线上培训；并深入10余家企业开展线下的现场培训。全年线上线下培训共计6000多人次。

（二）举办线上知识竞赛，组织社会公众广泛参与。与“危险化学品及工贸行业领域安全责任保险共保体”、市安全生产协会、市安科所，共同主办第六届危险化学品安全管理线上知识竞赛。全市有1.3万余人参加网络个人竞赛。在“在线答题＋线上直播”方式的专业团体赛中，来自各区选派的34支企业参赛队参与角逐。

五、服务行业、服务社会，加强与各方交流合作

（一）搭建化工企业“社会责任建设”工作平台。与市工经联就深入推进企业社会责任建设等工作开展合作，发挥协会“桥梁、纽带”作用，在市工经联“上海市企业社会责任报告发布平台”上推出宣传化工行业企业社会责任建设的案例和经验。

（二）开展校、协合作，推进科技成果加速转化。与上海大学合作，就高等院校对中小化企在技术升级、产品更新、数字化转型等方面开展交流，并就合作推进“产学研用”牵线搭桥。

（三）加强与行业外延企业的沟通，发展会员、壮大队伍。加强与长三角地区化工同行交流沟通，就携手推进长三角化工产业高质量发展达成共识；坚持以“有发展前景、有良好信誉度的科技型、制造型企业”为原则，吸收10余家新会员单位。迄今，协会共有会员单位262家。

（四）规范自身管理，提升服务素质和综合能力。协会秘书处始终把建设学习型、服务型、创新性社会团体作为工作目标，做到工作制度健全、机制运行规范。在“四个服务”中，提高每个成员良好的服务意识、协作意识、奉献意识和办事能力，营造团队合作共事的良好氛围。协会党支部在市工经联党委组织的党建示范点分组活动中作交流，得到市工经联及央企、国企等党组织的好评。

（杨盛平）

上海市电力行业协会

上海市电力行业协会成立于2004年9月。协会秉承“人民电业为人民”的初心，以“经济要发展、电力要先行”的奋发姿态，追求卓越，不断超越，先后获上海市“三八”红旗集体、中电联先进集体和先进个人、上海市质量管理奖等荣誉；被上海市市场监督管理局授予“绿色低碳能源装备”副主任单位。现有会员单位226家。

2022年主要工作：

一、同心抗“疫”，坚决守牢抗疫保电阵地

上半年，协会适时向全体会员单位发出《中共上海市电力行业协会支部委员会关于疫情防控的倡议书》和《鼎力相助一起守“沪”倡议书》。在协会的倡议下，会员单位10460名党员共开展各类志愿服务41416人次。协会秘书处居家办公员工积极参与社区志愿服务近百人次。此外，协会还开展会员单位“复工复产”情况调研，为企业排忧解难。

二、开拓进取，贯彻国家能源发展战略

协会利用平台资源优势，汇聚行业内各领域46位专家，成立上海市电力行业专家委员会，为项目评审、调查研究、咨询建议、教育培训、成果推广等工作提供支撑。协会主动联系行业内具有较大知名度的企业，并发展成为协会会员单位，进一步提升协会的行业代表性和社会影响力。

三、勇立潮头，引导高新技术领域发展

开展“走近超导——世界首条公里级超导电缆投运现场参观活动”。邀请行业内80余家会员单位到访超导电缆示范工程长春站现场，还编撰《走近超导——世界首条公里级超导电缆》专刊，普及高温超导输电技术，为充实超导电缆供应链搭建平台。

举办“新型电力系统”专题培训。邀请原国家电网公司总工程师张启平等专家为学员授课，帮助会员单位在“后疫情时期”及时了解电力行业发展趋势，尽快融入新一轮发展大潮。

开展电力行业关键领域专题研究。先后发布《上海市电力行业高质量发展分析》《电力市场改革专题》《新型电力系统概述及其安全经济运行的主要保障措施探讨》3份专报。同时，自筹资金开展“综合能源（新能源）项目评价指标体系研究”课题研究，为相关企业发展提供指导和参考。

四、真抓实干，持续推进人才基地建设

组织完成为期半年的2022年度“上海电力行业工匠”培养选树活动。从百余家单位推荐的候选人中确定10位“上海电力行业工匠”，推荐其中3名同志申报上海市总工会“上海工匠”。协会与国网上海市电力公司联合举办“2022年上海市电力行业职业技能大赛（继电保护员）”。33家单位的99位选手报名参赛。还与上海市经信团工委、上海电力设计院有限公司、中国核工业第五建设公司合作开展“上海电力行业三维数字化应用技能竞赛”，10家单位的14支队伍参赛。申报并获批上海市职业技能等级评价机构资质。在1月完成首批信息通信网络线务员初级工认定，共59人获证。

五、脚踏实地，深入开展团体标准建设

制定《上海市电力行业协会团体标准制（修）订工作细则》。不断深化团体标准工作，积极融入国家标准一体化建设。年内，协会共开展14个团体标准的制订；参与《火力发电高效清洁利用亚临界机组综合升级改造规范》团体标准制订；组织开展“走进团体标准”专题培训。协会邀请上海市市场监管局标准创新发展处等单位的团体标准领域权威专家，解读《国家标准化发展纲要》《标准编写的思路和要点》等内容。

六、务实创新，积极组织各类线上活动

克服新冠肺炎疫情影响，开拓线上活动渠道。组织近200家会员单位参与“企业品牌创新成果分享与品牌建设经验交流活动”“2021年度上海市质量协会质量技术奖颁奖暨2022年质量创新促进大会”等活动；高质量开展群众性质量提升活动，经协会培育并推荐，共有25家会员单位的QC小组荣获中国水电质协和上海市质协的奖项，获奖率达100%。同时，协会副秘书长蒋晓云、国网上海市电力工程建设咨询分公司周俊、上海外高桥第二发电有限公司王永睿分获卓越质量领导奖、杰出质量经理、质量工匠等奖项。

七、规范自治，牢固树立行业自律标杆

完成2021年协会年检填报，进一步规范协会自身发展，提升整体管理能力。根据民政部、国家发改委和市场监管局关于开展行业协会商会乱收费专项清理整治“回头看”的相关工作要求，对照通知明确的15项整治重点项目和“我为企业减负担”等内容，对2021年以来收费项目开展自查自纠。公开发布《上海市电力行业协会规范收费行为自律承诺书》，带头维护市场秩序。

八、重诺守信，持续强化信用体系建设

深入开展信用评价体系建设工作，完成2批次3家企业的信用评价初评工作，在协会的辅导和帮助下，3家企业分获两个“AAA−”和一个“AA+”信用等级。同时，在公众号上开设《信用专刊》专栏，普及信用评价基本知识，在行业内培育诚信沃土。上半年，中电联信用评价工作负责人芦晓东院长赴协会调研指导信用专题工作并给予高度评价。

九、牵线搭桥，持续搭建交流合作平台

召开协会新会员交流座谈会，邀请埃森哲（中国）有限公司、上海国际超导科技有限公司等12家会员单位座谈，为新会员搭建合作共赢平台。开展丰富多彩的线下活动，组织新能源专委会单位参观调研“浦电能量家——连民村低碳绿色能源示范项目”“前滩天然气分布式能源中心”等，探索全行业绿色转型发展的新路径。与上海市绿色建筑行业协会、上海市产业技术创新促进会、上海质量协会、上海市节能协会等领导赴协会调研座谈，共同探讨提升协会行业影响力和社会贡献度的途径。与上海电力大学、交大智慧能源创新学院、大成上海律师事务所合作，举办“新能源项目开发、融资并购及建设全过程法律风险解析”等四期“月月讲”公益沙龙，共吸引800余人参与。

十、党建引领，深入贯彻创新发展理念

协会党支部充分利用“党建＋互联网”的模式，开展线上参观“新时代新奇迹·2017—2022”上海发展成就展、线上收看习近平外交思想《党课开讲啦》节目、收看中共二十大开幕式等一系列“云”主题党日活动。同时围绕协会各阶段中心工作，将党建工作融入管理、服务大局，充分发挥“穿针引线”的作用，有力保证协会党支部的凝聚力和战斗力。

（戚弘敏）

上海防静电工业协会

上海防静电工业行业协成立于2004年9月，是从事防静电产业的企业、事业单位，自愿组成科技类专业性的非营利性的社会团体法人。现有会员单位100家。

2022年主要工作：

一、团结一心，众志成城，夺取抗击疫情的全面胜利

面对空前严峻的疫情，协会坚决贯彻党中央决策部署，积极组织会员单位承担社会责任，发扬公益精神，召开多次线上、线下各类工作会议。用行动诠释同舟共济、守望相助的大爱精神，体现社会组织的责任和担当，得到有关市局的表彰。

协会先后拜访市经信委、市市场监督局、市工经联，征求上级部门的意见建议。在“名品打造专项行动”中，了解掌握集成电路装备、智能制造装备、高端医疗器戒、航空航天、高端能源装备等战略领域情况。开展协会间的展览会、交流会、研讨会、论坛。协会为相关企事业免费普及静电防护知识，介绍静电防护在城市安全运营、国家重点项目中的作用和意义。

二、服务会员帮助提高知名度，扩大影响力

协会征集“防静电／净化产品供应商名录”，经组织有关人员的努力编制、整理、汇总，“防静电／净化产品供应商名录”迅速登录上线，受到会员的肯定支持，并在相关行业里显现效果。在“上海防静电工业协会微信公众号”上及时发布会议通知、活动简报、团标进展、静电发展动态等内容，做到具有可看性、实用性、权威性。

开展职业技术培训，协会花费大量人力、财力，组织协会有着丰富实践、教学经验和一定理论水平的专家、领导讲课。重新编写完成“上海防静电工业协会职业技术培训教材”，分别供线上、线下使用，为开办职业培训创造条件。

三、组织编写团体标准，推动行业稳步发展

协会以产品标准为抓手，着力制定防静电产品的团体标准。同时要求防静电产品生产和经销企业亮出标准，以标准和质量赢得市场。迄今已颁布实施8个团体标准。根据计划，2023年将立项通过和编写4个团体标准，分别是：上海防静电工业协会《T/ESD4001防静电产品合格供应商评定规范》、浙江金华天开电子材料有限公司《ESD/T3011低残余电压防静电地板》、浙江心源科技有限公司《ESD/T3012热塑本征静电耗散高分子材料》、上海腾甲防静电科技有限公司《ESD/T/2004防静电接地系统通用规范》。这些团体标准初稿已完成，并多次召开工作小组会议，参编单位达到78家。这些团体标准进行标准认证，使协会的团体标准更具有广泛性、公平性、先进性、可操作性和权威性。

（刘黎俊）

上海市标准化协会

上海市标准化协会成立于 1981 年 4 月，是上海市从事标准化工作的社会团体。设有组织、科普学术、技术咨询、教育培训等 4 个工作委员会，以及汽车、化工、纺织、船舶、轻工、机电、仪电、宇航、航空、信息、包装、能源、服务、种植业、水产、粮油、林业、有色金属、建筑建材、康复、城市轨道交通公共安全防范等 21 个专业委员会。协会由市社会组织管理局授予的“5A 级”社团组织和市科协“四星级学会”，取得“上海市品牌社会组织”等荣誉。现有团体会员单位 204 家，个人会员 1000 余名。

2022 年主要工作：

一、健全组织建设和内部治理

（一）坚持党建引领，促进创新发展，将党建工作与业务工作紧密结合。协会党工组十分重视政治思想建设和专职队伍建设，为党员上党课，向党员、积极分子赠送《习近平论中国共产党历史》等学习资料。在抗击新冠疫情期间，发挥党员先锋模范作用，号召党员主动参与所在社区的志愿者活动，并在协会公众号连续发送 10 余篇各会员单位抗疫实情报道。面对标准化改革发展形势，以多种形式认真组织学习《国家标准化发展纲要》《上海市标准化条例》等法律法规、规范性文件，并结合上海社会经济发展需求和标准化工作重点，组织编制协会的“十四五”发展规划，明确工作目标，进一步推动协会各项工作规范有序、可持续高质量发展。

（二）顺利完成九届理事会换届改选工作。协会于 2021 年启动换届改选筹备工作，通过成立换届工作筹备领导小组及工作小组，制定换届筹备工作方案，确立换届工作计划，部署各阶段工作，完成各专委会换届改选以及换届相关材料的准备，产生新一届会员代表及理事候选人名单，按流程完成各项换届筹备工作。2022 年 12 月 9 日，顺利召开十届一次会员代表大会，选举产生第十届理事会和监事会，选举产生新一届协会领导及监事长。

（三）夯实基础管理，强化制度建设。结合协会换届工作，对协会制度进行全面梳理，对标上级要求，并根据协会实际，制修订协会《会员代表大会选举办法》《会费收缴使用管理办法》等六项制度，经第十届会员代表大会审议通过并正式实施。

二、开展各类科普学术活动

（一）聚焦热点，开展工博会科技论坛项目筹备，协会连续 20 届主办的“中国国际工业博览会科技论坛——标准化国际研讨会”，作为工博会科技论坛重要项目，已成为协会知名品牌。2022 年，协会根据数字化转型热点，拟定“数字化转型与标准化”作为第 21 届工博会国际论坛的研讨主题，精心策划筹备，后因疫情原因，本次研讨会随本届工博会相应延期。

（二）紧贴社会热点，开展学术交流。因疫情防控原因，协会层面学术交流以线上活动为主，各专委会结合各自专业实际开展学术交流，加大标准化应用推广力度。10 月 14 日是第 53 届“世界标准日”，协会围绕“数字时代的标准化”（中国祝词）、“美好世界的共同愿景”（国际祝词）主题，在公众号发起“留言点赞赠书”的活动；协会船舶专委会举办世界标准日线下庆祝活动，通过两家获评“上海标准”的团体会员单位交流标准化工作经验等方式进行互动交流。

（三）组织丰富的节能标准化知识科普活动。在全国节能周宣传期间，由市市场局主办，协会承办的“掌上节能周——绿色低碳，节能先行”线上活动顺利进行。本次活动采用视频知识分享有奖征集，利用短视频视觉冲击力强、交互性强、传播范围广等的宣传优势，让观众不受时间的约束，随时随地浏览学习节能标准相关知识。活动所有作品的观看人数近 15 万、点赞数近 3000 人，活动形式的创新受到各方的广泛欢迎与认可。

三、顺应改革趋势，优化服务举措

（一）贯彻落实《上海市标准化条例》精神，开展“上海标准”评审及跟踪评估。作为“上海标准”的第三方评价机构，本年度协会共承担 3 项“上海标准”的组织评审工作，其中《钢铁价格指数编制准则》顺利进入专业终评，为本年度获评的十项标准中唯一助力国际金融中心建设的“上海指数”标准。

（二）持续探索和提升团体标准化工作，建立团体标准化工作机制，加强团体标准全过程管理，完成《高端装备制造业供应商管理规范》第 2—5 部分、《科技园区创新创业服务指南》《机动车多车道监控雷达测速仪》等 6 份团体标准的发布，协会发布的《智能网联汽车公共道路监管测试系统技术规范》团体标准，被长三角绿色一体化示范区执行委员会联手两区一县政府采信为示范区协同团体标准。

（三）作为服务标准化技术委员会的秘书处单位，围绕上海服务业发展需求，组织完成 7 项归口地方标准的立项审查、9 项地方标准送审稿的技术审查、4 项地方标准报批的技术审查并报批意见上报。组织标准宣贯，开展服务业企业标准化试点培育，充分发挥标准引领作用。

四、发挥专业优势，提供技术咨询服务

（一）积极配合政府，开展企业标准、团体标准自我声明公开“双随机、一公开”监督检查。协会积极联系各区市场局标准化行政主管部门，为各区量身定制相应的服务方案，提供包括现场监督技术支撑、检查前现场人员培训等增值服务，从8月至10月底，完成128项企业、团体标准合法性评价并出具评价报告，为各区市场监管局现场检查提供执法依据，得到各区市场局的好评。

（二）挖掘市场需求，提供优质标准化技术咨询服务。充分发挥标准化专业优势，为企业开展制修订、专家审查、网上自我声明公开等一站式优质综合服务，全年为8家企业完成61项企业标准制修订。根据政府部门管理提升要求，提供地方标准、标准化指导性技术文件研制服务。为相关学会和行业协会提供标准化技术支持，开展4项团体标准制修订技术咨询服务。培育各领域标准化试点是协会长期开展的服务项目，年内有体育场馆及设施运营服务规范试点等多个项目在滚动推进。服务模式上，以企业经营特色作为切入点，通过内外结合、上下联动，有序开展标准化培训、标准体系框架搭建、标准体系文件编写及实施，通过试点全面提升试点单位标准化水平。

五、注重标准化人才队伍建设，开展各类标准化专业培训

（一）开展各级各类专业培训，加快人才培养。采取线上培训与线下培训相结合的模式，全年举办各类培训10余场，参与人数共1100余人。

（二）按照《上海市标准化发展行动计划》提出的探索建立企业标准化总监制度的要求，配合市市场监管局，认真开展标准化总监制度设计前期调研，举办各类调研讨论会10余场，制定相应文件及课程大纲，为制度建立、持续推进提供技术支撑。由市市场监管局主办、协会承办的首期“企业标准化总监高级研修班”顺利举行，40余名企业高层管理人员参加研修，为提升企业标准化管理水平、实施企业标准化总监制度，打下良好基础。

（三）面对社会公众，举办公益讲座。在市科协支持下，协会与康复专委会举办“标准化助力新冠疫情康复医疗防控指南”在线公益课程，共计300余人参加，得到医疗界、市科协等高度评价。协会与市工经联联合举办“团体标准水平提升”在线公益讲座，助力团体标准组织标准化工作能力，促进团体标准优质发展，来自市标协的团体会员、行业协会的秘书长及各领域的标准化管理人员共600余人在线观看，取得良好效果。

（陈　琳）

上海橡胶工业同业公会

上海橡胶工业同业公会成立于1986年12月，是本市橡胶行业同业企业以及其他相关经济组织自愿组成，实行行业服务和自律管理的行业性、非营利性的社会团体法人。涉及轮胎、胶鞋、胶带、胶管、各类胶种和用途的橡胶制品及橡胶机械、模具、橡胶原辅材料的生产和经营。拥有双钱、回力、双箭、骆驼等多个著名品牌。现有企业会员80多家。

2022年主要工作：

一、认真严谨做好第十一届理事会换届改选筹备工作

因疫情原因，延期推迟改选工作，但坚持合法合规，做好筹备工作。公会秘书处依据《上海市社会团体换届选举工作指引》和《上海橡胶工业同业公会章程》，梳理和确认会员名单，制订换届选举工作方案，对下一届理事会换届改选工作的基本原则和候选人的推荐原则、推荐程序，以及理事会工作报告、财务情况报告、章程修改等提出工作安排和进度安排。成立换届改选领导小组和工作小组，按照各自的职责，依照公会章程，积极有效开展各项筹备工作。疫情解封后，工作小组加快工作进度，走访部分副理事长、理事和会员单位以及公会老领导，听取对换届改选和候选人的意见和建议。

二、为会员单位提供精准服务，体现办会宗旨

疫情期间，公会以微信、电话方式了解会员单位的生产实际情况，能解决的尽量帮助解决，需要政府引起关注的问题及时汇总反映。如有的单位希望得到技术专家的指导、有的寻求产品信息、新业务，有的单位希望帮助解决用工问题、有的单位希望协调经济纠纷，有的单位希望盘活闲置物品等等，公会秘书处都在能力范围内帮助解决或专报相关政府部门。

公会侧重关心有市场、有发展前景且符合绿色环保企业、产业链上下游及相关产业可以深化合作的企业，帮助他们实现可持续发展。继续用好技术经济委员会专家平台，为一些单位提供技术攻关和产业升级等的支持。

公会秘书处人员积极参加各类培训，包括参加市社团局举办的社会团体评级标准等，进一步规范办会，不断提高自身的组织协调、开拓创新和破解难题等综合能力。完成市社团局和市工经联党委关于品牌建设调查、品牌推荐、党建工作调研、领导班子民主生活会听取意见等工作。

三、加强党建，发挥党支部的战斗堡垒作用

协会党支部积极贯彻落实中共十九大、二十大精神，以习近平总书记系列重要讲话精神为指导，积极发挥党支部的战斗堡垒作用；以自学和集中学相结合、“一个党员一课题”方式，充分利用中宣部“学习强国”平台，作为提高党员理论学习的一个有效载体，从思想上武装头脑，增强党性，不断提升工作的针对性和有效性。

（薛丽萍）

上海涂料染料行业协会

上海涂料染料行业协会成立于1987年1月，会员单位主要分布在上海市和长三角地区，行业产品从涂料、油漆到涂料原材料，从纺织染料、食用色素到油墨和有机、无机颜料，从涂料、染料助剂到化工专用机械，从大化工到精细化工产品，广泛应用于国民经济各个领域。现有会员单位228家。

2022年主要工作：

一、同心协力，众志成城，打赢疫情保卫战，企业在行动

3月，突如其来的疫情打乱了人们生活和工作秩序。协会与会员单位按照市委、市政府的统一部署，积极行动，响应市工经联和市经团联倡议，以新时代上海人、上海企业家的责任担当，助力打赢打好上海疫情保卫战。一是协会联合上海市化工行业协会、上海聚氨酯工业协会、上海家电行业协会，共同举办“抗疫促发展，复工复产线上讲座——财税金融专场”。请专家介绍上海市全力抗疫情助企业促发展的政策措施、上海银行发布的“普惠金融纾困行动方案”18条、企业申请政府补贴政策条款。二是组织会员参加市商务委5月29日主办的“同心守沪稳发展，法治护航保安全”系列政策解读线上培训活动，及时了解政策，助力企业纾困。

二、强化协会建设，会员队伍不断扩大，服务企业促进发展

在组织建设方面，按照协会理事会提出的要求，切实发挥团队积极性、主动性和创新性，创新工作思路，提高工作效率，尽心尽责为政府分忧，为企业搭台，为行业服务。健全协会制度，加强组织建设，把协会打造成政府放心、会员满意、服务优质的高效团队，建设成功能完善、结构合理、与行业发展相协调的先进协会。

在会员建设、杂志编制、网站建设、专业培训和团体标准制定等方面，进一步优化操作流程，把工作做细做透，如优化网站构架并及时上传协会工作动态和行业发展新闻；培训工作更符合行业和企业的需求，积极开展高级技术工人培训工作；加强团体标准执行情况跟踪等。年内，协会完成“低SVOC绿色水性内墙涂料”（T/SHCDA 000003-2022）团体标准备案和正式发布工作。继续做好“水性建筑涂料固体废物属性鉴别及管理要求”（T/SHCDA 000001-2020）管理工作，对于执行团标的企业，按照协会要求进行管理，做好统计工作。

三、搭建交流平台，及时分享行业动向，助力企业创新发展

协会克服疫情影响，加强走访会员单位，深入企业调查研究，组织专家为会员单位遇到的技术难点出谋划策，解决企业发展中的“难点、痛点与堵点”。全年共组织近20次企业间交流，有效提升协会的服务能力，促进行业、企业间的交流，助力行业技术水平的提升和行业高质量的发展。如联手聚氨酯协会，与麦豪公司总经理和技术专家进行产品应用技术交流会，助力产品推广应用；组织专家与联众网开展染料行业绿色发展的技术交流专题，推进染料助剂高质量发展；拜访涂料所（理事单位）总经理与检测技术专家，就如何为会员单位提供涂料产品的质量控制和技术评价服务等进行广泛交流，推进上海涂料行业的绿色低碳发展；组织专家赴瑞素士和优创化学公司，指导企业的技术创新和“专精特新”项目的申报工作，提升企业创新能级；组织颜钛公司与涂料所的合作与交流，就品控技术进行深入探讨，助推会员企业间的技术合作；组织专家与一田涂料公司开展技术交流，为该公司新型重防腐涂料产品检测技术、质量提升提供指导意见，助力其新产品的市场推广；组织专家走访新会员凯虹特种材料科技公司，了解企业发展需求，提供更好服务。

协会按照“服务企业、规范行业、发展产业”的工作要求，紧扣安全环保、绿色发展、科技创新的主题，围绕企业复工复产过程中遇到的实际问题，组织会员参加各种线上专题技术交流会，助力企业恢复正常的经营秩序。3月30日，协会组织会员单位参加“2022中国国际涂料大会暨长江经济带涂料高峰论坛”线上直播会议，分享国家“双碳”政策给涂料行业带来的机遇与挑战、中国绿色涂料产品认证及低VOC涂料产品评价等精彩内容。12月9日，第十一届“绿色涂料发展论坛”和“安全生态染料颜料发展论坛”在上海汽车集团股份有限公司培训中心（朴税学苑），以线上和线下相结合的方式举行，协会领导、知名专家教授及重点企业代表作演讲交流，共探行业绿色高质量发展之路。

（李伟之）

上海塑料行业协会

上海塑料行业协会成立于1990年2月，现有会员企业200余家，会员组成涵盖整个塑料产业链，现会长单位系中国石化上海石油化工股份有限公司。

2022年主要工作：

一、走访会员单位和调研咨询工作

协会先后走访抗菌材料专业委会、工程塑料专委会、生物可降解材料专委会、塑料功能膜片材专委会旗下的多家会员单位，总结交流互动探讨。注意发挥好各专委会贴近企业的优势，与大家一起在服务会员企业的内容和质量上不断丰富、不断进步。通过调研，收集60余家企业提交的“关于上海塑料行业协会会员或业内企业情况调查表”。

二、专委会工作

9月15日，工程塑料专业委员会在苏州知音温德姆酒店举行主题为“应用驱动创新，新能源汽车塑料应用及技术发展”的高性能塑料研发技术论坛，嘉宾们同与会者一起分享许多成功应用实例和经验教训，使大家获益匪浅。8月16日，塑料包装专委会在协会的会长办公会暨七届六次理事会、监事会线上会议上，审议关于上海塑料行业协会塑料包装专委会的2项议案。

三、展会工作

1月11日下午，协会秘书处走访雅式展览服务（上海）有限公司，商议2022年度原定展会时间的内容全部改为线上进行，雅式推出8场热点技术云论坛，分享关于双碳经济及回收再生、工业4.0、3D打印、工业设计创新与研究成果等，吸引20余万业内及上下游相关产业链的企业人员和业界人士收看和关注。中广核俊尔（上海）有限公司等27家协会会员企业踊跃参加CPS+在线供需对接平台，借助于平台联系买家、为买家提供产品解决方案，极大地提高互动时效，提升贸易成交率。

四、抓实抗疫防控

在上海防疫总方针下，协会领导及时安排协会秘书处成员值班或居家办公，并适时调整工作计划，使疫情防控和工作两不误。一是设立企业法律咨询服务平台和发布疫情告知书。3月18日，协会发布关于疫情期间开展相关企业法律咨询服务的通知，由会员单位上海山田律师事务所团队免费提供关于疫情防控期间企业债权债务纠纷、企业租赁合同、企业合同履行、企业劳动纠纷、企业融资货款法律问题、涉税法律服务等的咨询。3月25日，根据上海疫情防控面临严峻复杂形势，协会发布疫情防控告知书。二是发布会员单位的抗疫防控情况。协会在秘书长陈国康号召下，由信息部主任侯培民撰写发布26期抗疫防控的报道，涉及疫情防控中勇于担当社会责任、积极行动的20余家会员单位。三是开展企业问卷调查和企业情况调查活动。4月15日，协会下发《关于开展企业问卷调查和企业情况调查的通知》，了解疫情对各会员及业内企业生产经营的影响。认真收集数据，梳理纾困助企措施，推动企业复工复产。四是开展“复工复产调查周”活动。6月20日—24日，协会对61家塑料企业（包括理事和会员单位）开展复工复产调查周活动。通过电话、微信、邮件和走访等多种形式，了解企业难处和困境，及时反映给政府有关部门，供制定政策时考虑。

五、服务政府工作

信息部向上海市经信委提供《上海工业年鉴》的相关素材；向市社团局提供上海市社会团体年度检查报告书；向中国塑料加工工业协会提供《中国塑料工业年鉴》“上海市篇”的年鉴资料。

六、党建工作

在市工经联党委组织的“学习强国”学习中，协会7名党员坚持每天听课，积极参与。党员吴曲茹多年保持第1名的成绩，获得市经信委系统活动中多次表彰。

3月1日，党员学习中共十九届六中全会精神。在“七一”党的生日组织收看《榜样的力量》纪录片，大家观后深有感触。

4月27日，协会支部参加市工经联党委第一党建工作站在上海市龙华烈士陵园开展“学党史感党恩跟党走”主题党建活动，观看红色电影《金刚川》。

6月22日—23日，协会党支部书记侯培民参加市工经联党委举办党史学习教育报告会暨党组织支部书记培训班。

6月29日，市工经联第一党建工作站召开“中国共产党成立100周年庆祝大会”，协会党支部参加并表演朗诵《暂别还是永别》节目。疫情期间，协会多名党员累计捐款700元。协会信息部全年报道协会活动信息112篇，撰写和摘录专业性以及科普性文章23篇在各类媒体上刊载。年内吸纳新会员10家。

（徐旭璟）

上海日用化学品行业协会

上海日用化学品行业协会成立于2006年，是由上海化妆品、香精香料、洗涤用品、口腔护理用品组成的行业协会。现有会员企业290家。

2022年主要工作：

一、主动调研疫情对企业的影响，积极反映企业诉求，助力行业复工复产

4月，协会经过深入调研，联合伽蓝集团等15家美妆企业向市药品监督管理局就“新冠肺炎疫情防控期间化妆品注册备案管理有关事项”发起提案，提出的建议得到药监部门采纳，极大缓解企业上市产品生产经营合规的担忧，为企业复工复产复市提供契机。为此，协会携同伽蓝公司及企业向市药监局、国家药监局化妆品监管司赠送“勤政高效护航企业、尽职尽责纾困解难”锦旗。

疫情期间，协会化妆品企业家专委会组织召开上海市重点化妆品企业纾困解难工作线上交流会，伽蓝集团、上海家化、上美集团、林清轩等化妆品企业共同商议如何解困保供及如何复工复产，推动化妆品行业继续高质量发展。协会还积极主动为部分企业协调落实物流运输，为企业解决急需。协会秘书处在做好自身防护同时，组织为一线企业捐赠食品饮料，为会员企业捐赠急需药品。

二、积极推动行业数字化转型工作

为落实《上海市化妆品产业三年行动计划》等要求，在市药监局指导下，协会推出《化妆品生产企业——质量安全控制数字化转型评价指南》团体标准，并开展宣贯推进工作，开展“化妆品生产企业质量安全控制数字化转型评价”，全面评价化妆品生产企业质量安全控制数字化转型过程的成熟度、实施效果，让化妆品生产企业在实施质量安全控制数字化转型时能有据可依。同时，开展自我评价、外部评价，促进企业数字化转型更高效、取得更好结果。在企业自我评价基础上，协会联合上海市工业互联网协会开展化妆品生产企业数字化转型标杆企业遴选工作。经企业申报、自评，现场核查，专家评审等程序，伽蓝（集团）股份有限公司、上海家化联合股份有限公司、上海中翊日化有限公司、美乐家（中国）日用品有限公司、上海创元化妆品有限公司5家企业上榜。

三、开展质量安全负责人优秀案例表彰活动

按照《化妆品监督管理条例》规定，上海化妆品行业均设立质量安全负责人，并建立和组织实施企业质量管理体系，涌现一批优秀质量安全负责人。协会编撰部分质量安全负责人优秀案例报告，再经协会现场调研、数据研判、听取行业企业意见，上海嘉亨日用化学品有限公司严珍红等12位同志被评为2022年度上海市化妆品行业优秀质量安全负责人，给予表彰，促进化妆品企业质量安全负责人的责任感、荣誉感、使命感。

四、发挥标准在行业高质量发展中的技术支撑作用

为促进化妆品产业的创新发展，协会完成6项团体标准，包括《化妆品中天然成分的技术定义和计算指南》《化妆品保湿功效消费者使用测试评价》《化妆品及原料中全反式视黄醇及其衍生物含量的测定高效液相色谱法》《化妆品修护舒缓功效评估——基于紫外线诱导皮肤红斑反应模型的测试方法》《化妆品用原料黄花蒿（青蒿）提取物（水醇提）》《化妆品用原料黄花蒿（青蒿）提取物（油提）》。协会严格按照团体标准开展标准制定，确保标准制定高质量可推广。同时，协会积极推动企业参与国家标准的制定起草。协会推荐的上海创元化妆品有限公司参与起草的“润唇膏（啫喱、霜）”国家标准、多特瑞（上海）商贸有限公司“精油产品标签标识通则”已完成审定，即将发布。

五、完成《上海化妆品对标达标质量提升报告》课题

根据国家标准委等十部门关于开展百城千万企业对标达标提升专项行动的通知，协会受市监管局委托，开展化妆品行业对标达标工作。并对上海化妆品行业企业、品牌进行调研，查询分析大量数据，充分听取行业专家咨询意见建议，形成《上海市化妆品产业对标达标提升报告》，于10月完成课题审定。

六、基本完成化妆品生产企业信用分级评估工作

受市药监局委托，协会组织开展2022年度上海市化妆品生产企业信用分级评估工作。9月，该项工作启动，确定参评化妆品生产企业名单，草拟和征求信用分级评估标准及申报材料内容意见，完善并确定化妆品生产企业信用分级评估标准、参评企业申报内容，确定化妆品生产企业信用分级评估工作流程及日程安排，并向企业公示参评申报表等文书资料。10月，协会以视频会议方式开展评估工作培训，动员企业参与信用分级评估工作，告知工作流程及日程安排，联系、沟通、辅导企业开展信息申报工作。11月，协会开始接收企业申报材料，委托第三方机构分析比对相关数据信息，组织综合汇总。至12月，基本完成191家参评企业信用评估初步结果数据信息，及撰写信用评估报告。

依据评估汇总，35%企业评估为A级，41%企业评估为B级，此结果将为提供政府机构监管提供参考依据。

七、开展化妆品企业实务操作等相关培训

协会按照化妆品监管法规的要求，结合企业需求，举办3期化妆品企业微生物／理化检验员实务操作培训，有近200位学员参加培训，并通过考核。协会还协同美丽修行联合抖音平台开展“美妆护肤”培训，从基础肌肤认知、行业法规科普、理性看待成份、正确认识检测等4个领域向KOL进行专业知识科普。协会协助行业企业申报中高级专业职称（日用化学工程），为企业相关人员申报提供申报信息、继续教育培训、论文发表等相关服务。据不完全统计，年内行业通过高级职称评审12位、中级职称评审85位。

八、共铸城市品牌，努力发展品牌新亮点

协会努力推进组织上海家化、伽蓝、上美化妆品、林清轩等企业参加线上和线下首店经济的活动，取得不凡成绩。组织并推荐创元的玛丽黛佳彩妆、林清轩的一大会址石库门口红、美加净牙膏100周年纪念牙膏、韩束新产品红腰子精华液等产品参加上海市消保委2022年上海伴手礼评选并获选。

协会推荐并协助上海林清轩生物科技有限公司、上海诚兴机械电子有限公司、上海乐宝日化股份有限公司、上海宜侬生物科技有限公司、上海上美化妆品股份有限公司、上海相宜本草化妆品股份有限公司、上海家化联合股份有限公司、上海暖友实业有限公司、美黛（上海）生物科技有限公司等企业申报获批市级设计引领示范企业、专精特新企业、品牌培育企业、上海制造品牌、上海好商标等项目。

九、打造行业交流交易平台，服务行业高质量发展

在国内外疫情反复影响下，协会秘书处组织开展多项会议讲座活动。联合易贸美妆协办ICIC2022国际化妆品创新大会；联合荣格传媒协办2022荣格－上海个人护理品技术高峰论坛暨展览会；联合品观协办CiE美妆创新展；联合CBE打造线上“上海美妆馆”；CBE SUPPLYCBE线上展上海日化馆；绿色PRO 2022化妆品研发趋势大会；协办东方美谷国际化妆品大会；联合远东正大、斯坦德、小鱼亲测、环特优检等多家机构举办8次“走进化妆品”公益讲座。

结合儿童化妆品监督管理条例出台实施，协调会同newpage录制播出二集“走进儿童化妆品生产企业”“儿童化妆品怎么选”视频，并为相关部门转载。

与此同时，协会做强对外宣传媒体平台，充分发挥网站、微信公众号在技术引领、政策法规普及、新产品介绍、会员动态发布等方面的宣传作用，及时向会员单位传递。协会网站已完成全新改版，微信公众号关注度持续增长。

十、为企业做好咨询服务工作，帮助企业解决实际问题

协会组织行业专家积极为企业注册备案、许可证换发等做好咨询工作，协助相关市场监管局（所）案件意见征询，帮助企业解决诸如三乙醇胺海关两用证等实际问题。

认真学习中共二十大报告精神，发挥党员模范带头作用。协会党支部认真过好组织生活，组织学习习近平总书记系列重要讲话精神，坚持“两个确立”，做到“两个维护”，以推动上海化妆品产业高质量发展为己任，努力做好协会各项工作，为行业会员单位服务。

（金　坚）

上海市生物医药行业协会

上海市生物医药行业协会成立于2002年12月19日，是由从事生物医药业的企业、机构及相关单位自愿组成的跨部门、跨所有制的非营利性行业性社团法人。行业涵盖现代生物技术和医药领域从研发、生产到流通整个产业链。现有会员单位218家。

2022年主要工作：

一、众志成城，打响疫情防控阻击战

（一）义不容辞，全身心投入战疫。协会向全体会员企业发出《招募核酸检测工作志愿者》倡议书，短短几天，招募到核酸检测工作志愿者347人次。联合会员单位杭州纽龙生物科技有限公司，从杭州萧山紧急调配21吨蔬菜物资驰援上海，捐赠给宝山区，解居民燃眉之急。想方设法筹措到30箱暖心的N95口罩捐赠给虹口社会福利院，解决福利院防控需求。协会共产党员赵婷、王宝龙等主动参与楼道保障工作和小区核酸检测扫码登记等工作，用实际行动亮身份、践承诺、作表率。共编写上海生物医药抗疫简报69期，涉及内容113篇。

（二）想为企业所想，急为企业所急。封控期间，协会在最短时间内有效地解决40余家会员企业包括液氮在内的紧缺物资以及部分生产企业的车辆通行和人员进出园区的困难问题。同时，为会员单位迅速调运捐助3万支抗原试剂盒。企业非常感动，将写有“雪中送炭，助企抗疫”的锦旗送到协会，感谢协会对会员企业的关心和照顾。

（三）有的放矢，助推复工复产。协会编写《新冠疫情对上海生物医药的影响》专报，呈送市政协等有关部门。与上海市生物医药产业促进中心、上海市生物医药科技发展中心等单位联合相继举办《上海市加快经济恢复和重振行动方案》政策解读会等活动。利用协会党支部与中国银行上海分行张江支行党支部是党建共建单位的关系，为会员企业及时筹措资金，解决企业实际困难。在市经信委组织协调下，联系武汉明德生物科技有限公司定向获赠100万份新冠病毒抗原检测试剂，发放给66家企业，使企业防疫和生产经营两不误。

二、多管齐下，助推行业产业发展

（一）发挥智库作用，开展产业研究和技术咨询服务。协会受市经信委委托，开展《布局以合成生物学为本市生物医药产业发展新增长点的研究》。受市商务委委托，完成《2022上海生物医药行业公平贸易分析报告》专题研究报告。

承担完成上海化学工业区发展有限公司委托的《上海化工区生物医药产业发展可行性研究》；积极贯彻落实《上海市生物医药产业发展“十四五”规划》的精神，聚焦“张江研发＋上海制造”，推动以张江为引领的“1+5+X”产业空间布局；受宝山区经委的委托，修订《宝山区支持生物医药与生命健康产业高质量发展政策实施细则》，并承办宝山区生物医药产业企业申请项目的专家评审会，为落户宝山区的优质项目积极把关，提供专家建议。承担完成上海市药品和医疗器械不良反应监测中心委托的《上海生物医药产业发展状况报告研究》等政府部门提供10余份研究报告。

（二）协同研究，填补行业“标准”空白。协会参与起草编制地方规范性文件《上海市自体嵌合抗原受体T细胞（CAR-T）治疗药品监督管理暂行规定》；与华东理工大学联合10余家会员企业完成生物培养基的团体标准编制工作，正式发布团体标准《细胞培养用无血清培养基标准》及《人体细胞及组织培养用无血清培养基标准》，该标准填补行业空白，为生物医药关键耗材国产化替代及供应链安全提供保障，有助于推动产业高质量发展。

（三）发挥平台优势，促进企业交流与项目合作。协会与复旦大学张江研究院、上海市生物医药科技发展中心等举办14期生物医药投融资路演活动。同时，协会产业化办公室发起“元亨祥生物医药产业投资基金”和“元亨祥生物医药孵化投资基金”。协会积极主办、承办或组办20余项国内外大型专业会议，汇聚精英，群策群力，共融发展。帮助和指导相关企业项目申报政府支持等，如上海市战略新兴产业发展专项资金等。提供咨询证明服务，出具市场占有率证明、申报“专精特新”小巨人等出具证明。协助松江市场监督管理局对有关行业企业业务问题的咨询，并给予答复。

（四）发挥服务和导向作用，努力成为会员单位的好帮手。一是专项政策解读。组织召开《上海市生物医药研发用物品进口试点方案》政策解读线上会议；在市商务委的指导下，分别举办5场不同主题的培训。二是人才培训工作。开发完成疫苗制品工工种的评价方案。完成疫苗制品工评价规范及评价备案工作（三级、四级），并获得市人社局批文。2021年度共开设14个线上课程，培训人次共5000余人次。三是完善信息化建设。年内出版会刊12期；网站更新信息4330条，发送医药信息简报（电子版）48期。协会作为市商务委上海技术性贸易措施公共服务平台（生物行业示范点），编制发布15期信息简报。

（五）成立专业分支机构，推动产学研医合作。协会成立以谢敏勇院士挂帅的合成生物专业委员会；成立细胞基因治疗专业委员会；分别成立以瑞金医院院长宁光院士领衔的数字医疗专家咨询委员会、以北京中医药大学校长徐安龙教授领衔的慢病管理专家咨询委员会和以上海儿科医院院长黄国英教授领衔的罕见病专家咨询委员会。同时，协会与元亨祥集团有限公司签署战略合作协议，成立协会产业化办公室。协会分别参加“上海—圣彼得堡合作与发展论坛”“中俄医学论坛”和“中俄医康交流”等。

三、齐抓并举，全面提高协会综合能力

（一）夯实党建基础，发挥党建引领作用。协会党支部组织党员群众观看中共二十大开幕盛况，聆听二十大报告。二十大后，支部书记陈少雄立即将二十大报告熟读精读，亲自编写讲义《新提法新征程——学习二十大报告重要摘录》为大家宣讲，并组织大家进行12次党课学习。协会党支部召开民主生活会，报告检查上年党支部工作情况，对照查摆问题和党员群众提出的意见，列出整改事项，作出整改承诺。

（二）聚焦前沿技术，做强谈家桢生命科学奖品牌。第十四届谈家桢生命科学奖颁奖典礼延期至2022年9月17日在江西南昌大学顺利召开。第十五届谈家桢生命科学奖于2022年2月正式启动，顺利完成网络函评、评审专家委员会会评与奖励委员会终评，颁奖典礼于12月10日在上海科技大学隆重举行。

（三）凸显社会责任，树立行业形象。协会作为中国出生缺陷干预救助基金会糖尿病干预救助专项基金主要支持方，已连续5年参与儿童糖尿病公益事业。在协会协办的“关爱糖宝甜蜜未来”——2022儿童糖尿病公益项目总结大会上，中国出生缺陷干预救助基金糖尿病干预救助专项基金向协会爱心企业颁发感谢函及纪念奖杯。

在“2022上海市企业社会责任报告发布会”上，协会再次向社会公开发布企业社会责任报告，多家会员单位也一同发布社会责任报告，在树立可信赖、负责任行业形象的同时，展示行业的综合素质。

（赵　婷）

上海医药行业协会

上海医药行业协会成立于1987年，是上海制药工业、生物医药、药品辅料、药品包装材料、制药机械、科研院所等单位自愿组成的跨部门、跨所有制的行业性社会团体法人。现有会员单位245家。

2022年主要工作：

一、聚焦医药行业发展建言献策，发挥政企之间的纽带作用

围绕全面落实国家战略和上海市生物医药发展规划，举办90多场线上和线下专题报告会、座谈会和发展论坛等，为企业深入了解行业发展和技术进步趋势、领会政策精神、理解监管要求、调整经营战略、解决实际问题提供有价值的指南和参考，参与人数超过1万人次。协会连续5年参与全国“两会”医药界代表（委员）提案建议“声音、责任”调研会，围绕产业发展累计搜集整理的100多条提案建议素材全部入选提案素材目录。协会收集整理近百条企业意见和诉求，及时反馈政府相关部门帮助企业解决实际问题。

二、深化行业团体标准建设，助推企业技术进步和高质量发展

协会高度重视行业标准建设，持续优化行业团体标准申报和发布平台，对生物医药产业关键和前沿领域的重点课题，完成8个团体标准编制和公开发布，累计发布的团体标准总数达到18个。继2021年《窄治疗指数药物质量评价及标准制订的通用技术要求》成功申报并入选“上海标准”后，2022年《药品生产数字化质量保证技术要求》再次成功入选“上海标准”。同时，《自体CAR-T细胞药品供应链管理规范》团体标准被监管部门正式采信和推荐使用；由协会发布、长三角三省一市药监部门共同参与制定的《药品多仓协同运营管理规范》，作为区域相关药品监管部门对药品多仓协同运营管理的先行先试，为长三角生物医药产业一体化发展提供重要示范。

三、强化行业高技能人才基地建设，加快培育行业急需人才

协会成功申报并正式成为“国家级高技能人才培养基地建设项目”以来，形成以药品制造、质量控制、仓储物流三大核心产业环节为主要培训框架，建立药品智能制造、药品质量检测、医药现代物流三大专业，服务于打造具有国际影响力的上海生物医药创新策源地。克服疫情影响，采取线上培训和线下培训相结合、集中培训和送教上门相结合，并借助合作伙伴和第三方服务机构的资源和技术的方式，满足行业企业的培训需求，全年完成1.4万多人次的线上和线下系列培训和1000多名企业新型学徒制学员的培训与鉴定。成功组织举办“制药工厂的智能化、数字化转型，赋能产业现代化研修班”“上海市医药行业职业技能大赛”和“上海生物医药产业人才发展论坛”等活动。

四、推动产医融合，开展“产、学、研、医、用”学术联动

协会充分发挥主办《上海医药》杂志的专业优势、信息优势和平台优势，以“规范化诊治专业委员会”“特殊感染防治专业委员会”“血液病临床与医学转化专业委员会”“中西医结合快速康复专业委员会”等为平台，与多家会员企业、高等院校、医疗机构和相关专业机构建立广泛的合作关系，主办近百场学术会议，推进产、学、研、医、用的学术联动，多维度服务新药前沿创新、临床医学进步和产业高质量发展。同时，配合市经信委成功承办“亚洲医疗健康高峰论坛暨2022沪港产医融合会议”，搭建长三角和大湾区医药健康领域的合作平台，促进区域生物医药产业信息交流及产业合作。

五、提升专业咨询水平，开展战略研究和价格统计分析

根据行业发展的需要，着力建设和完善专家库、信息库和智力库，积极承接政府及相关单位的购买服务，全年启动并完成《2021年上海医药产业发展战略研究报告》《2022年上海医药行业质量运行分析报告》《2022年初新冠疫情对上海生物医药产业影响调查分析报告》《连续制造技术促进本市制造业转型发展》《上海市化学药产业布局与发展战略》《上海化学制药领域易制毒化学品制造设备管理项目》等课题研究报告。通过开展行业战略研究、价格监控及统计分析，为政府决策、行业发展和企业经营提供重要的决策参考。

六、坚持5A级社会组织标准，强化内部管理和服务职能

坚持以5A级社会组织为标准细化管理制度和管理流程，依照国家和上海市关于社会组织管理的规定和要求，严格执行《协会章程》，按期召开会员大会、理事会、监事会，及时增补、修订、完善相关管理制度。协会高度重视医药行业社会责任建设、诚信自律建设和信用体系建设，自2013年起连续第10年发布《上海医药行业社会责任报告》。

疫情期间，协会迅速向会员企业传达党中央、国务院和上海市委、市政府的决策部署，组织动员会员企业全面开展疫情防控，及时收集整理相关生产企业生产数据上报政府相

和耐火材料方面的科技评价和鉴定，发挥第三方行业机构为企业维权和规范行业发展的作用。

协会树立用人导向，激发员工活力，开展2022年度上海硅酸盐工业职称评审工作。随着影响力和公信力的提升，职称申报人数逐年提高，全年14家企业29人申报副高、中级和初级职称，通过率80%。

组织发布和制定5项团体标准，其中《海洋地震勘探固缆压电检波器》《海洋地震勘探固缆检波器用压电陶瓷元件》两项团体标准荣登“2022年度上海市团体标准十佳典型案例”。

三、主办高端会议，深化国际产业合作

围绕国家发展战略目标，发挥专业、渠道、平台优势，搭建高端学术交流平台，合力提升研发创新和产业化能力，共同促进精细陶瓷产业的发展。与中硅会、东华大学联合举办的“2022联合国国际玻璃年上海会场”第十届“先进玻璃国际会议”，于9月24日—25日在东华大学线上线下同步召开。会议以“先进玻璃让生活更美好”为主题，共68场学术报告，国内外高校、企业和科研院所150余家企事业单位参会，参会人数6万人次。

（顾中华）

上海针织服装服饰行业协会

上海针织服装服饰行业协会成立于1987年5月。会员主要由针织服装、文胸、袜子、服饰、时尚产业等企业组成。会员单位中汇聚上海乃至全国有影响力的著名品牌，有三枪、古今、安莉芳、恒源祥、北极绒、帕兰朵、民光、海螺、华高、凤凰、钟牌414、菊花、鹅牌、飞马、东珠等品牌，并获“中国驰名商标”“中国名牌”“上海著名商标”等称号。现有会员单位99家，其中民营企业70家、国企22家、合资和外资企业7家。

2022年主要工作：

一、认真调研，切实了解企业的急难愁盼

协会在疫情期间与企业保持渠道畅通，3月—6月，开展两次情况调研。协会传达市工经联、市企业联发出的《关于做好疫情防控工作的倡议书》，与会员单位一道积极想办法，通过不懈努力来解决问题。4月16日，市经信委发布《上海市工业企业复工复产疫情防控指引》（第1版）。5月3日，市经信委又发布《上海市工业企业复工复产疫情防控指引》（第2版），提出加强对复工复产企业服务等六方面共26项条目，协会及时向会员单位转发。随后，凡涉及与复工复产相关的政策，协会均通过微信公众号及时向会员单位作转达。

6月1日前后，各企业相继复工复产，通过调研，协会了解到制造企业遇到的主要矛盾是员工到不了岗、销售停滞、物流不通畅、加盟商大面积效益不佳、各类费用不断产生、资金链非常紧张等。特别是众多的老字号品牌企业在恢复上碰到不少问题。协会将企业所遇到的困境及时向有关部门反映，并与企业一道共同努力，克服各种困难，全力以赴做好服务经济的大事要事。

二、全力以赴，积极为企业排忧解难

协会在服务上下功夫，努力加强与纵向、横向相关机构的联系工作，坚持为会员单位提供新的信息和新的渠道。由于疫情的影响，协会加强线上联系的力度，及时将相关情况告知会员单位。

年内，协会共为会员单位解决各项问题10余次，包括公信证明、政策咨询、品牌信息、牵线搭桥等，工作人员多次陪同相关企业进行联系接洽，均取得一定效果。如通过协会专家组为相关单位进行面料鉴定、为有需要进行商务签证的企业开展牵线搭桥等，受到企业的欢迎。

三、加强自律，全面落实各项工作责任制

加强协会秘书处自身建设，秘书处每月召开一次工作例会，随时随地想办法帮助解决会员单位所遇到的困难。年内发展2家会员单位。秘书处全体成员都以认真负责的态度，全力推动协会工作。在大家共同努力下，协会又一次被上海市商务委公平贸易处授权为上海市进出口公平贸易（行业服务）工作站。协会还认真落实市社会信用办公室关于信用领域突出问题整改工作方案通知要求，对全体会员单位在信用领域进行一次自查，协会对此项工作一方面加强学习相关法律与条款，另一方面提出应当加强对信用工作宣贯的力度和覆盖面，建立联防联络机制，加强行业信用自律，运用信用观念和方式解决制约产业的信息化领域发展的难点堵点痛点，加快营造诚信环境，加大对诚信典型企业的宣传，形成诚信有益，争当诚信模范的良好氛围。

（闻天恋）

上海纺织协会

上海纺织协会成立于2008年，是上海纺织服装产业的联合会，涵盖生产制造、国内外贸易、商业、科研院校、设计及品牌营销、时尚创意园区和服装、家用纺织品、非织造材料、纺织品商业行业协会（学会）社团机构等多种经营类别，并辐射至长三角，具有广泛的覆盖面和代表性。纺协下设纺协时尚产业、产业用纺织品、毛纺织、棉纺织印染、纺织机械器材等5家分会，并设有上海纺织协会信息中心、时尚创研中心、时尚产业创新服务中心、纺织产品质量管理中心和熔喷技术专业委员会、大虹桥服装服饰出口创新基地专业委员会、时尚产业服务中心等，是推动上海纺织服装企业转型发展的专业服务机构和促进上海时尚之都建设的重要平台。连续多次荣获先进行业协会、先进党组织称号。现有会员企业超过380家。

2022年主要工作：

一、责任担当，助企纾困抗击疫情

（一）第一时间向全体会员发出疫情防控倡议书。针对新一轮疫情爆发，协会向全体会员发出《关于加强上海纺织服装企业疫情防控倡议书》，提出积极宣传防疫，提高防疫意识；积极实施防疫预案，守住疫情防线；积极强化活动管理，做到安全可控；积极关注疫情发展态势，防控、经营两手抓。

（二）完善信息报送通道，形成“三收集二传播”的工作方法。“三收集”：收集会员企业积极统筹尽力做到防疫、生产经营二不误的经验；收集会员企业为社会捐赠抗疫物资的情况；收集会员企业的困难、问题和建议。“二传播”：及时在微信公众号采用“同心打赢疫情防控阻击战——上海纺织人在行动”；专题分享会员企业应对疫情防控的措施和经验、抗疫物资捐赠、复工复产攻坚等，共发布31期。

（三）携手会员企业为抗疫献上一份爱。携手马克华菲（上海）商业有限公司、上海嘉麟杰科技有限公司、上海中昊针织有限公司等会员企业先后向抗疫一线捐赠防护服2300套、KN95口罩2300只、医用口罩1000只、毛毯40条，羽绒服1655件，抗疫水果1600箱、捐赠大米、果蔬、牛奶等爱心大礼包5000余份，短袖上衣3000件，一次性平面口罩20000万只等，为抗疫献上一份爱。

（四）积极推进落实市政府助企促发展“21条”政策。协会及时将文件精神和秘书处的解读通过官网、微信公众号、微信群问企业传达，及时了解企业的受益、反响、意见和建议，反馈给相关政府部门。召开“上海市纺织服装外贸生产企业复工复产线上交流会”，听取疫情防控复工复产的情况介绍、企业所面临的困难及建议，为政府制订政策提供依据。

（五）时刻关注企业的困境，尽力帮企业纾困解难。秘书处为近20家企业疏通物流、解封仓储，争取租金补贴，千方百计助推企业顺利复工复产。

二、在新发展格局中找准定位，高质量发挥纺协平台载体作用

（一）强化调研体系，做好行业运行分析。协会发挥产业创新服务中心、纺协情报中心和各专业协会、分会的作用，深化线上线下调研工作，完善“上海市消费品工业经济运行”跟综分析平台，实施“三个加强一个提升”，即：加强针对性调研、加强行业综合数据统计和分析，加强对家纺、服装、针织服装服饰、长三角非织造协会等走访调研，提升信心积极应对，形成《疫情之下核心竞争力的打造及发展策略研究》《拓展平台效应、应对疫情时期纺织对外贸易》等调研报告。

（二）把握行业趋势，助促企业适应“双循环”发展新格局。协会针对“双循环下外贸企业转型发展面临的系统性难题”，以线上为主通过举行专题交流活动、“月月会”论坛、会员沙龙活动等形式，助促企业把握趋势、明确未来的发展方向。会同工行上海市分行举办“共享新机遇，共建双循环，金融助力上海贸易发展”等专场活动。举办“坚定信心、保持定力、推促外贸工作稳定增长”专题研讨会，特邀市相关政府部门解读政府促进外贸发展的相关政策。

（三）主动服务企业，积极规避贸易风险。协会会同大虹桥基地专委会举办和组织参加市宏观形势分析报告以及各类专业培训。8月，会同家纺协会举办《纺织出口企业国际贸易风险合规》培训会，近30家外贸企业参加培训，并接受专业机构的合规体检和风险评估。邀请北京锦天城律师团队制定《上海纺织服装行业国际贸易合规手册》，并与家纺协会一起为外贸企业宣贯解读，助推企业规避各种贸易风险。还邀请中国银行为会员企业作《人民币双向波动弹性增强背景下的企业汇率风险管理》演讲。

（四）强化“上海市大虹桥国家外贸转型升级基地（服装服饰）”公共服务平台在行业中的引领作用。基地成员企业从最初15家发展至目前46家，企业结构从原国有企业占87%，发展至民营和其他所有所有制企业占67.4%。积极帮助会员企业完成专项资金的申报，全年大虹桥基地参与申报的35家企业共报国家外经贸发展专项资金项目45个，经审核和专家评审，获准37个项目。

（五）不断发挥协会在长三角集聚、协调、合作、交流的平台作用。推进长三角区域纺织时尚产业联动机制，采用线上线下相结合的形式与国际国内的纺织服装协会和企业建立广泛的互动和合作。如组织参加线上“柯桥中国纺织2022首展——‘中国绍兴柯桥纺织品面辅料博览会’”、参加“宁波时尚节暨宁波国际服装节”；与张江国创中心共商入驻长三角国家技术创新平台。上海嘉麟杰科技有限公司依托长三角国家技术创新中心（NICE）展开深度合作，创建NICE—嘉麟杰联合创新中心，并成为长三角国家技术创新中心（NICE）新材料事业部引进且成功入驻张江创新综合体的第一家传统制造企业。

三、以市场和产业转型为主导，加强标准引领推促质量提升

（一）建立团标机制，提升纺协服务功能。协会制定的《一次性非医用平面口罩》团体标准2022年被认定为“上海市团体标准典型案例”。

（二）创建团标战略联盟，促进团标工作高质高效发展。7月，协会与东方国际、上海市纺织科学研究院共同创建团标战略联盟，邀约40多位行业专家成立上海纺织协会／上海市工商联纺织服装商会标准化技术委员会（简称“团标委”），推动团标工作深入发展，提高团标的质量和水平，形成团标自律和社会共治的新格局。

团标委启动2022年第一批《新中装通用技术规范》《新中装男式礼服》《新中装男式常服》和《新中装女式礼服》系列团体标准制定工作，经过近3个月工作，四项新中装团体标准顺利发布，为规范提升新中装产品生产质量，指导新中装产品市场健康有序发展提供保障。

（三）第二批《山羊绒制品再生处理回收规程》《山羊绒制品再生处理－再生羊绒纤维》二项团体标准立项并进入专家评审阶段，计划2023年2月发布。长三角非织造材料工业协会积极参加标准制修订工作，先后发布《面膜护肤用非织造布第一部分水刺法》《生物降解非织造材料》《抗菌抗病毒非织造材料》3项团体标准。服装行业协会积极参与组织国家标准、地方标准的发布和宣贯。如：GB/T14272−2021《羽绒服装》新标准、《服装高级定制技术规范》等。

四、以强化桥梁纽带作用为重心，坚持“政府所想、企业所需、协会所能”

（一）加强政策宣贯，提振信心克服困难。针对国家和上海市出台的一系列稳增长和纾困解难政策，协会及时传递给企业，促进行业发展。同时积极为会员企业争取项目课题，如为了争取到国家发改委、工信部对上海有关专项资金支持，协会发动企业不到一周时间申报绿色环保提高质效的专项累计15亿元。

（二）及时反映行业诉求，推动稳增长各项政策实施。协会及时调研了解行业整体经济运行状况和企业生产经营受到的影响，向相关政府部门反映，提出政策建议。累计向市商务委、市经信委有关部委报送专项材料20余份。如与市商务委、中远国际海运公司联合，及时缓和国际海运的紧张局面，使上海纺织服装进出口取得增长并名列全国前茅。

（三）参与《上海市时尚消费品产业高质量发展三年行动计划》制订。提高上海纺织服装在时尚产业中的地位，明确发展的目标和途径。

（四）加强职业技能等级认定平台建设、提升行业职业能力水平。主办上海市纺织行业服装制版师技能大赛暨“富怡·第七届全国十佳服装制版师大赛上海选拔赛”，共选送29位选手参加决赛，有效提升选手们业务技能水平。

五、以专业性和创新性为核心，推动能力提升

（一）党建引领，发挥政治核心作用。围绕学习贯彻中共二十大精神，协会党总支教育引导广大党员牢固树立“四个意识”，坚定“四个自信”，运用好党建工作站平台。一是党总支与家纺协会党支部组成市工经联党委第四党建工作站先后组织开展“挖掘红色资源系列活动”——“不忘初心，铭记弘扬上海纺织工人英雄史迹”主题教育；开展“庆‘七一’、讲党课、促整改、强服务”主题党日活动。二是通过“线上线下主题党日、研讨交流”等多种形式，认真研读二十大报告，并将学习贯彻二十大精神与协会工作紧密结合，将学习成果转化为工作业绩，引领协会工作迈上新台阶。

（二）能力提升，切实做好服务。一是不断加强秘书处队伍建设，建设职业化专业化年轻化的职工队伍，先后录用3位青年员工，45岁以下工作人员已占在编工作人员总数的40%以上。二是持续开展规范化建设，完善各项规章制度，秘书处内控流程和激励机制日趋完善。三是完善提升协会官网和纺协微信公众号。四是注重强化会员管理，扩大会员发展；注重强化会员数据库的建设、维护与管理，建立会员随访制度。五是履行社会责任，积极开展公益活动。

（章微玲）

上海长三角非织造材料工业协会

上海长三角非织造材料工业协会成立于2004年，于2006年10月更名为上海长三角非织造材料工业协会。现有会员单位137家，包括长三角四省一市的非织造材料企业及相关单位。

2022年主要工作：

一、认真学习贯彻中共二十大精神，以改革精神统领协会工作，加强非织造材料协会建设

在抗疫战役及结构调整中，发挥协会桥梁和纽带作用，走访重点企业、了解企业所面临的困难与诉求，及时向政府反映，千方百计帮助会员单位化危为机。完成《上海纺织工业发展白皮书（2022年）》有关产业用非织造材料分报告（已发行）。

二、召开“第十二届(2022)非织造材料创新及产业应用发展论坛”

本次论坛集产业链上下游企业的关切和行业发展热点，开展技术交流、新品推广、筹划未来。协会名誉会长向阳作《国际国内非织造材料市场现状、发展趋势及思考》报告，东华大学教授靳向煜做《先进熔喷空气过滤材料制备技术与过滤理论研究》报告；上海玉城高分子材料股份有限公司董事长戴成章做《安全、高效、广谱的新型非溶出型抗菌剂YC-ANTB-I及其在非织造布材料领域的应用》报告；怡星（无锡）汽车内饰件有限公司副总经理王宝荣做《PET割绒地毯在汽车主地毯的应用》报告；吉利汽车集团供应链质量工程中心整车内饰部管理专家李智做《汽车内饰系统及非织造材料应用简介》报告；上海丰格无纺布有限公司总经理焦勇做《新型DPA抗菌技术在卫生用品市场中的应用与发展》报告；贝里国际集团亚洲区产品开发 & 技术服务经理吴东做《新形势下医用防护服材料的发展趋势》报告；南通大学教授张伟做《纤维基医用防护及健康材料》报告，给企业发展带来最新的资讯与更多的启迪，获得与会代表的称赞。

三、参加标准制修订工作

加强标准引领，继续在长三角地区开展技术职称的申报与评审工作，完成2022年度非织造行业职称评价评定工作。完成《非织造产品（医卫、清洁、个人防护、保健）碳排放计算方法》标准复审。11月9日—11日，协会与上海市新材料协会联手举办“抗菌防疫新材料开发与应用”高级研修班；12月1日—2日，协助中国技术市场协会过滤与分离技术专业委员会（CFS）、欧洲非织造材料协会（EDANA）、上海希达科技有限公司（CNTA）、Informa Markets联合在线上召开FILTREX™ Asia国际过滤与分离工业峰会。

四、为会员单位提供服务

协会继续为高新技术企业复审指导、培训等工作提供服务，为企业申报“小巨人”企业、高新技术企业、品牌以及专利等知识产权方面开展培训服务，为企业提升质量体系提供服务。为会员企业提供国内外行业发展信息、为企业献计献策；年内发展4家新会员单位、出版6期快讯，并更新网页。

五、加强协会党建工作

按照党中央关于社会组织党建工作的总体要求及市工经联党委工作部署，认真开展党史学习教育活动，深入学习习近平总书记在建党100周年大会上的重要讲话、党的二十大会议精神，通过开展主题学习教育，大家的责任感、使命感不断增强，党组织的政治核心和战斗堡垒作用、党员的先锋模范作用得到积极发挥。协会党支部还通过和兄弟协会党支部加强交流合作，开展丰富多彩的组织生活活动。经过多年的努力，协会党建工作不断加强，办会理念不断深化、内部建设不断规范，业务平台不断完善、工作领域不断拓展、服务能力不断提高，自身建设取得一定成绩。

（黄雪娟）

上海市家用纺织品行业协会

上海市家用纺织品行业协会，其前身为1987年经上海市纺织工业局批准，由毛巾被单、手帕和制线织带等3个行业的工业企业联合发起组建的上海市纺织复制行业协会。1992年12月，经市民政局批准，更名为上海市家用纺织品行业协会。现有会员单位100家，88%为民营企业。

2022年主要工作：

一、疫情防控、经济重振二手抓，积极履行社会责任

（一）积极助推抗击疫情、复工复产。在大上海保卫战中，协会及时把党中央、市委的重要精神和政府抗疫惠企政策广泛宣传；撰写22期“抗击疫情，上海家纺在行动“系列报道，弘扬正能量；就“疫情对上海家纺行业生产经营的影响”等4次向政府部门反映情况和建议；5次组织企业参与政府部门有关疫情影响和复工复产问卷调查；10次组织企业参加线上线下政府纾困政策解读和培训。协助宁波银行举办“共同守沪，一起抗疫”直播活动；总结和宣传行业复工复产的措施经验。

（二）组织爱心捐赠活动。从3月18日起，协会主动把民政局的爱心需求向企业转发，及时收集和宣传行业爱心捐赠的先进事迹，并为企业购买抗疫物资牵线搭桥。据不完全统计，有22家企业参与爱心捐赠活动，捐赠被子、枕头、套件、床垫、睡袋、毛毯等8050件、内衣60万件、防护服18440套、口罩4.9万个、价值3000万元的核酸和消毒剂、10多万元蔬菜等生活用品、人民币5万元等。受赠单位遍及机关街道、慈善机构、公安消防、方舱医院、驰援医疗队等，奉献上海家纺人的一片爱心。

（三）积极提供保供抗疫物资。4月初，随着集中救治隔离点和方舱医院的多方位建立，协会有小绵羊、成宏、水星、红瑞等10来家企业承担床上用品保供的重要任务。由于企业的货源基本集中在南通，而运输环节严重受阻，协会即刻向市工经联和市经信委专报反映企业诉求，得到大力支持，为4家企业争取到7张上海—南通的通行证。企业的经营者以防控就是责任的担当，不分昼夜为方舱医院等提供防疫物资。据不完全统计，从4月初到月底的20多天里，家纺行业组织500多人的保供队伍，向各方舱医院、隔离收治点、政府应急管理部门等提供40万余套床上用品六件套、35.3万条毛巾浴巾、40万套一次性内裤、拖鞋、袜子用品等防疫物资。

协会在疫情期间积极发挥桥梁纽带作用，获得市民政局颁发的感谢信，市经信委、市工经联微信公众号上作了宣传。中国家纺行业协会2次专版反映上海家纺行业积极参与大上海保卫战的做法。

二、深化家纺品牌建设，提高行业核心竞争力

（一）配合开展品牌培育活动。为认真协助政府和企业努力实施“三品战略”，推进家纺品牌的培育，协会积极动员和组织企业参加各种品牌申报活动。罗莱、水星、三枪、南方寝饰等4家企业被工信部和纺织工业联合会认定为重点培育跟踪的品牌企业；继行业6家企业获的上海品牌培育示范企业称号后，珍奥生物科技公司又获此殊荣；水星家纺进入上海市TBB制造品牌价值榜单；英伦宝贝进入SFEO上海企业品牌成长榜；在市经信委的指导下，协会推荐三枪、水星参与中国工业报社主办的中国制造．消费者信赖品牌评选，经过遴选均入围。协会还组织11家企业参与品牌100+的申报活动。

（二）组织企业参与各项设计活动。工信部和中国纺织工业联合会开展培育和推广2022年度十大类纺织创新产品活动，激发企业增加中高端消费品供给的积极性和创造性，通过努力，罗卡芙、罗莱等10家企业的产品获得创新产品奖项；市经信委开展设计引领示范企业和品牌引领示范企业培育工作，水星家纺获2021年度上海市设计引领示范企业称号、东隆家纺获得上海设计培育示范企业的称号；英伦宝贝儿童用品获2022年度市设计引领示范企业称号；市经信委开展市设计100+、时尚100+的申报评选，通过协会与企业的积极参与，兆妩、龙头家纺、南方寝饰3家企业的产品荣获设计100+；兆妩品牌公司的产品荣获时尚100+；协会还组织8家企业的设计作品参与世界设计之都的选送；组织8家企业向工信部申报具有创新性、功能性的老年用品产品，罗莱、恒源祥、龙头家纺、南方寝饰等4家企业的产品进入工信部推广目录；捻幅智能科技公司推出全球首款可监测产品最佳使用期限的智能标签–Leafclock焕新标。

（三）提供品牌建设相关服务。协会积极宣传和组织企业申报文化创意、品牌等专项资金，并为企业进行相关指导和服务，年内有4家企业获得专项资金。协会引导企业开展质量兴业活动，举办家纺产品质量提升培训，组织企业参加产品标准宣贯培训和“上海品牌”认证申报工作。

三、坚持改革与创新，促进经济稳增长

（一）强化经济运行的监测分析。坚持做好30家重点企业主要经济指标月报表向政府部门的上报；每季度向经信委上报行业经济运行情况；每半年编报上海家纺行业经济运行情况分析报告，向政府报送、向企业发布；认真完成《上海纺织产业发展报告》家纺篇的编写工作。

（二）开展调研和交流活动。多次开展疫情对家纺企业影响的线上线下调研，梳理后及时向市经信委、市商务委汇报反映。组织企业参加中国家纺协会床品年会，把握发展机遇；请银行为企业解读融资政策，帮助企业融资和风险控制；组织改革发展经验交流、信息发布活动。

（三）推进数字化赋能。协会及时把企业开展直播带货、小视频、微信营销等做法在行业中宣传借鉴；与环球互通品牌服务有限公司合作，共建一站式品牌服务平台并上线；总结宣传三问、南方寝饰、东隆数字化在创意设计、生产管理体系、财务管理方面赋能的典型案例；引导企业改造技术装备，发展智能装备，推进制造过程自动化和智能化。

（四）开展产业安全预警。承接市商务委交办的项目，形成《当前形势下上海纺织服装产业布局新变化与对策》报告，编写12期外贸信息简报，向政府部门报送，为企业进行培训。特别是针对美国涉疆法案，与律师事务所合作，推出《上海纺织服装行业国际贸易合规手册》，并联合纺织系统的行业协会，为50余家外贸企业开展合规培训，帮助企业强化合规能力和制度建设。上海家纺行业协会撰写的《用合规建设应对新疆棉事件》获长三角产业安全创新实践优秀成果奖。组织外贸企业申报上海贸易调整援助支持资金，有11家纺织企业申请到援助资金。

四、加强协会自身建设不断增长协会凝聚力

（一）顺利完成协会换届改选工作。经过精心准备和严格执行民主程序，11月15日，召开八届一次会员大会和理事会，通过协会七届理事会工作报告、协会章程等一系列报告。经过民主选举，产生第八届49名理事和3名监事；17名正副会长、监事长、秘书长、专业委员会和专家委员会负责人；一致通过上海市家用纺织品行业协会会费标准调整和管理的意见，圆满完成换届改选工作。

（二）加强党支部和秘书处建设。秘书处党支部重视思想政治和作风建设，在关键时刻积极发挥党支部政治引领作用和党员先锋模范作用。秘书处整合和互补内外资源，努力拓展服务领域，履行服务职能。专家委员会开展技术业务的咨询服务、帮助承接项目专项资金等。加强与会员企业的互动，通过微信公众号、网站、协会微信群等渠道，传递信息、加强沟通、共享资源。

（吴淑仪）

上海市室内装饰行业协会

上海市室内装饰行业协会成立于1987年10月15日。会员企业主要包括家装、工装、设计、监理、材料等五大板块。协会秉持“聚心、合力、共赢”的发展理念，深入贯彻“服务企业、规范行业、发展产业”的办会宗旨。2022年新吸收会员116家，现有会员单位509家。

2022年主要工作：

一、坚持党建统领，发挥党组织在行业中的战斗堡垒作用

协会党支部组织开展中共二十大精神学习，以“踔厉奋发、勇毅前行、团结奋斗，以中国式现代化全面推进中华民族伟大复兴”为主题，邀请上海市习近平新时代中国特色社会主义思想研究中心研究员，中共上海市委党校原常务副校长奚洁人教授作主题宣讲，使行业从业人员特别是党员对二十大的重大意义有了更深刻的认识，进一步增强责任感、使命感、紧迫感。

协会参与黄浦区团委“爱心黄浦”传承20载的公益活动，切实为黄浦区贫困青少年的居家生活改善奉献力量。同时，通过公益行动，公益项目，让贫困少年感受到来自社会的温暖。

疫情期间，会员企业积极响应协会党支部号召，慷慨解囊，近40家会员单位用企业储备的抗疫物资捐献各街道社区，为上海的抗疫工作贡献力量，彰显行业企业对社会的担当，新民晚报特刊《保卫大上海》对行业突出事迹进行宣传。

二、开展标准普及宣贯，促进企业高质量发展

协会下属室内装饰监理专业委员会制定的《上海市室内装饰行业协会监理工程收费指导价》，为监理人员的报价工作在市场规范化运作中提供重要依据。进一步修订《上海市室内装饰行业协会监理质量服务标准》，该标准的实施应用，使装饰监理企业有章可循，使监理消费者有据可查，使室内装饰行业有规可依。此外，《上海市室内装饰行业协会监理质量服务标准》的应用，有效倡导监理企业规范经营，为监理消费者提供专业参考依据。协会还新修订《上海市室内装饰施工合同示范文本》（2022版），为保护消费者施工权益再添保障。与此同时，由消保委联合协会出台的《住宅装饰装修质量验收规范》首批承诺的上海35家知名家装企业于“3·15”消费者权益日郑重签署承诺书，共同为捍卫消费者权益，创造沪上健康装饰市场保驾护航。

三、成立协会装饰投咨资询部和拟成立装配式专业委员会

近年来，特别是疫情爆发，导致许多装修项目堆积，一线施工人员缺乏，大量施工延期，装修矛盾纠纷增加，迫切需要一个协调、评判、交流的专业性平台，帮助化解矛盾纠纷。7月1日，协会在进念公司的支持下，启动设立投诉咨询部，并配备专业人员，对来自协会网站、公众号和协会对外电话的投诉进行处理和调解，为诸多消费者和企业化解装修中的矛盾和纠纷，得到社会的认可。为推进新型建筑工业化的新发展进程，进一步完善装配式内装一体化的新材料、新技术、新工艺、新设备等技术的开展、应用与实践，更好服务于绿色、低碳发展的需要，改善解决传统装修业工期长、作业人员短缺、质量把握以及建筑垃圾污染环境等行业痛点。协会组织成立“装配式内装产业专业委员会”，经过4个月的筹备，于9月27日召开筹备组大会，到会27家相关企业通过听取协会章程、入会规定介绍，一致认同，并在协会指导下开展相关工作。协会装配式产业专业委员会以实现“双碳”战略目标为己任，推行绿色建筑、绿色发展，贯彻

加强防疫宣传，推动企业筑牢疫情防控屏障。根据市商务委要求，协会制定并上报《上海市物流保供企业疫情防控指引》，同时会员企业向宣传阻击疫情和推进复工复产的先进事例，发布110篇，并向市民政局，市工经联，市商联等上报10余篇。

推进现代管理，为行业标准化发展提供服务。由协会组织制定完成的《物流企业数字化应用规范》和《物流企业数字化能力等级评价》两项团体标准已被批准为上海市地方标准；协会评估办组织开展国家标准物流企业评估，上海已有国家标准A级物流企业253家。

开展教育培训，为物流园的发展培养储备人才。一是开展物流技能知识培训；二是组织高研班活动；三是开展职业技能鉴定；四是组织参加物流竞赛活动，开展第七届云丰杯绿色物流与逆向物流设计比赛；五是与产教融合开展教学科研授课；六是组织物流服务师认证并组建物流师工作室；七是组织教师到物流企业进行实践活动。

协会参与《上海物流年鉴2022》的编写，编辑出版《上海物流指南2022版》，还参与上海现代服务业发展报告中有关物流业发展部分的编写，参与市经团联、工经联组织的社会责任报告的编写和发布。

重视企业文化，引导员工以合作求共赢、求发展。协会注重培养和发掘员工的才能，努力调动员工的积极性。同时与所在地区形成和谐协调、共生共长的生态环境，通过志愿者等多种形式积极参与社区事务和社区管理。进一步发挥桥梁和纽带作用，推进本市现代物流体系建设，深度融入现代化产业体系，为建设现代化物流体系提供有力支撑。

（裘新民）

上海市会展行业协会

上海市会展行业协会成立于2020年4月，是上海市从事会议、展览及相关业务的企事业单位自愿组成的跨部门、跨所有制、非营利性社会团体。现有会员单位665家。

2022年主要工作：

一、携手会员服务进博会

办好进博会是党中央、国务院交给上海的一项重大政治任务。2020年开始的进博会进入疫情防控常态化阶段，协会近百家会员企业始终以最优的服务完成进博会的各项筹备工作。他们严格遵照进博会疫情防控要求，克服各种困难，为进博会圆满收官做出贡献。疫情防控下的进博会成果斐然，离不开会员企业的努力奉献。协会党政领导亲临进博会现场，与参展企业就如何在百年未有之大变局，双循环格局下发展会展业，建设国际会展之都等热点、焦点问题进行交流。

二、减免会费为企业减压

受疫情影响，上海会展业遭受重创，全年仅9个展会，展会总规模118万平方米，为2019年的6.08%，给会员企业带来较大的资金压力。为此，协会于2020年为所有会员减免会费3300元；2022年更是免去所有会员全部会费。两年共计减免会费490余万元，得到会员赞同。

三、力所能及推进复工复展

2月25日，协会会长陪同市商务委副主任张国华赴基层专题调研，推动复展等相关工作。3月中旬，开始进入网上办公模式，展会再次停摆。6月21日，市政府副市长宗明召集会展企业专场的政企沟通圆桌会议，协会会长汇报行业困境和复工复展的准备，呼吁在防控的前提下及早复展。协会配合市商务委等部门研究起草行业纾困政策，修订《上海市会展行业新冠疫情防控指南》，并通过各种渠道多次向政府有关部门呼吁加快复展。

四、展示工程企业资质评审

协会始终坚持公平、公正、公开原则，展示工程企业资质评审工作由第三方初审，展示工程专委会专家实地抽检，专家评审会综合评审。截至2022年底，资质在有效期内的企业合计228家，其中一级102家、二级65家、三级61家。该资质已成为企业参与政府项目投标、承揽业务的重要依据。

五、积极开展人才培训

年内举办1期会展管理中级培训班，58人取得会展管理（中级）水平认证资格证书；举办4期讲解员培训，有80人取得会展管理初级（讲解员）水平认证资格证书。

（陈　虹）

上海人才服务行业协会

上海人才服务行业协会成立于2002年4月9日，是上海市人力资源和社会保障服务机构行业企事业单位自愿组成的跨部门、跨所有制非营利性的行业性社会团体法人。现有会员单位668家。

2022年主要工作：

一、协助政府出台政策，承接政府职能转移

协会积极配合人社部、市级机关行业协会党委、市人社局、市民政局、市市场监督管理局、市统计局、市政府办公厅等部门，开展中国上海人力资源服务产业园区党建调研、人力资源市场“一线观察”、人力资源服务业发展状况专题调研、人力资源杂志调研、人社部流管司业态专项调研十大常见“网络招聘陷阱”剖析调研、人力资源服务机构复工复产调研，人力资源服务业统计标准和口径调研、企业标准化工作及人才发展现状及需求调研、“防疫情、稳经济、保安全”大走访、大排查等调研走访活动。与此同时，协会直接参与《上海市行业协会条例》《人力资源服务业创新发展行动计划》《人力资源服务机构管理规定》《产业结构调整指导目录》《嘉定双智试点方案》等文件的意见征集活动，为促进市场规范、行业平稳、企业发展的政策制定，打造行业品牌标杆发挥了积极作用。

二、以统计研究为蓝本，引领行业科学发展

（一）建立健全行业统计体系。协会根据业态发展情况，不断健全行业统计标准，完善行业统计口径，定期开展人力资源管理咨询、人力资源派遣、人力资源外包、网络招聘、高级人才寻访、人才测评、人力资源培训、人力资源软件等业态的统计，为企业制定发展战略、政府出台行业政策，提供基础可靠数据。

（二）创新研发人力资源服务产品。协会组建专家团队，持续推动人力资源服务产品创新及企业发展模式创新。一是加强人力资源外包产品研究，制定人力资源外包服务标准，规范人力资源外包市场。二是根据政策背景变化及环境变化开展网络招聘、薪税服务合法合规模式探讨。三是积极探索新形势下灵活就业、线上培训、数字化人力资源服务等前沿产品，推动疫情之下薪税服务、电子发票、电子合同、电子税务等产品的创新升级，为行业的科技赋能增效提供支持。

（三）研究业态发展，出版行业书籍。协会作为上海市人才理论研究基地，积极研究业态发展，发布行业报告，参与《上海经济年鉴》《上海现代服务业发展报告》、市人科院《数字化赋能人才服务行业协会平台助力产业经济发展》、市工经联《上海人力资源服务行业发展报告》等多个研究项目和书籍的编撰。此外，协会组织业内专家和企业负责人编写《上海人才服务行业发展蓝皮书》，解读行业发展现状，预测行业发展趋势。

三、以自律规范为基础，推进市场有序发展

（一）完善行业标准体系。8月，协会受全国人力资源服务标准化技术委员会委托，牵头起草行业标准《网络招聘服务规范》。年内，协会申请开展《人力资源服务机构信用等级评价标准》《薪税服务外包标准》编制工作，已成功立项，启动标准制修订工作。年初，协会组织专家团队编制《高级人才寻访服务先进性质量要求》团体标准，完成修订《薪税师职业技能评价规范》团体标准。

（二）推动标准宣贯。在全国人力资源服务标准化技术委员会、市人社局、市市场监督局的指导下，协会发布《关于开展人力资源国家标准、上海市地方标准贯标工作的通知》，持续开展推广贯标工作，对《人力资源服务术语》《人力资源外包服务规范》《高级人才寻访服务规范》《现场招聘会服务规范》《人才测评服务业务规范》四项国家标准、《人力资源派遣服务规范》《人才测评服务规范》《高级人才寻访服务质量与评价要求》《人力资源外包服务规范》《人力资源管理咨询服务规范》五项地方标准以及《人力资源外包服务先进性质量要求》进行宣传推广。全年共有65家人力资源服务机构参与贯标，总计贯标机构660家次。

（三）开展标准化培训。协会受静安区人社局委托，连续多年成功举办“标准化助推人力资源服务行业发展——人力资源服务机构标准化培训”。2022年，共有700余名行业从业人员参与为期5天的线上直播课程；同时，协会通过上海人才服务行业协会微信公众号，推出《标准的编写》《标准化助推人力资源服务企业高质量发展》《人力资源管理咨询标准化与规范化发展》等11堂线上课程，将标准化培训常态化进行。

（四）推动国家标准化试点工作。根据国家标准化委员会《关于征集国家级服务业标准化试点项目的通知》要求，1月，协会积极推荐上海人力资源服务机构参加试点项目申报工作。9月，薪太软薪酬数字化标准试点、肯耐珂萨人才测评服务标准化试点共2个项目成功获批2022年度国家服务业标准试点项目。同时，推进长三角人力资源服务行业一体化、标准化发展。

四、以服务会员为使命，推进产业国际化发展

（一）构建会员服务平台，推进国际交流合作。协会致力于构建会员服务平台，嫁接会员与会员、会员与政府、会员与行业协会、会员与市场、会员与国内、会员与国际的六类商机。成立派遣、猎头、招聘、测评、培训、咨询、薪酬、法务等16个专业小组，并根据会员单位需求，定期与政府部门、国内外同行以及其他行业进行交流合作，开展专业的行业国际研讨会，组织会员单位赴国外考察，推进会员单位的战略国际化、服务国际化、顾问国际化以及技术水平国际化发展。

（二）打造行业品牌体系，树立行业品牌标杆。在统计工作基础上，协会组织开展上海人力资源服务机构百强统计、人力资源服务诚信机构创建、优秀人力资源服务供应商推荐等活动，并配合市人社局创新开展“上海伯乐奖励计划”，发布上海人力资源服务机构百强榜单及百强机构案例汇编，打造“上海服务”标杆形象，更好实现机构输出、产品输出、模式输出，将行业正能量覆及全国。

五、开展公益，承担社会责任

（一）助力一线防疫。协会发布感谢信、倡议书，开展《人力资源服务机构复工复产情况调研》《疫情下人力资源服务机构政策需求》等行业调研，助力行业共渡难关。协会秘书处员工积极投身疫情防控一线，参与社区志愿者活动，贡献自身力量。

（二）助力高校毕业生就业。3月起，协会开展“2022年人才服务进校园”活动，开辟网络招聘进校园、招聘会进校园、实训基地进校园、职业测评进校园、培训项目进校园、“特色活动”进校园等活动板块，帮助大学生做好职业生涯规划、认清自身优势，为进入职场做好充分的准备。

（三）协会配合市人社局开展“国聘行动”，6月15日—17日，85家单位共开展104场招聘活动，涉及各类企业69198个，岗位数617926个，组织并支持中国上海人才市场招聘活动发布465个不同岗位，岗位数11013个。

六、以人才培训为抓手，提升行业服务质量

（一）承接政府委托培训。协会受市、区人社部门委托开展管理人员和从业人员公益培训2次，针对人力资源服务政策、业态、合规化、标准化发展等话题展开培训，培训从业人员近500人。

（二）开展行业培训项目。一是开展行业各业态培训项目。协会组织业内专家，定期开展高级人才寻访、人力资源外包、财税、薪酬等培训项目，培训从业人员100余人。二是开展公益类培训项目。协会根据行业热点，通过线上线下相结合的方式，定期开展公益类培训讲坛，共组织28期人力资源大讲坛，培训从业人员1万余人次。

七、加强秘书处党工团建设，建立科学的管理体系

在市级机关行业协会党委的指导下，协会以“党建促进行政，服务产业发展”为基本方针，以“岗位成才，岗位立功”为实践标准，充分发挥党组织战斗堡垒作用，在完成上级党委交办任务的同时，组织开展丰富多彩的支部共建活动。协会党支部按要求完成“两会一课”；党支部书记参加市级行业协会党委“凝聚宣讲团”授课；6月，协会党支部与静安区人社局机关党支部、上海广播电视台东方广播中心第八党支部在上海人才大厦联合举办“庆祝中国共产党成立101周年暨‘党建领航聚力发展’主题党日活动”。依据活动安排，协会党支部与静安区人社局机关党支部、上海广播电视台东方广播中心第八党支部分别签署结对共建协议，与上海市设施农业装备行业协会党支部签署“凝聚”工作室结对带教协议。10月，协会党支部与上海政法学院继续教育学院（培训部）党支部签订共建协议，以党建共建为抓手，共同推进行业人才的培养。

（毛毓郁）

上海市物联网行业协会

上海市物联网行业协会成立于2012年，截至2021年12月31日，协会对接服务过的企业超过14470家，对接服务过的行业从业人员超过42577人；连续10年举办全球物联网峰会，是长三角物联网产教融合联合体的秘书处单位，负责物联中国产教融合推进工作；国家级高技能人才培训基地，行业内影响力覆盖百万余人。现有会员单位400余家。

2022年主要工作：

一、加强标准制定，形成产业协同发展新优势

协会组织制定、实施物联网团体标准，有效整合行业各企业的资源和研发力量，助力产业核心竞争力的提升。举办物联网标准化高峰论坛。发布《工业物联网应用开发组件》白皮书。物联网细分领域的团体标准活跃度，在全市排名前三位。入选《2021年度上海市团体标准“优秀典型案例”》，获“上海标准”标识证书。

二、深化行业服务，打造行之有效的服务体系

不断完善“每日、每周、每月、每季度、每年”的线上和线下融合的行业服务体系，通过每日“物联荟”早新闻不断扩大物联网产业的影响力，帮助企业了解产业动态，提高会员单位企业知名度。进一步提高每周沙龙、每月“园区行、校园行、社区行”活动的针对性及有效性。提升与 TechG、慕尼黑电子展等展会合作的质量，提升全球物联网峰会的行业影响力。

三、深耕人才培养，为全行业输送优质人才

为产业发展提供源源不断的职业技能和技术人才，做优国家级物联网高技能人才培养基地，做强物联网实训基地，提升物联网教师企业实践效果，全力推动物联网产教融合。

四、强化专委会建设，发挥桥梁纽带作用

协会专委会在工业物联网、智能家居、智慧健康养老、感知、新零售、智慧物流、智能网联汽车和虚拟现实等 8 个领域，为产业发展做大量的工作。通过承接政府课题、撰写行业白皮书、开展调查产业研究、进行产业统计，与企业的合作课题来积极开展行业信息统计工作，为行业发展建言献策。

五、提供全面的数智化转型服务，赋能企业商业模式创新和突破

发挥平台优势、培训优势和行业资源优势，依托 AIoT 产业创新中心，携手行业头部企业、科研院所等，帮助企业在研发创新、生产管控、供应链管理、经营管控、财务管控、用户服务能力等方面提升，实现更好的客户体验、更高的组织效能，形成新的价值。

六、搭建信息宣传平台，加强行业交流合作

为会员搭建信息交流和沟通平台，陆续建设网站、微信群、LinkedEvery 小程序、抖音、微博、小红书、VR 直播等信息宣传平台，来传递行业信息，展示企业风采，在线人数超 2 万人。

协会党支部致力于构建“互动互促、互补互助、互学互鉴、共建共赢、共行共进”的党建工作新格局，激励党员发扬党的求真务实光荣传统和优良作风，团结引领协会党员群众听党话、跟党走，坚定理想信念，积极开拓创新。

（鲁青卿）

上海第一机床厂有限公司

百万千瓦级反应堆堆内构件吊篮筒体

华龙一号发运

上海第一机床厂有限公司是上海电气集团股份有限公司全资子公司，隶属于上海电气核电集团，是上海市服务国家能源战略、振兴国家装备制造业的国家级重点企业。

作为新中国最早的核电装备制造企业之一，公司拥有一批具有国际水平的大型精密加工、精密焊接、精密检测、精密装配和综合试验设备；拥有一支技术精湛、经验丰富的核设备制造专业工程技术人员和技术工人队伍；能满足大型核电站反应堆堆内构件和控制棒驱动机构的国产化和规模化生产要求。20 世纪 70 年代发展至今，公司已成为国内发展历史最久、交付业绩最多、技术路线最广、装备能力最强、全球产能最大的专业从事核电站核岛主设备——堆内构件、控制棒驱动机构和核燃料装卸料系统制造的国家高新技术企业。先后参与完成国家"863"计划，AP1000 堆内构件制造技术研究项目、AP1000 控制棒驱动机构制造技术研究项目、CAP1400 堆内构件制造技术研究项目、CAP1400 控制棒驱动机构制造技术研究项目、高温堆金属堆内构件制造技术研究等国家重大技术专项。

公司充分吸收世界先进核电技术和管理经验，在此基础上实现技术引进、消化吸收、自主创新、批量生产的发展战略，不断创新奋斗、蜕变升华，屹然站立在国家核电建设的前沿、栉风沐雨，先后突破 300MW、600MW、1000MW、1400MW 核电站反应堆堆内构件和控制棒驱动机构制造技术，形成压水堆型系列生产；并为高温气冷堆、快中子增殖堆等提供了反应堆堆内支承构件，从而形成多种堆型生产；在生产主设备同时，开发生产核燃料运输容器、核岛设备在役检查机、各类远距离操作工具等二十多种辅助设备。已成功实现二代加、三代 AP1000、EPR、华龙一号、国和一号及四代高温气冷堆、钠冷快堆等核岛主设备产品的批量化交付，正在积极开发研制钍基熔盐堆、铅基快堆和最新一代聚变堆、供热堆、核动力平台、小微型核动力堆、超小型先进核能系统"核电宝"、大科学装置硬 X 射线自由电子激光装置等关键设备。五十年来，公司实现众多首台套的核岛关键主设备业绩突破，伴随中国核电实现零的突破、量的积累、质的提升，助推中国核电装备制造跨越式的发展，与中核、中广核、国电投、华能等各大核电集团建立多门类产品供货战略合作关系，承制的核电主设备几乎覆盖国内所有在运、在建核电站。

上部堆内构件吊装

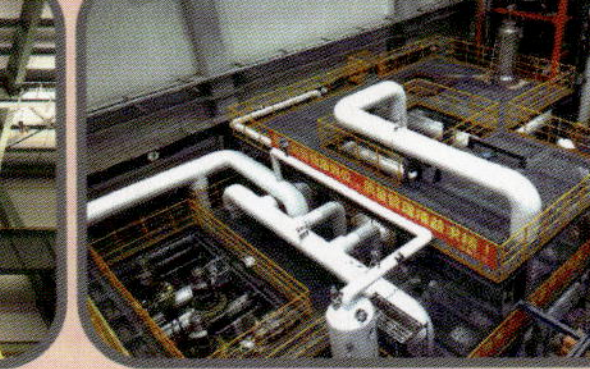

高温高压试验台架

上部堆内构件吊装

上海烟草机械有限责任公司

上海烟草机械有限责任公司创建于 1952 年，前身为新中国成立的第一家烟草机械厂——上海烟草公司机械厂。20 世纪 80 年代被列为中国烟草总公司首批烟机生产定点企业。目前，已经成为中国烟草行业具有“窗口”定位、发挥引领示范作用的装备制造基地。

公司产品主要为中速、高速及超高速全系列烟草包装成套设备，用户遍布全国卷烟工业企业，在国内市场居于主导地位，并出口至多个国家和地区。公司围绕高端装备制造和智能制造，快速推进离散型智能制造解决方案和通用包装技术整体解决方案等非烟机械领域的成果应用，持续在数控机床、汽车、模具、机器人、商用飞机等高端制造领域寻求战略合作，不断拓展非烟业务范围。

公司于 2023 年入选上海市 100 家智能工厂，连续多年入选中国工业专业设备制造行业排头兵企业，被评为上海市高新技术企业、上海市文明单位，同时获上海 5G+ 智慧工厂、上海市花园单位、上海市质量管理奖、上海市模范集体等称号；产品多次获国家级和省部级科技进步奖、优质产品等荣誉；被国家人力资源和社会保障部列入第一批国家高技能人才培养示范基地，并被授予“国家技能人才培育突出贡献奖单位”称号。

上海昊海生物科技股份有限公司

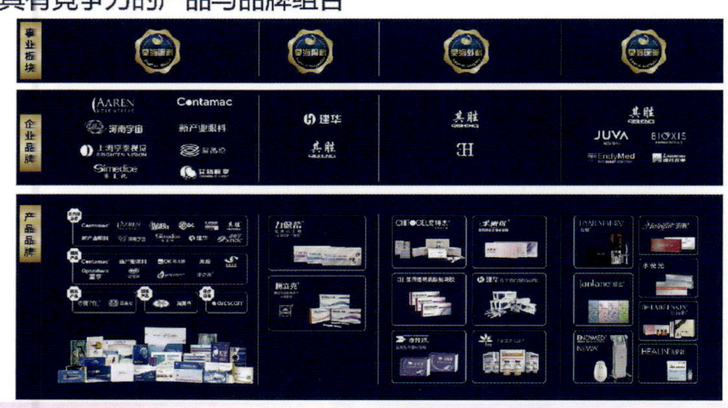

截至2022年底，全球67个控股子公司，其中境内38个，境外29个；参股公司11个；员工1990名。

上海昊海生物科技股份有限公司（与下属子公司统称“昊海生科”）是一家应用生物医用材料技术和基因工程技术进行医疗器械和药品研发、生产和销售的科技创新型企业，致力于通过技术创新及转化、国内外资源整合及规模化生产，为市场提供创新医疗产品，逐步实现相关医药产品的进口替代，成为有关生物医用材料领域的领军企业。公司于 2015 年和 2019 年分别在香港联交所主板、上海证券交易所科创板上市，成为全国首家“港股 + 科创板”生物医药上市公司。

经过十余年不断自主创新和产业整合，截至 2023 年，昊海生科完成以人工晶状体、医用透明质酸钠 / 玻璃酸钠、医用几丁糖等为代表的生物医用材料的行业重组，实现创新基因工程药物（国家一类新药）外用人表皮生长因子的产业化，进而在眼科、整形美容与创面护理、骨科和防粘连及止血等四个主要业务领域取得行业领先优势。2022 年度，昊海生科实现营业收入 21. 30 亿元，归母净利润 1. 8 亿元。

作为中国医用生物材料领域的领军企业之一，昊海生科在全球拥有 300 余名研发技术人员，两个国家科学技术进步二等奖产品，建立了国家级企业技术中心和国家级博士后科研工作站以及多个省部级技术及研发转化平台和一个上海市院士专家工作站，并已在中国、美国、英国、法国、以色列建立全球联动研发体系。截至 2022 年底，昊海生科承担科技部等国家级重大项目 12 项、上海市重大科技研发项目 40 余项，累计申请专利 500 余件、其中已授权发明专利 100 件、国际发明专利几十件（覆盖美国、欧盟、日本、韩国、西班牙等多个国家和地区），起草或参加制修订生物材料和医疗器械行业标准 10 项。

依托强大的研发能力与投资并购战略，公司在 2022 年底上市“角膜塑形用硬性透气接触镜——童享 OK 镜”，并在眼科领域不断布局，包括疏水模注非球面人工晶体、疏水模注散光矫正人工晶体、眼内填充用生物凝胶等均已进入临床或注册申报阶段。公司的主打产品“玻璃酸钠注射液”获 2021 年度上海市高新技术成果转化百佳项目，新产品“盐酸莫西沙星滴眼液”获 2021 年度上海医药行业名优产品。2022 年，昊海生科获“上海制造业 100 强”“上海民营制造业 100 强”“上海新兴产业 100 强”“上海百强成长企业 100 强”四项殊荣。

“昊天鹰击，海阔鱼跃”，昊海生科将不断进取，推进国际化发展战略，持续拓展核心技术在新领域、新适应症上的运用，不断提升公司的综合实力，加快实现相关生物医用材料产品在中国市场的进口替代。

百强证书

上海昊海生物科技股份有限公司

2022上海制造业企业100强

（第92名）

上海市企业联合会 上海市经济团体联合会 上海市企业家协会 解放日报社

2022年8月

KHB 科华生物

公司简介

科华生物成立于1981年，经过40年奋斗，成长为一家总部位于上海，在西安、苏州、深圳及意大利都有研发、生产基地，及海外子公司的国际化体外诊断企业。

第一家体外诊断上市公司

2022年营业收入为**69.70亿元**

1800名员工

>1000家代理商

出口**40个**国家

18个国际代理商

240个产品注册证（NMPA）

70个CE认证

业务板块

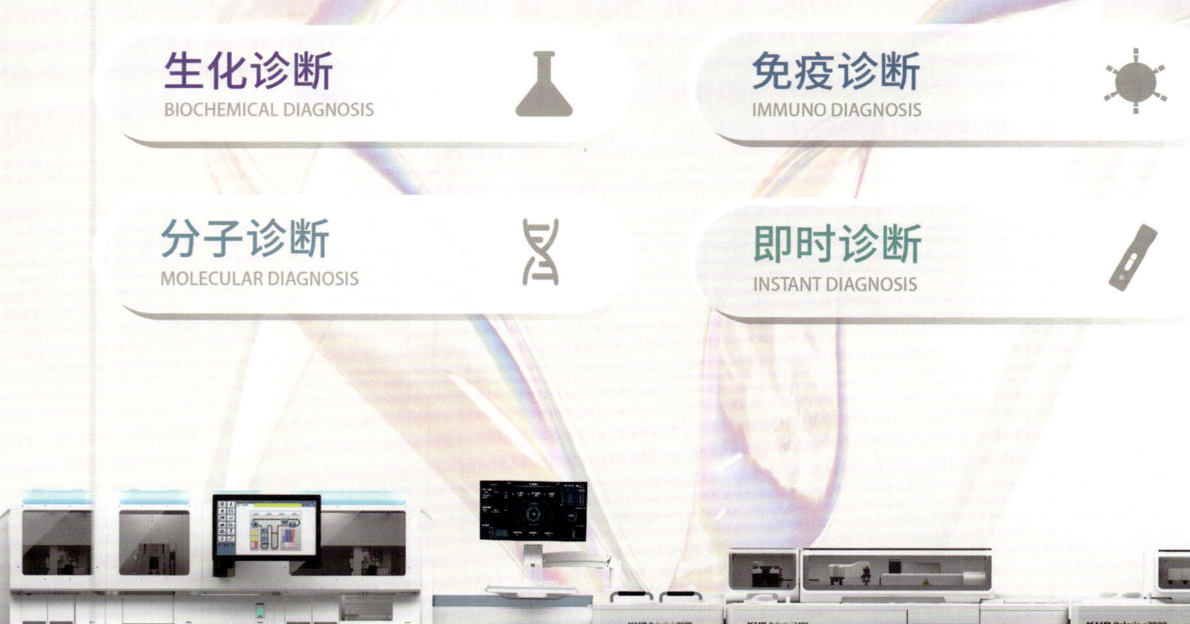

KHB Polaris 北极星生化免疫流水线

普罗生物技术(上海)有限公司

普罗生物技术(上海)有限公司成立于 2000 年，主要通过高效营养输送、微生物激活等技术，实现被污染土壤和水体的修复。公司以环保微生物为主营业务，聚焦环境微生物和微生物营养的研发，深耕微生物终端适配领域，围绕客户体验不断完善精细化服务体系，成为细分领域的领导品牌。普罗生物荣获过国家级高新技术企业、上海市“专精特新”企业、区级企业技术中心、上海市创新型中小企业，拥有市级科技启明星 1 人、区级企业骨干人才 3 人、区级优秀人才 2 人。

二十余年，公司从引进、集成、到自主研发，围绕技术服务体系的构建，打造区域化、平台化、个性化的服务体系。随着国家对不同行业环保标准的日趋严格，普罗生物技术的应用领域，从最初的炼油化工、制浆造纸行业，延伸到煤化工、精细化工、钢铁、制药、工业园区、市政等多个行业，还将继续延伸到纺织印染、太阳能、光伏等行业。研发创新是企业发展的核心竞争力，普罗研发中心致力于开展国际领先、国内空白的环保微生物的研发，及相关研究成果的工艺国产化。

2021 年，普罗生物布局上海金桥金港路 211 号新的总部，并在上海外高桥巴圣路 160 号设立新的研发中心，同时在上海宝山飞云路 58 号建立新的生产工厂，为新产品的研发、生产提供完备的设施条件。

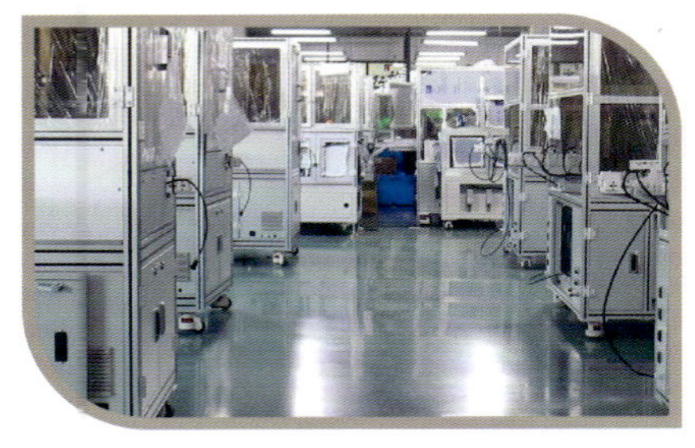

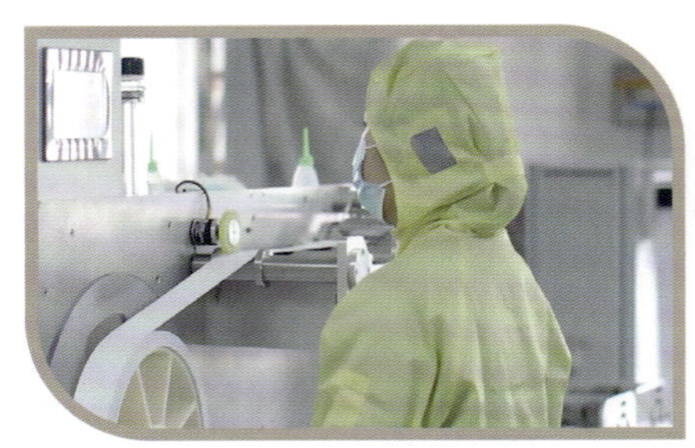

上海金标生物科技有限公司成立于 2003 年，总部及研发基地设立于浦东新区，是国内第一家为生物医学快速诊断(IVD)产业提供上游仪器装备产品的高科技企业，专注于生物医学快速诊断技术和配套设备、耗材的研究、开发、生产及销售；客户涵盖医学诊断、食品安全、动物疫病检测等生产制造企业及科研院所。公司从国内首家医学诊断试纸的上游产品进口替代发展为非标设备及自动化装备产线、特殊耗材辅料系列产品研发生产厂家。公司发展过程中始终保持进取创新，被工信部认定为“国家专精特新小巨人企业”，连续评为 2021 年度和 2022 年度上海市新场镇“经济突出贡献企业”。

公司成立以来，始终坚持以人才为本、诚信立业的经营原则。荟萃业界精英，将国外先进的信息技术、管理方法及企业经验与国内企业的具体实际相结合，为企业供给全方位的解决方案，不断突破‘卡脖子’技术难关，突破新的数字化管理场景，助力数字化转型，坚持走“专精特新”之路。公司先后通过 ISO9001 和 CE 国际质量体系及产品认证，将产品研发至立于企业核心地位，现有员工近 300 人，公司研发技术人员占员工比例达 30% 以上。公司已获专利授权 50 项，其中发明专利 18 项，实用新型 32 项。金标生物自研的诊断检测试纸相关设备和全自动装卡装袋机，获得市场的高度认可。

公司作为国内 IVD 装备产业领导品牌，服务国内近 1000 家、国际上近 500 家生物医学诊断企业，在同行中具有良好的口碑和强大的影响力。面向体外诊断行业不断增长的新需求，以市场为导向，公司逐步加大投入开发和推广新产品。2011 年，投入新厂房建设，分别在上海浦东新场镇和湖州和孚镇拥有自己的土地及标准厂房约 6 万平方米。公司于 2015 年改制后在不断增加科技投入的同时，非常注重加强与大专院校及科研院所的联系与合作，充分利用其拥有的科技平台，采取引进先进的科研成果与“引智”相结合的方法，以不断提高企业产品的科技含量，提高公司项目实施的水平，培育新的经济亮点。

目前金标公司产品遍布国内市场外，远销海外五十多个国家和区域。经过近二十年的发展，公司成长为快速诊断试剂行业优质服务商，实现年销量和营业额的稳定增长！2020 年至 2022 年，连续三年平均销售增长率超过 115%，平均利润增长率超过 270%。争取未来在与美国强势企业的竞争中脱颖而出，并在三年内进入全球 IVD 产业装备设备生产商的前三名，在上海打造快速诊断产业装备生产线的国产新品牌。

普蕊斯（上海）医药科技开发股份有限公司

普蕊斯（上海）医药科技开发股份有限公司成立于 2013 年，专注于向国内外制药公司等临床研究开发提供 SMO 服务，赋能新药研发，是国内 A 股首家上市的 SMO 公司（301257.SZ）。公司基于过往经营积累的临床试验项目执行经验，为客户提供包括前期准备计划、试验点启动、现场执行、项目全流程管理等服务，实现临床试验外包管理的一站式服务，从而更加高效快速地推进申办方临床试验的落地和执行。

SMO 作为一种创新性的商业模式，为中国临床试验执行提质增效，逐渐成为医药研发产业链中的重要环节，助力医药行业快速发展。普蕊斯顺应中国 SMO 行业发展趋势，基于管理团队过往的医学或护理学相关背景和从业经验以及对 SMO 行业发展趋势的深刻理解，公司成为中国最早一批进入 SMO 行业的企业，在临床试验机构通过项目管理方式推进临床试验进度、提高试验效率，满足国内创新药企临床需求，确保临床研究过程符合 GCP 相关法规和临床研究方案的规定，逐渐成长为中国 SMO 行业的领军企业之一。

经过多年的快速发展，普蕊斯通过在项目管理能力、项目执行经验、临床试验机构覆盖能力等领域的突出表现建立了市场领先地位。服务客户包括全球知名的外企制药公司和国内领先的新药研发公司，为包括默沙东、精鼎、康方、泽璟、诺华、恒瑞、百时美施贵宝、复宏汉霖、礼来、徕博科等在内的知名药企提供临床试验现场管理工作，提供的 SMO 服务质量高、效率高，处于同行业先进水平，符合国际标准。

自成立以来，公司累计承接超过 2100 个国际和国内 SMO 项目，其中，公司参与客户 ADC 项目 16 个，参与双抗项目 19 个，参与 CAR-T 项目 45 个，参与 PD-1、PD-L 1 项目 100 个，新冠项目 10 余个。截至报告期末，公司正在进行的 SMO 执行项目 1,184 个。累计推动 90 余个创新药或医疗器械产品在国内外上市，截至 2022 年 6 月末，公司有超过 3400 名专业业务人员，服务 740 余家药物临床试验机构，服务范围覆盖全国 160 多个城市。

公司提供过临床试验现场管理服务的特色产品包括：全球首个且唯一获批的靶向 Trop-2 的 ADC 药物；首个国产双抗暨全球首款获批 PD-1/CTLA-4 双抗药物项目；中国首个口服直接抗丙肝病毒药物；中国首个自主知识产权新冠病毒中和抗体联合治疗药物项目；FDA 批准的首个治疗骨髓纤维化的药物；中国首个治疗高血脂疾病的单抗产品；全球首个获批上市的布鲁顿氏酪氨酸激酶（BTK）抑制剂；全球首个获批上市用于治疗系统性红斑狼疮（SLE）的生物制剂；中国首个国产人类乳头瘤病毒（HPV）疫苗；中国首批 CAR-T 治疗临床试验项目等。

公司获高新技术企业、上海市科技小巨人、张江之星、上海市“专精特新”企业、黄浦区企业技术中心等荣誉资质。普蕊斯探索中国临床试验解决之道，致力于在药厂、研究者和患者之间打造一个相互关联的平台，加快和提高中国临床试验研发速度和质量。

上海柯渡医学科技股份有限公司

上海柯渡医学科技股份有限公司（以下简称柯渡）是国内领先的医院医学装备资产管理服务商，为医院医学装备从引进论证、验收、安装、调试、使用、日常巡检、定期保养、故障维修、计量、校准、报废全生命周期智慧管理提供创新的技术、产品和人员培训与服务。

行业创立者和最大规模企业：首创被誉为“柯渡模式”的“互联网＋设备托管”全资产管理模式，业务覆盖全国31个省市自治区及香港的2500多家医院，自有专业工程师1300多人，管理医学装备总资产约70多万台价值700多亿元。

行业先进技术引领者：在多地设有研发机构，研发并拥有自主知识产权的医学装备资产管理软件系统，建立了行业内数据量最大、内容最全、信息量最丰富的医疗设备维修知识库，创新研制行业唯一的医疗设备故障预警及诊断系统，拥有授权专利约20件和软件著作权50多项。

行业人才培训基地：自购5000多万元各类医疗设备，聘请20多名院校、原厂资深工程师为师资，具备强大的医学工程师维修培训能力。中国医学装备协会“医学装备维修工程技术与管理”培训基地、中国设备管理协会医疗行业分会“上海培训基地”，业已正式授牌并运行。

积极履行企业社会责任：以多种形式积极帮扶有特殊需要的群体。除了招收残疾人就业、投身光彩事业，更充分发挥行业优势，在抗疫赈灾工作中捐助价值700多万元的紧缺医疗设备和防疫物资，组织维修工程师全力保障医院医疗设备的安装和运行，为抗疫作出了积极贡献。

2022年度企业荣誉：2022年先后获“第十二届全国设备管理优秀单位”“第四届上海市普陀区质量创新奖”荣誉称号，当选中国干细胞产业联盟副理事长单位。

2022年度企业抗疫表现：2022年3月，组建援港小分队，26天时间统筹推进近万台医疗设备的安装验收工作，为“中央援港应急医院及落马洲方舱设施”疫情防控紧急项目的按时运行做出突出贡献，获得项目指挥部的高度评价。4月，大上海保卫战最吃紧的时期，柯渡采购调集30吨食品（10吨山东花生米、6000只扒鸡、4800盒坚果）支援沪上各大医院，向社区基层捐赠行军床1批。柯渡驻守62家医院的242名工程师，就地参与医院的一线抗疫；更有64名工程师逆境前行，支援15家方舱医院，共守抗疫一线，鼎力守“沪”。

柯渡医学以“让优质医疗触手可及”为使命，致力于构建数字时代的自主创新核心竞争力，将凭借领先的医学装备管理解决方案，加速助力国内智慧医院的建设，致力于“成为医疗行业用户最值得信赖的价值管理整体解决方案服务商和合作伙伴”。

原悦康药业集团上海制药有限公司，于 2009 年投资成立，注册资金 6800 万元，位于上海金山工业区生物医药产业基地，是一家集药品研发、生产和营销于一体的高新技术和“专精特新”企业。总体规划投资 3 亿元，占地面积 30 亩，拟形成销售 5-7 亿元经营规模，拥有普通固体制剂的片剂、胶囊、口服混悬剂等诸多生产线。2014 年 1 月，通过国家新版 GMP 认证（片剂），并于 2019 年 1 月通过复认证，GMP 证书号为 SH20190008。

1、生产车间

公司有通过 GMP 认证的现代化生产车间，追求以创新促改革，建设同国际接轨的现代化工业洁净车间，采用先进性、实用性、全自动化设备及进口检测仪器，年产能在 5 亿 -6 亿片。

2、质量管理

从生产用原辅材料、半成品及最终产品整个生产全过程，引进一流制药企业质量管理模式，完善 GMP 质量标准体系和 SOP 规范操作体系，建构以质量控制、质量保证和质量检查为中心的三大质保体系，从根本上保障产品的高质量，且近几年药监局数次抽检公司产品质量均合格。

3、生产剂型

普通固体制剂包括喹诺酮类抗生素、肠胃用药、抗真菌药、抗病毒药等，其中盐酸特比萘片于 2020 年 6 月通过国家仿制药质量和疗效一致性评价并取得批件，氟康唑片于 2020 年 9 月通过国家仿制药质量和疗效一致性评价并取得批件。

4、新药研发

目前公司正在积极开发新产品，药品的开发以具有良好的社会效益和经济效益的新药为主旨，创仿结合，打造出具有市场价值及利润高的产品。

多年以来，公司秉承“诚信、进取、真情”的企业理念，坚持以市场为导向，通过对客户及产品的筛选，积累广泛的医院、药店等终端客户群体，同时整合医药产品的研发、制造、销售，现发展成深耕医药产业的综合型企业。公司以三终端为基础，以药品生产和 OEM 网络为核心优势，发展成为一家具有核心竞争力的综合型医药企业。

上海桓华制药有限公司放眼全局，定位上海，在于其不可替代的区域优势，使产品销路更为通达。公司追求以创新促改革，始终如一的秉承“质量为本、诚信为先”的经营理念致力于多元化合作，在科学发展的征程上不断寻求优势互补，努力提高自身竞争力。

选择制药行业，就必须对生命负责！药品质量只有一百分，九十九分等于零，这是公司的誓言，并立志要做中国最好的药品，努力使产品达到并超过人们的期望，让人们的生活更加美好！

上海中西三维药业有限公司

上海中西三维药业有限公司是上海医药直属企业，由具有百年历史沉淀的原上海中西药业股份有限公司和国内大型制药企业上海三维制药有限公司强强联合组建而成，是上海医药发展特色原料药和配套制剂的承载企业。目前，公司主要有上海中西三维药业有限公司星火生产基地、上海上药中西制药有限公司制剂生产基地和上海金河生物制药有限公司金和生产基地。

公司积极贯彻新发展理念，聚焦精神神经、抗风湿免疫等治疗领域，积极推动产业布局调整、产品结构优化、管理模式创新、产品质量提升、智能绿色制造，充分挖掘"原料药 + 制剂"产业链优势，持续加大研发投入，创新和丰富产品线，核心产品"纷乐"在国内市场占有率达 85.3%，可持续发展能力快速提升，盈利能力居行业领先水平。

公司技术力量较为雄厚，连续多年被评为上海市企业技术中心。数年以来，公司一直保持着稳健的发展，特别是新药品种依靠自身的终端力量，取得突破性的成就，在各自的领域风采斐然。氟西汀胶囊、右佐匹克隆片、度洛西汀胶囊先后通过药品一致性评价。

2020 年公司重点产品磷酸氯喹片、硫酸羟氯喹片先后成为《关于新型冠状病毒感染的肺炎诊疗方案（第六版）》、"上海方案"抗疫首选药品。公司党委科学预判、精心组织，组织广大党员职工第一时间复工复产，产能提高 150%，确保抗疫药品生产保供。2020 年公司累计向国家工信部、中国红十字总会等单位捐赠抗疫药品价值近千万元，为抗击疫情贡献国企力量，体现了国企能力与担当。

公司引入"智"药理念，实施智能化制造系统（DCS、ERP、LIMS、MES），未来将在星火开发区建设一个具有高等级、高附加值、高毛利、低能耗的，且符合新版 GMP 标准、生产设施达到国际先进水平的大型现代化原料药生产基地。公司将借助聚焦发展的品种技术质量优势，打造特色原料药出口品牌。在欧美高端市场之外，进一步加强对新兴国家市场的注册开发，以此推进相关制剂产品的国际化。面对风起云涌的医药市场，中西三维在致力于为人类健康缔造更多福音的同时，将执着于提高快速反应、快速决策、快速执行的能力，执着于提高自主创新的能力和核心竞争力。

公司塑造"纷乐"文化品牌，健全员工职业发展通道，加大人才引进和内部培训，持续推进绩效文化，健全以业绩为导向的员工收入增长机制，激发员工的价值创造，将绩效文化工作成效转化为企业发展的活力和竞争实力。先后获评"上海市治安安全合格单位""上海市五一劳动奖状""上海市文明单位"，国家工信部"绿色工厂"等荣誉称号。

如今，中西三维正站在新的历史起点，实施新的发展战略，在全球范围内谋求最广泛的合作和更大的发展，与各界朋友共创美好的未来！

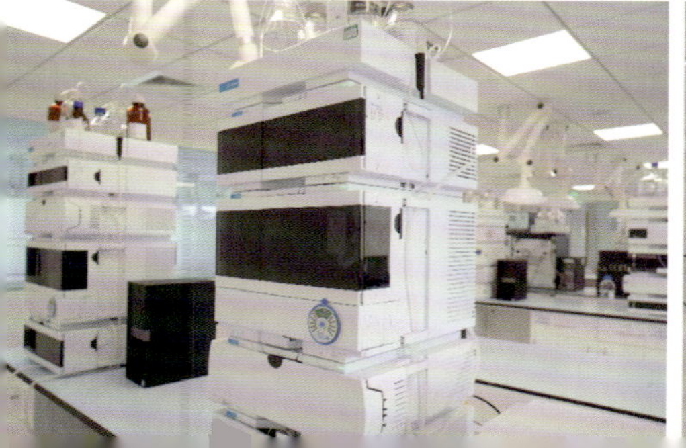

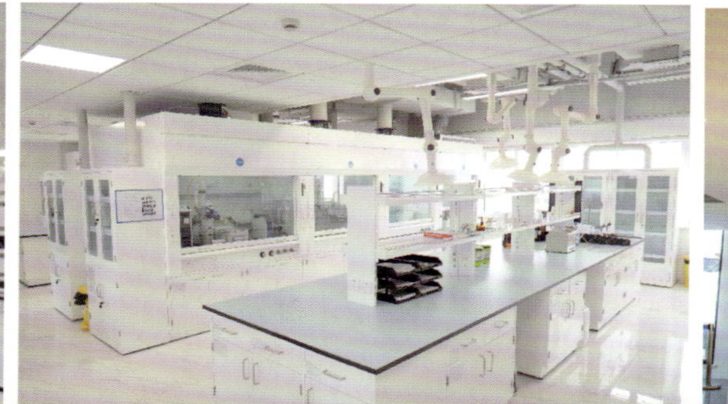

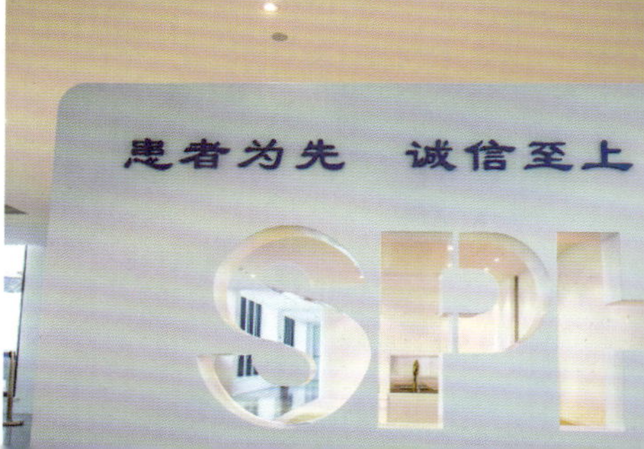

[真仁堂粉剂系列]

川贝母粉

ChuanBeiMuFen

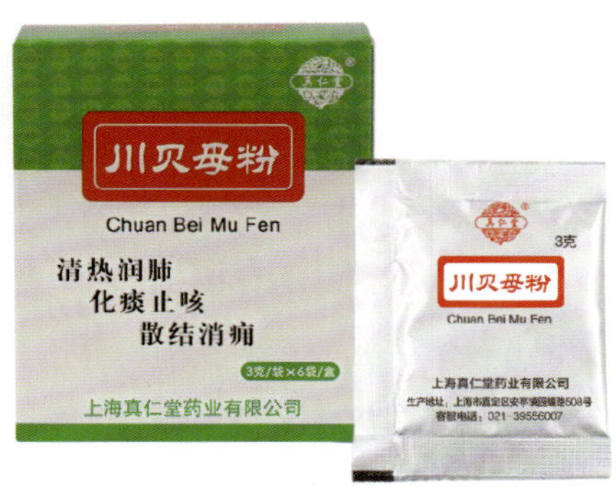

蟾酥粉

Chansu Fen

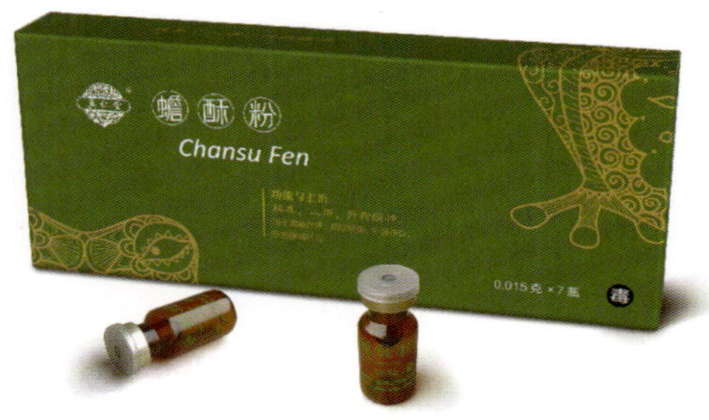

[中晚期肿瘤基础用药]

【品　名】川贝母粉	【产　地】四川
【规　格】3 克 / 袋 ×6 袋 / 盒	
【执行标准】《上海市中药饮片炮制规范》2018 版	
【功能与主治】**清热润肺，化痰止咳，散结消痈。**用于肺热燥咳，干咳少痰，阴虚劳嗽，痰中带血，瘰疬，乳痈，肺痈。	

【品　名】蟾酥粉
【产　地】安徽
【规　格】0.015 克 ×7 瓶
【执行标准】《中国药典》2020 版
【功能与主治】**解毒，止痛，开窍醒神。**用于痈疽疔疮，咽喉肿痛，中暑神昏，痧胀腹痛吐泻。

真仁堂煎药中心已经形成标准煎药、中药膏方、中药丸剂为特色的三大产品路线。2023 年 2 月，成功对接随申办“中药安心达”——基于区块链的中药饮片代煎配送系统”，市民可以通过“随申办”平台实时查询自己在医院就诊时开具中药饮片处方的实时煎煮和配送状态。同时，运用区块链技术防范在医院、药企、配送等环节过程中产生的数据被篡改的风险，确保数据可信可靠。目前，“中药安心达”正在试点推出中药饮片溯源功能，并在市级层面进一步加强对中药饮片和处方的实时监管，真正实现中药延伸服务全过程安心达。

上海真仁堂药业有限公司标准煎药中心秉持“严标准煎好药，用良心做服务”的企业宗旨，将继续为市民提供更优质、更便捷的中药个性化服务。

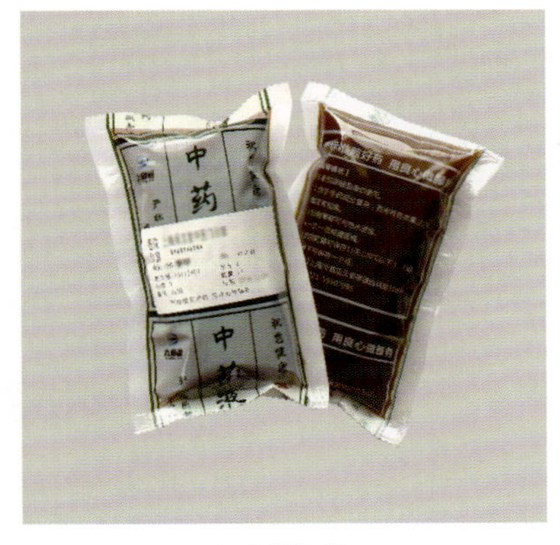

定制煎药

个性化丸剂

定制膏方

上海八通生物科技股份有限公司

上海八通生物科技股份有限公司（简称上海八通，股票代码：872017）是国内外知名的从事体外诊断试剂生产和研发于一体的专业高科技生物公司。研发团队是由海外学者专家以及国内的资深专业人士组成，长期致力于开发新型的体外诊断试剂和建立新型的检测平台。尤其是在毒品、药物滥用以及临床的快速检测领域具有一定知名度。

公司拥有“Bio-venture”“八通”“即时检”“JSJ”“唯卓”“伊娃”等多个知名品牌。BIO-VENTURE 毒品快速检测试剂在全国范围内使用，用于毒品筛查、征兵、海关出入境体检，产品质量稳定可靠。2016 年公司产品在公安部的毒品尿检板质量评比中成绩优异，并入选公安部禁毒局推荐目录，成为采购产品入围最多的生产厂家。2019 年、2020 年连续参与经上海市禁毒委员会办公室开展的质控工作均通过质控标准，且表现优异获得相关部门的好评。目前公司产品已获得欧盟 CE 认证、美国 FDA 510K 认证。

上海八通拥有科学的管理模式，完善的工艺设施及先进的产品加工技术和装备，通过 ISO9001：2015、ISO13485:2016 质量管理体系认证，为保证产品的质量奠定了坚实的基础。公司具备国家三类医疗器械生产许可证，配备有分子生物学、细胞免疫实验室、质控实验室、研发实验室和十万级洁净度生产车间等规模化生产设备，并配套专用库房与办公设施。公司生产线采用自动化划膜喷金、切条、自动粘膜、玻纤处理、点样、压壳等设备。具有从技术开发、产品设计、生产工艺开发直至中试放大和生产加工的全流程服务能力。

公司凭借人性化的管理及“以德为本、德才兼备”的核心管理理念，拥有一批从事研发、生产、管理的高素质人才。上海八通研发团队是由海外学者专家以及国内的资深专业人士组成。中、高级技术资格的专业技术人员、本科以上学历者占公司全体员工 60%，其中博士 1 人，硕士 7 人。公司的技术带头人在专业技术领域拥有多项发明专利和新型专利，为公司的可持续发展提供了可靠的技术保证。“甲基安非他明不与麻黄碱、伪麻黄碱发生交叉反应技术”、“氯胺酮不与美沙酮、美沙芬发生交叉反应技术”两项专利技术的领先性在行业内独树一帜。这两项技术分别在 2007 年和 2008 年获得公安部科技技术奖三等奖。公司自成立以来，始终坚持以科技为先导，以市场为导向，注重科技投入，提高企业自主创新能力，加快企业发展。

公司多年来与公安部禁毒局，公安部第三研究所，上海市公安局，科研院所以及医疗临床单位密切合作，多次参与并完成国家科技支撑、973 等重大科研项目，多次获得公安部科技奖和上海市科技进步奖。公司于 2016 年被上海市科委授予高新技术企业。2018 年，被上海市经济和信息化委员会授予上海市“专精特新”中小企业荣誉称号。2020 年，参与起草上海市地方标准——《常见毒品胶体金法检测要求》DB31/T　1271-2020（2021 年 4 月 1 日实施）。2022 年，通过知识产权管理体系认证。目前，企业正在申报专利工作试点示范单位、全国“专精特新” 企业。

上海滈美医疗科技有限公司

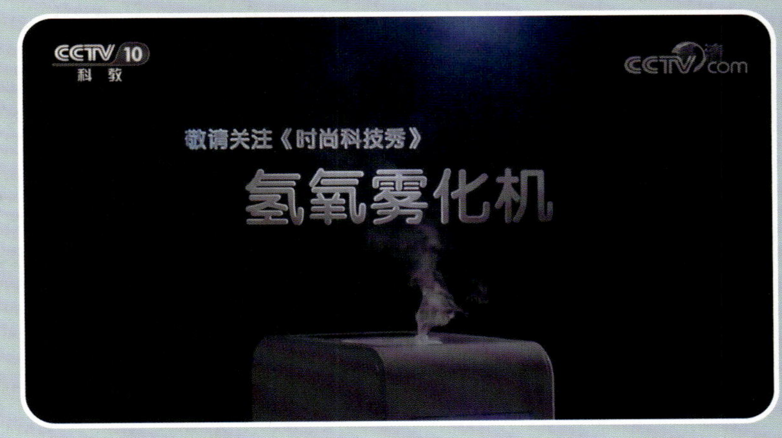

滈美医疗为全球首家致力于氢氧医学临床应用研究单位，涉及领域包含呼吸道和肺部疾病、呼吸睡眠障碍、神经退行性疾病、癌症辅助治疗与康复等。十一年来完成近 200 项基础研究、16 项单中心人体临床和 14 项多中心临床研究，发表 SCI 论文 78 篇(截至 2023 年 3 月)，氢氧医学领域占全球 SCI 90% 以上发表量，拥有最早最领先的学术开拓地位。

著名肿瘤外科学专家、中国工程院院士 —— 汤钊猷；著名肝脏外科专家、中国科学院院士 —— 吴孟超；著名血液学专家、中国工程院院士 —— 王振义；著名呼吸病学专家、中国工程院院士 —— 钟南山教授及全国部分学科领域专家们，对氢氧混合气在上述疾病领域取得的成果给予高度的肯定。

2017 年，滈美氢氧气雾化机获得国家药监总局"国家创新"三类医疗器械资质。2025 年之前，国家医保将全面执行 DRG 政策，将患者病种分组打包收费上限，超过此范围的部分医保不报销，但使用获得"国家创新"医疗器械可豁免 DRG 限制，这是国家对滈美氢氧气雾化机在医疗机构推广使用的重大扶持政策。

为抓紧"DRG 豁免"和"国家药监局家庭护理场景准人"双战略窗口，滈美在未来一年内推广广氢氧医学，已联合央视、抖音、分众传媒、百度等多平台进行宣传投放，将陆续登上央视 2 套、3 套、4 套、10 套、11 套，以及上海第一财经的黄金栏目。目前，央视 10 套《时尚科技秀》已播出滈美专访；2 套、3 套、11 套已投放滈美宣传片；第一财经《醇享人生》即将播出专访，央视《透视科技秀》《健康之路》《职场健康课》等节目均进人前期运作，分众传媒全国 400 万点位分时分区投放陆续开展中，抖音、小红书等投放持续进行。全平台引流联合全国有志之士精诚合作，滈美将把氢氧医学带给更多有需要的人群，以氢氧之钥，打开中国大健康市场万亿之门！

截至 2023 年 3 月，滈美氢氧气雾化机在全世界范围已获得 380 项专利授权，其中发明专利 261 项。经过十年努力，2021 年 12 月，国家药监总局批准在医疗机构及家庭民用市场上市。与市面上出现的工业制氢机仿制医疗器械不同，是全球唯一获批符合人体长期吸人、没有安全隐患且符合法规标准的氢氧呼吸设备。

上海汉维生物医药科技有限公司

上海汉维生物医药科技有限公司（简称汉维）是一家拥有 15 年宠物行业经验，集宠物医药健康产品研发、生产、国内外营销全方位一体化的高新技术企业，致力于提供规范、安全、有效的宠物专用新型药品、保健护理产品和专业化服务。

汉维在上海张江高科技园区按照 ISO/IEC17025:2005 及国际 VICH&ICH 指南要求建立质量体系完善的专业动物药品研发中心，并于上海金山生物医药园区投资建立符合国内外 cGMP 质量体系的现代化兽药工厂。工厂通过农业部 GMP 认证、澳洲 APVMA GMP 认证和菲律宾 GMP 认证，4 条生产线 1 次性高分通过上海市农业农村委 GMP 专家组现场动态检查，零缺陷通过澳洲 APVMA 审计。

汉维从 2008 年开始专注于宠物药品研发，在宠物抗感染、体内外驱虫、解热镇痛、心血管疾病、胃肠道疾病等领域广泛布局，是中国专业研发宠物药品的领头羊。重磅产品汉肤欣（伊曲康唑内服溶液）为猫用抗真菌药，国内独家生产，填补国内猫用皮肤病药的空白；莫比新（阿莫西林克拉维酸钾）为宠物用广谱抗感染药，是目前唯一获批的宠物国产新药。汉维自主研发的产品不仅销往国内 300 多个城市，并且出口到澳大利亚、新西兰和马来西亚等国际市场。

2015 年，汉维自主品牌“汉维宠仕”正式创立。围绕品牌，汉维建立专业化高素质的全国销售和技术服务团队，为客户提供全方位服务，拥有专业、高效的技术和市场团队及客户服务中心，同时具有经验丰富、严谨务实的研发、生产、药政团队，严格按照国家动物药品 GSP 销售管理规范实施全过程的销售质量管理。在国际合作方面，汉维还为国外合作伙伴提供合同研发（CRO）、合同生产（CMO）的外包服务等服务。

截至目前，汉维宠仕拥有高质量多品类的全系列宠物专用产品近 40 个，获得 8 个新兽药证书并已全部成功转化上市，其中阿莫西林克拉维酸钾片、头孢氨苄片、非泼罗尼滴剂三款产品获得上海市高新技术成果转化项目认定。汉维非常重视知识产权保护，已获 30 项专利授权。公司研发投入仍在持续增长，目前研发管线中的新产品已有 6 款正在评审中，10 余个项目处于研发中。随着公司快速发展，已取得多项荣誉：获上海市“专精特新”企业称号、金山区专利示范企业认定、金山区瞪羚企业认定、金山区科技小巨人企业、上海市科技小巨人培育企业等认定，并顺利通过两化融合管理体系评定、知识产权管理等体系认证。

怀揣着“成为中国领先的国际化动物医药科技公司”的愿景，汉维宠仕以“共建人与动物和谐相处的美好家园”为使命，践行着“客户第一，伙伴成长”的价值观，不断追求创建中国优秀的国际化专业宠物健康领先品牌。

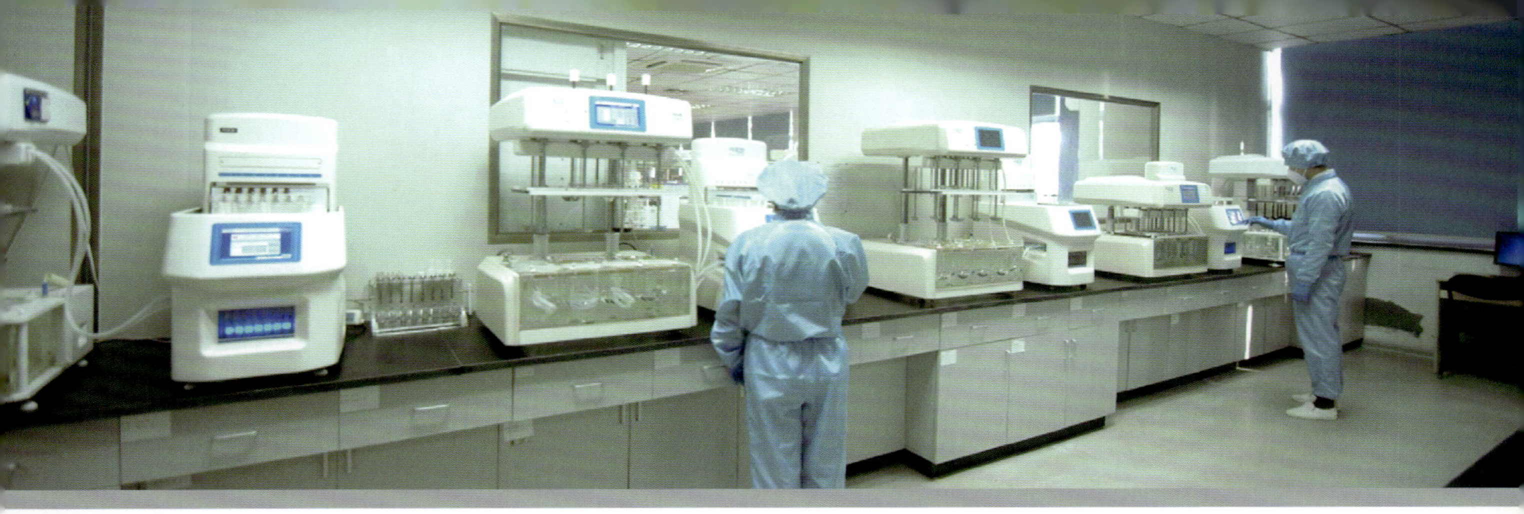

上海美迪西生物医药股份有限公司

美迪西介绍

上海美迪西生物医药股份有限公司(简称美迪西)是成立于2004年的中外合资企业，由中组部高层次人才特聘专家、俄罗斯科学院外籍院士陈春麟博士创立，被誉为中国最顶尖的药物研发外包服务公司(CRO)之一。公司拥有5个研发中心与1个海外公司，分别为：上海张江研发中心、上海川沙研发中心、上海南汇研发中心、浙江杭州研发中心、上海宝山研发中心(在建)、美国美迪西公司。2019年11月5日，公司于上海证券交易所科创板正式挂牌上市，股票代码为688202，美迪西是科创板第45家上市公司，也是全国首家登陆科创板的CRO企业。美迪西致力成为全球的医药企业和科研机构提供全方位的符合国内及国际申报标准的一站式新药研发服务公司，公司拥有19年的新药研发经验，2000多家全球活跃客户，3500余名新药研发科学家及研发服务人员，8.16万多平方米实验室和研发设施，已拥有超过430种药效模型的成熟建模技术，其中超过270种肿瘤模型，并建成相应的蛋白质/抗体药代动力学研究平台、抗体药物一站式研发外包产业化平台等，为赋能创新药物的研发打下坚实的基础。

2022年，公司获浦东首批13家大企业开放创新中心计划(GOI)之一，7400余平方米赋能空间，打造国际一流的创新药熟化核心平台，赋能创新药熟化产业高质量发展。中心将依托美迪西“技术+人才”的服务优势，立足于创新药物研发的关键环节，打造药物发现、药学研究、临床前研究、新药注册申报等一站式综合服务创新中心，并深化与生物医药上下游产业的协同创新合作，促进创新链、技术链、产业链、价值链有机融合。同时，借助第三方资本的力量，协同推动院士、专家团队创新成果加速落地与转化，实现多方共赢。

上海埃斯埃医疗技术有限公司

上海埃斯埃医疗技术有限公司始建于1935年(原上海注射针厂)。1994年，转制为上海埃斯埃医械塑料制品有限公司。2015年，由国企转制民营企业。2019年，更名为上海埃斯埃医疗技术有限公司。

埃斯埃医疗是一家穿刺针领域高新技术企业和科技型企业。目前已获得国内医疗器械注册证25类、欧美认证产品8类，共计5000余个型号规格的穿刺针产品，已取得百余项专利。企业相继起草穿刺针国家标准、行业标准和团体标准二十余项，是国内穿刺针领域标准的制定者，在全球穿刺针领域占有重要地位。著名商标"棱牌"已成为全国知名的民族品牌，缔造了属于中国穿刺针的辉煌历史。

埃斯埃医疗是国内少数拥有医用穿刺器械完整产业链的生产企业之一，凭借一流的技术、一流的人才、一流的设施，致力成为穿刺针行业的龙头企业，为医院、医学中心、科研院所等生命健康领域提供一站式的穿刺针创新、研发、检测的解决方案。企业自主研发建立国内第一条一次性使用穿刺针的生产线，搭建集产品研发、生产、销售及临床服务为一体的产学研医合作模式的院士专家工作站，产品遍及世界近百个国家和地区。

质量至上，永远是埃斯埃医疗不变的初心。公司注重穿刺针领域及生命健康领域的统一，以厚重的历史沉淀，努力打造卓越的针尖艺术。在设计上秉承"以人为本"的思想，紧贴临床，改革创新，不断适应市场的需求，为各类用户提供安全，可靠，优质的产品。在不断追求高效，卓越，可持续发展道路上，积极应用高新技术改造和提升传统产业，在实施全新品牌战略和运作机制的同时，与国际国内科研机构和高等院校联手合作，大力加强企业技术中心建设，不断提升自身产品质量水平。企业通过ISO13485、QSR820、GJB9001C质量管理体系认证，多个产品取得CE认证和FDA 510K认证。

埃斯埃医疗始终将企业生命至上的理念灌注于每个产品之中，力求为客户提供更专业、高效、合规的服务，打造坚定向前的民族品牌企业。多年来，公司通过产品、营销模式、管理方式的创新、人才队伍的引进等举措，赢得客户和社会的肯定，棱牌产品多次获国家质量金质奖章、优质产品证书、国家医药管理局质量管理奖和"百年上海工业，百个知名品牌""闵行区科技小巨人企业"、上海市"专精特新"企业等诸多奖项。

Forefront 众强药业

上海众强药业有限公司是以研发和创新为驱动的新型生物医药公司。公司产品管线涵盖高端仿制药、改良型新药和1.1类创新药物等十余款品种，分别建立抗丙肝药物、前列腺素和罕见病等三个平台。众强药业的目标是成为一个以创新为动力、以满足国内外患者的需求为导向、产品链齐全的国内领先新型生物医药企业。

曲前列尼尔注射液于2023年3月份上市，并进入国家医保。该产品是国内首款全自主生产肺动脉高压特效药，从而大大降低肺动脉高压患者的用药成本、极大提高该市场急需药品的可及性。

沙丙蝶呤口服片将于2025年上市，伊洛前列素将于2026年上市。其他高仿产品和改良型创新产品也将在2027年前后陆续上市。

众强药业1.1类创新药目前立项2个品种，集中在罕见病领域。目前临床前研发顺利推进，预计2025年后品种将陆续进入临床研发，2030年前后将陆续在国内外上市。

联系方式：

地址：中国（上海）自由贸易试验区法拉第路249号7幢底层西侧楼面

电话：+86-21-58331579

Email: contactus@forefrontpharma.com

Website: www.forefrontpharma.com

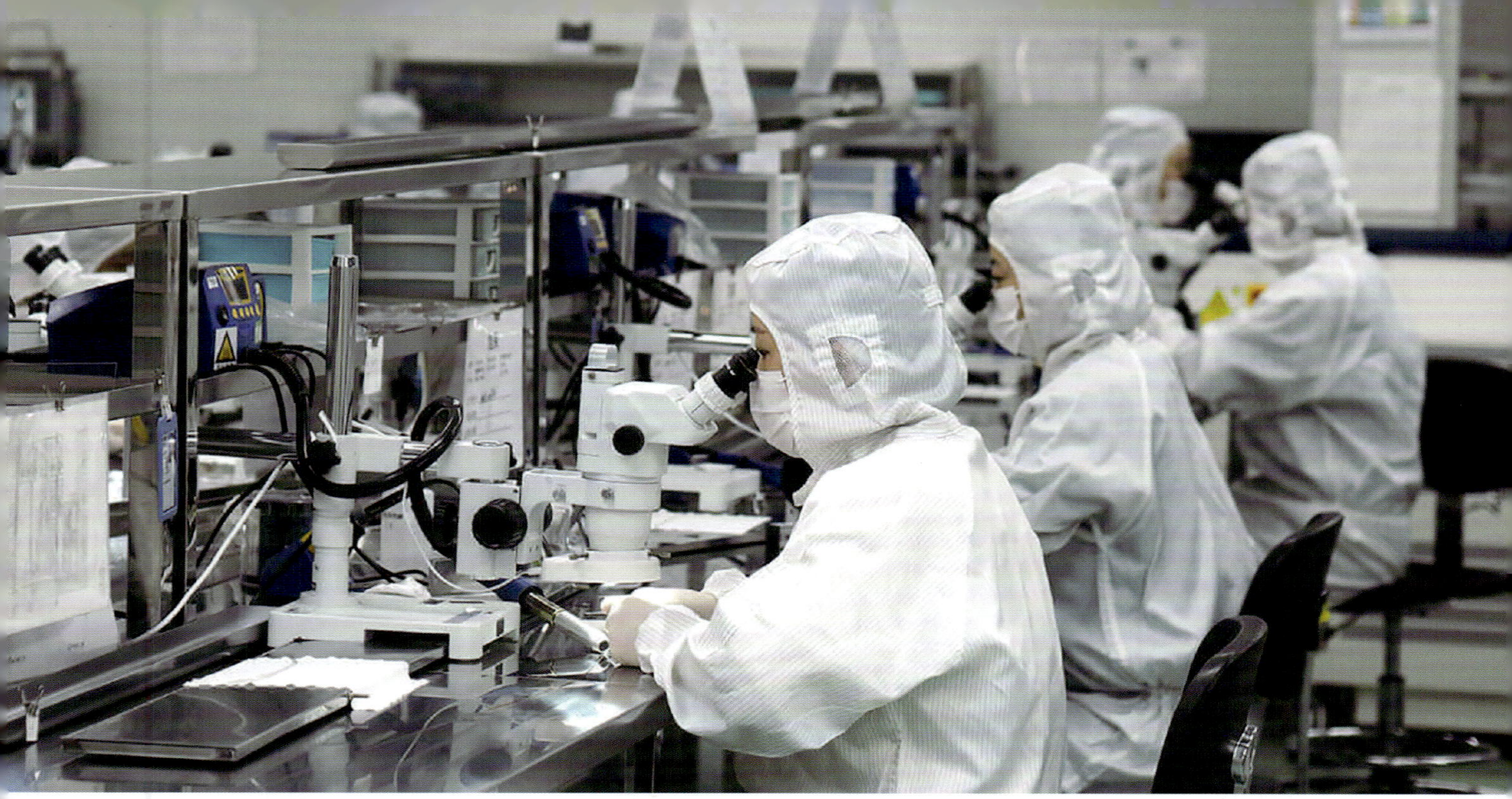

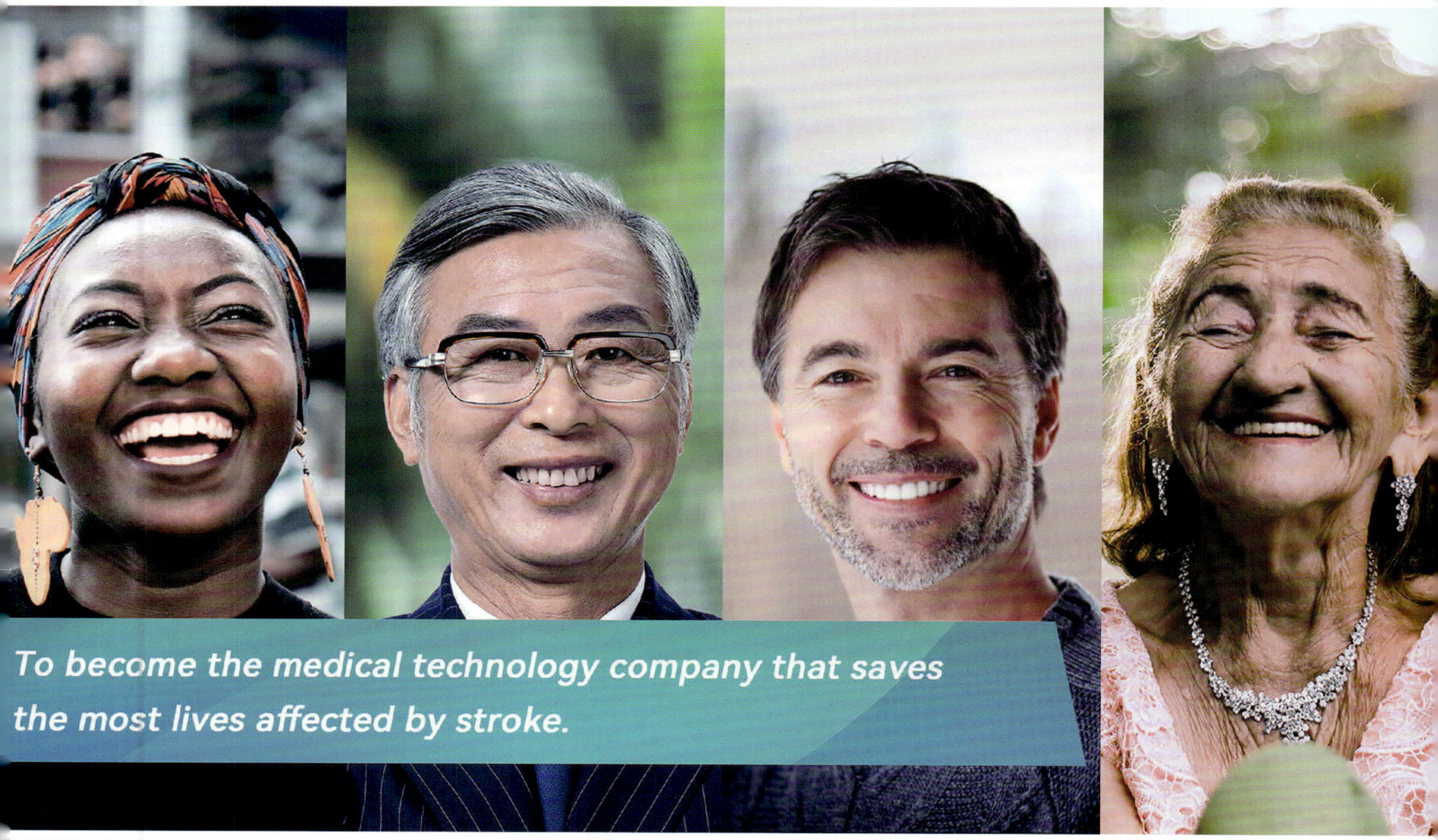
To become the medical technology company that saves
the most lives affected by stroke.

沃比医疗
Wallaby Medical

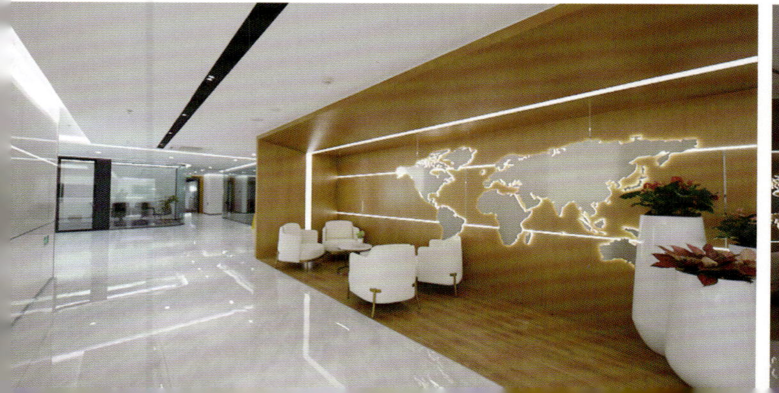

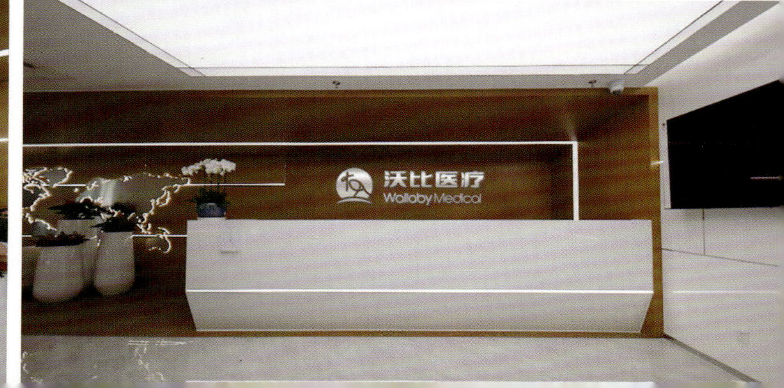

沃比医疗控股有限公司

沃比医疗控股有限公司（简称沃比医疗）成立于2015年12月，专注于为神经血管疾病的治疗开发创新、突破性和经临床验证的技术和解决方案。2022年4月，沃比医疗成功整合德国的全球神经介入行业的领先企业 phenox GmbH（简称 phenox）。整合完成后沃比医疗拥有完整且具有全球市场竞争力的神经介入产品组合，在全球现拥有5个研发中心、3个生产基地及超过714位员工，已获或待获全球专利超过350项。

沃比医疗的愿景是“成为全球挽救中风患者最多的医疗科技公司”，在不断探索价值、重塑价值、放大价值的过程中持续为人类健康做出更多贡献。作为一家全球业务分部广泛的综合性跨国医疗科技企业，沃比医疗的产品在全球超过60个国家和地区销售，包括中国、美国、欧洲主要经济体及日本等。其中，Avenir™机械解脱弹簧圈已获得美国、欧盟、中国和日本的认证。Esperance® 抽吸导管（6F）和远端通路导管已获中国上市许可，Esperance® 抽吸导管（6F/5F）获得美国上市许可。pRESET 取栓支架已在美国和欧洲获得上市许可，p64 和 p48 血流导向装置也已在欧洲获得上市许可。其他已上市的用于治疗卒中的创新医疗器械还包括支撑弹簧圈支架、分叉动脉瘤栓塞植入装置和血管通路产品等。

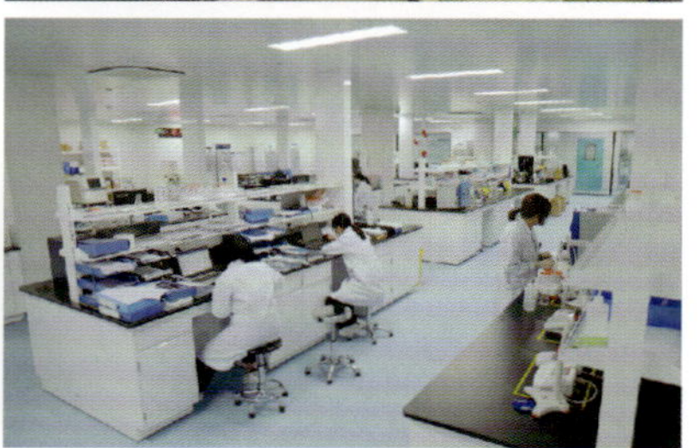

上海细胞治疗集团是一家细胞科技创新型公司，致力于细胞年轻化和免疫力变革，通过突破细胞的底层核心技术和开发颠覆性的细胞治疗产品，对肿瘤及衰老相关疾病进行治愈性治疗。

集团通过细胞年轻化全生命周期的集成化管理， 预防和干预对肿瘤和衰老相关疾病， 实现长寿而不衰的高品质生命。

历经十余年发展，集团在细胞药物、基因写入、核酸递送、纳米抗体、细胞年轻化（包括年轻细胞保存、衰老细胞清除、细胞年轻态维护、细胞“返老还童”）等“卡脖子技术”方面取得一系列突破，创建超大型免疫细胞保存库、全球首个纳米抗体装甲化的颠覆性细胞治疗产品平台、国内首个以“免疫治疗+”为特色的医院、年轻化全生命周期集成化管理平台，打通免疫细胞保存、治愈性药物研发、“免疫治疗+”特色医疗服务及年轻化管理等细胞科技产业链关键价值节点，为客户提供值得信赖的肿瘤、衰老相关疾病及年轻化的一站式高品质产品、服务及全生命周期集成化管理。

在集团使命“让细胞改变生命的长度和丰度”，和愿景“领细胞产业、达白泽计划、立百年企业”的驱动下，培育上海细胞治疗集团药物技术有限公司、上海细胞治疗研究院、上海孟超肿瘤医院、上海白泽医学检验所、上海吴孟超联合诺贝尔奖获得者医疗科技创新中心，上海吉量医药工程有限公司等子公司，建成具有73条符合cGMP标准的全密封生产线的细胞药物生产中心，及3000万人份细胞保存中心。在全国乃至国际布局了北京细胞治疗集团、浙江细胞治疗集团、河南细胞治疗集团、海南细胞治疗集团以及美国纳米抗体有限公司（Chantibody Therapeutics Inc.）并投入运营。

截至2023年6月，集团专利申请总数324件，其中PCT国际专利71件，美国发明16件；欧洲发明6件，日本发明6件；澳大利亚发明3件，加拿大发明1件；已授权专利81件。

针对血液系统淋巴瘤的靶向CD19的CAR-T细胞药物BZ019项目于2019年获国家药监局临床批文，进入I期临床试验，目前正在进一步开展非病毒载体工艺优化。

针对实体肿瘤间皮瘤的靶向MSLN全球首款自分泌PD-1纳米抗体CAR-T细胞药物BZDS1901项目于2023年3月获国家药监局批准进入I/II期临床试验，5月又获美国FDA孤儿药资格认定。

另有7条在研管线正在加速研发中。

让细胞改变生命的长度和丰度

Cells ameliorating the length and abundance of life

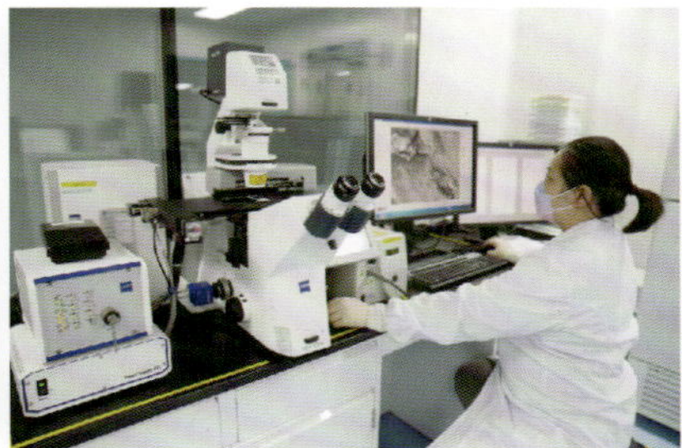

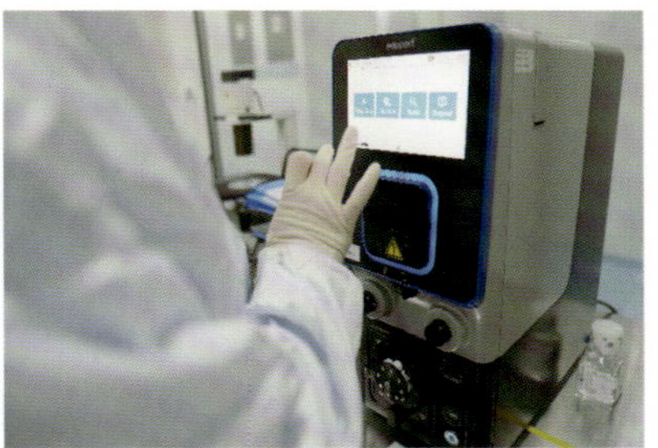

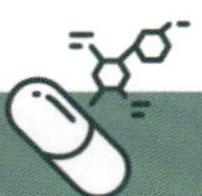

细胞药物创制平台

聚焦细胞药物、基因写入、纳米抗体三大平台底层核心技术持续突破，致力于开发“疗效为核、百姓可及”的颠覆性创新细胞治疗产品。目前已实现新一代自主知识产权基因写入系统、新一代精准纳米抗体筛选、非病毒载体CAR-T、高品质核酸设计与合成等底层核心技术的突破，纳米抗体装甲化CAR-T颠覆性创新产品开发以及相应产品科学、临床科学研究体系建设，形成以自主前沿技术为核心的技术/产品平台矩阵。

白泽芯·药品级细胞存储服务平台

聚焦年轻或健康的细胞存储，通过药品级生产质控体系获得卓越细胞。让储存细胞成为药用细胞接口，链接全球顶尖药企、医疗机构，实现细胞储存价值、细胞精准应用、细胞从非特异性干预走向精准疾病或症状干预及治疗，保障客户未来。

基因检测服务平台

聚焦肿瘤精准治疗，依托健康全程管理检测、创新算法和分析综合平台，开展细胞学、基因组学等领域的相关检测，可提供领先的肿瘤早筛、肿瘤精准分析、用药指导、疗效观察及复发监测等精准检测服务，专注于肿瘤免疫治疗的相关研发和检测。

免疫治疗+医疗平台

集团旗下上海大学附属孟超肿瘤医院是上海市“5+X”健康医疗服务业园区、嘉定精准医疗与健康服务集聚区重点单位、上海市医保定点单位，是一所按照三级专科医院标准建设的研究型肿瘤医院，汇聚了以“两院院士”为领衔的一批名医大家，以多学科联合为诊疗模式（MDT），以“免疫细胞治疗+”为特色医疗，为每一位肿瘤患者实施个性化精准治疗。

年轻化全生命周期集成化管理平台

聚焦精准护肤理念，基于精准检测、递送、功效作为个性化定制的起点，整合集团专利技术、乘黄专研原料、皮肤及免疫理论、AI及诺奖技术等前沿科技打造聚集顶流细胞科技的高端皮肤健康产品系列。不断拓展细胞生物技术关于“健康与美”的延伸，专注系统性内养外护的细胞年轻化，以细胞能量提升延缓衰老，重焕肌肤的年轻光采，成就健康美丽长寿蓝图。

上海优宁维生物科技股份有限公司

公司简介

科研大楼

物流中心

总部大楼

冷链仓库

上海优宁维生物科技股份有限公司（www.univ-bio.com）成立于2004年底。成立以来，公司一直专注于抗体及相关产品领域，是国内专业的抗体供应商和抗体专家。公司目前在全国设有36个办事处，我们的优质服务就在您身边！

公司本着向正、向善、向上的企业价值观，为全国超过5万名终端客户提供专业、全面、便捷、安全的产品和服务。我们的客户包括大学、企业、医院、制药公司和生物技术公司等。

全景 致力于疑难病诊断的专业医疗机构

精准影像的追寻着·深度健检的实践者·专属医疗的提供者

上海全景医学影像科技股份有限公司（　简称全景　）是国内第三方医学影像行业的龙头企业，是国家政策鼓励的连锁化、品牌化发展的医疗集团，是致力于疑难病诊断的专业医疗机构，主营业务包括重大疾病的影像诊断，以及基于疑难病诊断能力开展深度绿色健检、多学科联合会诊、专属医疗等创新医疗服务。

全景医学影像的愿景和追求：打造值得托付和信赖的知名医疗品牌

全景拥有各类全职专业人才600余名，其中博导、教授、主任医师、副主任医师等高级职称80余名，包括国家科技成果二等奖、省市级科技进步一等奖获得者。配备全球前沿的“多模态”影像筛查设备——PET/MR，以及西门子、GE、飞利浦的PET/CT、双源螺旋CT、MR（磁共振）等一系列影像诊断设备，可筛查全身多种良恶性肿瘤、心脑血管疾病和神经系统疾病。

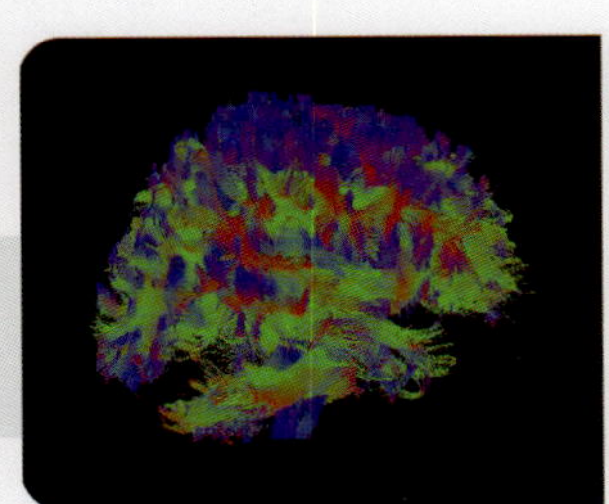

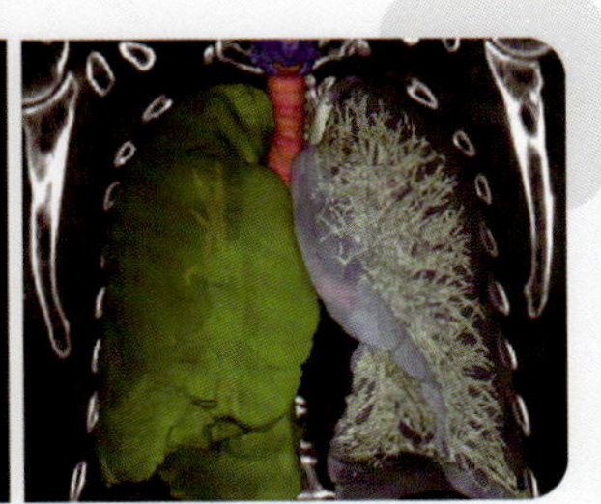

作为第三方独立医学影像诊断行业的领跑者，全景创新地提出“融合”概念，即将临床与影像融合，通过“问计于临床”，开展基于临床需求的影像检查，至今已形成一套完善的影像检查体系，涵盖从影像扫描流程到专家诊断，质量监控的一整套方案，助力临床诊疗服务。

在“专业立身、学术引领”的发展理念牵引下，全景自成立伊始就极重视科研，协同临床开展烟雾病、癫痫病灶定位、脑PET/MR影像量化分析、肝脏脂肪定量分析、关节软骨病损等一系列科研合作；积极参与各地科委、卫健委的课题研究、专利申请等。全力投入“专精特新”影像技术的临床应用。2020年，“基于^{18}F-FDG的模拟脑血流灌注参数成像方法”取得全国发明专利。全景各中心多次参加国内外一流学术会议，发表多篇SCI文章，并连续3年入选全球影响力最大的核医学和分子影像盛会（SNMMI），总共有16篇文章被录取。目前，全景与上海交大、腾讯医疗等高等院校、企业合作，参与国家科技部的人工智能重大项目，也获得2019年上海市产业转型升级发展专项资金支持，牵头进行体部恶性肿瘤的相关人工智能诊断系统研发项目。上海徐汇、杭州、广州中心已被评为国家高新技术企业，科研投入和产出稳步增加。

全景以集团化、连锁化为发展目标。目前，上海（徐汇、虹口）、北京、杭州、广州、重庆、天津、成都、徐州已运营，未来将形成覆盖15个以上重要城市的专业化、标准化连锁医疗服务网络。

上海朝晖药业有限公司

上海朝晖药业有限公司成立于 1958 年，前身系“上海第二军医大学朝晖制药厂”，隶属中央军委，现属上海复星医药集团全资子公司，是一家专业从事药品研发、生产、销售于一体的高新技术企业，并致力于成为“仿创结合的一流制药企业”。

朝晖药业业绩一直稳步增长，近五年的销售收入复合增长率 16.84%，税后利润复合增长率高达 26.64%。

公司的主要产品涉及注射麻醉剂、抗皮肤感染、抗肿瘤、糖尿病等多个特色专科领域，销售网络遍布全国各级医院，产品安全有效，质量可靠，其中“可元”“比卡鲁胺片”等多年被评为上海市名牌产品和行业名优产品。

公司硬件实力雄厚，拥有国内外先进的生产设备设施，全力打造柔性和一体化智能生产线。

公司拥有有效专利 42 项，其中发明专利 14 项，拥有注册商标 56 件，获得国家一类、二类、四类新药证书共计 17 项，公司现有制剂批件累计 34 个，原料药批件累计 9 个。2019 年，被评为上海市科技小巨人优秀企业。2020 年，获上海市“绿色工厂”称号。2021 年，荣获国家级“绿色工厂”称号。2022 年，被评为上海市企业技术中心。公司有 7 个产品通过药品一致性评价，其中三个产品为国内首家过评，在医药赛道上取得领先地位。

公司在探索产品创新、中国制造 2025、绿色环保、高质量发展的路上秉承着“您的健康我们的承诺”的愿景不断前行。

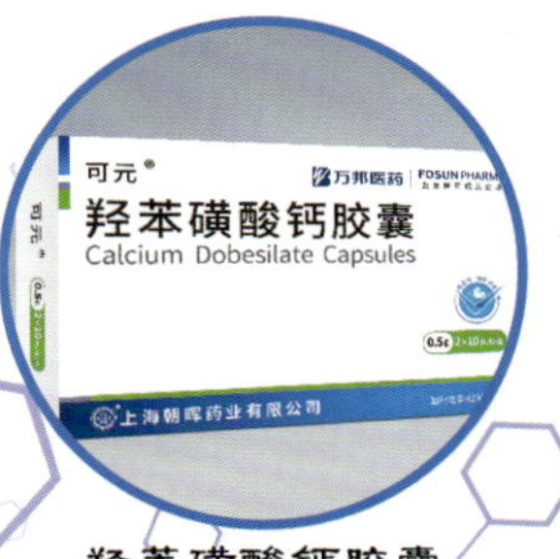

羟苯磺酸钙胶囊

比卡鲁胺片

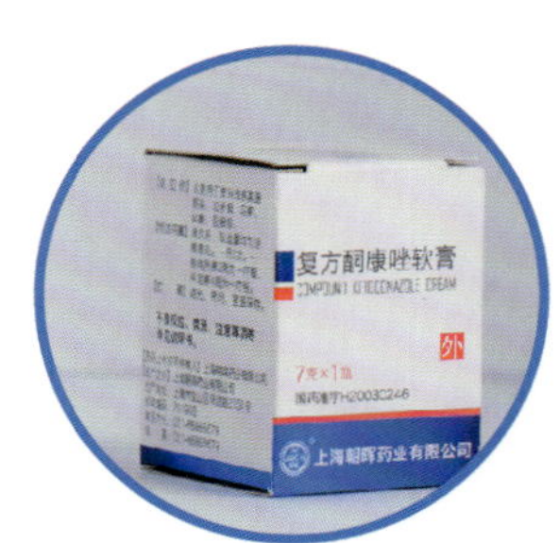

复方酮康唑软膏

如新（中国）日用保健品有限公司

如新，1984 年成立于美国犹他州普罗沃市，是一家深耕于个人保养品和营养补充品领域的跨国企业。1996 年，如新在纽约证券交易所挂牌上市。如今，业务遍及全球，深耕于美洲、亚洲、欧洲、非洲和太平洋地区的近 50 个市场。

2003 年，如新正式进入中国大陆市场。在中国大陆市场，已有 29 个省级分支机构，其中覆盖有 25 个省级直销分支机构。中国市场是如新全球市场中最具发展潜力以及发展活力的市场之一，深耕中国 20 年来，如新凭借活力充沛的创业平台，始终致力于中国美丽与健康事业的发展。同时，积极传递“善的力量”，履行企业社会责任，持续为中国消费者创造更美好生活贡献力量。

2023 年是中国经济再出发的一年，也是如新进入中国市场 20 周年。如新始终坚持品质为王，精研产品、强化产品管理，将品质贯穿于生产、经营和销售的全过程，为安全消费筑牢基础；同时，坚持善的文化，勇于承担社会责任，建立完善的产品追溯机制，积极助力营造良好畅通的消费环境。

为满足年轻消费者对于美容护肤产品多样化和个性化的需求，如新首次应用“物联网”技术，于去年上市新品 ageLOC LumiSpa iO，引入“数字化定制美丽健康解决方案”，从性能、设计和智能物联三方面进行产品升级。为了能够为产品创新提供持续动力，如新在中国设立海外唯一的研发中心，投入大量人力物力组建了研发团队，聘请多位权威科研人员作为科学顾问，顾问团队涵盖世界各地权威研究院的科研人员，在技术支持上为如新的创新优势奠定基础。

S1 选题
S2 来源
S3 规格
S4 标准化
S5 安全
S6 实证

二十年间，如新把抗衰老和提供优质产品作为公司长期发展的战略和研究方向，先后研发出 ageLOC 修身美颜 Spa，ageLOC 美体 Spa，ageLOC Me 新智我，ageLOC LumiSpa 如新新动机，ageLOC LumiSpa iO 如新新动机 iO，LumiSpa Accent 新动睛采眼部护理套装及 ageLOC Boost 瓷光机，产品以简便的使用方法和精准的功能定位，从焕肤净化，到定制化护肤，再到周期性紧致抗老，让消费者享受到多方位系统化的科技护肤解决方案。如新借助自身强有力的商机平台，已连续 5 年荣获由欧睿国际有限公司（Euromonitor International Ltd.，后称“欧睿国际”）评选的 2017—2020 年全球排名第一的居家美容仪器系列品牌*。

为确保产品的有效性和安全性，如新为产品的研发和生产制定专门的标准，对每个环节进行质量、效果和安全性的严格监控。如新严格遵循集团“6S 品质措施”（6S 为选题、来源、规格、标准化、安全及实证），从产品原料生产采购，有效成分的主题研究选定，定性定量分析到产品的安全性及有效性等进行递进式监管，以高标准进行严格的控制。

如新中国于 2017 年发起空瓶回收行动，截至 2023 年 4 月底，中国大陆市场所有如新体验中心参与活动，共回收空瓶超 3474632 个。同时，积极推动办公运营、物流等环节的低碳节能行动。

截至 2023 年 4 月底，如新中华儿童心脏病基金项目募集善款超过 1.43 亿元人民币，此外，“蜜儿餐滋养计划”“新启航教育计划”“乐善汇”等行动更不胜枚举。自 2002 年以来，Nu Skin 如新慈善机构合作伙伴已向世界上 50 多个国家发放了蜜儿餐，每天为 12 万位儿童提供营养餐食。如新大中华地区及其事业经营

伙伴、顾客及员工购买并捐赠超过 1 亿 5 千万份蜜儿餐，其中中国大陆市场，购买并捐赠超过 2400 万份蜜儿餐。如新向中国大陆地区累计捐赠蜜儿餐超过 8500 万份，已累计帮助超过 182 万中国大陆地区儿童改善营养状况，覆盖超过 30 个省市区、80 个县。

因此，如新分别在 2008、2011、2012、2016 年和 2018 年五度获得由中华人民共和国民政部颁发的“中华慈善奖”，连续 9 次荣膺“中国慈善排行榜十大慈善企业奖”。

“中国市场是如新集团长期发展战略中的重要部分，如新将继续以提供质优产品为基础不断创新，满足消费者需求。积极履行社会责任，以‘善的力量’回馈社会。合规经营，积极配合政府监管工作，切实保护消费者权益，推动企业自身高质量发展。”如新集团总裁暨首席执行长宁怀恩（RYAN SHEA NAPIERSKI）表示。

（* 数据来源 Euromonitor International Ltd；以零售价计算； 所有零售渠道； 2017 年至 2020 年。美容仪器系列是指专属搭配或推荐与同一品牌的外用消费品同时使用的家用皮肤美容设备。这一声明是根据 Euromonitor 在 2021 年 1 月至 3 月进行的针对 14 个市场的定制化研究方法，这 14 个市场占全球个人护理类家电研究覆盖的 210 个市场中超过 70% 的份额。Euromonitor 确信 Nu Skin（如新）在定制化研究的 14 个市场中的领先地位不会被其余市场中的销售所超越。居家美容仪器包括 Euromonitor Passport 数据库中定义的电动洁面仪；不包括电动护发 / 脱毛仪器，电动身体除毛器或电动口腔护理产品。）

DEEPBLUE TECHNOLOGY 深兰科技

Dedicated to AI Fundamental Research and Application Development

关于深兰 / About DeepBlue

深兰科技（上海）有限公司创立于2014年，致力于人工智能基础研究和应用开发，是人工智能领先企业、独角兽企业、国家专精特新“小巨人”企业。

深兰科技以“人工智能、服务民生”为理念，深度布局自动驾驶、机器人、工业智能化、AI医疗等领域，主要为B端用户提供智能商用车、服务机器人、工业检测仪、医疗检测仪等智能产品。

深兰科技设立科学院，开展人工智能、科学计算、智能汽车、自动化、生命及AI 脑科学、前沿科学等方面的研究，与上海交通大学、中南大学等知名院校建立联合研究机构，在上海、北京、深圳、武汉和济南等地设立研发中心。深兰科技在计算机视觉、生物智能、自动驾驶、认知智能等方面拥有核心技术，已申请专利1000多项，在CVPR、ICCV、ECCV、ACL、NAACL、KDD、NeurIPS及AAAI等计算机科学和人工智能领域世界顶级赛事上获得40多项冠军。

Better Life With DeepBlue

人工智能 服务民生

平台型世界级 AI MAKER

上海帆声图像科技有限公司

上海帆声图像科技有限公司成立于2012年，是一家专注于制造产业升级，为客户提供一站式缺陷检测解决方案的智能装备企业。专攻用于离散制造智能化和确保品质的智能检测系统。

总部位于上海金桥自贸区，同时在苏州、惠州、武汉和四川等地建有多个研发与生产交付基地。

2011年，基于光谱及视觉技术，推出中国首台鉴定设备。

2012年，帆声图像成立，并首次将自学习能力概念应用于图像处理软件。

2013年，业界首推高速液晶显示器电极微划伤检测设备。

2015年，业界首家交付模组全制程AOI设备。

2018年，武汉研发中心成立，完成液晶模组信号源及电测系统研发并量产交付，行业核心客户历史突破。

将以人工为基础的产品品质标准，快速转换成智能化标准的工艺品质缺陷检测系统及设备，实现人工检测及质量体系的完美替代。公司产品包含：

1、显示模组及画面缺陷，绑定缺陷及工艺过程的外观缺陷检测；

2、模组检测系统，CELL检测系统，OLED检测系统，老化检测系统；

3、涉及中大尺寸显示器的视觉检测及其他信号检测的整体解决方案。

提供高效、高适应性的深度定制服务，全面满足以控制品质、提高良率及减少人力成本为主的客户需求，堪称人工智能与工业应用结合的成功典范。

企业拥有完全自主知识产权的核心图像智能算法，光学研发能力并自主研发智能视觉识别软件，及给予独立操作系统的核心板平台的电测系列产品。

并在华南、华中等地，拥有全资控股的组装测试工厂。是国内首家能够提供智能显示模组全制程缺陷检测解决方案的供应商。

企业拥有领先行业的工业人工智能研发团队，平均视觉领域经验7年以上。

至今，获得众多行业专利，其中包含发明专利，实用新型专利，软件著作权，外观专利等多项专利。

受益市场各行业对检测设备产品需求扩大，帆声迎来重大发展机遇。据全国已投产和建设中的检测设备需求估算，AOI市场总规模已超500亿元！

“创新、合众、感恩”，帆声将继续坚持自主创新之路，深耕细作全球市场，通过人工智能技术实现对于跨行业的开发和应用，服务涵盖于显示、汽车、医疗、食品、军工等众多领域。致力持续成为中国国产视觉检测行业的领跑者！

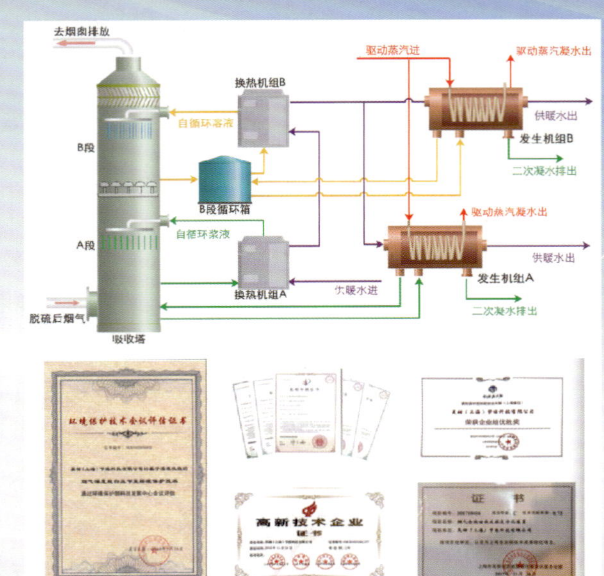

昊姆（上海）节能科技有限公司

昊姆(上海)节能科技有限公司，注册资金 5555.56 万元。上海设有技术研发中心，济南设有工程运维中心。公司主营业务：针对燃煤锅炉、燃煤热电厂、燃气锅炉、垃圾焚烧炉、工业窑炉、生物质锅炉等排出的白烟或白雾，利用具有独家知识产权的烟气治理及余热回收一体化技术实现烟气超低排放、脱白及余热回收。

上海烨得自动化科技股份有限公司

上海烨得自动化科技股份有限公司成立于2012年，是国家级高新技术企业、上海市“专精特新”中小企业，是机器人系统的开发、集成自动化软件程序与硬件设备的工业自动化系统集成商，致力于智能非标自动化设备、机器人系统应用、智慧实验室系统的定制研发、制造和销售，公司创新研发、设计制造一系列机器人设备相关产品，已有千套以上的机器人应用经验，在实践运用中取得较高的成效，在客户中树立良好的企业形象，在同行业中处于领先地位，是上海市宝山区大型智能自动化设备制造基地之一。

公司始终将技术创新作为核心驱动力，大力投入研发力度，深化和细化在AI技术、智能实验室、机器人自动化系统应用的相关技术，拥有几十项自主发明专利和实用型专利。为客户提供整线规划、设计、工程安装、调试、设备维护等全方位解决方案，广泛应用在食品、医药、日用品、烟草、化工制药、仓储及各个相关的自动化、半自动化产业中，特别在乳品行业的自动化领域内为行业技术领先者，公司合作项目已遍布全国各地并远涉海外。公司秉承“精湛工艺、开拓创新、诚信第一、客户至上”的企业理念，以“成就百年企业”为愿景，不断推出具有国际竞争力的产品，为客户提供多样的技术支持和最优质的工程服务。

上海东欣软件工程有限公司

上海东欣软件工程有限公司，成立于2002年，是沪东中华造船（集团）有限公司全资投资的子公司，属于上海市明星软件企业。专业从事造船企业及相关行业的软件产品和软件开发、信息安全和综合通讯平台系统集成、大数据分析和工业物联方面科研业务及企业规划技术咨询和业务咨询等。

公司拥有从研发－开发－应用的完整工业软件团队，围绕国家“自主可控”发展战略和信息化安全建设，积极推进新一代自主船舶三维设计软件研发，打造行业领先的船舶工业软件，为造船企业提供综合性、全方位信息化解决方案，实现国产自主可控。是国内唯一能为船舶行业提供完整解决方案的软件公司，主打产品为SPD、PDM、ERP、MES等产品。

公司连续多年被评为上海市明星软件企业、上海市软件企业、上海市高新企业和上海市诚信创建企业，具有ISO9001体系认证资质。软件产品SPD于2009年、2014年、2017年分别被评为“上海市企业信息化十佳优秀解决方案”“上海市明星软件产品”，船舶三维设计平台（SPD系统）的深化开发与应用获“2016年度上海市科学技术奖三等奖”。

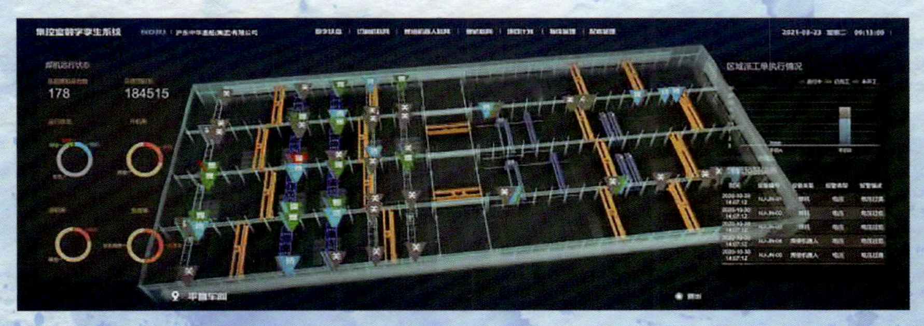

威贸电子 Weimao Electronic

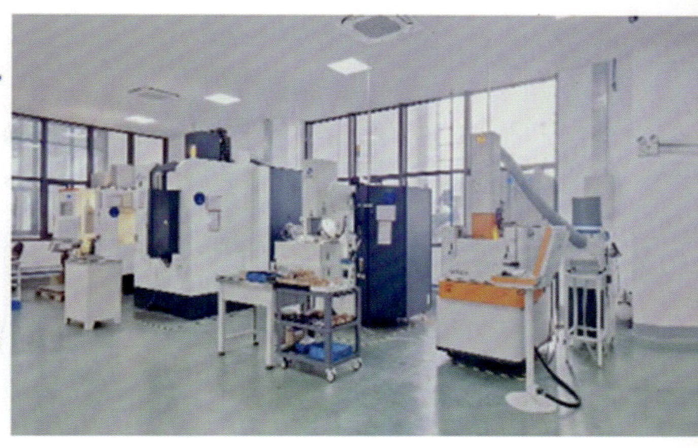

企业简介

上海威贸电子股份有限公司创立于1988年9月，是一家集研发、生产、销售、服务于一体的工业连接方案集成制造商。公司专注于为客户提供含电线、线束组件、注塑结构件、PCBA、线圈的一站式整体解决方案，产品涵盖汽车（含新能源汽车）、智能家电、工业自动化、高铁、医疗、净水环保等领域。

公司凭借丰富的技术积累与完善的集成能力，与众多细分行业龙头企业和跨国集团建立长期合作伙伴关系， 为其提供各类智能连接和控制模块的设计研发及定制生产。公司注重产品质量与可持续发展，先后获得ISO9001 质量体系认证、ISO14001环境管理体系认证，IAFT169491汽车质量体系认证和美国UL认证，产品符合相关行业标准以及欧盟ROHS、REACH 标准。

2022年2月23日，公司在北京证券交易所上市，成为北交所成立后注册制上市的上海第一家、全国第三家企业。股票代码：833346

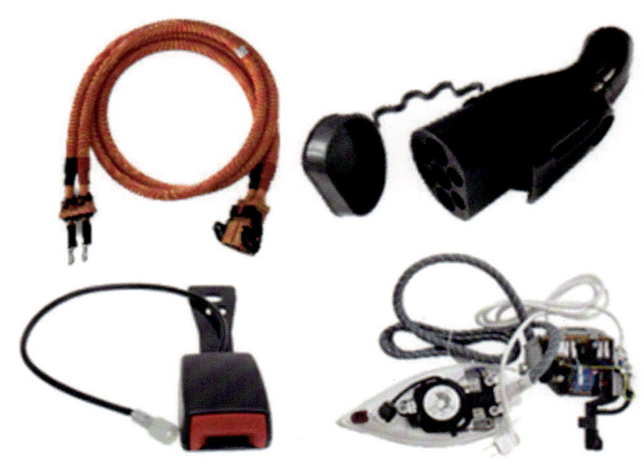

企业理念

为客户创造更多的价值

质量方针

精益求精、持续改进

涉及领域

新能源汽车/汽车

作为公司主要客户领域，公司为汽车行业客户提供新能源电动大巴整车高低压线束，汽车各类灯线、方向盘柱锁控制线、点火线圈线束、后备箱自动升降马达控制线、 油门踏板线束等汽车电子部件线束。

净水环保

我们为全世界知名净水器设备品牌提供各类线束，如水质探测TDS线束，变压器线束，光电传感器线束，设备电源线，转接线等。严格的质量要求与优质的材料选择确保了我们的终端客户每天能喝到安全、健康的饮用水。

高铁

为高铁客户长期提供多种型号的温度传感器线束。产品广泛应用于和谐号、复兴号。

智能家电

与欧洲多个小家电巨头合作10多年，为其高端家电如电熨斗、扫地机器人等提供各类塑料件、线束及组装服务。

工业自动化

提供各类工业自动化设备连接线、带PCB控制线等，精湛的工艺以及精密稳定的波峰焊机器确保我司线束产品稳定可靠，并持续为工业4.0提供解决方案。

新工厂：上海市青浦区练塘镇练东路28号

老工厂：上海市青浦区练塘镇朱枫公路6189弄58号

（Tel：021-5982-3521；Fax. +86 (21) 54251188）

公司地址：上海市徐汇区肇嘉浜路807号15楼C座，
邮编：200032　Tel. +86 (21) 64860000

苏州工厂地址：江苏省苏州市太湖新城镇宛平社区同安西路94号
Tel. 0512-63398589　Fax. 0512-63197386

专注电子产品智造

华院计算技术(上海)股份有限公司

华院计算是领先的数据技术和人工智能公司。自 2002 年成立至今，从计算智能、感知智能到认知智能，华院计算深耕人工智能行业 21 年，始终坚持自主研发和技术创新，打造核心竞争力，服务社会治理、智能制造、零售文旅等多个行业的数字化和智能化升级服务。

华院计算智能制造结合钢铁冶金生产工艺，以配料、质量、能源、采购、安全生产为主线，开发智能配煤、连铸质量预判、热轧表面质量缺陷检测、生产安全质量预警、智慧轧钢能源管理、加热炉能耗优化、焦炉智能加热、飞钢智能安全监控、热轧堆钢监测、加热炉安全监控、智慧安全巡检、设备巡检及预测性维护等一系列深度应用及标准化解决方案，为企业节能降碳、安全生产、生产成本控制、数字化及智能化发展提供科技支撑。

以下面 2 个产品为例做详细介绍：

Uni-Energy 智慧轧钢能源管理系统：

系统按照钢厂生产成本、节能减排和政策指导的总体要求，结合工业互联网、大数据、人工智能等技术，通过实施以技术节能为主的路线，围绕企业保产、增益、降本、降碳、安全需求，挖掘能源数据价值，建立能耗预测和节能优化模型，建立智慧轧钢能源管理平台，助力企业低碳绿色发展，帮助企业降低轧线生产综合能耗，满足精细化能源管理需求，同时加速企业能源领域的数字化、智能化进程，提升企业核心竞争力。

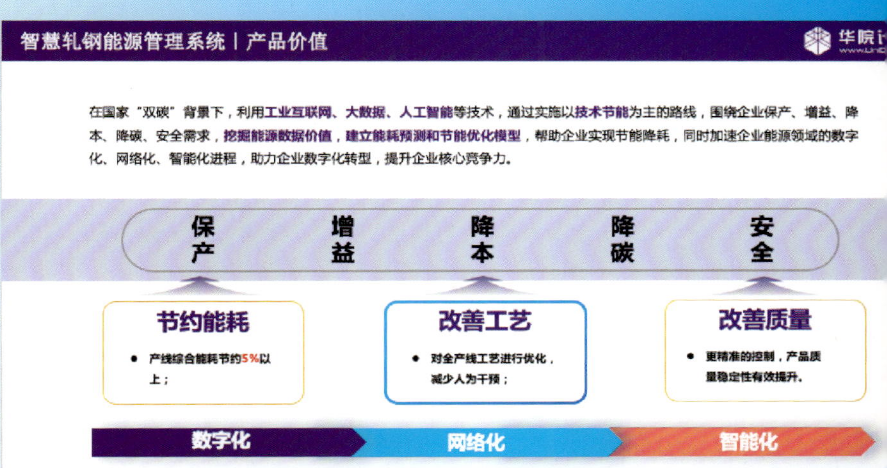

Uni-Coal 智能焦化系统：

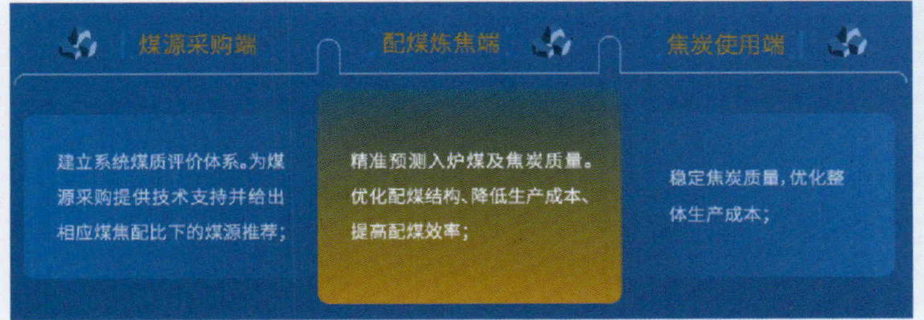

Uni-Coal 智能焦化系统基于自学习技术，应用数学建模、机器学习以及运筹优化等算法模型的同时，融入煤焦知识、专家经验以及实际生产情况，自动升级迭代配煤模型，能够快速适应复杂的煤种变化，有效地帮助焦化企业打破技术壁垒，优化配煤结构，减少优质炼焦煤使用比例，从而降低生产成本、稳定焦炭质量、提高配煤效率，同时助力焦企数字化、智能化转型升级。

华院计算智能制造基于对工业生产场景的深入理解，秉承算法和应用场景相结合的技术路线，依托自身在智能算法领域的核心技术和创新优势，将持续推进智能制造在工业领域的应用与实践，实现更多应用场景落地，为工业企业提供数字化、智能化转型升级创新服务，助力产业发展与行业进步。

微信联系方式

上海冉能自动化科技有限公司

公司成立于 2011 年，注册资金 2000 万元，现有员工近 65 人，总部位于上海市嘉定区复华高科技园区，是一家集研发、生产和销售于一体的高新技术企业，公司拥有自主品牌和注册商标，拥有多项专利，是行业标准的制定者和引领者之一。

企业管理

主营业务

三大业务板块：能源数字化，消防安全和中生代物联网

为用户提供高品质的产品和系统解决方案，能源和消防硬件产品主要有智能配电仪表、无线测温产品、消防给水监控系统、防火门监控系统、消防设备电源监控系统、电气火灾监控系统、智慧安全用电管理系统、余压监控系统等，物联网平台是目前业内开放 SaaS 型平台的典范，已经服务于数以万计的客户。

公司发展历程

2003-2011 年，史前时期，技术积累；

2011 年，公司成立；

2014 年，配电自动化领域：电测量、能源监控系统；

2015 年，跨界进入消防监控系统领域；

2016 年，评为上海市高新技术企业“专精特新”企业；

2019 年，投资成立上海曼斯克物联网科技有限公司、苏州冉宏机电设备有限公司；

2022 年，投资成立深圳冉能技术有限公司。

企业愿景

思维理念：重估一切价值

经营理念：在追求全体员工物质和精神两方面幸福的同时为社会进步贡献力量

使命：建设可持续发展的万物互联世界

愿景：建筑智能和节能行业领先的系统方案提供商

战略：聚焦于消防、配电领域的智能硬件和软件，从设备及连接入手，推进行业物联网发展

打造全球一流的GPU芯片设计及系统解决方案企业

沐曦致力于为异构计算提供全栈GPU芯片及解决方案，可广泛应用于人工智能、智慧城市、数据中心、云计算、自动驾驶、数字孪生、元宇宙等前沿领域，为数字经济发展提供强大的算力支撑。

沐曦产品均采用完全自主研发的GPU IP，拥有完全自主知识产权的指令集和架构，配以兼容主流GPU生态的完整软件栈，具备高能效和高通用性的天然优势，能够为客户构建软硬件一体的全面生态解决方案，是“双碳”背景下推动数据中心建设和产业数字化、智能化转型升级的算力基石。

- **曦思MXN**
  人工智能推理GPU
- **曦云MXC**
  通用计算GPU
- **曦彩MXG**
  图形渲染GPU

pr@metax-tech.com
www.metax-tech.com
METAX
沐曦
雄“芯”壮志·创造不凡

上海超硅半导体股份有限公司

上海超硅成立于2008年，是中国最早从事集成电路大尺寸硅片的企业之一，主要从事200毫米、300毫米集成电路硅片、先进装备、先进材料的研发、生产和销售。公司通过十余年在先进设备技术、晶体生长技术、晶片制造技术、尖端材料研究等领域的积累，已与全球客户建立广泛的合作关系，向全球最顶流的集成电路制造商中的绝大多数供应大尺寸硅片产品，技术能力和产品质量得到全球客户的广泛认可。

公司以"为全球集成电路制造商提供高品质的大尺寸硅片，回馈客户、员工、股东和社会"为使命；以"建成世界一流的集成电路用硅片制造商，成为伟大的国际性公司"为愿景；奉行3C、4R、6S等基本文化；恪守"诚信、敬业、协作、创新"的人文精神；秉持"引进、消化、吸收、改进、创新、超越"的渐进路径；以空杯之心学习、谦卑之态接纳、批判之行应用、极致之念追求，满怀对质量、技术、客户的敬畏之心，追求完美，吹毛求疵。

在上海市和松江区的支持下，上海超硅建设的"12英寸集成电路硅片全自动智能化生产线项目"是近15年来全球建设的最先进的全自动化智能化300毫米（12英寸）硅片生产线之一，是2019年-2023年上海市重大项目，并获得上海市智能工厂、松江区企业技术中心、松江区智能工厂、长三角G60科创走廊突出贡献奖、张江之星潜

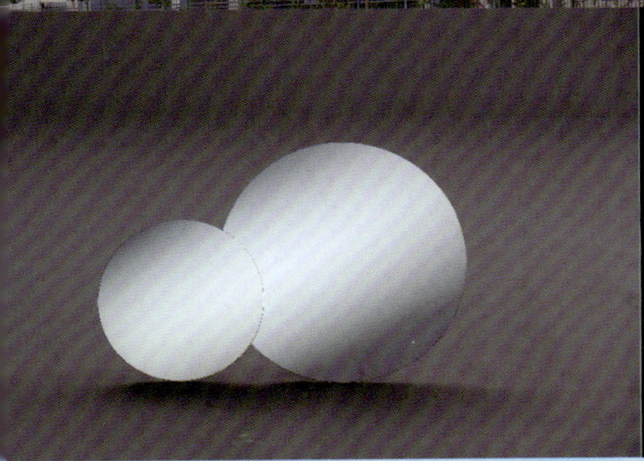

力型企业、上海市工人先锋号等奖项和荣誉。

此外，公司全资子公司重庆超硅半导体有限公司已建设国内一流、全球领先的以轻掺杂为主涵盖各种高等级制程工艺的 200 毫米(8 英寸)硅片生产线。

上海和辉光电股份有限公司

上海和辉光电股份有限公司(股票代码:688538)成立于2012年10月,专注于AMOLED半导体显示面板的研发、生产及销售,是最早实现AMOLED量产的境内厂商之一,目前注册资本138.9亿元。公司是高新技术企业,国务院国资委"科改示范企业",国家知识产权优势企业,绿色工厂示范单位,上海市专利工作示范企业,荣膺"上海知识产权创新奖"等奖项。

AMOLED 凭借着优异的显示性能及和未来广阔的全新应用市场被视为当前最具发展潜力的新一代显示技术。和辉光电是最早实现AMOLED量产的境内厂商之一,已建成第4.5代和第6代两条现代化AMOLED生产线,并于2021年5月28日正式登陆科创板。公司始终坚持专注AMOLED领先技术的发展战略,在AMOLED核心技术、产品设计及工艺改良等方面形成了14大类的科技成果,达到国际先进水平;并以卓越的研发创新能力、高效的生产制造能力,不断满足客户的需求,成为国内领先的AMOLED半导体显示面板供应商。公司坚持差异化的市场竞争策略,在持续深耕中小尺寸AMOLED半导体显示面板领域的同时,积极开发及拓展中大尺寸AMOLED半导体显示面板。2018至2022年,营业收入以每年平均51.17%的速度快速增长,多种产品已实现向华为、联想、传音、小米、荣耀、OPPO、步步高以及上汽集团、吉利汽车等国内一线品牌稳定供货。根据Omdia数据,2022年,公司AMOLED半导体显示面板的总出货量全球排名第四,国内排名第二。特别在中尺寸平板电脑领域,公司于2020年量产出货,打破韩国三星电子的垄断,连续三年保持平板电脑用高端AMOLED显示屏国内唯一供应商的绝对领先优势。

更可靠

- 资源管理控制器源自联锁列控一体化技术，架构成熟可靠
- 新一代车载硬件平台
- 多样化的双制式数据通信方案，LTE-M/5G/WiFi组合

更精简

- 全电子目标控制器DDOC，节省设备房面积20%
- 正线零计轴布置方案

更高效

- 细化线路资源管理能力，实现站区一体化移动闭塞，折返能力提升30%，每小时40对以上运行能力

更灵活

- 对向运行，任意点折返，灵活穿梭，分叉汇聚
- 丰富的系统配置方案

更安全

- CBTC作为CBTC的后备，故障-安全持续运行
- TST SIEM，智能化，全场景的信息安全集中管理平台

更绿色

- 在线连挂解编
- 牵引制动可再生能源的协同利用，实现运能最大化，能耗最小化

上海大智慧财汇数据科技有限公司

企业预警通：企业、金融、区域经济数据综合查询平台

近年来，各地方政府、监管部门、金融机构、大型企业都在布局金融科技，加速数字化转型。作为服务金融市场二十余年的数据服务商，上海大智慧财汇数据科技有限公司密切关注市场需求，全力探索新型金融科技服务模式。公司研发的企业预警通系列产品（APP、PC）可查询企业、债券、城投、区域经济、金融机构财务等各类数据，已服务上百万金融专业用户。

特色一：多维度企业数据一键直达

产品覆盖全国上亿家企业主体信息，通过大数据技术对企业公开发布的各类数据进行结构化处理，形成了立体、多维度的企业信息：包括工商、高管、实际控制人、融资、财务、司法诉讼、舆情等。

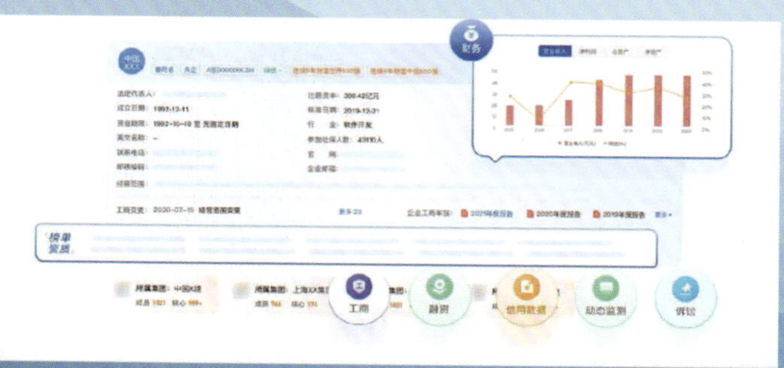

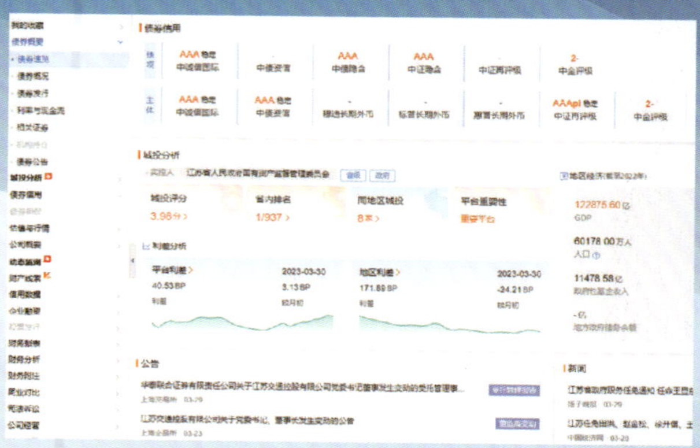

特色二：债券深度资料尽收眼底

债券模块包括债券资料、债券发行、债券风控、地方债与城投及 ABS 专题。用户可通过该模块查看个券详情信息，同时浏览全市场债券动态：最新违约、价格异动、取消发行、违约偿还进程等。

特色三：首家区域经济数据平台

企业预警通从政府官网、统计公报、统计年鉴、政府经济运行报告等数以万计的信源中挖掘地区经济数据，形成一套完整的区域经济数据库。覆盖全国省级、市级、区县级 3000+ 行政区，涵盖经济、财政、债务、房价、地价等核心指标，数据支持一键溯源。

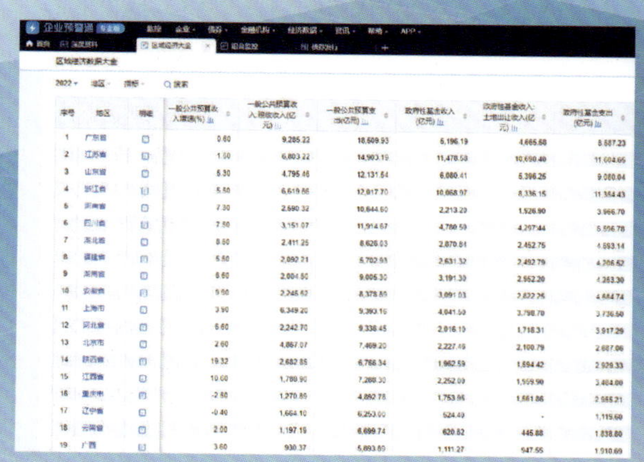

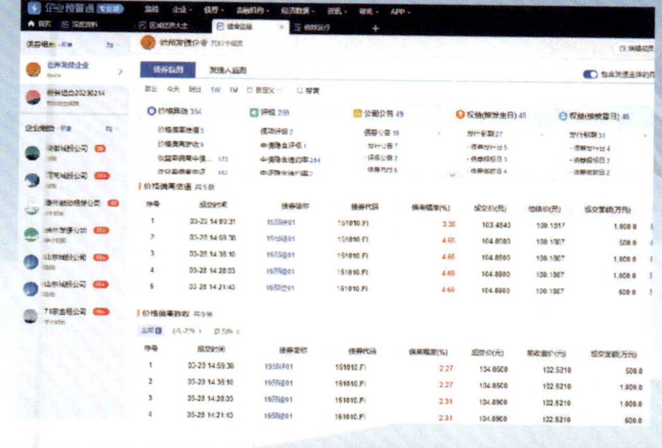

特色四：自选组合监控，精准预警

企业预警通专业版【自选组合】功能提供智能化组合监控，实现动态监控企业的司法、信用、经营、财务、工商变更等信息，加入自选即可第一时间推送预警，及时发现潜在风险。

上海腾盛智能安全科技股份有限公司

腾盛智能研发团队和研发合作伙伴，具有丰富的行业实践经验和创新理念，把握行业特点，快速提供客户最适用的解决方案。公司注重知识产权保护，目前已获知识产权共71项，其中发明专利5项，实用新型35项，外观专利5项，软件著作26项；公司在行业顶尖刊物发表SCI学术论文，参编北京市地方标准1项；有效专利100%产业化，实现产业化收入达4.49亿元。腾盛智能是上海市高新技术企业，上海市“专精特新”中小企业、上海市科技小巨人培育企业，获上海市科技进步奖三等奖，并于2016年8月11日挂牌“新三板”，股票简称为“腾盛智能”，股票代码为839005。

卡姆奇克隧道全长19.2公里，被称为“中亚第一长隧道”。隧道穿越库拉米山及萨尼萨拉克萨伊河等复杂地质环境，是乌兹别克斯坦“总统一号工程”——全长169公里的安格连—帕普电气化铁路中最关键的“咽喉工程”。中国建设者不惧压力和挑战，用903天打通隧道，1024天交付运营通车，期间还攻克涌水和岩爆的难题。

作为中国最专业的火灾报警系统整体技术解决方案提供商，腾盛智能为该隧道提供应急阻挡系统。受地质条件和自然环境等限制，现场施工及调试异常困难，腾盛智能技术团队逐一攻克技术难题。这是腾盛智能隧道火灾报警系统技术第一次走出国门，并用过硬的专业技术赢得赞许。

乌兹别克斯坦卡姆奇克隧道通车运营一年，各项指标均保持良好。

腾盛智能，为天路安全保驾护航

腾盛智能（839005.OC）经过十多年来跨越式的发展，已经为国内近千条高速公路隧道，城市地下空间通道，城市过江和跨海隧道提供专业的自动火灾报警系统的产品供应和技术服务。雀儿山隧道和雪山一号隧道高寒缺氧、山高路远、地质情况异常复杂，在艰苦的条件下，腾盛智能（839005.OC）技术团队将火灾报警系统调试至最佳运行状态，保障高海拔地区高速公路隧道安全通行。

对腾盛智能（839005.OC）而言，打通雀儿山川藏生命线的交通动脉、挑战阿尼玛卿雪山世界技术难题意义深远，不仅标志着可靠的产品质量、团队高水准的技术实力和对工匠精神的不懈追求，更重要的是让天堑变通途，排除火灾隐患，为天路安全保驾护航！

上海诺倬力机电科技有限公司

上海诺倬力机电科技有限公司是一家主要从事高端五轴数控机床及其关键功能部件研发、生产、销售与服务的国家高新技术企业。公司总部位于临港，在临港新片区和闵行马桥镇均设有生产基地。公司下设上海诺迈航空设备制造有限公司和中科航迈数控软件（深圳）有限公司两家子公司分别从事机床自动化和数控系统及工业软件的开发。

公司服务国家战略，以振兴民族工业为己任，主要研发方向为：高端五轴数控机床及其功能部件的开发，数控系统开发与应用、机床数字孪生系统的开发以及机床自动化等。公司拥有由 21 位博士和硕士、12 位高级工程师、30 余位高级技师与技师人组成的专业五轴数控机床开发队伍。公司产品以五轴机床关键功能部件为核心，先后开发五轴头等关键功能部件，定梁龙门五轴加工中心，桥式五轴加工中心、箱中箱式龙门五轴加工中心以及摇篮五轴加工中心等多种系列产品，知识产权目前已授权总计有 295 项，突破一系列的“卡脖子”难题，产品主要服务航空、航天、船舶、新能源汽车等高端制造产业。企业通过“高新技术企业认证”“ISO9001 质量体系认证”“知识产权管理体系认证”“武器装备质量管理体系认证”，是国家级高新技术企业、上海市“专精特新”企业，近期获“上海市科技进步一等奖”称号，是上海市智能制造产业协会副会长单位、上海市人工智能技术协会副会长单位、上海市专利工作试点单位、“最具创新企业”，获得业内的广泛认可。

企业愿景与目标

做世界一流的数控机床，用中国装备，装备中国，让民族装备走向世界。

上海中镭新材料科技有限公司

上海中镭新材料科技有限公司（简称中镭科技）定位于世界先进的功能性复合材料，在工程塑料、特种塑料、环保材料及特殊功能性材料方面为客户提供系统性材料解决方案；是集高分子材料研发、生产、销售于一体的国家级高新技术企业和“专精特新”小巨人企业；目前已开发出聚碳酸酯、聚酯、聚酰胺、聚苯醚、聚苯硫醚等十二大系列产品，约 30% 的产品性能优于国际巨头。产品应用于汽车、IT 通讯、新能源、医疗、轨道交通等领域，与奥迪、奔驰、沃尔沃、特斯拉、蔚来、华为等客户建立长期紧密合作关系。

公司获得“火炬计划产业示范项目”国家级荣誉，技术负责人获得上海市科技人才认定；授权发明专利 43 项，高新技术成果转化 10 项；是上海市企业技术中心、上海市专利示范单位、上海市高新技术转化百佳企业，具有 CNAS 国家认可实验室资质。公司业务快速发展，不断在医疗、新能源、轨道交通领域开发新客户和应用场景；近三年平均研发投入占营业收入的 7% 以上，公司已获四轮股权投资，计划于 2026 年完成上海市科创板 IPO。

目前公司主推环保材料，聚焦循环经济发展。不断推出高性能可降解材料和再生材料，满足可持续解决方案的需求，助力中国节能减碳、双碳目标的实现。公司提供的高性能工程塑料和特种塑料应用于光伏、风能、储能等领域，可帮助工业和能源行业实现绿色转型，助推中国经济和能源的可持续发展。

公司未来将完善上游聚合产业链布局，实现延链、补链、强链。计划五年内完成特种塑料聚合和改性技术积累，并实现大批量供货，成为世界上唯一覆盖工程塑料和特种塑料全品类产品的世界领先的复合材料企业。

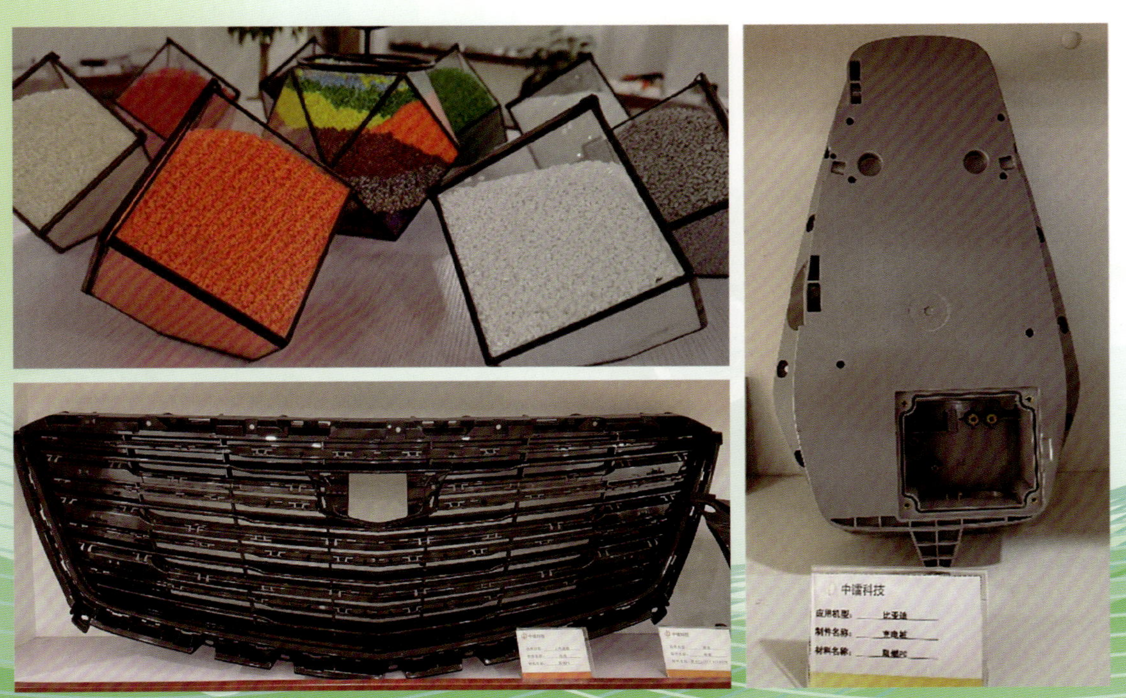

上海兆维科技发展有限公司

上海兆维科技发展有限公司注册成立于2001年，是一家致力于核苷、核苷酸、修饰性核苷、亚磷酰胺、生物酶等产品研发、生产的上海市高新技术企业，曾先后获上海市科技小巨人培育企业、上海市专利工作试点企业、上海市科技小巨人企业等称号，主要创始人来自中科院生科所、国际医药研究所等国内外知名生物医药企业。公司现有厂房占地逾46000平方米，通过质量、环境、职业安全与健康、信息安全等国际体系标准认证，可年产各类核苷系列产品50吨以上，拥有全球最大的亚磷酰胺修饰性核苷产品生产线，产量居世界首位。经过多年的培育和努力，公司已成为全球核酸药物核心原材料的龙头，进入国际知名药企的供应商名录，产品遍布美国、欧洲及亚洲各国，几乎覆盖全球核酸药物所有600多个研发项目包括近200个临床，同时也成为国内外mRNA新冠疫苗核心原材料的最大的供应商。

公司在美国旧金山、日本东京、香港设有子公司，在上海闵行生产基地内、上海徐汇聚科生物园区内、美国加州湾区等地设有多个研发实验室，每年研制开发的新产品数百项。截至目前，公司仍然是国内少数几家能够生产高品质（纯度高于99.9%）单磷酸脱氧核苷（dNMP）、三磷酸脱氧核苷（dNTP）、三磷酸核糖核苷（NTP）、多种修饰性核苷、多种亚磷酰胺等产品的专业生产商。

随着合成生物学的不断发展，核酸平台所引领的产业将逐步成熟，目前全球已有多个核酸类药物获批上市，拥有超百个核酸类药物正在进行临床试验，未来前景不可估量。

上海兆维科技发展有限公司将不断进取、勇于创新，为人类的健康事业竭尽所能！

上海芯龙光电科技股份有限公司

Shanghai SHYLON Optoelectronics Technology Co., Ltd.

专业建筑照明 · 景观照明 · 智慧城市服务品牌
秉承欧洲原创设计理念+上海智造的双重优势，沉淀形成了“一个品牌，全球市场，Superhigh 光学架构，Zoomneo 色彩算法，Anecast 激光影像”的战略优势。坚持为客户提供专业，一体化的综合解决方案；旗下品牌 Anecast 安影，致力于城市光影艺术复兴，开创户外影像新物种。

A 服务网络
SHYLON 服务网络广泛分布在美国、欧洲、中东、韩国、香港、泰国、马来西亚等地；同时在上海设有全球营销中心，在北京、深圳、成都、西安均有服务办公室。

智造工厂
· 拥有 9 个自动化率达 86.25% 的生产车间；
· 照明及投影产品日产 8000 套 ~10000 套 / 天；
· 复旦大学信息学院光源与照明工程系产学研合作基地。

合作客户
SHYLON□与国内名设计院所、工程服务商以及 16 家国外照明品牌保持着良好的战略合作关系。
2021 年，先后参与多个国内、外知名项目。例如：建党 100 年之际，深度参与 12 个历史红色名建的整体夜景亮化：中共二大会址、中共四大纪念馆、上海茂名路毛泽东故居、嘉兴火车站等，以及上海世博文化公园、上海豫园夜景提升、西湖大学夜景亮化、阿里云谷夜景亮化工程等 126 个工程项目。

在海外市场上，芯龙光电助力 2021 年迪拜世博会十个展馆光影秀场，同时正在供货卡塔尔世界杯多个分项目，正在服务埃及新首都 CBD 项目，该项目是中国照明品牌出海国外市场，迄今为止供货数量最多的一个项目。

资质荣誉
· 国家高新技术企业
· 2021 工信部专精特新“小巨人“企业
· 2022 年度上海市科技小巨人培育企业
· 上海市专利试点企业
· 普陀区科技创新型 “小巨人“企业
· 质量服务信誉 AAA 级诚信企业
· AAA 级信用企业
· 3·15 诚信服务会员单位等多项荣誉

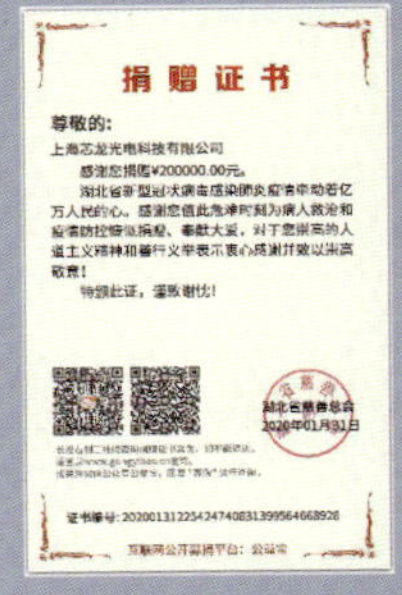
捐赠证书

尊敬的：
上海芯龙光电科技有限公司
感谢您捐赠¥200000.00元。
湖北省新型冠状病毒感染肺炎疫情牵动着亿万人民的心。感谢您值此危难时刻为病人救治和疫情防控慷慨捐赠、奉献大爱，对于您崇高的人道主义精神和善行义举表示衷心感谢并致以崇高敬意！
特颁此证，谨致谢忱！

湖北省慈善总会
2020年01月31日

证书编号：20200131225424740831399564668926
互联网公开募捐平台：公益宝

国际奖项

2020~2021 年，获 7 个红点奖 和 1 个 IF 奖，打破中国照明企业在户外景观、建筑照明领域的获奖记录，创下三个行业之“最”：
· 2021 年全球获红点奖最多的专业照明品牌
· 红点奖开设以来获奖最多的中国户外照明品牌
· 户外线条形类灯具获红点奖最多的全球专业照明品牌

2022 年，SHYLON 从全球 62 个国家的 272 家公司中脱颖而出，获首届 WIPO 全球奖。

上海芯龙光电科技股份有限公司
专业建筑照明 · 景观照明 · 智慧城市服务品牌。
秉承欧洲原创设计理念+上海智造的双重优势，形成“一个品牌，全球市场，Superhigh 光学架构，Zoomneo 色彩算法，Anecast 激光影像”的战略优势。坚持为客户提供专业，一体化的户外照明和影像综合解决方案。
2020~2021 年获 7 个德国红点奖 和 1 个 IF 奖，打破中国照明企业在户外景观、建筑照明领域的获奖记录。2022 年，SHYLON 从全球 62 个国家的 272 家公司中脱颖而出，获首届世界知识产权组织 (WIPO) 全球奖。
目前产品覆盖全球 82 个国家及地区。芯龙品牌“SHYLON”在 11 个海外国家成为客户首选的中国品牌。

中国联合网络通信有限公司上海市分公司

中国联合网络通信集团有限公司（简称中国联通）于 2009 年 1 月 6 日在原中国网通和原中国联通的基础上合并重组而成，公司在国内 31 个省(自治区、直辖市)和境外多个国家和地区设有分支机构，以及 130 多个境外业务接入点，拥有覆盖全国、通达世界的现代通信网络和全球客户服务体系。公司连续 14 年入选《财富》杂志“世界 500 强企业”，2022 年排名第 267 位。2022 年，公司获党中央、国务院授予的“北京冬奥会、冬残奥会突出贡献集体”，被国资委赋予网络安全现代产业链链长的重要使命。

近年来，中国联通全面承接新时代赋予的新使命，将公司发展的定位明确为“数字信息基础设施运营服务国家队、网络强国数字中国智慧社会建设主力军、数字技术融合创新排头兵”。公司战略升级为“强基固本、守正创新、融合开放”，更加突出强网络之基、固服务之本，练好“基本功”；更加突出守网络化之正，拓数字化、智能化之新，打好“组合拳”；更加突出要素融合、市场融通，与合作伙伴一起打好“团体赛”。在新定位新战略下，中国联通全面发力数字经济主航道，将“大联接、大计算、大数据、大应用、大安全”作为主责主业，实现发展动力、路径和方式的全方位转型升级，奋力开创高质量发展的新局面，以数字化网络化智能化助力中国式现代化加速向前。

中国联合网络通信有限公司上海市分公司（简称上海联通）与中国联通集团同步完成融合重组，是中国联通在上海的重要分支机构。按照上海主要行政区划分，上海联通下设 13 个区分公司，全面服务于对口区域的经济建设和社会发展；专门设立智慧城市、数字政府、工业互联网、企业客户、云网生态、金融科技、交通物流、医疗健康 8 个事业部和联通(上海)产业互联网有限公司，组建由联通集团直属的装备制造行业军团，服务上海城市数字化转型需求，满足各行各业数字化转型需要；先后设立自贸区临港新片区分公司、张江高新区分公司、长三角办公室 / 虹桥商务区推进办公室等，承接国家、集团和上海地方政府有关决策部署。

在中共上海市委、市政府和集团公司的正确领导下，在集团公司的战略指引下，上海联通正牢牢把握数字中国建设的时代方位，聚焦五大主责主业，以数字化网络化智能化主动融入党和国家事业发展大局，充分发挥“网、云、数、用、安”数字技术新优势，聚焦上海“经济、生活、治理”数字化转型主航道，走出一条以创新为引领的差异化发展道路，在善政、兴业、惠民层面做了大量实践。公司着力发挥科创支撑引领作用，打造以“四院八室”为核心的科创体系，科创人才占比达 42%，队伍年轻、有活力、创新能力强是社会各界和政府给予上海联通的评价。

在经济效益稳步增长的同时，上海联通始终坚持党建统领全局，成功探索打造“融入式”党建，先后获全国文明单位、全国五一劳动奖状、上海市文明行业、上海市企业文化建设示范基地、国防邮电系统最美职工之家等荣誉，蝉联 3 届全国文明单位称号，蝉联 9 届上海市文明单位称号。2022 年，获评“全国和谐劳动关系创建示范企业”称号，也是 2022 年上海市唯一获此殊荣的央企。

面向未来，上海联通将全面贯彻落实党的二十大精神，进一步通过创新驱动，厚植企业核心竞争力，逐步向运营能力领先、技术能力领先、产品领先的科技创新型企业转变，勇做新时代科技创新排头兵，在服务国家战略、赋能国际数字之都建设、推动上海城市数字化转型迭代升级中找准新定位，推动上海联通高质量发展取得新成效，奋力成为集团公司实践新发展战略的领头羊，争当千行百业首选的“数字伙伴”，为中国联通以数字化网络化智能化助力中国式现代化新征程、为全面建设社会主义现代化国家作出新的更大贡献。

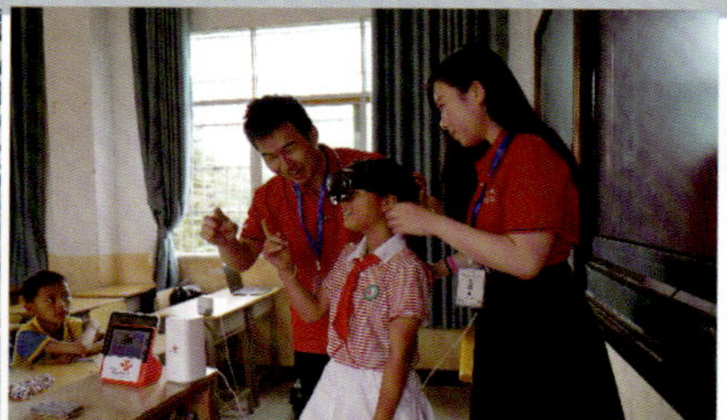

上海华大九天信息科技有限公司

上海华大九天信息科技有限公司成立于 2020 年 9 月 9 日，落地中国（上海）自由贸易试验区临港新片区。公司致力于布局开发新一代 EDA 技术，加速打造满足集成电路设计、制造、封测全产业链的 EDA 工具平台，为长三角地区尤其是上海地区客户提供优质、高效的服务。

2022 年，公司新推出 2 款 EDA 新产品。在模拟电路设计 EDA 领域，新推出版图后分析阶段的晶体管级电源完整性分析工具 Patron，该工具聚焦于模拟芯片的电源完整性检查，可高效地提供精准、全面、可靠的 RM/IR 分析数据及多种 EM/IR 检查报告，可广泛应用于模拟芯片的电源可靠性分析，如汽车芯片、工业控制芯片等。在晶圆制造 EDA 领域，新推出光刻掩膜版布局设计工具，该工具可自动产生光刻掩膜版框架，并优化晶圆布局以获得最优的晶圆利用率，为光刻掩膜版布局设计提供完备和高效的解决方案。

2022 年，公司在临港建立 300 平米的超净间测试中心，并配备专业的测试团队，可以为客户提供全套逻辑模型、射频模型测试以及射频电路测试分析服务。

上海泽生科技开发股份有限公司

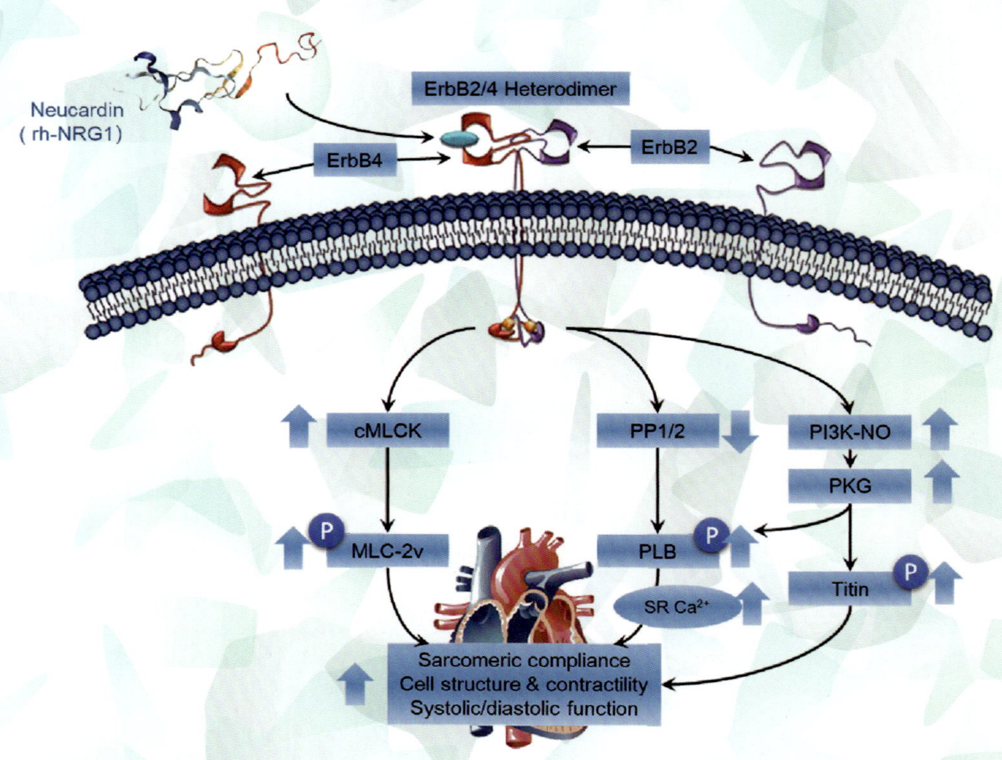

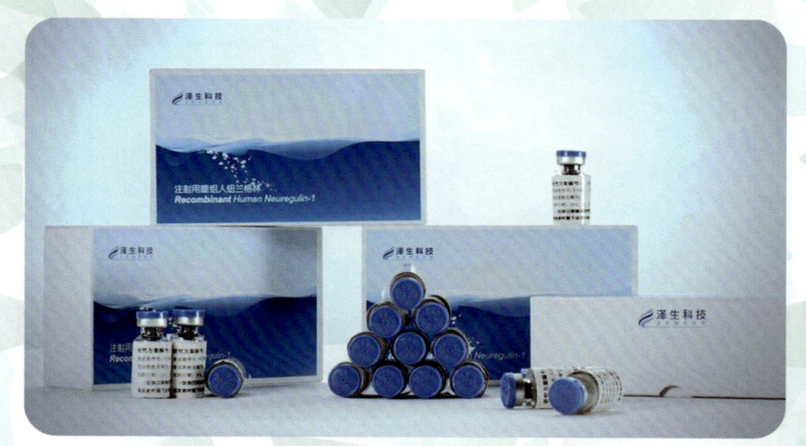

上海泽生科技开发股份有限公司自 2000 年在张江高科技园区创办以来，始终以尖端科技、原始创新和未满足的临床需求为导向，专注国际首创新药的研究开发。其科研工作受到国际科学界与产业界高度关注，研究成果被 Nature, Nature Biotechnology 等科学期刊多次报道、引用、评论或肯定。公司九次获得国家“十一五”“十二五”“十三五”重大新药创制国家科技重大专项、“863”重大专项等项目支持。

公司核心产品纽卡定®(重组人纽兰格林)是基于在国际心力衰竭治疗领域的突破性创新发现所研发的、通过直接作用于心肌细胞、改善心肌细胞结构与功能从根本上治疗心衰的国际首创新药(First-in-Class)，并即将进入产业化阶段。该项目领先于国际水平、中国罕见、拥有全球自主知识产权，面向国际市场近 3000 万心衰患者。

目前，纽卡定®处于中美临床III期阶段，既往试验已充分证明其能大幅改善患者心功能、降低死亡率的药效。公司已与中国国家药监局药审中心（CDE）确定补充开展一项心功能研究（ZS-01-308B 试验），成功完成后即可提交附条件上市申请。美国药监局（FDA）已审批通过用于支持纽卡定®在美国、欧洲等主流国际市场上市获批的国际多中心临床 III 期研究（ZS-01-307 试验）并授予该药物快速通道（Fast Track）资格。

上海克比模塑科技有限公司

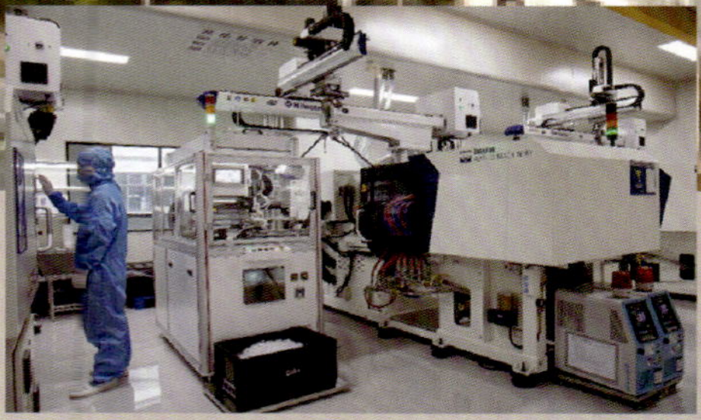

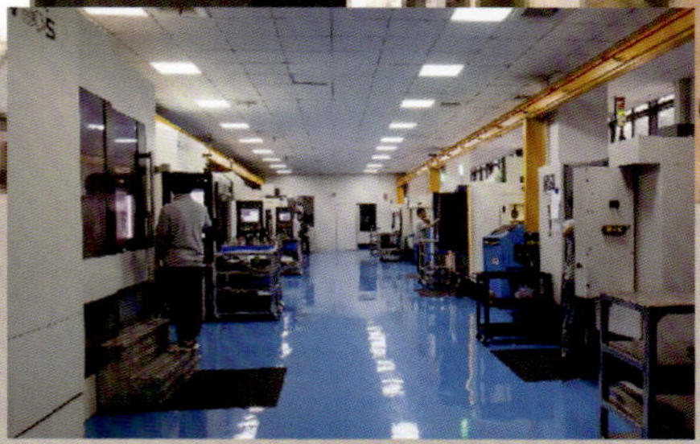

◆单位名称：上海克比模塑科技有限公司

◆企业类型：有限责任公司(自然人投资或控股的法人独资)

◆注册地址：上海市青浦区华青路 1888 号

◆注册资本：2000 万元(人民币)

◆主营业务：设计、生产精密模具及塑胶件

◆经营年限：2007 年 10 月 24 日到 2027 年 10 月 23 日

◆法定代表人：郑小江

◆股东构成：上海克比由厦门唯科模塑科技股份有限公司 100% 控股，唯科集团于 2022 年 1 月份在深交所创业板成功上市，股票简称：唯科科技 股票代码：301196

主营业务：(1)专业从事于各类注塑模具的研发、设计与制造，致力于为汽车、医疗、电子家电、工业用品等制造企业提供优质的产品与服务；(2)塑料汽车配件的生产，本公司建于 2003 年，占地面积 35 亩，建筑面积 42000 平方米，成立伊始采用现代化的管理体系，强化内部管理，创建优秀团队。同时致力于科技投入，引进先进的设备，经过多年的不断优化和改善，产品质量不断提高，经济效益逐步上升，现在已经拥有 200 多名优秀员工，使用当今国际领先的生产设备和功能齐全的检测手段，并培养了一支科研开发质量控制的专业技术队伍，长期以来本公司坚持以“高效率，高质量”的原则，使得本公司人员素质及产品的质量不断提高，通过全体员工的努力，取得很多跨国公司的认可并建立良好的协助关系，得到客户的高度认可，2019 年，被青浦区经委认定为“企业技术中心”。2020 年，被中国模具协会评为“中国重点骨干模具企业”。2019 年，被上海市模具行业评为“第五届理事单位先进集体”“上海市模具行业第六届理事会理事单位”。为贯彻落实《中华人民共和国清洁生产促进法》，提高资源利用率，从源头上减少或避免污染物的产生，促进产业升级．上海克比模塑科技有限公司委托上海市质量监督检验技术研究院提供本轮清洁生产的技术辅 导，为进一步提高企业生产、管理水平和市场竞争力打下良好的基础。

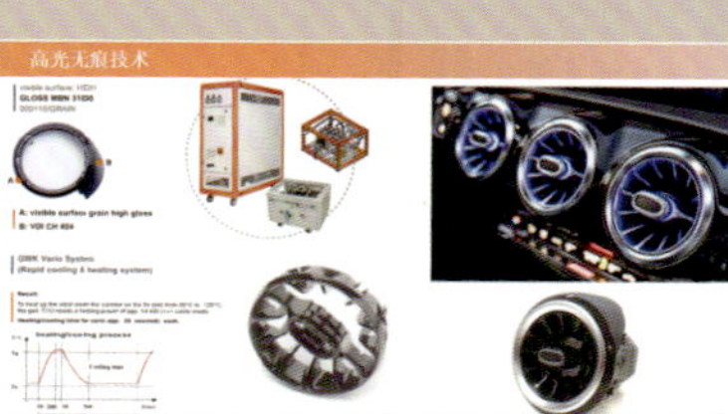

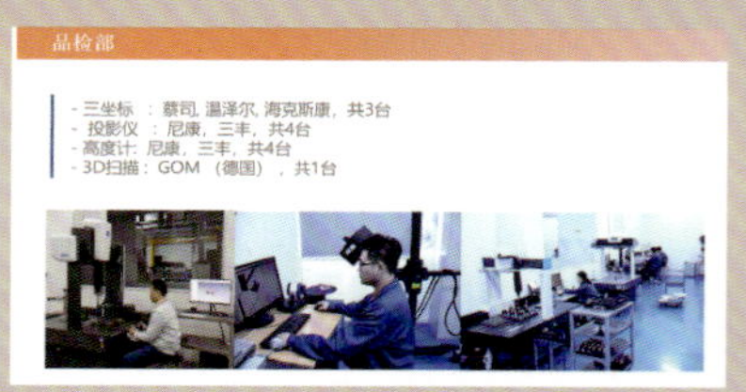

上海东土致远智能科技发展有限公司

工业互联网作为新一代信息技术与制造业深度融合的产物，日益成为新工业革命的关键支撑，对未来工业发展产生着全方位、深层次的影响。

早在 2012 年就登上创业板的国内工业互联网第一股——北京东土科技股份有限公司（简称东土科技），近些年聚焦“技术创新 + 国产化”，在工业互联网底层技术、智能控制、边缘计算技术领域拥有系列主打的拳头产品，是目前工业互联网行业唯一实现从操作系统、芯片，到工业网络通信设备、边缘通用控制器，完全自主可控、完全国产化的公司。

上海东土致远智能科技发展有限公司作为北京东土科技股份有限公司工业板块业务载体，深入贯彻工业互联网科技创新赋能产业高质量发展要求，以构建中国面向未来自主可控的工业控制体系为使命，积极在工业网络、智能控制、数字工厂、数智交通等领域创新发展，促进高水平自主可控技术应用。

工业安全属于国家安全，工业互联网必须“自主、可控”

“中国工业互联网必须实现自主、可控，否则就无法确保工业安全和国家安全。”这是东土科技董事长李平一直坚持和倡导的行业发展理念和安全标准。

李平介绍说，芯片是工业互联网的“心脏”。没有自主芯片，中国工业互联网发展难上大台阶。从 2014 年开始，东土科技的核心研发团队就坚决“锚定”自主可控、全部国产化目标，开启自主研发网络交换芯片和网络设备的艰难历程。

东土科技本着“以最快速度推出自主研发芯片，设计流片风险降到最低，快速抢占自主可控市场”的原则，仅花费两年多时间就完成从芯片研发到流片投产的全过程。如果说芯片是工业互联网的“心”，那么操作系统就是它的“魂”。东土科技发布“INTEWELL 工业级网络操作系统”，这套系统历经 20 多年迭代研发，被广泛用于智慧工业、智慧城市、智慧防务等领域。

2019 年，在工信部主办的中国首届工业互联网大赛上，东土科技的解决方案从 1009 个方案中脱颖而出，凭借“基于软件定义控制和流程的工业互联网解决方案” 摘得一等奖。这个获得诸多奖项的方案，便是以 INTEWELL 为核心的“基于软件定义控制和流程”的工业工联网平台，是由东土科技原创的新一代智能工业控制平台架构解决方案，该平台从通信芯片、总线及控制网络、控制服务器、操作系统到应用软件，全部由东土科技自主研发，知识产权独立，完全安全可控。

2022 年，在国内首个以“信息技术应用创新”为主题的专业赛事 2022 数字中国创新大赛 · 鲲鹏赛道全国总决赛中，工业控制基础软件平台 MaVIEW 荣获 2022 数字中国创新大赛 · 鲲鹏赛道全国总决赛一等奖。

▲ 东土科技产品应用于青藏铁路集中监控系统

争夺软件定义控制的国际话语权

2019 年汉诺威工业博览会上，东土科技与英特尔联合展出全球第一款软件定义控制的边缘服务器——NewPre，方案搭载 NewPre、INTEWELL 工业级网络操作系统、MaVIEW 工业编程平台、视觉软件等组件，利用 5G 和现场工业网络提供数据通道。在展示现场，东土科技一台边缘服务器虚拟出 20 个实时系统，完成 AI 视觉识别下的运动控制，引发业内广泛关注。

▲ 东土科技与英特尔达成战略合作

该产品体现东土科技在工业互联网领域洞见与实践的全新内涵：通过软件定义技术，横向融合边缘计算、过程控制、工业视觉、运动控制、协义转换等实时和非实时控制系统，纵向打通端边网云的平台，就人与机器、机器与机器之间在下一阶段数字化转型中如何协同工作提出深刻见解，助力客户完成以“敏捷和智能化”为核心的智能工业转型，为人工智能在工业领

▲东土科技工业网络系列产品

▲东土科技边缘控制器系列产品

域的深度应用奠定坚实基础。

东土科技走向世界舞台的脚步不断加快。除了软件定义之外，其明星产品——工业网络通信设备在全球工业版图中已有 200 余万台设备投入应用。在国内，世界海拔最高铁路——青藏铁路集中监控系统、中国首条时速 350 公里的高铁——京津高铁轨旁列控系统、中国首个百亿方页岩气田——涪陵页岩气田 SCADA 及安防网络系统、世界著名跨海大桥——杭州湾大桥集中环境监控系统、北京奥运会 31 个主场馆电力配电管理系统…在国际市场，美国堪萨斯州维奇塔市 ITS 系统、中俄东线天然气管道综合系统、80 座乌拉圭智能变电站集成自动化系统…东土科技用实力打破国外产品的枷锁与束缚，争做国际工业控制技术的变革者。

2019 年 9 月，在科技部、国家标准委等部门的持续支持下，东土科技联合仪综所等科研单位制定的 AUTBUS 国际标准成功立项。这是 2008 年以来中国在工业通信网络 IEC 61158 标准体系唯一获得成功立项的国际标准，也是中国在工业过程测控和自动化领域全球首创提出的宽带现场总线技术，从而标志着中国在该领域已步入技术领先的国家行列。与 5G 技术结合后，将加速推动人工智能在工业现场的应用，促进工业互联网飞跃式发展。

从软件定控制的边缘控制器、全国产化工业网络通信设备、AUTBUS 现场总线到工业级网络操作系统，东土科技用多个“首创”，逐渐证明中国的工业互联网企业在一些领域拥有国际话语权。

深耕工业互联网“根”技术

自成立起，东土科技就一直在工业互联网的赛道上前行。在 20 余年爬坡过坎的拼搏中，东土科技的目标是做工业互联网“根”技术的领军企业，实现工业互联网核心“根”技术的自主可控及创新引领。20 余载风云变幻，东土科技在自主创新实践中，始终坚信：让“根技术下沉到工业现场，利用智能化改造，才能够真正感受到工业互联网所带来的价值。但这是从量变到质变的过程，需要更多像东土科技一样的民族企业，勇往直前。

CAD、CAM、CAE 和 PCB。一站式集中提供。

使用 Autodesk Fusion 360
统一实现设计、工程和制造。

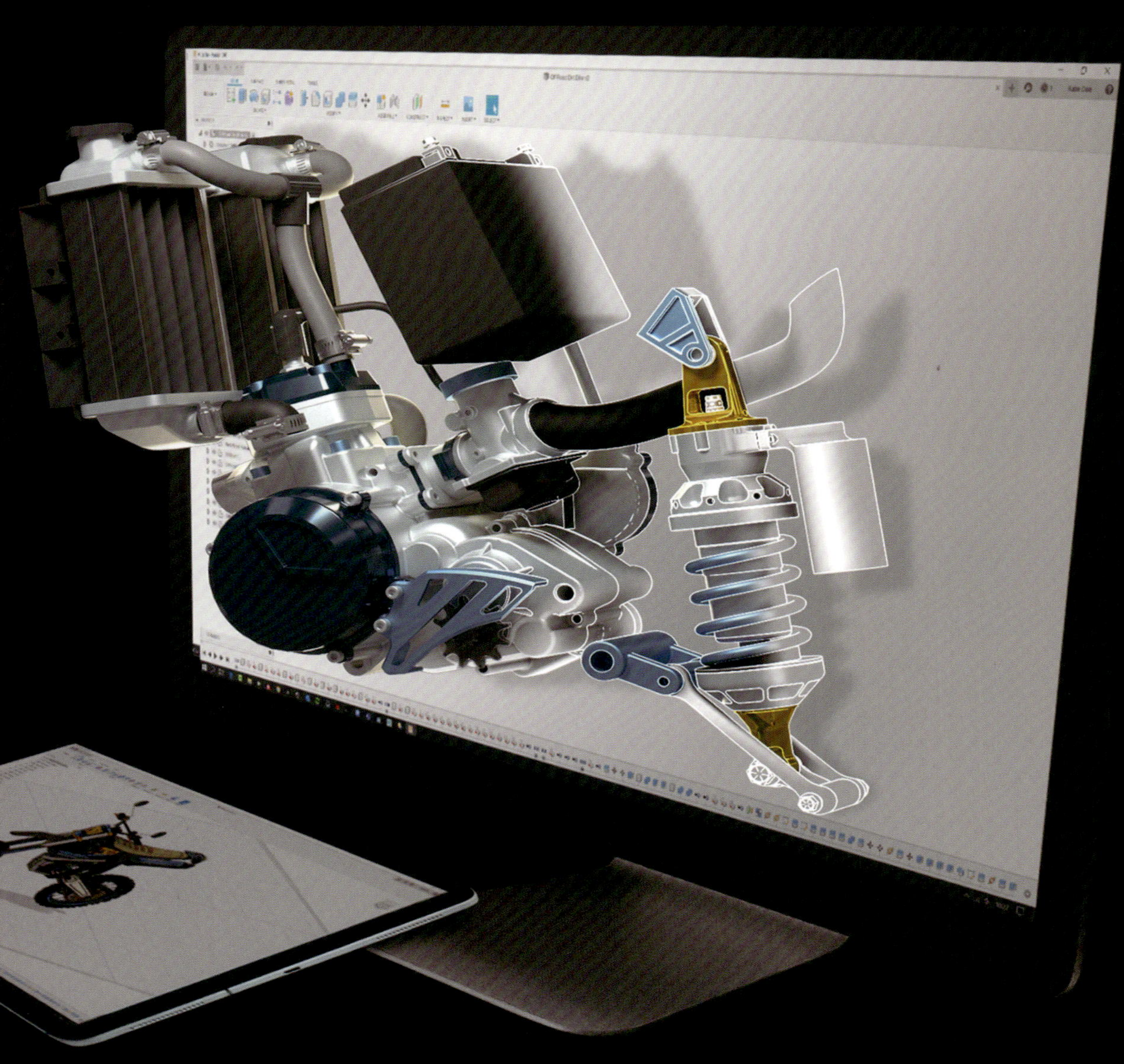

上海华测导航技术股份有限公司

上海华测导航技术股份有限公司(股票代码：300627)专注于高精度导航定位技术的研发、制造及产业化推广，是中国高精度时空信息产业的企业领军者。

公司秉承“用精准时空信息构建智能世界”的愿景，围绕“一个核心、两个平台、三大应用”实施布局，专注高精度导航定位核心技术，持续打造高精度定位芯片技术平台和全球星地一体增强网络服务平台，应用方向包括导航定位授时、测绘与地理信息、封闭和半封闭场景的无人驾驶。

公司走创新驱动发展道路，高度重视科研，迄今获国家技术发明奖 1 项，国家科技进步奖 3 项，拥有各类知识产权 600 余项，是全国五一劳动奖状获得单位、国家企业技术中心，并设有国家模范院士专家工作站。连续 5 年入选上海市青浦区百强优秀企业。2020 年珠峰高程测量中，由公司研制的北斗高精度定位设备成功登顶珠峰，丈量了世界之巅。

目前，华测导航拥有 29 个国内省级本地化服务机构，并设有 7 个海外子公司代表处，服务全球 120 多个国家和地区。公司的产品及解决方案已广泛应用于建筑与基建、地理空间信息、资源与公共事业、机器人与无人驾驶等板块，深入自然资源、建筑施工、交通、水利、电力、农业、教育、环保等行业，并进入智慧城市、自动驾驶、人工智能等新兴领域。未来，公司将不断加大研发投入，持续提升竞争优势，践行以客户为中心的价值观，向社会提供更多优质产品和解决方案。

2023·上海工业年鉴

SHANGHAI INDUSTRIAL YEARBOOK

2022 年上海市经济和信息化大事记

1 月

4 日　市经信委在机关举行仪式，欢送市无线电监测站 2022 年北京冬奥会无线电安全保障组出征。市经信委主任吴金城向保障组授旗并为临时党支部揭牌。应北京冬奥会无线电管理协调小组办公室的商请，市经信委决定由市无线电监测站抽调 8 名精兵强将组成保障组，携带移动监测车和专用无线电设备，增援 2022 年北京冬奥会场馆保障工作。

上海马桥人工智能创新试验区城市设计发布会暨上海工业智能中心开工仪式举行。市经信委副主任张英出席并致辞，见证上海工业智能中心开工。

6 日　为进一步推动上海中小企业高质量发展，提升金融服务质效，市经济信委与农行上海市分行共同举办“专精特新培育行动”政银企签约活动。市经信委主任吴金城、副主任戎之勤，农行上海市分行行长陈其昌、副行长印金强、张青，农银租赁总裁王以刚出席活动。

8 日　市经信工作党委、市经信委召开会议，谋划 2022 年产业和信息化工作。围绕做好 2022 年产业经济和信息化工作，进行交流讨论。市经信工作党委副书记、市经信委主任吴金城主持会议，两委领导班子成员、二级巡视员以及驻委纪检监察组、机关处室负责同志、直属事业单位党政主要负责同志参加会议。

12 日　市政府新闻落实举行新闻发布会，市委常委、常务副市长吴清介绍《上海市数据条例》配套政策措施相关情况。

13 日　市人大常委会主任蒋卓庆带队到市经信委，调研“六稳六保”工作，并召开座谈会。市人大常委会副主任肖贵玉、市人大常委会秘书长赵卫星、市人大财经委主任委员戴柳等参加调研活动。市经信委主任吴金城参加会议并汇报有关工作，副主任张英、总工程师张宏韬参加会议。

市经信委召开投资促进工作座谈会。市投资促进工作领导小组办公室主任、市经信委主任吴金城、副主任刘平出席。各区、重点产业园区投资促进部门主要负责人参加座谈，围绕去年投资促进推进情况、存在的问题和困难以及全年投资促进工作打算和建议进行交流。

16 日　“长三角数字干线”建设启动会在长三角金融产业园召开。市经信委主任吴金城出席会议并讲话。

25 日　2022 上海网络安全产业创新推进会在上海跨国采购会展中心召开。上海市副市长张为出席推进会并致辞，工业和信息化部网络安全管理局局长隋静线上致辞，市政府副秘书长陈鸣波出席并为上海网络安全产业示范园揭牌。

27 日　由上海上药康希诺生物制药有限公司生产的新冠疫苗量产上市仪式在宝山区举行。市政府副秘书长陈鸣波出席活动并致辞，市经信委主任吴金城主持仪式。

28 日　市经信委主任吴金城主持召开数字经济新赛道企业座谈会，听取行业专家、企业代表关于数字技术前沿动态、数字经济发展趋势、新兴领域布局介绍和建议。

2 月

9 日　按照全市“促发展、保安全”大走访、大排查工作要求，市经信委主任吴金城带队赴中国石油上海销售公司调研，并与企业负责人员座谈交流，了解企业工作运行情况，听取企业诉求与建议。

10 日　市经信委主任吴金城、副主任刘平赴国盛集团调研，与国盛集团领导班子、部门及旗下基金座谈交流。会上，市经信委与国盛集团签署战略合作框架协议。

16 日　2021 世界人工智能大会总结会暨 2022 世界人工智能大会启动会在上海世博展览馆举行。副市长张为，市政府副秘书长陈鸣波，市经信委主任吴金城等出席会议。

18 日　上海建设世界一流“设计之都”推进大会系列活动之“共生设计 · 双碳赋能”全球建筑设计高峰论坛在上海展览中心友谊会堂举办。

19 日　临港新片区举行 2022 年 2 月建设项目集中开工仪式。市委常委、浦东新区区委书记、临港新片区党工委书记、管委会主任朱芝松，市经信委主任吴金城出席。

23 日　上海市城市数字化转型工作领导小组会议举行。市委书记、城市数字化转型工作领导小组组长李强主持会议并指出，全面推进城市数字化转型是上海“十四五”发展的重大战略，要深入贯彻落实习近平总书记对上海工作的重要指示要求，提高站位、创新思路、整合力量，推动城市数字化转型加速迭代升级，加快建设具有世界影响力的国际数字之都。市委副书记、市长、城市数字化转型工作领导小组组长龚正出席会议并讲话。

24 日 市经信工作党委、市经信委召开市经济信息化系统 2022 年工作会议。副市长张为出席会议并讲话，市政府副秘书长陈鸣波主持会议，市经信工作党委副书记、市经信委主任吴金城做产业经济和信息化工作报告，市经信工作党委副书记张义做党委工作报告。

第二届长三角超导产业发展高峰论坛在上海举办。市政协有关领导出席开幕式并讲话，副市长张为为上海超导制造业创新中心学术委员会委员代表颁发证书，市政协副主席、市工商联主席寿子琪作开幕式致辞，市政府副秘书长陈鸣波主持活动。

25 日 上海市生物医药产业发展领导小组 2022 年第一次会议召开。副市长、领导小组组长张为出席会议并讲话。会议由市政府副秘书长、领导小组副组长陈鸣波主持。市经信委主任、领导小组副组长吴金城，副主任刘平等出席。

26 日 WAIC 2022 上海人工智能开发者大会在上海临港新片区创晶科技中心成功举办。副市长张为出席并为 WAIC 上海开发者社区揭牌。市经信委主任吴金城、副主任张英出席会议。

上海人工智能战略咨询专家委专题会议在临港召开。副市长张为、市经信委主任吴金城、副主任张英、多位专家委委员及特邀专家等出席会议。

3 月

1 日 市人大常委会主任蒋卓庆带队走访调研上海合成生物学创新战略联盟，听取联盟相关单位情况汇报。市人大常委会秘书长赵卫星，市人大财经委主任委员戴柳，市经信委副主任刘平等参加调研。

2 日 工信部召开重点省市工业经济运行视频会议，工信部党组成员、副部长辛国斌主持会议并讲话，上海、河北、江苏、浙江、福建等 11 个省市交流发言。市经信委副主任戎之勤在上海分会场以视频方式参加会议。

3 日 市经信委主任吴金城带队赴普陀区和虹口区调研数字化转型工作，实地察看城市数字化转型展示中心场地。

4 日 市经信委与上海广播电视台、上海文化广播影视集团（SMG）在上视大厦签署战略合作协议。市经信工作党委副书记、市经信委主任吴金城，SMG 党委书记、董事长沈军，SMG 党委副书记、台长、总裁宋炯明出席签约仪式并共同见证签约。市经信委副主任刘平、SMG 副总裁刘晓峰代表双方签约。市经信委总工程师张宏韬，SMG 副台长、副总裁袁雷出席签约仪式。

7 日 市经信委总工程师张宏韬带队赴长三角国家技术创新中心调研，围绕新型研发机构、产业创新体系建设和区域创新合作等，了解中心的建设背景、功能定位、改革举措、创新生态、落地成果等。

9 日 市经信委主任吴金城带队赴中国船舶集团有限公司调研，并与企业负责人员座谈交流，了解企业工作运行情况，听取企业诉求与建议。

10 日 市经信委主任吴金城带队赴上海百力格生物技术有限公司和妙思医疗科技（上海）有限公司调研，并与企业负责人员座谈交流，了解企业生产工作情况，听取企业诉求与建议。

16 日 市政府新闻办公室举行新冠肺炎疫情防控工作新闻发布会，介绍疫情最新情况。市经信委副主任刘平出席新闻发布会，在回答记者提问时表示，市经信委积极动员各方力量，全力提升核酸检测能力。

18 日 市经信委主任吴金城赴宝藤医学检验中心、之江生物科技股份有限公司和兰卫医学检测所调研新冠核酸检测开展情况。

19 日 市经信委主任吴金城赴上海伯杰医疗科技股份有限公司调研新冠核酸检测和检测物资生产保障情况。

20 日 市经信委副主任刘平赴上海金标生物科技有限公司调研新冠抗原检测试剂生产设备保障工作，观看车间生产情况。

21 日 市经信委主任吴金城赴上海捷诺生物科技有限公司，调研新冠肺炎快速核酸检测产品开发应用情况。

25 日 市经信工作党委向市经信系统全体党组织和广大党员发出党建引领抗疫动员令。

31 日 由中国工程院、上海市人民政府、工业和信息化部主办的创新与新兴产业发展国际会议在云端举办。

市经信委主任吴金城赴江苏和安徽援沪方舱实验室、南京迪安闵行气膜实验室，看望来沪支援人员，调研援沪方舱及气膜实验室建设情况。

4 月

5 日 市经信委主任吴金城赴青浦，慰问来沪援建核酸检测气膜、方舱实验室的河南、陕西工作团队，实地调研实验室建设情况。

18 日 《上海市工业企业复工复产疫情防控指引（第一版）》图解公开发布。

在国家联防联控机制的大力推动下，经浙江省、江苏省、上海市全力协同，长三角重要物资应急保供中转站（浙江—上海）正式投运并完成首次货运交接，将推动省际重要生产物资进站流转，打通长三角区域货运“血管”。

24 日 市经信委发布首批公益免费软件产品和数字化解决方案清单，面向企业复工复产急需的协同办公、生产制造、企业管理、文档协作、视频会议、防疫管理、安全认证等应用需求，组织动员数字化产品提供商推出新型公益数字化产品和服务，并投入技术力量做好服务保障。

26日 市中小企业办公室召开“专精特新”企业复工复产座谈会。御渡半导体、紫光宏茂、瀚氏科技等8家企业以及工商、兴业、浦发、农商共4家银行参加会议。会议听取各企业复工复产情况、资金运转状况和相关问题诉求并提出建议。

5月

5日 新冠肺炎抗原检测数字化服务平台“疫测达”正式上线。该平台由中国信通院上海工创中心采用人工智能、大数据等新一代信息技术，面向全国推出的一个辅助个人与机构进行新冠抗原检测的数字化服务平台，个人本着安全、真实的原则，可在平台随测随报、随时可查，系统性支撑相关部门决策疫情防控部署与疫情监测，全力支持打赢疫情防控攻坚战。

《上海市工业企业复工复产疫情防控指引（第二版）》图解发布。

9日 上海市企业服务云开设服务专窗“上海益企服”，助力企业复工复产。

13日 市经信委发布第二批公益免费软件产品和数字化解决方案清单，持续推进应用数字化解决方案助力企业复工复产。

市政府新闻办公室召开新冠肺炎疫情防控工作新闻发布会。市委常委、常务副市长吴清，市经信委主任吴金城，市卫生健康委副主任赵丹丹，松江区副区长陈容出席并介绍疫情防控最新情况，回答记者提问。吴金城表示，4月中旬以来，在确保符合疫情防控要求的基础上，持续深入推进企业复工复产，以龙头企业为牵引，以点带链、以链带面，越来越多的工业企业恢复生产，复工复产工作取得阶段性成效，对城市经济运行、产业链供应链有效运转起到重要保障作用。下阶段，将按照全市统一部署，巩固提升复工复产成果，不断朝着实现全面复工复产的目标努力。

市经信委会同市通信管理局联合发布《关于本市信息通信业做好复工复产工作的通知》。各运营商以客户为中心，想用户之所想，急用户之所急，为更好满足疫情期间用户的信息通信业务办理需求，将进一步推进复工复产工作。

19日 市政府新闻办公室召开新冠肺炎疫情防控工作新闻发布会。副市长张为、市经信委主任吴金城、市交通委主任于福林、市卫生健康委副主任赵丹丹、市邮政管理局局长冯力虎出席并介绍疫情防控最新情况，回答记者提问。吴金城表示，本轮疫情对本市企业尤其是中小企业产生较大影响，给企业生产经营造成很大困难。市经信委将贯彻国家《加力帮扶中小微企业纾困解难若干措施》等政策要求，推动本市各项针对性的助企纾困政策落实落细，持续做好各项企业服务，帮助企业尽快走出疫情影响，恢复正常生产经营，实现稳预期、提信心、促发展。

20日 在市经信委指导、市中小企业发展服务中心支持下，华为云携手金蝶、用友、泛微、契约锁、迅响、恒驰等众多伙伴围绕中小企业复工复产、创新发展所面临的困难和需求，聚焦新一轮疫情冲击下的痛点、难点、堵点，共同推出“守望‘沪’助，乘‘云’破浪，助力上海中小企业纾困赋能专项行动”，旨在依托“上海市企业服务云益企服”平台，切实为中小微企业纾困赋能，用科技力量有力有序推动企业复工复产及加快恢复发展。

22日 为进一步破解上海集成电路、新型显示等重点行业招聘难题，市经信委会同市人才工作领导小组办公室、市教委等共同支持上海大学举办“集成电路和新型显示行业校企交流暨专场网络招聘会”。市经信委副主任傅新华出席宣讲会并致辞。

为深入贯彻落实“疫情要防住、经济要稳住、发展要安全”工作要求，统筹做好疫情防控和经济社会发展，全面有序有效落实大型工厂疫情防控措施，市经信委举办大型工厂疫情防控工作部署会，副市长张为出席会议并讲话。

24日、26日 为贯彻落实中共上海市委、市政府关于高效统筹疫情防控和经济社会发展，全力做到两手抓、两手硬、两手赢的工作要求，市经信委主任吴金城先后赴昌硕科技（上海）有限公司、上海振华重工（集团）股份有限公司、江南造船（集团）有限责任公司，对大型工厂疫情防控工作开展专项督查。

26日 为有序推进软件和信息服务业企业复工复产，提振企业信心，市经信委组织部分软信行业协会、重点软件信息服务业基地、龙头企业等召开软信企业复工复产座谈会。市经信委副主任张英出席座谈会并讲话。

为帮助企业打通因疫情而中断的供应链，解决企业面临的供货短缺、服务不到位、物流响应慢等问题，在市经信委指导下，上海产业互联网有限公司举办第三届中国（上海）工业品在线交易节——复工复产供应链服务线上对接会，并发布复工复产供应链服务平台。市经信委副主任阮力出席活动并致辞。

29日 市经信委召开产业园区复工复产工作推进会，传达学习市委书记李强关于复工复产工作的总体要求和市委副书记、市长龚正在上海市贯彻全国稳住经济大盘电视电话会议精神工作部署会上的工作要求，听取各产业园区在复工复产过程中的困难问题和经验做法，明确下一步工作计划。市经信委主任吴金城、副主任汤文侃出席会议。

市政府新闻办公室组织召开新冠肺炎疫情防控工作新闻

发布会。市委常委、常务副市长吴清介绍《上海市加快经济恢复和重振行动方案》有关情况，市政府副秘书长、市发改委主任华源，市经信委主任吴金城，市商务委主任顾军，市人力资源社会保障局副局长费予清出席并介绍疫情防控最新情况，回答记者提问。吴金城表示，本轮疫情对上海产业经济和市场主体带来较大冲击，广大企业对复工复产有迫切愿望。将陆续出台扎实的助企纾困政策，切实让企业主体受益，加快提升产业链供应链的韧性和竞争力。

31 日 根据全面恢复正常生产生活秩序阶段的要求，为加快全面复工复产，指导工业企业做好疫情防控工作，在第一版、第二版的基础上，修订形成《上海市工业企业复工复产疫情防控指引（第三版）》。

6 月

1 日 上海迎来全面复工复产的首日。为贯彻落实中共上海市委、市政府的决策部署，统筹疫情防控和复工复产，帮助中小企业共渡难关，市经信委、市通信管理局、上海电信、上海移动、上海联通在云端举办“千兆助力，云网惠企”上海市电信运营企业助企纾困行动计划发布会。市经信委主任吴金城、市通信管理局局长陈皆重出席并致辞。

2 日 市经信委主任吴金城赴中科润达精准医学检验公司、华测医学检验所，开展核酸检测工作情况调研，分别听取两家检测机构参与全市大筛以及近日核酸常态化检测工作的情况介绍。

为贯彻落实中共上海市委、市政府的决策部署，统筹疫情防控和经济社会发展，更好地抗疫情、助企业、促发展，市经信委与中国进出口银行上海分行进行线上政银合作交流会。市经信委主任吴金城，进出口银行上海分行行长王须国出席会议并讲话。

6 日 市经信委主任吴金城赴上汽大众汽车有限公司、上汽集团乘用车分公司开展大型工厂疫情防控专项督查，听取企业关于疫情防控与复工复产有关工作介绍，并了解产能提升与新车型研发的进展。

9 日 上海市服务企业联席会议第七次扩大会议暨中小微企业复工复产推进和助企纾困政策宣贯落实专项行动动员部署会议以视频会议方式召开。副市长张为出席会议并讲话。市经信委主任吴金城通报中小微企业复工复产推进情况以及助企纾困政策宣贯落实专项行动方案有关情况。

10 日 中国中小企业发展促进中心发布《2021 年度中小企业发展环境评估报告》，在全国 4 个直辖市、5 个计划单列市和 27 个省会共计 36 个参评城市中，上海以总分 84.36 分位列综合排名第一，比上年提高 11.57%，比第二名城市高出 6.53 分。深圳、广州、北京、南京、杭州、宁波、厦门、成都、天津等城市位居前 10 名。

上海市生物医药产业人才联盟成立仪式暨上海高校生物医药类毕业生就业服务专项行动以视频会议方式召开。市生物医药产业发展领导小组办公室《关于同意组建上海市生物医药产业人才联盟的批复》中明确由上海市生物医药产业促进中心、上海市学生事务促进中心、上海市人才服务中心、上海市生物医药科技发展中心等单位共同组建成立上海市生物医药产业人才联盟。整合各方力量，发挥各自优势，打造生物医药人才综合服务平台，为建设世界级生物医药产业集群提供多层次人才支撑。联盟接受市生物医药产业发展领导小组指导。

16 日 上海重点聚焦“新赛道”发展载体，正式推出第三批 13 个特色产业园区。上海市特色产业园区再扩容，增至 53 个。

2022 年上海全球投资促进大会暨“潮涌浦江”投资上海全球分享季启动活动在位于北外滩的世界会客厅举行，总投资 5658 亿元的 322 个重大产业项目集中签约，总投资 1627 亿元的 48 个重大产业项目集中开工，新一批新赛道、新动能领域的行动方案和特色产业园区、产业地图 2022 版面向全球发布推介。市委书记李强出席大会，宣布重大产业项目集中开工并启动“潮涌浦江”投资上海全球分享季。市委副书记、市长龚正宣读 2022 年上海全球招商合作伙伴名单。

工信部中小企业发展促进中心、市经信委与京东集团，共同启动“星云计划”之助力上海中小企业纾困赋能专项行动。“星云计划”是落实工信部“一起益企”中小企业服务专项行动要求，以及中国中小企业发展促进中心全国性中小企业服务行动“满天星计划”部署，依托“上海市企业服务云”为上海中小企业专门打造的服务项目，旨在充分发挥大型平台企业优势，整合产业链资源，聚合服务机构，帮助中小企业降本增效、拓展市场。

17 日 市经信委召开产业和信息化领域重点外商投资项目推进线上座谈会。市经信委主任吴金城出席会议并讲话。格科微、金阅科技、思爱普、巴斯夫、西门子实验系统、士卓曼、英威达、康明斯等 8 家项目方企业代表参加会议并介绍相关项目进展情况。市规划资源局、市卫健委、市政府外办、市药监局、闵行区、临港新片区管委会等相关部门和区负责人对有关项目方提出的推进问题进行现场回应。

市经信委与中国进出口银行上海分行举行产融结合工作方案签约活动。市经信委主任吴金城，进出口银行上海分行行长王须国出席活动并讲话，有关领导和企业代表出席会议。中国电气装备、东方国际、复星高科、之江生物等 15 家企业与进出口银行上海分行签署《政策性金融助力复工复产专项合作协议》。

21 日 市经信委召开“专精特新”中小企业座谈会，了

第九条 各级中小企业主管部门充分发挥集群运营管理机构、龙头企业、商协会、专业机构、各级中小企业公共服务示范平台和小型微型企业创业创新示范基地作用，不断完善提升集群服务体系。

第十条 省级中小企业主管部门及时总结集群在提升创新、服务、数字化、绿色化和国际化水平，以及推动产业链供应链协同发展的经验做法，开展集群典型实践案例和优秀集群品牌宣传。

第三章 认定程序

第十一条 中小企业特色产业集群认定坚持申报自愿、公开透明、以评促建、持续提升、跟踪监测、动态调整的原则，工业和信息化部与省级中小企业主管部门分工负责，统筹开展，有序推进。

第十二条 申报认定的集群应在县级区划范围内，并已认定为省级集群（首批申请除外），由所在地县（市、区）中小企业主管部门作为申报主体。

第十三条 省级中小企业主管部门负责对集群申报进行受理、初审和实地抽查，在符合认定标准（见附件）的基础上，择优推荐至工业和信息化部。

第十四条 工业和信息化部组织对省级中小企业主管部门推荐的集群申报材料进行复审（包括实地抽查），择优形成集群名单，经公示无异议的，确定为“中小企业特色产业集群”，并在工业和信息化部门户网站公布。

第四章 动态管理

第十五条 集群有效期为三年。有效期满后，由工业和信息化部组织开展复核工作，并考核集群三年发展规划目标完成情况，复核通过的有效期延长三年。

第十六条 省级中小企业主管部门加强对集群发展规划执行情况、目标进展、工作经验、问题与改进措施等进行持续跟踪，并组织集群于每年 4 月 30 日前填报集群上一年度有关工作开展情况，报送至工业和信息化部。工业和信息化部组织开展监督和考核，编制集群发展评估报告。

第十七条 已认定的中小企业特色产业集群如发生以下情形之一的，撤销其认定：

（一）有效期满未申请复核或经复核未通过的；

（二）发现虚假申报或存在违法违规行为的；

（三）未及时报送集群年度培育情况信息表，不接受、不配合监测监督工作的；

（四）集群发生主导产业、空间范围、运营管理机构变更等重大变动未及时更新报备的；

（五）集群企业发生较大及以上安全、质量和环境污染等事故，重大及以上网络安全事件和数据安全事件，以及偷税漏税、违法违规、严重失信和其他重大问题的行为。

第五章 附则

第十八条 本办法由工业和信息化部负责解释。

第十九条 本办法自 2022 年 9 月 13 日起实施。

工业和信息化部专业标准化技术委员会管理办法

（2022 年 12 月 30 日工业和信息化部令第 59 号公布，自 2023 年 2 月 1 日起施行）

第一章 总则

第一条 为了加强工业和信息化部专业标准化技术委员会管理，根据《中华人民共和国标准化法》等法律、行政法规，制定本办法。

第二条 工业和信息化部专业标准化技术委员会（以下简称标委会）的组建、运行、换届、调整、注销和监督管理等活动，适用本办法。

本办法所称标委会，是指由工业和信息化部组建，在工业和信息化相关专业领域内承担行业标准起草、技术审查等标准化工作的非法人技术组织。

第三条 工业和信息化部负责标委会的规划、组建和监督管理。

省、自治区、直辖市工业和信息化主管部门协助工业和信息化部管理本行政区域内的标委会，为标委会开展工作创造条件。

第四条 标委会开展工作应当遵循公平公正、开放透明、充分协商原则，在所属专业领域内承担下列工作职责：

（一）提出所属专业领域标准化工作的政策和措施建议，研究编制所属专业领域标准体系，管理下设的分技术委员会（以下简称分标委会）；

（二）根据行业管理实际和产业发展需求，提出所属专业领域制定、修订行业标准的项目建议，负责所属专业领域行业标准起草、技术审查、复审、修订，以及行业标准外文版的组织翻译和审查工作；

（三）组织开展所属专业领域国内外标准一致性比对分析，跟踪、研究相关领域国际标准化的发展趋势和工作动态；

（四）开展所属专业领域行业标准的宣传和培训，行业标准实施情况的评估和行业标准起草人员的培训等工作；

（五）受工业和信息化部委托承担归口行业标准的解释工作，并承担工业和信息化部交办的其他工作。

第五条 有关行业协会（联合会）和标准化专业机构等根据工业和信息化部委托，承担材料初审等工作。

第二章 组建

第六条 组建标委会，应当具备下列条件：

（一）涉及的专业领域为工业和信息化部管理领域，符合工业和信息化部标准化发展战略、规划要求；

（二）业务范围明晰，原则上与已有标委会的业务范围无明显交叉；

（三）标准体系框架明确，有较多的行业标准制定、修订工作需求；

（四）秘书处承担单位具备开展标准化工作的能力和本办法规定的条件。

第七条 标委会由委员组成，委员应当具有广泛性和代表性，人数不少于25名，其中主任委员1名，副主任委员一般不超过5名。来自同一单位的委员人数不得超过3名。主任委员和副主任委员一般不得来自同一单位。同一人不得同时在3个以上标委会担任委员。

第八条 委员应当具备下列条件：

（一）具有中级以上专业技术职称或者相对应的职务；

（二）熟悉本专业领域业务工作，具有较高理论水平、扎实的专业知识和丰富的实践经验；

（三）掌握标准化基础知识，热心标准化事业，能够积极参加标准化活动，认真履行委员职责和义务；

（四）在我国境内依法设立的法人组织中任职，并经任职单位推荐；

（五）标委会章程规定的其他条件。

第九条 主任委员和副主任委员除应当具备本办法第八条规定的条件外，还应当具备下列条件：

（一）本专业领域的技术专家；

（二）在本专业领域内享有较高声誉，具有影响力；

（三）具有高级以上专业技术职称或者相对应的职务；

（四）熟悉标委会管理程序和工作流程；

（五）能够公正履行职责，兼顾各方利益。

第十条 秘书处承担单位应当具备下列条件：

（一）在我国境内依法设立、具有法人资格的社会团体或者企业事业组织；

（二）有较强的技术实力和行业影响力；

（三）将秘书处工作纳入本单位工作计划和日常工作，并为秘书处开展工作提供必要的经费和办公条件；

（四）有标准化专职工作人员。

秘书处设秘书长1名，副秘书长一般不超过5名。秘书长和副秘书长由委员兼任，不得来自同一单位。秘书长一般由秘书处承担单位技术专家担任，应当具有较强的组织协调能力，熟悉本领域技术发展情况以及国内外标准化工作情况，具有连续3年以上标准化工作经历。

第十一条 省、自治区、直辖市工业和信息化主管部门、社会团体、企业事业组织等可以根据行业管理实际和产业发展需求，向工业和信息化部提出筹建标委会的申请，并提交筹建申请材料，说明组建标委会的必要性、可行性、业务范围、标准体系、国内外相关技术组织情况、秘书处承担单位有关情况等。

第十二条 工业和信息化部对筹建申请材料进行审查，满足组建条件的，将标委会的名称、业务范围、秘书处承担单位等材料向社会公开征求意见。

工业和信息化部对社会公众意见进行汇总、协调和处理。对没有不同意见或者相关意见已处理完毕的，工业和信息化部组织专家进行评审，根据评审意见，决定是否准予筹建。

第十三条 准予筹建的，秘书处承担单位应当在6个月内向工业和信息化部报送组建方案。组建方案包括下列材料：

（一）标委会基本信息表，标委会委员名单和委员登记表；

（二）标委会章程草案，内容包括工作原则、范围、任务、程序，秘书处职责，委员、顾问、观察员的条件和职责，经费管理制度等；

（三）秘书处工作细则草案，内容包括工作原则、秘书处工作人员条件和职责、会议制度、文件制度、档案制度、财务制度等；

（四）标准体系框架及标准体系表草案，秘书处承担单位的支持措施，近期工作计划等；

（五）工业和信息化部规定的其他材料。

不能如期报送组建方案的，应当在前款规定的期限届满

30日前向工业和信息化部提交延期组建申请。逾期未报送组建方案且未提交延期组建申请的，取消筹建。

第十四条 工业和信息化部对组建方案进行审查，审查通过后，将组建方案中的委员名单向社会公开征求意见。

工业和信息化部对社会公众意见进行汇总、协调和处理，对没有不同意见或者相关意见已处理完毕的，公告成立标委会。

第十五条 标委会组建分标委会的，应当具备下列条件：

（一）业务范围明晰，并在所属标委会业务范围内；

（二）标准体系框架明确，有具体的工作任务。

分标委会委员不少于15名，其中主任委员和秘书长各1名，副主任委员和副秘书长一般各不超过3名。

组建分标委会，应当由标委会表决通过后公开征集委员，制订组建方案并报送工业和信息化部。工业和信息化部按照本办法第十四条有关规定公告成立分标委会。

第十六条 新技术、新产业、新业态等领域暂不具备组建标委会或者分标委会条件的，工业和信息化部可以成立标准化工作组。

标准化工作组成立后，工业和信息化部适时组织评估。具备组建标委会或者分标委会条件的，按照本办法有关规定组建。

第十七条 标委会、分标委会、标准化工作组由工业和信息化部统一顺序编号，分别为MIIT/TC×××、MIIT/TC×××/SC××、MIIT/SWG×××。

第三章 运行

第十八条 标委会应当加强内部管理，规范组织建设，履行工作职责，接受社会监督。标委会应当每年向工业和信息化部报送年度工作报告。

第十九条 委员应当积极参加标委会活动，履行下列职责：

（一）提出行业标准制定、修订等方面的工作建议；

（二）按时参加行业标准技术审查和行业标准复审，按时参加标委会年会等工作会议，履行委员投票表决义务；

（三）监督主任委员、副主任委员、秘书长、副秘书长及秘书处的工作，监督标委会经费的使用，及时反馈标委会归口行业标准的实施情况；

（四）参与本专业领域国际标准化工作，参加工业和信息化部及标委会组织的培训；

（五）承担标委会职责范围内和标委会章程规定的相关工作。

委员享有表决权，有权获取标委会的资料和文件。

第二十条 主任委员负责标委会全面工作，负责签发会议决议、行业标准报批文件等标委会重要文件。主任委员可以委托副主任委员签发会议决议、行业标准报批文件等标委会重要文件。

第二十一条 秘书长负责秘书处日常工作，副秘书长协助秘书长开展工作。秘书处具体职责和工作制度由标委会章程和秘书处工作细则规定。秘书处由两个以上单位联合承担的，应当在秘书处工作细则中明确牵头承担单位及各自职责。

第二十二条 根据工作需要，标委会可以聘任顾问，设观察员和联络员。

顾问应当为本专业领域的专家学者，无表决权。观察员可以获得标委会的资料和文件，列席相关工作会议，发表意见、提出建议，无表决权。

鼓励专业领域关联的标委会联合开展跨行业跨领域标准制定。专业领域关联的标委会之间应当互派联络员，协调跨领域或者存在争议的问题。联络员可以获得其负责联络的标委会的资料和文件，列席相关工作会议，发表意见、提出建议，无表决权。联络员应当及时向所属标委会报告联络工作情况。

第二十三条 标委会每年至少召开一次年会，总结上年度工作，安排下年度计划，通报经费使用情况等。标委会可以根据需要不定期召开会议，研究处理相关工作。标委会召开会议，应当提前通知全体委员。

标委会日常工作的文件材料应当及时归档、妥善保管，保管期限不得少于5年。

第二十四条 下列事项由秘书处形成提案，提交标委会审议表决：

（一）标委会章程和秘书处工作细则，工作计划；

（二）所属专业领域标准体系表，行业标准制定、修订项目的立项建议，行业标准送审稿；

（三）标委会委员增补和调整建议，工作经费的预决算及执行情况；

（四）分标委会的组建、换届、调整、撤销、注销等事项，分标委会的决议；

（五）标委会章程规定应当审议的其他事项。

参加投票的委员不得少于委员总数的3/4。参加投票委员2/3以上赞成且反对意见不超过1/4的，方为通过。表决结果应当形成决议，由秘书处存档。

第二十五条 标委会印章由工业和信息化部制发，由标委会秘书处管理。标委会撤销、变更名称后，应当在5个工作日内将原印章交还至工业和信息化部。

标委会印章属于业务专用章，在开展所属专业领域标准化工作时使用，主要用于上报材料、请示工作、征求意见、召开会议、对外联络以及工业和信息化部规定的其他事项。印章使用应当经标委会主任委员或者其授权的副主任委员签字批准。标委会印章不得用于标委会职责范围以外事项。

第二十六条 标委会不得以营利为目的收取费用，不得采取摊派、有偿署名等方式收取不合理费用。行业标准制定、修订补助经费按照国家有关规定进行管理。

秘书处承担单位应当遵守国家有关财务制度，将标委会的工作经费纳入单位财务统一管理，单独核算，专款专用，每年向全体委员报告年度经费收支情况。

第四章 换届、调整、注销

第二十七条 标委会每届任期 5 年。标委会应当在任期届满 6 个月前公开征集委员，制定换届方案并报送工业和信息化部。工业和信息化部对换届方案进行审查，审查通过后将换届方案中的委员名单、秘书处承担单位等材料向社会公开征求意见。

工业和信息化部对社会公众意见进行汇总、协调和处理，对没有不同意见或者相关意见已处理完毕的，予以换届。

第二十八条 标委会任期内调整委员的，应当向工业和信息化部提出调整建议，工业和信息化部审查通过后予以调整。

涉及调整主任委员、秘书长，或者一次性调整委员人数超过委员总数 1/5 的，工业和信息化部还应当将审查通过的调整建议向社会公开征求意见。工业和信息化部对社会公众意见进行汇总、协调和处理，对没有不同意见或者相关意见已处理完毕的，予以调整。

第二十九条 标委会可以根据工作需要，向工业和信息化部提出调整名称、业务范围、秘书处承担单位或者注销标委会等建议。工业和信息化部审查通过后予以调整、注销。

第五章 监督管理

第三十条 工业和信息化部定期对标委会工作进行考核评估，并将考核评估结果向社会公开。

工业和信息化部对行业标准制定、修订补助经费使用情况进行监督检查。

第三十一条 标委会有下列情形之一的，由工业和信息化部责令限期整改：

（一）未按照计划完成行业标准制定、修订和复审任务，且无正当理由的；

（二）行业标准质量出现严重问题的；

（三）未按照本办法有关规定审议表决的；

（四）未按照规定使用和管理工作经费的；

（五）对分标委会管理不规范的；

（六）存在其他违法违规行为的。

整改期满后仍不满足要求的，工业和信息化部视情况对秘书处承担单位进行调整，对标委会进行重新组建或者撤销。

第三十二条 标委会有下列情形之一的，由工业和信息化部重新组建或者撤销：

（一）排斥相关方参与行业标准制定、修订活动，为相关方谋取不正当利益，或者有其他严重影响行业标准制定、修订工作公平公正开展的行为的；

（二）在工作中有弄虚作假行为的；

（三）长期无法正常开展工作的；

（四）存在其他重大违法违规行为的。

第三十三条 秘书处承担单位有下列情形之一的，由工业和信息化部对秘书处承担单位进行调整：

（一）因秘书处原因致使标委会无法正常开展工作的；

（二）利用工作便利为本单位或者相关方谋取不正当利益的；

（三）违反规定使用标委会经费，逾期未改正的；

（四）存在其他重大违法违规行为的。

第三十四条 委员有下列情形之一的，由标委会报工业和信息化部撤销委员资格：

（一）未履行本办法和标委会章程规定职责的；

（二）连续两次无故不参加标委会活动的；

（三）利用委员身份为本人或者他人谋取不正当利益的；

（四）对标委会工作造成不良影响的；

（五）存在其他重大违法违规行为的。

第三十五条 在标委会整改或者重新组建期间，工业和信息化部不为其安排行业标准制定、修订项目等任务。被撤销的标委会承担的相关标准化工作可以并入工业和信息化部指定的其他标委会。

第六章 附则

第三十六条 本办法第十二条第一款、第十四条第一款、第二十七条第一款、第二十八条第二款规定的向社会公开征求意见的期限，一般不少于 30 日。

本办法规定的材料式样，由工业和信息化部统一公布和调整。

除本办法另有规定外，分标委会和标准化工作组的工作职责、组建、运行、换届、调整、注销和监督管理等参照标委会相关规定执行。

第三十七条 本办法自 2023 年 2 月 1 日起施行。

上海市培育“元宇宙”新赛道行动方案（2022—2025 年）

（上海市人民政府，2022 年 7 月 8 日）

为着力强化新赛道布局，培育壮大发展新动能，更好助力上海国际数字之都建设，制订本行动方案。

一、总体要求

（一）基本原则

尊重规律、分步推进。把握“元宇宙”虚实映射、虚实交互、虚实融合的演进规律，重点加强前沿技术突破、前瞻领域布局，推动产业整体健康有序发展。

集成创新、联动发展。把握“元宇宙”群智赋能、跨界融合的基本特征，发挥“元宇宙”的叠加、倍增、放大效应，带动数字技术、数字产业实现跳变和跃迁。

价值引领、效果导向。把握“元宇宙”以虚促实、以虚强实的价值导向，立足提升实体经济生产效率、满足人民群众美好生活需要，推动经济高质量发展。

市场主导、政府引导。把握“元宇宙”需求牵引、市场驱动的发展逻辑，充分激发多元市场主体的想象力和创造力，共同营造良好发展生态。

包容审慎、防范风险。把握“元宇宙”在发展中规范、在规范中发展的治理要求，营造包容开放环境，建立相关规则体系，防范安全风险和行业乱象。

（二）主要目标

产业综合优势显著增强。到 2025 年，“元宇宙”相关产业规模达到 3500 亿元，带动全市软件和信息服务业规模超过 15000 亿元、电子信息制造业规模突破 5500 亿元。

创新主体活力竞相迸发。培育 10 家以上具有国际竞争力的创新型头部企业和“链主企业”，打造 100 家以上掌握核心技术、高能级高成长的“专精特新”企业。

示范赋能效应充分显现。围绕城市数字化转型，打造 50 个以上垂直场景融合赋能的创新示范应用，推出 100 个以上引领行业前沿的标杆性产品和服务。

产业发展生态持续完善。推动建设各具特色的“元宇宙”产业园区，打造一批创新服务平台，加快“元宇宙”产业人才育引，优化生态环境。

二、主要任务

（一）产业高地建设行动

1. 关键技术。突破关键前沿技术。聚焦空间计算、全息光场、五感提升、脑机接口等方向，突破人机交互瓶颈。加快微型有机发光显示（Micro-OLED）、微型发光显示（Micro-LED）等新型显示技术研发应用。聚焦光波导、光纤扫描等近眼显示技术和柔性、类肤等新材料，提升沉浸交互体验。提升计算平台效能，推动图形处理器（GPU）、专用集成电路（ASIC）、可编程逻辑阵列（FPGA）等计算芯片和 RISC-V 指令集架构芯片的研发。强化大尺寸图像压缩、实时图形渲染、资源动态调度等计算技术研发。加强算法创新与应用，加快对抗生成网络、超大规模预训练模型等技术在图形引擎、动态建模、数字孪生等领域的融合应用。

2. 基础设施。超前布局未来网络，加快推进“双千兆”网络建设，培育 5G+、6G、卫星互联网、Wi-Fi 7、IPv6 等未来网络生态。加大计算能力支撑力度，推动云边一体布局、算力自由调配、云端实时渲染的新型云计算和边缘计算平台发展，培育基于容器化、开发运维一体化等技术的云原生应用。加快发展人工智能即服务，依托大规模公共算力集群建设，全面推进人工智能产业化、规模化应用。发展区块链应用，探索 Web3.0 技术研发和生态化发展，推动分布式存储、可信认证、隐私计算、智能合约等融合应用。

3. 交互终端。加快发展虚拟现实终端，支持虚拟现实一体机、PC 虚拟现实设备等技术升级，面向娱乐社交、沉浸影音、教育培训等领域培育差异化终端产品。迭代升级增强现实终端，推动增强现实、混合现实终端向低功耗、小体积、大视角、可变景深方向发展，加强从底层到应用全链条布局，培育增强现实、混合现实消费级产品及行业级解决方案。着力突破全息显示及体感终端，支持浮空投影、裸眼 3D、空间成像等全息显示技术研发及产业化，推动体感设备向低成本、高性能演化。

4. 数字工具。发展关键基础软件，面向智能终端和云边协同设备，支持开发具备云端实时渲染、分布式内存计算、轻量级容器管理等功能的智能操作系统和中间件。突破数字生产工具，集中攻关三维图形图像引擎、数字建模、数字设计、数字人生成等“元宇宙”关键生产力工具，提升核心软件和行业平台供给能力。培育集成解决方案，围绕重点行业应用需求，着力发展城市信息模型、建筑信息建模、数字孪生、数字沙盘仿真等行业级解决方案。

（二）数字业态升级行动

5. 虚实交互新商业。加快推动数字会展，鼓励打造云上展厅、数字化展厅，提供无边界、沉浸式展示服务，促进多人同屏互动、在线社区、语音和动作实时交互，提升展览展示的参与感、体验感。发展全景导览服务，鼓励场馆打造虚拟全场景导览应用，提升室内导航、商业导购、泊车寻车体验。创新线上购物体验，融合沉浸式、数字人等技术，提升直播带货、虚拟购物体验，拓宽线下商业运营模式。

6. 虚实交互新教育。建设虚拟课堂，围绕教学实训、数字教室、空中课堂、素质教育等教学场景，探索多点协作教学、远程互动教学、课后效果评价等融合应用。研发新型教学产品，支持基于教育数字基座，研发各类数字孪生校园、虚拟现实课堂、数字教师。赋能职业培训，鼓励面向医疗、生产、安防、运维、建筑等领域，以扩展现实技术开展职业技能培训和仿真实践。

7. 虚实交互新文旅。开发元旅上海新模式，运用数字人讲解、增强现实导览等技术，围绕历史文化风貌区、博物馆、艺术馆、游乐园等地标性建筑和景点，拓展全景旅游等新模式。促进虚拟演艺赛事发展，引导全息投影、体感交互等技术与赛事、演唱会、音乐会等结合，打造沉浸式“云现场”，升级传统演艺赛事体验。

8. 虚实交互新娱乐。发展元游戏，支持运用云渲染、人工智能、区块链等技术，研发制作可编程、再开发类游戏产品；着力培育一批品牌号召力强、具备国际竞争力的原创元游戏。培育元社交，鼓励发展具备实时互动、多人参与、沉浸体验的新型社交平台；支持虚拟形象、数字空间、数字创作等社交工具研发和产业化。赋能影音制作，鼓励运用虚拟实景搭建、特效实时渲染、空间声学仿真等技术，提升电影、电视、动漫、音乐等行业生产效率。

（三）模式融合赋能行动

9. 虚实融合智能制造。打造数字孪生工厂，支持建设高精度、可交互的虚拟映射空间，对工业制造全环节进行建模仿真、沙盘推演，实现各环节协同和生产流程再造。推广生产协作工具，支持集成扩展现实、多维仿真等技术的虚拟生产协作平台在工业制造领域的应用，实现产品仿真设计、测试验证和优化、运维巡检、远程维修、资产管理等方面的应用。

10. 虚实融合医疗健康。鼓励元诊疗，建设医疗三维辅助诊疗平台，优化术前规划与术中导航等解决方案；推广基于扩展现实的心理疾病“数字疗法”和沉浸式远程康复应用。赋能医学研究，支持运用增强现实、虚拟现实等技术在视觉诊疗、近视防治等领域开展临床研究；鼓励结合微观三维成像、分子模拟等技术，在新药研制、病理研究等领域实现突破。

11. 虚实融合协同办公。培育无边界办公平台，鼓励运用虚拟化身、场景交互、空间渲染等技术研发虚拟办公平台，实现文档、设计、数据实时协同。发展元会议室，打造体验更真实、互动更便捷的数字办公新空间，满足不同场景混合办公需求。鼓励线上会议向多维化、场景化、规模化发展。

12. 虚实融合数字城市。建立城市数字沙盘，推进城市数字孪生体建设，加快虚拟空间和现实世界的全面连接和高度协同，提升城市治理科学性。强化风险应急管理，鼓励利用“元宇宙”技术对城市风险进行高精度动态模拟与实时持续监测，提升城市应急处置能力。提供智能化政务服务，建设虚拟综合办事大厅，开发场景式服务导航。打造数字人办事窗口，实现 24 小时在岗服务，提升办事体验。

（四）创新生态培育行动

13. 创作者经济。加强 IP 培育与保护，做优做强动画动漫、影视影音、网络文学、潮流周边、游戏电竞等原创品牌，加强数字产品、数字创意知识产权保护。培育创作者群体，推动创作主体集聚，支持发展专业用户生产内容（PUGC）、职业生产内容（OGC）、多频道网络（MCN）等生产新模式。

14. 数据流通要素。培育数据产品和服务，壮大一批具有核心技术的“数商”龙头企业，引育一批具有市场影响力的数据交易主体和平台，深化公共数据开放，健全数据产业生态。完善数据要素市场，深化上海数据交易所建设，建立数据要素的价值体系和发现机制，构建数据定价、分配、监管等市场运行规则，推动数据要素有序流动。

15. 标准规则体系。加快标准制定，支持企业、科研机构参与国内外标准制定，聚焦数据、接口、平台、代码，完善相关标准和连接协议，实现标准的通用性和一致性。完善行业规范，加强近眼显示、终端产品对健康影响的研究，完善检验检测标准；探索虚拟数字身份和价值体系构成，研究数字身份、数字资产的跨界流通。

三、重点工程

（一）“元宇宙”关键技术突破工程

聚焦未来网络、智能硬件、终端系统级芯片、元器件、核心软件等重点方向，组织开展联合攻关和揭榜挂帅。鼓励在沪国家实验室和科研机构加大投入力度，力争形成一批具有引领性的基础理论成果。支持领军企业研制 3D 建模、计算机辅助设计、图形图像引擎等框架工具，以开源开放为导向，逐步扩大开发者群体。推进“东数西算”枢纽节点建设，打造一批国家级绿色数据中心集群。

（二）数字 IP 市场培育工程

在上海数据交易所试点开设数字资产交易板块，培育健全数字资产要素市场，推动数字创意产业规范发展。逐步完善数字资产、数字艺术品、数字影视版权等合规交易机制，加强风险监管，探索数字人民币应用。探索建立多方参与、互联互通的数字创意联盟链体系。支持原创内容平台、交易平台及艺术家参与全球数字艺术品创制交易及国际标准制定。

（三）工业“元宇宙”标杆示范工程

聚焦航空、汽车、核电、生物医药等领域，培育一批市级“元宇宙＋工业互联网”试点示范场景。支持企业建设基于多维感知、实时逆向建模等技术的智能制造孪生平台。推动高校、科研机构、企业共同打造产学研用协同创新平台。研究工业领域“元宇宙”标准规则，推动数据、协议、规则统一，实现互联互通。

（四）数字人全方位提升工程

着力突破高速动态建模、人体驱动框架、高精度数字场景创建等关键技术，推动数字人的采集、制作流程逐步简单化、一体化、自动化。支持运用计算机视觉、自然语言处理等人工智能技术，改善人机智能交互体验。加强供需对接，促进数字人在数字营销、在线培训、电商直播、影音娱乐、服务咨询等多场景的应用。

（五）数字孪生空间建设工程

培育城市数字空间运营商，整合公共地理空间数据采集、运营、管理，逐步完成城市基础设施数字孪生工程。鼓励社会力量通过市场化运作，开展场景级、部件级城市数字空间运营。聚焦城市观光、医疗协作、教育共享、交通运输等领域，推动长三角区域合作开发跨空间、沉浸式应用。探索形成统一开放的数据接口、底层平台和连接标准，推动各类物联感知数据实时接入。

（六）行业龙头企业引育工程

聚焦关键技术、基础设施、智能终端、数字工具和集成应用等领域，培育一批拥有自主知识产权的“硬核”科技企业。着力吸引一批新型头部企业和行业领军企业来沪发展。开放城市数字化转型典型场景，集聚一批综合集成能力强、产业链上下游话语权大的“链主企业”。鼓励运用“元宇宙”技术，创新招商引资和投资服务模式。

（七）产业创新载体培育工程

在关键技术领先、行业应用丰富、领军企业集聚的区域，布局一批市级“元宇宙”产业创新园，升级一批市级特色产业园区，加快推进园区周边交通设施、人才公寓、生活服务设施配套等建设。支持企业、科研机构等联合成立“元宇宙”行业组织、公共服务平台及人才培养基地。鼓励本市高校发挥学科融合优势和科研引领作用，建设“元宇宙”技术应用研究中心。

（八）数字空间风险治理工程

加强未来网络、云边计算、智能交互终端及数字基础设施的内生安全，保障海量数据的存储、传输和使用。强化“元宇宙”领域法治建设，在数字成瘾、内容安全、个人隐私等方面推动研究相关法律法规。加强市场监管，夯实“元宇宙”数字空间平台主体责任。打击违法违规活动，防范金融领域过度投机、恶意炒作等现象。

四、保障措施

（一）强化组织领导

依托上海市数字化转型工作领导小组，围绕“元宇宙”产业发展遇到的问题瓶颈，加大整体推进和综合协调力度，实现跨区域、跨部门、跨层级协同联动。成立“元宇宙”产业发展专家咨询委员会。建立企业联系制度，加强“元宇宙”行业运行监测和统计分析。

（二）加强资金保障

发挥各类专项资金作用，加大对“元宇宙”关键技术、重点工程和产业发展的保障力度，依法依规综合利用投资补助、贴息等手段，支持技术研发和科研成果转化。发挥政府投资基金作用，引导社会资本支持“元宇宙”产业发展。设立“元宇宙”新赛道产业基金。支持符合条件的“元宇宙”创新企业依法依规在境内外上市。

（三）加快人才育引

按照重点产业人才相关规定实施人才奖励，鼓励“元宇宙”相关高层次人才、技术人才、创作人才等在沪创业就业。用足用好应届毕业生落户以及外籍人才永久居留等政策，加大领军和青年人才引进力度。支持高校增设“元宇宙”关联学科，推进产学研用主体联合开展技能培训。

（四）打响品牌特色

加大对创新企业、产品、服务、平台及标杆应用的总结宣传力度，提高上海“元宇宙”相关品牌知名度。用好中国国际进口博览会、世界人工智能大会、中国国际工业博览会、购物节等平台，加大“元宇宙”产品和服务的全球推介力度。鼓励本市企业、行业组织等积极筹划、参与国内外“元宇宙”论坛会议。

（五）推进开放合作

聚焦软件、人工智能等“元宇宙”相关领域，打造一批自主可控的开源社区和开源产品。加强国际交流，鼓励“元宇宙”相关的国际组织、产业联盟等机构落沪。整合利用国际研发资源，引导“元宇宙”领军企业在本市国际创新资源高度密集的地区设立研发机构。

上海市瞄准新赛道促进绿色低碳产业发展行动方案（2022—2025年）

（上海市人民政府，2022 年 7 月 11 日）

为更好服务国家碳达峰、碳中和战略，发挥上海绿色低碳产业基础优势，培育产业发展新动能，制订本行动方案。

一、总体要求

（一）基本原则

能源清洁化。进一步提升太阳能、风能、海洋能、地热能等可再生能源以及核能、氢能等清洁能源的比重，拓展氨能等潜在替代能源利用。

原料低碳化。加快石化化工和钢铁等重点行业低碳原料替代，石化行业提高天然气、轻烃、生物质等原料比例，钢铁行业提高废钢比，推进冶炼过程以氢代碳。

材料功能化。推进材料轻量化、高强化、功能化，支撑新能源装备转换效率提升，推动新能源、节能环保等领域关键材料量产应用。

过程高效化。推动电机、制冷、水泵、空压机等用能系统改造提升，优化电力、钢铁、化工等重点行业生产工艺，推进数据中心新技术应用。

终端电气化。以电气化、智能化为导向，推动终端能源消费方式升级，提高工业、建筑、交通等领域电气化水平。

资源循环化。提升再生资源利用水平，推广以二氧化碳为原料的工艺技术，加大废旧动力电池梯级利用和城市废弃物协同处置力度。

（二）主要目标

产业规模快速增长。到 2025 年，绿色低碳产业规模突破 5000 亿元，基本形成 2 个千亿、5 个百亿、若干个十亿级产业集群发展格局。

创新能力稳步提升。围绕“新技术、新工艺、新材料、新装备、新能源”，力争培育 10 家市级以上制造业创新中心和企业技术中心，5 家研发和检验检测验证平台，5 家大型企业研究院和新型研发机构。一批前瞻技术和关键核心技术取得突破，工艺水平显著提升。

市场主体逐步壮大。推进“十百千”工程，培育 10 家以上绿色低碳龙头企业，100 家以上核心企业和 1000 家以上特色企业，创建 200 家以上绿色制造示范单位。

园区体系健全完善。围绕氢能、高端能源装备、低碳冶金、绿色材料、节能环保、碳捕集利用与封存（CCUS）等领域，力争打造 5 家特色产业园区，加快培育若干家特色园区或精品微园。

二、绿色低碳产业培育行动

（一）聚焦产业高端，领跑优势赛道

1. 前沿技术。支持企业持续开展低碳／零碳／负碳基础性研究，加大颠覆性生产工艺与替代产品创新力度。开展电力多元转换、人工光合作用、变革性二氧化碳利用、非二氧化碳温室气体减排等技术的研究。加快新一代核能技术、新型高效硅基光伏电池等超高效光伏／光热技术、深远海漂浮式风电场、潮汐能等关键技术和核心装备的突破。开展机械储能、电化学储能等的研究。

2. 高端装备。推动重型燃气轮机关键部件和服务技术的开发应用。加快先进核能系统和自主核能设备攻关，形成三代、四代核电设备部件的稳定制造能力。推进风电驱动、叶片等核心部件攻关，加快风电模块化设计，形成成本竞争优势。探索发动机关键零部件、汽车、高端医疗设备等再制造业务，形成汽车零部件、工程机械等再制造企业集聚优势。

3. 极致能效。推动重点用能行业技术装备创新和应用推广，电力行业加快复制推广超低煤耗发电技术；石化化工行业加强工艺余热、余压回收和能量梯级利用；推进数据中心利用液冷、人工智能运维等技术降低电源使用效率值（PUE）。推广磁悬浮制冷机、永磁空压机、高温高效热泵等高效设备。推动数字化改造升级，引导企业建立能源管理中心，推进能源领域工业软件开发。推广节能“一站式”综合服务、环境污染第三方治理、环境托管服务等新模式。

4. 低碳冶金。支持企业攻坚富氢碳循环高炉、氢基竖炉等工艺。做强绿色精品钢，巩固高能效硅钢、核电用钢、高温合金等产品技术优势，突破新能源汽车驱动电机和电池用钢、高能效变压器核心软磁材料等技术。培育低碳冶金产业生态，形成以氢能、新材料、智慧制造工艺装备和循环经济等为主导的钢铁相关绿色低碳产业。

（二）推动集群发展，拓宽并跑赛道

5. 新能源汽车。构建关键零部件技术和产品供给体系，加快动力电池关键技术突破，推进驱动电机及控制系统集成化、高密度化、智能化发展。发挥新能源整车龙头企业拉动效应，吸引一批关键零部件“独角兽”企业。发展退役动力电池循环利用产业，建设本市动力电池全产业链溯源和管理回收利用网络体系，促进动力电池循环利用技术、工艺、装备、产业集聚发展。

6. 氢能产业。支持燃料电池重型卡车、公交客车、冷链物流车等多场景、多领域商业性示范应用，带动燃料电池系统、核心零部件等上游产业链发展。充分利用工业副产氢资源，在金山、宝山打造氢气主要供应基地；在临港、嘉定和青浦建设产业实践区，丰富应用场景；开展兆瓦级风力、光伏等新能源电解水制氢集成及应用示范，开展“氨—氢”绿色能源应用试点。突破高能效氢燃料电池系统、长寿命电堆、膜电极、质子交换膜等关键技术。推动高压供氢加氢设备、70兆帕储氢瓶等多重储运技术的应用。

（三）拓展应用场景，抢占新兴赛道

7. 绿色材料。推动低成本大丝束碳纤维量产、T800级以上高强高模碳纤维工业化突破、碳纤维专用树脂技术攻关，探索碳纤维在新型碳芯节能导线、储氢容器等领域的应用。推广高温超导电缆，支持高温超导技术在核聚变等领域的应用。开展光催化在污染治理等领域的研究和应用。发展低碳化工，推进天然气和二氧化碳制备合成气、轻烃裂解技术的应用示范。

8. 碳交易和碳金融。依托全国碳交易系统，丰富市场交易主体，引入碳交易信用保证保险，建立碳普惠机制，引导企业不断提升碳资产管理能力；建立和完善碳交易标准规则体系。重点发展碳基金、碳债券、碳质押、碳保险等金融产品。鼓励发展重大节能低碳环保装备融资租赁业务。规范发展供应链金融产品，有序推进碳金融衍生品创新。

（四）加强集成创新，实现弯道超车

9. 碳捕集及应用。推进新一代相变型二氧化碳捕集技术应用，突破溶剂损耗、再生热耗等关键指标，降低捕集成本。加快二氧化碳生物、化工、材料、矿化等转化技术研究，推进二氧化碳制碳纳米管等高值化学品的产业化试点，开展万吨级二氧化碳捕集及制甲醇示范。推动碳捕集利用与封存（CCUS）应用场景向化工、钢铁等其他行业拓展，加快与储能、氢能等技术的集成发展。

10. 智能电网。加快布设新能源终端和智能电网设施，发挥新能源微电网、智慧减碳虚拟电厂等项目示范作用，推动光储直柔等智能电网应用。推进智能电网与分布式能源装备向高压化、智能化发展，开展大容量长寿命安全电池、固态电池等储能装置应用。做强智慧能源服务，推动光伏储能微电网技术、电池人工智能技术、锂电池储能系统、直流微电网系统的应用。

三、特色园区升级行动

（一）以集聚发展为目标，加快建设氢能示范实践区

推进嘉定氢能港建设，形成关键零部件、系统、整车等产业集聚，建立氢燃料电池汽车计量测试国家级平台，构建氢燃料电池汽车全产业链，打造基础设施完善的燃料电池汽车产业生态。依托临港国际氢能谷，聚焦燃料电池整车、重型燃气轮机、航空发动机制造，加快制氢储氢加氢一体化站建设，开展电解水设备的产业化和先行先试，开展氢能在交通、能源、建筑等领域的综合利用试点示范。

（二）以高端发展为动力，全面建设“临港动力之城”

加快临港新片区全动力领域发展，打造航空、航天、汽车、海洋、能源“空天陆海能”动力集群。加快产业链关键环节布局，发展高端动力关键零部件及成套装备的研发设计、生产制造、维修服务等高附加值环节。加快核心装备产品研制，推进高性能航空发动机、重型燃气轮机等研发及产业化。

（三）以创新发展为方向，加快建设“宝武（上海）碳中和产业园”

依托相关企业、专业机构和产业联盟，聚焦富氢碳循环高炉、氢基竖炉等技术攻关，打造碳中和特色产业集聚先导示范，引进世界500强研发机构和业务板块，建立低碳减碳研发转化平台，吸引“专精特新”企业，引入多元化社会资本。

（四）以低碳氢源+新材料为核心，加快建设“上海化工区绿色低碳示范园”

在上海化工区形成多元化氢源供给模式，加大副产氢利用，开展沼气制氢，探索风能等可再生能源电解制氢。围绕打造上海国际化工新材料创新中心，加快轻质高强材料、新能源材料、氢气储运材料、燃料电池材料以及二氧化碳资源化技术的孵化和应用。推进天然气、轻烃代替煤和石油制化工原料应用，鼓励企业提高生物基、废物基原料比例。

（五）以梯次推进为路径，培育建设若干个潜力园区

布局一批潜力园区，加大培育提升力度，推动其成为特色园区或精品微园。碳捕集利用示范园开展新一代二氧化碳捕集等技术攻关，推动二氧化碳制碳纳米管及复合材料等示范。青浦氢能经济生态园构建氢能汽车产业链。临港再制造

产业园发展汽车零部件、工程机械、医疗器械、燃气轮机等装备再制造。长兴低碳创新产业园推动潮汐能发电技术研发、LNG 船生产制造，发展绿色海洋装备和绿色交通产业。推动碳中和创新技术平台建设，发挥本市各类科创平台作用，加大产学研用合作力度，推进共性技术攻关和成果转化。

四、产业生态完善行动

（一）打造科技创新高地

发挥高校院所原始创新作用，围绕共性技术、前沿技术和颠覆性技术，加大科研攻关力度，打造碳捕集利用封存技术研究中心、低碳冶金技术创新中心等平台。发挥企业创新主体作用，加强产学研用合作，提高成果转化率。促进科技创新与实体经济深度融合，发挥制造业创新中心等功能平台作用。

（二）促进产业链协同发展

发挥龙头企业带动作用，提升中小企业专业化协作和配套能力。支持企业深耕全国碳中和市场，以先进技术和专业服务提升市场占有率。打造一批绿色供应链，鼓励核心企业带动链上企业高端化、绿色化发展。建设一批检验、检测、评估和认证服务平台，促进行业健康规范发展。

（三）推进标准体系建设

推进制定达到国内领先、国际先进水平的标准，构建上海绿色低碳标准体系。鼓励领军企业带动上下游配套中小企业共同开展标准化工作，探索组建产业链标准化联盟。

五、保障措施

（一）强化统筹协作

市各相关部门加强协同配合，形成工作合力。各区、各园区落实产业发展各项政策措施，保障项目实施要素供给。鼓励企业、行业组织、研究机构等在技术攻关、产品研发、标准制定、应用示范等方面加强合作。

（二）加大相关政策支持力度

构建支持本市绿色低碳产业发展的政策体系，聚焦成果转化、场景应用和项目落地过程中的瓶颈问题，开展先行先试。落实国家绿色低碳发展政策，综合运用财政、金融、投资、土地等政策，充分利用国家和本市节能减排、促进产业高质量发展、战略性新兴产业等专项资金，支持本市绿色低碳技术突破、产业发展和特色园区建设。

（三）加快人才队伍建设

加大绿色低碳产业人才的引进和培养力度，形成分层次、多渠道的人才培养体系。引进具有国际化创新力和领导力的复合型人才，通过产业菁英高层次人才选拔，遴选一批领军人才和青年英才，发挥高校和科研院所在培养优秀创新人才方面的作用和优势，扩大行业队伍。

（四）加深国际国内合作

依托长三角一体化高质量发展，深入推进与国内相关地区在绿色低碳发展方面的合作。充分利用上海对外开放的窗口、桥梁优势，更好发挥自贸试验区、临港新片区、虹桥国际开放枢纽的功能优势，强化在绿色技术创新、绿色金融、应对气候变化等方面的国际合作。

（五）加强绿色低碳引导

以全国节能宣传周、低碳日、碳博会等为契机，传播绿色低碳发展理念。通过专题论坛、技术展示、交流会等多层次、多形式的宣传，为绿色低碳产业发展营造良好氛围。推广应用绿色低碳技术和产品，促进绿色低碳消费。

上海市促进智能终端产业高质量发展行动方案（2022—2025 年）

（上海市人民政府，2022 年 7 月 15 日）

为全力培育上海产业高端转型新动能，促进智能终端产业带动实体经济和数字经济发展，制定本行动方案。

一、总体要求

（一）基本原则

以品牌塑造强动能。突出品牌的关键作用，充分发挥现有优势品牌的影响力，实现外延式发展。加大对新品牌的培育扶持力度，打造代表“上海制造”水平、家喻户晓的智能终端品牌。

以体系构建优动能。抓住智能终端互联互通、高度融合的发展趋势，构建更有韧性的产业体系，强化产业链供应链协同，促进跨领域融通。不断完善产业生态体系，优化供给模式和发展动能。

展趋势，结合本市产业优势和发展基础，通过加大政策支持、建设创新体系、推动集群发展等方式，促进基础硬件、关键软件、智能产品等方面高质量发展。

第四十条 本市支持相关主体开展基于先进架构的高效能智能芯片设计创新，研制云端芯片和云端智能服务器，布局类脑芯片，强化软硬件协同适配，支持联合建设研发测试和应用平台，加强技术协同和芯片架构互联互通，提升智能芯片产品和技术竞争力，培育智能芯片应用生态体系。

市发展改革、经济信息化部门应当推动自主技术智能芯片在算力基础设施等重大项目中的应用。

第四十一条 本市支持相关主体加强人工智能框架软件的研发和应用，研制引擎框架工具体系，深化人工智能框架与平台应用，强化人工智能框架软件和芯片等硬件相互适配、性能优化和应用推广。

本市支持相关主体开发人工智能系统软件，开发推广机器自我学习系统，鼓励相关主体开发面向智能产品的操作系统，促进各类应用功能开发。

第四十二条 本市推动智能机器人软硬件系统标准化和模块化建设，支持培育智能机器人系统集成商，鼓励相关企业、产品使用方与金融机构采用产品租赁、服务采购等方式，拓展智能机器人应用场景。

市经济信息化、市场监管部门应当推动行业组织制定机器人智能化水平分级、应用安全测试等标准，引导智能机器人技术迭代，保障智能机器人的信息安全和使用安全。

第四十三条 本市支持开展智能网联汽车关键技术、操作系统、专属芯片和核心零部件的自主研发和产业应用。

本市支持相关主体根据有关规定，在本市公路（含高速公路）、城市道路（含城市快速路）以及特定区域范围内开展智能网联汽车测试、示范应用和示范运营。具体规定由市经济信息化、交通、公安等部门制定。

第四十四条 本市鼓励无人机产业发展，支持建设民用无人驾驶航空试验基地（试验区）、无人机起降点及通用机场、无人机运行管理服务平台，加强多部门协同监管，通过运行管理服务平台提供航路航线规划、电子围栏设置等服务，支持拓展无人机应用场景。

本市鼓励无人船产业发展，完善无人船电子航道测绘、智能航运通信等保障体系，在特定区域开展无人船航道测试。

第四十五条 本市支持相关主体开展人工智能医疗器械关键技术研发，在智能辅助诊断算法、手术定位导航、融合脑机接口等方面加强攻关突破；加强人工智能医疗器械注册审批相关指导服务，支持相关创新产品进入国家创新医疗器械特别审批程序；支持探索符合条件的人工智能医疗器械在临床应用中的收费模式。

第四章 应用赋能

第一节 一般规定

第四十六条 本市推动人工智能在经济、生活、城市治理等领域的规模化应用，加快数字化转型，鼓励各相关组织采用产品租赁、服务采购、系统集成、融资租赁等方式，利用人工智能技术和产品开展研发、制造、服务、管理等业务。

市经济信息化部门应当会同相关部门制订并定期更新人工智能示范应用清单，指导有关方面加强人工智能在经济、生活、城市治理等领域的应用。

本市国家机关、事业单位、国有企业和其他法律、法规授权的具有管理公共事务职能的组织应当率先落实人工智能示范应用清单，根据需要优化采购制度，健全交易机制，采购和使用安全、可靠的人工智能相关产品和服务。

第四十七条 本市推广人工智能领域创新产品和服务应用。对于符合条件的新产品和首发应用，按照相关政策给予支持。政府采购的采购人经依法批准，可以通过非公开招标方式，采购达到公开招标数额标准的创新产品。

市经济信息化部门会同市科技等部门将符合条件的人工智能产品和服务纳入本市创新产品推荐目录。

第四十八条 本市建立人工智能应用场景开放制度。市经济信息化部门应当建立完善相关激励机制，定期征集和发布应用场景需求和示范解决方案清单，搭建真实场景测试环境，促进场景培育、发现、实施和示范性场景推广。

参与人工智能应用的相关主体应当推动应用场景优化升级与持续运营。鼓励第三方服务机构、金融机构等多元主体参与人工智能场景建设和运营。

第四十九条 市有关部门应当组织行业组织等制定人工智能的应用成效评估方法，建立人工智能产品和应用的智能化水平评价机制，探索评估人工智能产品和应用的社会综合影响，推动人工智能深度应用与持续创新。

第五十条 浦东新区应当发挥人工智能创新应用先导区的作用，开展人工智能领域制度创新试点，加快人工智能、集成电路、生物医药等先导产业互促发展。

浦东新区应当探索建立算力、算法模型、高质量数据集等人工智能资产评估体系，推动相关行业组织等制定人工智能资产评估导则，构建人工智能资产评估指标，支持相关机构在浦东新区开展人工智能资产评估。

市有关部门和浦东新区人民政府根据国家和本市有关规定，在智能网联汽车商业化运营、人工智能医疗器械和人工智能辅助药物研发的技术攻关、无人机和无人船的测试与运营等领域加大创新试点力度。

第二节 经济应用

第五十一条 本市推动人工智能、信息技术与制造业深度融合创新，推动智能制造关键技术装备、核心支撑软件、工业互联网等系统集成应用。支持企业通过促进产业高质量发展专项政策开展技术改造升级，促进制造业数字化、智能化转型。

第五十二条 本市推动人工智能、大数据与金融业深度融合，推动金融业提升金融多媒体数据处理和理解能力，促进金融业智能化转型，开展智能金融产品和服务创新。

本市支持金融机构等市场主体应用智能投资顾问、智能客户服务、智能风险控制等人工智能技术和装备，提升金融风险智能预警和防控能力。

第五十三条 市有关部门支持企业应用基于人工智能的新型商务服务和决策系统，鼓励企业在商务领域开发应用跨媒体分析与推理、知识计算引擎等新技术，促进商务智能化转型。

第五十四条 市有关部门应当采取措施，促进货物管理、运输服务、场站设施等数字智能化升级，支持企业研发和推广应用智能化装卸搬运、分拣包装、加工配送等新兴智能物流装备，提升物流环节自动化、智能化水平。

第三节 生活应用

第五十五条 本市鼓励人工智能技术在互联网中的应用，推动人工智能提升信息搜索的匹配与可预测，拓展社交中的内容生产与人际交互方式，促进电子商务线上线下融合发展。

第五十六条 本市推动人工智能常态化融入教学、管理、资源建设等全流程应用，建立与智能时代相匹配的新型现代教育体系和创新人才培养体系；构建数字孪生学校，探索数字化实验、实训、场馆等应用建设；探索应用人工智能技术丰富教育资源供给，建设智能化开放教育资源平台。

本市鼓励教育机构、企业等在多种学习场景中提供智能化、精准化、个性化服务，助力智能教育生态环境建设。

第五十七条 本市推动人工智能在医疗领域应用创新，构建智能医疗基础设施，建立人工智能赋能医疗服务新模式，提升医疗技术创新能力，促进医疗领域智能化转型；支持医疗机构、企业等应用、开发人机协同的智能医疗系统，鼓励开发柔性可穿戴、生物兼容的智能生理监测系统。

第五十八条 本市推动人工智能应用提高城市养老品质，加大对城市养老基础设施智能化改造升级；鼓励相关主体采用人工智能技术、智能终端、数字化平台等，提供养老便民服务；鼓励相关主体开发智能化、适老化养老产品和服务。

第四节 城市治理应用

第五十九条 本市推动人工智能应用提升城市治理能力现代化水平，在政府信息化系统建设等方面加大人工智能技术的应用和投入。

本市加强政务服务“一网通办”和城市运行“一网统管”的融合建设，开发适用于政务服务和决策的人工智能平台，创新应用人工智能技术，对城市运行状态加强动态、智能、精准监测。

第六十条 本市加强智能化城市基础设施建设，推动视频图像、监测传感、控制执行等智能终端的科学部署，加强人工智能技术与物联网的应用融合，支持实现物理城市与数字城市的精准交互。

第六十一条 本市建设城市运行智能中枢，建立分布式、多中心城市数据中枢体系，推动实现跨部门、跨行业、跨地域的数据协同、技术协同、业务协同，鼓励开发面向数字城市不同应用场景的人工智能解决方案，建设城市数字孪生平台。

第六十二条 本市在城市治理中全面推进人工智能场景应用，围绕社区治理、公共安全、交通管理、应急管理、市场监管、生态环境保护、规划建设以及建筑玻璃幕墙管理等领域，深化人工智能全面应用，提升城市整体运行和决策效率，提高公共卫生等突发事件预防和应急处置能力。

第六十三条 本市支持建设智慧司法系统，整合数据应用、司法公开和动态跟踪等功能，促进人工智能在案件分流、证据收集、案例分析、法律文件阅读与分析等方面的应用，提升司法系统智能化水平。

第五章 产业治理与安全

第六十四条 本市坚持总体国家安全观，统筹人工智能产业发展与安全，保障产业链供应链安全。相关部门应当依法对人工智能应用开展安全检查和监管。

第六十五条 市人民政府及有关部门应当针对人工智能新技术、新产业、新业态、新模式，顺应人工智能快速迭代的特点，制定、修改或者废止相应的监管规则和标准，探索分级治理和沙盒监管，激发各类主体创新活力，拓展人工智能发展空间。

对高风险的人工智能产品和服务实行清单式管理，遵循必要、正当、可控等原则进行合规审查。对中低风险的人工智能产品和服务采用事前披露和事后控制的治理模式，促进先行先试。具体办法由市人民政府另行制定。

市有关部门可以就人工智能产业发展过程中的轻微违法行为等制定依法不予行政处罚清单，通过批评教育、指导约谈等措施促进公民、法人和其他组织依法合规开展生产经营活动。

第六十六条　本市设立人工智能伦理专家委员会，履行下列职责：

（一）组织制定人工智能领域伦理规范指南；

（二）指导高等学校、科研机构、企业和相关行业组织等开展人工智能领域伦理理论研究和探索，推动参与国内外人工智能领域伦理重大问题研讨和规范制定；

（三）推动人工智能企业探索建立伦理安全治理制度；

（四）对涉及生命健康、公共安全等重点领域人工智能应用的潜在风险开展评估；

（五）开展人工智能领域伦理咨询活动，为相关部门提供决策咨询服务；

（六）开展人工智能领域伦理安全教育和宣传。

第六十七条　相关主体开展人工智能研发和应用，应当遵守法律、法规规定，增强伦理意识，并不得从事下列行为：

（一）提供危害国家安全或者社会公共安全的产品和服务；

（二）提供危害用户人身或者财产安全、侵害个人隐私或者个人信息权益的产品和服务；

（三）提供因民族、种族、性别、年龄、职业和宗教信仰等歧视用户的产品和服务；

（四）利用算法技术实施价格歧视或者消费欺诈等侵害消费者权益的行为，实施垄断或者不正当竞争等行为；

（五）利用深度合成技术实施国家禁止的行为；

（六）其他违反有关法律、法规和公序良俗的行为。

第六十八条　利用生物识别技术提供服务的主体以及提供技术支持的主体（以下简称生物识别服务提供者），应当采取安全可控的技术保障措施，建立健全算法管理制度。市网信等部门应当对生物识别信息加强监管，监督指导生物识别服务提供者提供相关服务。

第六十九条　用人单位在使用人工智能技术辅助劳动纪律管理、劳动者工作调度、招聘和晋升决策等应用中，应当符合法律、法规和伦理规范，不得设置歧视性条件，保护劳动者合法权益。

第七十条　本市加强人工智能在教育、医疗、养老、抚幼、助残等领域的应用，提升老年人、残疾人、妇女、未成年人等特殊群体的生活品质。提供智能化公共服务的，应当充分考虑老年人、残疾人、妇女、未成年人等特殊群体需求，设置必要的替代方案。

第六章　附则

第七十一条　本条例所指的人工智能技术是国务院《新一代人工智能发展规划》列明的人工智能技术，包括机器学习、知识图谱、自然语言处理、计算机视觉、人机交互、生物特征识别、虚拟现实（增强现实）等关键技术。

第七十二条　本条例自 2022 年 10 月 1 日起施行。审查规范性文件、合同、框架协议、公平竞争审查等文件；积极发挥法律顾问在重要文件审核，行政决策咨询、疑难案件审理、文件合规性审核等方面的作用。

上海市推进高端制造业发展的若干措施

（上海市人民政府办公厅，2022 年 9 月 29 日）

为强化高端产业引领功能，促进经济社会高质量发展，现提出推进高端制造业发展若干措施如下：

一、保障产业优质空间载体

1. 保障产业发展用地空间。结合新城建设和南北转型，对符合总体功能导向和规划布局要求的成片预留区，加快完成整体启动手续；对其他符合产业规划的优质项目，经综合论证后，可通过战略预留区边界局部微调予以落地。对符合条件的产业园区“二转二”开发贷款给予贴息支持；鼓励各区采用贷款贴息等方式，支持各类园区开发主体按照产业导向和区域规划定位，参与存量工业用地二次开发。推动国企发挥主导带动作用，鼓励支持央企、本市国企加快盘活存量土地。鼓励更多社会资本参与盘活存量产业用地；支持符合条件的园区开展基础设施领域不动产投资信托基金（REITs）

试点。（责任单位：市经济信息化委、市发展改革委、市规划资源局、市生态环境局、市财政局、市国资委、各区）

2. 加强土地指标统筹和项目落地支持。对国家和本市战略性产业项目，市级相关部门联合认定的重大产业项目，位于临港、上海化工区等市属特定区域内的产业项目等，其土地指标可依法依规通过市级统筹增量建设用地指标应保尽保，并可一次规划、分期实施。（责任单位：市规划资源局、市经济信息化委）

3. 探索工业上楼新模式。在产业主管部门组织论证可行的前提下，鼓励工业用地和研发用地集约节约利用，建设功能复合楼宇，形成集生产、研发、中试、展示、销售、配套一体的综合高效利用厂房。鼓励产业用地混合使用，房屋类型可根据权属调查报告分别予以记载；产业用地根据相关规划按需确定容积率、高度等规划参数，涉及规划调整的，由市、区共商并听取相关主体意见，确定规划完善时间计划，工业企业工业用地经批准提升容积率不再补缴土地款。工业用地容积率一般不低于2.0，通用类研发用地容积率一般不低于3.0。（责任单位：市经济信息化委、市住房城乡建设管理委、市规划资源局）

4. 加强优质低价标准厂房和通用研发类物业供给。鼓励支持国有园区、国有企业等建设优质低价标准厂房和通用研发类物业。对经批准实施容积率或建筑高度提升而增加使用面积的标准厂房、通用研发类物业及领军企业项目，企业自用以外物业实行限定用途管理，由各区指定相关部门统筹用于支持科技型初创企业入驻，鼓励园区和企业按照成本核算租金后出租，探索将相关要求纳入全生命周期管理。获得上述支持政策的产业用房，应严格落实租赁管理要求。（责任单位：市经济信息化委、市国资委、市规划资源局、各区）

5. 鼓励建设配套职工宿舍。鼓励各产业园区按照规划统一建设职工宿舍，地价按照本市租赁住房价格体系执行；支持符合产业导向的大型企业利用自有土地的15%配套指标建设职工宿舍。“十四五”期间，本市产业园区提供2万套以上职工宿舍。（责任单位：市经济信息化委、市房屋管理局、市规划资源局）

6. 打造产业地标。支持各区细化落实上海产业地图（2022），统筹产业和区域品牌，形成产业地标。支持市级特色产业园区建设服务产业集群发展的创新中心、检测机构等公共服务平台，市级资金按照规定，给予最高不超过200万元支持，鼓励各区加大支持力度。推进在市级特色产业园区内实现上海张江自主创新示范区专项发展资金及政策全覆盖。（责任单位：市经济信息化委、上海科创办、市财政局、各区）

7. 优化资源利用效率评价体系。针对孵化器、成果转化中试基地、服务重点产业的必要设施等功能性、保障性项目，合理约定达产目标，将孵化能力、入驻企业数量增长速度和估值规模等成长性指标以及研发能力、保障功能等指标，纳入资源利用效率评价体系及土地全生命周期管理范围。（责任单位：市经济信息化委、市规划资源局、各区）

8. 支持重点领域产业项目配套仓储建设。建立市级部门会商机制，根据本市重点产业方向，由企业提出申请，经市级危化品仓库主管部门会同相关部门认证通过，支持集成电路、生物医药、新型显示等市级重大产业项目在落实安全、环保等要求的前提下，根据生产经营的实际需求，按照规划集中建设危化品仓库。探索完善支持重点产业必需的相关仓储设施建设措施。（责任单位：市应急局、市生态环境局、市住房城乡建设管理委、市经济信息化委、市规划资源局）

9. 明确重点产业链配套项目分类管理措施。对配套重点产业、符合化工产业转型升级及优化布局的存量化工企业实施分类指导，在符合增产不增污和规划保留的前提下，支持园区内存量企业实施改扩建，园区外存量企业改扩建项目通过现有优质项目认定程序后实施。新建项目经产业部门牵头会商后认定为非化工项目的进入规划产业区域实施。化工园区外存量危化企业建设为重点产业链配套、不涉及“两重点、一重大”或总体安全风险低的危化项目，取得所在区支持后可实施。对于中试类项目允许探索适应行业特点的项目管理审评方式和标准。（责任单位：市经济信息化委、市生态环境局、市应急局、市规划资源局）

二、加大资金支持高质量发展力度

10. 强化产业基金投资引导功能。发挥政府性产业基金、国有投资基金对本市重点产业投资促进的前置牵引作用，支持投贷联动。探索研究基金容错机制，将重大创新企业和项目落地、创新型企业孵化数量等指标纳入基金绩效考核；鼓励各区对引进重要项目的产业基金给予支持。围绕企业全生命周期打造基金集群，鼓励“投早、投小、投科创”。研究持续扩大产业转型升级投资基金规模，推动成立市场化的元宇宙、城市数字化转型基金。支持设立市场化的市级园区高质量发展基金，其所投项目主体认定为园区开发平台。（责任单位：市经济信息化委、市国资委、市发展改革委、市地方金融监管局、市财政局、市规划资源局、各区）

11. 加大企业梯度培育力度。对工业产值首次突破10亿元、50亿元、100亿元等不同规模的先进制造业企业，鼓励各区按照规定给予支持。市、区联合以奖励或成长券形式支持“小升规、规转强”，按照企业产值增速分档，支持其采购数字化管理、技术创新、法律咨询、检验检测等服务，市级给予最高不超过50万元券值奖励，鼓励各区配套支持。鼓

2023·上海工业年鉴

SHANGHAI INDUSTRIAL YEARBOOK

历年工业总产值及指数（1978—2022）

（单位：亿元）

年份	工业总产值（亿元）	工业总产值指数（以 1978 年为 100）	工业总产值指数（以上年为 100）
1978	514.01	100.0	
1979	556.30	108.6	108.6
1980	598.75	115.7	106.5
1981	620.12	120.0	103.7
1982	634.65	125.6	104.7
1983	663.53	134.4	107.0
1984	728.12	147.7	109.9
1985	862.73	167.7	113.5
1986	952.21	177.0	105.5
1987	1073.84	188.9	106.7
1988	1304.66	208.8	110.5
1989	1524.67	215.0	103.0
1990	1642.75	223.6	104.0
1991	1947.18	255.2	114.1
1992	2429.96	306.7	120.2
1993	3327.04	368.2	120.1
1994	4255.19	435.3	118.2
1995	5349.53	510.9	117.4
（1995）	（4547.47）		
1996	5126.22	590.1	115.5
1997	5649.93	675.7	114.5
1998	5763.67	728.5	107.8
1999	6213.24	805.1	110.5
2000	7022.98	913.7	113.5
2001	7806.18	1063.8	116.4
2002	8730.00	1219.1	114.6
2003	11708.49	1601.9	131.4
2004	14595.29	1927.1	120.3
2005	16876.78	2195.0	113.9
2006	19631.23	2500.1	113.9
2007	23108.63	2892.6	115.7
2008	25968.38	3126.9	108.1
2009	24888.08	3227.0	103.2
2010	31038.57	3966.0	122.9
2011	33834.44	4227.8	106.6
2012	33186.41	4215.1	99.7
2013	33899.38	4396.3	104.3
2014	34071.19	4466.7	101.6
2015	33211.57	4444.3	99.5
2016	33079.72	4475.4	100.7
2017	36094.36	4766.3	106.5
2018	36451.84	4828.3	101.3
2019	35487.05	4813.8	99.7
2020	37052.59	4890.8	101.6
2021	42013.99	5389.7	110.2
2022	42505.68	5271.1	97.8

注：从 1996 年开始，工业总产值按新规定计算，括号内数为 1995 年新规定数。以下同。
资料来源：上海市统计局。

2022 年规模以上工业企业主要指标（一）

（单位：万元）

类　别	平均用工人数（人）	工业总产值	营业收入	营业成本	销售费用
总计	**1821665**	**396453209**	**451856223**	**376872246**	**14300852**
按登记注册类型分					
内资	950580	183512800	216135660	178586329	5869036
国有	7455	754758	835487	711132	24478
集体	2695	171279	246553	199398	7320
股份合作	1458	316259	338444	322852	3464
国有与集体联营	285	18032	19759	14424	47
国有独资公司	73729	22535446	25307879	23607556	265444
其他有限责任公司	237534	69239348	77232721	60172048	1387919
股份有限公司	99863	26993634	39030375	34732169	1315770
私营独资	6931	663150	679866	567096	20148
私营合伙	1838	136578	133657	101300	4537
私营有限责任公司	444347	49761773	56183530	45354818	2104440
私营股份有限公司	74201	12903997	16108361	12786628	733945
其他内资	244	18548	19028	16910	1525
港澳台商投资	271287	71264168	74781579	64977779	2049075
与港澳台商合资经营	65775	15314345	17168153	14261403	509219
与港澳台商合作经营	3361	278815	300426	227064	31694
港澳台商独资	186461	51551425	53132511	47310208	1321675
港澳台商投资股份有限公司	12862	3963180	4038039	3102892	159005
其他港澳台商投资	2828	156403	142450	76212	27483
外商投资	599798	141676241	160938983	133308138	6382740
中外合资经营	170302	61252829	69158136	59470241	1859409
中外合作经营	18618	2534930	2832436	2249505	263804
外商独资企业	393953	75249005	86017584	69326131	4146672
外商投资股份有限公司	10874	2207256	2401572	1829035	95437
其他外商投资	6051	432220	529256	433225	17418
按控股情况分					
国有控股	357807	134120303	159569327	136613888	2400600
集体控股	16695	2423109	2683985	2373018	66184
私人控股	692633	90284153	104225300	83811306	4451395
港澳台控股	230278	59648861	62137357	54501734	1671187
外商控股	520117	106852377	119977607	96445592	5657172
其他控股	4135	3124406	3262646	3126707	54315
按企业规模分					
大型企业	623316	193590292	219041227	186059427	4992551
中型企业	455997	88279749	103570009	83946052	4826583
小型企业	742352	114583168	129244987	106866767	4481718

资料来源：上海市统计局。

2022 年规模以上工业企业主要指标（二）

（单位：万元）

类　别	营业税金及附加	利润总额	税金总额	亏损企业亏损额	流动资产合计
总计	**10464342**	**25453068**	**17748439**	**7718698**	**330369883**
按登记注册类型分					
内资	8168762	14011583	12791910	3526933	188548584
国有	2886	27078	20061	19559	1238250
集体	1335	18835	10646	3441	328179
股份合作	504	710	5026	3891	143888
国有与集体联营	146	1287	1373	1422	10844
国有独资公司	69983	466798	495824	502307	18796045
其他有限责任公司	7600804	4681086	9750184	1670080	64831617
股份有限公司	234670	4245319	646023	403767	35922138
私营独资	2517	27276	21888	10263	628441
私营合伙	513	10142	5142	660	110027
私营有限责任公司	199746	3278187	1457413	792847	49595813
私营股份有限公司	55659	1254733	378331	118696	16938843
其他内资		132			4499
港澳台商投资	1149990	3725344	1725858	1112118	36630798
与港澳台商合资经营	1014415	613700	1276622	599755	9875100
与港澳台商合作经营	1306	13857	9689	3576	261141
港澳台商独资	122889	2640359	384625	456838	22628398
港澳台商投资股份有限公司	10866	470198	50277	22725	3574416
其他港澳台商投资	514	−12770	4644	29225	291744
外商投资	1145590	7716141	3230671	3079647	105190501
中外合资经营	831546	1779164	1699915	2351644	44790413
中外合作经营	11278	128634	61889	57212	2048885
外商独资企业	292980	5499993	1418187	651026	55003179
外商投资股份有限公司	7617	269201	41678	13397	2988427
其他外商投资	2169	39150	9002	6368	359597
按控股情况分					
国有控股	9525534	6401824	12675387	4741095	112297582
集体控股	6792	236479	54429	16846	3870710
私人控股	361456	6727717	2466102	1323333	98070582
港澳台控股	152545	3542643	534061	580989	29774141
外商控股	410640	8549938	1975391	796577	85042387
其他控股	7376	−5533	43068	259859	1314482
按企业规模分					
大型企业	9618588	10213950	12744744	4163921	141190490
中型企业	377458	7811441	2106280	1354069	81678289
小型企业	468296	7427677	2897415	2200708	107501105

资料来源：上海市统计局。

2022年规模以上工业企业主要指标（三）

（单位：万元）

类别	存货	其中：产成品存货	资产总计	负债合计
总计	**69905251**	**22052874**	**563175422**	**277640611**
按登记注册类型分				
内资	37498082	11697119	344494951	160719077
国有	380846	60065	1740347	1026711
集体	102067	26035	450606	221924
股份合作	41310	24626	172383	73099
国有与集体联营	7330	1671	14631	2650
国有独资公司	4293752	534798	52861248	28316764
其他有限责任公司	14411387	4036884	100324279	50730392
股份有限公司	4414326	1163575	95326719	34487280
私营独资	108232	45421	763290	453349
私营合伙	27653	20072	141024	70770
私营有限责任公司	10448160	4546764	67326381	35125897
私营股份有限公司	3262676	1236864	25369128	10207762
其他内资	343	343	4915	2479
港澳台商投资	8388342	2742222	59899076	30610734
与港澳台商合资经营	2214839	598964	19284966	7779939
与港澳台商合作经营	44771	15353	351572	179069
港澳台商独资	5283925	1871064	33561326	20439194
港澳台商投资股份有限公司	798646	236249	6238632	2143310
其他港澳台商投资	46161	20593	462580	69222
外商投资	24018826	7613533	158781395	86310801
中外合资经营	10333379	3302120	74157949	44210612
中外合作经营	386510	127708	2634896	1093736
外商独资企业	12521939	3908948	76128737	39057361
外商投资股份有限公司	678162	238126	5416375	1691079
其他外商投资	98836	36632	443438	258013
按控股情况分				
国有控股	23223027	5949575	248196774	123177965
集体控股	714092	321296	5070049	1576650
私人控股	19062452	7634477	139297948	66697971
港澳台控股	6728377	2337932	45417124	25305027
外商控股	19760166	5709854	120753733	59697848
其他控股	417138	99741	4439793	1185150
按企业规模分				
大型企业	30407024	7857855	280941110	139870707
中型企业	16859659	5649683	130173414	63091731
小型企业	22638568	8545336	152060898	74678173

资料来源：上海市统计局。

2022年规模以上工业企业主要指标（四）

（单位：万元）

类　别	所有者权益	成本费用总额	管理费用	财务费用
总计	**284449573**	**423863788**	**19559334**	**297066**
按登记注册类型分				
内资	183262121	200729340	9197248	325317
国有	713635	816551	64996	−1531
集体	228682	231278	23556	−1143
股份合作	99284	342275	11368	2829
国有与集体联营	11981	18448	3980	−2
国有独资公司	24494806	25444684	816766	7304
其他有限责任公司	49392633	66398208	2890768	−133454
股份有限公司	60839440	38361793	1033844	153898
私营独资	308993	653198	48518	3328
私营合伙	70253	123110	12729	1084
私营有限责任公司	32104704	53334191	3572694	248312
私营股份有限公司	14995273	14986661	717526	44684
其他内资	2437	18945	503	7
港澳台商投资	29121094	70224224	1891287	−167304
与港澳台商合资经营	11496272	15699763	619772	−121747
与港澳台商合作经营	168761	288116	24368	5
港澳台商独资	12967383	50416572	1080133	−35519
港澳台商投资股份有限公司	4095321	3656211	133274	−1253
其他港澳台商投资	393357	163563	33740	−8791
外商投资	72066357	152910224	8470799	139053
中外合资经营	29745700	67057880	2993613	64119
中外合作经营	1539297	2684908	139530	−5244
外商独资企业	36883970	80527332	5195193	95928
外商投资股份有限公司	3721544	2151163	111834	−14523
其他外商投资	175847	488941	30629	−1227
按控股情况分				
国有控股	124959664	149315499	5620531	−47153
集体控股	3473849	2630057	151806	−7485
私人控股	72149134	98311596	5591737	247534
港澳台控股	19952100	58745488	1460561	−53437
外商控股	60667331	111582580	6656891	160858
其他控股	3247494	3278569	77807	−3252
按企业规模分				
大型企业	141070402	204141442	7043532	−203497
中型企业	67081679	97080586	4943483	172113
小型企业	76297492	122641760	7572319	328450

资料来源：上海市统计局。

2022年国有控股工业企业主要指标

（单位：万元）

指标	国有控股企业	其中	
		#大型企业	#中型企业
工业总产值	134120303	92733159	20437012
平均用工人数（人）	357807	225786	70547
年末资产总计	248196774	182957717	36482972
流动资产合计	112297582	75905327	19820626
#存货	23223027	15792552	4425591
#产成品存货	5949575	3668171	1206020
年末负债合计	123177965	86895461	20514277
年末所有者权益	124959664	96062256	15968694
营业收入	159569327	110796621	25511872
营业成本	136613888	92723363	22585870
销售费用	2400600	1526134	554186
税金及附加	9525534	9341272	102431
管理费用	5620531	3981678	865451
财务费用	−47153	−311651	154538
营业利润	6256735	4416255	1204016
利润总额	6401824	4507881	1229119
税金总额	12675387	11766850	542341
亏损企业亏损额	4741095	3589013	479877
本年应交增值税	3149854	2425578	439910

资料来源：上海市统计局。

2022 年工业企业经济效益指数

类别	营业收入利润率（%）	每百元营业收入中的成本（元）	每百元营业收入中的费用（元）	每百元资产实现的营业收入（元）	人均营业收入（万元 / 人）	资产负债率（%）	产成品存货周转天数（天）	应收账款平均回收期（天）
总计	**5.63**	**83.41**	**10.40**	**80.23**	**248.05**	**49.30**	**21.07**	**76.12**
国有控股	4.01	85.61	7.96	64.29	445.96	49.63	15.68	54.04
按企业规模分								
大型	4.66	84.94	8.26	77.97	351.41	49.79	15.20	58.18
中型	7.54	81.05	12.68	79.56	227.13	48.47	24.23	86.78
小型	5.75	82.69	12.21	85.00	174.10	49.11	28.79	97.97

资料来源：上海市统计局。

上海市高技术产业（制造业）主要情况（2021—2022年）

（单位：万元）

类　别	平均用工人数（人）	工业总产值	年末资产总计	营业收入	营业成本	利润总额	税金总额
2022年总计	**461150**	**88054257**	**127695581**	**91763522**	**74510420**	**6091534**	**1349404**
占全市比重（%）	**25.3**	**22.2**	**22.7**	**20.3**	**19.8**	**23.9**	**7.6**
按控股情况分							
国有控股	75986	11129898	30280855	11178899	8643900	367166	326683
集体控股	2654	191275	685601	233575	169510	144346	6707
私人控股	131308	20722417	37872222	22908172	16688364	2271709	590782
港澳台商控股	98146	25353461	18164246	25357023	22461077	1111795	123573
外商控股	151938	30406035	37933362	31823043	26454605	2050095	289346
其他控股	1118	251171	2759295	262811	92965	146423	12313
按技术领域分							
医药制造业	66960	11513750	26761595	11836116	6212993	2057140	548672
航空、航天器及设备制造业	33872	3039698	6675025	3269814	2833033	−143253	43817
电子及通信设备制造业	217069	44819622	71098766	46771909	39510164	2692764	434310
计算机及办公设备制造业	71565	19886584	7758612	20023760	19422896	69753	32327
医疗仪器设备及仪器仪表制造业	71623	8751184	15359883	9814824	6486292	1418394	288900
信息化学品制造业	61	43420	41701	47100	45043	−3265	1377
2021年总计	**448806**	**79962834**	**111011553**	**84113313**	**69589214**	**5464598**	**1168305**
占全市比重（%）	**24.5**	**20.0**	**20.7**	**18.5**	**18.8**	**17.3**	**6.2**
按控股情况分							
国有控股	72293	9481755	28390485	9583398	7520359	322090	261909
集体控股	3898	441403	899667	472037	262372	61342	1714
私人控股	124190	16550553	28411474	18099764	12667878	2280265	468423
港澳台商控股	92673	23477017	19367944	24023164	21768754	946133	82210
外商控股	155207	29879556	33818392	31811226	27291505	1837866	349825
其他控股	545	132550	123592	123724	78347	16902	4224
按技术领域分							
医药制造业	62174	10973295	22030299	11191081	5931590	1903978	518498
航空、航天器及设备制造业	32566	3149848	6068717	3296560	2775200	−46320	63799
电子及通信设备制造业	217014	38600199	63449798	40976451	35628633	2153986	290601
计算机及办公设备制造业	72440	19376998	7646742	19895100	19450485	175127	34174
医疗仪器设备及仪器仪表制造业	64549	7753184	11745641	8649260	5708307	1271889	260994
信息化学品制造业	63	109311	70355	104862	94999	5939	241

资料来源：上海市统计局。

2022 年各区工业企业主要指标

（单位：万元）

地　区	平均用工人数（万人）	工业总产值	年末资产总计	营业收入	营业成本	利润总额	税金总额
总计	**182.17**	**396453209**	**563175422**	**451856223**	**376872246**	**25453068**	**17748439**
# 浦东新区	45.48	134319386	198337620	147150291	127331643	8144798	3537456
黄浦区	0.16	323772	815843	610859	502571	79730	18910
徐汇区	2.16	7943882	10031364	10793845	9344878	703140	159661
长宁区	2.09	1610832	3241399	1636121	1122386	60936	58583
静安区	0.65	653756	1603887	761660	596529	51046	32333
普陀区	1.23	1471375	3085211	1882138	1534013	74061	47696
虹口区	0.2	449137	1732294	611733	539580	45227	8061
杨浦区	1.32	7768757	19217348	14233037	4806903	2621911	7678194
闵行区	17.86	34893852	51125909	40252548	31724660	2992645	1002663
宝山区	8.76	26371849	42630187	31954348	28948378	2289890	407281
嘉定区	26.49	45150526	56475213	52462336	43674412	1396561	1193260
金山区	12.45	23492928	28182907	26697560	22889136	462633	1480017
奉贤区	16.86	27025500	35534692	29018799	23278311	2023958	727063
松江区	27.51	46089581	46182435	49999055	42686665	2367603	701782
青浦区	13	17049849	25661584	19608135	15553772	1415286	490444
崇明区	4.03	4631269	10375194	4816052	4322916	14636	54734

资料来源：上海市统计局。

2022年都市型工业基本情况

（单位：万元）

类别	平均用工人数（人）	工业总产值	年末资产总计	营业收入	营业成本	利润总额	税金总额
总计	**280064**	**36810659**	**45861225**	**45450296**	**36239633**	**2957602**	**1109927**
按登记注册类型分							
内资	149951	21083713	27872059	26687838	22548520	1509445	576111
国有	717	69265	117981	112116	93658	5845	1405
集体	346	6142	89706	59425	36025	16369	5196
股份合作	123	5227	6882	5303	4910	46	313.00
国有与集体联营	59	2462	752	2473	2341	−53	50
国有独资公司	9695	2283634	2735444	2720497	2218939	273163	61888
其他有限责任公司	27726	7745395	7887175	10232302	9276405	524863	158281
股份有限公司	12833	1191998	3632875	2103313	1623011	217521	59338
私营独资	1039	90598	120537	92925	82353	−1690	1871
私营合伙	463	15915	8690	15080	11983	65	228.00
私营有限责任公司	83451	7899314	9335582	9240274	7608461	340933	223995
私营股份有限公司	13255	1755216	3931519	2085102	1573525	132253	63545
其他内资	244	18548	4915	19028	16910	132	
港澳台商投资	50118	4790615	6024348	5316678	3917690	337395	153745
与港澳台商合资经营	14333	965992	1471084	1155157	905466	143492	34117
与港澳台商合作经营	924	52787	111256	55465	42767	763	1288.00
港澳台商独资	32529	3511428	3655789	3771994	2699274	173958	106080
港澳台商投资股份有限公司	1721	219048	720113	295384	239024	30422	9780
其他港澳台商投资	611	41359	66106	38677	31159	−11240	2479
外商投资	79995	10936332	11964819	13445781	9773423	1110762	380071
中外合资经营	10675	1182316	1406532	1376969	1098456	88484	32935.00
中外合作经营	8332	874771	939247	984380	718387	63007	27614
外资企业	58185	8653679	9360832	10810019	7748602	940756	313252
外商投资股份有限公司	1009	116616	142668	123410	87196	11896	4580
其他外商投资	1794	108950	115540	151002	120783	6620	1690
按企业规模分							
大型企业	61343	8139154	11883357	10496137	7388033	994295	336557
中型企业	79917	13387367	13266897	16473338	13422571	1303689	352898
小型企业	138804	15284138	20710971	18480821	15429029	659618	420471
按行业分							
服装服饰业	22307	1942805	2046986	2613279	2232908	68746	38245
食品加工制造业	83026	11595507	13842802	14262272	10705849	816507	417100
包装、印刷业	30661	2599697	3836167	2961019	2443016	78536	91643
室内装饰用品制造业	49394	6228864	8193632	7351810	5980781	642653	165635
化妆品及清洁洗涤用品制造业	32287	4695180	7156401	5586337	3964738	450326	204463
工艺美术品、旅游用品制造业	32172	6249665	5535952	8840505	7854306	594914	130520
小型电子信息产品制造业	30217	3498941	5249286	3835074	3058035	305922	62321

（续表）

类　别	平均用工人数（人）	工业总产值	年末资产总计	营业收入	营业成本	利润总额	税金总额
按地区分：							
#浦东新区	41809	6022221	9236638	7504615	6107895	667378	169852
黄浦区	865	163099	255783	427379	372307	47914	9243
徐汇区	2771	4381338	2162743	6166070	5859950	271911	62868
长宁区	3144	94960	148137	111606	120557	−33315	2979
静安区	1015	50456	75283	68693	48234	2522	3815
普陀区	4998	426038	1063144	532386	428330	−2033	16627
虹口区	355	13327	12242	12079	7191	1043	740
杨浦区	1477	171708	204615	196140	161263	11612	4386
闵行区	32610	4790094	6041282	6418206	4696942	484028	194261
宝山区	8969	881264	1236923	983741	758473	49687	28226
嘉定区	41050	5065021	5882909	6161977	5024154	263287	118784
金山区	23391	3316624	4064595	3818533	3216297	209877	88287
奉贤区	39627	3479951	4761733	4113597	2843773	433819	170299
松江区	47775	5084078	6688988	5824452	4233434	418236	158772
青浦区	28320	2612449	3755544	2821664	2122311	110858	77117
崇明区	1601	143076	151382	157110	140554	288	1721

资料来源：上海市统计局。

上海众幸防护科技股份有限公司

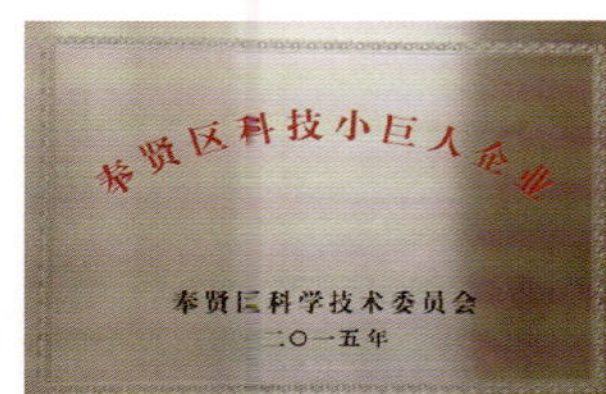

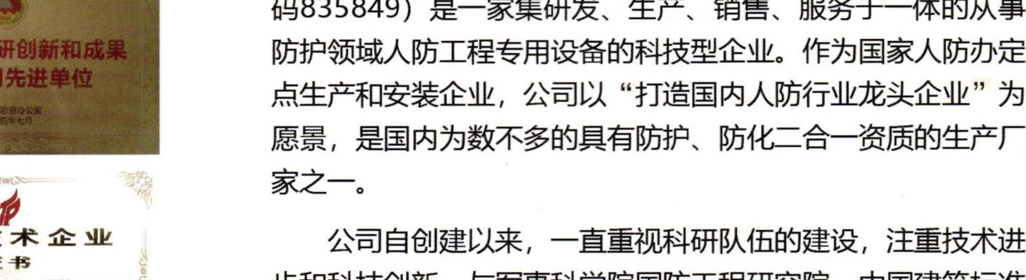

上海众幸防护科技股份有限公司（简称上海众幸，股票代码835849）是一家集研发、生产、销售、服务于一体的从事防护领域人防工程专用设备的科技型企业。作为国家人防办定点生产和安装企业，公司以“打造国内人防行业龙头企业”为愿景，是国内为数不多的具有防护、防化二合一资质的生产厂家之一。

公司自创建以来，一直重视科研队伍的建设，注重技术进步和科技创新，与军事科学院国防工程研究院、中国建筑标准设计院、华中科技大学等多家知名科研机构、高等院校有着技术上的共享合作，不断提高产品附加值，增强企业核心竞争力，并坚持模块化的设计理念，致力于成为人防工程专用设备的系统集成供应商。

健全的组织管理架构，完善的企业内控体系，使公司一直保持着稳健增长的发展势头，目前公司总部设在上海市奉贤区，在浙江、上海、江西建有三座具有行业区域领先地位的大型生产基地，规模优势显现。主导产品涵盖大型人员掩蔽工程的防护设备、滤毒与净化设备、标准通风设备成套系统等系列700多个品种，销售网络遍布全国。旗下有上海尊岛防护科技有限公司、浙江众幸防护设备有限公司、江西中翰工程设备有限公司、廊坊越兴防护设备有限公司、上海众幸机电设备安装有限公司、山西福铭瑞防护设备有限公司和浙江新材料科技有限公司。

境界决定格局，梦想启动未来。公司将继续秉承“诚信共赢，责任荣誉”这一理念，牢记“坚固地下长城，为民造福”使命，以高度的社会责任感和民族使命感，充分发挥已有优势，不断创新，携手合作，共享共赢，竭诚在人防领域为您提供专业、高效、一体化的优质服务。

申能股份有限公司

2020 年 8 月 3 日，创刊于 1882 年的国际电力行业知名信息源——美国 POWER（《电力》）杂志向华润徐州电厂 #3 机组**颁发 2020 年"顶级电站奖"(Top Plants)**。

在此之前，国内仅有三峡水电站（2012 年）与上海外三电厂（2015 年）获得过该奖项。

by Sonal Patel

ALSO IN THIS ISSUE
August 3, 2020

Coal | Aug 3, 2020
Efficiency a Priority at Caofeidian Coal Power Plant
by Aaron Larson

Coal | Aug 3, 2020
Digitization Drives Efficiency at Turkish Coal Plant
by Darrell Proctor

News | Aug 3, 2020
Khargone: India's High Efficiency Leap
by Sonal Patel

Coal | Aug 3, 2020
Success Through Engineered Upgrades and a Focus on Behavior
by Aaron Larson

Featured Categories

Coal

Xuzhou 3 Shows the Future of Subcritical Coal Power Is Sublime

A remarkable retrofit at Xuzhou Unit 3 boosted the 320-MW subcritical coal unit's efficiency to beyond 43.56%—higher than all existing Chinese supercritical units, and even many ultrasupercritical units. The groundbreaking demonstration is a POWER 2020 Top Plant award winner because it offers crucial hope and new purpose for subcritical units around the world.

① 亚临界机组升温提效及深度调峰综合升级改造技术

"高温亚临界综合升级改造技术"由申能（集团）有限公司（以下简称"申能集团"）旗下的上海申能电力科技有限公司总经理冯伟忠发明，并获得专利授权（发明权生效日：2013.9.4），**其关键是保持机组压力基本不变，把机组主蒸汽和再热蒸汽温度均提高到 600℃水平**，结合创新先进的汽轮机和锅炉改造技术，**可以大幅提高机组经济性**。在此基础上，同步全面优化热力系统并加载"广义回热技术""烟气余热回收利用技术""弹性回热技术"和"固体颗粒侵蚀综合防治技术"等已在上海外三电厂等项目上取得成功应用的一系列专项节能减排和保效技术，这些技术能够进一步降低机组全负荷煤耗，保持机组**长期高效运行**，还有缩短启动时间，降低机组启动能耗、运行成本等附加收益。与此同时，利用改造的有利条件，还同步加载配套研发的深度调峰系列技术，**使机组的深度调峰能力产生质的提升**。

自 2017 年起，申能科技技术团队攻克了亚临界汽包炉升温至 600℃的难题，提出了创新型改造方案、600℃亚临界汽轮机系统优化和专项节能保效技术定制化集成以及深度调峰等一系列技术难关，使该技术成为可以落地实施的"高温亚临界综合升级改造方案"。

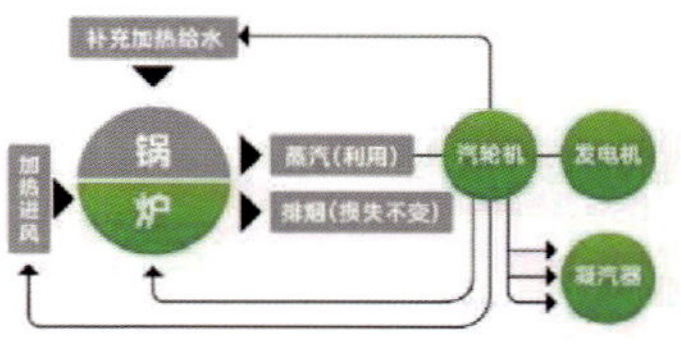

广义回热技术

② 先进超超临界新建机组整体综合优化技术

针对一次再热新建机组，申能专有技术主要包括以下四个部分：

1）先进一次再热超超临界新建机组优化技术咨询；

2）节电节能的广义变频技术；

3）氧化皮和固体颗粒侵蚀综合防治系列技术；

4）节能环保安全系列专项技术。

针对二次再热新建机组，"汽轮机高低位分轴布置二次再热技术"由申能技术团队发明，属世界首创，具有自主知识产权。该技术可大幅度缩短锅炉与汽机之间的高温高压蒸汽管道，释放了高参数、二次再热的发展空间，也进一步提升了二次再热技术的效率水平。

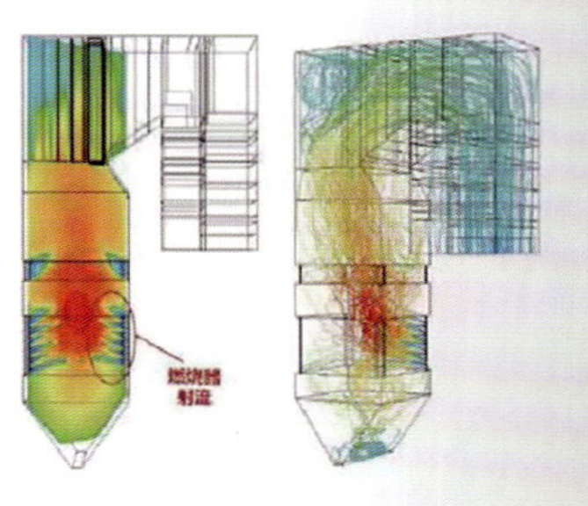

申能股份有限公司前身为创立于 1987 年的申能电力开发公司。1993 年 4 月公司股票上市（股票代码 600642，简称"申能股份"），是全国电力能源行业第一家上市公司。公司拥有全资和控股企业 26 家，员工逾 2200 人。2022 年末，公司总资产 899 亿元，净资产 381.61 亿元，当年实现归母净利润 10.82 亿元。

公司主要从事电力、石油天然气的开发、投资、建设和运营业务，为综合性能源供应商。截至 2022 年底，申能股份电力权益装机容量 1631 万千瓦，其中煤电装机 717.7 万千瓦，占总装机比重约 44%；非化石能源装机占比约 35%；2022 年控股电厂年发电量约 537.4 亿千瓦时，其中上海控股电厂发电量 317.4 亿千瓦时，约占上海总发电量的 1/3，成为上海能源安全稳定供应的有力保障。油气产业方面，公司控股的上海石油天然气有限公司负责东海平湖油气田项目的建设与经营；全资子公司新疆申能石油天然气有限公司负责新疆塔里木盆地柯坪南 2566 平方公里油气区块的勘查和开发，成为公司未来油气资源的潜在储备。

申能股份长期致力于低碳发展，通过自主创新、优化管理实现节能降耗。2022 年，申能控股电厂标准供电煤耗 282.7 克 / 千瓦时，较全国平均低近 20 克 / 千瓦时；其中，申能淮北发电基地 1350MW 超超临界二次再热机组额定负荷工况的性能试验供电煤耗为 249.31 克 / 千瓦时，达到设计值不高于 251 克 / 千瓦时的预期目标，煤炭清洁高效利用水平行业领先，"每一点克重的减少都是我们对于绿色清洁的孜孜追求"。

申能股份积极推广煤电节能减排创新技术，凭一系列创新技术成为国际能源署清洁煤中心（IEACCC）首批"知识伙伴"。其中华润电力曹妃甸项目和徐州华润项目树立行业标杆，均获美国《POWER》杂志"顶级电站"奖。国务院总理李克强于 2021 年 11 月 22 日在外三发电考察，提出要推广提高能效的成熟先进技术，推动煤炭清洁高效利用，促进绿色低碳发展。

宝武清洁能源有限公司

宝武清洁能源有限公司(简称宝武清能)于2019年11月28日注册成立，依托中国宝武的资源、规模、专业技术优势和空间布局优势，聚焦氢能、新能源、工业气体、天然气和碳资产管理五大业务板块，以“构建钢铁低碳能源保障体系，助推清洁能源行业技术革命”为使命，致力于成为冶金清洁能源行业的引领者。

2022年度，宝武清能编制形成“1+1+N”全面战略，进一步明确公司聚焦清洁能源，同步发展工业气体的战略定位，加快培育创新能力强、成长性好的专业化“专精特新”小巨人企业。公司编制完成绿色电力发展规划和绿色能源产业规划，加快资源布局，推进新能源基地项目开发布局23吉瓦，推进河南省三门峡市150兆瓦风电、八钢公司富氢碳循环高炉光伏制氢、西藏扎布耶80兆瓦光热光伏等项目启动实施；围绕中国宝武绿电全局规划，各基地开发分布式光伏项目超1吉瓦。工业气体方面，通过专业化整合，公司总制氧产能达到210万立方米/小时，市场占有率排国内第五名；稀有气体氪氙的国内市场占有率为35.71%。碳资产管理方面，实现集团碳资产管理平台(一期)整体上线，通过加大碳核算、碳足迹等相关科研项目研发力度，积极策划碳减排方法学研究，达成首个碳资产示范项目落地，成功实施首单碳中和服务业务。

上海能源建设集团有限公司

上海能源建设集团有限公司(简称上海能建)成立于 2020 年 12 月 18 日，前身是成立于 1958 年的上海市煤气公司。是隧道股份践行国资国企改革使命，以旗下上海燃气工程设计研究有限公司、上海煤气第一管线工程有限公司、上海煤气第二管线工程有限公司为基础，与申能集团及上海燃气深化合作，携手成立的大型国有能源建设企业。

公司在能源建设领域拥有深厚发展底蕴和品牌效应，形成集高端咨询、工程设计建设及管理、运行维护、投资运营、技术服务、高端装备制造、新能源开发利用等为一体的多元化经营格局，承担上海及长三角能源规划设计和主要工程项目建设，是国内最早从事加氢站设计建设的企业之一。“城镇高压、超高压燃气管网工

中油氢能平霄路油氢合建站

大渡河路干式气柜拆除工程开工仪式

程服务"获"上海品牌"认证。

公司以智慧能源应用、清洁能源利用、高端装备研发等一系列创新技术为支持，以规划设计咨询、投融资和资产运作、项目管理承包、设计施工总承包等能力为依托，形成"多能互补综合能源站、氢能应用、LNG储气调峰设施、长输油气管线、城镇燃气输配、油气库工程、供热采暖、光伏电站、分布式光能"等不同类型能源设施建设及运维服务的全产业价值链，以定制化、专业化、数字化、全生命周期的整体解决方案，持续为城市、为客户创造最大价值。

公司践行数字化转型战略，致力打造"全面感知、数据共享、高效协同、智能决策、精细管理"的智慧化能源模式，综合运用"云大物移智"等先进技术，以"一盘棋，一体化"的原则，打通规划设计、建设施工、运维管理全生命周期管理各环节，建设涵盖终端用户、能源站场、管线工程、城市级基础设施的智慧能源平台，构建全周期、全要素覆盖的城市能源"数字化一张网"，助力新型智慧城市建设，服务能源企业数字化转型，促进新基建融合基础设施的建设。

盐东车用能源"四位一体"合建站项目

国网上海浦东供电公司

国网上海浦东供电公司隶属于国网上海市电力公司，属国家大型企业，2010 年 1 月挂牌成立，并于 2012 年 12 月升格为国家电网公司大型重点供电企业，主要承担浦东新区的电网规划、建设和供电服务任务。网内拥有 4 座 500 千伏变电站、32 座 220 千伏变电站、53 座 110 千伏变电站和 201 座 35 千伏变电站，35 千伏及以上变电总容量 30321.5 兆伏安；1268 座 10 千伏开关站，3 万余座各类变配电站；架空线 10583 公里，电缆 31541 公里。截至 2022 年底，公司供电服务客户达到 259 万户，历史最高负荷 930.1 万千瓦，2022 年售电量 401.49 亿千瓦时，平均电价 736.94 元 / 千千瓦时，线损率 2.14%，综合电压合格率 99.996%，城网供电可靠率 99.999%，劳动生产率达 768 万元 / 人 · 年。

福宁站送电

在建变电站现场

【浦东公司】4 月初，浦东公司张江中心马不停蹄进行川沙某集中收治点接电工程，图为夜间进行箱变吊装 2(张伟摄)

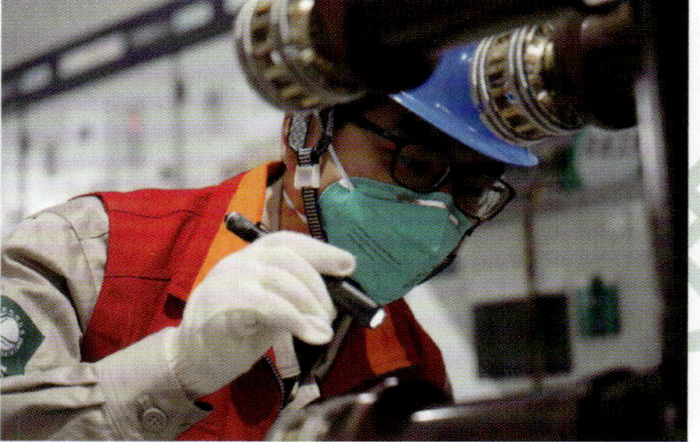

【浦东公司】4 月 3 日，浦东公司运检部变电检修（电试）三班年轻党员袁鸣正在临港洲德开关站调试出线设备，新婚燕尔的他从 4 月 1 日起便封闭在岗持续工作(许海伟摄)

郭璟

【浦东公司】4 月初，浦东公司施工人员正在川沙某集中收治点紧锣密鼓进行接电外线施工 1（张伟摄）

带电机器人操作

上海上电漕泾发电有限公司

上海上电漕泾发电有限公司(简称漕泾电厂)坐落于上海化学工业区西端，毗邻金山区漕泾镇，紧靠杭州湾北岸，作为国内首个以"上大压小"核准建成的百万千瓦超超临界燃煤电厂，是国家电力投资集团公司首座建成投产的百万等级燃煤电厂，由上海电力股份有限公司和申能股份有限公司按照总股本的65%与35%比例合资成立。漕泾电厂被列为上海市"十一五"重大工程项目，也是2010年上海世博会配套工程之一，工程于2007年12月18日正式开工，1号、2号机组分别于2010年1月、4月建成投产。

漕泾电厂建有国内首座210米高度异形烟囱，配套建设一座3.5万吨级卸煤码头，可停靠5万吨级煤船。采用主汽压26.25MPa、主汽温600℃的超超临界发电技术。锅炉是滑压运行燃煤直流塔式炉，一次再热、露天布置、全悬吊钢结构锅炉。汽轮机是单轴、四缸四排、凝汽式汽轮机。发电机是水氢氢冷却方式，无刷励磁。锅炉、汽机、发电机三大主设备和绝大部分辅机均采用国产设备，国产化率达到95%以上。2011年，荣获工程建设行业规格最高的国家级荣誉"国家优质工程金质奖"，并入选"国优三十周年经典工程"，也是国家电投第一个获此殊荣的燃煤电厂。

漕泾电厂以集团公司"三商"战略为指引，积极打造"一主两翼"发展格局。2014年，实施供热改造，此次改造在国内百万等级燃煤电厂中尚属首次。目前单机高、中压同时供热可达200t/h，降低供电煤耗3.7g/kwh，在进一步提升化工区整体供热可靠性的同时拓宽了盈利空间。于2018年开始在行业内首次检验1000MW机组在掺烧含水量高达60%的污水厂污泥的适应性。2019年10月21日，该项目获上海市生态环境局批复，成为上海地区首个批准通过、建成投产的火电厂污泥处置项目。2021年，该项目进行升级改造，目前年可处置含水率60%污泥22万吨，为当地污泥减量化、无害化、资源化处置提供了新思路。

漕泾电厂坚持创新驱动发展战略，紧盯发展方向，深入开展全领域、全环节创新工作。先后完成两台机组"引增合一、汽电双驱"改造，开展状态检修管理、设备状态三维可视化管理、火电机组在线性能寻优、圆形煤场堆取料机无人值守、百万机组深度调峰等项目的系统建设。2019年，首次通过国家高新技术企业资质认定，并于2022年再次获评，成为上海地区现阶段唯一一家高新技术发电企业。

展望未来，漕泾电厂将本着"创新创造，持续奋斗，和谐共生"的企业精神，围绕"安全、创新、卓越"的价值观，不忘初心，持续奋斗，敢于担当，主动作为，优化机组运行，推进节能降耗，减少环保排放，促进绿色发展、创新发展、和谐发展。

上海电力股份有限公司罗泾燃机发电厂

荣誉证书

命名 上海电力股份有限公司罗泾燃机发电厂

为二〇一九～二〇二〇年度

上海市文明单位。

特发此证。

上海市人民政府

二〇二一年四月

上海电力股份有限公司罗泾燃机发电厂原属宝钢集团自备电厂，2013 年被上海电力股份有限公司收购并改造，目前是上海市燃气公用调峰电厂，属于上海电力全资电厂。电厂位于上海市宝山区川雄路 300 号，距离长江约 1 公里，区域面积总计 395225.2 平方米(约为 593 亩)。

罗泾电厂天然气改造工程从 2014 年 8 月 1 日开始，至 2015 年 5 月机组正式投入商业运行。2014 年 12 月 31 日，收到上海市发展改革委关于罗泾燃机电厂转为公用电厂的核准批复，标志着罗泾电厂正式加入上海市调峰电厂序列，转性成为面向社会、服务公众的公用电厂的一份子。同时也标志着上海电力在上海北翼能源基地发展清洁能源和资源储备的战略部署又向前迈进了坚实的一步。

罗泾电厂以“奉献绿色能源，服务社会大众”为使命，旨在打造上海电力 9E 燃机系列标杆机组，坚持现代能源发展的清洁、低碳、循环利用方向，优化机组运行，推进节能降耗，减少环保排放，促进绿色发展、创新发展、和谐发展。

500 千伏虹杨输变电工程竣工投运

久隆电力集团设计的上海市北展祥110 千伏输变电工程展祥变电站效果图

架空线入地拆除施工

新江湾 110 千伏主变吊装

上海久隆电力（集团）有限公司成立于1995 年，是国网上海市电力公司直属企业。公司以国内外电力工程综合服务为主，业务涉及输配电设计、电力设施安装、电力配套服务、管理咨询等领域。

公司拥有电力工程总承包壹级、输变电工程专业承包壹级、设计（送电、变电）乙级、工程咨询丙级、消防设施工程专业承包二级、城市及道路照明工程三级、中国电力建设行业协会“调试”乙级和国家进出口企业等资质以及承装（修、试）电力设施一级许可证。公司多次获全国用户满意企业、全国守合同重信用企业、全国精神文明建设工作先进单位、中国工程建设信用 AAA 级企业、中国诚信企业和全国电力行业质量特别奖等称号，16 次获评上海市重点工程实事立功竞赛优秀公司，1 次上海市重点工程实事立功竞赛金杯公司，2017 年、2018 年，连续两年获得上海市五一劳动奖状，是国家电网系统省管产业单位优秀施工示范企业。

近年来，公司围绕用户需求深化 EPC+S 服务，努力为客户提供从前期咨询、设计、施工、物资采购和运维为一体的全过程服务，优质完成 500 千伏世博（静安）输变电、虹杨 500 千伏输变电等一批重点工程，实施中国联通浦江数据中心 110 千伏变电站工程、吴淞港国际邮轮码头岸电、中移动临港数据中心供电配套、新江湾 220 千伏输变电、黄浦区董家渡金融城配电、星港国际变电站和山东济南东城 220 千伏架空线落地、苏州居配接入工程设计、西安东北部 330 千伏架空输电线路迁改落地工程等重大用户项目任务。

公司紧紧跟踪国际、国内电力前沿技术，着力发展提高企业核心竞争优势的电力施工技术，全电压等级电缆敷设、接头具有国际顶尖水平，近年来优质完成电缆敷设单线长度逾 4000 公里，接头数约 10000 相；变压器检测中心获得国家级 CNAS 实验室授权，具备变压器电试及油化两大类检测能力；在国内六氟化硫电气设备的安装、调试、检修、电气试验等业务拥有先进的技术优势。

进入新时代，公司提出“建设集咨询、设计、施工、运维为一体的现代能源综合服务公司”的战略目标，努力为企业、为客户、为社会创造更大价值。“服务于心、力能永续”，久隆始终为您提供无可替代的精诚服务！

上海久隆电力（集团）有限公司

上海外高桥发电有限责任公司

上海外高桥发电有限责任公司坐落于东海之滨、长江口南岸、浦东新区的北端，与上海市中心直线距离 18 公里，所在地有深水岸线 1.8 公里，煤码头可直驳 7 万吨煤轮。2003 年以来，获八届上海市文明单位荣誉称号。2018 年，获"上海市五一劳动奖状"。2019 年，被评为全国电力行业卓越绩效标杆 AAA 企业，标准化建设达到中电联"标准化良好行为企业"AAAAA 级的要求，获上海市"最佳工业企业形象单位"称号，连续六年被评为"全国安康杯优胜单位"。

电厂原设计 4×300MW 亚临界燃煤发电机组，是 20 世纪 90 年代浦东开发开放初期为缓解上海电力供需矛盾而兴建的国家级"八五重点工程"，工程总投资 54.7 亿元人民币，由上海电力股份有限公司、申能股份有限公司分别持股 51%、49%。项目于 1992 年 10 月开工，1997 年 9 月全部投产。2012 年，四台机组经过通流改造，单机容量扩大至 320 兆瓦，现总装机容量 1280 兆瓦。

为积极响应国家节能减排、低碳发展政策，拟在外高桥电厂 4×320 兆瓦老机组西侧空余场地上扩容量替代建设 2×1000 兆瓦绿色高效超超临界二次再热燃煤发电机组。市扩容量替代项目建成后将有效弥补上海区域电力供应缺口，进一步提升供电能力，实现"能耗指标更优、调峰能力更强、环保指标更佳"，对上海市能源与经济、社会、环境的协调发展具有积极的促进作用。

上海明华电力科技有限公司

SHANGHAI MINGHUA ELECTRIC POWER SCIENCE & TECHNOLOGY CO., LTD.

一站式 全方位 精准化

公司遵循“超前性思维、产业性发展、实用性成果”的科技型企业发展思路，积极拓展能源领域的市场需求，致力于能源领域的技术研发、技术服务、技术咨询、技术监督、产品研发与应用推广、工程调试，为能源企业提供强有力的技术支撑和保障，专业面覆盖火力发电、燃机-联合循环、核电（常规岛）、水电、风电、光伏、储能、综合智慧能源、氢能等重点技术领域。

发展历程

1954

华东电力试验研究所成立，是华东电网下属重要的区域型电力科研机构

1996

明华电力作为华东电试院下属负控项目公司成立。

2007

华东院电源侧业务整体注入明华电力，以职工持股会民营机制实体化运作。

2012

明华电力整建制被国家电投旗下的上海电力全资收购

2020

公司深化机制改革，激发企业内生动力，促进企业创新发展

业务领域

高效清洁煤电
燃机联合循环
综合智慧能源
新能源（风光储）
环境保护低碳化
常规水电及抽蓄

技术体系

USC\CC\CFB\PSU\CHP、设计计算、仿真研究、运行优化、技术监督、智能控制、安全防护、态势感知、工控安全、通讯技术、遥感遥测、交直流微电网技术、失效分析、寿命管理、故障诊断、状态评估、污染物治理、废弃物处理、碳核查、信息技术、数字平台、预测技术、网源协调、泛能互补、泛在物联、火储联合、风光储协调、储能系统集成

资信荣誉

¤ 上海市市级企业技术中心
¤ 上海市高新技术企业
¤ 电力工程调试资质
¤ 特种设备检验检测机构资质
¤ 承试电力设施许可证
¤ 实验室计量认证（CMA）
¤ “三标体系”认证（DNV·GL）
¤ “综合升级改造”性能试验认定单位（国家能源局颁）
¤ 国家守合同重信用企业
¤ 上海市科技小巨人企业
¤ 上海市“专精特新”中小企业
¤ 企业信用评价 AAA 级信用企业
¤ 上海市文明单位
¤ 上海市五一劳动奖状
¤ 上海市工人先锋号
¤ 上海市经济信息化系统党支部建设示范点
¤ 上海市“五一巾帼创新工作室”
……

技术机构

国家电投集团仿真技术研究中心
国家电投集团火电产业创新中心热工控制技术分中心
国家电投集团综合智慧能源产业创新分中心
国家电投集团水电产业创新中心试验研究分中心
上海市综合能源系统人工智能工程技术研究中心（共建单位）
上海市大数据联合创新实验室（共建单位）
……

地址：上海市杨浦区长阳路 1687 号长阳创谷 E 楼 200090
电话：021-25102222
传真：021-65557000

上海电力能源科技有限公司

上海电力能源科技有限公司（简称能源科技公司）系国家电投上海电力（股票代码：600021）下属的国有企业，是一家主要以清洁能源投资、运营、服务为一体的多业务能源科技公司。

能源科技公司由原上海上电电力运营有限公司与上海上电电力工程有限公司重组合并成立，2021 年 2 月 20 日，获得上海电力股份有限公司批复。2021 年 4 月 15 日，完成工商注册，注册资金人民币 8.66 亿元。2021 年 12 月，能源科技公司设立 100% 全资子公司——上海能科融创新能源发展有限责任公司，并将华西集团新能源项目公司 100% 股权纳入其中。

能源科技公司始终聚焦“3060”碳达峰、碳中和目标，坚持以绿色发展为主线，致力于可再生能源、综合智慧能源、清洁高效火电及海外业务等领域，开展投资运营、运行维护、检修技改、工程服务等业务。公司具体经营范围主要包括：能源领域内的技术开发、技术服务、技术咨询、技术转让、技术推广，投资运营；电力成套设备及其附件的设计、安装、调试、运行、维护、检修，电力设施承装、承修、承试；各类工程建设活动，工程管理服务，建设工程监理；合同能源管理，企业管理咨询，人力资源服务；环境污染防治及咨询服务，检验检测服务等。

上海申能新能源投资有限公司

随着《中国可再生能源法》颁布实施，申能集团于 2005 年 7 月注册成立上海申能新能源投资有限公司（简称公司），主营风电、光伏发电等新能源项目的投资、建设与运营，是国内领先的新能源产业投资商与运营商。2014 年 12 月，申能集团将公司整建制划归申能股份，成为其全资子公司。2022 年 12 月，公司与申能新能源（青海）有限公司及申能新能源（内蒙古）有限公司完成“三合一”管理体制整合优化，以精简高效的区域化管理模式，持续提升管理能效，施行“双区管理”，目前已投资建成百余个发电效益优良的新能源电站。

近年来，公司始终坚持科学发展与合理布局，全力推进海上风电及深远海风电开发，积极推动大型新能源基地项目开发，深入探索风光储一体、新能源制氢、虚拟电厂等多形式清洁能源一体化项目发展路径。同时，作为最早参与上海城市综合能源建设的践行者，还充分利用区位优势，在工商业分布式、户用以及低碳综合智慧用能等方面发力，努力将公司打造成为行业内优秀的“一站式”绿色低碳能源综合服务供应商。

陆上风电

持续优化风电开发布局，不断打造差异化、规模化项目开发新模式，拥有平原、山地、沙漠、戈壁、高海拔等复杂地质地貌的项目开发建设和运营经验，实现了规模、质量、效益的同步增长。

海上风电

紧跟国家海上风电发展步伐，积极参与海上风电开发，成功投资建设了多个经济效益优良的海上风电项目，正在积极推进奉贤海上风电四期项目前期工作。申能海南新能源海南 CZ2 1200MW 海上风电项目已开工建设。

光伏发电

坚持集中式与分布式并举，紧抓农光互补、渔光互补、光储一体化等业务发展机遇，积极探索创新“光伏 +”应用场景开发，尝试集中开发一批户用型光伏，实现经济效益与社会效益、环境效益共提升。

上海·世博太阳能电站项目

上海·华港二期风电项目

内蒙·武川风电项目

青海·乌兰风电项目

上海·临港海上风电项目

江苏·如东海上风电项目

贵州·关岭岗乌农业光伏项目

新疆·木垒华光光伏项目

江西·付家光伏项目

稳增长：

2022 年，营业收入比 2021 年增长 56.28%，经营性现金净流量增长 24.18%，资产总额增长 22.03%，利润总额增长 3780.5 万元。

调结构、促转型：

公司成立之初，专注于建材行业水泥板块余热发电业务。在激烈竞争中水泥板块发展壮大，已成为节能环保领域拥有全套自主技术的高科技企业，并完成 60 余项国内项目和 20 余项海外项目。业务领域也从单一的水泥板块发展到玻璃、钢铁、化工等多元化工业领域，形成以工业余热发电、生物质发电和二氧化碳捕集与应用为核心的三大主营业务。

公司承接的全氧燃烧玻璃窑 5 万吨 CO2 捕集与提纯项目在中建材（合肥）新能源 650t/d 玻璃生产线上成功投运，成为世界首套玻璃窑二氧化碳捕集与提纯示范线。不仅如此，公司在 2023 年承接的年产 20 万吨水泥 CO2 捕集与提纯项目正式开工，建成后将成为国内水泥行业规模最大的二氧化碳捕集与提纯产业线。

抓创新：

2022 年，公司共申请专利 10 件，其中 2 件发明专利，授权专利 9 件，其中 1 件发明专利，申请软件著作权 1 件。2020 年，公司被评为“专精特新”中小企业，2022 年提交复审，并于 2023 年通过。

近年来，公司紧盯、抢抓“双碳”机遇，重点攻关建材行业二氧化碳捕集与应用领域的新技术，积极开拓“双碳”领域的国内外新业务，先后揭榜中国建材集团原创技术策源地及关键技术攻关项目《水泥全氧燃烧耦合碳捕集成套技术及关键装备》（即，结合全氧燃烧的烟气条件开展研发具有高 CO2 吸附量、快速吸附动力学、良好的选择性和稳定性的吸附剂，推导适用于工业化的传质模型，对碳捕集进行整体流程工艺方案设计和设备大型化开发）、中国建筑材料联合会重大科技攻关项目《建材行业窑炉烟气二氧化碳电催化转化制备合成气关键技术研究》（即，构建 CO2RR 电极动力学模型，搭建仿生 CO2RR 反应器实验室样机）《水泥窑炉烟气碳捕集新工艺流程及关键设备开发》《“零碳”玻璃工厂关键工艺技术研究与工程示范》。

自主研发的余热发电“一键启停”和“孤岛运行”技术，已在多项目实施，并取得良好成效；公司第二个智能工厂项目也在实施阶段，逐步推进“自动化 + 信息化”工业 3.0 的建设。

上海泽鑫电力科技股份有限公司

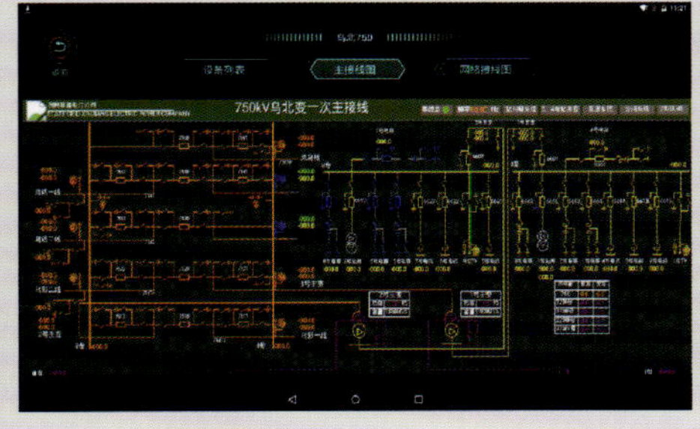
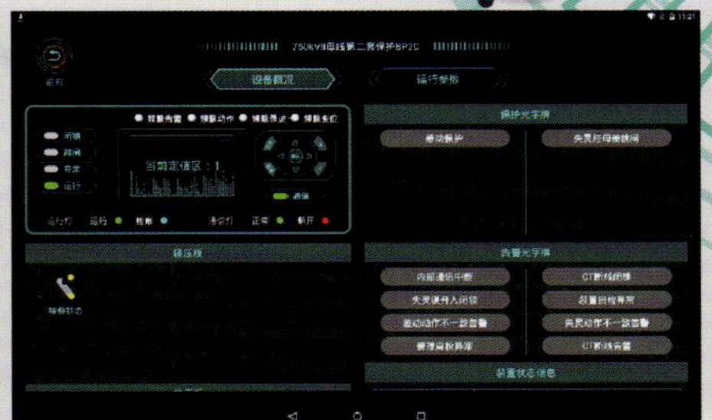
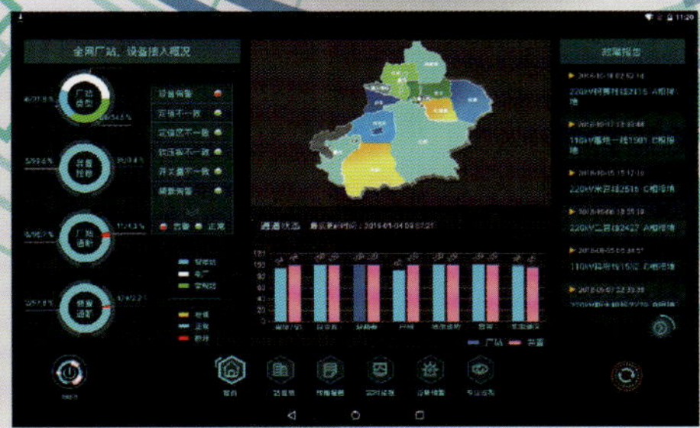

上海泽鑫电力科技股份有限公司成立于 2013 年，是一家专业从事智能电网、新能源应用领域的软硬件研发和技术服务等工作，坚持以自主研发、科技创新为主的高新技术企业和软件型企业。2016 年 8 月 12 日，公司在全国中小企业股份转让系统正式挂牌，股票简称：泽鑫科技，证券代码：838587。2021 年，入选国家级“专精特新”小巨人企业。

泽鑫科技坚守“立志如山、行道若水”的企业文化，坚持“以人为本、客户至上、诚信进取、创新发展”的经营理念，秉承“助力电网更智能”的共同愿景，弘扬“服务客户为先、携手合作为重、全力进取为要”的价值观。

公司主要从事智能电网领域的产品研发及技术服务业务，公司拥有核心研发团队，核心骨干均来自浙江大学、上海交通大学、西安交通大学、华北电力大学、上海电力学院、东南大学等知名学府。公司在电力信息采集与分析、故障诊断、实时控制与接入、大数据挖掘、人工智能应用等领域具有较深厚的专业积累和创新能力，能够为客户提供有竞争力的解决方案和专业化的技术服务。

公司主要产品包括：继电保护故障信息系统、二次设备在线监视与分析系统、变压器冷却器智能控制系统、继电保护设备状态监测与诊断系统、基于电力物联网技术的压板智能管控系统、电动刀闸二次回路智能控制系统等。

凭借继电保护故障信息系统的创新研发，公司成功跻身智能电网继电保护状态监测与故障信息处理领域的领先企业，并首创风冷智能控制系统和刀闸智能控制系统，为国家电网，南方电网以及各大发电厂提供智能解决方案，全面提升国内电网安全运行水平，进一步提高能源应用效率，并减小电网运行对环境的影响。

自公司创立以来，公司管理层及全体员工一直秉承脚踏实地的“工匠”精神，深耕智能电网有关细分领城，为国家的电网安全运行提供了有力的支撑。目前，主站业绩覆盖国内 95% 以上的省市，包括国网华东分部、西南分部、黑龙江、辽宁湖南、四川、新疆、青海、甘肃等电网调控中心，成为智能电网领域的中流砥柱。

上海泰胜风能装备股份有限公司

泰胜风能装备股份有限公司于 2001 年在上海成立，是中国风电装备制造行业历史最悠久的企业，同时开拓欧洲、北美、澳洲、日本等其它国际市场，是全球最大的风机整机制造商 VESTAS 在中国的首家合格供应商，屡获国内风机整机龙头企业金风科技的质量信用 5A 级供应商评价。经过多年深耕，公司已发展成为生产规模化、产品系列化、服务一体化，具有全球影响力的陆上、海上风电装备及高端海洋工程装备专业制造商，连续多年蝉联全球新能源企业 500 强。截至 2022 年 12 月，公司在超过 4 个国家或地区拥有有效授权专利 316 件，其中授权发明专利 51 项。2010 年 10 月 19 日，成功登陆中国深圳证券交易所创业板上市（公司证券简称为泰胜风能，英文简称为 TSP），股票代码为 300129。

公司是国家级高新技术企业，是《风力发电机组 塔架》（2022）国家标准制定牵头单位，也是《风力发电机组 环形锻件》等行业标准制定的参与单位，旗下企业获国家"专精特新"小巨人、上海市"专精特新"、上海市企业工程中心、江苏省工程研究中心、江苏省企业技术中心等多项专业资质认定，产品技术先进、品质优良，多次填补国内陆上及海上风电装备的行业空白。

风电装备制造业务是公司核心业务和规模化发展的核心支撑。多年来，公司深耕主业，在全国布局华东、华北、西北、东北、华南五个战略区域，十个生产基地，产品覆盖陆上及海上风电塔筒、海上风电管桩、导管架、升压站上部组块与导管架平台等多个产品领域，满足市场各大主流设计厂商的技术参数要求。

风电场投资运营业务是公司由制造型企业向投资运营型企业延伸布局的着力点，以及资源整合，产业协同的重要支点。公司投资开发洛阳嵩县 5 万千瓦分散式风电项目已有效运营，并通过此项目的成功经验在全国范围内进行新项目的合理布局。公司将加快风电场业务拓展，进一步提高风电场投资开发和运营能力。

公司高度关注产业链延伸的布局，是公司当期规模提升以及远期创新布局的支撑，能够与公司现有业务形成有效协同。未来发展中，公司将重点打造叶片、法兰及其他锻件、混塔、金属构件业务，高度关注储能业务，同时探索进入齿轮箱及轴承业务领域的机会，打造多元化的业务结构。

上海金联热电有限公司是杭州热电集团旗下走出浙江向外拓展的一家项目公司，继承热电集团的技术优势产业——热电产业，为上海金山园区提供区域供热的基础配套服务。

公司始建于2007年3月，位于上海市金山工业区九工路888号，占地约157.20亩，注册资金2亿元。2007年12月，开工建设。2009年5月，开始对外供汽。2014年11月，并网发电实现热电联产。2017年7月1日，正式启动燃气锅炉清洁能源替代技术改造项目。2017年9月28日，完成上海集中供热首台煤改气锅炉的投运。2018年3月31日，实现全燃气锅炉运行。公司目前建成热网管线长度约58公里，覆盖金山工业区、亭林工业区以及漕泾工业区，热用户140余家。

上海金联公司始终正确处理好经济发展同生态环境保护的关系，树立和践行绿水青山就是金山银山的理念，勇担社会责任，自觉地推动园区绿色发展、循环发展、低碳发展。一直以来，公司内筑基础、外树形象，从规范安全生产、完善内部管理、科学实施技改、提升员工素质、构建和谐劳动关系到用户至上、优质服务，努力成为工业园区能源环保服务最佳合作伙伴，不断提升公司在工业园区的影响力。近年来，先后获上海市文明单位、上海市平安示范单位、上海市治安安全合格单位等多项荣誉。

上海天然气管网有限公司

上海天然气管网有限公司在上海市燃气改革的大潮中应运而生，由申能股份和上海燃气集团共同投资组建，主要负责统一投资、建设和管理上海天然气主干输气管网系统，负责落实各种气源的统一接收工作，供应上海地区各直供大用户和区域性燃气销售公司。

公司自2000年成立以来，按照打造上游气源多元化、统一规划建设"一张网"的模式，在上级集团的支持下，建管并举，主要围绕主干管网规划和建设、天然气供需平衡、管网安全运行、企业自身发展等方面开展工作。

历经二十余年的建设和发展，已在全市范围内形成南北贯通、东西互补、两环多射的主干网布局，管网规模发展到800多公里管道，17座有人站，44座无人站，以及液化天然气分公司（5个LNG储罐，总容量32万立方米），并建立数字化中央管理控制系统，实现各种气源的接收。除了向城市燃气销售企业输送天然气外，还直接向电厂、化工等企业供气，年输气规模近100亿立方米。

公司将在做好安全供气的基础上，进一步完善管网布局，提升应急储备能力，为加快上海市能源结构调整以及天然气的综合利用，满足现代化城市可持续发展的要求不断努力。

上海电气风电集团股份有限公司

上海电气风电集团股份有限公司(简称电气风电),以“创造有未来的能源”为使命,为用户创造更大的价值。

电气风电践行“精于风,不止于风”的发展理念,以新能源为核心主业,以风电为战略支点。纵向对风电产业链上下游进行垂直整合、提供风电全生命周期解决方案;横向通过链赋能赛道、链应用场景,来打造多链共生生态,提供能源资产的全生命周期解决方案。

电气风电诞生自上海电气集团,上海电气集团是世界级的综合性高端装备制造企业,作为中国工业领导品牌,在120年发展历程中,创造多项中国及世界第一。

延续上海电气集团的优秀基因,电气风电在发展历程中也创下多项中国及世界第一:

2015-2022年,海上风电新增装机量连续8年全国第一;2016年、2021年,海上风电新增装机量全球第一;截至2022年,风电累计装机量全国第四;公司交付多个“首个”“首台套”“首批”行业示范引领项目。

公司在全球布局有7大研发中心、10个制造基地、7个海陆服务大区及1870余名员工,以更好地服务客户。始终坚持“以客户为中心”、坚持“技术领先下的整体解决方案领先”、坚持为客户提供“高可靠、可信赖”的整体解决方案,通过“创造有未来的能源”来推动能源新生态的繁荣和发展。

上海纳杰电气成套有限公司

上海纳杰电气成套有限公司成立于 2002 年 6 月，现隶属于上海电气输配电集团有限公司，是一家专业生产高低压成套电气、智能化新能源管理系统、轨道交通直流牵引设备和智能化配电系统的高新技术企业。

公司专业设计、生产、销售从 35kV、10kV 到 0.4kV 高低压电气成套设备。主导产品先后荣获上海名牌产品、国家重点新产品和中国国际工业博览会银奖及铜奖的殊荣。先后通过了质量管理体系、环境管理体系、职业健康安全管理体系以及测量管理体系的认证，并拥有为数众多的低压产品“3C”证书和高压产品“PCCC”证书。

企业坚持走高新化、智能化、小型化、节能化、成套化的创新之路。通过不断的科研投入和人才集聚，每年都有多项新产品为用户所选用。并先后申报 353 项国家专利，已授权 222 项，其中发明专利授权 19 项。公司先后被授予上海市知识产权示范企业、上海市科技小巨人企业和上海市创新型企业荣誉称号。公司研发中心也被认定为上海市市级企业技术中心、“纳杰电气”分别荣获中国驰名商标、上海市著名商标和上海市品牌引领示范型企业称号。

纳杰电气从创立之初就确立了“学习、创新、超越”的发展理念。坚持“诚信在纳杰，满意给用户”的宗旨，秉承“精心制造、诚信服务、团队协作、创新奉献”的精神，通过不断“纳精英之才，创品牌之杰”，来凝聚人心，创新品牌，为用户提供更优质的产品和满意的服务、创造超凡的价值。

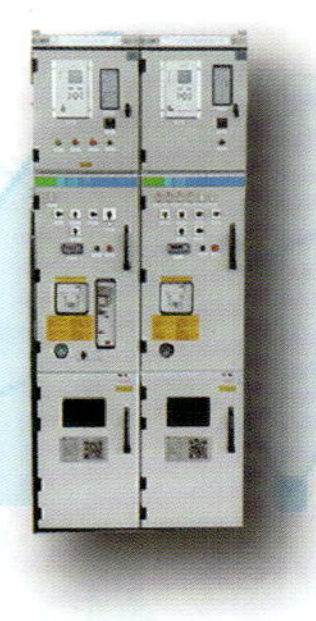

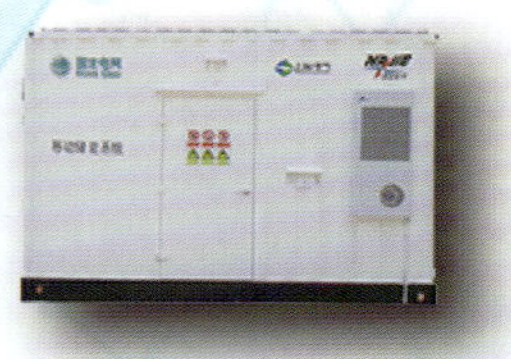

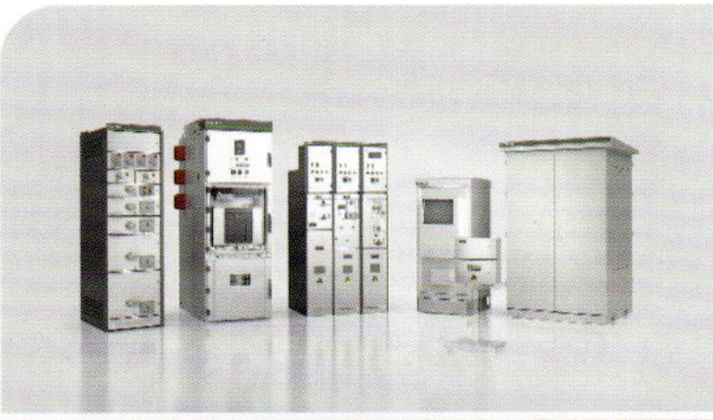

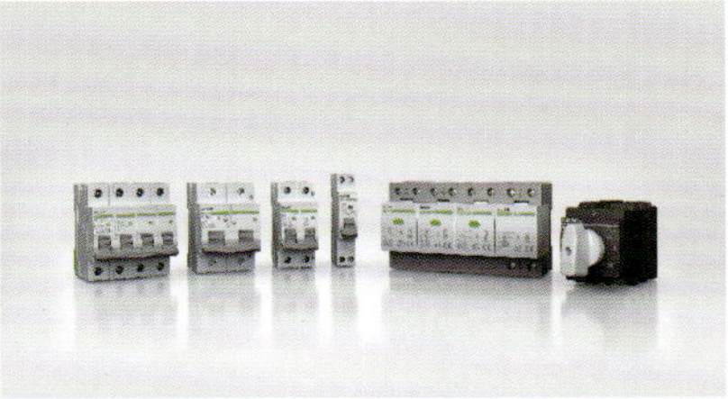

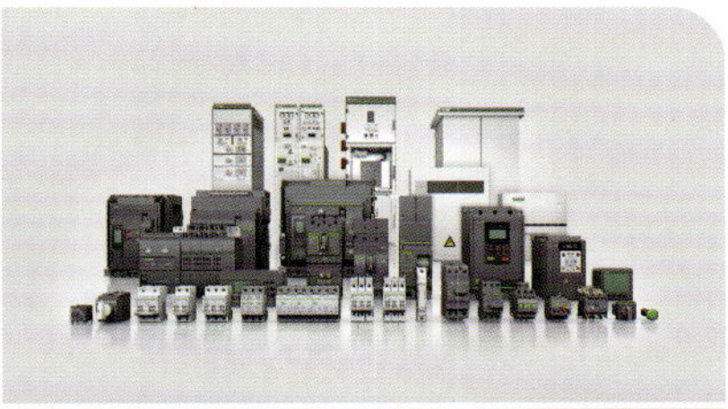

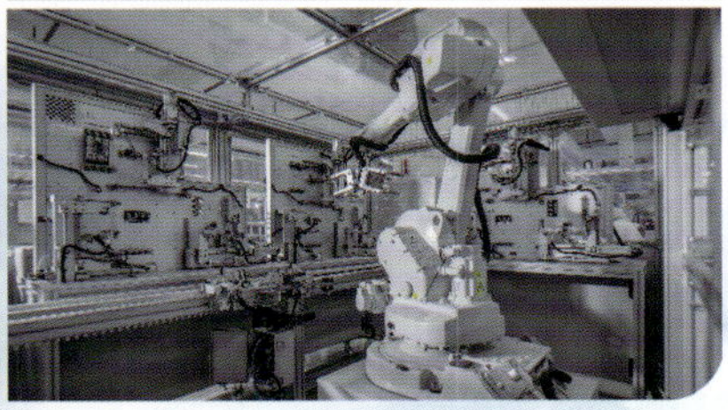

上海仪电显示材料有限公司

上海仪电显示材料有限公司，是中国大陆首家五代线液晶显示面板用彩色滤光片（也称彩膜）独立制造商，公司产品在龙腾光电、京东方、天马、信利等面板厂组成液晶面板后，供应给三星、华为、小米、OPPO、联想、迈腾医疗等知名终端厂商。公司先后获得“工信部智能制造试点示范”“工信部制造业单项冠军示范企业”“上海市企业技术中心”等荣誉。是五代彩色滤光片行业领军企业。

近年来，公司确立产业链纵向发展战略，成立昆山仪电显示材料有限公司，扩大生产规模，国内市场占有率提升至80%以上；同时坚持以核心技术驱动知识产权成果转化，推出视角可切换彩色滤光片、半反半透显示彩色滤光片、高光学性能彩色滤光片等系列新产品，在产业市场上从国内领军迈向国际领先。

近年来，中国平板显示产业规模持续扩大，拉动对上游显示材料需求的快速增长。其中，光刻胶就是显示行业最为关键的原材料。2022年，公司把握国内先进电子材料行业快速发展机遇，建设电子材料研发平台及显示用光刻胶生产线项目，引进光刻胶研发、设计、制造技术，在现有厂区内新建光刻胶生产车间及配套设施，将实现国内显示行业亟需的高性能光刻胶材料国产化突破，助力本行业高质量发展，履行国有企业责任。

上海仪达空调有限公司

上海仪达空调有限公司(简称SEAC)主要从事各类汽车空调系统及零部件研究开发、生产制造，源于国内的汽车空调供应商——上海华域三电汽车空调有限公司。目前为上汽集团、北汽集团、中国重汽等多家知名汽车集团提供产品配套服务。

上海仪达空调有限公司2000年10月成立，位于上海松江经济开发区，占地面积2万平方米，建筑面积1.7万平方米。2014年，公司设立马鞍山仪达空调有限公司，位于安徽省马鞍山市当涂经济开发区，使用建筑面积8600多平方米，两地员工近500人。公司主要开发人员由来自国内名牌大学的多名制冷空调专业研究生以及一批高级工程师、电气工程师和技师等组成，核心团队从业经验均在二十年以上，公司先后获评上海市先进企业、上海市高新技术企业、松江区区级技术中心。

公司强调以人为本，注重人才的培育和使用，做好员工职业生涯规划，致力为奋斗者提供事业舞台！针对空调系统技术含量高，与整车配合要求高，不同车型需求层次差异大等特点，上海仪达空调有限公司的研究开发工作将直接面向用户需求，了解用户需求，并将需求反映到产品的设计中。以价值工程的理念来追求产品最优的性价比，以更好地满足客户需要。通过注重基础技术、优化性能、包装、质量及可靠性以强化产品开发，提供包括客户端在内的系统设计和支持，共同实现公司可持续发展战略。21世纪努力成为世界一流的汽车空调供应商！

上海电气凯士比核电泵阀有限公司

SHANGHAI ELECTRIC-KSB NUCLEAR PUMPS AND VALVES CO., LTD.

上海电气凯士比核电泵阀有限公司（简称 SEC-KSB），是上海电气集团和德国凯士比集团于 2008 年 9 月成立的合资公司。其中，上海电气持股 55%，凯士比集团持股 45%。SEC-KSB 主要从事核电站用泵、阀业务，包括核 1 级反应堆冷却剂泵（核主泵）及核 2、3 级泵、阀以及常规岛泵、阀的设计、制造和售后服务。

经过十多年的发展，SEC-KSB 已建立完善的质量、环境、职业健康安全管理体系，取得 ISO9001、ISO14001、OHSAS18001 证书、ASME N 和 NPT 认证证书；并获得国家《民用核安全设备 1、2、3 级泵设计、制造许可证》。

SEC-KSB 能够提供具有国际领先技术水平的轴封型主泵（RSR）及湿绕组电机主泵（RUV）。为海南昌江核电站交付的 4 台 RSR 已安全运行 7 年。为“华龙一号”批量化建设首堆漳州 1、2 号机组提供 6 台 RSR，其中 1 号机组的 3 台主泵已于 2022 年全部交付现场，2 号机组的主泵即将交付；还将为“华龙一号”三澳 1、2 号机组提供 6 台 RSR，为“华龙一号”三门 5、6 号机组提供 6 台 RSR。此外，SEC-KSB 为国家科技重大专项“国和一号”示范工程研制的 4 台 RUV 已于 2022 年上半年全部交付，并将为“国和一号”2 号机组增补项目提供 4 台 RUV，为 CAP1000 广西白龙 1、2 号机组提供 8 台 RUV。

自 2011 年底投产运行以来，SEC-KSB 已为福清、宁德、田湾、阳江、防城港、方家山、红沿河等核电站生产、交付超过 250 台套的核 2、3 级级泵及常规岛泵，包括为 AP1000 三门和海阳依托项目提供的余热排出泵、凝结水泵、辅助泵，为“华龙一号”首堆 - 福清 5、6 号机组提供的上充泵、余热排出泵、安注安喷泵、凝结水泵，为“华龙一号”防城港 3、4 号机组提供的立式上充泵、凝结水泵等，为“华龙一号”批量化建设首堆 - 漳州 1 号机组设计制造的余排泵、安注安喷泵等，为 “国和一号”示范工程设计制造的主给水泵。还将为三门和海阳 4 号机组设计制造余热排出泵等。自 2019 年起，SEC-KSB 已经成为凯士比集团核级泵的设计、制造、试验基地，向全球核电市场供货，其为英国欣克利角 C 核电项目提供的立式上充泵已于 2022 年 12 月 12 日发运交付。

SEC-KSB 未来的发展目标是在现有的核级泵国产化和自主化的基础上，形成技术和知识产权自主化，采购和制造兼顾本地化和国际化，从而完成二代加和三代泵阀的完全国产化和自主化，为客户提供完善的、可信赖的核电泵阀产品。

东芝空调诞生于 1935 年。1999 年 4 月，株式会社东芝将她的空调设备事业部门单独分离出来，与美国开利公司组成全新的公司：东芝开利株式会社。2002 年，东芝空调进入中国。随着东芝空调在中国的蓬勃发展，东芝开利株式会社于 2006 年 10 月成立了在中国的子公司东芝开利空调销售（上海）有限公司，推进东芝空调在中国的持续发展。

东芝于1980年和1981年研发并量产世界首台商用及家用变频分体式空调，并获得电气及电子工程师协会（IEEE）「IEEE 里程碑」认证。这是 IEEE 自 1963 年成立以来，在暖通空调行业颁发的第一个「IEEE 里程碑」。

东芝拥有 18 年全变频空调系统制造经验。2020 年，东芝空调推出 SMMS-u，直流变速多联式中央空调，系统容量最大 120HP，本产品获得 2020 年度全日本节能大奖金奖：经济产业大臣奖。2022 年， 东芝空调再次获全日本节能大奖，这也是东芝空调第 31 次获此殊荣。

TOSHIBA
仅需一套空调系统即可同时实现
冬季地暖采暖
夏季空调制冷
TOSHIBA
SMMSu
TOSHIBA
TOSHIBA

东芝空调

中核(上海)供应链管理有限公司

为深化核工业先进供应链体系建设，切实提高采购集中度和规范化、信息化水平，中核(上海)供应链管理有限公司(简称中核供应链)于2018年2月在上海市徐汇区注册成立。公司现有北京、嘉峪关两个分公司，西南和华南两个业务分中心，中核集团总部、连云港和海南三个服务处，员工170余人，采购、信息化等领域专业人才占比71.4%。公司作为“中核集团统一招标和标准化、大宗、通用物项集中采购平台”，秉承“让采购更简单、让员工更幸福”的发展理念，承担统一招标采购服务、信息系统平台建设与管理、供应商管理等工作。

中核供应链形成四大核心业务+N项增值服务的经营模式。主营业务涵盖数字供应链平台建设运营、集中采购服务、采购代理服务、供应链金融服务四大模块。

1. 平台建设及运营：以一体化为统领，打造采购全流程在线管理、集中采购电商化实施、全电子招标/非招标数智化、供应商管理四大功能，以数据报表、看板、报告为展现形式，将数据资源运用到采购业务的管理、监督、分析服务中。

2. 集中采购服务：持续完善集采体制机制，健全集采管理体系，优化集采业务流程，提升一级集采专业化实施能力和二级集采定制化服务能力，以电子商城为依托，统筹推进集中采购服务阳光化、线上化。分阶段逐步拓展集中采购范围，分领域持续扩大集采服务规模，提升服务集团主业的能力。

3. 采购代理服务：推进招标代理、委托采购等采购代理业务体系化、标准化、数字化，提升服务专业性、敏捷性，实现从流程型服务向专业型和顾问型服务的转变。招标代理业务为客户提供工程建设(建安、货物、服务)、机电设备国际采购、政府采购、涉军涉密等各类优质的(全电子)服务，委托采购业务为集团内外客户提供全生命周期和项目制一站式采购管理等定制化服务。

4. 供应链金融业务：运用信息科技手段整合供应链物流、资金流、信息流等信息，在真实交易背景下，提供系统性的金融解决方案，以快速响应产业链上企业结算、融资、财务管理等综合需求，实现“数字供应链+数字金融”的战略融合，降低企业成本，精准补齐供应链短板，赋能整个供应链生态圈。目前已初步建立包含核财信、核财票、核财函等核产业供应链金融产品体系。

5.“N”——拓展N项供应链增值服务业务：基于中核集团数字供应链平台，兼顾功能与市场、面向集团内外、统筹供给与需求，积极开拓科技成果转化、品牌代理、数字化碳管理、冗余物资处置、产业对接等多项供应链增值服务，完善供应链服务体系，补齐建强供应链服务保障能力。

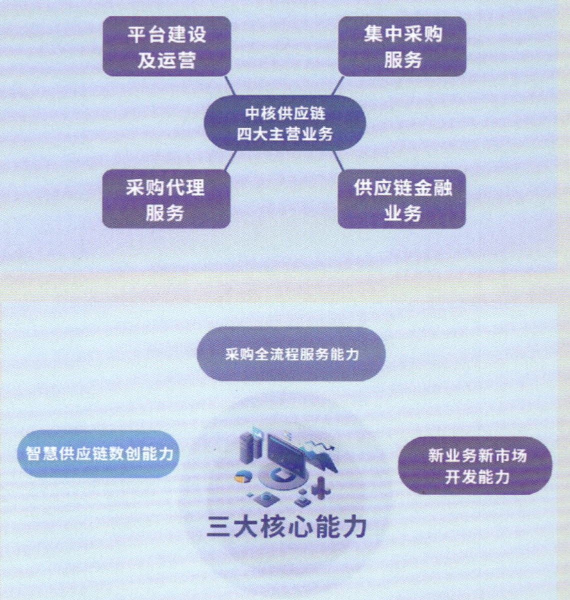

地址：上海市徐汇区桂林路396号3号楼3、4楼
电话：021-61592000
网址：www.cnsc-sh.com

伯曼机械制造(上海)有限公司

伯曼集团始建于 1935 年，是独立的第三代家族企业。伯曼集团成立 80 多年来，始终坚持技术自主创新。凭借覆盖全球的销售服务体系，多年来实现发展稳健。“不在于一时的盈利，而在于永久的成功”，是伯曼集团长期坚持并将继续实践的座右铭，亦是伯曼在未来发展中的航向。

伯曼集团的主要产品领域有：

输送和装载技术

码垛和包装技术

机场和物流系统

客户支持服务

伯曼集团的目标行业主要有：水泥、石灰石、石膏、化工、化肥、矿业、机场、快递和包裹服务行业、电子商务、多媒体和分销商等。

2009 年 8 月 24 日，伯曼集团收购丹麦 克瑞斯普兰的所有股份和业务。本次收购符合伯曼集团持续发展的长期战略，巩固了其业界领袖的地位，使集团在机场和物流领域更具竞争力优势。

如今，伯曼集团在全球拥有约 4,500 名员工，年销售额达 9.5 亿欧元。

伯曼集团在 2005 年初成立伯曼机械制造(上海)有限公司，并设立生产制造基地，同时配备最先进的高精度机械设备。伯曼上海公司目前的产品与系统集成业务领域应用于民航机场、物流快递、电子商务、家用电器、橡胶轮胎、水泥、矿山、发电厂、石油化工等多个行业。公司拥有集团在欧洲之外所唯一设立的研发机构，拥有完善的生产制造及质量保证体系。2005 年 3 月取得产品进出口自营权，作为集团全球的生产基地以及负责中国市场的实体公司，产品遍布中国和海外各地。

秉承“诚实守信、客户至上、品质创新、团队合作、持久发展”的核心价值理念，追求与客户的共赢。伯曼上海公司成立以来，销售收入持续增长，在行业中树立集产品研发制造与系统集成于一身的成功典范。公司自主创新能力强，目前伯曼上海实用新型专利累计达 100 多项，发明专利 5 项，是上海市高新技术企业、青浦区百强纳税企业、青浦区优秀人才团队。

美迪科(上海)包装材料有限公司

一、公司概述

美迪科(上海)包装材料有限公司(简称美迪科)成立于2003年7月,注册地址为奉贤区奉城镇奉坚路233号,注册资本3000万元人民币的内资企业,法人代表－陈东航。美迪科公司占地6.6亩,建筑面积4400平方米,是专业生产医疗器械灭菌包装及包装材料、消毒器械、医疗器械的国家级高新技术企业。2022年,生产总值44939万元,上缴利税10125万元。

美迪科主要产品为:医疗器械灭菌包装材料及包装袋、二类消毒器械(消毒灭菌指示包装袋)。

二、企业荣誉

美迪科公司是上海医疗器械行业协会会员单位、中国医疗器械包装协会理事单位、中国卫生监督协会消毒专业委员会理事企业、上海市高新技术企业协会初始会员单位、中国印刷协会理事单位。

2016年获得:奉贤区企业技术中心荣誉称号、奉贤区科技小巨人企业、上海市奉贤区印刷协会颁发的爱心企业和销售状元荣誉称号、消毒器械和干燥剂包装两项产品获得上海市名牌产品荣誉称号、奉贤区“四新”企业称号。

2017年荣获:上海市“专精特新”企业称号。

2018年被上海市奉贤区知识产权局评为专利试点企业,并申报成功“专利新产品”、研发产品“易剥离膜打孔顶头袋”荣获全国包装委员会包装科技技术三等奖、被上海市包装技术协会授予“上海包装创新企业”称号、获得“中国卫生监督协会消毒与感染控制专业委员会”认可,成立“基层医疗机构消毒供应技能培训实施基地”、研发的“基于杜邦特卫强Tyvek材料的全封闭隔离防护服的示范应用”项目申报奉贤区工业强基项目并获得认可。

2019年组建奉贤区工程技术研究中心并申报获得认可、再次荣获上海市“专精特新”企业称号;美迪科公司通过ISO13485体系认证,消毒器械系列产品通过美国FDA510K认证;通过安全生产标准化三级企业认证;通过知识产权管理体系认证。拥有授权发明专利5项,实用新型专利17项,软件著作权3项。

三、企业特色

美迪科是美国杜邦公司在中国地区的医用级Tyvek材料唯一授权经销商和指定加工商;公司专注于医疗器械领域和新型材料的研发,拥有符合GMP标准的10万级无尘净化车间数千平方米,拥有进口4色柔印机,涂布机、光控分切机、全自动制袋机等先进设备,还拥有先进水平的质量检测设备。工艺流程从电脑设计、制版、涂布、印刷、分切、制袋等形成一条龙生产。公司建立区级研发中心,每年投入不低于销售额5%的研发费用,建立一支年轻的研发团队,并通过和杜邦(中国)有限公司的技术合作,不断开拓新技术、新工艺、新材料、新产品。其中最具代表的:研发投入国内唯一“气刀涂胶生产线”填补了国内空白;研发的消毒器械“医疗器械灭菌指示包装”项目获国家科技型中小企业技术创新基金立项支持并且已顺利通过国家验收,现已销售到国内2000家三甲医院,并通过美国FDA认证进入日本、美国等国家。2020年,因新型冠状病毒的影响,公司从车间改造、购置机器、采购原材料,到招聘工人、医疗器械“两证”审批仅用半个月,实现二次创业完成向医疗器械研发、生产企业的转型。

“不畏艰险、勇攀高峰”是美迪科的精神,美迪科未来将专注实现工业4.0;医疗器械的研发、销售、医护人员培训;生命科技,这三个新型领域为目标,持续发展。

锦湖日丽
KUMHO-SUNNY

上海锦湖日丽塑料有限公司

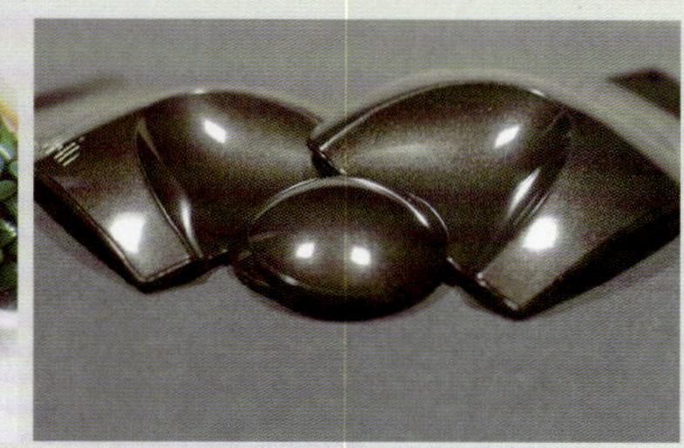

上海锦湖日丽塑料有限公司于 2000 年由韩国锦湖石化与上海日之升共同投资组建。公司总部位于上海，拥有上海闵行、上海金山、广东 3 个生产基地，年生产能力 27 万吨，是国内规模前三的塑料改性企业。

从 PC/ABS、ABS 发明专利数第一，到塑可丽，塑优案、材先胜不断引领业界选材新趋势，锦湖日丽致力于帮助客户从选材开始获得竞争优势。越来越多标杆企业，选择锦湖日丽作为核心供应商。

锦湖日丽作为改性塑料技术与创新解决方案的领先者，正在从提供专业化产品，向针对细分领域提供创新解决方案转型，更好地帮助顾客成功。

· 国家火炬计划重点高新技术企业
· 国家级火炬计划项目
· 上海市创新型企业
· 上海市科技小巨人企业
· 上海市企业技术中心
· 工信部“专精特新”小巨人企业
· 国家知识产权优势企业
· 中国专利优秀奖
· 中央电视台 · 匠心智造纪录片 –2017 年改性塑料行业唯一入选企业
· 上海民营制造企业 100 强 连续 7 年（2016 年 –2022 年）
· 上海制造业企业 100 强 连续 7 年（2016 年 –2022 年）
“十二五”国家重点图书参编单位

丰罗绝缘材料（上海）有限公司

丰罗绝缘材料作为瑞士一家历史悠久的上市公司，成立于1803年。公司产品着重于发电机，旋转电机，复合材料和加工，是全球市场的技术领导者和唯一一家能为电机提供全套绝缘材料，加工设备和服务的公司。

公司为该市场的发展作出杰出贡献，开发众多该新技术产品，确保稳步提高输出功率，缩小电机体积。

公司有以下优势可以令客户满意：

所有绝缘材料的一站式资源；

已获得认可的系统组分相容性；

丰罗拥有材料和系统的测试中心；

制造技术和设备；

应用工程咨询服务；

绝缘材料和系统培训。

为满足全球市场的需求，丰罗集团分别在瑞士、法国、意大利、德国、中国、印度、美国等国家和地区建立工厂。

丰罗绝缘材料（上海）有限公司成立于2006年，位于上海市松江区民强路1235号，总建筑面积为4454平方米。主要产品应用于低压电气绝缘的柔性复合材料以及耐高压云母带和防火云母带的生产和销售，以及用于高铁的电磁线及绝缘漆。

丰罗绝缘材料（上海）有限公司作为电气行业的绝缘材料供应商之一，也是汽车行业多个著名品牌汽车的一级/二级供应商。

公司年产绝缘纸复合材料500吨、云母带产品600吨、绝缘树脂产品1200吨。公司配备完善的复合分切等生产设备，以及环保和安全设备设施。

上海万物新生环保科技集团有限公司

【概况】

上海万物新生环保科技集团有限公司（简称万物新生）。坐落于淞沪路 433 号 6 号楼 12 楼。是中国最大的二手 3C 电子产品交易平台，也是首家“互联网 + 环保”类型的新零售企业。国家电子商务示范企业，上海市高新技术企业，上海市民营企业总部。2022 年，有在编职工 466 人，其中本科及以上学历占 79%，研究生及以上学历占 15%。年内，爱回收年电子产品处理量超 3200 万单，同比增长 26.9%。爱回收线下门店及上门业务覆盖全国超过 269 个一、二线城市，门店数 1950 家，以及 2000 多个自助服务站。在城市绿色产业链业务领域，作为“互联网 + 垃圾分类”的创新模式，“爱回收爱分类”坚持市场化动作原则，在全国 30 余座城市开展运营，提供数字化智能化的可回收物回收服务，日均回收量达 1000 吨，不仅引导居民主动垃圾分类，更有效实现垃圾减量化和资源化。万物新生回收并监督绿色处置废旧电子设备共计 22.3 万台，减少电子产品污染 35.7 吨。常州运营中心自动化技改实现二手手机循环流通增量达 39.69 万台，等效碳减排 1.2 万吨。万物新生集团秉承“让闲置不用，都物尽其用”的使命，致力于打造 ESG（即“环境、社会和治理”）样本企业，将社会责任融入到商业实践中，包括通过研发隐私清除技术保障用户信息安全，通过延长电子产品的生命周期减少电子消费领域的碳排放和环境污染。

【自主研发科技赋能】

万物新生专注于打造自身核心技术壁垒，不断增强自身研发能力，持续提高科技化质检能力和数字化供应链技术，实现多项行业领先的技术能力大范围落地推广，铸造企业核心护城河。2021 年，万物新生研发费用为 2.19 亿元，同比增长 50.6%，为公司的科技创新助力加码。Matrix2.0 实现质检流转全流程自动化，完成由“人工主观质检 + 半自动化”向“全自动化”的跨越，实现二手设备质检标准无差别执行。Matrix2.0 设备操作人员减少 85%，人工辅助成本降低 83%，质检成本下降 20%，质检工作效率提升 18%，进一步推动企业的降本增效。针对非标二手 3C 电子产品外观人工检测速度较慢、精准度相对较低的痛点，万物新生自主研发手机外观智能检测设备“拍照盒子 3.0”。“拍照盒子 3.0”具备流水线式并发处理能力，可同时对多台手机进行外观检测，通过融入 AI 算法，单台外观检测质检效率从平均人工用时 200 秒提升至 5 秒每台，效率提升 71%，仅需 20 秒即可精准定位并检测出 30 余种外观缺陷，准确率达到 99% 以上，是二手手机品质定级的重要依据，大幅度提升非标产品品质量化的可操作性。

上海玫克生储能科技有限公司

上海玫克生储能科技有限公司成立于 2018 年，以“美克生能源”品牌进行产品研发和社会服务，是一家集储能科技、储能设备、电池性能等新能源技术的高新技术企业。公司专注于电池安全预诊断技术及安全管理服务，提供绿色能源资产的投资、建设、运营、管理等综合解决方案，是全球首批推出商业化锂电池安全故障预警应用平台及数字化电池管理系统的企业，更是国内领先的安全低碳绿色能源服务商。公司积极响应国家双碳目标，契合“十四五”数字经济发展规划，汇聚全球顶尖科研团队，自主研发多项产品应用，为工商业分布式光伏电站、储能电站、智慧园区、城市储充站等不同场景提供解决方案和系统集成，助力新能源产业数字化转型迈上新台阶。2022 年获评“福布斯独角兽企业”。

安全高效的数字化电化学储能电站管理服务让美克生能源成为国网江苏省电力公司、国网浙江省电力公司、中国华能集团、中国华电集团、大唐集团、上海振华重工、中国铁塔集团等数十家央国企的指定合作方，已被应用于如最大出海储能电站英国门迪电站、全国最大规模电网侧梯次利用储能电站南京江北电站等多个示范性电站中。高效的服务和雄厚的技术实力使公司获得了全球顶尖一线资本的认可，自 2021 年 3 月至今，公司已获得从天使轮至 C 轮共五轮风险投资。投资者包括红杉资本、源码资本、君联资本、香港新世界集团、纪源资本等多家顶级投资机构，融资总额数 10 亿元。更获得源码、君联、GGV 等多家知名投资公司支持，打造百亿级专项绿能基金，全面助力更多企业实现绿色转型，服务科技强国战略。

上海实业振泰化工有限公司

上海实业振泰化工有限公司始建于 1970 年，始名奉贤盐化厂，是当年奉贤县与华东师范大学联合在奉贤柘林镇筹建并作为华东师范大学化学系的教学实习基地的地方全民国有企业，经过几十年的发展，已成为中国特种氧化镁系列产品的现代化企业。公司现有资产 3.53 亿元，员工 176 名，研究生、本科生等科研人员占职工总数的 30 % 以上，研发经费投入占销售总额的 4 % 以上，年产值近 2.5 亿元。

公司长期坚持以市场需求为导向，以科技创新为手段，以华东师范大学为技术后盾，严格贯彻质量、环境、职业健康安全及知识产权管理体系，建立科研一生产一销售为一体的完整的技术创新体系，现拥有发明专利 15 项及实用新型专利 13 项，完成重大原材料从熔炼到高端产品生产产业链的整合，强有力的生产工艺技术改革和新产品开发能力，使公司具有个性化的、强于他人的、能保持企业长期稳定发展的竞争优势。

公司产品凭借技术领先、品质稳定和服务优质始终占据国内业界前列，并在国际上占有一席之地。特种硅钢级氧化镁产品曾获国家教育委员会颁发的科技进步一等奖、上海市优秀产学研联合工程项目一等奖。公司连续被认定为上海市高新技术企业、上海市外商投资先进技术企业，并获得工信部“专精特新”企业、上海市“专精特新”小三人企业、上海市专利试点企业、上海市化工协会出口基地、全国重合同守信用单位、上海市文明单位、全国轻工业百强企业专项能力榜等多项殊荣，产品曾获得中国化工行业卓越品牌、上海市新材料优秀产品、上海市名牌产品、上海市著名商标等荣誉。

上海建立电镀有限公司

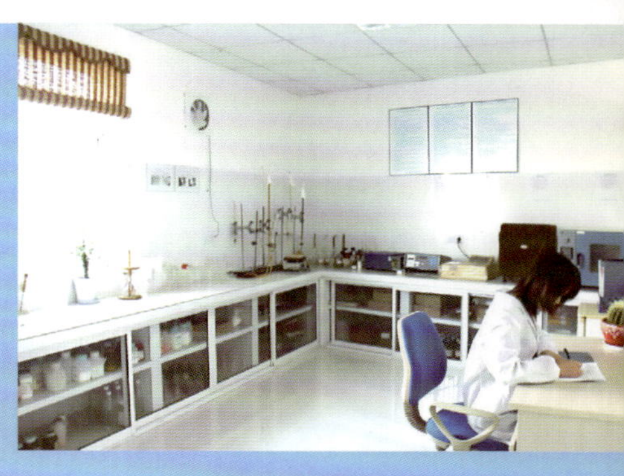

上海建立电镀有限公司占地面积 18000 多平方米，建筑面积 10000 多平方米，现拥有电镀生产线 16 条，镀种齐全：涉及包含电镀锌、镍、锌镍合金、镀金、镀银、镀锡、铝氧化等在内的表面处理工艺，涉及颜色繁多，如蓝白、五彩、金黄、军绿、黑色等，拥有自主理化试验室、盐雾试验机、X-RAY 测厚仪等完善的品质控制检测手段。

公司具备丰富的金属表面处理经验。拥有一批电镀专业高技术人才，有二十多年电镀行业的高级技师和优秀的管理人员。先进的全自动电脑生产流水线，配置齐全的各种检测设备、仪器，以及全功能化学分析室。

公司根据客户及行业要求，陆续通过 ISO9001、ISO14001、ISO/TS16949 等质量体系的认证，坚持“拼搏奉献、务实创新、持续改进、精益求精、全员参与、顾客满意”的质量方针，赢得客户的关注和认可。

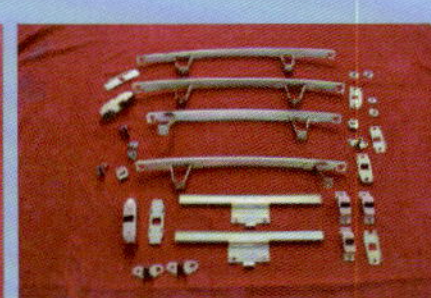

上海熙华检测技术服务股份有限公司

上海熙华检测技术服务股份有限公司成立于 2015 年，位于张江药谷核心区和周浦国际医学园区，是一家专注于生物样本分析、仿制药一致性评价的生物医药企业，国内领先的符合国际规范的药物临床试验生物样本分析第三方实验室，上海市仿制药一致性评价专业技术服务平台，国家药品监督管理局高级研修学院“临床试验生物样本分析质量管理培训班”承办单位，中国药科大学生物样本分析联合实验室，上海市高新技术企业，上海市科技小巨人企业，上海市“专精特新企”业，浦东新区企业研发机构。

公司拥有一支由海归博士领衔的优秀研发和服务团队，管理团队曾先后任职于国际知名药企和 CRO 公司，精通国内外生物分析的法规和质量体系，在药物临床试验生物样本分析领域积累了丰富的经验。现有营业场地 3000 多平方米，服务设备齐全，配套 400 多台近 6000 万元的仪器设备，包括三重四极杆串联质谱仪 31 台，超敏因子电化学发光分析仪 2 台，可提供生物等效性(BE)评价、临床药代动力学(PK)研究、生物样本分析、临床试验稽查与咨询、仿制药开发等技术服务项目。

公司成立以来，注重技术积累，已建立 300 个化学药、50 个生物药的生物分析方法学，承担 600 多个品种的 BE/PK 研究，其中 100 多个项目通过 NMPA 的现场核查或免检。

公司坚持“质量至上，严守时限”的服务理念，与 100 多家国内外知名药企、临床 CRO 和高校研究所建立广泛的合作关系。

上海紫泉标签有限公司

上海紫泉标签有限公司成立于 2002 年，投资总额 4500 万美元，公司于 2010 年在广东清远投资成立广东紫泉标签有限公司。公司主要生产热收缩膜标签、绕贴标签、不干胶标签、模内标签、LDPE 弹性标签等各类标签、高透明 PE 热收缩彩膜以及卫生用品包装等产品。年产销各类标签 300 亿张、高透明 PE 热收缩彩膜 1.5 万吨、卫生用品包装袋 8 亿只。

公司拥有从日本、意大利、丹麦、德国引进的生产设备和质量检测设备数十台。这些国际一流水准的设备为确保产品的质量奠定物质基础。

公司注重管理和技术创新，通过 DNV 的 ISO900:2008 质量体系认证，又先后实施 ERP、6S、SOP、TPM 等管理。公司设有技术研发中心，具有雄厚的技术实力，现有国家发明专利授权 8 项，实用新型专利授权 14 项，是上海市高新技术企业和上海市科技小巨人企业。

多年来，公司与可口可乐、百事可乐、宝洁、联合利华、雀巢等国际品牌建立良好的合作关系，也是农夫山泉、统一、伊利、光明等众多国内知名企业的主要供应商。

紫泉作风：脚踏实地地干、只争朝夕地赶

紫泉精神：胸怀大志、脚踏实地、励精图治、争创一流

地址：上海市闵行区颛兴路 1288 号
电话：021-51598200

东方美谷企业集团股份有限公司

东方美谷企业集团股份有限公司成立于 2016 年。集团大力发展美丽健康产业、生产性服务业以及跨界产业的"1+1+X"产业定位，先后被国家发改委、科技部、上海市政府授于中国化妆品产业之都、国家生物产业基地、国家科技兴贸创新基地、上海市新药创制四新基地，以及获评上海品牌示范园区、上海市知名品牌创建示范区、上海市知识产权示范园区、上海市企业服务优秀园区、生物医药特色产业园区、时尚消费品特色产业园区、智能制造特色产业园区等称号。

按照产城融合发展理念，东方美谷以美丽健康特色布局，增强高端生物制品、创新中药等方面的综合实力，提升生命健康产业的吸引力和竞争力，全力推动以"化妆品生产和生物科技产业"为核心的美丽健康产业，支持药明生物、莱士血液、上生所、伽蓝集团等重点企业，着力推动中化学"一总部两集团"、新兴际华上海研究院、上海城投检测评估中心、盛虹材料研究院等"大院大所"落地，打造生命健康全产业链创新生态。

围绕着"东方美谷"的发展核心，不断整合资源，打造产业功能平台，全资投入建设检验检测、人力资源、培训教育、政策申报、商标服务、知识产权保护、技术成果交易等服务于美丽健康产业的功能平台，还在 B2B、B2C 的销售终端、广告传媒、商品溯源等领域积极介入，并协助推进彩妆药妆研发中心、东方美谷产业研究院、研发创新中心的建设，全力构建完善的产业服务功能体系。

围绕服务企业发展，形成以技术支持和推动产学研一体化的服务为特色的产业发展平台；涵盖物业、技术、资金等全方位要素的产业资源平台；以国家级孵化器为依托的产业孵化平台；提供政务、商务、人资、协会等全方位服务的产业服务平台；集合市、区、大张江、大临港、东方美谷多级优势叠加的产业政策平台。

围绕服务人才发展，交通通勤方面，建立功能区至主要公共交通站点的接驳渠道；人才安居方面，建设能够满足过渡性、临时性居住需要的公寓用房；公共配套方面，花大力气引进高品质的教育、医疗、文化资源，方便人们打造工作生活圈的设施和软件，构筑起引进人才的温馨凤巢。

下一阶段，集团将围绕美丽健康产业定位，坚持产业链招商思路，创新实施"基金 + 基地"招商路径，精准对接优质项目，全力促进产业链向高质量、集聚式发展，促进美丽健康产业继续集聚壮大，奋力谱写东方美谷发展的新篇章。

回力

“韧”性一夏

拥抱 年轻 “力”

上海回力鞋业有限公司

Shanghai Huili Shoe Industry Co., Ltd

上海回力鞋业有限公司是上海华谊集团股份有限公司下属国有企业。旗下“回力”品牌创建于1927年，先后被评为“中华老字号”品牌、“中国驰名商标”“上海市著名商标”。“回力”产品不仅承载着几代国人对青春时代的美好回忆，更随着深入贯彻落实国家和上海民族品牌振兴的工作要求，坚持高质量焕新发展，在男女鞋行业位于头部位置，成为一代代消费者“永恒的记忆、永远的陪伴”。

上海东隆纺织科技(集团)有限公司

上海东隆纺织科技(集团)有限公司成立于1997年，位于上海市青浦区，是一家集研发设计、生产销售为一体，功能齐全、设备先进的现代化纺织服装企业。公司通过实施“集团化、国际化、高端转型”的多元化发展战略，成为拥有境内外21家分支机构的中大型企业集团。2022年，东隆集团旗下公司实现销售收入共计超过40亿元，实现净利润约3亿元，上缴税金超过8000万元。

有一种温暖叫羽绒，有一种羽绒叫东隆，羽绒是东隆的灵魂。上海东隆依托近30年的生产管理经验，不断完善优化自身的产业链结构，建成一条从鸭鹅养殖到羽绒原料到服装、家纺制品设计生产的完整产业链条，现有14个生产基地，分布在江苏、安徽、图们、山东、河南等地区，以及东南亚的缅甸和印度尼西亚等国家。作为一家生产型企业，东隆始终坚持用心做好制造业，始终将产品的品质放在第一位，连续通过ISO9001质量管理体系、ISO14001环境管理、OEKOTEX100安全信心纺织品、RDS羽绒追溯以及IDFL国际羽绒实验室DOWNPASS认证，安全生产标准的认证，确保每一件东隆生产的产品不断满足客户的需求。

上海东隆先后获得中国羽绒行业杰出贡献奖、中国羽绒行业功勋企业、中国羽绒行业优秀企业、上海市品牌培育示范企业，连续多年评为上海市工业销售收入100强、上海民营企业100强等荣誉称号。

上海东隆不断努力创新，围绕产品研发，发扬工匠精神，使“东隆”产品在国际国内并进，不断提升东隆的品牌价值，创建羽绒第一品牌，争做行业的领头羊。

中建八局装饰工程有限公司

COMPANY PROFILE

企业简介

中建八局装饰工程有限公司成立于1986年， 公司总部位于上海市浦东新区， 注册资本金 6.89 亿元人民币。隶属于中国建筑第八工程局有限公司，是世界500强、全球最大投资建设集团—“中国建筑”旗下的集设计、施工为一体的大型装饰综合承包商。

公司现有员工3000余人，下设1个设计研究院、1个事业部、3个经理部、12个直营分公司，在长三角、京津冀、粤港澳大湾区、川渝地区及全国多个大中型城市稳步发展，并放眼全球，深耕国际市场。

36年行健不息，公司连续多年入选全国百强装饰企业， 承接施工总承包和综合改造业务， 如景德镇陶溪川旅游景区开发项目、东台市何垛河主题休闲片区特色街区业态策划、设计、施工、运营一体化（EPC-O）总承包项目、中原科技城智慧岛展厅提升改造项目、中船集团总部办公楼适应性改造项目、盐城市新丰镇人居环境提升工程等项目；一系列交通场站项目，如首都机场、青岛新机场、广西桂林机场、重庆江北机场、昆明长水机场、南宁吴圩机场、京沪高铁南京南站以及北京、上海、南京等十余个城市的地铁和客运站装饰工程；一系列国家级会议场馆，如上合组织峰会主会场—青岛国际会议中心，G20杭州国际博览中心、国家会展中心（上海）以及广东潭洲国际会展中心、南京国际博览中心等。一系列大型体育场馆，如深圳世界大运会主体育场、黄石奥体中心等；一系列高端写字楼商务建筑，如国家商务部办公楼、上海国际金融中心、中国商飞试飞中心办公楼、中国-欧洲中心、上海证券交易所金桥技术中心、中船设计研发中心大厦、沈阳新世界、上海新世界等；一系列高档酒店，如洲际酒店、万豪酒店、希尔顿酒店、凯宾斯基酒店、皇冠酒店等；一系列医疗卫生项目，如中国一汽总医院、陕西中医药大学第二附属医院、南京江宁医疗服务中心、徐州北区股份制医院等；一系列精品文化旅游项目，如南京牛首山佛教文化旅游区、广西文化艺术中心、淄博艺术中心等； 一系列高端幕墙项目，如国家会展中心（上海）、中国电科电子科技园、中国华电大厦、中国金融期货交易所技术研发基地等，以及中国一汽总医院、深圳党群服务中心等改造&电子智能化工程；一系列海外工程，如埃及新行政首都CBD、泰国素万那普机场、埃塞俄比亚商业银行、中国驻维也纳代表团办公楼等。

上海雄程海洋工程股份有限公司

上海雄程海洋工程股份有限公司成立于 2013 年 8 月 13 日，注册资金 3685.1032 万元，为工信部第三批“专精特新”小巨人企业、上海市高新技术企业、上海市“专精特新”中小企业、上海市（临港）科技小巨人企业。

公司是国内专业的海上技术服务企业之一，立足于海上桩基、海上风机安装、海上运维等海工装备的自主研发及应用，为跨海大桥、海上风电及海上石油平台等工程项目提供专业技术服务。已先后为国内 40 余个大型海上风电项目，8 座跨海大桥项目提供专业技术服务。

公司始终专注于海洋工程装备的研发和工艺提升，不断研发建造新型海洋工程高端装备，以适应日新月异的行业发展及项目需求变化。截至目前，公司拥有 20 项授权发明专利，30 项授权实用新型专利，30 项受理及实质审查状态的发明专利，以及 2 项软件著作权。

与此同时，公司与上海交通大学、江苏科技大学、中国船舶科学研究中心上海分部等大学和科研机构建立紧密的合作关系，通过开展合作研发、联合人才培养等，促进公司技术进步，提供强有力的人才和技术保障。

年份	荣誉奖项
2018	江苏省科学技术奖（科技进步奖）二等奖
2018	国家海洋经济创新发展示范专项
2018	上海市高新技术企业
2018	上海市“专精特新”中小企业
2019	上海市（临港）科技小巨人企业
2020	中国机械工业科学技术奖（科技进步奖）一等奖
2020	上海市科学技术奖（科技进步奖）二等奖
2021	工信部第三批“专精特新”小巨人企业
2021	上海市高新技术企业
2022	临港新片区“专精特新”中小企业
2022	临港新片区功能型总部
2022	上海市“专精特新”中小企业

公司系国内知名的第三方海洋工程服务商，专注于海上风电及跨海大桥领域。公司主营业务为海洋工程服务，凭借其拥有的高端海洋工程装备，现已形成以海上风电工程桩基沉桩及海上风电风机安装服务为主，跨海大桥、港口码头沉桩等服务为辅的专业产品线，目前主要客户为全国建筑类央企。

公司在发展初期先后承接平潭海峡公铁两用大桥沉桩、沪通长江大桥沉桩、江苏响水海上风电场群桩沉桩等多个具有市场影响力的项目，凭借先进的海洋工程装备及丰富的海上作业经验获得海洋工程行业参与者的广泛认可。随着中国海上风电行业的高速发展，近年来公司聚焦海上风电工程，参与国电舟山普陀 6# 海上风电场、粤电阳江沙扒海上风电场、华能苍南 4# 海上风电场等多个国内知名海上风电场的建设，业务足迹遍布国内四大海域。公司致力于成为中国海上风电场建设的重要组成力量，为国家实现“双碳目标”提供核心装备支撑。

基于国内海洋工程市场的巨大需求，结合自身研发能力、海上作业经验及对海上风电发展趋势的前瞻性研究，公司陆续投资建设多艘行业领先的高端海洋工程装备。目前，公司海洋工程装备精良，拥有一支种类齐全的作业船队，主要包括“雄程 1”号、“雄程 2”号和“雄程 3”号专业打桩船，“雄程 9”号风电安装船与“雄程天威 1”号、“雄程天翼 1”号、“雄程天禧 1”号和“雄程天禧 2”号风电运维船等。

上海西门子线路保护系统有限公司

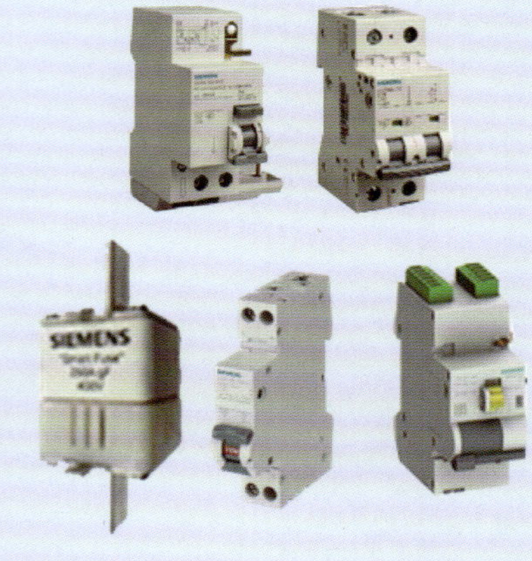

上海西门子线路保护系统有限公司（简称 SCPS）主要生产小型断路器（MCB）、剩余电流动作断路器（RCBO）、剩余电流装置（RCD）、电弧故障保护断路器（AFDD）、隔离开关（Switch-disconnector）、附件（Accessory）、自动转换开关电器（ATSE）等，以及其他电气线路保护类产品，广泛用于电力设备终端线路保护，为城市基础设施提供保障。

SCPS 成立于 1995 年，是西门子（中国）有限公司与上海电气集团股份有限公司共同投资组建的中外合资企业。公司于 2015 年 10 月迁入位于金山区时代大道的全新的现代化厂房。新厂房地理位置更优越，交通更便利。新工厂的设计产能是之前的一倍多，为我们提供了持续业务投资和增长的空间，SCPS 得以不断推动产品国产化、产线自动化和工厂数字化进程的全速前进。

SCPS 拥有实力强大的研发中心，SCPS 研发部成立至今，授权专利达 186 个，被总部授予“电子类全球研发中心”称号，SCPS 成为西门子在中国电气研发领域的重要引擎。比如，2022 年，独立研发和生产的带通信功能的紧凑型智能断路器和紧凑型智能电弧故障保护断路器，通过无线通讯技术，将电流、电压、温升、功率等数据实时的传送到中继器或者云端，实现产品的遥测、遥信、遥控和遥调四遥功能，是西门子小型断路器的最新一代产品。2023 年，研发并生产的紧凑型智能漏电监控断路器产品也即将上市，产品能在 1 个模数 18 毫米宽的产品里实现漏电监测、电能测量、短路分断三大功能，实现机械、电气、短路分断监测及预警，同时具有无线通信功能，代表全球先进技术。SCPS 凭借自身实力，连续多年获上海市高新技术企业证书，通过上海外资研发中心认证，以及被授予上海市“专精特新”中小企业称号。

SCPS 深度优化产线并稳步推进自动化与精益数字化转型。近年来，SCPS 对半成品加工、总装、印字、包装等过程进行深入研究，逐步引入全自动焊接机、自动装配线、自动激光线、自动包装线等设备。并且 SCPS 持续深耕数字化工厂建设，集中统一用户权限管理，以流程为驱动，搭建数字化平台持续集成工厂的数字化应用 。通过精益数字化转型，实现柔性生产，保证交付，制程稳定。智能化生产，根据前序测试结果实现自动参数补偿和自动调整，提升产品质量。

移动式 TPM 设备管体系统

亮灯式物料配送系统

激光影印自动生产线

SCPS 积极响应国家“双碳”战略，西门子（中国）宣布实施的“零碳先锋计划”，利用数字化技术在低碳化方面不断努力，用实际行动践行绿色和可持续发展的理念，从分布式屋顶光伏，到使用数字化智慧能源管理平台进行能耗管理分析，制定各项节能增效解决方案用于绿色产品研发。并于 2023 年年初获得“工业和信息化部国家级绿化工厂”称号。

作为西门子电气产品事业部全球生产网络中的一个关键运营公司，上海西门子线路保护系统有限公司秉承以客户为导向的管理，通过提供高质量的产品和一流的服务，很好地适应变化的市场条件，以向我们的客户提供充足的，可靠的产品和更快的响应，获得了客户和市场的一致认可！

展望未来，上海西门子线路保护系统有限公司明确定义更高的发展目标，并积极倡导主人翁精神的企业文化，不断奋斗，力争卓越。上海西门子线路保护系统有限公司正沿着达成目标的轨道不断前进！开启发展的新篇章！

苏锡常南部高速公路 CX-WX2 标项目
墨西哥维拉克鲁斯和黄码头项目
上海崇明花博会工程
建兴高速 JHX-TZ3 标项目
海上风电浮式分体安装技术
扬州空港影视城
港珠澳大桥东人工岛
上海国际航运中心洋山深水港四期工程
东海大桥工程

上海市固体废物处置有限公司

一、企业概况

上海市固体废物处置有限公司（简称固处公司）成立于2001年10月，注册资本45942万元人民币，隶属于上海城投（集团）有限公司，是由政府投资建设、企业化运营、承担政府托底保障职能的重大环境保护设施，是上海市行政区域内首个集危险废物填埋、医疗废物焚烧、危险废物焚烧、医用一次性医塑回收利用和一般工业固废填埋于一体的集约化、专业化处理处置单位。

历年来，固处公司先后通过多项国际管理体系认证，获得国家环境保护科学技术奖二等奖、上海市高新技术企业等多项国家级、市级技术领域奖项，并被授予全国安全文化建设示范企业、中国环境保护产业协会医疗废物和危险废物焚烧处理处置培训基地、上海市危险废物应急处置指定单位、上海市环境教育基地等荣誉。

二、业务简介

（一）危险废物填埋

作为上海市唯一（崇明除外）的危险废物填埋处置单位，固处公司危险废物一期填埋库于2002年建成投运，总库容30.38万立方米，于2016年1月完成封场；危险废物二期填埋库于2015年建成投运，总库容30.2万立方米，填埋能力3万吨/年；老港危险废物刚性填埋库于2021年开工建设，将于2023年建成投运。

（二）危险废物（医疗废物）焚烧

作为上海市唯一（崇明除外）的医疗废物收运处置单位，固处公司嘉定基地拥有的三条医疗废物焚烧线已稳定运营10余载，采用成熟的回转窑焚烧技术，总处理能力为122吨/天。

2018年12月，固处公司在浦东老港固体废弃物综合利用基地内启动医疗废物及危险废物焚烧处置项目的建设工作，并于2021年1月建成投运。三条焚烧线的许可处理规模为240吨/天，处置类别覆盖18大类，223小类危险废物。

（三）医用一次性塑料输液瓶（袋）回收利用处置

作为上海市唯一指定的医用一次性塑料、玻璃输液瓶（袋）的回收处理单位，固处公司回收医院使用后产生的一次性塑料、玻璃输液瓶（袋），并对回收的塑料、玻璃进行分选、清洗、破碎，最终实现其资源化处理与利用，用来生产吨袋，垃圾桶等工业用途物品。该项目于2014年建成投运，每天的处理量可达到10吨左右。

（四）一般工业固废填埋

作为上海市唯一的工业固体废物处置场项目的建设运营单位，固处公司于2007年在浦东老港固体废弃物综合利用基地内启动上海市工业固体废物处置场的建设工作，并于2011年底建成投入运行，该填埋场总库容25.6万立方米，设计处理规模为51.7吨/天。一般工业固废二期项目已于2021年开工建设，将于2023年建成投产。

固处公司将持续以“保障城市环境安全运营”的主人翁精神努力践行“当好城市建设和运营管理的主力军、服务全市重大任务的突击队”的光荣使命。

浦东基地

嘉定基地夜景

嘉定基地

上海斯可络压缩机有限公司

办公大楼

综合大楼

一期主厂房

二、三期厂房

上海斯可络压缩机有限公司是一家拥有自主知识产权的高新技术企业，成立于2000年，专注于各类空气压缩设备的研发、制造、销售、服务。产品以磁悬浮离心式空压机、空气悬浮鼓风机、永磁变频、无油、微油、低压、新能源车载等系列空压机和螺杆真空泵为主。公司秉持“节能、环保、智能”的产品定位，致力于为客户提供节能高效率空气系统解决方案和快捷稳定的技术服务。2018年1月1日，斯可络和日本无油涡旋压缩技术厂家岩田合资后，极大提升斯可络在无油涡旋空气压缩机领域的研发制造能力。上海斯可络拥有20年研发技术积累，先后获得57项国家专利，其中发明专利6项、实用新型专利45件，公司参与制定2项国家标准、4项行业标准、4项团体标准。产品通过欧盟CE、美国UL、德国GOST、德国TUV、欧盟RoHS等认证。斯可络商标已在全球50多个国家注册、产品远销海外80余个国家，在全球有500余个技术服务网点，为超过3万家企业提供空气压缩产品，压缩气体解决方案和售后技术服务。公司先后获得高新技术企业、上海市高新技术成果转化项目、上海市品牌引领示范企业、上海名牌、上海市著名商标、上海市科学技术奖、工信部“能效之星”产品等称号。

上海惠南企业投资服务有限公司

上海惠南企业投资服务有限公司成立于2013年10月30日，注册资本为200万元人民币，由上海市浦东新区惠南镇集体资产投资经营有限公司100%控股，为浦东新区惠南镇镇属企业。企业注册地址为浦东新区惠南镇城西路200号，所属行业为商务服务业，主要业务方向为：投资管理、资产管理、物业管理，实业投资，投资信息咨询、商务信息咨询、企业管理咨询等。

2023年，已打造全新的“惠南镇企业服务中心”，坐落于浦东新区惠南镇听谐路58号，于年初正式投入使用，以企业全生命周期“一站式服务”为主线，为企业提供商事登记、金融服务等一系列专业服务。着力打造“惠小二”品牌，并开通“惠小二服务专线”：58002222为企业答疑解惑。

基本情况

上海凯波水下工程有限公司（SCOEC）是 2004 年成立的专业从事海底电缆、海底光缆的敷设、埋深安装与维修施工的海洋工程公司，具有丰富的海底电、光缆敷埋安装施工经验。公司具有港口与海岸工程专业承包三级资质、安全生产许可证书、GB/T19001-2016/ISO9001:2015 标准；GB/T50430-2017 标准质量管理体系认证证书、GB/T24001-2016/ISO14001:2015 标准环境管理体系认证证书、GB/T45001-2020/ISO45001:2018 标准职业健康安全管理体系认证证书等国家规定的许可文件；拥有专业施工船舶、施工设备、办公场地、码头及堆场等固定资产捌仟余万元，员工 100 余名，其中各类高级、中级专业管理和技术人员 50 余人，年产值过亿元。

公司是上海市高新技术企业、国家级“专精特新”小巨人企业、杨浦区小巨人企业；上海市重大工程立功竞赛优秀集体；国家电投金牌服务商。多次获得中国电力优质工程奖；国家优质工程金质奖。

主要业务

公司一直专业从事海底电缆、海底光缆敷埋安装及维修工程，至今已经敷设、埋深总计超过 3500 余公里长度的海底电缆、光缆。我们采用边敷边埋、敷埋同步进行的施工工艺，海缆埋设最大深度可以达到海床面以下 6 米。在电力行业中，公司先后敷埋充油海底电缆，油浸纸绝缘海底电缆、XLPE 绝缘海底电缆；在通信行业中，也先后敷设、埋设和安装同轴电缆、过江通信水线缆、SOFC 海底光缆、岩铠海底光缆，具有大长度海缆敷埋安装的能力和施工经验。

中国化妆品领军企业伽蓝（集团）股份有限公司

◆ 企业简介

中国化妆品领军企业伽蓝（集团）股份有限公司JALA(简称伽蓝集团)是一家集研发、生产、销售、服务于一体，聚焦于化妆品、个人护理品与美容功能食品产业，规模和实力领先的中国化妆品集团企业。伽蓝集团坚持向高科技美妆企业发展，树立世界顶尖科技与东方美学艺术完美结合的企业形象，在研发、制造、零售、服务、运营、形象各方面全面科技化；从东方人的文化、饮食和肌肤特点出发，为消费者提供五感六觉完美超卓的世界一流品质的产品与服务，向世界传递东方美学价值。

自2001年在中国上海发展以来，伽蓝集团先后创立中国原创高端美妆品牌——美素、源自喜马拉雅的自然主义品牌——自然堂、敏感肌肤护肤品牌——植物智慧、针对年轻人的高功效护肤品牌——春夏、专业功效性护肤品牌——珀芙研、个性化的专业彩妆潮牌——COMO、新锐香水品牌——莎辛那等多个品牌，业务规模迅速发展壮大。至今，伽蓝在全国31个省、市（自治区、直辖市）建立各类零售网络近40000多个，覆盖全国各级城市、县城及1万多个城镇，在百货商场、KA卖场、超市、美妆店等多个渠道均设有品牌专柜，拥有直属员工近8500人，产业链从业人员5万余人，是中国市场份额、消费者口碑与社会影响力俱佳的行业领跑者。

◆ 使命、愿景及价值观

将东方生活艺术和价值观的精髓传遍世界，为消费者提供爱不释手的、富有艺术感染力的、世界一流品质的产品和服务，帮助消费者实现更加美好快乐的生活！这是伽蓝肩负的使命。

伽蓝的愿景，是成为可持续发展的、具有稳定的成长性和盈利能力的、富有社会责任感的亚洲最大、世界知名的美与健康产业集团。

为达成这一使命和愿景，伽蓝及其伙伴在秉持诚实、正直、信任、进取心、主人翁精神这五个基本价值观的同时，共同坚守"合作共赢、诚信负责、客户至上、创新突破"的企业核心价值观，以此作为公司发展的内在动力。

◆ 自主研发、科技创新

伽蓝集团从创建伊始，便坚持立足自主研究与开展全球合作相结合的研发总策略，在全球范围寻找安全性高、功效好、可持续来源的天然成分，运用世界先进科技，确保其生产配方及工艺既适合东方人肤质，又时刻同步于国际一流水平。伽蓝集团的每款产品从原料选择开始，都经过至少60种科学验证，满足消费者对质量、功能、环境的要求。2013年6月，伽蓝集团首次通过搭载神舟十号开展太空生物科学研究，成为亚洲率先通过世界先进航天技术开展空间生物科学研究的化妆品企业。2013年10月，经国内外专家鉴定，伽蓝集团研发中心自主构建的3D皮肤模型达到国际先进水平。2016年9月，伽蓝集团的皮肤模型研发团队与世界顶尖的法国皮肤实验室LabSkin Creations合作，终于用3D生物打印机第一次成功打印出亚洲人的皮肤。此外，继2017年调控皮肤的表观调节因子microRNA发表之后，2018年，伽蓝集团又发布喜马拉雅植物小RNA创新研究成果。伽蓝集团亦受邀赴德国参加被誉为化妆品学术界的奥运会的2018年IFSCC大会进行学术成果展示。2019年6月，意大利米兰第24届世界皮肤科学大会上，伽蓝集团《关于西藏高原温泉水在皮肤敏感和再生机制上的研究》被大会官方收录，世界皮肤科学大会4年一届，一直被外界誉为"皮肤科学的奥运会"，首次有中国品牌的身影。2019年8月，伽蓝集团同上海交通大学合作在国际核心期刊发表高影响因子原创性论文，报道了对喜马拉雅区域微生物资源的研究成果。2019年11月，上海东方美谷国际化妆品大会，伽蓝发布中国首款"私人定制"护肤品，根据消费者不同"肌因"实现功效性精华的定制化。截至当前，伽蓝集团已申请发明专利167项，共进行商标注册申请5062件，拥有有效注册商标3717件，通过马德里协议注册国际商标且授权117件，单独国家注册国际商标62件，累计有效注册商标持有量位居上海市前列。

◆ 企业社会责任

伽蓝集团的企业社会责任，是为员工提供发展，关注每一个员工的贡献与成长，与员工共同进步；与客户合作共赢、共同成长；为消费者提供能激发和反映其价值主张的世界一流品质的产品和服务。

在发展业务的同时，伽蓝集团始终坚持作为合格企业公民的责任，致力中国传统文化的保护、传承与发展，推动教育事业，消除赤贫，保护环境，以实际行动回报社会。

地址：上海市静安区铜仁路299号东海广场49楼　邮箱：200040
电话：021-62220000　网址：www.jala.com.cn

太古地产是香港及中国内地领先的综合项目发展商、业主和营运商。公司尤其专注发展商业项目，在通过活化市区环境以创造长远价值方面，拥有卓越的成绩。太古地产于 1972 年在香港成立，并于香港联合交易所主板上市，包括旗下附属公司在内聘任员工总数逾 5,800 人。

公司业务涵盖三大主要范畴：(i)物业投资，即发展、租赁及管理商业、零售及住宅物业作长远投资；(ii)物业买卖，即发展及兴建物业项目，主要为供出售的优质住宅项目；(iii)酒店投资。

太古地产的优势集中于构思、设计、发展和管理具规模及影响力的商业项目，累积近 50 年的实力和经验。(https://www.swireproperties.com/zh-cn/)

投资物业组合

香港

太古地产的投资物业组合主要包括办公楼和零售物业、服务式住宅、酒店及高尚住宅项目。公司香港应占投资物业组合总楼面面积约 1,380 万平方呎(约 128 万平方米)，主要物业包括太古坊、太古城中心及太古广场，尽显太古地产建设社区的优势。

中国内地

太古地产中国内地的北京、上海、广州和成都共落成六个以零售为主导的综合发展项目，包括北京的三里屯太古里及颐堤港、上海的兴业太古汇及前滩太古里、广州太古汇和成都远洋太古里。公司在中国内地已落成物业组合总楼面面积约 130 万平方米。

◆上海兴业太古汇

兴业太古汇是一个以零售为主导的大型综合发展项目，位于上海南京西路中央商圈。项目位置优越，交通便捷，包括一个购物商场、两座办公楼、三间酒店及服务式住宅，总楼面面积约 354 万平方呎(逾 32.8 万平方米)。兴业太古汇于 2017 年正式开业，而项目内由太古酒店管理的镛舍于 2018 年开业。公司持有此项目 50% 权益。

◆上海前滩太古里

前滩太古里位于上海前滩国际商务区中心地带，是太古地产与陆家嘴集团联合发展的零售项目，也是太古地产在中国内地的第三个太古里项目。项目总楼面面积逾 124 万平方呎（约 12 万平方米）。前滩太古里承袭太古里独特的品牌基因，采用开放式、里巷交错的建筑布局，同时推广「Wellness」和可持续发展理念。公司持有此项目 50% 权益，于 2021 年 9 月开业。

◆上海张园

太古地产与上海静安置业集团合资成立管理公司，共同保育及活化上海张园石库门历史建筑群成为上海文化及商业新地标。预计该项目地上楼面面积约 6 万平方米，并将重塑成国际级创新文化场所、高端办公空间、特色住宅公寓、一家精品酒店及一系列特色零售餐饮选择。项目的地下空间将实现南京西路地铁站（2 号线、12 号线和 13 号线）的交通换乘及与周边社区互联互通。公司持有此合资项目 60% 权益。

物业买卖组合

多年来，太古地产在香港港岛及九龙区多个地段发展及出售优质住宅物业，包括甘道三号、5 Star Street、殷然、珒然、瀚然、蔚然、DUNBAR PLACE、MOUNT PARKER RESIDENCES、海峰园、港运城、港涛轩、鲤景湾、逸涛湾、傲璇、维景湾畔、柏蕙苑、雍景台、蕙逸居、太古城、雅宾利、逸意居、逸桦园、东堤湾畔及海堤湾畔、星域轩、WHITESANDS 及又一村花园(以项目英文名称排序)。

海外市场

除香港以外，太古地产于美国、印度尼西亚及越南亦有投资。

酒店物业组合

太古酒店拥有及管理旗下位于香港、中国内地及美国的酒店，包括两大品牌居舍系列和东隅酒店。太古酒店致力打造别树一格的酒店品牌，每间酒店都由才华横溢的建筑师和设计师操刀，尽显独特意象。居舍系列包括奕居、瑜舍、博舍及镛舍，为遍布亚洲的精致高尚酒店，为宾客提供高度个人化体验。

可持续发展

◆太古地产 2030 可持续发展策略

可持续发展是太古地产经营理念和企业文化的核心。为进一步巩固公司对可持续发展的承诺，太古地产制定了 2030 可持续发展愿景，目标是到 2030 年前成为可持续发展表现领先全球同业的发展商。为达成这个愿景，公司围绕五大支柱制定了 2030 可持续发展策略，以社区营造为核心，通过创新衍变的过程，打造充满活力的高质量可持续社区。这需要采取以人为本的方针，持续投放资源培育人才，同时加强伙伴协作，建立互惠互利的长远伙伴关系。与此同时，公司致力提升环境效益，积极贡献社区，并凭借良好的企业管治和高尚的职业操守，创造可持续经济效益。

太古地产的可持续发展工作荣获全球可持续发展标准及指数认可，包括于 2020 年连续四年成为唯一一家获纳入道琼斯可持续发展世界指数的香港企业，并位列全球地产业界表现最佳的首 5%。公司亦获以投资者为本、评估企业环境、社会及管治表现的全球组织全球房地产可持续标准（GRESB）评为「全球业界领导者」。

中国工商银行上海市分行金融支持上海科创中心建设情况

工商银行上海市分行通过其总行级科创企业金融服务中心，聚焦硬核科创企业，全面启动科创金融专业化经营创新探索之路。截至今年上半年，科创企业贷款近 1200 亿。工商银行上海科创中心围绕上海“3+X”三大产业高地和战略性新兴产业，设立“集成电路、生物医药、人工智能”三个专业团队，增强科创市场规划、客户营销以及初审筛选、贷后管理等方面的专业化能力。通过创新和试点科创贷、独角兽贷、可认股安排权、科创知产贷等专属产品，形成了覆盖产业全生命周期的科创企业金融产品库。目前服务科创企业有 200 余家，授信金额达到数十亿元。同时，在《2023 上海硬核科技企业 TOP100 榜单》中，工商银行上海市分行服务的硬核科技企业已覆盖了 80%。截至目前，工行上海分行的科创企业表内外融资已达 1500 亿元，累计服务科创企业超 5000 户。

一、以金融创新为推手，打造“五专”服务体系

工行上海科创中心通过设置市场拓展、产品创新、派驻制投审以及贷后管理为一体的组织形式实现科创金融的专业化经营，同时以科创中心为引领，以张江科技支行、自贸新片区分行为标杆行，以 10 家支行为重点行，构建了一点突破、全面推进的“1+2+N”科创金融业务组织架构。工行上海科创中心内部按照行业分设业务团队，目前围绕上海“3+X”三大产业高地和战略新兴产业，设立“集成电路、生物医药、人工智能”三个专业团队，配备具有理工科和相关专业背景的人才，并赋予三个专业团队在新材料、新能源和智能制造等“X”领域专业推进职能，通过设立行业团队，增强了科创中心在市场规划、客户营销以及初审筛选、贷后管理等专业化能力。此外，工行上海科创中心建立了科创业务专项审议制度，派驻科创金融专职审查团队，实施科创项目专项集体审议，提升专业度和审查效率；采用科创企业专属评级和授信模型，并结合“外部专家”+“内部评审”协同机制，打破科创企业认知的玻璃门，有效解决了科创企业“看不懂、不敢贷”的问题。

工行上海科创中心创新专属产品、创设专有基金，满足科创类企业多样的金融需求。通过创新和试点科创贷、独角兽贷、可认股安排权、科创知产贷等专属产品，已形成了覆盖全生命周期的科创企业产品库。通过工银资本、工银国际以及工银中金长三角科创基金等工银品牌主动管理基金股权为科创企业提供品牌赋能和集团联动金融服务；通过武岳峰、上汽创新以及 Finteck 等工行以 LP 方式参与基金的股权投资，为科创企业提供产业战略支持。

二、构建“四全”金融服务，与科创企业共同成长

科创金融“四全”服务是结合工行创新产品，充分发挥现有牌照优势、渠道优势、品牌优势以及全球化优势，为科创企业提供“全周期、全主体、全产品、全球化”的覆盖各纬度的完整金融产品和服务系统。

“全周期”金融服务，为早期、成长初期、成熟期以及转型期等处于不同阶段的科创企业提供相适配的金融产品和服务。从早期股权投资、创业专项贷款到后期营运资金、项目贷款、并购融资等。

“全主体”金融服务，是聚焦各类科技创新主体金融需求，不仅支持科创企业自身经营以及重大项目产业化需求，也支持海外高层引进人才、国内优秀人才创新创业金融需求；不仅科创企业创业主体，也支持科研院所持续开展技术创新和研发、共性技术平台建设融资需求。

“全产品”金融服务，对于科创企业的金融不仅局限于融资上的金融服务，还可以包括股权融资、工商注册、财务人事资金打理、跨区域现金管理、供应链上下游管理、法人理财以及个人金融、私人银行等一系列金融服务和产品。

“全球化”金融服务，充分利用工商银行集团在 48 个国家和地区拥有 428 家境外机构的海外布局和服务能力，为企业金融跨境开户、资金池搭建、跨境结售汇，跨境收并购、贷款以及发债等全球金融一揽子金融服务解决方案。

ICBC
ICBC

Bank 中国光大银行 CHINA EVERBRIGHT BANK 上海分行

光大银行上海分行成立于 1994 年 7 月。自建行以来，分行在中国光大集团和中国光大银行总行的坚强领导下，积极进取、开拓创新，以 2004 年发行中国第一只外币理财产品、第一只人民币理财产品为代表，创下系统内外多个第一。上海分行拥有 1 家二级分行（上海自贸试验区分行），55 家同城支行，26 家社区支行，9 个公司业务经营部门，25 个管理部门，员工 1700 余名。上海分行坚决贯彻执行党的路线方针政策、国家重大战略部署以及集团和总行党委的各项要求，围绕区域发展重点，把企业经营发展与履行社会责任紧密结合，把握发展方向，调整业务结构，改进金融服务，有效满足客户的金融服务需求。

在服务实体经济上，重点关注符合国家战略导向和转型升级方向的行业，发挥自身产品优势、服务优势，提供更为高效、优质的金融服务。同时，大力发展普惠金融，丰富客户融资选择，提供较传统银行业务更多选择、更高效率、更灵活组合的，实质风险可控且符合政策导向的产品和服务，着力提升服务民营经济的能力。加强民企金融服务，积极开发特色产品，依托光大集团金融全牌照优势，通过光大银证、光控、实业、光银国际、跨境分行等集团、跨境联动，综合使用信贷、并购、租赁、信托、债券、资管等综合金融工具，为不同发展阶段的民营企业，提供适当、充分的综合金融服务。全力满足民营企业、行业龙头、“三大一新”企业等重点民企的信贷需求。

在提升客户服务上，秉承“中国光大，让生活更美好”的理念，坚持以客户为中心，从提供更好金融产品和服务的角度出发，围绕客户金融需求，结合客户特点，不断提升服务水平，增强客户体验度和满意度。在风险可控的前提下，结合客户需求和市场特点，稳步推进流汇盈、财汇盈、阳光自贸通等系列金融服务和产品创新，有效满足客户需求。加强科技赋能金融，通过“场景 + 金融”“线上 + 线下”等方式，搭建云租房、云物业平台，上线 Apple Pay 虚拟公交卡项目，全面提升云缴费行业应用，让市民群众生活更加便捷。注重履行社会责任，向社会传播正能量，持续把提升服务品质，保护消费者合法权益作为重要任务，做好全流程服务优化，加强首访首诉处理，对投诉发现的问题及时整改问责。

在防范金融风险上，贯彻落实中央关于“三大攻坚战”的战略部署，认真抓好市场乱象排查整治工作，坚持全面风险管理理念，严格控制前中后三道防线，加强资产质量管控，守住资产质量底线。持续强化合规管理和其他各类风险管控，实现“无大案要案、无大额罚单、无大额赔付”的目标，没有发生重大风险事件。从严管理党员领导干部，按照“六能”要求，着力完善组织架构设置、健全绩效考核制度，把干部考核与干部能上能下、奖励惩处相结合，弘扬严谨细致的工作作风，倡导形成想干事、能干事、干成事的良好氛围。

SHRCB 上海农商银行
上海农村商业银行股份有限公司（简称上海农商银行）成立于 2005 年 8 月 25 日，是由国资控股、总部设在上海的法人银行，也是全国首家在农信基础上改制成立的省级股份制商业银行。2021 年 8 月 19 日，上海农商银行成为上海证券交易所主板上市公司，股票简称：沪农商行，股票代码：601825。目前上海农商银行注册资本为 96.44 亿元人民币，营业网点逾 360 家，员工总数超 10000 人。
上海农商银行以“普惠金融助力百姓美好生活”为使命，以“打造为客户创造价值的服务型银行，建设具有最佳体验和卓越品牌的区域综合金融服务集团”为愿景，践行“诚信、责任、创新、共赢”的核心价值观，弘扬“尚德尚善、惠城惠民、至精至勤、共愿共美”的企业文化核心精神，持续深化“坚持客户中心、坚守普惠金融、坚定数字转型”三大核心战略，着力打造“打造以财富管理为引擎的零售金融服务体系、以交易银行为引擎的综合金融服务体系、以三农金融为本色的普惠金融服务体系、以科创金融为特色的科技金融服务体系、以绿色金融为底色的可持续发展金融服务体系”，面向企业和个人提供全面综合金融服务，着力在助力普惠金融、科创金融、乡村振兴、养老金融、绿色金融、长三角一体化发展等领域培育和塑造经营特色。
在英国《银行家》公布的“2023 年全球银行 1000 强”榜单中，上海农商银行位居全球银行业第 128 位；在 Brand Finance 联合英国《银行家》发布的“2023 年全球银行品牌价值 500 强”榜单中位列第 194 位，较上年大幅上升 14 位，品牌评级“AA”；在中国银行业协会 2022 年度“陀螺”评价中，位列城区农商行综合评价第一；位列 2022 年中国银行业 100 强榜单第 23 位；位列 2022 年《财富》中国 500 强第 474 位，《福布斯》2023 年全球企业 2000 强第 780 位；标普信用评级（中国）主体信用等级“AAspc-”，展望稳定。
诞生于 1949 年的上海农信事业，亲历了共和国旗帜下城市发展的宏伟诗篇，上海农商银行传承上海农信七十余载历史，扎根大都会、携手千百业、贴近老百姓，坚持金融向善、金融向实、金融向阳，以金融诚善守护生活本真，以专业进取回应市场期待，实现银行商业价值和社会功能的有机统一。
SHRCB

平安养老保险股份有限公司上海分公司

平安养老保险股份有限公司上海分公司《以下简称平安养老险上海分公司或分公司》主要经营以年金为主的养老资产管理，以企业员工福利保障和城乡居民大病保障为主的保险业务，具备企业年金、职业年金、基本养老金、第三方资管等资质。公司拥有优秀的专业团队，截至 2022 年末，公司员工总数 488 人。

自 2007 年成立以来，分公司紧紧抓住养老保险快速发展、做大做强的历史机遇，公司业务规模不断扩大，经营绩效持续提升。截至 2022 年 11 月，保费规模 23.7 亿元，市场份额占 30.7%。

作为市场上首批同时拥有受托、投资、账管三项资格的专业养老险公司，平安养老险上海分公司凭借集团完善的后台 IT 系统和养老险强大的专业能力，为上海地区广大客户提供“三位一体”的年金服务。同时，作为企业保险福利的供应商，平安养老险上海分公司全面关注员工健康．协助企业完善员工福利体系，十几年间为众多行业的知名企业提供优质保险服务，受到广大客户的普遍认可。

在社会责任方面，分公司与上海市崇明区陈家镇展宏村签署结对帮扶协议，从帮困慰问、组织共建及硬件升级三个方面落实结对帮扶各项措施，开展金融知识讲座，党组织间活动，帮助改造村文化活动中心等工作。疫情流行期间，积极落实 30 万元帮扶资金到位，为展宏村振兴助力。

在脱贫攻坚方面，分公司积极响应集团号召，进行消费扶贫，三年来共采购扶贫产品累计达 106 万元。防疫期间，分公司积极参与驻地社区的各项疫情防控活动，被静安寺街道评为“静安寺商圈优秀贡献单位”。同时，还为全市公安民警以及辅警赠送专属风险保障——“保驾护航公安民警特定新冠肺炎人身保险”，总计保额约 300 亿元。

平安养老险上海分公司高度重视市精神文明单位创建工作，积极开展各项创建活动，加强基层建设，提高员工素质，培育文明风尚，传承优秀文化，塑造城市精神。分公司已连续 8 届获得“上海市文明单位”称号。

平安养老险上海分公司始终坚持和加强党的领导，重视党建工作的高质量发展，在思想建设、组织建设、纪律建设和阵地建设等方面都取得良好成效。尤其是上海惠民保险产品“沪惠保”推广以来，为更好的服务行动不便的老龄客户，分公司专门成立党员志愿者小分队，提供上门理赔服务，得到客户的信任和赞扬，分公司党委连续两年被平安集团上海统管党委和平安养老险党委评为“先进基层党组织”。

放眼未来，平安养老险上海分公司将以满足人们对美好生活的向往为使命，以“专业的养老资产管理机构”和“领先的健康管理保障服务供应商”为目标，继续肩负服务民生保障的重任，坚持创新、协调、绿色、开放、共享的发展理念，全力支持国家建设“多层次、多支柱基本养老保险体系”和“健康中国”战略，聚焦民生服务事业，助力养老健康产业发展。切实解决好老百姓“老有所养、病有所医、贫有所助”的民生问题。

平安养 险股份有限公司
陆家嘴讲坛

上海市工商外国语学校

闵行校区

上海市工商外国语学校隶属于上海市经济和信息化委员会，成立于 1978 年，拥有徐汇、闵行两个校区，占地面积 34604 平方米，建筑总面积 62485 平方米。学校是国家级重点中专、上海市职业教育先进单位、上海市中等职业教育改革发展特色示范校、上海市中职校校园文化特色品牌学校、上海市中职首批家庭教育示范校、心理健康教育示范校、上海市文明校园、上海市依法治校示范校、上海市绿色校园、上海市教育系统先进教工之家、“第十一届上海市技能人才培育突出贡献单位”，连续三年进入“亚太职业院校影响力 50 强”，也是以外国语命名、唯一有招收外国留学生资质的中职学校。学校形成融和校园文化特色品牌。2021 年 6 月，上海市经信系统首个劳模工作站在校建成。

学校不断加强专业建设，形成教育与体育、智能制造、财经商贸、电子与信息 4 大类专业群。开设中本贯通试点专业 5 个、中高贯通试点专业 9 个、普通中专专业 12 个。学校在编在岗教职工 253 人，其中正高级讲师 2 人，高级职称 58 人，占比 23.7%；中级职称 118 人，占比 46.6%；共有专任教师 151 人，硕士研究生及以上学历占比 52.3%。拥有全国模范教师 1 人、上海市先进工作者 1 人，拥有上海市艺术名师培育工作室和上海市日语名师培育工作室以及 9 个校级名师工作室。常年聘请 10 余名外籍教师、30 余名国内外相关行业企业专家、技术能手组成兼职教师队伍。学校通过校企共建“双师型”教师培养培训基地和教师企业实践基地，重点培养具有国际视野、创新能力和能够担当重任、在上海职业教育有影响力的专业（学科）带头人。

未来学校将盘实职业发展基础，以学生发展为根本，以教师成长为基石，聚焦国际化办学特色，深入开展“三教改革”，依托“上海航天”品牌，推进产教融合，促进机电一体化技术等专业发展，形成资源共享、合作发展的职业教育办学模式，实现人才培养质量和综合实力大幅跃升。

闵行校区操场　徐汇校区校园　徐汇校区校门　徐汇校区

图书在版编目（CIP）数据

上海工业年鉴. 2023 / 上海市经济和信息化委员会编. — 上海 ：上海社会科学院出版社，2023
ISBN 978-7-5520-4218-4

Ⅰ. ①上… Ⅱ. ①上… Ⅲ. ①地方工业经济—上海—2023 — 年鉴 Ⅳ. ①F427.51-54

中国版本图书馆 CIP 数据核字（2023）第 157699 号

上海工业年鉴（2023）

编　　者：上海市经济和信息化委员会
责任编辑：董汉玲
封面设计：上海宝舜会展服务中心
出版发行：上海社会科学院出版社
上海市顺昌路 622 号　电话 021-63315947　邮编 200025
http://www.sassp.cn　E-mail: sassp@sassp.cn
照　　排：上海宝舜会展服务中心
印　　刷：上海新艺印刷有限公司
开　　本：889 毫米 × 1194 毫米　1/16
印　　张：41.00
插　　页：12
字　　数：947 千
版　　次：2023 年 8 月第 1 版　2023 年 8 月第 1 次印刷

ISBN 978-7-5520-4218-4/F · 737　定价：448.00 元